U0536988

I

冰雪屠场

拿破仑远征俄国的死亡行军

HISTORY OF THE EXPEDITION TO RUSSIA,

UNDERTAKEN BY THE EMPEROR NAPOLEON, IN THE YEAR 1812

[法] 菲利普-保罗·塞居尔 **著**

赵秀兰 **译**

吉林出版集团股份有限公司

图书在版编目（CIP）数据

冰雪屠场：拿破仑远征俄国的死亡行军 / (法) 菲利普-保罗 · 塞居尔著；赵秀兰译. — 长春：吉林出版集团股份有限公司, 2025. 6. — ISBN 978-7-5731-6866-5

Ⅰ. K565.46

中国国家版本馆CIP数据核字第20259837JN号

冰雪屠场：拿破仑远征俄国的死亡行军

BINGXUE TUCHANG: NAPOLUN YUANZHENG EGUO DE SIWANG XINGJUN

著　　者　[法] 菲利普-保罗 · 塞居尔
译　　者　赵秀兰
总 策 划　韩志国
策划编辑　齐　琳
责任编辑　曲珊珊　王艳平
封面设计　@框圈方圆
开　　本　720mm × 980mm　1/16
字　　数　618千
印　　张　51.5
版　　次　2025年6月第1版
印　　次　2025年6月第1次印刷

出　　版　吉林出版集团股份有限公司
发　　行　北京吉版图书有限责任公司
地　　址　北京市西城区椿树园15-18号底商A222
　　　　　邮编：100052
电　　话　总编办：010-63109269
　　　　　发行部：010-63106240
印　　刷　固安兰星球彩色印刷有限公司

ISBN 978-7-5731-6866-5　　定价：206.00元

致这支伟大军队的退役军人

朋友们:

我承担了追溯1812年远征俄国的法军及其领袖拿破仑的历史的任务。在北方冰雪消融之际，我谨以此书献给像你们这样只能通过对不幸与荣耀的回忆来服务于国家的人。在你们崇高的事业被中断后，你们总是活在过去，而不是活在当下。每当回忆如此壮举时，回忆就成了人们活下去的唯一精神支柱。因此，我毫不担心，将最致命的军事行动展现在你们面前，会打扰你们付出高昂代价换来的安眠。我们中又有谁知道，即使过去的辉煌照亮了倾覆他们命运之舟的海岸，并让命运之舟的巨大残骸一览无遗，那些倒下去的人也仍在内心深处不自觉地回想过去的辉煌呢?

对我自己而言，我会拥有不可抗拒的感情，令我不断地回顾给我们的国家和个人带来不幸的灾难性时代。在思考并再次痛苦地追溯那个时代留下的许多恐怖的痕迹时，我感到一丝喜悦，但又觉悲从中来。难道人的灵魂也会为它无数深深的伤口而自豪吗？人的灵魂是否会以展示这些伤口为乐？这些伤口是不是让人的灵魂感到自豪的理由呢？抑或在了解这些伤痛的欲望得到满足之后，人的灵魂的第一个愿望会不会是传递它的感受呢？感觉并激发情感不正是我们灵魂最强大的动力吗？

总之，无论激发我情感的原因是什么，我已经屈服于追溯我在那场致命的战争中经历的各种感觉的欲望了。我利用闲暇时间，运用各种方法，对我零散而混乱的回忆进行分类、排列。朋友们！我也恳请你们这样做！希望你们不要丢掉我们付出如此惨重的代价换来的回忆，因为对我们来说，这些回忆是过去留给未来的唯一财产。在独自面对那么多对手的情况下，倒下去的人比站起来的人更光荣。要知道，这样被击败也没什么可羞愧的！让我们再次筑起那些被欧洲强大的军队摧毁的阵地！不要沮丧，因为我们曾经看到过那么多国家被迫臣服，那么多国王遭受失败的打击！无疑，你们应该更加光荣地长眠于地下。但即便如此，如何让你们长眠得更加高尚取决于你们自己。让历史铭刻你们的回忆。遭遇不幸后的孤独和沉默有益于你们追忆往事，让闪现在漫长的苦难之夜的真理，照亮你们的艰辛付出，而所有付出终将得到回报。

至于我，我会利用“特权”讲述我所看到的一切，虽然这么做时而令人痛苦，时而让人感到光荣。也许我在追溯这次战争的细枝末节时太过详尽，但我觉得，对如此非凡的天才及其巨大的功绩来说，没有什么是微不足道的，因为如果不这样做，我们永远不会知道人类的力量、光荣和厄运会达到怎样的程度。

目 录

第 1 部分 / 001

第 1 章　自 1807 年以来的法俄政治关系 / 003

第 2 章　普鲁士王国 / 009

第 3 章　奥斯曼帝国 / 019

第 4 章　瑞典王国 / 031

第 2 部分 / 045

第 1 章　法国大臣对远征俄国的态度 / 047

第 2 章　法国军官对远征俄国的态度 / 055

第 3 章　拿破仑对远征俄国的态度 / 065

第 4 章　法俄战争一触即发 / 073

第 5 章　为远征俄国做准备 / 079

第 3 部分 / 085

第 1 章 拿破仑率军出征 / 087
第 2 章 行军途中遇到的困难 / 097
第 3 章 法军斗志昂扬 / 105

第 4 部分 / 115

第 1 章 敌对双方的军事部署 / 117
第 2 章 拿破仑抵达维尔纽斯 / 123
第 3 章 波兰和立陶宛的态度 / 133
第 4 章 法军的困境 / 143
第 5 章 俄军求和 / 149
第 6 章 法军开始行动 / 159
第 7 章 维捷布斯克附近各支部队的局部行动 / 167
第 8 章 维捷布斯克战役 / 177

第 5 部分 / 187

第 1 章 拿破仑的计划落空 / 189
第 2 章 法军人心涣散 / 199
第 3 章 交战双方取得的局部成功 / 209

第 6 部分 / 217

第 1 章 法军改变作战计划 / 219
第 2 章 法军突袭克拉斯诺镇 / 225
第 3 章 俄军主力转移 / 231
第 4 章 法军占领斯摩棱斯克 / 241
第 5 章 将军们担心拿破仑的新计划 / 247
第 6 章 法军的状态 / 257
第 7 章 朱诺特将军的战斗 / 263
第 8 章 拿破仑的补偿与奖赏 / 271
第 9 章 鼓动俄国农民发动起义 / 279
第 10 章 法军进至多罗戈布耶 / 285

第 7 部分 / 293

第 1 章 法军行进中的给养 / 295
第 2 章 拿破仑在斯瓦科沃发表声明 / 301
第 3 章 俄军全面实施毁坏城镇的计划 / 309
第 4 章 反对巴克莱的做法 / 317
第 5 章 血腥的局部战斗 / 323
第 6 章 俄军在博罗季诺战场上的部署 / 331
第 7 章 拿破仑发表声明 / 337
第 8 章 俄军的准备工作 / 343
第 9 章 博罗季诺战役（一） / 349

第 10 章　博罗季诺战役（二）/ 355
第 11 章　博罗季诺战役（三）/ 363
第 12 章　博罗季诺战役的结局 / 371
第 13 章　发生在莫扎伊斯克的战斗 / 379

第 1 部分

第 1 章

自 1807 年以来的法俄政治关系

自1807年以来，以莱茵河与涅曼河为边界的两个强大的帝国——法国与俄国，成了竞争对手。莱茵河与涅曼河之间的地区惨遭蹂躏。拿破仑以牺牲普鲁士、瑞典和奥斯曼帝国为代价，在提尔西特做出的让步，只满足了俄国沙皇亚历山大一世的意愿。《提尔西特和约》是俄国战败的结果，也是俄国向欧洲大陆体系投降的标志。几乎所有俄国人都认为，俄国向欧洲大陆体系投降有损自己的利益。还有一部分俄国人认为这不仅损害了他们的利益，还损害了他们的荣誉。

拿破仑通过欧洲大陆体系——他将自己的荣誉、政治生涯及他统治下的国家的外交地位与该体系密切联系在一起——向英国宣战。欧洲大陆体系禁止欧洲大陆国家销售所有英国商品，或以任何形式向英国支付关税的商品。如果不是取得了欧洲大陆国家的一致同意，拿破仑是无法成功建立欧洲大陆体系的，而只有在所有欧洲大陆国家由同一个统治者统治时，欧洲大陆国家才有望就此达成一致意见。

此外，由于征服了大部分欧洲其他国家，加上国内爆发了革命，建立了新政权，法国与欧洲其他国家的关系疏远了。法国再也无望交到朋友，它有的只是臣民。即使法国能交到朋友，这个朋友也只是虚情假意。但对手是无情的，也就是说，要么所有欧洲其他国家臣服法国，要么法国臣服所有欧洲其他国家。

基于这种认识，加上地位与积极进取性格的影响，拿破仑一心想通过征服俄国来夺取波兰，成为欧洲唯一的主宰。要隐瞒如此远大的目标是十分困难的，因此，他处处露出马脚。远征俄国需要做大量准备工作，需要筹备大批军火。武器相互碰撞发出的声音，马车行进发出的声音，庞大的军队行军发出的声音……总之，法国这个西欧国家的所有军队向俄国这个东欧国家出击时壮观而可怕的场面，无一不在表明欧洲大陆上的两个大国即将兵戎相见，一较高下。

为了靠近俄国，法军必须穿过奥地利，跨越普鲁士，在瑞典和奥斯曼帝国边境上行军，因此，法国必须与这四个大国结盟。拿破仑对奥地利的影响很大，他的军队对普鲁士的影响也很大。因此，对于奥地利和普鲁士，只要拿破仑向它们表明自己的意图，奥地利就会自愿并急切地加入他的阵营，普鲁士也会轻而易举地被拉进他的阵营。

然而，奥地利并没有鲁莽行事。因为坐落在欧洲东部与西部的两个大国，即俄国和法国之间，所以奥地利十分乐意作壁上观，坐收渔翁之利。奥地利希望法俄交战，以便削弱两国的势力，等两国战斗到精疲力竭时，奥地利就可以异军突起。1812年3月14日，奥地利答应向法国提供3万士兵，但出于谨慎，奥地利早已给这3万人下达了密令。拿破仑含糊其词地许诺奥地利，将扩张奥地利的领土作为参战的补偿，并且答应把加利西亚划分给奥地利。然而，奥地利提出，未来可能会将加利西亚的部分领土割让给波兰。作为交换，奥地利要求得到伊利里亚诸省。该交换条件就写在一个秘密协议的第6条里。

因此，战争成功与否，绝不取决于法国是否割让加利西亚，也不取决于奥地利渴望得到加利西亚诸省而造成的麻烦。拿破仑进入维尔纽斯后，本可以公开宣布解放整个波兰和立陶宛，而不是辜负波兰人和立陶宛人的期望，用摇摆不定的态度使他们感到震惊。于是，波兰人和立陶宛人并没有如拿破仑所愿，急切地加入法国的阵营，而是保持中立。

波兰和立陶宛保持中立，是拿破仑1812年远征俄国的关键节点之一，在欧洲的政治格局和法俄战争中起着决定性作用。因为这个关键节点将一切联系起来，所以无论如何，拿破仑都不能脱离这个关键节点。是他高估了自己的才能或自己军队的优势，还是他低估了亚历山大一世，我们不得而知。或许因为拿破仑考虑到后方存在的危险，所以他不能缓慢且有条不紊地行军至如此遥远的国家发动战争；或许就像他自己说的那样，他不确定远征俄国一定能取得成功。如果不是他忽视了，那就是他还难以决定宣告此行的目的就是要解放波兰和立陶宛、恢复波兰人和立陶宛人的自由。

实际上，拿破仑的确派遣了一位大使参加了波兰议会会议。当有人指出他言行不一时，他回答道："派使者参加波兰议会会议是一种策略。这种策略本该只在战争期间采用。但对我而言，无论战争时期还是和平时期都会采用。"事实上，面对波兰人和立陶宛人的热情，除了闪烁其词，拿破仑并没有做任何答复，因为此时他正在追击亚历山大一世，直至俄国首都莫斯科。

拿破仑甚至没有肃清波兰南部各省仍有微弱敌意的军队。正是这些军队压制了当地居民的爱国情感。这些军队通过大力组织当地居民发动暴乱，为日后的军事行动打下了坚实的基础。拿破仑习惯性地采用了短期有效的方法与迅速出击的策略，尽管地点和形势不同，但他还是希望能够按照自己的方法行事。普通人的弱点在于他们总是在模仿别人，而杰出者的弱点在于他们习惯性地模仿自己。的确，非凡的人都是被其优势毁掉的。

拿破仑寄希望于自己在战争中一直有好运气。他组建了一支65万人的军队，认为如此庞大的军队足以保证他远征俄国并取得胜利。他将全部希望寄托在这支军队上。他不想为了取得胜利而牺牲一切，只想通过取得胜利来获取一切。他出师的目的是征服俄国，但此刻他把征服视为一种手段。这样一来，对他而言，就必须成功征服俄国。况

† 亚历山大一世

弗朗茨・克鲁格（1797—1857）绘

且在当时，征服俄国已经非常必要。但拿破仑过于将未来寄托在征服俄国上，并对成功征服俄国寄予厚望。在他看来，征服俄国是一件非常迫切且必须完成的事情，因此他急切地想靠近俄国，以摆脱法国的危险处境。

然而，我们不能过于草率地谴责一位如此杰出、能干的天才，因为我们很快就会听到拿破仑讲述如此匆忙赶路的原因。我们承认，他远征俄国的决定非常草率，而他对远征计划的实施非常迅速。尽管这位英杰的身体出现早衰状况，其大脑的活跃程度却丝毫不减，而如果他的身体像他的大脑一样充满活力，那么这次远征很可能取得成功。

第2章 普鲁士王国

拿破仑对普鲁士了如指掌。我们尚不清楚，他在1811年拒绝了普鲁士提出的缔结联盟的建议，又在1812年强行提出了缔结联盟的条件，是因为他不确定法俄战争会给普鲁士带来怎样的影响，还是因为他不确定应该开战的时间。

很明显，拿破仑非常反感普鲁士国王腓特烈·威廉三世。人们经常听到，拿破仑因普鲁士与法国签订的条约而指责普鲁士内阁。他说："该条约的签订背离了君主应该追求的理想。在与腓特烈·威廉三世这位统治者的谈判中，柏林宫廷显然采取了一种懦弱、自私和不光彩的手段，以牺牲其尊严及君主们追求的理想，来增强其势力，尽管这种作用是微不足道的。"拿破仑总是用手指在地图上描绘普鲁士的边界。每当看到普鲁士的疆域还是那么广阔时，他就很生气，总是大声嚷道："我居然留给腓特烈·威廉三世如此广阔的领土，这怎么可能呢？"

拿破仑对腓特烈·威廉三世温和而息事宁人的态度十分反感，这着实令人惊讶。因为拿破仑的一切都值得在历史上记上一笔，所以这种反感的缘由值得人们审视。有人发现，在担任第一执政时，拿破仑就曾通过腓特烈·威廉三世向路易十八提出了一些建议。然而，路易十八拒绝接受建议。拿破仑因此迁怒于中间人腓特烈·威廉三世。一些人认为，其中的原因是，拿破仑曾下令抓捕英国在汉堡的使者乔治·博尔德，但作为德意志北部中立政策的推行者，腓特烈·威廉三世迫使拿破仑放弃了抓捕。在此之前，他和拿破仑一直在秘密通信，他们相互信任，关系非常亲密，甚至谈论彼此的家庭生活细节。据说，因为这件事，他们之间的亲密关系结束了。

然而，1805年初，当俄国、奥地利和英国试图说服普鲁士加入第

† 腓特烈・威廉三世

弗朗茨・克鲁格（1797—1857）绘

三次反法同盟时，腓特烈·威廉三世拒绝加入。在柏林宫廷，普鲁士王后、王子与首相哈登贝格及所有年轻的普鲁士军官，都为加入第三次反法同盟能让他们有机会展现腓特烈大帝流传下来的荣耀，或者一雪1792年战役带来的耻辱而激动不已。因此，他们坚定地支持普鲁士加入第三次反法同盟。当时，安斯巴赫附近的普鲁士领土遭到一支法军的进犯。这激怒了普鲁士人。主战的呼声占了上风，普鲁士人请求腓特烈·威廉三世立即向法国宣战。但腓特烈·威廉三世和外交大臣豪格维茨侯爵一直主张和平，拒绝加入第三次反法同盟。

这时，亚历山大一世正在波兰。当受邀前往波茨坦后，他便立刻动身了。1805年11月3日，亚历山大一世成功劝说腓特烈·威廉三世加入第三次反法同盟。普鲁士军队立即撤出俄国边境。豪格维茨率军前往布隆，并以此要挟拿破仑。但由于1805年12月初奥斯特利茨战役的爆发，他不得不闭嘴。两星期后，“狡猾”的豪格维茨迅速改变立场，与征服者拿破仑签订协约，分享胜利果实。

然而，拿破仑掩饰了不满，因为他要处理诸多战后事宜：重新组织军队，把贝格大公国交给妹夫缪拉，将纳沙泰尔交给贝尔蒂埃，让兄长约瑟夫·波拿巴征服那不勒斯王国，还干涉赫尔维蒂共和国内政，建立莱茵邦联，并自命为“护国主”。拿破仑将荷兰共和国变成法国的附庸国，由弟弟路易·波拿巴统治。1805年12月15日，拿破仑将汉诺威割让给普鲁士，以换取安斯巴赫、克莱沃和纳沙泰尔。

一开始，占领汉诺威对腓特烈·威廉三世具有一定的吸引力，但在签订协议时，他突然觉得羞愧难当，便犹豫了起来。他只希望接受汉诺威一半的领土，并且只是名义上拥有它。拿破仑不理解腓特烈·威廉三世这种怯懦的做法。“什么？”他反问道，“腓特烈·威廉三世既不敢讲和也不敢打仗吗？他宁愿选择英国也不选择我吗？他准备加入反法同盟吗？他鄙视与我结盟吗？”怀着这种愤怒的想法，1806年3月8日，通过与普鲁士签订新条约，拿破仑迫使腓特烈·威廉三世对英国宣战，占领汉诺威，并允许法军进驻韦瑟尔和哈默尔恩。

腓特烈·威廉三世只好屈服，但普鲁士人与柏林宫廷被激怒了，责备腓特烈·威廉三世不战而败。普鲁士人靠怀念过去的荣耀来鼓舞自己。普鲁士人认为，只有他们保留了战胜欧洲征服者的荣耀。他们不厌其烦地侮辱法国大使，在法国大使的门口打磨佩剑。拿破仑也饱受普鲁士人的谩骂。就连端庄优雅、魅力四射的普鲁士王后梅克伦堡-施特雷利茨的路易丝也持好战态度。普鲁士王子们主动请缨，希望率军抗击拿破仑的军队。普鲁士人尤其信赖其中一位王子。从姿态、性格及无畏的勇气来看，这位王子会成为普鲁士人的英雄。骑士精神、爱国热情和复仇怒火充斥着每个普鲁士人的心。

与此同时，有人断言，一些要么背信弃义、要么被人蒙蔽的普鲁士人劝腓特烈·威廉三世说，拿破仑表现出爱好和平、厌恶战争的姿态是迫不得已的。他们还补充道，拿破仑背信弃义，正在与英国和谈，条件是他从普鲁士收回汉诺威，并将汉诺威还给英国。普鲁士人的爱国热情令腓特烈·威廉三世感动。他允许普鲁士人积极地保卫自己的家园。普鲁士军队开始前进，并对拿破仑构成了威胁。但15天后，普鲁士军队便全军覆没，普鲁士人失去了他们的王国，腓特烈·威廉三世独自逃亡。拿破仑在柏林下达了进攻英国的命令。

即使普鲁士已经失败，已经被征服，拿破仑也不可能放弃对普鲁士的控制。在俄国炮火的压制下，普鲁士可能立刻就会与俄国结盟。当拿破仑发现不可能通过慷慨大方的行为使普鲁士像萨克森一样为他所用、给他带来好处时，他的下一步计划就是瓜分普鲁士。但不知是因为出于同情，还是因为亚历山大一世的影响，拿破仑无法下定决心瓜分普鲁士。在很多情况下，我们往往是在实施计划的过程中才发现该计划是错误的，这时我们会停止继续犯错。同样，瓜分普鲁士的计划也是错误的，很快，拿破仑就会意识到这一点。因此，当他说出“我居然留给腓特烈·威廉三世如此广阔的领土，这怎么可能呢”时，他大概还没有原谅受亚历山大一世保护的普鲁士。拿破仑憎恨普鲁士，因为他觉得普鲁士人也憎恨他。

事实上，普鲁士的年轻人已经表现出忌妒、不耐烦与仇恨的苗头，这种苗头是由一种充满民族主义、自由主义和神秘主义的教育制度激发出来的。一股可以与拿破仑抗衡的强大力量在普鲁士人中出现了，其中包括所有被他的胜利羞辱或冒犯的人。这股敌对力量集弱者与被压迫者的所有力量、自然法则、神秘、狂热、复仇于一体！由于缺乏支持，这股敌对力量祈求上苍的帮助，但其精神力量是拿破仑的物质力量很难抗衡的。在某种狂热教派的忠诚和不屈不挠的精神的激励下，这股力量细致入微地观察着他的动向，找出他的软肋，缓慢地渗入他权力的所有缝隙，随时准备抓住一切机会打击他。这股力量正以普鲁士人特有的耐心与沉着静待时机。然而，这种耐心与沉着正是普鲁士人被打败的原因，也是法国人成功的原因。

其实，上述状况只是美德联盟（Tugendbund），或称“美德之友”（Friends of Virtue）的巨大阴谋造成的，换言之，是它的创始人施泰因，即最初给它指出明确方向的人的巨大阴谋造成的。或许为获得更多好处，拿破仑已经将施泰因争取过来，但更想惩罚他。一个警察无意中发现了拿破仑的计划，认为自己能发现这个计划完全是个奇迹。但当阴谋涉及利益、感情，甚至是人们的良知时，共谋者就很难控制阴谋造成的后果了。这一点人尽皆知，无须浪费口舌，因为人们普遍具有共情心理，可以推己及人。

公谊会的理念不断传播，每天都有新人加入公谊会。在普鲁士人看来，公谊会攻击了拿破仑的军队，并将势力范围扩大至意大利，威胁着要彻底推翻拿破仑的统治。很明显，如果情况对法国不利，便根本不需要任何人利用公谊会来达到自己的目的。1809年，甚至是在埃斯林根灾难发生之前，首先冒险提出为了独立而举兵反抗拿破仑的就是普鲁士人。拿破仑将这些普鲁士人送进了监狱，因为他觉得消除反叛的声音很重要。然而，反叛的声音似乎与西班牙人的情绪呼应，并且很快就会广泛传播。

由于普鲁士内部这些仇恨的种子及它位于法国和俄国之间的地理位置，拿破仑不得不继续控制它。然而，他只能靠武力控制它，并且只有削弱它的势力，他才能变得强大。

拿破仑很清楚：首先，贫穷可以造就莽夫，使人鲁莽行事；其次，寻找希望往往是那些一无所有的人的行动法则；最后，他剥夺了普鲁士人的一切，除了他们手中的剑。在某种程度上，拿破仑的做法是在迫使普鲁士人反抗他。尽管如此，他还是毁掉了普鲁士。因此，在1812年即将到来之时，在可怕的战争来临之际，腓特烈·威廉三世对自己的顺从感到不安与厌倦，决定通过联盟或战争来摆脱困境。1811年3月，腓特烈·威廉三世向拿破仑毛遂自荐，表示愿意为他正在准备的远征出力。1812年5月，腓特烈·威廉三世再次毛遂自荐。8月，他第三次向拿破仑毛遂自荐，但一直没有得到满意的答复。这次军事行动的规模如此大，将会包围、穿越甚至耗尽普鲁士，腓特烈·威廉三世忧惧它会彻底毁灭普鲁士，于是宣布："由于情况紧急，我不得不拿起武器，宁做战死鬼，不做亡国奴。"

据说，与此同时，腓特烈·威廉三世还私下向亚历山大一世提出如下条件：如果俄军进攻西里西亚，那么他准许亚历山大一世占有格鲁琼兹（Graudentz）和自己的弹药库，并且他会亲自率领臣民反抗拿破仑。如果这种说法真实可信，那么亚历山大一世会非常乐意接受这个条件。亚历山大一世马上派人向巴格拉季昂和维特根施泰因传达了行军密令。亚历山大一世还指示，在收到他的第二封信之前，严禁他们打开这些密令。但由于亚历山大一世改变了决定，他并没有写第二封信。亚历山大一世改变决定的原因可能有多种：第一，他不希望自己成为打响这场规模如此大的战争的第一人。他担心如果这样做，就会成为挑衅者。他的这种忧虑出于神圣的正义感及人道主义。第二，腓特烈·威廉三世一旦对拿破仑的计划不再感到那么不安，就会下定决心听从命运的安排。或许亚历山大一世在给腓特烈·威廉三世的回信中表达的高尚情操是他的唯一动机。我们确信，亚历山大一世在给腓特烈·威廉三世的回信中写道："在一场可能以失败开始，并且需要坚持不懈的战争中，我感到只有为了自己，我才会勇敢地投入战斗，而战争将会给盟友带来不幸的想法可能会动摇我的决心。我要是运气不佳，就会为将普鲁士和自己的运气绑在一起而感到难过；要是运气够好，那么无论普鲁士为形势所迫采取何种行动，我都会和普鲁士分享我的好运。"一个目击者已为我们证实了这些细节，尽管这个目击者的军衔级别不高。然而，无论亚历山大一世在信中写的内容是出于慷慨还是外交辞令，抑或腓特烈·威廉三世只依据事件的必要性来做出决定，可以肯定的是，现在该是腓特烈·威廉三世做出决断的时候了。1812年2月他与亚历山大一世的交流——如果他们的确交流过的话，或者他希望从法国得到更优厚条件的想法，使他在答复拿破仑的明确提议时犹豫不决。因此，拿破仑开始不耐烦，他向但泽派军，并让达武进军波美拉尼亚。拿破仑一再迫切地下达入侵瑞典的命令。他下达这些命令的理由是，波美拉尼亚与英国进行了非法贸易。然后他又说，他的理由是必须迫使普鲁士接受自己提出的条件。如果自这些命令下达8日之内，普鲁士还未就法国提出的缔结联盟的条件做出决定，那么达武就会接管普鲁士，并抓捕腓特烈·威廉三世。达武根据拿破仑的命令开始行军。然而，还没走出多远，他就接到情报——1812年2月21日，普鲁士和法国已经正式签署条约。

腓特烈·威廉三世的顺从并没有让拿破仑感到十分满意。拿破仑使用巧妙的办法来增强自己的势力。出于对腓特烈·威廉三世的疑心，他仍然渴望占领普鲁士的堡垒，不把这些堡垒留给腓特烈·威廉三世。拿破仑要求腓特烈·威廉三世在一些堡垒中收留50名到80名法国的伤病员，并希望他能将法国的一些军官安排到其他堡垒中。这些伤病员和军官都必须事无巨细地向拿破仑递交报告，听从他的命令。拿破仑希望掌控一切。他在给达武的信里写道：“施潘道是柏林的要塞，而皮劳是柯尼斯堡的要塞。”法军接到命令，准备在拿破仑发出第一个信号时进入这些堡垒。拿破仑还亲自规定了发送信号的方式。他发布了如下命令：“虽然我们的军队被禁止进入腓特烈·威廉三世为自己保留的波茨坦，但我们的军官应该经常出入该地区，观察那里的人，同时让那里的人习惯我们军官的存在。”他建议：“无论是对腓特烈·威廉三世还是他的下属，我们都要表现出恰如其分的尊重。”但他要求没收普鲁士人的所有武器，以免普鲁士人暴动。他还仔细地说明了武器的类型，连最小型的武器也没有忽略。他预计法军有战败的可能，于是命令军队入驻军营或临时营地。他还交代了许多其他细节，尽管维克多元帅及随后到来的奥热罗已经率领5万人占领了普鲁士。为了防止英国人从易北河和维斯瓦河之间进军，拿破仑通过签订条约获得了一支由1万名丹麦人组成的援军，作为最后的安全保障。

然而，这些预防措施仍不足以消除拿破仑的疑虑。当哈茨菲尔德亲王要求拿破仑支付2500万法郎作为正在准备的战争的经费时，拿破仑吩咐达鲁伯爵：“我们应该特别小心，不要给敌人提供武器来对付自己。”这样一来，腓特烈·威廉三世就像被困在铁丝网里一样，被拿破仑牢牢地控制住了。他只能与拿破仑签订条约，让其随意支配普鲁士2万到3万人的军队、主要堡垒及弹药库。①

① 根据该条约，普鲁士同意给法国提供25万公担（1公担=100千克。——编者注）黑麦、2.4万公担大米、200万瓶啤酒、40万公担小麦、6.5万公担稻草、35万担干草、600万蒲式耳（1蒲式耳约合36.3677升。——编者注）燕麦、4.4万头牛、1.5万匹马、3600辆配备了马具和车夫的车子，每车载重150公担。另外，普鲁士的医院要为法国的两万名伤病员提供一切必需品。所有必需品的开销都将从因征战而征收的剩余税款里扣除。——原注

第3章 奥斯曼帝国

与丹麦和普鲁士分别签订的两个条约，为拿破仑铺好了通往俄国的道路。然而，为了攻入俄国，他有必要搞定瑞典和奥斯曼帝国。

由于当时不同国家与地区之间的军事结盟愈演愈烈，为了简要叙述一项战争计划，我们没有必要研究一个省的地形、山脉的构造或河流的流向。当叙述诸如亚历山大一世和拿破仑这样的君主正在争夺欧洲的统治权时，我们有必要从宏观角度来看待每个国家的普遍情况与相对位置。在叙述这些国家与地区采取的策略及由此导致的相互敌对的计划时，我们不能只局限在单一国家，而要放眼全球。

在欧洲，俄国的地理位置得天独厚，南北两面临海。在这个领土大得超出人们想象的国家，它的政府很难被逼入绝境，被迫屈服。要征服俄国，就必须进行长期战争，但俄国的气候根本不利于长期战争。由此可见，如果无法取得奥斯曼帝国和瑞典的一致同意，拿破仑就无法突破俄国牢固的边防线。因此，取得这两个国家的支持，是他远征俄国不可或缺的前提条件。得到奥斯曼帝国和瑞典的支持，法军就可奇袭俄国，攻入俄国现代化首都莫斯科，进而攻打驻扎在莫斯科左后方涅曼河边的俄军。这样一来，法军不仅可以加快进攻俄国位于平原地带的开阔边界，避免交战时发生混乱，还能为撤退留下后路。

因此，拿破仑这位法军中最吝啬的军人，希冀听到奥斯曼帝国大维齐尔进军基辅、贝纳多特进攻芬兰的消息。拿破仑麾下已经有8个主权国家的君主，但奥斯曼帝国和瑞典这两个对此次战争兴趣最大的国家仍然不为所动。远征俄国的计划很宏伟，值得拿破仑这位野心勃勃的皇帝集结欧洲大陆上所有国家与所有宗教信仰者来完成，如此才能确保远征取得胜利。假如人世间需要另一个“荷马”振臂高呼，召唤“万王之王”，那么波澜壮阔的19世纪就会出现拿破仑这样一位

“万王之王”；整个时代的惊呼声将响彻未来，在一代又一代人中间回荡，直到永远！

然而，我们并没有得到这么多荣耀。

在法军中，我们有谁能够忘记，当听到奥斯曼帝国与瑞典跟俄国签订致命的条约时，攻入俄国平原中心的拿破仑脸上浮现的惊愕表情？我们有谁能够忘记，当看到法军右翼没有任何保障，看到其左翼力量过于薄弱，看到其撤退路线快要被俄军切断时，我们脸上流露出的焦灼？当时，我们只看到了盟友和对手达成的和平条约给我们带来的致命影响；现在，我们渴望知道其中的缘由。

依据18世纪末缔结的条约，软弱的奥斯曼帝国苏丹屈服俄国，而法军远征埃及使他与法国对抗。然而，自拿破仑掌权以来，为了共同利益，塞利姆三世与他和解，非常亲切地保持秘密书信往来。两位君主建立了密切的联系，甚至将自己的画像赠予对方。在波兰战争中，当拿破仑在耶拿获胜时，在波尔塔的影响下，塞利姆三世决定摆脱亚历山大一世的束缚，试图对奥斯曼帝国的风俗习惯进行重大改革。拿破仑不仅鼓励塞利姆三世进行改革，而且协助他将欧洲的训练方法引入奥斯曼军队。英国人虽然急于反对塞利姆三世的做法，但他们被赶出了君士坦丁堡外的海域。当时，拿破仑给塞利姆三世写了下面这封信：

> 我的大使已经告知我，在对抗我们共同的敌人时，穆斯林表现出了良好作风。你已经证明了，你是塞利姆家族与苏莱曼家族杰出的后代。你曾让我给你派去一些军官，我已经给你派去了。我很遗憾，你只跟我要了500人，而不是几

千人。我已经下令让他们立即出发。我想由我来支付他们薪水，为他们提供制服，而他们在奥斯曼帝国可能产生的费用则由你负担。我已经命令我在达尔马提亚的军队指挥官将武器、弹药及你向我要的一切都给你送去了。我给那不勒斯的军队指挥官也下达了同样的命令，那里的弹药已经交由约阿尼纳的帕夏随意支配。将军、军官、各种武器甚至钱都由你支配。你无论想向我要什么，都一定要明确地提出来，我会立即给你送去你想要的一切。波斯沙阿卡扎尔那边也要安排好，他也是俄国的敌人。你要鼓励卡扎尔，让他坚定立场，勇敢地攻击我们共同的敌人。我已在艾劳会战中打败俄国，从俄军手中夺来75门大炮和16面旗帜，并抓获了大批俘虏。我在距离华沙80里格①的地方接待你的大使，我准备利用这段时间让军队休整15天。考虑到你在炮兵与步兵方面的需求，我把炮兵和步兵都给了你的大使。然而，因为害怕引起穆斯林的警觉，你的大使拒绝了。告诉我你所需的一切。我有足够的权力，也有足够的兴趣，不管是因为我们之间的友谊，还是因为外交政策，我都会支持你，而不会拒绝你。有人向我提出了和平的建议，可以满足我想要的所有好处，但前提是我批准《西斯托瓦条约》确立的奥斯曼帝国与俄国之间的现状，而我拒绝了。我是这样回复的：奥斯曼帝国的完全独立必须得到保证；在法国“沉睡”期间，所有针

① 里格，古老的长度计量单位。在陆地上，1里格约合4.827千米；在海洋里，1里格约合5.556千米。——编者注

对奥斯曼帝国的条约都应该被撤销。

1807年4月3日

于奥斯特罗德

写这封信前后，拿破仑曾做过非常正式的口头承诺：他会剑不入鞘，时刻准备战斗，直到新月①完全恢复对克里米亚的统治。他甚至授意波尔塔抄录一份他的命令送给奥斯曼帝国的迪万②，因为他的命令中包含了这些承诺。

拿破仑是这么说的，起初也是这么做的。波尔塔请求奥斯曼帝国为2.5万人的法军打开一条通道，他要统领这支军队加入奥斯曼军队。然而，一个突发情况打乱了这项计划。当时，拿破仑许诺塞利姆三世，要给他一支9000人的法军作为辅助力量，其中包括5000名炮兵。这支军队将乘坐11艘船陆续抵达君士坦丁堡。与此同时，奥斯曼大使在法国军营中享受丰厚的待遇。拿破仑每次检阅部队都会让这位大使同去。大掌马官（grand-equerry）科兰古极力奉承奥斯曼大使，早已将奥斯曼帝国视为进攻与防守方面的盟友。然而，就在此时，俄军突然发动进攻，打断了他们的谈判。

奥斯曼大使回到华沙，并在华沙受到了同样的尊重。直到拿破仑取得弗里德兰战役决定性胜利的那一天，这位大使都受到同样的尊重。然而，弗里德兰战役胜利后的第二天，奥斯曼大使那种被人人敬仰的错觉就消失了。由于奥斯曼大使不再代表塞利姆三世，于是人们

① 新月，伊斯兰教的象征。这里指奥斯曼帝国。——译者注

② 迪万，伊斯兰国家政府管理机构的称谓。——译者注

开始忽视他的存在。奥斯曼帝国的一场政变推翻了拿破仑昔日好友塞利姆三世的统治。拿破仑原本打算赠予奥斯曼帝国一支正规军，但随着塞利姆三世倒台，让塞利姆三世有所依靠的承诺现在也就不算数了。拿破仑断定，他不能指望这些“野蛮人”给他提供帮助。因此，他改变了作战计划。此后，他希望得到亚历山大一世的帮助。拿破仑是个天才，从不优柔寡断。他早已算计好要放弃那位友人统治的东方，即奥斯曼帝国，这样他就可以自由地占领西方，即整个欧洲。

拿破仑的宏伟目标是扩大欧洲大陆体系，将整个欧洲囊括在内，而只有与俄国合作，此事才能促成。如果他与亚历山大一世达成合作，俄国会从北方将英国人拒之门外，迫使瑞典与英国开战，而法国则可以将英国从欧洲中部、南部及西部驱逐出去。拿破仑已经开始打算，如果葡萄牙不与法国结盟，他就会远征葡萄牙。他的脑海中萦绕着这些想法。现在，奥斯曼帝国只是他计划中的一个帮手而已，因此他同意法俄停战，也同意双方在提尔西特进行会谈。

然而，维尔纽斯的一个使团刚刚到来。使团成员恳请拿破仑恢复他们国家的独立，并声称他们会与华沙一样，为拿破仑的事业做出同样的贡献。已经实现雄心壮志的贝尔蒂埃开始对战争感到厌烦，他斥退了所有使团成员，视他们为出卖拿破仑的叛徒。相反，达武对维尔纽斯使团的请求很感兴趣，便把维尔纽斯使团带到拿破仑面前。贝尔蒂埃对待这些来访的立陶宛人的态度令拿破仑非常恼火。拿破仑亲切地接待了使团，但没有许诺提供帮助。达武告诉拿破仑，由于俄军溃败，对法国来说，现在正是进攻俄国的好时机。拿破仑并没有听取达武的建议。他回复道：“首先，瑞典刚刚宣布停战。其次，奥地利主动调解法国与俄国的关系，在我看来，这是一种敌对行为。再次，普鲁士人看到我远离法国，可能就不会再惧怕我了。最后，我忠实的盟友塞利姆三世刚被废黜，奥斯曼帝国苏丹穆斯塔法四世初登大宝，而我对他一点儿也不了解。”

因此，拿破仑选择继续与俄国谈判。那个被忽视、遗忘的奥斯曼大使，只能在法国军营里游荡，因为拿破仑没有让他来参加终止战争的谈判。不久之后，奥斯曼大使十分不满地回到了君士坦丁堡。《提尔西特和约》并没有让由“野蛮人”组成的奥斯曼帝国宫廷恢复对克里米亚的统治，甚至连对摩尔达维亚和瓦拉几亚的统治也没有恢复。条约规定，将摩尔达维亚和瓦拉几亚归还原主。然而，《提尔西特和约》从未被执行。拿破仑自称是穆斯塔法四世与亚历山大一世的调解人，因此奥斯曼帝国和俄国的大使来到了巴黎。然而，在这一假装调停的漫长过程中，奥斯曼帝国全权大使从未得到拿破仑的承认。

如果必须说出全部事实，那么我们可以断定，提尔西特谈判及随后的谈判，是在讨论瓜分奥斯曼帝国的条约。有人建议，俄国占领瓦拉几亚、摩尔达维亚、保加利亚和蒙特赫姆斯的一部分领土，奥地利将拥有塞尔维亚和波斯尼亚的一部分领土，法国占领波斯尼亚的另一部分、阿尔巴尼亚、马其顿，以及从希腊一直到萨洛尼卡的所有领土，而君士坦丁堡、阿德里安堡和色雷斯则留给奥斯曼人。

这些谈判是否确实就瓜分奥斯曼帝国的问题进行了严肃磋商，还是仅仅让与会国家的首脑们交流了各自的雄心壮志，尚不确定。不过，非常肯定的是，在提尔西特谈判结束后不久，亚历山大一世的野心明显有所收敛。出于一贯的谨慎，他有了一种危机意识：实力雄厚的邻国——法国可能会取代不堪一击的奥斯曼帝国；与积极活跃、不好相处的法国人相比，奥斯曼人无知、容易冲昏头脑。当谈到这个话题时，亚历山大一世曾说：“我的领土中已经有太多荒凉的地方了，而我也十分明白，当时占领人烟稀少的克里米亚、征服陌生而敌对的宗教信仰者并迫使他们改变风俗习惯，要付出很大的代价。这样做并没有多大的价值。除此之外，法国与俄国都太强大了，不适合成为近邻。两个如此强大的国家如此近地接触，一定会产生摩擦。因此，在这两个国家之间保持中立方为上策。”

于是，拿破仑再也没有进一步敦促此事。由于西班牙的暴动转移了他的注意力，他必须带领所有兵力去应对。即使在爱尔福特会谈之前，在大使波尔塔从君士坦丁堡返回以后，拿破仑尽管仍然坚持瓜分奥斯曼帝国的想法，却承认大使的推断是正确的。“在这个瓜分计划中，您不会得到任何好处。由于俄国和奥地利将会得到奥斯曼帝国与本国领土相邻的省份，它们的领土将会越来越辽阔，而我们则不得不一直留8万人在希腊，以确保希腊臣服于我们。这样一支军队要进行如此长距离的行军。行军过程中的损失，加上士兵们不适应气候与身体健康状况下降造成的损失，导致我们每年需要招募3万名新兵。长此以往，法国的国力与人力将被耗尽，况且从雅典一直延伸到巴黎的战线太漫长。此外，这支军队在通过的里雅斯特湾时会被死死地压制，因为那里非常狭窄，而奥地利距离那里又非常近。奥地利军队极易渡过的里雅斯特湾，从而切断我们部署在希腊的侦察部队与我国和意大利之间的所有联系。”

拿破仑解释道：“奥地利就像一块绊脚石，的确会使情况复杂化。我们必须除掉它。欧洲必须分成两个帝国。多瑙河、从黑海到帕绍、从波希米亚的高山到库尼斯加茨、从易北河到波罗的海，就是它们的分界线。亚历山大一世将成为欧洲北部的皇帝，而我，拿破仑，则是欧洲南部的皇帝。”随后，拿破仑放弃了这些“崇高理想”，重新考虑波尔塔关于分割奥斯曼帝国在欧洲的领土的意见。在宣告为期3天的会议结束时，拿破仑对自己的大使说：“你说得对，没有人能回答这个问题！我放弃瓜分奥斯曼帝国。此外，这样做也和我对待西班牙的观点一致，我打算控制西班牙。”“您说什么？”波尔塔惊愕地问道，“控制西班牙？那可是您的兄长的王国！”“‘我兄长的王国’是什么意思？”拿破仑反驳道，“谁能把像西班牙这样的国家送人？我决定将它并入法国，给它一个伟大的统治者。为了让亚历山大一世同意我这么做，我将允许他占领从奥斯曼帝国到多瑙河的领土，而我则撤出柏林。至于兄长约瑟夫·波拿巴，我会补偿他的。”

此后不久，爱尔福特会谈就开始了。彼时，拿破仑可能没有支持奥斯曼帝国的动机。法军已经鲁莽地挺进西班牙腹地，并在那里遭到了拦截。拿破仑需要派人去西班牙指挥军队，他在莱茵河及易北河的军队也越来越需要得力干将指挥。于是，奥地利乘机拿起武器准备战斗。因此，出于对德意志现状的不安，拿破仑迫切想知道亚历山大一世的军事部署，急于与其达成攻防联盟，甚至想将亚历山大一世拉入战争中。上述情况就是促使拿破仑放弃从奥斯曼帝国一直到多瑙河的领土的原因。

这样一来，由于奥斯曼帝国与俄国之间的战争再次爆发，奥斯曼帝国宫廷很快就有理由责难法国。尽管如此，1808年7月，奥斯曼帝国苏丹穆斯塔法四世被废黜，马哈茂德二世继位后重新宣布与拿破仑交好。但当时，拿破仑与亚历山大一世仍处于结盟状态，他虽然对塞利姆三世的死亡感到十分遗憾，但蔑视奥斯曼帝国不稳定的政府，因此并没有注意到马哈茂德二世在向他示好。3年过去了，拿破仑都没有给马哈茂德二世任何回应。他的沉默可以解释为他拒绝承认马哈茂德二世的苏丹地位。

拿破仑对马哈茂德二世的态度不冷不热。然而，1812年3月21日，离法国与俄国开战只有6周的时间，他请求与马哈茂德二世结盟，但他提出，结盟谈判一开始，奥斯曼帝国必须在5天内中断与俄国的所有谈判，并且马哈茂德二世必须亲自率军10万人，在9天内赶到多瑙河。为了回报奥斯曼帝国的帮助，拿破仑提议让其占领摩尔达维亚和瓦拉几亚。在这种情况下，俄国人也很乐意恢复奥斯曼帝国对这两个省的统治，以迅速地换取和平。亚历山大一世在6年前（1806年）就许诺恢复奥斯曼帝国苏丹对克里米亚的统治权，现在这个许诺终于可以兑现了。

我们不知道拿破仑请求与马哈茂德二世结盟的急信送到君士坦丁堡的时间是否算错了，不知道拿破仑是否高估了奥斯曼军队的实力，还是他自认为这个突如其来且有利可图的建议对奥斯曼帝国的迪万很有吸引力，能让迪万迅速做出决定。简直难以想象，拿破仑居然对穆斯林长期不变的习俗一无所知——这些习俗不允许马哈茂德二世这位奥斯曼帝国至高无上的君主亲自率军出征。

拿破仑还不至于将“野蛮无知”的罪名归于奥斯曼帝国的迪万，因为迪万的确对拿破仑的建议很感兴趣。1807年，拿破仑放弃了奥斯曼人的利益。对于穆斯林对他的新承诺可能持有的怀疑，他没有足够的认识。他忘了，穆斯林不懂得近来局势的变化会影响他的政治策略；他忘了，穆斯林废黜并谋杀自己的好友塞利姆三世的行为会使他们担心自己被他厌恶。拿破仑原本希冀自己与塞利姆三世的联合可以使奥斯曼帝国的军队成为一支强大的、能够与俄国抗衡的军事力量。

如果能更早地利用更有力的说辞，拿破仑可能会将马哈茂德二世争取到自己的阵营。然而，表明自己与马哈茂德二世结盟的意图之后，出于傲慢，他对腐败的奥斯曼帝国宫廷的行为感到厌恶。此外，我们不久就会看到拿破仑对和亚历山大一世开战之事犹豫不决，或者说他太担心所做的大量准备工作会引起亚历山大一世的警惕。也有可能是，他提出与奥斯曼帝国结盟的建议就等同于向俄国宣战，但他为了欺瞒亚历山大一世，不让对方知道自己入侵的确切时间，因此推迟了行动。最终，无论是上述原因，还是奥斯曼帝国与俄国之间的敌对关系，抑或奥斯曼帝国与奥地利缔结的同盟条约，都令他信心倍增——该同盟条约将摩尔达维亚和瓦拉几亚给了奥斯曼帝国。拿破仑让已经前往奥斯曼帝国的法国大使滞留在半道上，直到最后一刻才命令他们继续前往奥斯曼帝国完成使命。

不料，俄国、英国、奥地利和瑞典的使者围住奥斯曼帝国的迪万，众口一词地说："奥斯曼帝国之所以能在欧洲存在，只是因为基督教君主之间存在分歧。当他们在特定情形下团结一致时，欧洲的穆斯林就会被征服。当拿破仑正在为了将整个欧洲变成一个帝国而迅速前进时，奥斯曼人最害怕的应该是法国。"

这些使者中潜伏着两位来自希腊的重要政治人物，他们的宗教信仰同亚历山大一世一致，他们希望亚历山大一世能占领摩尔达维亚和瓦拉几亚。由于亚历山大一世的支持和英国给的黄金，他们变得非常富有。他们引导毫无戒备、无知的奥斯曼人关注法军对奥斯曼帝国边境的占领与军事侦察。他们还做了很多事情：首先，他们影响了奥斯曼帝国的迪万和其他文职官员的观点。其次，他们影响了奥斯曼帝国大维齐尔和军队指挥官们的观点。骄傲的马哈茂德二世虽然不愿意妥协，却只能接受不战。诡诈的希腊人设法解散了奥斯曼帝国的军队，并通过制造叛乱，强迫马哈茂德二世与俄国签订了丧权辱国的《布加勒斯特条约》。

这是一场奥斯曼帝国宫廷不同势力之间的阴谋与较量。奥斯曼帝国的命运竟然掌握在被奥斯曼人蔑视的两个希腊人手中，而不是掌握在奥斯曼帝国的苏丹手中。就像所有将自己关在皇宫内的暴君一样，苏丹也依靠宫廷的尔虞我诈生存，因此马哈茂德二世不得不屈服。当时，两个希腊人春风得意，但后来，马哈茂德二世将他们都斩首了。

第4章 瑞典王国

就这样，法国失去了奥斯曼帝国的支持，但仍旧得到了瑞典的支持。瑞典国王贝纳多特曾在法国军队服役。作为一名法国军人，他将自己获得的荣耀与王权都归功于法国军队。他会不会一有机会就抛弃法国呢？这种恩将仇报的行为是无法预见的。更不用说他会因为从前对拿破仑的嫉妒，或因为新晋宠臣最普遍的弱点，而牺牲瑞典真实长久的利益。倘若那些新近取得显赫成就的人向吹嘘自己的职位得到晋升的人屈服，那是因为他们所处的位置使他们不得不屈服，而不是因为他们过于自谦。

在这场贵族制与民主制的激烈较量中，贵族阶层一个最坚定的敌人——贝纳多特加入了贵族的队伍。贝纳多特独自一人打入了古老的宫廷和贵族之中，极尽所能地证明自己对他们的价值。最终，他成功了。然而，成功让他付出了高昂的代价：在危险时刻，为了取得成功，他先是不得不抛弃旧友和使自己获得荣耀的人；后来，他做得更过分，他踏着昔日好友血流如注的尸体前进，与他们曾经的敌人，其实也是他曾经的敌人，一起去侵略养育他的国家——法国，从而使曾经重用他的人——拿破仑，任由亚历山大一世摆布。亚历山大一世是第一个野心勃勃地想要统治整个波罗的海的人。

然而，在政治权衡方面，拿破仑似乎没有充分地认识到贝纳多特与瑞典在即将来临的决定性斗争中的重要性。好战的性格及超世绝俗的天资让拿破仑冒了很大的风险。但即使是法国雄厚的实力，也难以支撑他的勃勃野心。他的梦想破灭了。他认为，瑞典的利益与他的利益紧紧捆绑在一起。因此，当他想要削弱俄国时，他认为在不许诺给瑞典人任何补偿的前提下，就可以从瑞典得到所有想要的东西。他太过傲慢，对瑞典人的任何要求都不让步，甚至以为瑞典人极其渴望他

† 贝纳多特

弗雷德里克·威斯丁（1782—1862）绘

能取得成功，根本不想与他分裂。

追溯历史，我们会发现，瑞典倒戈的原因主要在于贝纳多特的嫉妒与野心，而不是拿破仑的倔强与傲慢。人们不久就会看到，对于两国关系破裂，瑞典的新国王贝纳多特负大部分责任，因为他提出与法国结盟，但他的行为背叛了法国。

拿破仑从埃及归来时，并非在同僚的一致同意下才成为第一执政的。从前，同僚们就嫉妒他。现在，他们更加眼红他的权力。就拿破仑的功绩而言，他们无可辩驳，但他们试图拒绝服从拿破仑的统治。莫罗与其他几位将军，都参与了雾月十八日政变，有些是经人劝说后参加的，有些是突发奇想参加的，但事后他们都后悔这么做了。实际上，贝纳多特拒绝参加这次政变的一切行动。1799年11月8日晚，1000多名忠心耿耿的将军聚集在拿破仑的府邸，只等他一声令下。只有贝纳多特敢反驳拿破仑的观点。作为一个激进的共和主义者，他拒绝担任共和国的二把手（second place），甚至威胁了愤怒的拿破仑。拿破仑只能眼睁睁看着贝纳多特从人群中穿过，带着秘密，傲气十足地离开。贝纳多特还宣称，他是拿破仑的敌人，甚至是拿破仑的告发者。不知道是出于对与贝纳多特是连襟的长兄约瑟夫·波拿巴的尊敬，还是一贯自我克制的气度，抑或是惊讶，拿破仑痛苦地看着贝纳多特平静地离去。

1799年11月7日晚，在一个姓名以S打头的人（暂且称其为S）的家里，五百人院派出10名代表举行秘密集会，贝纳多特也在其中。五百人院计划，11月8日9时，邀请那些志同道合的人举行静坐示威。届时，五百人院会通过一项法令——它将效仿古代的谘议会，慎重地任命约瑟夫·波拿巴为护卫队将军，并委派贝纳多特指挥护卫队。护卫队必须全副武装，随时准备听从调遣。该计划就是在S家举行的集会上制订的。然而，集会结束后，S立刻去见拿破仑，向他坦白了此次集会。显然，拿破仑的愤怒足以使所有参加集会的阴谋者不敢造次，他们再也不敢在五百人院露面了。11月9日，雾月政变发生了。

此后，贝纳多特非常谨慎，假装服从拿破仑的命令。但拿破仑并没有忘记贝纳多特当初是如何反对自己的。他时刻注意着贝纳多特的一举一动。不久，拿破仑怀疑贝纳多特是法国西部密谋反对他的共和党人的头目。这些共和党人过早地发布了一则宣言，被拿破仑发现了。贝纳多特的一个同谋是军官。由于其他原因被捕后，这位军官揭发了所有同谋。当时，如果拿破仑能给贝纳多特定罪，那么贝纳多特几乎无力回天。然而，他只是任命贝纳多特为法国公使，准备将其放逐到美国。他没想到，命运偏偏青睐贝纳多特。贝纳多特到达罗什福尔后，推迟了登船时间，并一直耗到法国与英国再次开战。随后，他拒绝前往美国，而这时的拿破仑也无法再强迫他前往美国了。

拿破仑和贝纳多特之间只有仇恨。贝纳多特拒不服从他的命令，只会使二人之间的关系更加恶化。不久，人们就听说，在奥尔施泰特战役中，拿破仑斥责贝纳多特嫉妒心强、狡诈、不作为，并且不服从他当天在瓦格拉姆下达的命令。拿破仑认为，该命令能确保法军在这场战役中稳操胜券。他还指责贝纳多特的性格，或许还有他举手投足间散发的魅力。他认为，贝纳多特表现出的不是爱国精神，而是狼子野心。他尽管认为对一个刚刚组建起来的政府而言，这一切很危险，但还是授予贝纳多特军衔、各种头衔及荣誉。然而，贝纳多特总是忘恩负义，将这些都视为理所应当，认为拿破仑是因为需要他才给予他这一切。所以，拿破仑的抱怨并非无中生有。

贝纳多特一直在利用拿破仑的自我克制及想与他友好相处的愿望。他的这种做法导致拿破仑对他越来越不满，而他的野心也引发了拿破仑对他的敌意。他质问拿破仑，为什么要把他放在瓦格拉姆这样一个既危险又错误的地方？为什么这次胜利的报告对他不利？为什么报告上的记录巧妙地表露出他嫉妒心强、野心勃勃，而不为他歌功颂德？然而，此时，即使诡诈的贝纳多特仍然对拿破仑心怀不满，也无关紧要了。之后发生的事情使他们之间的嫌隙越来越大。

依据《提尔西特和约》，瑞典和奥斯曼帝国都为俄国与法国想要建立的欧洲大陆体系做出了牺牲。这种状况是瑞典国王古斯塔夫四世的错误或疯狂的政治策略导致的。自1804年以来，古斯塔夫四世似乎一直在为英国效力。他首先中断了法国与瑞典之间古老的联盟关系。他固执地坚持这种错误的政策，当法军战胜俄军时，他试图与法军抗衡；接着他又试图与法俄联盟抗衡。1807年，瑞典失去了波美拉尼亚，后来又失去了芬兰和奥兰群岛，但这些都不足以让固执的古斯塔夫四世有所改变。1808年，上述地方都被并入俄国的版图。

因为古斯塔夫四世昏庸无能，无法很好地使用手中的权力，所以他的臣民非常愤怒地收回了他们被古斯塔夫三世于1772年和1788年剥夺的权力。古斯塔夫三世的王位继承人古斯塔夫四世同样没有行使好这些权力，所以被废黜，锒铛入狱，他的直系后代也失去了继承王位的资格。于是，他的叔叔卡尔十三世登上了王位。荷尔斯泰因-奥古斯滕堡亲王卡尔·奥古斯特被选为瑞典的世袭王储。这场政变始于战争，终于和平。1809年，瑞典与俄国缔结和约。不幸的是，刚刚选出来的瑞典王储卡尔·奥古斯特不久暴卒。

1810年初，瑞典也加入了欧洲大陆体系。于是，法国将波美拉尼亚和吕根岛归还给了瑞典。失去芬兰后，瑞典人筋疲力尽，一贫如洗。瑞典人虽然不愿与英国决裂，但眼下没有任何办法。另外，他们十分敬畏自己的邻国——强大的俄国。由于孤立无援，瑞典不得不寻求各国的帮助。

贝纳多特刚刚接到任命，前去统率驻扎在波美拉尼亚的法国军队。他在军事方面的声誉，以及他温和、慷慨的性情与他对瑞典贵族的奉迎，加上法国与拿破仑的威名，使得一些瑞典人开始关注他。瑞典人似乎不知道贝纳多特和拿破仑之间存在嫌隙。他们认为，如果选贝纳多特做国王，就不仅能够得到一位骁勇善战、经验丰富的将军，还会得到一位瑞典与法国之间强有力的调停者。同时，这位将军还会是他们在拿破仑那里的保护人。然而，事与愿违。

瑞典亲法派贵族打算推选贝纳多特为瑞典王储的事情引发了一系列阴谋。贝纳多特心想，自己之前就对拿破仑心存抱怨，现在有必要在已有积怨的基础上再加深一些。在瑞典国王卡尔十三世与大多数议会成员反对的情况下，贝纳多特被提名为瑞典王储。他得到了瑞典首相瓦赫特迈斯特与弗雷德伯爵的支持。瓦赫特迈斯特没有雄厚的家庭背景，与贝纳多特一样，是靠拼搏飞黄腾达的。弗雷德伯爵是议会中唯一一个给贝纳多特投票的人。当时，弗雷德伯爵请求拿破仑干涉瑞典王储的选拔，而卡尔十三世也想知道他所持的态度。为什么拿破仑表现得那么漠不关心呢？为什么他宁愿把欧洲北部三个国家——瑞典、芬兰和挪威的王冠戴在一位丹麦国王的头上？贝纳多特即使成功当选为瑞典王储，也不会感激拿破仑，反而会认为，他当选王储一方面是因为丹麦国王腓特烈六世的野心消弭了其最危险的竞争对手卡尔·奥古斯特的野心，另一方面是因为莫尔奈的鲁莽。莫尔奈是第一个帮助贝纳多特并主动推荐他的人。贝纳多特还将成功归因于瑞典人对丹麦人的厌恶。最重要的是，贝纳多特将自己的成功归因于其密使采取手腕从拿破仑的大使那里得到的一份文件。据说，这份文件是那位胆大妄为的密使伪造的，上面有拿破仑的签名，证明拿破仑非常正式地表达了支持贝纳多特当选瑞典王储的意愿。这份伪造的文件表明，拿破仑给了这位密使一项使命，即他希望自己的一个副手，也就是兄长约瑟夫·波拿巴的一个亲戚，登上瑞典王位。

同样，贝纳多特认为，多亏了统率驻扎在波美拉尼亚的法军这个机会，他才有可能登上瑞典王位。这个机会使他可以跟瑞典人交流，让瑞典人了解自己的品性，而其子的诞生，将确保瑞典王位继承权不会旁落。贝纳多特也很感激他的密使。在没有得到贝纳多特授权的情况下，密使向斯堪的纳维亚人承诺，如果给贝纳多特投票，那么贝纳多特当选为瑞典王储之后，将给斯堪的纳维亚人1400万法郎，使斯堪的纳维亚的财库丰盈起来。这种空头支票成功地迷惑了贫穷的斯堪的纳维亚人。最后，贝纳多特溜须拍马，让一些被他扣押的瑞典军官为他发声。至于拿破仑，贝纳多特觉得根本不欠他什么。当他亲自告知拿破仑，几位瑞典官员打算推举他为瑞典王储时，拿破仑是怎么答复的呢？“我离瑞典太远，瑞典的事情我完全插不上手。你千万别指望我能帮上你。”同时，拿破仑的确担心卡尔·奥古斯特会当选为瑞典王储。不知是出于必要性，还是出于对命运女神意愿的尊重，最终，拿破仑宣布，由瑞典人自己决定推选谁为瑞典王储。结果，贝纳多特成功当选，随后改名为卡尔·约翰。

当选瑞典王储后，贝纳多特立即前往法国拜谒拿破仑。接见他时，拿破仑很坦率地说：“既然瑞典人将他们的王冠献给你，那我当然允许你接受它。但直白地说，是你手中的剑让你坐上了瑞典王储的宝座。你清楚，我是不会阻挡你的好运的。如你所知，我还有一个愿望。”接着，他对贝纳多特讲了自己的全部计划。贝纳多特似乎完全同意拿破仑的计划。他带着儿子与大臣们一起拜见拿破仑。由于他表现出来的顺从与尊重，他完全赢得了拿破仑的信任。他快要离开法国了，却囊中羞涩。他非常不情愿在两手空空的情况下，像个冒险家一样登上瑞典国王的宝座。因此，拿破仑慷慨地给了他200万法郎，同时赠予他的家人很多东西。作为他国的王储，他不能再留在法国了，便带着家人离去了。很明显，他与拿破仑对彼此都很满意。

由于贝纳多特被选为瑞典王储，加上自己给予他的支持，拿破仑对法国与瑞典联盟寄予更高的期望。起初，在与拿破仑书信往来时，贝纳多特表现得非常尊重也非常感激他。然而，刚一踏出法国国门，贝纳多特就感觉自己好像从长期痛苦的束缚中解脱出来了。据说，他用威胁性的话语宣泄对拿破仑的仇恨。无论此事是否属实，拿破仑还是知晓了他的这些言论。

在贝纳多特看来，拿破仑想要迫使瑞典绝对处于欧洲大陆体系中，而这样会阻碍瑞典的商业发展。拿破仑甚至希望瑞典拒绝美国的船进入瑞典港口。最后，拿破仑还宣称谁是英国的敌人，谁就是他的朋友。因此，贝纳多特不得不做出选择。严冬与浩瀚的大海虽然让他孤立无援，但保护了瑞典不受英国人侵犯。法国距离瑞典港口相对较近，因此瑞典与法国开战将是切实有效的，而与英国开战完全不切实际。最后，贝纳多特选择了与英国开战。

然而，无论是在和平年代还是在战争时期，拿破仑都是一位征服者。他开始怀疑贝纳多特的意图。拿破仑要求瑞典国王给他在布雷斯特的战舰供应绳索等装备，再给法国派遣一支辅助军队，费用由他支付。这么做一方面削弱了他的盟友（即瑞典），另一方面又克制了他的敌人，他可以将盟友牢牢地控制在自己手中。他还要求法属殖民地也给瑞典提供产品，并且给法国与瑞典各缴纳5%的税。拿破仑甚至请求贝纳多特允许他将法国海关官员安置在戈滕堡。对拿破仑的这些要求，他并未做出答复。

不久之后，拿破仑建议瑞典、丹麦及华沙结盟，形成一个北方邦联，这样他就可以像对待莱茵邦联一样宣布自己为北方邦联的保护者了。贝纳多特虽然没有完全拒绝拿破仑的建议，却用实际行动表示了不赞同。拿破仑再次向贝纳多特提出攻防条约，他仍旧不置可否。此后，贝纳多特声明，他连续给拿破仑写了4封亲笔信，坦陈自己不可能满足拿破仑的愿望，并重申他对拿破仑的依恋，但拿破仑从未屈尊给他任何答复。如果事实的确如他所说，那么拿破仑保持沉默是失策的。拿破仑保持沉默只能归因于他的骄傲，因为贝纳多特拒绝了他的要求，伤害了他的自尊心。毫无疑问，拿破仑觉得，贝纳多特的声明太过虚假，不值得他答复。

拿破仑与贝纳多特对彼此越来越不满，两人之间的通信往来非常不愉快。在召回法国驻瑞典的公使阿尔基耶后，拿破仑与贝纳多特之间的通信便中断了。贝纳多特称对英国宣战，只是表面文章，做做样子而已。但拿破仑也不是遭到他人拒绝或任由他人欺骗而不反击的人。他立刻命令自己的私掠船攻击瑞典商船。1812年1月27日，法国私掠船入侵了波美拉尼亚。拿破仑通过这种方式惩罚贝纳多特对欧洲大陆体系的背叛。在这次战斗中，他还俘虏了几千名瑞典士兵和水手。他曾要求贝纳多特派一些士兵和水手作为他的辅助军队，但遭到贝纳多特拒绝。

接着，法国与俄国的通信也中断了。拿破仑立即向贝纳多特发表了讲话。他的口气犹如一个至高无上的领主在为自己家臣的利益考虑一样，而这个家臣应该对他感激涕零。拿破仑料定这个家臣一定会服从自己的安排。他要求贝纳多特对英国军队发起实质性的进攻，将其从波罗的海驱逐出去，并发兵4万人与俄国开战。作为回报，拿破仑许诺以后会保护贝纳多特，并将芬兰还给瑞典。他还会给瑞典2000万法郎，以换取同等价值的殖民地产品，但瑞典人要先将这些产品运到法国。奥地利率先承诺会支持拿破仑的这个主张。贝纳多特觉得自己登上瑞典王位十拿九稳，于是像一位独立君主一样答复了拿破仑。表面上，贝纳多特宣布瑞典保持中立，并且向所有国家开放港口。他还宣称，自己有权这样做，并且是有苦衷的。他呼吁各国应该以人道主义精神为原则，建议各国维护和平，并自荐为法国与其他国家的调停人。然而，他私下里向拿破仑提出了自己的要求——拿破仑将挪威与芬兰划归瑞典，并给他一笔补偿金。

在阅读贝纳多特的回信时，拿破仑对他这种全新、出人意料的语气感到既愤怒又惊讶。从这封信中，他看出贝纳多特有预谋的背叛并非毫无理由，还看出其已经与英国达成秘密协议。拿破仑怒火中烧，将信扔在桌上，一拳砸在信上，怒吼道："这个无耻之徒！他居然给我提建议！他居然向我发号施令！他竟敢向我提出如此无耻的建议！他受了我那么多恩惠，却反过来这样对我！这个忘恩负义的东西！"然后，他迈着大步在房间里转来转去，不时说着这样的话，"我早该想到这一点的！他总是为了自己的利益牺牲一切。他就是那个在短暂任期内企图让臭名昭著的雅各宾派复辟的人。他只想着趁乱获益，所以反对雾月十八日政变。他就是那个在法国西部密谋反对重建法律和宗教的人。他的嫉妒心和背信弃义的行为已经出卖了法国在奥尔施塔特的军队。我多少次都看在约瑟夫·波拿巴的情面上宽恕了他，掩盖了他的过失。我让他当上了总司令、元帅、公爵、亲王，最后还让他当上瑞典国王。看看吧！我将所有恩惠、对这么多次伤害的宽恕，都给了一个怎样的人啊？在过去的一个世纪里，俄国已经吞并了瑞典一半的领土，可瑞典还能保持独立，那是因为它有法国的支持。但这些都不重要。如果给自己举行古代贵族的洗礼仪式——鲜血的洗礼，法国人的血的洗礼，那么，不久你们就会看到，为了满足他的嫉妒心与野心，他将会出卖祖国和曾经收留他的国家。”

大臣们想让拿破仑平静下来，但徒劳无果。他们向拿破仑表明，贝纳多特当选瑞典王储正使他陷入困境：芬兰被割让给俄国后，瑞典脱离了欧洲大陆，几乎成为一个岛国，从而被纳入英国的体系。在这种危急关头，虽然法国拥有贝纳多特所需的一切，但拿破仑无法克服自己的骄傲，认为贝纳多特不接受他的主张是对他的侮辱。或许在这位瑞典王储身上，拿破仑依然看到了从前的贝纳多特的影子。虽然贝纳多特不久前还是拿破仑的臣子，其军事才能也不及拿破仑，但他最终通过自己的努力，掌握了自己的命运。这个过程是拿破仑无法掌控的。从那一刻起，拿破仑给大臣们的指示都给人留下这样的印象：他与贝纳多特之间的紧张关系的确有所缓和，但关系的破裂在所难免。

我们不确定导致两人关系破裂的主要原因是拿破仑的傲慢，还是贝纳多特一成不变的嫉妒。但可以肯定的是，拿破仑的动机是值得尊敬的。拿破仑说：“丹麦是我最忠实的盟友。对法国的依附使丹麦失去了舰队，首都也被烧毁。难道我必须用从丹麦夺走挪威并将挪威送给瑞典这样的背叛行为，来回报经受残酷考验的丹麦对法国的忠诚吗？”

至于瑞典索要的补偿金，拿破仑的答复与他当年对奥斯曼帝国的答复一样：“如果战争要靠金钱来维持，那么英国的出价肯定会高于我的出价”，最重要的是，“通过金钱交易取得的胜利注定不堪一击，这种手段何其卑鄙”。拿破仑用这种方式平复他受伤的自尊心。最后，他说：“贝纳多特居然给我强加条件！他以为我还会需要他？我很快就会将他与我成功的事业捆绑在一起，让他不得不听从我的调遣！”

然而，英国人不在拿破仑的掌控范围之内。他们积极主动且善于思考，很快就准确地判断出欧洲大陆体系的弱点。他们还注意到，俄国人很乐意按照他们的建议采取行动。在过去3年，英国人与俄国人一直在努力将拿破仑的军队引向西班牙的峡谷，想用这种方法将他的军队耗尽。同样，他们一直在观望，希望能够利用贝纳多特对拿破仑的敌意及复仇心理。

英王乔治三世和俄国沙皇亚历山大一世都非常清楚，刚刚摆脱卑微出身的人往往野心勃勃，躁动不安，虚荣心很强，但在面对那些传统贵族时，他们总是心神不宁，极易受人影响。为了哄骗贝纳多特，乔治三世和亚历山大一世使出浑身解数，对他既慷慨承诺又谄媚。当拿破仑威胁他时，他们安抚他。当拿破仑拒绝将其忠实盟友手中的挪威划归瑞典，并派兵占领波美拉尼亚时，他们许诺将挪威划归瑞典，再给他一笔补偿金。当拿破仑以一种高高在上的姿态希望他诚实守信，不要忘记曾经从自己这得到的好处，希望他真的为瑞典的利益考虑，并要求他支援自己时，乔治三世和亚历山大一世在恭敬地征求他的意见，并且恭维他经验丰富，希望他能给他们一些忠告与建议。此外，尽管拿破仑是天才，他的目标很宏伟，他的事业很重要，但由于从前的上下级关系，拿破仑仍然习惯性地视贝纳多特为自己的副手。然而，乔治三世与亚历山大一世似乎早已将贝纳多特视为瑞典的统治者。贝纳多特怎么可能不奋力从拿破仑带给他的自卑中逃脱出来呢？同时，他又如何能够抗拒对自己礼遇有加的乔治三世与亚历山大一世及他们极具诱惑的承诺呢？

于是，这种角力的结果是贝纳多特1812年3月24日与俄国签订了《圣彼得堡条约》，牺牲了瑞典的未来——瑞典的独立将由俄国摆布。5月28日，亚历山大一世和奥斯曼帝国苏丹马哈茂德二世签订了《布加勒斯特条约》。至此，法国失去了瑞典与奥斯曼帝国的支持。

然而，法国皇帝拿破仑已经统领60多万名士兵走得太远，无法撤退。拿破仑认为，依靠自己强大的军事力量可以解决一切困难，克服所有障碍。在他看来，只要在涅曼河取得胜利，就能够摆脱所有外交困境。他蔑视外交上的烦恼。或许拿破仑过于小看当时的外交困境了。如果拿破仑在涅曼河击败了俄军，届时，欧洲大陆上的所有君主都不得不承认他万王之王的地位，继而争先恐后地回归他的欧洲大陆体系，那么整个欧洲就会统一起来。

第 2 部分

第1章 法国大臣对远征俄国的态度

当时，拿破仑还在巴黎。大臣们对即将到来的可怕战争感到震惊。他们已经得到了自己想要的一切，并且想守护好这一切。因此，他们的个人利益与那些因战争而疲惫不堪的普通法国人的愿望是一致的。这些大臣虽然没有争论这次远征能给他们带来什么实际利益，但害怕即将到来的远征。他们只在私下承认这一点，因为害怕公然承认他们的恐惧会冒犯拿破仑，或者会打击国人的信心，或者他们考虑到远征俄国的结果会证明他们的忧虑是多余的。因此，在拿破仑面前，这些大臣对远征俄国一事保持沉默，甚至装作一无所知。实际上，在很长一段时间里，整个欧洲都在谈论着此次远征。

最终，拿破仑强加给人们的这种恭敬的沉默变得令人不快。他怀疑，大臣们保持沉默大多是因为他们不赞成这次远征，而不是因为保留了自己的意见。对拿破仑来说，仅仅服从是不够的。他希望人们服从他是出于对这次远征必胜的信念。然而，想要让人们出于必胜的信念服从他，无疑又是一次心理上的征服。此外，没有人比拿破仑更相信舆论的力量。他相信，舆论可以创造君主，也可以毁灭君主。总之，无论是出于策略还是出于自爱，拿破仑都希望自己能说服大臣们。

就在战争的面纱即将被揭开时，这些大臣依然在拿破仑面前三缄其口，从不提远征俄国一事。与适时地冒险进言相比，这些大臣的沉默显得更加轻率。而当时，拿破仑与大臣们相处的情形正是如此。于是，一些大臣开始在拿破仑面前谈论远征俄国一事。拿破仑期待其他人也开始就远征俄国一事发表自己的看法。

终于，有人[①]首先表现出对拿破仑面临的所有突发事件的理解："完成已经开始的工作是必要的。为远征俄国所进行的准备工作进展得如此迅速，眼看就要到最关键的时刻了，现在让它停止是不可能的。陛下这样的天才就是为统一欧洲而生的，而法国将是统一后的欧洲的中心。法国如此强大，领土如此完整。法国周围的国家如此软弱，四分五裂。这些国家是不可能联合起来的，就算能够联合起来，对法国来说也是无足轻重的。不过，陛下既然目标如此宏伟，何不现在就开始征服、吞并这些邻近的国家呢？"

面对大臣们的反对，拿破仑回应道："自1809年我们跟奥地利开战以来，远征俄国就已经成了我的目标。然而，阿斯佩恩-埃斯灵战役的失败打乱了我的计划。由于法国战败及俄国之后表现出的怀疑，我不得不迎娶奥地利公主玛丽·路易丝，通过联姻与奥地利结盟，以对抗俄国。

"虽然机会不是我创造出来的，但一有机会，我一定会牢牢抓住。我了解所有可能出现的情况，并尽可能提前做好准备。我知道，想要完成远征俄国这个计划，必须花费12年的时间，但我等不了那么长时间。除此之外，我并没有挑起法俄之间的战争，我一直遵守我们和俄国签订的条约，我与奥斯曼帝国、瑞典保持冷淡的关系就可以证明这一点。我几乎把奥斯曼帝国完全交给了俄国，还把瑞典距离斯德哥尔摩非常近的芬兰，甚至奥兰群岛割让给俄国。当瑞典人向我求援时，我建议他们割地。

"然而，自1809年以来，原本决定要与波尼亚托夫斯基在奥地

① 财政大臣加埃塔公爵马丁·夏尔·高丁。——原注

† 拿破仑迎娶奥地利公主玛丽·路易丝

乔治斯·鲁热（1783—1869）绘

利的加利西亚一起行动的俄军来得太迟。俄军不仅实力太弱，而且不守约定。自此之后，1810年12月31日，亚历山大一世通过谕旨宣布退出欧洲大陆体系。他还发布禁令，宣布俄国开始对法国采取贸易制裁。我很清楚，他这么做是为了保护俄国人的利益，是受到民族精神的驱使。因此，我跟他进行了沟通，并告诉他，我了解他的处境，并且会妥善安置他。然而，他非但没有改变谕旨，还以支援海关官员为借口集结了8万人的军队。他受到英国人的诱惑，最后甚至拒绝承认法军第三十二师的地位，并要求法军撤离普鲁士。这种做法相当于在向法国宣战。”

一些大臣从拿破仑的抱怨里得出结论，认为俄国日渐恢复的独立态度伤害了他的骄傲。俄国奥尔登堡公主被剥夺领地一事引发了其他猜想。据说，《提尔西特和约》和《爱尔福特条约》已经暗示法俄关系将会破裂。两国之间只有在关系破裂之后，才能建立更加密切的同盟关系。然而，它们并没有像暗示的那样建立起更加密切的同盟关系。为此，拿破仑感到十分愤怒。有人证实了他的愤怒，也有人认为这并非事实。

情绪能牢牢控制其他人，但对拿破仑这样意志坚定、心胸宽广的天才来说，情绪的影响微乎其微——最多给他一个提前采取行动的契机。你即使不了解他杰出思想的奥妙，也知道一个想法迟早会让他下定决心发动这场决定性的战争。这个想法就是俄国的存亡。俄国与法国一样强大，和它的沙皇亚历山大一世一样年轻，欣欣向荣；法国像其皇帝拿破仑一样已经成熟。因此，正如拿破仑会日渐衰老，法国的国力会逐渐衰退。

作为欧洲南部与西部的统治者，拿破仑无论地位有多高，都认为北方的统治者亚历山大一世所处的地位会一直威胁他，给他蒙上阴影。从前，一批批来自俄国的“野蛮人”从欧洲冰雪覆盖的山脉上冲下来。拿破仑预感到，俄国正蓄势待发，准备再次入侵周边国家。此前，奥地利和普鲁士构成的屏障足以抵挡“洪水猛兽”，使法国免受冲击。但现在，奥地利和普鲁士已经被法国打败，它们的统治者也向拿破仑臣服。因此，拿破仑必须独自直面“洪水猛兽”。在欧洲南部诸国中，唯有他统治的法国是文明、财富与舒适生活的捍卫者。他必须应对北方穷人的粗鲁无知、残酷贪婪，以及他们对财富的狂热追求和沙皇亚历山大一世与俄国贵族的野心。

显然，单凭法奥战争，拿破仑就可以做出远征俄国这个伟大的决定。远征俄国是穷人和富人之间激烈而永恒的斗争。然而，对我们来说，此次战争既不是整个欧洲的战争，也不是法国人的民族战争。这次远征的目的是使征服者更加强大，因此欧洲其他国家违背本意参加了远征。法国人已经精疲力竭，渴望休养生息。法国的大臣们对此次战争的战线之长感到震惊，担心让将士们分散在从加的斯到莫斯科的战线上会削弱法军的战斗力。他们虽然承认这次战争的必要性，但似乎并不认为法国应该立即发动战争。

法国的大臣们知道，要想动摇君主的决心，没有什么比政治利益更有效了。毕竟拿破仑一向秉承的原则是“有些人的个人行为很少受私人情感约束，但总是受周围环境支配。”一位大臣劝道：“就法国的财政状况而言，我们应该停止战争。”拿破仑却说：“恰恰相反，正是由于财政入不敷出，我们才需要开战。”另一位大臣说：“事实上，陛下，您的财政收入从来没有像现在这样丰盈。我们的账面上已经有三四百万法郎了，并且我们发现法国没有任何紧急债务需要偿还，真是太好了。不过，这种繁荣局面快结束了，因为自1812年初以来，法国的繁荣就开始式微了。到此为止，为了筹措远征经费，我们发动了一次又一次战争。但在未来，我们不能以牺牲普鲁士为代价，因为它已经成为我们的盟友。相反，无论结果如何，我们必须无偿支持普鲁士军队。除了荣耀，我们将不会从这次远征中得到任何好处。此外，我们生活在巴黎，却要为生活在莫斯科的人提供面包，因为仅购置这次远征所需的装备就差不多要消耗发动一次大陆战争所需的费用。与西班牙的战争已经耗尽法国的财富。法国没有条件以战争的方式资助整个欧洲。就像同时点燃一支蜡烛的两端，我们拥有的只剩中间一点儿了，并且这点儿也很快耗尽。因此，我们会很快耗尽所有国力。”

拿破仑面带微笑地听着这位大臣的意见，眼神中流露出一种熟悉的宠信。他以为自己的说辞打动了拿破仑，没想到拿破仑却说：“所以你认为我找不到一个金主来支付此次远征的费用吗？”这位大臣——加埃塔公爵想知道谁将会承担这笔费用。拿破仑用一句话展示出远征俄国计划的宏伟之处。加埃塔公爵惊愕地闭上了嘴巴。

拿破仑对自己要面临的所有困难计算得太精确了。或许他之所以遭到谴责，是因为他使用了在法国与奥地利的战争中曾经拒绝使用的方法。1793年，赫赫有名的小威廉·皮特也用过类似的方法。

据说，1811年末，巴黎警察局局长发现一个印刷商正秘密伪造俄国的钞票。于是，该局长下令逮捕这个印刷商。印刷商奋力抵抗。警察攻进了印刷商的家，将印刷商带到了地方法官面前。由于公安大臣（minister of police）为印刷商作保，他立刻被释放了。接下来，印刷商继续从事制造假钞的工作。从第一次进入立陶宛的那一刻起，法国就放出消息说，在维尔纽斯，法军从俄军那里缴获了几百万卢布。

无论假钞的来源是什么，拿破仑都对其极端厌恶。他是否曾决定使用这些假钞，尚不可知。但可以肯定的是，在法军放弃维尔纽斯撤退期间，大部分假钞都没有人动过——他下令将假钞全部烧毁了。

第2章 法国军官对远征俄国的态度

对波尼亚托夫斯基来说，这次远征让他看到了登上王位的可能性。他非常慷慨，与大臣们一起努力，向拿破仑说明此次远征的危险。爱国情怀在波尼亚托夫斯基的心中涤荡，这一点无论是在他有生之年还是他为国捐躯后都得到了验证，但他从不因此而昏了头。他将立陶宛描述为一个难以穿越的荒野。立陶宛的贵族已变成半个俄国人。立陶宛的居民性情冷漠、思想落后。然而，急躁的拿破仑打断了波尼亚托夫斯基的话，因为他只希望获得有助于远征的信息，而不想有人从中作梗。

确实，在过去的很长一段时间里，绝大部分异议都曾在拿破仑的脑海中不断闪现。人们没有意识到拿破仑对危险的重视程度。人们不知道，自1810年12月30日起，拿破仑就加倍努力确定立陶宛的归属，因为立陶宛迟早会成为一场决定性战争的战场。人们也不知道，拿破仑以调查为目的派出了多少使者。人们更不知道，拿破仑让人为他准备了多少关于通往彼得堡和莫斯科的道路备忘录，关于居民性情，尤其是商人性情的备忘录，以及俄国能够供应的各类资源的备忘录。拿破仑之所以能够坚持下来，是因为他并没有自欺欺人地把他的军队想象得多么强大。他没有与旁人分享他对此次远征的信心，也便没有人明白征服俄国对法国未来的生存是多么重要。

本着这种精神，拿破仑再次向3名卓越的军官——弗柳尔公爵、塞居尔伯爵和科兰古——讲述了他的计划。由于他们军功显赫，以忠诚著称，所以拿破仑对他们坦诚相待。他们曾在不同时期以法国外交大臣、法国驻俄国大使及法国使者的身份深入了解过俄国。拿破仑竭力让他们相信这场战争能给法国带来利益及其正义性和必要性，但常常被科兰古不耐烦地打断。事实上，从一开始，他们就时不时打断拿破

† 塞居尔伯爵

弗朗索瓦·热拉尔（1770—1837）绘

仑。虽然他们这样做有失体统，但拿破仑不得不忍耐。

科兰古是一位杰出的官员，由于所受的军事教育、出生的省份及其固执己见和鲁莽的性格，他直率地说道："欺骗自己，或者装腔作势欺骗别人都没有用。我们一旦主宰了欧洲大陆，甚至侵占了盟友的国家，就不能指责盟友放弃欧洲大陆体系。当我们的军队遍布整个欧洲时，我们怎能指责俄国人扩充军队呢？难道陛下的宏伟目标就是要谴责亚历山大一世野心勃勃吗？

"除此之外，亚历山大一世已经下定决心抵抗到底。一旦我们入侵俄国，只要还有一个法国人仍然站在俄国的土地上，就再无和平可言。在这方面，俄国人的民族骄傲和固执与他们的沙皇亚历山大一世如出一辙。

"亚历山大一世的臣民指责他软弱，但他们的指责大错特错。人们不应该因为他在提尔西特与爱尔福特表现出来的骄傲自满、缺乏经验与野心勃勃，就对他妄加判断，认为他是个容易自满的人。他相信正义，渴望站在正义的一边。在他确定自己站在正义的一边之前，他的确会一直犹豫不决，但一旦确定后，他就变得坚定不移。最后，在考虑自己的地位之前，亚历山大一世总是先为他的臣民着想，所以他才宁愿选择和平，即使这对他可能是一种耻辱，他也不愿发动战争给人民带来不幸，尽管这样做会给他带来更大的危险，甚至会使他的地位变得岌岌可危。

"我们怎么可能避免在这场战争中看到我们担心的事情发生呢？即使是我们的盟友，也可能会做出令我们担心的事情。难道陛下没有听到那些心怀不满的国王说，他们只是陛下的地方行政长官吗？当他们都在等待一个合适的时机来反对陛下时，我们为什么要冒险让这种情形发生呢？”

与此同时，在两位同僚的支持下，科兰古补充道：“自1805年起，战争迫使最守纪律的士兵烧杀抢掠，在整个普鲁士播下了仇恨的种子，而现在，为了远征俄国，陛下准备穿越普鲁士。那么，陛下是要让自己和军队，从那些被我们重创且伤口还未痊愈的国家上空飞过去吗？就算我们能快速通过这些国家，也仍然会增加这些国家对陛下与我们国家的怨恨。这些国家的人该多么仇恨、多么想报复陛下与我们国家啊！”

塞居尔伯爵接过话说道：“到时我们又能让哪个国家来支援我们呢？普鲁士吗？这5年来我们不断入侵普鲁士。普鲁士是被迫与我们结盟的。法国与普鲁士之间的联盟已经名存实亡了。因此，如果陛下将我们的军队分散在有史以来最长的战线上，那么这条战线贯穿的国家虽然会因惧怕法国而保持沉默，服从我们的安排，但谁能保证它们不会背信弃义呢？它们就像火山的灰烬一样，其中隐藏着可怕的火焰，即使是最微小的碰撞，都有可能引起这座火山喷发。”

塞居尔伯爵总结道：“综上所述，这么多次征服的结果是什么呢？是封法国的将军们为某些王国的国王吗？这些将军或许比亚历山大一世麾下的将军更加野心勃勃，甚至会为了能当上某个王国的国王而前赴后继，而不必等到他们的君主驾崩后再争夺王位。由于战事频繁，也许陛下最终会战死沙场。此外，在陛下的统治得到巩固之前，我们对外发动的每一次战争，在国外都会激发各派的希望，使原本已经结束的统治权之争卷土重来。

“陛下想知道军队的意见吗？军队是意见是，陛下最好的士兵在西班牙。各团调动频繁，所以需要协调。它们彼此不熟悉，都不确定遇到危险时是否可以依靠对方。第一排的士兵徒劳地掩盖着第二排士兵和第三排士兵的弱点。许多士兵因为年轻、身体素质差，在第一次行军中就会被背包和武器压垮。”

弗柳尔公爵、科兰古和塞居尔伯爵一起进言道：“然而，在这次远征中，与其说将士们厌恶这场战争，不如说他们厌恶发动这场战争的国家。据说，立陶宛人希望我们去立陶宛，但那里的地理情况怎么样？气候条件如何？那里的人有多么古怪的行为习惯呢？1806年的战役已经让我们对这一切了然于胸！在这片地势平缓的平原上，没有天然的屏障和防御工事，我们的军队又将凭借什么打仗呢？

“难道我们不知道，从每年10月1日到来年6月1日，所有地理和气候因素都在保护这些国家吗？这些国家到处是冰天雪地，如果我们在6月到10月这段短暂时间之外的任何时间进军这些国家，那么我们将会全军覆没。全军覆没难道是一件光彩的事情吗？”

他们还补充道：“如果说西班牙人具有非洲人的特性，那么立陶宛人则具有亚洲人的特性。为了一场旷日持久的战争，法国几乎已经将自己的军队全部派到其他国家，我们希望法军至少可以保持欧洲人的特性。

“最后，在这些荒凉的地方，我们面对对手时就会发现，各国军队的动机是多么不同！俄国人的驱动力是保卫国家，保持独立，捍卫个人利益与国家利益，这些甚至也是我们的盟友秘而不宣的美好愿望！可我们呢？遭遇这么多挫折与危险，最终除了荣耀，根本不可能得到什么，因为这些国家极其贫穷，对我们来说没有任何吸引力。

“那么，我们这么努力，结果是什么呢？在一个没有任何自然分界线的国家里，在一个风俗习惯、人种与语言如此多样化、差异如此巨大的国家里，法国人相互间已经不认识了。”在这些杰出军官中，塞居尔伯爵最年长。此时，塞居尔伯爵补充道：“战线拉得如此长，相应地，消耗也就极大。结果是法国无法融入欧洲。事实上，当整个欧洲都成为法国的领土时，法国就不再是法国了。我们计划的这次远征，将会使法国陷入孤立无援、国力空虚的境地，没有君主，没有军队，任人宰割。那时，谁来保卫法国？”拿破仑叫道：“我的名声！我将我的名声留在身后，也将一个民族因武装而产生的恐惧留在身后。”

面对如此多的反对意见，拿破仑丝毫没有动摇，他宣布“将帝国变成班（Ban）和阿里埃班（Arrière-Ban）[①]，并且放心地把保卫法国、自己的皇位、自己的荣耀的使命交给法国人。

“至于普鲁士，我已经确保它会非常安定。我即使失败，也不会调遣普鲁士的军队。我还确保英国人无法靠近北海，所以英国人不可能出现在法军后方。我已经掌握英国的政权与军权，还控制了斯德丁、屈斯特林、格洛高、托尔高、施潘道和马格德堡。我将派一些有远见卓识的军官进入科尔贝格，并派遣一支军队前往柏林。通过这样的部署，再加上萨克森王国对我们的忠实支持，我将无惧普鲁士人的仇恨。

“至于德意志的其他地区，由于古老的政治体系及近年来与巴登、巴伐利亚和奥地利的联姻，德意志诸邦国与法国的利益密切联系在一起。它们的君主都很感激我让他们拥有了这样的新头衔。通过镇压结束了这些地区的无政府状态之后，我跻身于那些和我一样强大的

① 班和阿里埃班都是中世纪法国的政治、军事实体。——译者注

君主之列。因此，这些地区的君主不可能以民主的名义煽动他们的臣民来攻击我。他们几乎不可能与自己的天敌联手。如果不是因为我，他们的敌人早就将他们推翻了。只有我有能力保护他们。

“此外，德意志民族总是慢条斯理。在对付德意志人时，我总能抢占先机。我还指挥着普鲁士的所有堡垒。但泽就是第二个直布罗陀海峡，将会成为我们进入俄国的重要通道。”实际上，这种说法是错误的，尤其是在冬季。“俄国一定会令欧洲人感到恐惧，因为俄军如此强大，俄国政府喜好征战，俄国人如此野蛮。俄国的人口已经非常多了，并且还在以每年50万的速度增长。在意大利与德意志的各个地区，乃至莱茵河畔，难道俄国的军队不是随处可见吗？俄国要求我们撤离普鲁士，就是要求我们做出让步，但我们不可能让步。尽管普鲁士人道德败坏，但放弃普鲁士就是把普鲁士交到俄国人手中，其结果会导致普鲁士倒戈，转而对抗我们。”

接着，拿破仑声情并茂地说：“为什么还要用帝国内部的不同派别来威胁我？它们在哪里？我只看见一个派别反对我，那就是少数保皇派。守旧贵族是保皇派的主要成员，虽然非常落伍、毫无经验，但比想象中更害怕我垮台。我在诺曼底时就已经告诉他们这一点了。现在，我被称为伟大的统帅、能干的政治家，但人们很少称我为善治国者。然而，我历尽万难取得的最有益的成就是阻止了革命的洪流。否则，革命的洪流已经吞噬了一切，包括欧洲和你们。我将分歧很大的派系团结了起来，将对立的阶级联合了起来。然而，你们中间存在一些冥顽不化的贵族。这些贵族反对我，竟然拒绝承认我的地位！很好！这对我来说并没有什么。我这样做，完全是为了你们的利益，为了你们的安全。没有我，你们能做些什么？你们只是一小撮与民众对立的人。难道你们看不出来，有必要通过完全融合第三等级与贵族阶层最值得保留的优良传统来结束这两个阶级之间的斗争吗？我向你们抛出橄榄枝，你们却拒绝了！可我需要你们做些什么呢？我支持你们，就会损害我在民众心目中的形象，因为我是来自第三等级的君主，难道这还不够吗？”

拿破仑更加冷静地过渡到下一个话题。他说：“我很清楚将军们的野心。但战争分散了他们的注意力。法国的士兵永远不会让将军们做得太过分，因为士兵为自己的祖国感到骄傲，他们非常热爱自己的祖国。战争很危险，但和平也隐藏着一定的危险性：如果我让军队回到国内，那些无所事事的将军就会将他们太多大胆的兴趣和热情倾注于国内。一旦他们联合起来，我就没有能力管束他们了，所以有必要给他们一个发泄欲望的途径。毕竟与在国内相比，我觉得让他们在国外发泄引起的后果应该不太严重。”

最后，拿破仑说：“你们害怕战争会危及我的生命吗？当有人制造阴谋、发动叛乱时，当有人企图用英王乔治三世来吓唬我时，的确如此。据说，乔治三世那个可怜的家伙正在四处追踪我，想要向我开枪。好！如果他真的这样做，那么他最多只能杀死我的副官，而不可能杀死我！到那时，我完成了我命中注定必须要完成的使命了吗？我感到命运将我推向一个连我自己都不知道的目标。一旦实现了这个目标，我就不会再这么操劳了。到那时，不费吹灰之力就能将我打倒。但在那之前，任何人都无法阻止我。无论我在巴黎，还是在军队里，都没什么区别。当我的大限来临时，发一场高烧，或从马上跌落，都会像一颗子弹一样要了我的命。每个人的寿命都有定数，我们的有生之年已经屈指可数了。”

这种观点虽然在危难时刻很有用，但太容易使征服者看不到自己将为梦寐以求的巨大成就所付出的代价。他们沉溺于信奉宿命论，要么是因为他们比其他人经历了更多在人类命运中最意想不到的事情，要么是因为这种信念解除了他们在良知的驱使下所承担的重任。仿佛回到了十字军东征的时代，“这是上帝的旨意”足以有力驳斥所有反对谨慎且以和平为目的的政策的观点。

事实上，令人悲哀的是，拿破仑远征俄国与法王路易九世远征埃及有着惊人的相似之处。这两次入侵，一次是为了人类的利益而战，另一次是为了上帝而战，但均以相似的方式终止了。这两个例子清楚地告诫世人，在这个文明的年代，博大而深谋远虑的计划可能会和无知迷信年代的宗教狂热引起的鲁莽与冲动造成同样的结果。

然而，就这两次远征而言，它们取得成功的机遇或机会是无法相提并论的。远征俄国是完成一个即将实现的“伟大计划”所必不可少的环节：它的目标并不是遥不可及的，也不缺少实现的方法。或许是实现它的时机选错了，也或许是它的进程有时显得过于仓促，有时又显得不太稳定。但事实将充分说明，远征的方式、时机与进程都是人为决定的。

第3章 拿破仑对远征俄国的态度

拿破仑用上述话语回应了所有反对意见。他总能用娴熟的手段达到目的，使人们理解并转而支持他。事实上，每当拿破仑想说服他人时，他身上总有一种让人难以拒绝的魅力。人们会感觉自己被拿破仑超强的力量所压倒，会不由自主地受到他的影响。可以说，这种影响是有魔力的。拿破仑热情多变的天才气质完全融入了他的所有愿望中，至少是融入了最美好、最宏伟的愿望中。无论希望得到什么，他都会全力以赴、竭尽所能。他的全部精力与才能似乎都在随时待命，听从他的口令，迅速前进，同时呈现出他想要的样子。

就这样，在拿破仑想要争取过来的人中，绝大部分被他深深地吸引住了，忘记了自己的立场。看着这位欧洲的主宰者一心想要说服自己，你好像没有其他愿望，也没有其他雄心；看着自己的虚荣心被撩拨，你实在受宠若惊。对许多人来说，这些特征非常可怕。拿破仑向人们传递的只有温柔和感人的仁慈，不掺杂其他感情。这个神秘人对你满腔赤诚、信任有加地吐露他的秘密，仿佛他说的每一句话都是为了你，也都具有历史意义。当他与你说话时，他的声音是如此亲切，难道他就是那个连悄声低语也会响彻整个欧洲的人吗？这时，他的声音与那个宣布战争、决定战争胜负、决定法国命运、提高或者毁掉你声望的声音是多么不同啊！什么样的虚荣心才能够抵挡如此巨大的魅力呢？任何反对的立场都会被拿破仑驳倒。他的雄辩如此具有说服力，好像连自己都被说服了。

这次，为了说服众人，将他们争取过来，拿破仑充分发挥了自己的才华与丰富的想象力。他竭尽全力描述着他的宏伟计划。对同样的事物，拿破仑能有1000种解释，因为每个对话者的性格和立场都会给他灵感。他以最有可能使所有人满意的形式、色彩和视角呈现他的计划，将每个人都争取过来支持他的事业。

我们已经领教过，拿破仑是以何种方式让对征服俄国将付出的代价感到恐惧的人保持沉默的。不过，他还希望这些人能赞同他的计划。通过描绘法国远征俄国的前景，他相信他一定会找到承担此次远征费用的金主。

至于那些对远征的危险感到惊恐，但极易被宏伟的思想诱惑的军人，拿破仑告诉他们，只要征服了君士坦丁堡，也就是欧洲的最远端，就可以使欧洲各国和平共处，而每个人都期待欧洲各国和平共处。人人都预感到，拿破仑这样做不仅可以让他的自命不凡表现为一种军队领袖应有的气度，还能显示出他作为皇帝的威严。

对旧体制下的贵族莫莱伯爵而言，要想实现个人抱负就必须打打杀杀，血流成河。因此，莫莱感到非常沮丧。然而，拿破仑对他说："远征俄国是一场战略性战争。我只想通过远征俄国来打击英国。这场战争将是短暂的。之后，法国就会停止征战，享受安宁。远征俄国就好比是一场戏剧的第五幕，也就是结局。"

拿破仑对其他人的说辞是，不是他想要打仗，而是因为俄国人的野心与法国所处的形势迫使他不得不发动战争。对那些肤浅、缺乏经验的人，他既不想解释，也懒得掩饰，快刀斩乱麻地说："你们对这一切一无所知，你们不知道事情的前因后果。"

但对自己的家人，拿破仑早就袒露了心迹。他抱怨说，家人没有充分理解他所处的位置。他对家人说："难道你们不知道我并不是生来就当上皇帝的？当我坐上皇位后，我必须努力提高自己的声望，以便能坐稳江山。此外，我必须持续提高我的声望。我只是个普通士兵，成为皇帝后，我也不能停下来。我必须不停地提升自己，安于现状会毁了我。”

然而，拿破仑也告诉他们，所有历史悠久的王朝都武装起来反对他建立的帝国。这些王朝策划阴谋，准备战争，试图摧毁他这个“暴发户皇帝”（roi parvenu）。因此，在拿破仑看来，主张和平就是弱者反对强者，战败者反对获胜者，特别是生来地位高贵的人反对那些通过个人努力取得成功的人的阴谋。欧洲这么多国家相继结盟，证明拿破仑的担心并非无中生有。实际上，拿破仑常常在考虑，这些历史悠久的王朝应该被扫出欧洲。他要开启一个自己的时代，开创一个皇权的新时代。简言之，他要开创属于自己的新纪元。

拿破仑用这种方式向家人透露了内心的想法，描绘了一幅关于自己政治地位的生动形象的画面。即使放在今天，这样的画面也看起来既不虚伪，又没有夸大。他的第一任妻子、温柔的约瑟芬总是承担着约束和安抚他的任务。她常常让拿破仑明白，他只知道自己天资过人，却没有充分意识到自己的力量。就像所有心怀嫉妒的人一样，他要不停地找到新证据来证明自己的力量。但他如此焦虑，怎么能够在欧洲嘈杂的欢呼声中听到极少数被孤立的人质疑他的合法性的声音？因此，他焦躁不安的灵魂总以这种方式自寻烦恼。他越渴望变强大，就越无力享受已有的生活与权力。因此，他永远无法战胜的敌人反而是自己。

1811年，约瑟芬与拿破仑离婚。尽管拿破仑仍然去约瑟芬的隐居地拜访她，但这位皇后已经失去了对他的影响力——不过，他们仍旧相谈甚欢，对彼此的习惯非常熟悉，也仍然相互信任。

与此同时，新出现的与教皇的分歧也让法国的处境更加复杂。当时，拿破仑向枢机主教约瑟夫·费什提出了自己的主张。费什是一个热情的神父，浑身洋溢着意大利人的活泼可爱，却固执而狂热地捍卫教皇的权力。在一个比较正式的场合，费什与拿破仑讨论得非常激烈。拿破仑当时非常激动，对他说："我会迫使你服从我。"费什回答道："谁会质疑你的权力？但使用武力并不是讨论问题的正确方式。因为如果我是对的，就算你动用所有力量也无法颠倒黑白。除此之外，你知道我并不害怕殉道。"拿破仑抑制住自己的激动情绪，大笑道："殉道？别指望那个了，我求你了，主教大人。殉道必须要有两个人参与其中，但我根本不想让任何人殉道。"

据说，1811年底时，拿破仑和费什之间的关系变得更加紧张。一个目击者断言，直到那时，费什还不懂政治，因为他将政治与宗教争端混为一谈。他请求拿破仑不要公然反抗人类意志与自然规律、宗教教义、世人与上帝。最后，费什表达了自己的担忧，他说，他担心拿破仑面对如此多的敌人会沉沦下去。

面对费什的猛烈攻击，拿破仑的唯一回应是，他拉着费什的手，走到窗边，打开窗户问道："你看见我们头上的那颗星星了吗？"费什说："没有，陛下。"拿破仑又说："你再看看。"费什回答说："陛下，我还是看不见。"拿破仑说："非常好，但我看见了。"费什感到非常惊讶，默默地想，没有人的声音能够响亮到让雄心勃勃的拿破仑听到，因为他的宏伟目标和凌云壮志已经让他高高在上，全然不顾他人的意见。

作为这一奇特场景的见证人，费什对拿破仑这番话的理解与拿破仑想要表达的意思完全不同。费什认为，这些话并没有表现出拿破仑对自己命运的极度自信。拿破仑却在暗示，他对自己天才的把握与费什对政治的理解之间存在着天壤之别。

拿破仑虽然不免会有些迷信，却十分睿智，并且见识过人。他绝不允许自己的宏伟事业取决于迷信这种人类的弱点。一种巨大的焦虑钳住了拿破仑，那是一种关于死亡的焦虑。他表现得如此勇敢，但仍能感觉到自己的力量开始衰落。拿破仑极其担心，在他死后，法国——这个他千辛万苦取得这么多次胜利才获得的辉煌战利品，将会四分五裂。

拿破仑说："我的竞争对手亚历山大一世是唯一达到人生巅峰的君主。他年轻气盛，雄心勃勃。他在不停地提升自己的实力，而我的实力已经开始减弱。"在拿破仑看来，一旦得到自己死亡的消息，身处涅曼河岸边的亚历山大一世，就会从自己脆弱的继承者手里夺过欧洲的统治权。"当意大利、瑞士、奥地利、普鲁士乃至整个德意志都听从我的号令时，我为什么不推迟面对这种危险的时间？为什么不将亚历山大一世及俄国的势力赶过伯里斯泰纳河，从而巩固伟大的法国呢？假如俄国失去波兰，它的势力就会削弱。"

拿破仑私下向心腹表达了这些观点。毫无疑问，以上才是他在1812年发动对俄战争的真实动机。至于发动战争如此仓促的原因，似乎是他本能地感觉到自己大限将至。他的性格中带有一丝刻薄的幽默感。他认为暴躁的脾气损害了自己的健康，但又补充道："如果我的脾气不暴躁，我们就不可能在战争中屡屡获胜。"

对人体框架的组成与奥秘的深入了解，或许能够让我们确定拿破仑的暗疾是导致他不断发动战争的一个原因。拿破仑无休止地发动战争的确加速了远征俄国的进程，也使得他的地位不断提高，但这恰恰是他后来失败的最根本的因素。

拿破仑体内的"敌人"通过引发剧烈的胃痉挛，让他的身体承受痛苦，逐渐证明了它的存在。早在1806年，拿破仑在华沙时，他的胃部就曾剧烈地疼痛。当时，洛鲍伯爵听到拿破仑大叫道："我的体内携带着过早分裂的微生物，我将会和我父亲一样死于同一种疾病。"

在狩猎时，拿破仑即使骑着最温顺的马，也会觉得疲惫不堪。我们无从得知，为了准备战斗，他是如何强撑着让他的马以那么快的速度跑完那么长、那么颠簸的路的。尽管如此，周围的人大都认为，拿破仑是被其宏大的抱负、对战争的热爱和骚动的灵魂推向俄国的。人们没有看到，他孑然一身，独自承担着远征事业沉重的责任。这项事业的必要性敦促着他不断前进——他是在经过一番痛苦的犹豫之后才做出决定的。

1811年8月3日，拿破仑当着欧洲各国大使的面，宣布了自己的决定，从而引发了一阵愤慨。这个决定是战争的前兆，也是他讨厌开战的又一佐证。可能是亚历山大一世在罗茨库克的战败点燃了拿破仑的希望。他想，或许可以通过威胁来终止亚历山大一世的备战工作。

拿破仑给俄国大使库拉金亲王讲了下面这番话。这位大使刚刚发表了声明，表明他的君主亚历山大一世想要和平，不想要战争。"不！"拿破仑打断了他，"你的君主渴望战争。我的将军告诉我，俄军正在快速赶往涅曼河！亚历山大一世欺骗了我的所有使者，并将他们争取了过去！"这时，拿破仑看到了科兰古，于是迅速穿过大厅，恶狠狠地对他说："是的，你也变成了'俄国人'，你没有经受住亚历山大一世的诱惑。"科兰古坚定地回答道："是的，陛下。因为我认为在这个问题上，亚历山大一世是一个法国人。"拿破仑沉默了。从那一刻起，拿破仑对待科兰古的态度开始变得冷漠，但并没有绝对排斥他。拿破仑甚至数次试图用新的论据及对他的宠信，将他争取过来支持自己的观点，但毫无效果。他发现科兰古总是顽固不化，虽然愿意侍奉自己，但实际上不认可这种侍奉。

第4章 法俄战争一触即发

由于个人的天性和地位及当时的局势，拿破仑似乎希望法俄冲突尽快到来。于是，这个羞于启齿的念头就成了他一个人的秘密。就这样，1811年在和谈与备战中过去了。1812年伊始，世界局势已经非常混乱，法国驻西班牙的军队已经溃败。1月19日，英国人占领了罗德里戈。拿破仑和枢机主教费什的辩论越来越激烈。1811年12月8日，俄国陆军元帅库图佐夫率军击溃了多瑙河地区的奥斯曼军队。法国甚至开始担心自己的安危。简言之，一切似乎都在转移拿破仑对俄国的注意力，让他关注国内的情况，并专注地解决国内问题。然而，拿破仑的判断力并没有受到干扰，他在这些矛盾中看到了自己永远不变的好运。

尤其是在漫长的冬夜，当人们有很多时间来独自思考时，拿破仑的命运之星仿佛用最灿烂的光芒给了他启示。这颗星向拿破仑展示了每个战败国的君主正静待复仇，以及拿破仑将要面对的种种危险——包括那些来自家族内部的危险。这颗星告诉拿破仑，就像法军的统计表一样，法国的人口普查表也具有欺骗性。这不是说法国人口总数有假，而是指法国人的真正实力具有欺骗性。人口普查表上登记的几乎都是年老力衰的人、退役军人及妇孺，鲜有年轻力壮的男人。那些年轻力壮的男人去哪里了？对这个问题，妻子们用眼泪回应，母亲们用哭声作答！她们悲伤地向大地鞠躬。如果没有那些年轻力壮的男人，这片土地将依然荒芜。她们认为，拿破仑就是发动战争的罪魁祸首，所以诅咒他。

即使没有征服西班牙，拿破仑也仍要准备远征俄国。他忘了由自己提出并率先垂范的原则：“不要一次攻击两个对手，一次攻击一个对手即可，并且攻击时一定要重视团体协作。”事实上，拿破仑为何要放弃虽有很多不确定因素却无比辉煌的地位，是为了让自己陷入如此危急的处境吗？在同时进攻两个国家的形势下，一不小心就有可能毁了一切。而形势的每次逆转都有可能是决定性的。

在那一刻，无论是出于稳固地位的必要性还是出于自爱的情感，拿破仑都无法倾听自己的意见，更无法反对自己的论点。他变得忧思不断，焦虑难安。他搜集了欧洲各方势力实际状况的情报，命手下做了一份准确而完整的总结，并埋头细读了这份总结。然而，读完这份总结后，他更加忧虑了。对所有人，尤其是对拿破仑而言，犹豫不决就是一种惩罚。

拿破仑经常连续几个小时斜躺在沙发上，陷入沉思。有一次，他突然打了一个激灵，并大声喊道："谁在叫我？"然后站起身来，开始匆匆地四处走动。最后，他说："不！毫无疑问，时机还不够成熟。我周围的人都还没有准备好，就连我的家人也是如此，他们还不认可一场如此遥远的征服。我必须将这次远征推迟3年！"他命令手下，将这份提醒自己处境危险的总结一直放在他的桌上，他必须不时翻阅这份总结。每当翻阅它时，拿破仑都会赞成并重复自己一开始得出的推迟远征的结论。

是什么有力地激发了拿破仑的灵感，我们不得而知。但可以肯定的是，就在这时，即1812年3月25日，车尔尼舍夫负责向拿破仑汇报各位大臣提出的新建议。拿破仑主动宣布，他不会以直接或间接的方式为波兰的重建做出贡献。此外，他还就其他有争议的问题与大臣们达成共识。

4月17日，法国的巴萨诺公爵向英国的卡斯尔雷勋爵提出了法国对亚平宁半岛与两西西里王国的安排，并主动提出，两国应该以维护半岛和平为原则进行谈判。卡斯尔雷勋爵回复说，英国愿意在良好意愿的基础上进行谈判，但前提是法国必须承认斐迪南七世为西班牙国王。

4月25日，巴萨诺公爵在告知罗曼佐夫伯爵这次会谈的内容时，扼要重述了拿破仑对俄国的不满：第一，1810年12月31日，亚历山大一世下旨，禁止俄国国内进口大部分法国产品。这种做法破坏了欧洲大陆体系。第二，亚历山大一世居然反对奥尔登堡公国联盟。第三，俄国军备过强。

巴萨诺公爵提到一个事实：拿破仑主动给予奥尔登堡公爵赔偿，并与其达成一个正式约定——法国不为波兰的重建提供帮助。另外，1811年，拿破仑曾建议亚历山大一世给予库拉金亲王必要的权力，让其与巴萨诺公爵一起处理一切有争议的问题，但亚历山大一世回避了这个建议。他承诺将派内塞尔罗德前往巴黎，但最终没有兑现这个承诺。

几乎与此同时，俄国大使向法国传达了亚历山大一世的最后通牒，他要求法军全部撤离普鲁士及瑞典的波美拉尼亚，并减少法国在但泽的驻军。另外，俄国大使还提出，俄国接受对奥尔登堡公国的赔偿，并愿意与法国签订商业协议，并且亚历山大一世承诺，他将宣布1810年12月31日的谕旨无效。

然而，一切为时已晚。就法俄两国当时的状况而言，亚历山大一世的最后通牒必然会导致战争爆发。拿破仑太骄傲了，他为自己和法国感到骄傲。他的处境对他的影响太大了，所以他不会屈服于任何谈判代表的威胁。他认为，法国不能从普鲁士撤军，因为一旦撤军，普鲁士就会投入俄国的怀抱。这样一来，他就不得不放弃波

† 巴萨诺公爵

罗贝尔·勒菲弗（1755—1830）绘

兰。拿破仑走得太远了，为了找到一个能让自己喘息的地方，他不得不撤退。但由于形势所迫，每后退一步，拿破仑都将其视为彻底失败的前兆。

第5章 为远征俄国做准备

推迟远征的希望破灭后，拿破仑开始大力摸查法国的军事力量。他关于提尔西特与爱尔福特的记忆复苏了。他搜集了关于俄国军事力量的情报，并为此自鸣得意。实际上，这些情报是错误的。他一会儿希望亚历山大一世在看到如此具有威胁性的入侵军队时，会做出让步；一会儿开始信马由缰地想象，自己将会征服整个欧洲。他放纵自己的想象力，在脑海中勾勒出自己有效地将众多兵力部署在从加的斯到卡赞的广大地区，进而覆盖整个欧洲的画面。下一刻，他开始想象自己在莫斯科享乐。他距离莫斯科仅剩800里格，并且已经开始搜集关于莫斯科的各类情报，看起来好像马上要占领莫斯科了。一名法国医生刚从莫斯科回来，拿破仑就派人传来这名医生，向他询问莫斯科有哪些流行病。拿破仑甚至问起了曾经给莫斯科造成很大伤害的瘟疫。他急于知道瘟疫是如何暴发和扩散的，又是如何终止的。拿破仑对医生的回答非常满意，立即让他以后跟着自己，为自己效力。

拿破仑深深地感觉到将踏上危险之路，便想让所有朋友团结在自己周围。他甚至将已经派往华沙的塔列朗召回法国。但一个竞争对手的妒忌和阴谋又使他蒙受了耻辱。这个竞争对手巧妙地散布谣言，说塔列朗已经背叛了拿破仑。拿破仑听信了谣言，十分愤怒，脸色非常不好。萨瓦里试图告知拿破仑真相，但没有成功。因此，直到法军进入维尔纽斯，拿破仑都被蒙在鼓里。萨瓦里将塔列朗的一封信呈递给拿破仑。这封信里描述了奥斯曼帝国和瑞典对拿破仑远征俄国的影响。塔列朗还在这封信中非常热诚地主动提出，他会竭尽全力去跟奥斯曼帝国和瑞典谈判。

然而，拿破仑只是轻蔑地回答：“难道塔列朗觉得自己就那么重要？难道他还想教训我？”随后，拿破仑命自己的秘书将这封信送到最关心塔列朗的影响力的那位大臣手中。

如果说拿破仑周围的人都在用一种焦虑的眼光看待这次远征，显然是不准确的。在宫廷中，即使没有这次远征，许多军人也会非常热情地支持拿破仑的政策。大多数人都认为法国是有可能征服俄国的。在法国的军队里，一些人将战争视为谋求利益的手段——鉴于将士们所处的地位，如果攻下俄国，他们就有可能青云直上，甚至成为某个王国的君主。另一些人则渴望参与波兰人重建家园的狂热行动。还有一些人认为，如果能谨慎地筹划这次远征，他们就很有可能取得胜利。总之，他们认为，对拿破仑而言，一切皆有可能。

好几位大臣都不赞成此次远征，但大部分人三缄其口。有一位大臣虽然赞成远征，却被其他大臣指责在拍拿破仑的马屁。不过，这种指责毫无根据。这位大臣重复道："拿破仑还不够强大，他有必要变得更强大，这样他就可以停止战争了。"实际上，这位大臣只是做了众大臣希望做的事，他确实绝对相信拿破仑的天分和运气。

从其他方面来看，将我们的不幸归因于这位大臣的建议是不对的。拿破仑不是一个容易受人影响的人。一旦确定目标，并开始朝着这个目标前进，他是不会允许任何人反对自己的。那时，拿破仑看起来只接受人们对他所下定决心的恭维。他会非常粗暴甚至用明显不信任的态度，排斥所有令人不愉快的情报，因为他似乎担心这些情报会动摇他的决心。根据拿破仑运气的好坏，这种行为有了不同的名字：拿破仑走运时，它被叫作"性格的力量"；拿破仑不走运时，它则被称作"刚愎自用"。

一些大臣熟知拿破仑的性格，于是向他做了虚假报告。在危险面前，一些大臣有时会被迫保持沉默。那些做虚假报告的大臣模仿拿破仑的傲娇与自信，努力通过愉快的面部表情，向拿破仑传递吉祥信息，让他对自己取得成功的信心越来越大；而那些被迫保持沉默的大臣有时会拒绝给拿破仑传递坏消息——正如他们所说，他们不想因此遭到拿破仑的粗暴拒绝。

但这种担心并没有限制科兰古和其他几个人，也几乎没有影响到迪罗克、达鲁伯爵、洛博伯爵、拉普、劳里斯顿侯爵，甚至贝尔蒂埃。当真相要被揭开时，这些大臣和将军在收到各自负责的事务方面的坏消息时，都会如实向拿破仑汇报。即使拿破仑碰巧被激怒了，迪罗克也毫不屈服，会装出一副满不在乎的样子；洛博伯爵会粗暴地反抗；而贝尔蒂埃会哀叹着，满含泪水地走出去；科兰古和达鲁伯爵会为此跟拿破仑辩驳，一个气得脸色苍白，一个气得脸色通红。科兰古会给拿破仑举一些浮躁与固执导致严重后果的事例；达鲁伯爵则提醒拿破仑，仓促的决定可能会导致的后果。

需要说明的是，这些激烈的讨论从来没有产生不良后果。随后，拿破仑与大臣们都平复了情绪，恢复了正常。可贵的是，因为君臣之间能够坦诚相待，所以整个过程并不会给彼此留下任何不良印象，相反只会增加大臣们对拿破仑的尊重。

我参与了这些讨论。如果没有参与其中，我就不知道这些细节——即使能间接知道，也会知之甚少。因为拿破仑在私下的表现跟他在公众场合的表现完全不同，并且他的寝宫至今仍很隐秘。拿破仑几乎没有与大臣在他肃穆的新宫殿里会谈过。新宫殿里所有房间的用途都有严格的分类。一个客厅里的人听不到另一个客厅里的动静。此外，如果不熟知事件主要人物的性格和习惯，我们就无法理解历史上的重大事件。

此时，法国即将遭到饥荒的威胁。为预防饥荒而采取的措施迅速引起全国普遍恐慌，也滋生了许多恶行。贪婪的人总会采取一切手段让自己变得殷实起来：他们趁粮食价格低迷时垄断粮食市场；等到饥饿的人不顾价格高低争先购买粮食时，他们再以高得离谱的价格卖出粮食。那时，全国人民都变得惶恐不已。拿破仑被迫暂缓了远征的打算。他不耐烦地催促议事会尽快找到解决饥荒的办法。法国政府采取什么措施来解决饥荒固然非常重要，而拿破仑待在国内也十分必要。对远征俄国而言，虽然每耽误一个小时都是无法弥补的损失，但拿破仑不得不将远征计划的实施推迟两个月。

不过，拿破仑并没有因阻碍而沮丧。毕竟法军推迟两个月再出发也有好处，因为两个月后，俄国人的庄稼就会成熟。拿破仑准备用俄国人的庄稼为他的骑兵补给粮草，以便他的骑兵在行军时无须背负过多东西，从而更加轻便、快速地前进，他也就能更快地抵达俄国了。像之前很多次远征一样，这次远征也将通过一场战斗终结。

拿破仑期待的正是如此，他并没有用自己的好运气来欺骗自己，也考虑到了他的运气对别人的影响。在预估法国的军事实力时，拿破仑也考虑到自己的运气成分。这样一来，即使他的计划在某些方面出现失误，拿破仑也会积极地向前推进，并不断弥补不足。拿破仑并不担心反复利用自己的运气对他人的影响会不会有失灵的一天。他坚信，相比之下，亚历山大一世会更加信赖自己的运气。实际上，我们将在这次远征后期看到，拿破仑太过依赖运气，而亚历山大一世特意避开了运气。

不过，拿破仑就是这样！他生而伟大，有着超乎常人的激情。拿破仑所处的地位决定了他比其他人有更高的热情。的确，这些世界霸主什么时候完全主宰过自己呢？战事又起时，为了完成宏图大业，这些帝国的创始人逼着自己朝目标奋勇前进，仿佛被命运女神支配了似的。他们并不指望受害者能理解自己这样做的目的，也不会因任何天灾人祸而停止前进的脚步。

第 3 部分

第1章 拿破仑率军出征

商议的时间已过，远征俄国的时间终于到了。1812年5月9日，一向战无不胜的拿破仑离开了法国宫廷，而他此次注定不会凯旋。

从巴黎到德累斯顿，拿破仑的军队一路所向披靡，凯歌高奏。这次远征是拿破仑第一次穿越法国东部。这里是法国的一部分，这里的人对拿破仑十分忠诚。不过，与西部和南部截然不同，这里的人只是通过拿破仑为他们带来的利益和一次次的胜利来了解他的。法军中许多优秀的将士被德意志的富饶吸引，想象着自己正在迅速走向荣耀，自豪地穿越德意志地区，瓜分德意志邦国的财物，消耗这些邦国的物产。在这些邦国，战争总是具有类似于正义的色彩。

后来，在一段时间内，当法军胜利的简报传到法国东部地区时，这里的人感到非常惊讶，因为现实超出了他们的想象。于是，他们的想象力被进一步激发了。如同在奥斯特利茨战役和耶拿战役时一样，法国东部地区的人满怀热情。他们成群结队地围在信使四周，迫切想听到信使带来的消息。他们欣喜若狂，不断高呼："拿破仑万岁！英勇的法军万岁！"

众所周知，自古以来，法国东部地区的人就非常好战。法国东部属于边疆地带，这里的人自小听着武器的叮当声，因此非常尚武。他们经常谈论的话题是，波兰如此依附法国，而这场战争将会解放波兰；那些威胁欧洲的俄国人将被赶回他们的荒凉的国家；拿破仑将再次满载胜利的果实归来。这样一来，法国东部地区不就能从中受益吗？届时，由于战争，法国会通过东部地区与其他欧洲国家进行商业往来。这里的人正是通过战争获得财富，难道不应该对此心存感激吗？事实上，由于其他地区都被封锁了，法国只能通过东部地区运输物资。

10年来，旅行者匆忙穿过这片土地，游览这个雄伟的国度，参观这个强盛的国家，欣赏它繁华的大都市，以及各个时代的艺术杰作。特别是拿破仑这个非凡的人物，似乎注定要让法国赢得史无前例的辉煌。至于法国东部地区的人们，则满足于他们获得的利益，为他们的荣耀感到高兴，并把一切都归功于法军的胜利。他们对拿破仑不胜感激，非常热忱地追随他。欢呼声、喝彩声从四面八方传来，“凯旋门”无处不在，所有人非常忠于拿破仑。

然而，在德意志，人们没有那么高的热情，有的或许是更多的敬意。被法国征服后，德意志臣服法国。或许是为了抚慰虚荣心，或许是因为习惯性地相信不可思议的事物，德意志人将拿破仑视为一个超自然的存在。他们目瞪口呆，惊愕不已。在一种普遍的冲动的驱使下，这些可敬的德意志人努力表现出对拿破仑的忠诚。

德意志人匆忙列队，站在拿破仑将要经过的那条漫长的道路两旁，夹道欢迎他。德意志人的君主们也都离开了自己的府邸，相聚城中，因为他们命运的伟大主宰者拿破仑将要路过这里。他要前往一个遥远的地方，面对一场可怕而危险的战争。法国皇后玛丽·路易丝和皇室人员随行，声势浩大，就好像拿破仑已经获胜一样。然而，拿破仑从前出发去打仗时没有过这样的阵仗。

拿破仑曾经表示，希望在自己前往俄国的途中，奥地利的皇帝、德意志邦国的君主及王子们到德累斯顿迎接他。现在，他的愿望实现了。为了迎接他，所有人都纷至沓来。一些人之所以赶来，是因为他们觉得拿破仑此次远征一定会获胜，而另一些人则是因恐惧才来迎接他的。就拿破仑而言，他这么做的目的是显示和巩固自己的权力，并且享受这个过程。

行军至奥地利时，拿破仑看到德意志的皇族世家就像迎接家人一般，都在半道上迎接他。他的虚荣心得到了极大的满足。他想，与亚历山大一世的孤立相比，这么多君主欢迎他的壮观场面对他来说是非常有利的。或许如果人们普遍离弃他，他会为此感到震惊。事实上，各盟国的君主齐聚一堂，似乎是在宣布，法俄战争是整个欧洲在对俄国开战。

当时，拿破仑正处在德意志的中心，向坐在自己身旁的皇后——曾经的奥地利公主炫耀，所有德意志人都对他俯首听命。整个德意志，无论穷人还是富人，贵族还是平民，朋友还是敌人，都倾城而出，匆忙赶往拿破仑下榻的行宫。一时间，道路拥挤不堪。马路、街道和公共场所挤满了好奇而焦虑的人群。无论白天还是黑夜，这些人的眼睛都紧盯着那座宫殿的大门和窗户。他们并不在意拿破仑的皇冠、地位和华丽的行宫，只是渴望一睹他的风采。对他们而言，这是一场视觉盛宴。他们急于看到拿破仑的举手投足，以便往后有所回忆。他们希望能够告诉那些没他们幸运的同胞和后代，他们亲眼看到过拿破仑。

正如在现阶段，诗人们为了赋予拿破仑一种神性而极力贬低自己，同理，德意志各邦国都对拿破仑阿谀奉承，曲意逢迎。

事实上，德意志各邦国的君主与臣民都非常崇拜和钦佩拿破仑。所有人仿佛都达成了共识，争先恐后地模仿他的言行举止。不过，他们内心对拿破仑的情感截然不同。

趁这次重要的接见机会，我们仔细观察了这些君主展示出来的不同程度的热情，以及拿破仑的各种骄傲言行。我们曾希望拿破仑的审慎态度或对展示权力的热情的消退，会阻止他过度明显地表露骄傲。但在自己还是个身份低下的士兵时，他就总是以命令的口吻说话，即使是对身份地位比他高的人也是如此。难道我们还指望他征服所有人、成为他们的主宰后，能够容忍冗长、乏味、烦琐的接见仪式？但在当时，他非常温和、节制，甚至努力让自己表现得平易近人、讨人喜欢。很明显，虽然拿破仑努力以平易近人、讨人喜欢的姿态示人，但人们仍能看出一系列烦琐的接见仪式让他感到疲劳。当置身于这些君主之中时，拿破仑宁愿自己接待他们，也不愿让他们来接待自己。

应该说，这些君主也很了解拿破仑的傲慢。他们知道，能够征服拿破仑的只有拿破仑自己，除此之外，别无他人。因此，这些君主和他们的臣民只能在拿破仑面前卑躬屈膝、阿谀奉承，让他扬扬自得，乐在其中，甚至黑白不分。这些君主和臣民的态度、言辞，甚至说话的声音都表明，拿破仑君临天下，是他们的主宰。所有人都因拿破仑而聚在一起！几乎没有一个人敢冒险提出反对意见，他们完全相信拿破仑拥有绝对的权威。拿破仑本人对此也很清楚，一个封建领主不可能要求其附庸国的君主做得更多。

拿破仑早年接访的场面更加壮观！为了能够一睹这位欧洲征服者的风采，附庸国的君主们都来拜见他。他们与拿破仑的大臣们挤在一起。那些大臣频繁相互提醒对方多加小心，不要挤到这些附庸国的君主。不过，拿破仑一出现，法国大臣与附庸国君主之间的区别就消失了，因为拿破仑既是法国的统治者，也是这些附庸国的统治者。在拿破仑面前，这些附庸国君主的地位是平等的。当时，几名法国将军流露出的难以掩饰的傲慢或许冒犯了这些君主。在这几名法国将军看来，他们的地位已经提升到可以与附庸国君主平起平坐的程度。事实上，无论被征服者的血统有多高贵、地位有多高，胜利者中原本地位较低的人都会和被征服者处于平等地位。

然而，法军中更加审慎的人开始警觉起来。他们小声地说，只有一个幻想自己可以超越人类的人，才会以这种方式改变一切事物的性质，打破原有的秩序，引起普遍的混乱，却毫不担心这样做也会波及自身。他们看到，这些君主离开拿破仑的行宫时双眼发红，满腔怒火，充满愤恨。他们想象着，晚上，当与自己国家的大臣单独相处时，这些君主肯定会宣泄他们心中难以压抑的怒火。他们一定会说，一切都是有预谋的，都是为了让他们更加痛苦。人们蜂拥前往拿破仑这位骄傲的统治者的行宫附近，而他们自己君主的宫邸却门庭冷落。为了走进拿破仑的行宫，这些君主必须穿过拥挤的人群。这多么令人恼火！事实上，所有事物，甚至他们国家的臣民，好像都背叛了他们。拿破仑在吹嘘自己好运气的同时，也在嘲笑这些君主的不幸。难道还不明显吗？这些君主来到德累斯顿，仅仅是为拿破仑胜利的盛况锦上添花。拿破仑就是这样战胜这些君主的——人们对拿破仑的赞美与钦佩都是对这些君主的责备；拿破仑越伟大，他们越卑微；拿破仑的胜利就是他们的失败。

毫无疑问，只有跟自己的大臣单独在一起时，这些君主才能发泄不满。日复一日，仇恨深深地扎根在他们心中。人们注意到，奥地利皇后率先离开了这个令人痛苦的地方。当年拿破仑还是法国的一名将军时，就将她的祖先赶下了意大利王位。她竭力掩饰着自己的厌恶，却是白费力气。拿破仑察觉到了她不由自主流露出来的厌恶，反而微微一笑。她收敛了自己外露的厌恶之情。但为了日后能将仇恨的种子撒播在人们心中，奥地利皇后发挥了极好的理解力，展现了魅力与温柔，将其他附庸国的君主争取过来，让他们支持自己的观点。

玛丽·路易丝无意间使这种形势变得更加严峻。她的着装华丽而高贵，相比之下，奥地利皇后则显得黯然失色。但凡拿破仑要求玛丽·路易丝收敛一点儿，她就会反抗，甚至哭泣，直到他出于对她的深情，被迫做出让步——也有可能是他疲于应付、心不在焉。有人断言，尽管玛丽·路易丝出身高贵，但当拿她的祖国与法国进行比较时，她不经意的言论伤害了德意志人的尊严。拿破仑对此只是温柔地责备了她。拿破仑对自己激起的爱国主义热情感到满意。他幻想着用慷慨赠送礼物的方式补救玛丽·路易丝言语上的轻率。

“德累斯顿接见”激发了各种情感，许多人的虚荣心在冲突中受到伤害。然而，拿破仑竭力取悦德意志各邦国的君主，并认为他大体上已经让他们感到满意了。当时，他的许多军队还行进在盟友的领土上。因此，在德累斯顿等待军队行进结果的同时，拿破仑忙着进行政治部署。

法国驻彼得堡大使劳里斯顿侯爵接到命令，由他向亚历山大一世提出请求，允许他进入维尔纽斯，以便向其转达重要的提议。拿破仑的副官纳邦将军动身前往亚历山大一世的宫廷，目的是向其传达拿破仑想要保持法俄和平状态的意向，并邀请他来德累斯顿。拿破仑派梅赫伦大主教前往波兰，激发波兰人的爱国主义精神并领导他们。萨克森选帝侯弗雷德里克·奥古斯都一世虽然决定放弃大公国的领地，但仍感愉悦，因为他有希望获得更大的补偿。

与此同时，自“德累斯顿接见”第一天以来，人们就因普鲁士国王腓特烈·威廉三世没有出现在拿破仑的行宫里而感到惊讶。但大家很快就明白了，不是腓特烈·威廉三世不想来，而是拿破仑禁止他来。相比而言，腓特烈·威廉三世更加担心，由于拿破仑不允许他前来拜见，如果贸然出现在其行宫里就会非常难堪。不过，在纳邦将军的鼓励下，他决定来到拿破仑的行宫。当有人给拿破仑通报说腓特烈·威廉三世求见时，拿破仑很生气，并且拒绝接见。他说："他想干什么？他不断来信纠缠我、恳求我还不够吗？为什么还要来到我面前烦扰我呢？他能为我做些什么？"但迪罗克将军一直建议拿破仑召见腓特烈·威廉三世。迪罗克提醒拿破仑，法国一旦与俄国开战，就需要普鲁士的支持。于是，拿破仑召见了腓特烈·威廉三世。腓特烈·威廉三世由于地位尊贵，所以受到了很高的礼遇。他再次向拿破仑保证对其忠诚，还提供了无数证据来表明自己的忠心，而拿破仑也接受了他的保证。

据说，当时，腓特烈·威廉三世期望得到被俄国占领的德意志省份，盼着拿破仑允许他派遣普鲁士军队进攻这些省份。可以肯定的是，等征服这些省份后，他将请求拿破仑授权普鲁士占领这些省份。此外，拿破仑似乎允许普鲁士王储迎娶他的一个侄女，作为普鲁士在远征俄国这场战争中为拿破仑效力的回报。另外，拿破仑还亲口许诺，他会亲自将这桩婚事告知自己的侄女。这样一来，腓特烈·威廉三世就成了拿破仑的亲戚，也就能够维持他已经被削弱的权力。但没有证据表明，这种联姻的想法对腓特烈·威廉三世有一定的诱惑性；同样也没有证据表明，这种联姻的希望对西班牙国王约瑟夫·波拿巴有一定的诱惑性。

当时，这些附庸国的君主都屈服于拿破仑的权力。很明显，这种屈服说明法国凌驾于所有国家之上。另外，这种状况也表明，既渴望获取又害怕失去的想法不仅支配着普通人的行为，同样支配着一国之君的行为。

与此同时，拿破仑仍然等待着劳里斯顿侯爵和纳邦将军的谈判结果。他希望强大的法军，尤其是他在德累斯顿庄严肃穆、富丽堂皇的行宫，能震慑亚历山大一世。几天后，在波森，拿破仑表达了这一观点。当时，他对德索勒将军说："由于在'德累斯顿接见'期间并没有说服亚历山大一世进行和谈，所以我们现在只能通过战争来争取和平了。"

那天，拿破仑只谈论自己以前取得的辉煌。除此之外，他什么也没说。他似乎对未来感到怀疑，便只能回顾过去的事件。他发现，有必要用从前最辉煌的回忆来武装自己，让自己能够直面如此巨大的危险。事实上，此后，他觉得有必要用所谓对手的性格弱点来麻痹自己。当如此大规模的入侵即将来临时，拿破仑犹豫不决，不太确定此次入侵俄国是否能够取得成功，因为他不再认为自己永远都不会出现任何失误，也失去了那种由年轻人的激情和精力赋予的好战性格，更没有了那种马到成功的预感。

此外，与俄国的谈判不仅是维护和平的尝试，而且是一种军事策略。拿破仑想通过谈判来麻痹俄国人。这样一来，当他的大军出现在俄国边境时，俄国人就会惊慌失措，四散逃窜，溃不成军。否则，俄国人如果团结一致，就会以为自己可以与法军抗衡，从而冒险以逸待劳，准备迎战法军。无论是何种情况，这场战争都将以引发俄国政变或法军大捷而告终。但亚历山大一世并没有接见劳里斯顿侯爵。纳邦将军回来后，向拿破仑汇报说："我发现俄国人既不沮丧也不自傲。从亚历山大一世对我的回答来看，俄国人似乎宁愿选择与法国开战，也不接受耻辱的和平。在与强大的对手战斗时，他们会小心谨慎，不让自己暴露在危险中。简而言之，为了拖延战事，打败法国，他们决心牺牲一切。”

拿破仑轻视了亚历山大一世的回复，因为当时他正在极力展示自己的荣耀。我必须补充的是，实际上，是一个俄国贵族欺骗了拿破仑。此人要么是持有错误的见解，要么是施了阴谋诡计。无论怎样，他说服了拿破仑，让其相信，面对强大的法军，亚历山大一世会知难而退，并且极易因形势的逆转而气馁。不幸的是，一想到亚历山大一世在提尔西特与爱尔福特对他的阿谀奉承，拿破仑就更加坚定了这种错误的见解。

拿破仑在德累斯顿一直待到1812年5月29日。他虽然很骄傲，但也知道如何向这些附庸国的君主表现他的崇敬与感激。他们都来自德意志最古老的家族，拥有众多臣子。拿破仑希望自己好运不断，也想让这些君主都有这样的好运气，以便让他们将他推上皇帝宝座的好运气看起来不是那么突兀，让他们和他自己都能习惯这样的好运气。

第2章 行军途中遇到的困难

终于，拿破仑迫不及待地想要摆脱德意志人的崇敬，前去征服俄国人。于是，他离开了德累斯顿。为了满足波兰人的热情，他在波森停留了很长时间。他没有去华沙，因为那里的战事并不急需他出面，并且如果去华沙，他就会再次卷入政治的漩涡。拿破仑停留在托伦，检查防御工事、弹药库和军队。在这里，他得知法国的盟友威斯特伐利亚的军队残酷地掠夺并侮辱了波兰人，致使波兰人怨声载道。他为此严厉指责，甚至威胁威斯特伐利亚国王[①]。但众所周知，拿破仑将这些问题都抛诸脑后了。由于行军速度很快，这些问题的影响很快就消失了。此外，像所有其他冲动一样，拿破仑的愤怒也很快因精疲力竭而消散了。之后，他又恢复了天生的好脾气。与往常一样，他感到后悔，并努力减轻他给别人带来的痛苦。最后，他很自责，觉得自己可能是引起混乱的根源。因为法军要从奥得河行至维斯瓦河，再到涅曼河，所以粮食供给即使充足且管理妥善，也会出现不宜随军携带的草料供应短缺的情况。法国骑兵已经被迫去割还未成熟的黑麦、揭茅屋上的茅草来喂他们的马了。实际上，情况更糟糕。拿破仑既然默许了这种违反军纪的行为，那么该如何去禁止其他引起混乱的行为呢？

在涅曼河对岸，麻烦又出现了。拿破仑计算过轻车和重车的载重量，每辆车必须运载数千磅[②]的货物穿过一个沙质土壤地区。而在该地区，哪怕是载重仅有几公担[③]的货运马车，走起来都很艰难。拿

① 即拿破仑之弟杰罗姆·波拿巴。——译者注

② 磅，英制重量单位，1磅等于0.454千克。——编者注

③ 公担，公制重量单位，1公担相当于100公斤。——编者注

破仑将轻车和重车组成若干个营和中队。每个轻车营有600辆车，可以运载总计6000公担面粉；牛拉的重车营可以运载总计4800公担面粉。26个由四轮运输马车组成的中队负责运输军事装备。此外，还有大量马车负责运输各式各样的作战工具、一个攻城装备和6个桥梁装备，以及成千上万的大炮和医疗设备。

维斯瓦河边建有弹药库，补给车将在这里装载货物。法军必须从这里携带25天的给养，然后直接过河，不作停留。等过了涅曼河，法军才能动用这些给养。不过，这些补给车大部分都没有发挥作用，因为法军对驾驶补给车的士兵组织不利，导致纪律松散，没有激发出他们的荣誉感和雄心壮志。更重要的是，这些补给车太重，走得太慢，而路途又太远，再加上运输队严重缺乏补给，太过疲劳，导致大部分补给车没有到达维斯瓦河。

于是，法军只能在行军途中搜集所需物品。他们将富饶的波兰的马车、牲畜和粮食一扫而光，连当地居民负责运输的军队必需物资也不放过。这次行军非常窘迫，加上第一次对俄军展开行动必须迅速，所以几天后，在涅曼河边，法军随意丢弃了先前粗暴地搜集来的所有物品。

实际上，法军这么做情有可原，因为这次行动非常重要，目的是突袭和打击俄国40万人的大军。战争是最悲惨的灾难，因此所有战争都不能持续太久。如果带着大量沉重的辎重车，就会拖累法军的前进速度，而沿途搜集军队给养就方便多了。事后，法军可以赔偿当地人的损失。有些过失是形势所迫，但有些过失就很难原谅了。话说回来，谁能在别人实施犯罪的过程中阻止其犯罪呢？什么样的将领能够对那些为了搜集军队所需物资而散布在各地的众多军官和士兵负责呢？受害者应该向谁投诉？谁又会来实施惩罚？一切都发生在快速行军过程中，当时根本无法阻止法军的犯罪行为，更无法找出是谁在犯罪。短短一天里会出现多少突发状况！而当时又有多少事情必须在一天之内完成！

此外，法军中上梁不正下梁歪，其盟军更是跟风学样，有过之而无不及。其实，从盟军身上，我们就可以看到法军将士的过分之处。他们粗暴残忍的掠夺令人十分厌恶。

拿破仑希望这种混乱能够消失，希望军队恢复秩序。由于两个盟国的指责，拿破仑对法国的两位将军非常恼火。这两位将军也因此出了名。拿破仑在信中写道："我已经将两位将军停职，并控制了他们指挥的旅。我还当着全军的面，也就是整个欧洲的面，解散了他们指挥的旅。我已经给其中一位将军写信，通知他，他如果再不谨言慎行，就将面临破产的危险。"几天后，拿破仑看到这位将军时，仍感到气愤，于是大声对他说："你煽起了军队中的掠夺歪风，简直是自取其辱。你要么闭嘴，要么回到你父亲那里。我不再需要你为我效力了。"

拿破仑取道托伦，来到维斯瓦河，避开了格鲁琼兹，因为格鲁琼兹属于普鲁士。格鲁琼兹要塞对保证法军的安全至关重要，所以拿破仑派遣一名炮兵军官带着几名炮手去了那里。表面上看，他派人去格鲁琼兹的目的是制造弹药筒，但其真正的动机我们不得而知。虽然格鲁琼兹驻扎着大量普鲁士军队，但拿破仑继续前进，毫不顾忌。

在马林堡，拿破仑再次遇见了达武。无论是出于与生俱来的骄傲，还是后天养成的骄傲，达武只愿意承认他的皇帝拿破仑是欧洲的主宰者。达武专横、固执，既不向形势低头，也不向任何人屈服。1809年，有一段时间，贝尔蒂埃曾担任过达武的上司。在此期间，达武虽然打了一场胜仗，挽救了军队，却违背了贝尔蒂埃的命令。因此，贝尔蒂埃和达武开始仇恨彼此。和平时期，两人虽然相距甚远——贝尔蒂埃住在巴黎，达武住在汉堡，却均未意识到彼此之间的仇恨更深了。然而，这次远征让他们再次走到了一起。

贝尔蒂埃越来越脆弱了。自1805年以来，他已经变得十分憎恶战争。他精力充沛、记忆力超强，无论白天还是黑夜，都可以接收并发送最繁杂的情报和命令。这次，他自认为有权给达武下达命令。达武对此感到不满。刚见面，贝尔蒂埃和达武便发生了激烈的争吵。当时，拿破仑刚到达马林堡，他们就当着他的面争吵不休。

达武严肃地表明了自己的态度，甚至指责贝尔蒂埃要么无能，要么存心想背叛自己。两人还相互指责、威胁。贝尔蒂埃离开后，受生性多疑的贝尔蒂埃的影响，拿破仑高声说道："有时候我怀疑与我并肩作战时间最久的战友的忠诚，但每当这时，我都会非常懊恼，并竭尽全力地消除这种令人心碎的怀疑。"

当达武还在享受轻松击败贝尔蒂埃的快乐时，拿破仑已经前往但泽了。贝尔蒂埃因对达武充满怨恨，并为此感到痛苦，便跟随拿破仑去了但泽。从那时起，所有有利于达武的事情，例如他的热忱、荣耀及他为此次远征所做的努力，都令拿破仑不快。拿破仑曾给达武写信说："远征即将推进到一个贫瘠的地区，俄国人会摧毁那里的所有东西。为了应对这种局面，我们必须自行解决一切需求。"达武在回信中汇报了他所做的准备工作："我已经组织7万人，每个人各自携带25天的补给品。每个连都由会游泳的人、石匠、面包师、裁缝、鞋匠、军械制造师和各阶层的工人组成。他们也都随身携带自己所需的一切。我们还准备了手磨机。我的军营就像一个殖民地，拥有各行各业的人。我已经预想到一切所需之物及所有提供补给品的办法。”

法军中的其他军官本应为达武如此努力感到高兴，但他们一点儿也开心不起来，甚至歪曲了他所做的这些努力。拿破仑听到了一些关于达武的恶毒言论。有人对拿破仑说：“达武希望大家认为他已经预见到一切，并且安排好一切。难道您就是这次远征的旁观者吗？难道此次远征的荣耀必须归于达武吗？”“事实上，”拿破仑惊呼道，“人们会认为是达武在指挥军队。”

军官们甚至进一步唤醒了拿破仑潜意识里的一些恐惧：“在耶拿取得胜利后，难道不是达武将您带到波兰吗？现在难道不是他急于发动这场解放波兰的战争吗？在波兰，他已经拥有这么庞大的地产，也已经以公正、廉洁赢得波兰人的支持，既然如此，难道他就没有登上波兰王位的野心吗？”

看到下属侵犯他如此多的利益，拿破仑的骄傲心理很难不受打击。在这次远征中，达武的才干是否让拿破仑产生了越来越多的挫败感，也未可知。可以肯定的是，拿破仑对达武的印象越来越差。最终造成的致命后果是，他不再信任这位顽强而稳健的勇士，转而支持他偏爱的那不勒斯国王缪拉，因为鲁莽的缪拉更能迎合他的勃勃野心。从其他方面来讲，高级将领之间的不和并没有使拿破仑感到不悦。因为这样一来，他们会给拿破仑提供更多信息；如果他们之间非常和睦，反而会使拿破仑感到不安。

1812年6月12日，拿破仑从但泽出发，前往柯尼斯堡，并视察了那里庞大的弹药库、军营与补给站。柯尼斯堡储存了大量补给品——足够他完成远征俄国这项艰巨的任务。他没有忽视任何细节。当时，他将自己的活力、激情和才能倾注在这次远征中负责补给军需品的这个最重要、最艰苦的部门。他不断敦促这个部门，向其下达了许多命令，也拨了很多钱。这些都有他的书信为证。白天，拿破仑忙着下达命令，晚上躺在床上后，他又频繁起身重复这些命令。一位将军曾在一天内收到他的6份急件，而每份急件都是关于同样的问题。

在一份急件中，拿破仑说："法军如此庞大，如果我们不采取预防措施，任何国家的粮食都无法满足我们的需求。"在另一份急件中，他又说："除了装载医疗物资的车辆，所有供给车辆必须装满面粉、面包、大米、蔬菜和白兰地。我们终将把40万人集中到俄国。那时，我们将无法奢望从俄国得到任何东西，所以我们必须带上所有物品。"然而，一方面，当时计算出来的运输工具数量远远不足；另一方面，拿破仑一旦采取行动，就会仓促行事，那么后期法军的补给会远远跟不上需求。

第3章 法军斗志昂扬

在从柯尼斯堡到贡比涅的途中，拿破仑视察了几支军队。他坦率但不唐突地与士兵们交谈着，心情非常愉快。与这些淳朴、勇敢的人交谈时，他深知，他们视莽撞为坦率，视粗鲁为魄力，视傲慢为真正的高贵。在他们看来，有些军官所展现的在社交场合才有的优雅气质，无异于懦弱、优柔寡断。对他们而言，军官们优雅的气质就像一门外语一样无法理解。

按照惯例，拿破仑在队伍前走来走去。他清楚地记得哪个团曾跟随他参加了哪些战斗，看到那些老兵时，他偶尔会停下脚步。一个老兵让他回忆起了金字塔战役，还有几个老兵让他想起马伦哥战役、奥斯特利茨战役、耶拿战役和弗里德兰战役[①]。每当这时，拿破仑就会对这些老兵说些话，拍拍他们的肩，表示自己还认识他们。老兵们则会认为，因为拿破仑认识他们，所以那些比他们年轻的士兵就会高看他们一眼，并嫉妒他们。

拿破仑就这样继续视察军队，当然也没有忽视最年轻的士兵。似乎每件有关士兵的事情都让他非常感兴趣。就连士兵们最不想提的事情，拿破仑也知道。他问他们：“你们的长官关心你们吗？你们拿到报酬了吗？你们还有没有其他需求？”他甚至让他们打开背包给他看里面装着什么东西。

最后，在队伍中间的一片空地上，拿破仑停了下来。他大声地要求将士们说出那些卓越士兵的名字。拿破仑让这些卓越的士兵出列，站在他面前，并询问他们：当了几年兵？参加了多少次战役？受过哪些伤？有哪些战功？接着，拿破仑任命他们为军官，并亲自为他

① 这几场战役都是拿破仑军事生涯中的“杰作”。——译者注

们主持就职仪式。这些细微之处无不体现他对士兵的关怀，令他们感到格外高兴。他们相互传颂着这位了不起的皇帝、这个所有国家的主宰者，是多么无微不至地关心他们，还说他们就是自己真正的家人！就这样，拿破仑给将士们灌输了崇尚战争、热爱荣誉，并敬爱他这位皇帝的思想。

当时，法军已经从维斯瓦河进至涅曼河。涅曼河是格罗德诺河的支流，蜿蜒流向科诺，与维斯瓦河平行。普雷格尔河将维斯瓦河和格罗德诺河连接在一起。在普雷格尔河上，运输物资的船星罗棋布。22万名士兵从四面涌向普雷格尔河，在补给船上得到了面包和其他物资。之后，法军随运输船队沿这条河逆流而上。

当法军不得不离开运输船队时，其精锐部队便携带充足的物资奔赴涅曼河。他们将渡过涅曼河，打一场胜仗，然后抵达维尔纽斯。拿破仑估算了维尔纽斯当地的居民数量和敌军数量，以及他派人从但泽运来的弹药的数量。这些弹药是几经周折才陆续运来的——运输船先后通过了弗里施哈夫河、普雷格尔河、德纳河、弗雷德里克运河和维利亚河。

当时，法军正位于俄国边境附近，以如下方式部署在涅曼河岸。从右到左的部署情况为：由施瓦岑贝格亲王率领的3.4万名奥地利士兵部署在最右端的德罗吉新，这些士兵来自加利西亚；他们的左边是威斯特伐利亚国王率领的7.92万名士兵，其中有威斯特伐利亚人、萨克森人和波兰人。这支军队来自华沙，正前往比亚韦斯托克和格罗德诺；这支军队的左边是欧仁亲王率领的7.95万名士兵，其中包括巴伐利亚人、意大利人和法国人，这支军队部署在马里乌波尔和皮洛尼交界处附近；接下来是由拿破仑亲自率领的22万名士

† 雷吉欧公爵

罗贝尔·勒菲弗（1755—1830）绘

兵。这支庞大的军队由以下人员指挥：那不勒斯国王、埃克穆尔亲王、但泽公爵、伊斯特利亚公爵，雷吉欧公爵和埃尔钦根公爵。法军各部队分别从托伦、马林韦尔德和埃尔宾出发。1812年6月23日，在诺加里斯基附近，这些部队会师。诺加里斯基距离科诺只有1里格。最后一支军队部署在提尔西特，位于整个大军的最左端，由麦克唐纳元帅率领的3.25万名士兵组成，其中有普鲁士人、巴伐利亚人和波兰人。

至此，万事俱备。从瓜达尔基维尔河岸和卡拉布里亚海岸到维斯瓦河，总共部署了61.7万人，其中48万人已就位。此外，还有1架攻城梯、6套架桥装备、1372门加农炮、数千门大炮、数千辆装载补给品的车和无数头拉车的牛及医疗车。这些车都已分门别类地停在距离俄国边境的涅曼河很近的地方，绝大部分停放在最后面。

6万名奥地利人、普鲁士人和西班牙人正准备为拿破仑而浴血奋战。他曾征服了瓦格拉姆、耶拿和马德里，四次击败奥地利，也曾羞辱普鲁士，并征服了西班牙人。所有人都对他忠心耿耿。在拿破仑的军队中，有三分之一士兵要么非法国人，要么与拿破仑敌对，所以我们几乎搞不清楚，到底是拿破仑的大胆妄为更令人震惊，还是这些士兵对他的顺从更令人震惊？事实上，罗马帝国就是用这种方式让那些被其征服的人为其未来的征服效力的。

至于法国人，拿破仑发现他们充满热情。行为习惯、好奇心和在新国家展现“主人翁”姿态的快感激励着法军将士。在虚荣心的刺激下，年轻将士渴望获得荣誉，以便日后向他人吹嘘。所有将士都有这样的特点。况且解甲归田之后，吹嘘和夸大自己的战绩是将士们茶余饭后必不可少的谈资和消遣方式。除此之外，对掠夺的渴望也让他们热血沸腾。但拿破仑雄心勃勃，严明纪律。他有时非常厌恶将士们，因为他们的目无法纪玷污了他的荣誉。这样一来，拿破仑和他们就必须相互妥协。自1805年以来，拿破仑与法军将士之间有了一种默契：拿破仑对他们的掠夺行为睁一只眼闭一只眼，而他们则容忍拿破仑的巨大野心。

不过，法军将士的掠夺行为，或者说是劫掠行为，通常只限于掠夺粮草。由于当时粮草供应短缺，能够从当地居民那里掠夺来的粮草也非常稀少。最恶劣的掠夺者就是那些散兵游勇。由于军队经常要急行军，所以掉队的士兵非常多。事实上，拿破仑不能容忍军队中出现这样混乱的局面。为了控制这种混乱的局面，他派出宪兵和游击队随军前进。等掉队的士兵归队时，长官要检查他们的背包，或者像在奥斯特利茨一样，让他们的同伴来检查他们的背包。负责检查的士兵则必须公正严明，不能包庇。

最后一批征召的士兵的确太年轻，也太软弱了。但军队里还有一批勇敢、作战经验丰富的士兵。他们临危不惧，较易辨别——从他们好战的表情和言谈一眼就能看出。他们既不谈论过去，也不讨论未来，只谈战争。他们的军官也是如此，与他们志同道合；或者说越来越与他们桴鼓相应，值得他们敬重。为了在这些勇敢、好战的士兵中保持权威，军官们除了身上必须得有战争留下的伤疤，还必须身经百战，用自己的战绩来激励士兵们英勇奋战。

那时候，军人的生活便是如此，他们日常生活中的一切都围绕着军事行动进行，日常交谈亦是如此。他们经常夸夸其谈，但即使是吹嘘也是有好处的，因为吹牛的人要不断拿出证据来表明自己所言非虚，从而敦促自己变成希望的样子。波兰人尤其如此，但在吹嘘自己时总是留有一定的余地，绝对不会说以他们的能力无法实现的事情。波兰其实是一个英雄的国度！一旦言过其实，他们就会通过自己的行动获得荣耀，以证明起初所说的那些虚假甚至不可能的事情的真实性。

至于那些老将军，他们中的一些人已不再是法兰西共和国时期无畏而单纯的勇士了。荣誉、艰苦的服役及年龄增长，特别是拿破仑皇帝，使他们中的许多人变得软弱。拿破仑通过“以身作则”和命令，迫使法国将军过着奢侈的生活。他认为，这种生活方式可以影响众人。另外，这种生活方式可以阻止法国将军积累财富，让他们不得不仰仗拿破仑。这样一来，拿破仑就成了他们的财富来源。拿破仑很乐意补偿他们，并以这种方式影响他们。因此，拿破仑使法国将军陷入了一个难以逃脱的怪圈，迫使他们不断从贫困走向挥霍，又因挥霍而陷入贫困，而唯有拿破仑能够帮助他们摆脱贫困。

除了在拿破仑的军队中任职所得的报酬，法国将军没有其他收入来源。但他们已经习惯了这种安逸而奢侈的生活，再也无法放弃这种生活了。即使拿破仑赏赐给法国将军一块土地，这块土地也是拿破仑通过征服其他国家得来的。因战事频仍，这块土地的所有权存在不确定性，随时有可能落入他人之手，而将军们只有立下赫赫战功，才能继续拥有这块土地。

对于获得荣耀这件事，有些将军宠辱不惊，有些将军则患得患失。为了保持将军们的依赖性和荣誉感，拿破仑唯一需要做的事情就是有效地激励他们。他是自己所处时代的主宰者，决定着历史的走向，同时是荣耀的分配者。要想从拿破仑那里获得荣耀，将军们虽然必须付出高昂的代价，但无法拒绝拿破仑开出的条件。拿破仑如此强大，在他面前，将军们只能承认自己的软弱；拿破仑如此雄心勃勃，在他面前，裹足不前只会让将军们感到羞耻。拿破仑野心很大，却仍不满足。

这次远征规模宏大，举世瞩目，因此极具吸引力。由于只是行军至彼得堡和莫斯科，所以这次远征肯定会取得成功。待远征结束之日，或许就是拿破仑终止战争之时。因此，这次远征是最后一次通过征战来获取荣耀与财富的机会，一旦错过，将军们必定后悔莫及。只是听人讲述这次辉煌的远征将会是多么烦恼的一件事啊！今天的胜利将使昨天的胜利成为多么古老的往事啊！又有谁愿意像从前的胜利一样成为明日黄花呢?

既然作战的激情已经被点燃，战争又怎会不爆发呢？这样一来，选择在什么地方战斗就变得非常重要。这是因为，尽管整体的战斗目标一致，但有些地方的战斗是由拿破仑亲自指挥的，有些地方的战斗是由其他人指挥的。其他指挥官虽然威望也很高，但毕竟不同于拿破仑，因为荣耀、财富等所有的一切都取决于拿破仑。众所周知，无论是出于偏爱还是出于策略，拿破仑只对那些目标与他一致的人慷慨大方，因为他们与他一荣俱荣；至于那些目标与他不同的人，即使厥功至伟，拿破仑也不会同样慷慨地奖赏他们。因此，所有士兵，无论老少，都渴望加入拿破仑亲自指挥的军队。在此之前，哪位统帅曾有过这么大的影响力呢？拿破仑可以迎合、刺激和满足所有人的愿望。

我们爱戴拿破仑，是因为我们视他为同甘共苦的伙伴和指引我们获得威名的领袖。我们对他的仰慕和敬佩激励着我们，我们愿意与他分享一切。

在那个将士们都充满荣誉感的时代，年轻的士兵对战争自然热情高涨。我们中又有谁没有受到年轻时阅读过的那些古人和我们祖先英勇善战事迹的激励和鼓舞呢？那时，我们不是都渴望成为我们所读的或真实或虚构的历史中的英雄吗？在那种激动的心情下，如果记忆中的英雄突然出现在我们面前，变得触手可及，如果我们亲眼见证了他们创造奇迹的过程，如果有机会能与我们如此羡慕和嫉妒的杰出而勇敢的圣骑士并肩作战，谁会犹豫？谁不会兴奋不已、满怀希望地冲上前去？又有谁不会蔑视那些停滞不前的人呢？

以上就是拿破仑时代年轻人的精神状态。在那个繁荣的时代，人人都可以有凌云壮志，极易谋得功名利禄！其间，法国的将士们通过建立战功为自己赢得一切。他们觉得自己比贵族，甚至比他们征战过的国家的君主还了不起！在他们看来，欧洲的君主们似乎只有在他们的领袖拿破仑及其军队的允许下才能行使统治权。

这种憧憬和凌云壮志吸引着一些人，也让一些人对服兵役感到厌恶。新奇感和对荣誉的渴望激励着大部分人。但所有人都受到了相互竞争的心理刺激。总之，所有将士对一向幸运的统帅充满信心，都渴望早日取得胜利，毕其功于一役。如此，他们就可以早日刀枪入库，马放南山，回归温馨的家庭生活。对拿破仑的大部分将士来说——就像路易十四时代的一些志愿兵一样，战争只不过是一次战斗，或者说是一场短暂而辉煌的旅程而已。

法军此时即将到达欧洲的边界。欧洲的军队以前从未到过这里。我们即将组建新的大力神军。这次远征的辉煌前景、整个欧洲协调作战的兴奋、40万名步兵和8万名骑兵气吞山河的壮阔、多如雪花的战情报道，以及士兵震耳欲聋的呐喊声，激起了老兵们昂扬的斗志。在这个激情燃烧的时刻，即使最冷漠的人也不可能无动于衷，更别说逃离这场举世瞩目的远征。

总之，除了上述这些促成远征的因素，法军结构完善、配置极佳，并且每支了不起的部队都渴望战争。

第 4 部分

第 1 章

敌对双方的军事部署

拿破仑对自己所做的准备工作非常满意，终于公开宣布了自己的决定。“勇士们，”他说，“第二次波兰战争[①]开始了。第一次波兰战争已经在弗里德兰和提尔西特结束了。在提尔西特，俄国曾宣誓俄法永结同盟，共同对抗英国。现在，俄国违背了誓言。在法国雄师再次渡过莱茵河之前，俄国是不会对这种反复无常的行为做出解释的。但我们绝对不会让自己的盟友任凭俄国摆布。天要亡俄，谁能阻挡？难道俄国认为法国已经衰弱了？难道我们的将士不再是奥斯特利茨战役时骁勇善战的勇士了吗？俄国将法国置于或者跟其开战或者蒙受耻辱的两难境地。我们的选择当然不容置疑。那么，就让我们渡过涅曼河，向俄国进军，将战火燃烧到俄国的领土上！对法军而言，第二次波兰战争将与第一次一样辉煌。但我们保证这次战争将会带来和平，也将结束过去50年来俄国对欧洲事务的致命影响。”

当时，拿破仑这番话被当作预言，用来指示此次近乎神话的远征。当那么多人的命运和如此多的荣誉都依赖命运女神的眷顾时，我们非常有必要祈求她支持法国。

俄军这边，亚历山大一世也作了慷慨激昂的讲话。不过，他的讲话方式与拿破仑截然不同。法俄两国之间的差异、拿破仑和亚历山大一世的不同立场都在两人的讲话中明显体现。事实上，作为防御方的亚历山大一世朴实温和，而作为进攻方的拿破仑则胆识过人，对胜利充满了信心；亚历山大一世从宗教信仰中寻求支持，而拿破仑则从命运中汲取力量；亚历山大一世号召将士们热爱国家，而拿破仑则号

① 拿破仑以解放波兰为借口入侵俄国，并称之为第二次波兰战争。在他看来，1807年6月爆发的弗里德兰战役是第一次波兰战争。——译者注

召将士们崇尚荣誉。不过，他们二人都对解放波兰和立陶宛只字未提。实际上，解放波兰和立陶宛才是所谓的战争导火索。

法军一路向东，左翼部队向北出发，右翼部队则向南挺进。在军队右面，沃里尼亚不断祈祷和呼唤；在军队的中央地带，维尔纽斯、明斯克和萨莫吉蒂亚发出召唤；在军队左面，库尔兰和利沃尼亚正静待命运的安排。

亚历山大一世的大军共有30万人，严密防守着上述省份。无论是在巴黎，还是在维斯瓦河两岸及德累斯顿，拿破仑都极其认真地审视、估量过俄军。他确定俄军的精锐部署在从维尔纽斯和科诺到利达和格罗德诺的地带。俄军由俄国战争大臣巴克莱指挥，其右翼驻扎在维利亚河畔，左翼驻扎在涅曼河河岸。

涅曼河保护着俄国从格罗德诺到科诺之间的区域。在这两个城市之间，涅曼河向北改变河道，形成立陶宛的天然边界，截断了法军的进攻路线。涅曼河在到达格罗德诺之前流经科诺，然后浩浩荡荡地向西流去。

巴格拉季昂率领6.5万人驻扎在从格罗德诺以南到沃克维斯克的地带。在科诺以北，维特根施泰因率领2.6万人驻扎在罗西安纳和凯达尼。凭借着涅曼河这道天然屏障，这两队人马守卫着俄国的边境。

在沃里尼亚的卢茨克，一支由5万人组成的后备军严阵以待，守卫该省，并严密监视施瓦岑贝格亲王的军队。这支后备军由俄国南部的第三军司令托马索夫指挥。直到在布加勒斯特签署条约前，俄国海军上将奇恰戈夫才率领驻守摩尔达维亚的大部分人马与这支后备军会合。

亚历山大一世与他领导下的战争大臣巴克莱指挥着所有俄军。全军分为三支部队：第一西路军由巴克莱指挥，第二西路军由巴格拉季昂指挥，后备部队由托马索夫指挥。另外两支部队正在组建：一个在博布鲁伊斯克近郊的莫济里，另一个在里加和杜纳堡。后备部队驻扎在维尔纽斯和斯文特尼。总之，亚历山大一世在杜纳河附近的德里萨建立了一个庞大而坚固的营地。

拿破仑认为，驻守在涅曼河对岸的俄军既不具有攻击能力，也不具有防御能力，而它之所以部署在那里，仅仅是为了方便撤退而已。俄军这支部队分布在长达60里格的战线上，法军可以通过突袭来驱散它。后来，拿破仑的确采用突袭战术，驱散了俄军这支部队。可以肯定的是，巴克莱率领的第一西路军左翼和巴格拉季昂率领的第二西路军驻扎在利达和沃尔科维奇，但后面别列津纳的沼泽并不能掩护他们，所以法军很容易就可以迫使他们撤退至沼泽地带。至少，从位于斯文特尼和德里萨的庞大军营可以看出，法军如果突然进攻科诺和维尔纽斯，就会切断俄军这两支部队与其他部队的联系。

事实上，多赫图罗夫和巴格拉季昂已经脱离了俄军的防线。他们并未与亚历山大一世所率大军一起驻扎在通往杜纳河的道路上，凭借杜纳河这道天然屏障来守卫自己的阵地并保护自己，而是驻扎在距离杜纳河右岸40里格的地方。

根据侦察到的俄军兵力部署情况，拿破仑将法军分成5支部队。施瓦岑贝格亲王率领3万名奥地利人从加利西亚出发——拿破仑下令虚报这支部队的人数，前去牵制托马索夫率领的部队，并将巴格拉季昂的注意力引向南方。威斯特伐利亚国王则率领8万名士兵前往格罗德诺前线，迎战巴格拉季昂率领的俄军。但刚开始时，威斯特伐利亚国王不能给巴格拉季昂施加太大的压力。欧仁亲王率军前往皮洛尼，准备插入巴格拉季昂和巴克莱率领的部队之间，切断两支部队的联系。此外，部署在最左边的麦克唐纳率军从提尔西特出发，进入立陶宛北部，朝维特根施泰因的右边扑去。拿破仑则亲自率领20万大军向科诺和维尔纽斯进军，攻打亚历山大一世率领的俄军。他计划突袭亚历山大一世的军队，一举打败俄国。

如果亚历山大一世撤退，拿破仑就会乘胜追击，迫使其退回德里萨，并一直退至俄军防线的起点。然后，他会立刻将分遣队向右推进。这样一来，他就可以率军包围包括巴格拉季昂率领的部队在内的俄军左翼。接着，法军的迅速推进就会将俄军左翼和右翼彻底分开。

我将简要叙述一下法军两翼的情况，然后继续说中军，并展示那里激烈战斗的场面。法军左翼由麦克唐纳指挥，从波罗的海沿岸进入俄国，攻打俄军右翼。麦克唐纳先率军逼近勒维，然后进军里加和彼得堡，并且很快就抵达里加。但在里加，法俄两军僵持不下，几乎处于拉锯状态。尽管这次战役无关紧要，但麦克唐纳不畏严冬和强敌，仍然谨慎、合理地指挥着军队，保持着军人应有的尊严。后来，接到拿破仑的命令后，他才从里加撤军。

拿破仑原本指望法军右翼能得到奥斯曼帝国的支持，却失策了。他曾推断，沃里尼亚的俄军会跟随亚历山大一世一起撤退。但事实恰恰相反，托马索夫率领的军队不仅没有撤退，还前去攻打法军右翼的后方。这样一来，法军右翼就无法掩护自己，被迫前往广阔的平原地区。与左翼部队一样，平原上的地理环境无法为右翼部队提供任何天然屏障作为掩护，因此将士们只能完全依靠自己相互掩护。于是，这支由奥地利人、萨克森人和波兰人组成的4000人的军队完全暴露在俄军面前。

虽然法军右翼击败了托马索夫率领的俄军，但按照《布加勒斯特条约》，另一支俄军赶来支援托马索夫，与他的残余部队合兵一处。从那时起，法军右翼由进攻转为防守。尽管还有几支波兰部队和一名法国将军仍然与奥地利军队联合作战，但法军右翼的形势非常不妙。很长时间以来，不断有人提出施瓦岑贝格亲王指挥作战的能力不强。从这次的表现来看，尽管遭遇了很多挫折，但他的确是一位名副其实的将军。

两军在僵持的过程中，都没有取得压倒性的优势，但法军右翼——绝大多数为奥地利人——的地位变得越来越重要。法军将从平原地区撤退。我们将会看到，施瓦岑贝格亲王是否会辜负拿破仑对他的信任，是否会任凭俄军将法军包围在别列津纳河边，以及他当时是否真的只是想做这次艰苦远征的见证人。

第2章 拿破仑抵达维尔纽斯

部署在法军两翼之间的中军分成3支庞大的队伍，向涅曼河挺进。威斯特伐利亚国王带着8万名士兵向格罗德诺进军，欧仁亲王带着7.5万名士兵向皮洛尼进军，拿破仑亲率22万名士兵向距离科诺3里格的诺加拉斯齐农场进军。1812年6月23日破晓前，借着夜色的掩护，由拿破仑率领的这支军队悄无声息地抵达了涅曼河。皮尔维斯基河两岸的普鲁士森林和群山，让即将渡过涅曼河的庞大的法军可以很好地隐蔽起来。

拿破仑是坐着马车来到涅曼河的。6月23日2时，他弃车骑马，前去察看这条属于俄国的河流。其间，他并没有像人们一直以来说的那样乔装打扮。在夜色的掩护下，他涉水渡过了涅曼河。5个月后，在夜色的掩护下，他再次悄无声息地渡过了这条河。当他骑马上岸时，他的马突然打了个趔趄，将他摔在了沙滩上。这时，有个声音叫道："这是个坏兆头，连罗马人看到这种情况也会退缩！"只是不知道当时这句话是拿破仑说的，还是他的随从说的。

侦察结束后，拿破仑下达命令：在第二天（6月24日）天黑之前，法军必须在波尼门村附近的河面上架起3座桥。随后，他回到大本营，在那里待了一整天，有时待在自己的帐篷里，有时待在一个波兰人的房子里。天气热得令人窒息，气氛紧张到令人喘不过气。他无精打采地躺着，努力想睡一会儿，但始终难以入眠。

夜幕降临时，拿破仑再次来到涅曼河边。几名法国工兵坐着一条小船率先过河。他们有些惴惴不安地抵达河对岸，发现并没有俄军阻止他们登陆。河对岸静悄悄的，这对法军非常有利。这片异国土地万籁俱寂，根本不像法军来之前人们形容的那么险恶。突然，一名巡逻的哥萨克军官出现在法国工兵的视野中。这名哥萨克军官独自一人，仿佛以为自己会安然无恙，全然不知整个欧洲的军队就在附近。他询问眼前的这些陌生人是哪国人。“法国人！”法国工兵回答道。“你们想干什么？”哥萨克军官又问道，“你们为什么要来俄国？”一个工兵迅速回答说：“我们来与你们开战，占领维尔纽斯，并解放波兰人。”听罢，哥萨克军官迅速向后退去，消失在森林里。为了表现他们的热情，也为了在森林里制造点回声，3个工兵朝着森林开了几枪。

虽然无人回应这3支火枪发出的微弱枪声，但这些枪声宣告了一场新的战争即将开始，也标志着一场大规模的进攻即将开始。

不知是拿破仑行事谨慎，还是他有某种预感，这些标志着战争开始的枪声令他变得狂躁不安。为了确保桥梁的架设顺利完成，他立即派遣300名士兵渡过涅曼河，掩护工兵架桥。

随后，在夜色的掩护下，整个法军开始走出山谷和森林，悄悄地向涅曼河靠近。当时漆黑一片，伸手不见五指，将士们只能摸索着前进。拿破仑下令，全军禁止开枪，禁止点燃火把等照明物。将士们睡觉时都枪不离手，仿佛俄军就在面前。被露水打湿的绿色的黑麦就是将士们的“床”，也是马的草料。

夜晚非常凉，冻得我们无法入睡。漆黑的夜色让我们觉得度日如年，仿佛夜更加漫长了。我们对食物的需求量也增加了。加上即将面临的危险，一切都让这里变得庄严肃穆。但由于期待着一场“伟大”的战斗，我们的情绪依然非常高涨。拿破仑刚刚宣读完他的宣言，全军上下就低声重复着其中最吸引人的部分。这位战争天才激发了我们的想象力。

俄国的边界就在我们面前。我们炽热的目光已经穿透夜的黑暗，凝视着这个能够给我们带来荣誉的地方。我们似乎听到波兰人和立陶宛人在为他们的解放者的到来欢呼。我们想象着他们挤在河岸上挥舞着双手向我们求助的场景。虽然我们此刻缺衣少食，但等我们成功过河之后，他们就会立刻款待我们。他们会满足我们的所有需求，会争先恐后地为我们提供所需要的一切。我们将会沉浸在他们对我们的热爱和感激中。因此，度过一个不愉快的夜晚又算得了什么呢？天很快就会亮，阳光很快就会温暖大地。这一切都令我们充满幻想。突然，天真的亮了！事实却完全出乎我们的想象——映入我们眼帘的是干旱的荒地和阴暗的森林。我们悲伤地转过头来，但当看到浩浩荡荡的法军，我们心中再次充满了骄傲与希望。

在距涅曼河300码[①]的地方，拿破仑的帐篷清晰可见。它搭在海拔最高的地方。周围的山坡上和山谷里，士兵和马匹随处可见。太阳冉冉升起，将金辉洒向大地，照耀在法军将士的身上。他们携带的兵器闪闪发光。看到信号后，法军立即分成3个纵队向3座桥前进。法军浩浩荡荡地来到涅曼河边狭窄的平原上，向涅曼河靠近，朝3座桥走去。为了便于过桥，将士们一个紧跟着一个，排着长队，最后终于踏上了这片他们即将蹂躏的异国土地。然而，他们注定会在这片土地上尸横遍野。

法军将士的热情极度高涨。高级卫队的两个师为谁先过桥发生了争执，吵得不可开交，眼看就要打起来了，必须有人制止才行。拿破仑匆匆踏上了俄国的领土，毫不犹豫地迈出了走向毁灭的第一步。起初，他站在桥附近，目视全军，鼓舞将士们。将士们则用惯常的欢呼

① 码，英制长度单位，1码约合0.9144米。——编者注

声向拿破仑致敬。实际上，他们表现得比拿破仑还要活跃。

不知是这次大规模的远征给拿破仑带来了很大的压力，还是他那虚弱的身体无法承受如此炎热的天气，抑或是他因发现俄国并没有什么值得征服的地方而感到忐忑，总之，他变得不耐烦，突然骑马冲进了河边的森林里，奋力挥动马鞭加速前进。他情绪激动，想单枪匹马与俄军交战。他朝着一个方向骑马跑了1里格多的路程，并没有发现任何俄军的踪迹。他觉得没有必要再往前走了，就返回桥附近，然后带着护卫队从涅曼河前往科诺。

有人认为他们听到了远处传来的炮声。在前进过程中，法军竭力分辨河流的哪边正发生战斗。但在那天及接下来的几天里，除了几支哥萨克人的部队，跟法军作对的就只有天气。事实上，在法军刚刚渡过涅曼河后，空中就传来一阵隆隆声。刹那间，天空阴云密布，狂风大作，雷声阵阵，一场暴风雨即将来临。乌云密布的天空和这片空旷、无处躲避的土地给法军留下了无比凄凉的印象。法军中有些人之前满怀激情，现在却感到害怕，认为这是不祥之兆。在他们看来，聚集在法军将士头上的灼热的水蒸气，是在阻止他们进入这个国家。这些水蒸气将会化作倾盆大雨，泼在他们头上。

可以肯定的是，这场即将来临的暴雨几乎与法军正在进行的事业一样大。才过了几个小时，黑压压的乌云就聚集在法军所处的上空。一块低沉的黑幕仿佛要压在将士们头顶。瞬间，从右到左，在足足50里格的地方，电闪雷鸣，大雨滂沱，淹没了道路和田野。大气中令人无法忍受的燥热突然变成令人厌恶的寒冷。法军已经有1万匹马在行军途中丧生，而更多的马将在随后的暴风雨中毙命。大量军事装备被遗弃在沙滩上，许多法国士兵也在这次暴风雨中死去。

拿破仑在一个修道院里躲过了第一次暴风雨的侵袭，但很快就出发前往科诺了，因为科诺的形势非常混乱。我们不去理会轰隆隆的雷声，似乎已经忘了它。尽管这个季节常见的这种天气可能会动摇一些人的决心，但法军中的大多数人认为这种不祥之兆已经过去。还有一些人或心存疑虑，或足智多谋，或自私，或粗鲁。世俗的激情和迫切的欲望让他们与自己的灵魂渐行渐远，忘了自己生于尘土，也必将归于尘土。法军将士认为，这场灾难虽然不合时宜却再正常不过，便不会将其解释为上天对他们如此大规模入侵的斥责。他们只是抱怨自己运气不佳，对上天无心抑或有意做出的如此可怕的预警感到愤愤不平。

也是在同一天，科诺发生了另一场严重的灾难。拿破仑对此感到非常愤怒。为了阻止乌迪诺率领的军队过河，哥萨克人毁掉了维利亚河上的桥。拿破仑蔑视一切阻碍自己的人和事，也非常蔑视维利亚河。他下令让波兰护卫队中的一个中队游过维利亚河。英勇的士兵们毫不犹豫地骑马跳进河里。起初，他们维持着良好的秩序向河对岸趟去。虽然河水越来越深，但他们仍努力往前走着，很快就走到了河中央。然而，维利亚河中央的水流太急，这些士兵很难井然有序地前进。他们的马害怕了，逐渐偏离了前进路线。一排排巨浪将这些士兵冲散了。马不再动弹，而是漂浮在水面上。这些士兵做着无谓的挣扎，在力气耗光之后，只能听天由命。最后，他们都为国捐躯了。为了自己的国家，为了他们的救星拿破仑，这些士兵献出了自己的生命。就在即将被巨浪吞没的那一刻，这些士兵停止了无谓的挣扎，转身朝拿破仑喊道：“拿破仑万岁！”这些士兵中有3个人特别引人注目。他们努力将头露出水面，再次喊道：“拿破仑万岁！”随后便消失不见了。看到此情此景，其他法军将士既感到震惊又心生钦佩。

至于拿破仑，他虽然非常紧张，但仍然精准地采取了必要的补救措施，以拯救大多数人。他之所以看起来丝毫没有受到影响，大概是因为他习惯于克制自己的情感，或者是因为在战争时期他将内心真情实感的流露视为软弱。他必须压制自己的感情，不能在全军面前流露半分。或许是因为他预见到法军还会遭遇更大的不幸，相比之下，现在这件事是微不足道的。

法国工兵很快就重新架起了一座桥。乌迪诺率领法军第二军过桥前往凯达尼。其间，法军的其他部队还在横渡涅曼河。将士们用了3天时间才渡过涅曼河。直到1812年6月29日，意大利军队才从皮洛尼渡过涅曼河。6月30日，威斯特伐利亚国王率领的部队才进入格罗德诺。

拿破仑从科诺出发，行进两天后到达维尔纽斯平原边缘的沟壑。为了在维尔纽斯正式亮相，他等待着前沿哨兵的消息。他希望亚历山大一世能与他争夺维尔纽斯。当时传来的几声枪响的确让他对此更加抱有希望。当哨兵报告说维尔纽斯无人守卫时，拿破仑感到非常不满，沉思着向前走。他指责先头部队的将军们放跑了俄军，尤其指责了蒙布兰将军，因为他是这些将军中最活跃的。拿破仑愤怒到了极点，近乎威胁地指责蒙布兰没有尽到自己的职责。但他的威胁毫无效果，他的暴怒也毫无结果！事实上，蒙布兰功大于过，因为他的所作所为都是为了证明立即取得胜利的重要性，而拿破仑重视的正是迅速取得胜利。

拿破仑愤怒地公布了对法军进入维尔纽斯的安排。在波兰士兵的前呼后拥中，他忙于思考俄军的撤退行动，无暇顾及既感激又钦佩他的立陶宛人发出的叫喊声。他迅速穿过维尔纽斯，赶到前哨。在没有

† 意大利军队渡过涅曼河

阿尔布雷希特·亚当（1786—1862）绘

足够外援的情况下，法军第八军最优秀的几名将士潜入一片树林，在与俄国守军的交战中阵亡了。指挥官加布里尔虽然奋力抵抗，但寡不敌众，最终遍体鳞伤地倒下了。

俄军烧毁了桥和弹药库，并沿不同道路飞速赶往德里萨。拿破仑命令将士们将没有烧毁的弹药收集在一起，并恢复通信联络。他派缪拉带领骑兵队前去追赶亚历山大一世，派内伊前去支援乌迪诺。之后，他返回维尔纽斯，占领了亚历山大一世在那里的据点。那天，乌迪诺率军击退了维特根施泰因率领的俄军，并将其从德威尔托沃赶到威尔科米尔一带。在维尔纽斯，一张张有待打开的地图、一份份有待查阅的战报，以及一批等待拿破仑指示的官员都期盼他到来。在双方激烈战斗进行之际，拿破仑正在战场上。他必须及时而迅速地做出决定，命令军队进军，同时要指挥法军搭建战地医院和军火库，并确定行动线路。

拿破仑必须询问战况，分析敌情，查阅战报，然后再做比较，最后才能发现并掌握真相，而真相似乎总是稍纵即逝，隐藏于上千个看似相互矛盾的答案和报告中。

实际上，拿破仑要做的并不只是这些事情，他要在维尔纽斯建立一个新帝国，还要处理欧洲的政治事务，指挥对西班牙的战争，并处理法国的政务。与俄军交战的这些天积压了很多政务、军务和管理事务方面的信函。这些信函亟须拿破仑来处理。事实上，处理众多信函是他在重大事件前夕的习惯，因为重大事件会决定他写的许多回信的性质，使所有回信都带上某种色彩。于是，拿破仑待在住处，躺在床上，但并不想睡觉，而是需要安静地思考。不久，他突然翻身坐起来，迅速下达构思好的命令。

拿破仑刚刚得到来自华沙及奥地利军队的情报。在阅读波兰议会召开要发表的演讲稿时，他感到非常不悦。他扔掉演讲稿，大叫道："这个演讲稿是用法语写的，不是用波兰语写的。你们必须用波兰语写这份演讲稿！"在整个由奥地利人组成的部队里，除了指挥官，拿破仑再无可倚重之人。这支部队从来没有在拿破仑面前掩饰过这一点。他对此似乎也完全相信。

第3章 波兰和立陶宛的态度

尽管立陶宛人的爱国激情几乎快要消失，但当时发生的一切让他们在心底重新拾起了这份激情——一方面是由于俄军突如其来的撤退和拿破仑的到来，另一方面是由于华沙发出了独立的呼声和波兰英雄回归的景象。波兰英雄们自由地回到了曾经被驱逐的土地上。因此，在起初的那些天，他们沉浸在欢乐的气氛中，大都感到无比幸福。

无论是在房间里、阳台上，还是在各种公共场所，到处洋溢着欢乐。在公路上，人们相互祝贺，相互拥抱。老人们再次穿上古老的服装，重新提倡过去关于荣耀和独立的思想。看到重新竖立起来的国旗时，立陶宛人喜极而泣。一大群人围在国旗周围欢呼喝彩，声音响彻云霄。不过，这种热情是短暂的。

华沙的波兰人是支持立陶宛人的。立陶宛人总是受到波兰人最热情的鼓舞。自由是立陶宛人应得的。为了自由，立陶宛人牺牲了自己的财富——人类历史上大部分人却为了得到财富而牺牲自由。在这种时刻，立陶宛人没有掩饰自己的热情。华沙议会（diet of Warsaw）众志成城，宣布恢复波兰的主权；华沙议会召集了所有议员，希望整个波兰团结起来，并号召所有在俄军中服役的波兰人离开俄军；华沙议会以大议事会（general council）为代表，维持既定的秩序，派代表团出使萨克森王国，并向拿破仑递交了国书。

在维尔纽斯，理事会成员维比科将国书递交给拿破仑，并告诉他：“波兰人未曾因和平或战争而臣服任何国家，但波兰人因背叛而俯首称臣了。从法理上说，在上帝和人类面前，波兰人是自由的。现在，波兰人实现了真正的自由。权利变成一种责任。波兰人要为同胞和那些依然受到奴役的立陶宛人争取独立，让立陶宛人成为整个波兰民族大联盟（general union）的核心。陛下，您创造的奇迹，世人有目共睹，您代表着上帝的旨意。波兰人希望您同意他们的观点并支持他们。因此，波兰人前来恳请您宣读这句话：‘不要让波兰灭亡！’于是，波兰就不会灭亡。所有波兰人都将听从您——法国第四王朝（fourth French dynasty）缔造者的号令。对您而言，时间不过是一瞬间，空间不过是一个点。”

拿破仑回答说：“波兰联邦（Confederation of Poland）的代表们，我对你们刚才告诉我的事情非常感兴趣。如果我是波兰人，就应该像你们一样思考和行动。我应该在华沙议会上给你们投票，因为热爱自己的国家是文明人的首要职责。

“我处在这个位置上，有很多利益要调和，有许多职责要履行。在波兰第一次、第二次或第三次被瓜分时，我如果处于统治地位，一定会武装我的人民来保卫波兰。当我取得的胜利能够让我在你们的首都和部分省份重新确立你们古老的法律时，我就会这么做，也不会试图延长战争时间，因为延长战争时间势必会让将士们做出无谓的牺牲。

“我爱你们的国家！16年来，我看到你们的士兵在意大利和西班牙的平原上与我并肩战斗。我赞扬你们所做的一切，同意你们正在努力促成的事情。我将全力支持你们的决议。如果所有波兰人共同努力，就有望迫使你们的敌人——俄国承认你们的权利。但在那些距离遥远、领土辽阔的国家，民众的权利是否得到承认，完全取决于居住在那里的人的努力。你们应当将成功的希望寄托在他们身上。从我进入波兰的那一刻起，我就操着和你们一样的口音。对此，我有责任补充说，我已经向弗朗茨二世保证了他的领土完整，我不会允许任何破坏他拥有的波兰省份的和平的军事行动。

“只要立陶宛人、萨莫吉蒂亚人、维捷布斯克人、波洛茨克人、莫希列夫人、沃里尼亚人、乌克兰人和波多利亚人，能以我在大波兰（Greater Poland）的人们身上看到的同样的精神为动力，上帝必定会让你们的正义事业获得成功。在这种情况下，我将尽一切可能来回报你们的奉献，正是这种奉献让你们备受关注，并让你们从我这里获得了如此多的尊敬和保护。”

波兰人将面前的这个人当成世界最高统治权的仲裁者。他们认为，拿破仑说的每句话都是法律，他决不做任何政治方面的妥协。因此，他们无法理解拿破仑为何做出如此谨慎的答复，开始怀疑他的意图。一些波兰人的热情开始冷却，另一些人则变得更加冷淡，所有人开始害怕了。拿破仑周围的人也纷纷揣摩，他这么谨慎的动机是什么？他的谨慎看起来是那么不合时宜。对他而言，这种谨慎是多么不同寻常。“那么拿破仑进行这次远征的目的是什么呢？他害怕奥地利吗？俄国人的撤退使他感到不安了吗？他是不是在怀疑自己的好运气？或者说他不愿意在整个欧洲面前签订自己不确定能否履行的和约？

“是立陶宛人的冷漠影响了拿破仑，还是拿破仑害怕波兰人暴发他可能无法掌控的爱国主义精神？或者说他还没有决定好应该带给波兰人怎样的命运？”

无论拿破仑此次远征的动机是什么，他显然希望立陶宛人实现自我解放。他还为立陶宛人建立了一个政府，并给他们指引了方向。这种情况将拿破仑和立陶宛人置于错误的位置，导致每件事都以错误、矛盾和半途而废告终。拿破仑和立陶宛人之间缺乏相互理解，以致双方互不信任。波兰人希望得到一些确切的保证，以补偿拿破仑号召他们做出的那么多牺牲。不过，波兰人还未宣布他们将会联合起来形成一个王国。通常在做出重大决定时，人们都会有些惊慌，而波兰人在这个关键时刻变得越来越慌乱。他们对拿破仑失去了信心，也对自己失去了信心。就在此时，拿破仑提名7个立陶宛人组建新政府。实际上，从某些方面来讲，他的这种选择是不幸的，因为立陶宛贵族阶层对此感到不悦。这些贵族骄傲自负，嫉妒成性，素来欲壑难填。

虽然立陶宛的维尔纽斯省、明斯克省、格罗德诺省和比亚韦斯托克省都有自己的政府委员会和地方行政长官，并且每个市都有自己的市政府，但立陶宛实际上由1名钦差大臣（imperial commissioner）和4名法兰西审计员（French auditors）管理，他们的头衔是督察。

简言之，或许是这些不可避免的错误及军队陷入忍饥挨饿与掠夺盟友粮食的两难境地时出现的混乱无序，导致立陶宛人普遍对法军很冷漠。拿破仑不可能对此视而不见。他曾计算出立陶宛大约有400万人口，但只有几千人加入了法军！他曾估计立陶宛贵族不止10万人，但这些贵族只给他派出一个小小的仪仗队和3个随行骑兵。鉴于沃里尼亚的立陶宛人不为所动，拿破仑不得不再次呼吁他们团结起来夺取胜利。万事亨通时，拿破仑并不怎么因立陶宛人的冷漠而烦恼；诸事不顺时，不知是因为骄傲还是出于正义，他也不会抱怨立陶宛人的冷漠。

我们对拿破仑很有信心，对我们自己也有信心，所以刚开始时，立陶宛人的冷漠几乎没有影响我们。但当我们的力量逐渐减弱时，我们环顾四周，意识到正处于危险之中。立陶宛只有3位赫赫有名、家道殷实、非常爱国的将军跟随拿破仑。后来，法国将军开始因立陶宛人的冷漠而责备这3位将军。法国将军向他们描述了1806年华沙人对法军的热情，来反衬立陶宛人的冷漠。随后，在拿破仑的帐篷附近，法国将军和3位立陶宛将军进行了激烈的讨论。这次讨论与其他几次类似的讨论都有必要记上一笔。在这次讨论中，法国将军和3位立陶宛将军各抒已见，彼此说的都有道理。双方都在不激怒对方的情况下陈述了自己的观点。这些观点揭示了立陶宛人如此冷漠的所有原因。因此，我们不能将其省略，必须记录下来。

3位立陶宛将军回应道:“我们认为，我们已经以适当的方式接受了你们带给我们的自由。此外，每个人都有其惯常的表达方式，立陶宛人性格比较冷淡，没有波兰人那么热情。因此，我们不如波兰人那么会表达情感。尽管我们的表达方式不同，但我们有着同样的情感。

“此外，立陶宛人和波兰人并无任何相似之处。1806年，法国征服普鲁士后，便解放了波兰，而现在恰恰相反。如果法国想要将立陶宛从俄国的奴役下解放出来，那就得等到征服俄国之后。如此看来，波兰人自然欣喜若狂地接受了法国取得胜利后他们势必会得到的自由，而立陶宛人心情沉重地接受既不确定又带有危险的自由同样符合常理。再者，立陶宛人和波兰人获得自由后要做的事也不同。6年前在华沙，波兰人除了准备庆祝活动，再无其他事可做。而现在立陶宛人在维尔纽斯，刚刚见识了俄国的所有军队，知道俄军并未遭受丝毫损失，也明白俄军撤退的目的。他们深知，必须做好战斗的准备。

“但立陶宛人拿什么做准备呢？为什么不在1807年就解放立陶宛呢？那时的立陶宛很富庶，并且人口众多。但从1807年起，欧洲大陆体系封闭了立陶宛唯一一个商品进出口岸。现在，立陶宛已经变得十分贫穷。另外，俄国先前在立陶宛大肆征兵，导致立陶宛人口锐减，近期，俄军又招募了大量立陶宛贵族和农民，还征用了他们的大批马车和牲口。”

除了这些原因，3位立陶宛将军还补充道：“1811年，严酷的气候使农作物遭到了严重破坏，造成了立陶宛的极度饥荒。法国当时为什么不要求其南方各省支援我们呢？法国南方各省人口众多，还有很多马匹和各种农作物。除了赶走托马索夫及其军队，他们再无事可做。或许施瓦岑贝格亲王正率军朝立陶宛方向前进，但我们应该将解放沃里尼亚的重任交给那些侵占加利西亚的不安分的奥地利人吗？他们会不会将自由搞得近乎奴役呢？法国为什么不将法国人和波兰人派往沃里尼亚呢？解放沃里尼亚之后，为了进行一场组织有序的战争，法军必须停止前进，留出时间来整顿军队。毫无疑问，迫于远离故土及大军每天巨大的开销，为了早日结束这次远征，拿破仑才决定破釜沉舟，希望一举获胜。”

3位立陶宛将军说到这里时，法国将军打断了他们。他们列举的这些原因虽然是真实的，但还不足以成为立陶宛人的借口。法国将军指责道：“你们隐瞒了立陶宛人无动于衷的最大原因，即立陶宛贵族依附俄国的狡猾政策。俄国答应保护立陶宛贵族的利益，尊重他们的习俗，并保证他们对法国人要解放的那些立陶宛农民所拥有的权利。毫无疑问，对立陶宛贵族而言，为了民族独立，他们要付出的代价太大了。”

法国将军的指责并非无中生有，而是有事实依据的。尽管这种指责不是针对3位立陶宛将军的，但他们对此感到非常愤怒。一位将军喊道：“你们说要让我们独立，但我们要为此承担巨大的风险。你们虽然有40万人的大军，但都不敢承认立陶宛的独立。事实上，你们根本没有通过语言或行为承认过立陶宛独立。你们派了新的审计员，以他们为首建立了新的行政部门，管理着立陶宛各省。这些审计员募集了大量捐款，却没告诉我们捐这么多款是为了谁——我们只愿为我们的国家做出这么大的牺牲。这些审计员到处展示皇帝的形象，但共和政体迄今为止都无迹可循。你们没有反对我们采取行动，却抱怨我们不坚定。你们把没有被我们当成同胞尊重的那些人任命为我们的首领。尽管我们恳求不要将维尔纽斯从华沙分离出来，但维尔纽斯仍然被分离了出来。就这样，波兰和立陶宛至今没有统一，而你们要求我们要对我们的力量有信心。实际上，只有统一，才能赋予我们这样的信心。你们希望我们提供军队，现在我们已经组织好3万人。但你们拒绝给这3万人提供所缺的武器、衣服和经费。”

所有这些罪名或许根本站不住脚。这位将军进一步补充道：“说实话，我们不想为自由而做交易，但我们发现，自由并不是从天上掉下来的馅饼。无论你们的军队要去哪里，都会先传来关于你们军队混乱无序的情报。然而，你们军队的混乱并不是局部现象——你们的军队排成50里格长的纵队前进。在维尔纽斯，尽管拿破仑三令五申，但维尔纽斯郊区还是遭到了你们军队的掠夺。如果自由会造成如此放纵的行为，那么这样的自由必然不值得信赖。

“事已至此，你们期待我们抱有怎样的热情呢？脸上洋溢着笑容？欢呼雀跃？还是不断说感激的话？我们每天都会听到我们的村庄和粮仓遭到法军洗劫一空的消息。俄国人几乎已经带走我们的一切，你们饥饿的士兵又抢走了我们所剩无几的粮食。在法军快速行进的过程中，大量来自各国的土匪脱离了他们的军队，你们必须盯紧他们。

“你们还想怎样呢？让我们的同胞全副武装，带着他们的粮食和牲畜，聚集在你们通过的地方，准备好跟随你们出发去征战吗？唉！

他们能给你们些什么？你们军队中的土匪已经抢走了他们的一切。况且他们现在也没有时间给你们提供你们所需的东西。你们转身看看拿破仑的大本营入口处。你们看到那里的那个人了吗？他全身赤裸，呻吟着，伸着手向你们哀求。那个唤起你们怜悯之心的人就是你们寻求帮助的贵族之一。昨天，他还带着女儿、仆人及财产，迫不及待地想要对你们的皇帝倾其所有。但在来这里的途中，他遇上了一些符腾堡的土匪。他们抢走了他的一切，杀死了他的女儿。现在，他几乎没有人样了。”

在场所有人都感到非常震惊，赶紧跑出去帮助那个可怜的人。法国人、德意志人和立陶宛人都在谴责土匪制造的混乱，但没有一个人能想出任何补救措施。事实上，要在规模如此宏大、行军速度如此快的军队中恢复纪律和秩序谈何容易？更何况有这么多习惯和个性不同、来自不同国家的君主统领这些军队，而这些军队中的士兵也是为了生存才被迫去抢劫的。

在普鲁士，拿破仑只给法军提供了20天的粮食。这些粮食只能维持很短时间，所以法军必须一举攻占维尔纽斯。只有攻占了维尔纽斯，士兵们才能有更多粮食，而拿破仑的目的正是如此。但这次远征因俄军的撤退而延长。拿破仑可能在等法国的运粮车队，但为了突袭俄军，他将运粮车队分散开了。他不想放弃有把握的事情，不想失去先机。因此，他只给40万人的法军配备了20天的粮食，便派他们前去追赶俄军。40万人的军队一路急行，进入一个连卡尔十二世统治的两万瑞典人都无法养活的国度。

并不是说拿破仑缺乏远见。运送粮草的队伍中有许多牛，它们有的驮着粮食，有的被拴在牛车上，跟着队伍行进。赶牛车的人也都被编成了营。实际上，他们因这些驮着沉重补给品的牲畜行动缓慢而感到疲惫，便杀死或者饿死了一些牛。不过，仍有大量牛车最远走到了维尔纽斯和明斯克。有些运粮的牛车甚至到达了斯摩棱斯克城，却为时已晚——它们只能为法军后来的新兵和增援部队提供补给。

此外，但泽盛产玉米，足以为法军提供粮食。但泽还为柯尼斯堡提供粮食。粮食既可以装在大型驳船上，从普雷格尔河运往威赫劳，也可以装在小船上运到因斯特堡。其他运输车队从柯尼斯堡走陆路前往拉比奥，然后再经涅曼河与维利亚河，将补给品运到科诺和维尔纽斯。但由于干旱，维利亚河水位降得厉害，无法再承载这些运输工具，所以有必要寻找其他运输方式。

拿破仑讨厌批发商，不愿意从他们手里购买粮食。他希望立陶宛的军队管理部门能够组织立陶宛车队。立陶宛人组织了500人的车队。但拿破仑十分厌恶这支车队参差不齐的外观。因此，他只能同意与立陶宛唯一的犹太贸易商签订合同。最后，滞留在科诺的粮食终于运抵维尔纽斯，但法军早已离开。

第4章 法军的困境

法军规模最大的纵队，也就是中间的那支纵队面临的物资匮乏问题最严重。这支纵队沿着遭到俄军破坏的一条路行军，并且这条路沿线刚刚遭受了法军前锋部队的掠夺，导致这支纵队根本无法找到补给。虽然处于法军两翼的纵队在道路沿线找到了一些补给，但这些部队搜集补给时不够仔细，用的时候也不够节制。

然而，快速行军引发的灾难，不应完全归咎于拿破仑，毕竟达武率领的部队就很有秩序。这支部队的所有士兵都遵守纪律。因此，其面临的物资匮乏问题不太严重。欧仁亲王率领的部队同样秩序井然。当这两支部队不得不实施劫掠时，也仍然保持秩序。除非迫不得已，否则他们不会造成任何伤害。两支部队的将士们不得不背着数日的口粮行军，并且达武和欧仁亲王禁止他们浪费粮食。其他部队的将军们也应该采取同样的预防措施，但不知是因为他们习惯在富饶的国家发动战争，还是因为他们体内难以抑制的战斗热情，许多将军更多思考的是如何战斗，而不是如何管理自己的部队。

拿破仑努力阻止一系列劫掠行为的发生，却毫无成效，常常被迫对这类事件睁一只眼闭一只眼。他也深知劫掠行为对士兵们的吸引力。正是劫掠行为让士兵们热爱战争，因为战争使他们变得富裕，让他们感到愉悦，给他们带去超越自己所在阶层的优越感。在士兵眼里，劫掠行为有着穷人反抗富人的战争的所有魅力。最后，在这种情况下，士兵们攻城略地，屡战屡胜，不断体会着强者的快乐，并证明自己是强者。

实际上，收到关于这些劫掠行为的情报时，拿破仑非常愤慨。他发表了一份威胁性的声明，并指派有随意调配权的法国纵队和立陶宛纵队监督实施。我们被土匪激怒了，急于抓捕并惩罚他们。但当我们没收了他们抢来的食物和牲畜时，当我们看到他们缓缓退下，眼含泪水，悲愤而绝望地望着我们时，当我们听到他们喃喃自语“你们不但不给我们提供任何东西，还要从我们手中夺走一切，所以你们肯定是希望让我们饿死”时，我们就会回过头来指责自己对同胞的态度过于残忍。然后，我们就会将他们叫回来，把他们抢来的东西还给他们。事实上，活下去的迫切愿望驱使他们去掠夺。除了分享士兵们掠夺来的物品，军官们也没有其他生存手段。

过多暴行引发了新的暴行。这些粗鲁的士兵手持武器，一旦受到很多不加节制的欲望支配，就很难克制自己。每到一个居民区，士兵们饥饿难忍时，起初会礼貌地向当地人讨要食物和寻求帮助，但如果当地人不理解他们，或拒绝或无法满足他们的需求，而他们又迫不及待，双方就会发生争执。然后，士兵们因饥饿而更加愤怒，就会翻箱倒柜地寻找食物。当翻遍所有地方都找不到食物时，他们就会在绝望中变得更加暴躁。他们指责当地居民是他们的敌人，并通过劫掠、摧毁居民的财产进行报复。

实际上，有些士兵在做出这种极端的劫掠行为之前就自杀了，有些士兵是在做出这种行为之后自杀的。这些士兵都是军队中十分年轻的士兵。他们将自己的前额抵上枪口，在马路中间自杀。不过，更多士兵因此变得冷酷无情。就像人们常常会因为受到打击而变得愤怒一样，一种过激行为引发了另一种过激行为。其中一些游手好闲的士兵会将自己的痛苦施加给别人。在这种恶劣的环境下，这些士兵变成了野蛮人。在这个远离故乡的地方，他们放任自流，认为自己做任何事都是被允许的，认为自己遭遇的不幸让他们有权将苦难强加给他人。

在如此庞大的军队中，将士们来自如此多的国家。与人数少的部队相比，人数多的部队中犯错的人更多便不足为奇。造成这么多恶行的原因往往会导致新的恶行产生。由于受到饥饿的困扰，法军的实力遭到了削弱。但为了摆脱饥饿，追上俄军，法军被迫继续急行军。等到晚上就地休整时，士兵们已经疲惫不堪、饥肠辘辘，于是立刻闯进民宅，倒头睡在他们找到的肮脏的稻草上。

即使是最强壮的士兵也几乎没有精力用找到的面粉煮饭，更没力气用木屋里的木头生火。其他人就更不必提了，他们一步都不想挪，几乎没有力气生火煮饭。军官们跟士兵们一样筋疲力尽，他们有气无力地下达命令，让士兵们小心谨慎，不要引发火灾，但并未去检查他们是否遵守了命令。在这种情况下，无论是燃烧的木头从火炉中掉出来，还是火星从营地的火堆里蹦出来，都足以让整个堡垒和村庄陷入火海，并且烧死许多在其中栖身的不幸的士兵。然而，在立陶宛，这种混乱的情况十分少见。拿破仑清楚地知道这些事情，却过于乐观了。这些混乱的情况甚至出现在维尔纽斯。莫蒂埃元帅向拿破仑汇报道："从涅曼河到维利亚河，到处都是残破的民宅、废弃的物资补给车和行李。物资补给车翻倒在公路上、田野里。车上装载的物品散落在地上，被哄抢一空。士兵们仿佛是在跟着一支战败的军队前进。数万匹马每天只能吃未成熟的黑麦，但凡突遇一场暴风雨，这些马就纷纷死在了凄风冷雨中。马的尸体横七竖八地躺在道路上，散发出令人窒息的恶臭。在某种程度上，与饥饿带来的影响相比，这种新的灾难有过之而无不及。一些年轻的卫兵已经饿死。"

听到这里，一直保持平静的拿破仑突然打断了莫蒂埃元帅的话。他想通过怀疑这些情况来摆脱自己的困境，便大声说道："这不可能！他们20天的口粮去哪里了？如果将军们指挥有方，士兵们是不会被饿死的。”

拿破仑转向最后一位向他汇报情况的将军，向他求助，并用提问的方式迫使他支持自己。不知是因为软弱还是不确定，这位将军回答道：“报告中提到的这些人不是饿死的，是中毒死的。”

当时，拿破仑坚信这些做汇报的将军夸大了将士们的困苦。至于其他，他叫道：“我们必须承受马匹、装备和民宅的损失。就像山洪袭来一样，遭受损失也是战争糟糕的一面。但坏事会转变成好事，有付出就有收获，我们得到的财富和其他好处，将会弥补这些损失。一次辉煌的胜利就可以弥补这一切。我们只需要取得一次胜利。如果有足够的办法取得胜利，我们应该感到满意。”

莫蒂埃元帅说，只有军队更加有条不紊地前进，并且有足够的弹药支撑，战争才能取得胜利。但拿破仑并没有听取他的意见。当这位刚从西班牙回来的大元帅（莫蒂埃元帅）向一些人抱怨时，这些人回答道：“事实上，陛下正因这些负面言论生气。他认为这些言论是无稽之谈。他所采取的策略要求他必须迅速取得决定性的胜利。”

这些人补充道：“我们清楚地看到陛下的健康受到了损害。尽管如此，他还是将自己逼至越来越危险的境地。视察军队时，他脾气很大。他遇到的困难越来越多。他假装藐视这些困难以掩盖它们的重要性，从而让自己保持克服这些困难所需的精力。这些困难已经让他身心俱疲，也让他迫不及待地想要逃离。但为了争取早日结束战争，他仍然坚持带领军队继续前进。”

由此可见，拿破仑忽视那些事实皆因形势所迫才不得已而为之。众所周知，法国大臣大都不是曲意逢迎之人。他们摆事实讲道理，建言献策，说得够多了。然而，对于他们所说的一切，拿破仑统统知晓。他们还能告诉他什么呢？还有什么是他不知道的？难道所有准备工作还不能说明他是最有远见的人吗？他们告诉他的那些事情，不都是他亲口说了不下百遍，也写了不下百遍的吗？正是在预料到最微小的细节、为每种可能出现的情况做了万全准备、为缓慢而有条不紊的战争提供了所需的一切之后，拿破仑才没有采取这些预防措施，才放弃了这些准备。也正是为了快速取得胜利，早日结束战争，签订和平协议，他才会按照自己高歌猛进、速战速决的作战习惯，轻装简从，急速前进。

第5章 俄军求和

在这种严峻的情况下，亚历山大一世的侍从武官巴拉舍夫高举一面休战旗来到法军的前哨。拿破仑接见了巴拉舍夫，因为法军斗志衰退，热切盼望着和平。

巴拉舍夫向拿破仑转述了亚历山大一世的话。“现在谈判还不算太迟。一场因俄国的土壤、气候及其他自然特征而变得漫长的战争才刚刚开始。但法国和俄国还有和解的可能，如果法军撤退到涅曼河对岸，双方就可以达成和解。”此外，巴拉舍夫还补充道，“我们的沙皇将对整个欧洲宣布法国不是侵略者。俄国驻巴黎大使在索要护照时，并不认为自己破坏了和平。这就可以表明，法国人虽然踏上了俄国的领土，但并没有对俄国宣战。”然而，巴拉舍夫并没有以口头或书面形式提出任何新的提议。

当时，我们注意到了这位拿着休战旗的俄国大臣。巴拉舍夫是俄罗斯警察大臣——出任该职位的人必须具有敏锐的观察力。当时，我们认为，亚历山大一世派巴拉舍夫来是为了锻炼他的观察能力。我们之所以不信任巴拉舍夫，是因为他非常沉稳，似乎缺乏个性。在当时的实际情况下，这种沉稳其实是一种软弱的表现。

拿破仑没有犹豫。他是不可能安于待在巴黎的。他怎么能从维尔纽斯撤军呢？如果他撤军，所有欧洲人会怎么想他呢？在采取如此大规模的军事行动之后，在耗费了如此多的人力、物力和财力之后，在法军进行了这么多天疲惫不堪的长途跋涉之后，如果突然宣布撤退，那么他该如何向法军解释自己这么做的初衷呢？如果法军撤退，就等于拿破仑承认自己被击败了。此外，离开巴黎时，拿破仑当着众位君主的面讲的话也约束着他，同时制约着他的行动。事实上，就这一点而言，他发现自己对盟友和敌人都做了很多妥协。据说，与巴拉舍夫谈判时，拿破仑非常激动，快速地说了这番话：“我为什么来到维尔纽斯？亚历山大一世想让我怎么做？难道我反抗亚历山大一世只是在做样子吗？我是法军的统帅。至于我自己，我的头脑就是我的谋士，所有问题都由我一个人来谋划。但亚历山大一世与我截然不同。谁在给他出谋划策呢？他会派谁来对抗我呢？他有3位将军，一位是他不喜欢的库图佐夫，另一位是俄军总参谋长本尼格森——但6年前，他就退休了，现在正安享晚年，还有一位是巴克莱。巴克莱将军当然懂得调兵遣将。他骁勇善战，懂得战略和战术，但只适合在撤退时发挥作用。”拿破仑补充道：“你们都认为自己了解战争的艺术，因为你们已经读过若米尼的书。但如果他的书真的可以教给你们战略和战术，你们认为我会允许它出版吗？”以上是俄国人对这次谈话的记录。可以肯定的是，拿破仑还补充道：“甚至在法军总部，都有亚历山大一世的朋友。”拿破仑指着科兰古对巴拉舍夫说：“他就是你们沙皇的一个骑士，是法军阵营里的俄国人。”

也许科兰古没有充分理解拿破仑这样说的意思。其实，拿破仑只是想指定他为谈判代表，因为他是俄国人。指定他为谈判代表会让亚历山大一世感到高兴。巴拉舍夫刚走，科兰古就愤怒地质问拿破仑为什么侮辱自己。他说：“我是法国人！一个地地道道的法国人！我已经证明这一点，并且愿意再次证明我是法国人。您进行这次远征既不明智，又很危险。这次远征将会摧毁法军，摧毁法国，摧毁您自己。由于您刚刚侮辱了我，我要离开您。我只想让您派我去西班牙的一个纵队，一个没有人愿意去的纵队，离您越远越好。”拿破仑试图安抚科兰古，但他根本听不进去。拿破仑只好走开了。科兰古仍然不依不饶地跟着拿破仑，继续责备他。贝尔蒂埃当时也在场，想阻止科兰古，但未能成功。他当时就站在科兰古背后，试图抓住他的外套来阻止他。

次日，如果不是拿破仑屡次下达正式命令，他的大掌马官科兰古就不会来到他面前。最终，拿破仑百般抚慰科兰古，并表达了自己对他的尊重和倚重。拿破仑向巴拉舍夫提出了一些俄国难以接受的提议，就将他打发走了。

然而，亚历山大一世并没有就拿破仑的提议做出答复。拿破仑不太明白亚历山大一世刚刚采取的派巴舍拉夫来谈判这一策略的重要性。因此，亚历山大一世决定既不发表讲话，也不回应拿破仑。于是，这次谈判成了双方关系破裂前的最后一次谈判。当时的情形使这次谈判变得意义非凡。

与此同时，缪拉继续追逐着转瞬即逝的战机，因为这场胜利是他梦寐以求的。他指挥着前锋部队的骑兵，终于在通往斯文特尼的路上追上了俄军，并朝德鲁亚河的方向继续追赶俄军。俄军后卫部队似乎一到晚上就会被缪拉的军队追击，但总能凭借有利地形顽强反击，并于次日早晨从他手里逃脱。此时天色已晚，将士们刚刚经过白天长时间的行军，还没有吃任何东西。因此，尽管每天都在发生新的战斗，但缪拉的军队并没有取得突破性进展。

法军的其他将领也指挥各自的部队从不同路线朝同一个方向前进。乌迪诺已经渡过维利亚河，并经科诺进入萨莫吉蒂亚。在维尔纽斯以北的德威尔托沃和威尔科米尔，乌迪诺与俄军相遇，并迫使俄军向杜纳堡撤退。他就这样在内伊和缪拉所率部队的左侧继续前进。内伊和缪拉所率部队的右侧则是南苏蒂率领的部队。自1812年7月15日起，缪拉、蒙布兰、波尔塔和南苏蒂率领的部队，乌迪诺和内伊率领的部队，以及洛鲍伯爵指挥的第一军的3个师都开始向从季斯纳河到杜纳堡的杜纳河段靠近。

乌迪诺驻扎在杜纳堡一带，并试图进攻杜纳堡。之前，俄军曾尝试加固这座小镇的防御工事，但未能成功。乌迪诺的这一古怪行为令拿破仑非常生气，因为这样一来，他的军队就只能与其他军队隔岸相望了。因此，为了与缪拉的部队保持联系，乌迪诺再次率军沿杜纳河逆流而上，而维特根施泰因也率领部队前去与巴克莱的部队会合。就这样，杜纳堡陷入既无人攻击也无人防守的状况。

在行军途中，维特根施泰因从德鲁亚河右岸观察了法国先锋骑兵的情况，发现其疏于防守。于是，夜幕降临后，他派遣一支部队，在黑夜的掩护下，渡过了德鲁亚河。1812年7月15日早上，法军一个旅的前哨遭到维特根施泰因所率部队的突袭。这个旅的士兵虽然奋力抵抗，但还是被俘了。之后，维特根施泰因命令部队返回德鲁亚河右岸，并带着俘虏们继续前进。俘虏中有一位法国将军。这次突袭激起了拿破仑对战斗的渴望，他料定巴克莱也会继续进攻法军。为了集中兵力，并根据突发状况指挥军队，拿破仑暂时停止了进军维捷布斯克的计划。然而，法俄之间大战一场的希望是渺茫的。

这些事件发生时，达武在维尔纽斯南部的奥斯米纳发现了巴格拉季昂的一些侦察兵，他们正在焦急地寻找向北的出口。截至那时，虽然法军还没取得胜利，但拿破仑在巴黎部署的计划已经完全成功。由于意识到俄军的防线拉得太长，拿破仑便迅速在一个方向发起进攻，打破了俄军的防线，迫使其撤退，并将大部分俄军驱逐至杜纳河岸。5天后，拿破仑发现巴格拉季昂还在涅曼河对岸。几天下来，拿破仑在80里格的防线上所采取的战术，与腓特烈二世短短几个小时内

† 在米尔战役中，波兰长枪骑兵将哥萨克骑兵击退

维克托·莫祖罗斯基（1862—1944）绘

在两里格防线上使用的作战方式别无二致。

战争中常常存在由对近在咫尺的俄军动向掌握不清等因素造成疏忽的情况。这片土地非常辽阔，因此很难清楚地掌握俄军动向。虽然拿破仑已经将多赫图罗夫率领的俄军分隔成两部分，但其中几个零零散散的师还是侥幸逃跑了。

几个人妄称，造成这种结果的原因是法军采取第一次行动时太谨慎，抑或有太多疏忽。第一次行动时，法军在维斯瓦河岸接到命令，像遭受了袭击似的，在采取所有预防措施后，才开始进军，从而贻误了战机，致使战斗一开始，亚历山大一世就逃跑了。此时，拿破仑的前锋部队应该再次沿维利亚河两岸前进，并且更加迅速，要比预定的时间更早行动才行，而意大利军队应该更加及时地跟上这一行动。或许这样就可以迫使巴克莱的左翼部队（由多赫图罗夫率领），为了从利达赶往斯温泽阿尼，不得不穿越法军的进攻路线。这样一来，多赫图罗夫可能早就成为法军的俘虏了。然而，在奥斯米纳，帕诺尔伯爵克劳德·皮埃尔击退了多赫图罗夫的部队，结果多赫图罗夫从斯莫戈尼逃跑了，所以法军只缴获了他的装备。拿破仑将他逃跑的责任归咎于欧仁亲王，尽管每个行动命令都是他下达给欧仁亲王的。

意大利军队、巴伐利亚军队、第一军和近卫军很快就占领了维尔纽斯。在维尔纽斯，拿破仑趴在地图上——由于近视，他不得不这样做——追踪俄军的行军路线。法军已经将俄军分成两部分：一部分由亚历山大一世率领，朝德里萨方向前进；另一部分由巴格拉季昂率领，继续朝米尔方向前进。

在维尔纽斯前方80里格的地方，杜纳河与伯里斯泰纳河将立陶宛和历史悠久的俄国分开了。起初，这两条河自东向西缓缓流淌，彼此相距约25里格，其间地势高低不平，树木繁茂，沼泽密布。两条河从俄国内陆蜿蜒流向边境，然后同时改变了流向：一条在奥恰流向南边，另一条在维捷布斯克附近流向西北。就这样，两条河的流向勾勒出了立陶宛和历史悠久的俄国的边界线。

在朝不同方向流去之前，两条河之间形成的狭窄空间似乎构成了莫斯科的入口，就像莫斯科的门户一样。这是通往俄国前后两个首都莫斯科和彼得堡的交通枢纽。

拿破仑的所有注意力都集中在这个地方。亚历山大一世向德里萨撤退时，拿破仑就预料到巴格拉季昂将会从格罗德诺经奥斯米纳、明斯克和托克茨齐或波里佐夫，前往维捷布斯克。他决定阻止巴格拉季昂，于是立即命令达武率军向明斯克推进。在两支敌军之间，有两个师的步兵、瓦朗斯的胸甲骑兵和几个旅的猎骑兵。

在拿破仑所率部队右面，威斯特伐利亚国王率军迫使巴格拉季昂的部队向达武的部队靠拢。这样一来，达武就可以切断巴格拉季昂的部队与亚历山大一世的部队之间的联系，并迫使其投降，然后占领伯里斯泰纳河。在拿破仑所率部队左面，缪拉、乌迪诺和内伊已经到达德里萨。拿破仑命令他们率军对巴克莱和亚历山大一世紧追不舍。他则带着法国的精锐部队、意大利军队、巴伐利亚军队和3个隶属于达武的师，在达武率领的部队和缪拉率领的部队之间朝维捷布斯克进军，时刻准备着与其中一支部队会师。拿破仑就这样行进在两支部队之间，牵制着他们，并催促自己的部队不断超过他们。通过这种方式，他不仅分开了这两支部队，而且让亚历山大一世不确定他到底该守卫哪个首都。至于其他事情，只能听天由命了。

以上就是1812年7月10日，拿破仑在维尔纽斯安排的计划。当天，该计划由他口述，他的一位将军记录。之后，他还亲自校对了记录下来的内容。记录该计划的将军是这次远征中非常重要的人物。至此，这场已经拉开序幕的对俄战争全面爆发了。

第6章 法军开始行动

在格罗德诺，威斯特伐利亚国王沿着涅曼河前进，打算从比利特萨越过涅曼河，压制巴格拉季昂的右翼部队，然后将其击溃，乘胜追击。

威斯特伐利亚国王率领的这支军队由萨克森人、威斯特伐利亚人和波兰人组成。他们面对的是一位很难对付的将军——巴格拉季昂，以及一个很难征服的国家——俄国。威斯特伐利亚国王率领军队攻入立陶宛地势较高的平原。汇入黑海和波罗的海的河流都从这片平原流出。但由于地势和土质，这里水流缓慢，河道纵横交错，几乎淹没了立陶宛。一些狭窄的水流受到茂密的森林和沼泽的阻挡，形成了一条条长长的水道。这种地貌非常有利于巴格拉季昂抵御威斯特伐利亚国王的进攻。但由于威斯特伐利亚国王并没有积极组织进攻，所以巴格拉季昂的前锋部队只在诺沃格罗代克、米尔和罗曼诺夫遇上了威斯特伐利亚国王的部队。第一次交战时，俄军占尽优势，但拉图尔-莫堡侯爵完全主宰了另外两次血腥而势均力敌的战役。

与此同时，达武率军从奥斯米纳出发，让部队分散开，朝着明斯克和尤冈恩前进，追赶巴格拉季昂率领的部队。威斯特伐利亚国王试图将巴格拉季昂逼入那些长长的水道，但达武占领了这些水道的出口。

巴格拉季昂与他预想的避难所之间隔着一条河。这条河的源头是一片臭气熏天的沼泽。浑浊的河水发出阵阵恶臭，河流蜿蜒，缓缓流向东南。法军在这里遭遇了不幸，这条河也因此臭名昭著。

为了靠近这条河，俄军在沼泽上架起一些木桥和长长的堤道。附近有个叫波里佐夫的小镇坐落在河左岸。左岸位于俄国境内，比右岸高。所有自北向南贯穿俄国的河流大都东岸比西岸高，就像亚洲大陆俯瞰着欧洲大陆一样。

这条河非常重要。1812年7月8日，达武占领了明斯克及从维利亚河到别列津纳河的整个地区，并在这里等待巴格拉季昂。亚历山大一世命巴格拉季昂及其部队向北前进。巴格拉季昂率军首先到了利达，然后陆续经过奥扎尼亚、维兹诺瓦、特洛基、博佐尼和索布斯尼基。之后，他的部队就遭遇了达武的部队。他被迫率军后退，与俄军主力会师。之后，俄军向右改变了行军路线，朝明斯克前进，但在明斯克又遇上了达武率领的军队。巴格拉季昂的前锋部队到达明斯克的一个城门时，达武一个排的前锋部队正从另一个城门进入明斯克。因此，巴格拉季昂率领俄军再次退回至沼泽。

得到这个情报后，拿破仑确定法军切断了巴格拉季昂与亚历山大一世的联系。两条河与法军的两支部队将巴格拉季昂率领的军队围困起来。拿破仑大声说：“我要歼灭他们！”事实上，法军再前进一点，就可以完全包围巴格拉季昂率领的俄军了。但由于拿破仑指责达武在明斯克停留了4天，结果让俄军左翼逃脱了。随后，拿破仑又指责威斯特伐利亚国王放跑了俄军左翼，并让他听从达武的指挥。虽然拿破仑的这种做法更合理，但指挥权变更得太晚了，加上这种变更发生在战斗期间，难免破坏了战斗部署的统一性。

达武接到命令时，正值巴格拉季昂在明斯克遭遇挫败。除了一条又长又窄的水道，他再没有别的退路了。这条长长的水道将尼斯维格、施卢茨、格卢斯科和博布鲁伊斯克的沼泽连成一片。达武写信给杰罗姆·波拿巴，命令他果断将俄军赶进这个污秽之地。这条狭长水道的出口在格卢斯科。达武打算占领格卢斯科。这样一来，巴格拉季昂的部队肯定永远都无法走出这片沼泽了。杰罗姆·波拿巴本就因在第一次行动中举棋不定、行动迟缓，遭到拿破仑的指责，他为此十分恼火，而现在拿破仑还要让他听命于达武，他无法忍受下属对自己指手画脚。因此，他离开了军队，没有留下任何人来代替他，也没有跟任何人沟通。或许我们可以认为，是拿破仑的某个将军给达武下达了他刚刚接到的命令——允许他不带任何卫兵回到威斯特伐利亚军队中。于是，达武依令行事，回到了威斯特伐利亚军队。

其间，在格卢斯科，达武徒劳地等待着巴格拉季昂率领的俄军。但由于威斯特伐利亚军队并没有紧追巴格拉季昂率领的部队，所以他可以选择从南方绕道，抵达博布鲁伊斯克后，再越过别列津纳河，最后到达比科夫附近的伯里斯泰纳河。当时，如果威斯特伐利亚军队有指挥官，并且这名指挥官更进一步逼近巴格拉季昂率领的军队；如果指挥官与达武在莫希列夫发生冲突，而拿破仑就在比科夫撤换这名指挥官，那么可以肯定的是，巴格拉季昂率领的俄军会被威斯特伐利亚军队、达武的部队、伯里斯泰纳河及别列津纳河围困住。到那时，巴格拉季昂除了抵抗到底，只剩投降。我们已经看到，巴格拉季昂既不可能从博布鲁伊斯克渡过别列津纳河，也不可能到达伯里斯泰纳河，只能朝诺沃伊-比科夫方向前进。奥恰以南40里格、离维捷布斯克60里格的地方，就是巴格拉季昂的目的地。

巴格拉季昂发现自己的部队偏离了路线，便赶紧重新沿伯里斯泰纳河逆流而上，来到莫希列夫。但在莫希列夫，他又遇上了达武。达武从卡尔十二世曾经渡过别列津纳河的地方过河，来到利达，等待巴格拉季昂率领俄军前来。

然而，达武并未预料到他会在通往莫希列夫的路上碰到巴格拉季昂。他以为巴格拉季昂已经到达伯里斯泰纳河左岸。因此，发现对方后，两人都非常惊讶。起初，形势有利于巴格拉季昂，因为他切断了达武与其麾下轻骑兵部队之间的联系。当时，巴格拉季昂有3.5万名士兵，而达武只有1.2万名士兵。然而，1812年7月23日，达武选择了一个高地，凭借一条深沟及其两侧的树林抵御俄军。这种地势使俄军无法全面进攻。尽管如此，俄军还是接受了这个挑战。在这种地形上，俄军的兵力优势根本无法发挥作用。攻击达武的部队时，俄军确信一定能取得胜利，所以甚至没想到用丛林作为掩护来击溃其右翼。

这些莫斯科人说，在此次战斗中，他们一想到自己面对的是拿破仑就感到恐慌，因为他们的每个将军——无论是在莫希列夫的巴格拉季昂还是在德里萨的巴克莱——都以为自己面对的是拿破仑。他们都认为，拿破仑可以同时出现在不同地方。拿破仑的威名竟放大了他的才能。这种才能居然让他名震天下！这多么奇怪啊！这种威名竟然让他变得无所不在、神勇无比。

虽然俄军这次进攻无比猛烈而顽强，但其采取的战术不科学。因此，达武的部队击退了巴格拉季昂的部队。为了能在斯摩棱斯克城以外的地方与巴克莱会合，最后，巴格拉季昂率军从诺沃伊-比科夫渡过了伯里斯泰纳河，重新踏上了俄国领土。这让拿破仑非常失望。

拿破仑不屑于将这种失望归因于俄军的能力，只说是自己无能为力。他发现，每个战场都需要他，但实际上他是不可能同时出现在不同战场上的。他扩大了行动范围，不得不待在法军大本营，来掌控全局。和拿破仑一样，法国将军们也精疲力竭。他们太过孤立，相互之间离得太远了，无法协同作战；同时，他们又过于依赖拿破仑，不敢自作主张，总是在等待拿破仑的命令。在很大程度上，战线拉得越长，拿破仑的影响力就越弱。像他这种天才，必须有非常强大的灵魂才行。尽管拿破仑的灵魂已经非常强大，但就当时的形势来说，还远远不够。

1812年7月16日，所有法军开始行动起来。当法军匆忙行动、各尽所能时，拿破仑仍然待在维尔纽斯。他已经下令加固维尔纽斯的防御工事，并下令招募11个由立陶宛人组成的团。此外，他还任命巴萨诺公爵为立陶宛总督，负责他与欧洲各国、不愿同他前往莫斯科的将军们之间的管理事务、政务与军务交流。

拿破仑在维尔纽斯待了20天。一些人认为，他发现自己处于强大军事力量的中心，所以在等待时机，准备直接率军与达武、缪拉或麦克唐纳率领的部队会师。另一些人认为，维尔纽斯距离立陶宛的政治中心和欧洲的政治舞台更近，所以拿破仑才留在维尔纽斯。还有一些人认为，在抵达杜纳河之前，拿破仑没有预料到任何值得他去克服的障碍。造成这种结果的原因并不是他受到了迷惑，而是他太得意了。俄军仓促撤离立陶宛影响了他的判断。对此，欧洲各国将会做出最好的评判。拿破仑在公告中重复了他对法军发表的讲话。

“这里就是俄国，从远处看去，它如此辽阔！实际上，它是一片荒凉之地。就这片如此广阔的土地而言，俄国的人口太分散、太稀少了。这片土地是俄国人的家园，但以他们的数量根本无法保卫如此广阔的土地。俄国人是野蛮人，几乎没有武器。亚历山大一世没有准备好招募新兵。如果想要招募新兵，那他需要的时间要比他去莫斯科的时间还多。从我们渡过涅曼河的那一刻起，这里的确不是干旱就是暴雨如注。这种灾难性的天气虽然降低了我们前进的速度，但给俄军的逃跑造成了更大的障碍。俄军不战而逃是因为他们的软弱与我们从前取得的胜利，以及他们对归还立陶宛的悔恨。然而，立陶宛本来就不是俄国通过和平方式或发动战争得到的，而是通过背信弃义得到的。”

由于拿破仑在维尔纽斯停留的时间过长，周围的人开始猜测他这样做的动机。他们说："像拿破仑这样的天才，总是活力越来越强、胆子越来越大，但现在他的身体已经不像从前那么强健了。"他们惊恐地发现，他们的统帅已经无法像从前那样对炽热的天气无动于衷，于是都产生了不好的预感。拿破仑的身体越来越胖，这正是他早衰的明显迹象。

一些人认为，拿破仑频繁洗澡导致身体越来越弱。他们不知道，频繁洗澡并非一种奢侈的生活习惯。对拿破仑来说，频繁洗澡可以缓解他罹患的一种严重而极其危险的疾病。①为了不影响战事，他小心翼翼地掩盖自己的病情，以免俄军幸灾乐祸。

以上就是对国家命运造成不可避免的不利影响的最微不足道的原因。在欧洲人看来，这次远征是最大胆也最有意义的事业，加上这么多欧洲国家的军队与法军联合，拿破仑一定能取得成功。然而，在决定性时刻，在莫斯科平原上，大自然让渴望成为英雄的天才无所适从。俄军虽然人数众多，却无法保卫自己的国家。在一个风雨交加的日子里，拿破仑突然发起了高烧，而俄国也因此获救了。

为了追溯莫斯克瓦战役，我必须描述我当时观察到的情形——这样做不仅是公平的，也是合理的。当时，拿破仑异乎寻常地缺乏活力，经常感到十分疲倦。这引起他最忠实的朋友和崇拜者对他这位天才的抱怨，甚至是指责。这些朋友和崇拜者中的大多数人及后来讲述这场战争的人，都不知道拿破仑所承受的肉体上的痛苦。他虽然非常沮丧，但仍然竭力隐藏自己的病情。对他来说，这是多么不幸啊！那

① 拿破仑患有尿潴留，也就是排尿困难症。——原注

些叙述者却称，拿破仑感到沮丧是因为他犯了错误。

毕竟在离家乡800里格的地方，将士们忍受了这么长时间的劳累，付出了这么多代价，当看到胜利与他们擦肩而过，又看到他们的前景非常黯淡时，他们自然变得很严厉。他们都遭受了太多痛苦，无法做到公正无私。

至于我自己，我不会隐瞒我目睹的一切。我确信，只有叙述真相才能表达对天才、对这位杰出统帅的敬意。拿破仑常常竭力把握每次机会，努力将法军在每个处境中的优势最大化，即使是面对挫折时也不例外。他如此显赫的声名与如此伟大的功绩，掩盖了他犯下的过失。因此，后世将几乎无法分辨他的功与过。

第7章 维捷布斯克附近各支部队的局部行动

得知自己下达的命令均已执行，军队也团结一致，拿破仑必须要去指挥一场战役。1812年7月16日23时，他终于离开了维尔纽斯。由于第二天的天气非常闷热，他在斯文特尼稍做停留。7月18日，他到达克鲁伯克，住在一个修道院里。他从修道院观察整个村庄，发现这里的房屋与欧洲人的住所相比，更像原始人居住的窝棚。

俄国人致法国士兵的一篇演讲稿刚刚传遍了拿破仑的军队。从这篇演讲稿中，拿破仑发现了一些毫无根据的侮辱之词，以及引诱法军前往荒野的毫无意义的拙劣的话术。读完演讲稿之后，拿破仑非常愤怒，立刻焦躁不安地口述了对这篇演讲稿的反击，并让人记录下来。但他看过记录后觉得不满意，遂将其撕掉，然后修改了措辞，但还是觉得不满意，就又将其撕碎了。他再次修改措辞，对这个版本非常满意，觉得它很好地表达了自己的意思。拿破仑对该演讲稿的反击刊登在当时的杂志上，文末的署名是一名法国士兵。拿破仑甚至会阅读一些内阁成员或士兵写的关于最微不足道的事情的信。伴随其左右的大臣不断被他削减，后来只剩下贝尔蒂埃一个人了。尽管拿破仑的身体渐渐虚弱，但他的大脑依然在高速运转。不过，他的身体和大脑逐渐变得无法协同运作。这是法军失败的原因之一。

在忙着处理这些事务期间，拿破仑得知，7月18日，巴克莱放弃了俄军在德里萨的营地，向维捷布斯克进军。俄军的这一行动使拿破仑立刻警觉起来。由于波尔塔的军队在德鲁亚附近遇阻，加上连降暴雨，路况不佳，他所率部队的行军速度很慢。尽管可能为时已晚，但拿破仑决定迅速、果断地占领威特普斯科。因为该地将两条河和两支敌军分开了，非常有利于法军进攻。在威特普斯科，拿破仑可以迫使俄军改变行军路线，切断其与俄国南部省份的联系，集中优势兵力，将其一举歼灭。他认为，如果巴克莱希望能够到达威特普斯科，那么毫无疑问他必须保卫此地。在威特普斯科，拿破仑或许会取得他渴望已久却在维利亚河边失之交臂的胜利。因此，他立刻命令各部赶往贝斯赞科威兹。在那里，拿破仑召见了缪拉和内伊——他们当时就在波洛茨克附近，并命令乌迪诺留守波洛茨克，他自己则带着警卫队、意大利军队和达武的3个师，从克鲁伯克前往卡门。不知是出于必要，还是不想让士兵们看到自己无法承受与他们一起长途行军的疲惫，除了晚上休息，拿破仑一路上都坐在马车里。

截至那时，大部分法军将士开始感到惊讶，因为他们在行军过程中并没有发现俄军。现在，将士们已经习惯俄国的环境。白天，对所到地方的新奇与渴望到达终点的急躁占据了法军将士的大脑。晚上，他们忙着挑选和搭建栖身之所，寻找与烹饪食物。由于整天处理各种事务，法军将士觉得自己在进行一次令人厌恶的旅行，而不是去打仗。但如果俄军一直这样向后退，战斗就迟迟无法打响，那么他们还要走多远才能追上俄军呢？终于，7月25日，法军将士听到了隆隆的炮声。他们与拿破仑都沉浸在对胜利与和平的希望中。

炮声从贝斯赞科威兹的方向传来。在那里，欧仁亲王遭遇了巴克莱的后卫部队。当时，后卫部队由多赫图罗夫指挥。多赫图罗夫随巴克莱从波洛茨克来到了维捷布斯克。他清除了从杜纳河左岸到贝斯赞科威兹的所有障碍，还在撤退时烧毁了桥梁。欧仁亲王攻下离杜纳河不远的贝斯赞科威兹小镇后，重新搭建了桥梁。当时，杜纳河对岸俄军极少，根本无力阻止法军搭建桥梁的行动。尽管在杜纳河上搭建桥梁意味着拿破仑占领了杜纳河两岸，但当他第一次凝视刚刚占领的杜纳河时，还是尖锐而公正地指出了这座桥梁存在的结构缺陷。

当时，拿破仑越过杜纳河并非为了满足幼稚的虚荣心，而是因为他急于亲眼看到俄军已经从德里萨向维捷布斯克前进了多少。他迫切想知道自己应该在俄军行军途中发动进攻，还是在维捷布斯克等待俄军。但俄军后卫部队行进的方向及从一些俘虏那里得到的消息，使拿破仑相信巴克莱已经赶在法军前面。巴克莱让维特根施泰因对付乌迪诺，而他已经到达维捷布斯克。事实上，他已经准备好与拿破仑争夺守护维捷布斯克的沟壑了。

除了发现俄军后卫部队丢下的东西，拿破仑在杜纳河右岸其他什么都没找到，便回到了贝斯赞科威兹。此时，他的各支部队已经分别经北部和西部的道路同时到达贝斯赞科威兹。这几支部队虽然在不同时间，从不同方向，离开了涅曼河，但都非常精确地执行了拿破仑的命令。虽然遭遇了各种障碍，但分别一个月后，在距离出发点100里格的贝斯赞科威兹，各部队再次相聚，并且几乎在同一天同一时刻到达。

各部队聚在一起，秩序难免变得混乱。许多骑兵纵队、步兵纵队和炮兵纵队从四面八方出现，争先恐后地向贝斯赞科威兹前进。每支部队的将士们尽管已疲惫不堪、饥饿难耐，但都迫不及待地想要到达目的地。此时，街道上挤满了后勤兵、军官与勤务兵及马匹和行李。将士们三五成群，熙熙攘攘地穿梭在贝斯赞科威兹的大街小巷，有的寻找食物，有的寻找草料，有的寻找安身之处。随着大量军队不断涌入城内，贝斯赞科威兹大乱。

传达紧急命令的副官们试图强行从一个地方通过，但毫无疑问这是徒劳的。对于这些副官的抗议，甚至是命令，士兵们都充耳不闻。因此，他们开始跟士兵争吵，高声叫骂。吵闹声、击鼓声、车夫的咒骂声、军官的命令声、行李推车和大炮推车的隆隆声，以及房屋里传来的阵阵争吵声，充斥着整个小镇。一些士兵企图进入一些房屋，却被早已占据这些房屋的士兵堵在门口，双方争吵不休，闹得不可开交。

临近午夜，这些混杂在一起的士兵终于回归各自的军队。集结在一起的军队逐渐朝奥斯特洛瑙的方向前进，或分散安置在贝斯赞科威兹。可怕的骚乱终于结束了，贝斯赞科威兹也迎来了夜的寂静。

集结在一起的如此多的军队与从四面八方传来的各种命令，以及夜以继日地迅速向前推进的军队，都预示着战斗可能会在第二天开始。事实上，拿破仑之前并没有预料到俄军会占领维捷布斯克。于是，他决定将俄军从那里赶走。然而，从杜纳河右岸进入维捷布斯克后，为了保卫那些守护着这座城市的长长的峡谷，俄军穿城而过，前来迎战拿破仑的法军。

7月25日，缪拉率领骑兵队向奥斯特洛瑙前进。在距奥斯特洛瑙两里格的地方，多蒙、科艾特洛斯奎特和卡里尼昂正率领法军第八骠骑兵团列队行进在一条宽阔的大道上。大道两旁是高大的桦树。第八骠骑兵团快要接近一个丘顶了。从这个丘顶上，骑兵们只看见一支由3个骑兵团和6门大炮组成的俄军护卫队。这支护卫队是俄军中力量最薄弱的，连一个能掩护自己的步兵都没有。

第八骠骑兵团的上校们以为在他们前方行进的是他们所属师的两个团。这两个团已经穿过道路两边的田野。道路两边高大的树木挡住了第八骠骑兵团将士们的视线。实际上，这两个团已经停止前进。第八骠骑兵团已经远远超过这两个团，并且继续前进，但将士们仍然以为他们透过树木看到的前方150步外的地方就是这两个团。这两个团并没有注意到第八骠骑兵团又开始行进了。

俄军停滞不前，让法军第八骠骑兵团的将军彻底上当了。在他们看来，进攻前面这支部队的命令似乎是一个错误。第八骠骑兵团的将军只派了一名军官前去侦察，然后命令军队继续前进。突然，他们看见俄军用马刀刺伤并俘虏了派去的军官，俄军大炮将第八骠骑兵团的骑兵从马上击落了。现在，他们不再犹豫，立刻冒着俄军的炮火拉开防线，应对俄军的进攻。第八骠骑兵团迅速穿过树林，冲上前去消灭俄军。发动第一次进攻后，第八骠骑兵团夺取了俄军大炮，摧毁了位于俄军防线中央的一个团。在混乱中，俄军防线左边的另一个团似乎惊呆了，待在原地一动不动。第八骠骑兵团看到后立即掉转方向，从后方将其击溃。接着，第八骠骑兵团观察到陷入混乱的俄军第三个团想要撤退，于是立即掉转枪口，集中所有兵力，趁其乱哄哄地撤退时，将其一举歼灭。

在这次胜利的鼓舞下，缪拉率军将俄军赶入奥斯特洛瑙的树林。俄军隐藏在树林中。缪拉想率军冲进树林，但遭到顽强的抵抗。

奥斯特洛瑙居高临下，地理位置极佳，加上森林茂密，有利于隐蔽。在不被发现的情况下，躲在这里的人可以清楚地看到外面的情形。这里与主干道交会，右边是杜纳河，前面是一条深谷，左侧是茂密的树林。此外，这里距离俄军的弹药库很近，所以守住这里就可以很好地保卫弹药库，以及这一带的首府维捷布斯克。托尔斯泰临危受命，赶来守卫这些地方。

缪拉总是浪费生命。从前还是一个不起眼的士兵时，他就是这样。现在已经是一个取得胜利的君主，他却依然如此。面对俄军猛烈的炮火，他仍然不断命令军队向这些树林发起进攻。但他很快就明白了，从这里发动猛攻是毫无结果的。法军第八骠骑兵团的立场与缪拉的立场产生了分歧。缪拉的前锋部队由布吕耶尔师、圣日耳曼师和步兵第八团组成。前锋部队被迫在奥斯特洛瑙与一支俄军对峙。

像胜利者经常做的那样，法军通过进攻来保护自己。进攻法军侧翼的俄军都遭到猛攻。法军将俄军骑兵赶回树林里，并击溃了俄军步兵。然而，当德尔宗的部队赶到时，法军已经疲惫不堪。缪拉迅速指挥军队进攻右侧的俄军，逼近俄军的撤退路线。俄军现在心神不宁，再也无法阻挡法军胜利的脚步。

维捷布斯克的河谷有几里格长。当天晚上，欧仁亲王与缪拉会合。次日，在另一个地方，他们又发现了俄军。帕伦和克诺尼辛已经与托尔斯泰合兵一处。击退剩余的俄军后，欧仁亲王与缪拉正在指挥右翼部队占领一个地方，打算将此地作为法军的一个火力点，来攻击俄军。突然，他们的左翼部队喧闹起来。他们的注意力立即被吸引了过去。左翼部队的骑兵和步兵已经向俄军发动两次进攻，但都失败了。躲在树林里的俄军在成功抵御法军进攻的鼓舞下，派了很多人发动攻击，发出了可怕的叫喊声。面对大胆而猛烈的攻击，法军将士面露惧色，不确定能否抵挡住俄军的进攻。

一个营的克罗地亚人和第八十四团的将士们想尽力守住阵地，却是徒劳的。他们的阵地逐渐缩小，他们面前的战场上到处是同伴的尸体，他们身后的平原上则充斥着从战场上撤下来的伤员和抬着伤员的士兵，以及许多声称需要帮助伤员或自己受伤的士兵。这些人陆续离开了各自的队伍，法军开始溃败。之前经过精挑细选才被选入炮兵部队的士兵，在认为步兵不再支持他们之后，就开始扛着炮弹从阵地撤离。几分钟后，法军的所有士兵都逃向同一条河谷，也将在这条河谷中相遇。随后，河谷会陷入一片混乱，士兵们将听不到军官的命令，而军官们再努力维持秩序也是徒劳的。在这条河谷内，法军的所有抵抗都会被遏制，他们的所有反击也将无济于事。

据说，看到这种情况后，缪拉急忙冲到一个波兰骑兵团前面。该骑兵团的将士因他的出现而无比兴奋。在他的鼓舞下，他们在看到俄军时变得非常愤怒，于是跟随他猛烈地向前冲去。缪拉原本只是想刺激波兰骑兵团，促使其奋起反击俄军，而并不想自己也投入这场战斗，因为这样他就无法看清形势，也无法下达命令了。但波兰骑兵团紧跟在他身后，快马加鞭，逼得缪拉只能往前冲，根本无法离开，也无法停下来。他别无选择，只好冲在队伍的最前面。这里正是他之前发表长篇大论的地方。他像一个真正的勇士一样，尽可能体面地投入战斗。

与此同时，弗伦考特将军跑回自己的炮兵团，吉拉尔丹将军跑回第一百零六团。吉拉尔丹让溃逃的法国士兵停了下来，重整旗鼓，向俄军右翼发起反击。他取得了胜利，并带回了两门大炮。在他旁边，皮雷将军遇上并击溃了俄军左翼。好运又转向了法军这边，俄军则撤退进了树林里。

此时，俄军顽强地坚守着左翼的一片茂密的树林，因为在这里能很好地突破法军的防线。第九十二团遭到俄军的重火力压制。士兵们被俄军猛烈的炮火吓得不知所措。一颗颗炮弹落在他们周围，他们无法行动了。如果往前冲，他们害怕会遭遇不测；如果撤退，他们又担心让自己蒙受耻辱，所以他们既不敢前进也不敢撤退或者逃跑。贝利亚尔将军急忙用话语鼓舞第九十二团的士兵们，鲁塞尔则以身作则，率先冲向俄军。在贝利亚尔和鲁塞尔的带领下，法军终于攻占了这片树林。

此次进攻取得胜利后，法军右侧一个实力很强的俄军纵队开始撤退。缪拉发现后，立刻拔剑高呼：“勇士们，跟我来！”不过，该地区沟壑纵横，为俄军的撤退提供了天然的保护屏障。俄军跑进了一片纵深为2里格的森林里。这片森林是最后一道天然屏障，将维捷布斯克遮挡在法军的视线之外。

经过如此激烈的战斗后，正当缪拉和欧仁亲王犹豫要不要挺进这个森林如此茂密的地区时，拿破仑来了。缪拉和欧仁亲王立即去见拿破仑，向他汇报他们已经完成的工作及有待完成的工作。拿破仑登上了距离俄军最近的高地。从这里出发，凭借自己的作战天赋，他越过了层层障碍，并很快穿过了面前神秘的森林，也越过了远处的山。他毫不犹豫地发号施令，于是，法军很快就穿过了这片曾令两位大胆的将军——缪拉和欧仁亲王忐忑的森林。简而言之，那天晚上，俄军可能已经从维捷布斯克居高临下地看到法军轻装前进的队伍正在进入自己周围的平原。

这里发生的每个状况都在阻止拿破仑前进。晚上，俄军炮火覆盖了整个平原。为了指挥法军穿过这片陌生的土地，拿破仑有必要先派人前去侦察，更有必要计算好法军走出一条狭长河谷的时间。因此，他命令法军停止前进，原地休息，进餐，恢复体力，检查枪支，为第二天的战斗做准备。同时，他派人前去侦察敌情，自己则睡在帐篷里。他的帐篷就扎在主路左边、库科威兹村后面的一个高地上。

第8章 维捷布斯克战役

1812年7月27日天亮之前，拿破仑出现在法军的前哨。当第一缕阳光照耀大地时，他终于看到了驻扎在平原上地势较高处的俄军。通过这里，俄军可以俯瞰维捷布斯克的所有大街。卢奇萨河已经冲刷出一条深沟，从平原的边缘流过。1万名俄军骑兵和几支步兵部队拉开防御之势，部署在高地前沿。步兵排列在中间的大道上；左翼部队躲在丛林高地上；所有骑兵组成右翼部队，沿着杜纳河排成两列。

杜纳河从法军所在的位置蜿蜒流淌。由于杜纳河改变流向，俄军的前线已经不在法军的正前方了。现在，俄军的前线在法军的左边。杜纳河从这里拐弯流向远方。法军通过一座窄桥穿越了一条沟壑。这条沟壑将新战场分割为两部分。在这里，法军不得不改变部署，将阵线移到左侧，右翼则必须守住离自己最近的杜纳河这道天然屏障。因此，在与俄军交战的过程中，法军右翼显得尤其重要。在连接沟壑两岸的桥附近主要道路的左侧，一座孤零零的小丘引起了拿破仑的注意。因为从这座小丘上望去，可以清楚地看到敌我双方的军队。两军分别驻扎在战场的两侧，呈决斗之势。

法军第九团中200名来自巴黎的轻步兵首先出列。他们来到法军左侧，勇敢地与俄军骑兵团对峙，仿佛杜纳河可以保护他们一样。他们所在的位置就在新战场的左侧。紧随其后的是法军第十六猎骑兵团，接着是一些轻骑兵。俄军冷静地看着法军调兵遣将，等待其做好进攻准备。

俄军不采取任何行动对法军是有利的。看到此情此景，缪拉非常兴奋，开始头脑发热。素来莽撞的他催促法军第十六猎骑兵团进攻俄军的一支骑兵部队。所有人惊恐地看到，由于战场上深深的沟壑纵横交错，不堪一击的法军第十六猎骑兵团不得不分散开来前进。这些不幸的猎骑兵觉得自己成了牺牲品，知道自己必死无疑，于是趑趄不前。因此，当俄国近卫军的枪骑兵朝着法军第十六猎骑兵团冲过来时，这些猎骑兵立刻逃跑。然而，他们逃跑时必须通过沟壑。这条沟壑阻碍了不幸的猎骑兵们，让他们无法迅速逃脱。俄军追上来时，他们急忙跳进沟壑，许多人因此丧生。

见此情景，缪拉悲痛万分，手持利剑，亲自带着60名军官和一支骑兵部队，在混乱中急速冲上前去。他的大胆、勇猛，令俄国近卫军的枪骑兵震惊不已，停止了追击。就在缪拉激战正酣时，一个俄军士兵举刀向他砍来。他身后的枪骑兵眼疾手快，击倒了举刀的俄军士兵，救了他一命。法军第十六猎骑兵团幸存的士兵重新聚集在一起，向掩护他们的第五十三团靠近，以寻求庇护。

俄国近卫军的枪骑兵成功地冲到了拿破仑指挥各部队作战的小丘下面。按照惯例，法国近卫猎骑兵团的一些士兵下马，在拿破仑的周围站成一个圆圈，保护他。这些士兵用卡宾枪发射了几发子弹，击退了进攻的俄军枪骑兵。俄军骑兵在撤退时碰到了200名来自巴黎的步兵。由于第十六猎骑兵团先撤退，所以来自巴黎的步兵处在了敌我两军之间，开始遭到俄军枪骑兵的攻击。所有人的目光立刻集中在这些骑兵身上。

敌我两军都断定这些步兵必死无疑。然而，他们虽然势单力薄，但没有绝望。在第一次交战时，他们的队长拼死战斗，占领了杜纳河边布满洞穴和灌木丛的地带，并立刻让轻步兵在那里集合。出于好战的本性和相互支持的愿望，也为了共同应对他们面临的危险，这些轻步兵紧紧地团结在一起。危急时刻，每个人都注视自己身边的同伴：年轻士兵看着老兵，然后所有人都将目光投向队长们，想要从队长们脸上的表情看到他们还有没有希望，或者他们应该担心什么，或者他们该采取什么行动。这些轻步兵充满信心，必须依靠同伴，同时必须更多地依靠自己。

对这些轻步兵而言，这里的地形和地貌非常有利。灌木丛和地面上的洞穴阻碍了俄国卫队骑兵前进的步伐。他们被困在灌木丛中，他们的长矛也派不上用场。当他们试图冲向这些轻步兵时，这些轻步兵开枪朝他们射击。身负重伤的俄国卫队骑兵纷纷掉下马。骑兵及其马匹的尸体横七竖八地倒在地上，进一步增加了他们行进的难度。最后，他们非常气馁，便撤退了。法军发出阵阵欢呼声。拿破仑当即将十字荣誉勋章颁发给这些勇敢的轻步兵。他告诉他们，这份意料之外的荣誉意义重大。后来，整个欧洲都在传颂着拿破仑当时的讲话。对那些表现英勇的士兵来说，他们当时奋勇杀敌的行为稀松平常。他们以为自己即将被俄军杀死，或被俘虏，但几乎就在同一时间，他们发现自己取得了胜利，还得到了奖赏。

与此同时，意大利军队、缪拉的骑兵及第一军的3个师攻击了主干道和俄军左翼藏身的那片树林。自离开维尔纽斯以来，这3个师就由洛博伯爵指挥。战斗一开始非常激烈，但后来突然停止了。俄军先头部队迅速撤退到卢奇萨河谷后面，逃脱了掉进河谷的命运。随后，8万人的俄军全部聚集在河谷对面。

俄军看似坚定的意志、坚毅的表情和坚固的阵地误导了拿破仑的判断。他以为俄军会将“誓与阵地共存亡”当作一种荣誉。刚到11时（1812年7月27日），拿破仑就下令停止进攻。他去前线视察，并为第二天的决定性战斗做准备。起初，他走上了轻装部队（light troops）所在的高地，站在和他一起吃过早饭的士兵们中间。他从这个高地上观察俄军。俄军射出的子弹打伤了离他很近的军官。在接下来的几个小时，拿破仑都在观察阵地，同时等待法军其他部队到来。

拿破仑宣布第二天（7月28日）发动进攻。分别时，他对缪拉说："明天5时，奥斯特利茨的太阳将会升起！"这句话解释了那天（7月27日）中午，当法军充满胜利的热情时，拿破仑下令停战的原因。由于受俄军追击，法军已经筋疲力尽。就在法军即将取得胜利时，拿破仑却下令停止战斗。法军将士对这一命令感到震惊，俄军也感到惊讶不已，迷惑不解。缪拉一直期待着能够一举歼灭俄军，当时就对拿破仑说，巴克莱此刻只是故作冷静，表面上看起来很勇敢，以便俄军能在夜里悄悄地撤退。不过，缪拉发现自己根本无法说服拿破仑。于是，他贸然将自己的帐篷搭在卢奇萨河岸边——这个位置非常靠近俄军大营。以缪拉喜欢冒险的性格来看，这个位置令他满意。如果俄军有撤退的动向，他首先可以从这里发现，并在第一时间打乱俄军的撤退计划。

缪拉上当了，但他似乎非常明智；拿破仑是对的，但事实证明他错了。命运多无常啊！对于巴克莱的计划，拿破仑的判断是正确的。巴克莱以为巴格拉季昂还在奥恰附近，所以决定坚持战斗，为巴格拉季昂前来支援争取时间。然而，那天傍晚，巴克莱收到情报，得知巴格拉季昂已经从诺沃伊-比科夫撤向斯摩棱斯克城。这条情报突然改变了巴克莱的决定。

事实上，就在7月28日黎明时分，缪拉派人向拿破仑报告，他要带兵前去追击已经逃跑的俄军。然而，拿破仑仍然坚持己见，固执地认为俄军还在法军前面，并认为法军有必要谨慎前行。拿破仑的固执己见，耽误了法军对俄军的追击。最后，他终于开始骑马前进。每前进一步，他的幻想就破灭一点儿。很快，他就来到了巴克莱刚刚撤离的营地。

此次事件的每个细节都凸显了作战的学问：军队必须占据有利地形，各部队的部署必须对称，指挥官必须精确地算好每个细节。只有这样，军队才能整齐有序，作战时才能干脆利落。总之，军队不能留下任何东西，包括武器和任何有价值的东西。在突如其来的夜间行军中，俄军没有留下任何痕迹。也就是说，俄军什么东西都没有留下。即使是在营地外面，俄军也没有留下任何能够让法军看出其撤退路线的痕迹。虽然法军胜利了，但俄军撤退时似乎比法军更有秩序。尽管法军击败了俄军，但俄军的逃跑留给法军的教训是，征服者永远不会得到什么好处。

不知是因为单凭好运气打仗令人蔑视，还是因为只有遭遇不幸才能改变一个人的运气，那天法军唯一的收获是，在灌木丛里意外发现了一个熟睡的俄军士兵。不过，这种结果并不是所有人期望的决定性的胜利。同样，法军进入维捷布斯克时，只看到空荡荡的俄军大营，只找到一些衣衫褴褛的犹太人和耶稣会士，虽然审问了他们，但没有得到任何有价值的线索。法军将士侦察了所有道路，却没有任何发现。俄军是去了斯摩棱斯克城还是又回到了杜纳河，法军不得而知。最后，在内伊前往斯摩棱斯克城的方向侦察时，杜纳河方向的一支哥萨克人队伍引起了法军的注意。法军冒着令人窒息的热浪，在尘土飞扬的厚厚的沙地上行进了6里格。晚上，在阿格哈波维切特-切纳附近，法军安营休息。

法军将士们嘴唇干裂，燥热难耐，饥肠辘辘，筋疲力尽。然而，在阿格哈波维切特-切纳附近，他们只找到了充满泥浆的浑水。在拿破仑的帐篷里，拿破仑给缪拉、欧仁亲王和贝尔蒂埃召开了会议。帐篷搭建在一座城堡的院子里，城堡坐落在主路左侧的高地上。

“我们非常热切地期待这场胜利，所以才迅速追击俄军。取得这场胜利变得日益迫切。然而，就像在维尔纽斯一样，我们再次与胜利失之交臂。我们的确已经追上俄军后卫部队，但这真的就是俄军的后卫部队吗？巴克莱也许已经从鲁德尼亚逃往斯摩棱斯克城，果真如此的话，我们必须追击俄军，逼迫其与我军战斗吗？难道没有必要管理重新夺回来的立陶宛，修建军火库，搭建战地医院，修建新的营地和防御工事，重新确立已经拉得太长的战线的起点？简言之，这一切不都清楚表明我们必须止步于古老的俄国边界吗？”

在离阿格哈波维切特-切纳不远的地方，一场战斗刚刚结束。但这次，缪拉按兵不动。俄军击退了法军的前锋。为了能够撤退，法军的一些骑兵不得不放弃马匹。还有一些骑兵只有紧紧拉住缰绳，才能带着马脱离危险。拿破仑就此事质问了贝利亚尔将军。贝利亚尔坦率地回答说，骑兵的实力已经被大大削弱，他们疲惫至极，非常需要休息。如果再连续行军6天，他们就会被累死，到那时法军就再无骑兵了。因此，现在就应该让他们停下来休息。

除了上述因素，沙地在太阳的炙烤下散发出巨大的热量，更让人觉得酷热难耐。这消耗了士兵们的体能，连拿破仑也筋疲力尽了。他决定让法军以杜纳河和伯里斯泰纳河为界安营扎寨，进行休整。于是，法军就在这两条河的岸上及两条河之间的空地驻扎下来。波尼亚托夫斯基带着波兰军队驻扎在莫希列夫。达武率领第一军驻扎在奥恰、杜布罗夫诺和卢伊勃维兹。缪拉和内伊率领意大利军队和近卫军驻扎在从奥恰和杜布罗夫诺到维捷布斯克和苏莱吉之间的地带。前哨设置在利亚迪、温科沃和维利吉，就在巴克莱和巴格拉季昂的军队对面。一支俄军是在拿破仑手中从德里萨和维捷布斯克渡过杜纳河逃跑的，另一支俄军是在达武手中从博布鲁伊斯克、比科夫和斯摩棱斯克城渡过别列津纳河和伯里斯泰纳河逃跑的，后来两支俄军在别列津纳河和伯里斯泰纳河的中间地带成功会师了。

从主力军分离出来的大部队的驻地如下：右翼是东布罗夫斯基的部队，驻扎在博布鲁伊斯克的前面，对面是霍尔特尔将军指挥的1.2万人的俄军。

东布罗夫斯基部队的左边是乌迪诺和圣西尔的军队，分别驻扎在通往彼得堡的路边的波洛茨克和比洛埃。这条路由维特根施泰因率领3万人的俄军把守。

最左边是麦克唐纳率领的3.8万名普鲁士士兵和波兰士兵，驻扎在里加前方，其防线一直向右朝杜纳堡方向延伸至阿河。

施瓦岑贝格亲王和雷尼尔率领由萨克森人和奥地利人组成的部队，驻扎在涅曼河与布格河之间偏斯洛尼姆方向的地带，守卫华沙，保护受托马索夫军队威胁的法军的后方。维克多率领4000人的后备部队驻扎在维斯瓦河边。另外，奥热罗率领的法国第十一军驻扎在斯德丁。

巴萨诺公爵依然待在维尔纽斯，身边还有几位宫廷使节。巴萨诺公爵统治立陶宛，与各国最高领导人保持联络，向他们传达拿破仑的指示，并尽快将粮食、新兵和掉队士兵送往前线。

拿破仑一下定决心，就带着卫兵返回维捷布斯克。7月28日，他走进总指挥部，猛然将佩剑扔在铺满地图的桌上，然后高声宣

† 东布罗夫斯基

尤里乌斯·科萨克（1824—1899）绘

布：“我要在这里停留！我必须环顾四周，重整我的军队，给军队补充给养，并治理波兰。1812年的战役结束了，1813年的战役必须让我们得偿所愿。”

第 5 部分

第1章 拿破仑的计划落空

征服立陶宛后，法军已经实现此次远征的目标。然而，远征似乎还未开始，因为他们虽然占领了立陶宛，但并未征服立陶宛人。俄军坚不可摧——法军在首次进攻中击溃的俄军两翼现已会师。当时正值一年中最好的季节。正是在这种形势下，拿破仑认为，他已不可挽回地注定要止步于伯里斯泰纳河和杜纳河畔。此时，他可以像欺骗自己一样随心所欲地欺骗他人，隐瞒他此次远征的意图。

拿破仑已经在地图上画出了防线：工兵正带着攻城装备向里加挺进；里加的防御工事很坚固；法军左翼将会在里加休息，然后继续向杜纳堡和波洛茨克进军，并对俄军构成威胁。由于维捷布斯克的树木高耸入云，所以构筑防御工事并不难。因此，维捷布斯克可以作为法军中路部队的据点。维捷布斯克以南是别列津纳河与伯里斯泰纳河。这一带沼泽密布，只有几条狭窄的小路可供通行，所以只需很少的兵力便可防守。接下来，坚固防线的右端是博布鲁伊斯克。拿破仑已经命令军队占领博布鲁伊斯克要塞。此外，他还考虑到了立陶宛南部人口大省的起义。起义有助于施瓦岑贝格亲王率军驱逐托马索夫的部队。由于众多哥萨克人加入，托马索夫部队的人数也会增长。立陶宛南部人口大省的一个大地主是一位在各方面都非常显赫的贵族，就连他的外貌都美到无可挑剔。这位贵族很快就加入了解放祖国的法军。拿破仑意欲任命他为这次起义的领导人。

在这种情况下，一切都将准备就绪。库尔兰人会支援麦克唐纳，萨莫吉蒂亚人会支援乌迪诺，居住在克鲁伯克肥沃大平原上的人们将支援拿破仑，法军其余部队则要靠立陶宛南方诸省了。此外，法军规模最大的弹药库在但泽，中型弹药库在维尔纽斯和明斯克。这样一来，法军就能与刚解放的立陶宛保持联系。立陶宛的一切，包括河流、沼泽、物产及居民，都与法军密切相关——为了抵挡俄军的攻击，立陶宛的一切皆可为法军所用。

以上就是拿破仑的计划。当时，他正在仔细考察维捷布斯克及其周边地区，仿佛是在考察他有可能长期居住的地方一般。那里有各种旅馆，有一次性烘焙2.9万磅面包的36个烤炉。拿破仑不仅看重那个地方的实用性，还考虑到那里的景观让人赏心悦目。一些石屋影响了宫殿广场的宏伟外观，看起来十分丑陋。于是，他命令卫兵将这些石屋推倒，并将废墟清理干净。事实上，他已经开始期待冬天带来的乐趣——巴黎的演员将会来到维捷布斯克。由于巴黎成了一座空城，这些演员肯定会将衣着光鲜华丽的观众从华沙和维尔纽斯吸引到维捷布斯克。

此时，仿佛有一颗星给拿破仑指明了道路。在之后的远征过程中，如果他没有把自己在焦躁不安的状态下采取的行动误认为是他天才般的灵感指引所致，那么这对他将是一桩幸事。但不管怎么说，都只有拿破仑独自饱受煎熬，因为他渴望继续前进，并且一切都由他亲自谋划。也正因如此，没有人能企图引诱他放松警惕。一位元帅向拿破仑承诺，他的高级卫队的军官们广泛宣传他的声明，俄国人必然发动叛乱，但这样的承诺徒劳无益。一些波兰人使用信口雌黄的承诺来迷惑这位元帅，这是由所有流亡者怀有的渺茫希望决定的，他们用这些承诺来奉承他们所依靠的野心勃勃的领袖。

缪拉的情绪波动最频繁、最激烈。他厌倦了休战期间的安稳生活，对荣耀贪得无厌。他以为俄军近在咫尺，所以无法抑制自己的情绪。他离开了高级卫队，前往维捷布斯克。私下面见拿破仑时，他非常冲动。“缪拉指责俄军懦弱无能。依他之见，如果双方展开决战，俄军就会在到达维捷布斯克之前的会战中失败，俄军将士已经惊慌失措，所以仅凭他自己的轻骑兵就足以将其击溃。”面对热血沸腾的缪拉，拿破仑只是微微一笑。不过，为了安抚他的情绪，拿破仑说：“在俄国的第一场战役已经结束。我们把鹰旗插在这里，驻扎在两条大河之间，并在这里修筑堡垒。我们的火力可以交叉覆盖，我们各个方向的防线互为掎角。我们在各防线交会的那个角和防线外部署大炮，在防线内安营、设置弹药库。1813年，我们将进军莫斯科。1814年，我们将占领彼得堡。这场对俄战争将持续3年！”

就这样，天纵其才，拿破仑将万物想象成一个整体，指挥一支40万人的军队就像指挥一个团一样。

就在那天，拿破仑对一位行政长官大声说：“至于你，先生，你必须尽心尽力地为我们在这里的生活提供保障，因为，”他看着一些军官，声音响亮地补充道，“我们不会重蹈卡尔十二世的覆辙。”但他的行动很快与他的说法背道而驰。他没有向庞大的军事机构下达必要的命令，这令人们大吃一惊。指挥左翼部队的麦克唐纳没有收到他的任何指示，也没有收到他关于夺取里加的任何方法。右翼部队必须占领博布鲁伊斯克，博布鲁伊斯克是一座要塞，周围被又大又深的沼泽环绕，围攻它的任务却被交给了一支骑兵部队。

从前，拿破仑几乎很少下达不能执行的命令，但自从普鲁士战争的奇迹发生后，没有人再认为拿破仑下达的命令不可执行。拿破仑的命令总是不论做什么事，大家都必须想尽所有办法，到那时一切自然会成功。起初，法军将士都竭尽所能地执行他的命令，但并不是所有努力都会有好结果。法军将士气馁了，但拿破仑坚持不懈。他习惯了发号施令，指挥每件事情，但他的手下逐渐习惯了忽视其中的一些命令，并不会执行他的所有命令。

拿破仑将东布罗夫斯基率领的由波兰人组成的师部署在博布鲁伊斯克要塞前。尽管他声称这个师共有8000人，但他很清楚，当时这个师一共不超过1200人。虚张声势是拿破仑的一贯作风。他这么做，是因为他希望将士们不断重复他的话来蛊惑俄军，也可能是因为他希望通过夸大其词让将士们感觉到他对他们的期望。

拿破仑继续观察维捷布斯克。从房屋的窗户往下看，视线与杜纳河垂直，或者直达环绕城墙的悬崖底部。在这些地方，地面上的积雪久久不能融化，从土壤最松软的地方慢慢渗透到很深的地方，然后融化。因此，深不见底的沟壑在这里随处可见，当你以为地势平坦便策马奔腾时，深壑会突然映入你的眼帘，让你猝不及防，而此时你已经距离沟壑边缘仅有几步之遥。这些沟壑仿佛是地表突然下沉形成的，除非你近距离观察，否则很难发现它们的存在。在广阔的平原上，这些纵横交错的沟壑给骑兵冲锋造成了意想不到的困难。

不出一个月，法军就可以将维捷布斯克加固到足以经受常规围攻的程度。维捷布斯克本来就很坚固，并且由于其独特而险要的地理位置，几乎不需要人工加固。与此同时，征募立陶宛军队所需的几百万的资金被拒绝支付。桑古茨科亲王本来要前往立陶宛南部指挥起义，却留在了拿破仑的大本营。

拿破仑尽管在首次演讲中表现得镇定自若，但并没有瞒过他的家人。他的家人回忆说，当看到巴克莱离开后的营地和空荡荡的维捷布斯克时，他们开始互相祝贺这次胜利。拿破仑听了，突然转过身来，对他们高声说道："你们认为我走了这么远仅仅是为了征服这些小破屋吗？"他们当然非常清楚，他一旦确定了一个宏伟的目标，就一定会想出一个明确的计划，也一定会寻找完成该计划的良机，并采取一套更适合他发挥天赋、能够速战速决的作战体系。

从其他方面来看，拿破仑关爱全军将士。如果碰巧遇到了运送伤病员的车队，他就会拦住车队，询问他们的身体状况和他们忍受的苦痛及他们是在哪次行动中受的伤。他总会安慰他们，或者给他们奖赏。

拿破仑尤其关心他的近卫军。他每天都会视察一部分近卫军，有时会表扬他们。他虽时常责备他们的领袖，却从不不责备他们。卫兵们为他的这种做法感到高兴，所以即使心存抱怨，也从不埋怨他。

拿破仑每天都会去查看烤炉，品尝面包，非常高兴地将所有食物平均分给将士们。他还经常将自己桌上的酒送到离他最近的哨兵那里。一天，他在任命一位近卫军领袖时，特意集合了近卫军中的精锐，并对他们发表讲话，然后亲自将新任领袖介绍给他们，还当着他们的面拥抱了新任领袖。许多卫兵注意到，拿破仑对过往充满了感激；其他人则察觉到，他对未来有一种紧迫感。

那些察觉到拿破仑存在紧迫感的将士清楚地看到，他起初是希望亚历山大一世能够再次向他提出和平协议的。他很清楚法军遭受的苦难，并且其实力已经被削弱。他需要给大量掉队士兵和伤员足够的时间，让那些掉队士兵赶上自己所在的军队，让伤病员抵达战地医院。此外，拿破仑需要时间来修建医院，征集粮草，招兵买马，等待运送医疗器械、大炮的车辆及搭建浮桥的船的到来。由于医疗器械和大炮非常沉重，那些运输车辆迟迟没有到达，还在法军后面吃力地穿越立陶宛的荒野。此外，拿破仑还要忙着与欧洲各国保持联系。总体而言，极端天气阻碍了拿破仑前进的步伐。事实上，当时的天气的确极具破坏性。这片土地要么非常干旱，要么洪水肆虐，要么酷热难耐，要么冰天雪地。对当地人来说，这种天气无非是一种极大的考验。对法军而言，这种不利的天气更是难以忍受。高温天气消耗法军将士的体力，令他们疲惫不堪，日渐憔悴。为了能到达凉爽一点的地方，他们必须快速穿越这里。

拿破仑也察觉到这种恶劣天气对法军的影响。但当他经过一段时间的休息，感觉精力得到恢复时，亚历山大一世还是没有派使者前来议和。他已经完成军事部署，开始变得不耐烦了。他之所以变得焦躁不安，或许是因为与那些精力充沛、思维活跃的人一样，一无所事事就感到气恼。尽管战争会有危险，但拿破仑宁愿打仗，也不愿消极等待。也或许是因为与大部分人一样，比起对已经拥有的快乐或对失去的忧虑，对获得的渴望深深影响着拿破仑，驱使着他，令他焦躁不安。

此时，拿破仑陶醉在征服莫斯科的幻想中。这既是他最忧心的事情，也是他最渴望实现的目标。占领了莫斯科，他就将拥有一切。从那时起，人们就预见到，一个像拿破仑这样热切又不安分的天才，已经习惯走捷径，因此，当他感到目标触手可及，并且20天足以实现时，他是不会等上8个月再采取行动的。

然而，我们决不能过于轻率地用所有人共同的弱点来评判如此非凡的拿破仑。我们应该听其言，观其行。很快，我们将会听到拿破仑的话语，也将会看到他的政治立场在多大程度上使他的军事立场复杂化。在以后的一段时间里，当我们看到，即使是在莫斯科的战场上，但凡拿破仑的健康状况能够再好上一天，俄国的命运就将岌岌可危，那么我们就不会再去责怪他此时做出的决定。

与此同时，他起初似乎没有勇气承认自己有如此大胆的计划。但渐渐地，他鼓起勇气面对该计划。他开始变得小心翼翼，而这种犹豫不决的状态令他身心备受煎熬。有人看见他在自己的房间里走来走去，仿佛有某种危险的诱惑纠缠着他，什么都无法分散他的注意力。他总是刚一开始工作，便停下来，然后重新开始工作。他毫无目的地走来走去，不时询问时间，又不时看看自己的表。专心致志地工作时，他也会突然停下来，心不在焉地哼上一曲，然后又开始走来走去。

感到困惑时，拿破仑偶尔会给遇到的人说些没头没尾的话："那么我们该怎么办？我们应该待在这里，还是继续前进？我们怎么可能终止如此辉煌的事业呢？"然而，不等人们回答，他又继续走来走去，就好像在寻找让他义无反顾地下定决心的某种东西或某个人一样。

最终，当因无法承受如此巨大的压力而犹豫不决，无法做出决定时，拿破仑就会猛地倒在自己房间打的地铺上。炎热的天气与长时间的思想斗争消磨了他的体力。他感到精疲力竭，他的身体甚至无法承受被子的压力，所以他只盖着一张薄薄的床单。就是在这种状态下，拿破仑在维捷布斯克度过了一些时日。

当身体得到休息时，拿破仑的思维变得更加活跃："有多少动机促使我进军莫斯科呢？在维捷布斯克，冬季无聊的7个月能让我支撑多久？在此之前，我一直都在进攻，现在即将被迫处于防守地位。我缺乏军事防守方面的经验，并不适合防守，并且防守不利于我发挥天赋。"

此外，在维捷布斯克，拿破仑没做任何决定。不过，他距离法国已经非常远了！任何事情都不能让他停止前进，但整个欧洲最终还是看到他停了下来。此次远征持续的时间太久会不会增加危险呢？拿破仑是否应该给俄国时间，让其彻底武装好自己？在无损他永远正确的光环的情况下，在不让欧洲其他国家的君主产生危及法国的念头的前提下，拿破仑还能拖延多久？毕竟西班牙的抵抗已经让他的光环变得黯淡。如果得知法军中有三分之一的士兵已经掉队或生病，并且不再重返军队，人们将会有何感想？因此，拿破仑必须迅速取得胜利，用胜利的光辉照耀世界，并用无上的荣誉掩盖如此惨重的代价。

随后，拿破仑考虑到，如果继续留在维捷布斯克，他就会承受军事防守带来的倦怠、军队的所有开支及各种不便和焦虑，而俄军在莫斯科享受着和平、富足，有大量战争经费，并拥有不朽的荣耀。他迫使自己相信，从此以后，大胆行事便是最大的谨慎。就像所有危险的事业一样，拿破仑远征俄国的事业也存在失误。不过，所有危险的事业一开始总是有风险的，但结果往往有所收获。危险的事业越是让人觉得不可原谅，越是必须取得成功。因此，拿破仑必须通过自己的胆识，打败亚历山大一世，圆满完成这项危险的事业，并将其做到极致，令全世界震惊。只有这样，极大的成功才会弥补如此多的牺牲与损失。

之前，同样的危险也许会让拿破仑重新回到涅曼河边，或者让他继续待在杜纳河畔。但这次，这种危险促使他向莫斯科进军！“设想”的性质就是这样：设想中的一切都是那么危险，鲁莽便是谨慎。除了一再犯错，别无选择。只能希望俄军出现失误，以便寻找克敌制胜的时机。

下定决心后，他连忙起身，仿佛不想让自己再次陷入令人痛苦的犹豫状态。他对征服计划充满信心，急忙走向地图。斯摩棱斯克城和莫斯科城进入他的视线。“繁荣的莫斯科，这座圣城。”拿破仑得意扬扬地反复念叨着这些城市的名字。它们就像往火堆里增添的新燃料，使拿破仑的斗志更加昂扬。在这种光明前景的激励下，这位军事天才因自己的宏伟构想而精力充沛。他的声音变得低沉，两眼散发着炽烈的光芒，表情也更加阴沉。他的随从从他面前退下，内心夹杂着对他的敬畏与仰慕。拿破仑终于确定了他的计划。大家都接受他的决定。他命令法军出发，依令行事。这段时间困扰他的思想斗争顷刻间停止了，他焦躁不安的心也平静了。刚刚宣布完自己的宏伟构想，他的表情便恢复了往常的温和与平静。

第2章 法军人心涣散

一敲定作战方案，拿破仑就急于得到将军们的认同。他相信，一旦说服将军们，他们就会更加热情地行动起来，根本不需要他的命令。他还可以通过观察将军们的情绪，判断出其他人的情绪。总之，像其他人一样，将军们的沉默与不满令拿破仑不安。周围那些不赞同他方案的人的表情及他们的不同意见，都令他很不舒服。此外，说服这些朋友，让他们同意自己的方案，这在一定程度上能够分担压在拿破仑心头的重负。

但拿破仑周围的所有军官都反对他的计划。每个人都以其特有的方式反对他。贝尔蒂埃神情忧郁，连声悲叹，甚至泪流满面。洛博伯爵和科兰古坦率而真诚——洛博伯爵的坦率与真诚中带有一丝冷漠、傲慢和粗暴。对如此勇敢的人而言，洛博伯爵的这种表现情有可原。科兰古的坦率与真诚中则透露着坚忍不拔，甚至是固执己见、冲动和暴力。

看着这些人，拿破仑的心情糟糕透顶，他驳斥了他们。他高声对自己的副官与贝尔蒂埃说："我对将军们太慷慨了。他们现在渴望的是追求安乐与享受，以及在巴黎展示他们精美的装备。毫无疑问，他们已经开始厌恶战争。"当拿破仑如此诋毁他们的荣誉时，将军们便不再反驳，只是低着头，沉默不语。有一次，拿破仑非常不耐烦地对近卫军的一名将军说："你生在军营，就应该死在军营。"

迪罗克也不赞同拿破仑的计划。他先是沉默不语，表现得很冷淡，之后又引用准确的报告，进行了简短的评论，言简意赅地回答了拿破仑的提问。拿破仑对他说："我很清楚俄军想引我上钩。尽管如此，我也必须去斯摩棱斯克城。我将把法军的大本营设在那里。如果1813年春天来临之前俄国不向我们求和，我们将摧毁俄国。斯摩棱斯克城是通向彼得堡和莫斯科的交通枢纽，所以我们必须占领斯摩棱斯克城。我们可以兵分两路向彼得堡和莫斯科挺进，一是为了摧毁彼得堡的一切，二是为了保存莫斯科的一切。”

听到此处，迪罗克对拿破仑说：“我们不可能在斯摩棱斯克城实现和平，也不可能在莫斯科实现和平，更别说在维捷布斯克了。鉴于我们距离法国如此遥远，普鲁士人可以调解我们与俄国人的关系，但我们不能信赖他们。”然而，拿破仑回答道：“如果这种假设成立，那么当这次远征不再带给我们任何有利的结果时，我们就应该放弃俄国。果真如此的话，我们就有必要调转枪口，攻打普鲁士，并迫使普鲁士人支付我们的战争费用。”

现在该说说达鲁伯爵了。他非常坦率，也非常顽固。他的意志非常坚定，绝不动摇。针对进军莫斯科这个重大问题，他和拿破仑持续讨论了8个小时，当时只有贝尔蒂埃在场。拿破仑想听听达鲁伯爵关于此次远征的意见。“这不是一场民族战争，”达鲁伯爵回答道，“将一些英国的商品输入俄国，甚至复兴波兰，都不能作为发动如此远距离战争的充分理由。无论是您的军队，还是我们自己，都无法理解此次战争的必要性或目标。至少可以说，从所有情况来看，我们现在应该止步于此。”

拿破仑反驳道：“你们以为我疯了吗？你们是不是认为我是因为爱打仗才发动这次战争的？难道你们没有听我说过，西班牙战争和俄国战争是削弱法国命脉的两大根源，并且法国人无法同时对抗西班牙人和俄国人吗？

“我也渴望和平，但谈判必须得双方都愿意才行，而现在只有我想谈判。我收到一封亚历山大一世派人送来的求和信了吗？

“那么我应该在维捷布斯克等待什么？现在这两条河的确可以划出我军与俄军之间的界线。但到了冬天，等河流冰封，这里就没有任何东西阻隔俄军了。因此，这两条河只是一条虚幻的界线，根本不可能构成我们的防线。我们必须构筑人工防线，建立固若金汤的城镇和堡垒。我们必须创造一切，包括土壤和空气，因为我们缺乏所有条件，即使是粮食也不例外。如果真要这样，除非我们选择耗尽立陶宛的一切，让其仇视我们，或毁灭我们。但我们如果在莫斯科，就可以想要什么就有什么了。而实际情况是，在维捷布斯克，我们必须购买一切。”拿破仑继续说，“因此，你们不能让我住在维捷布斯克。在这里，我无法保护你们，我们都无法发挥各自的才能。

“如果回到维尔纽斯，我们的确就可以更容易获得生活必需品。但在那里，我们的防御条件同样不会好到哪里去。在这种情况下，我们必须退至维斯瓦河。但这样一来，我们就失去了立陶宛。不过，在斯摩棱斯克城，我们肯定能打赢一场决定性的战斗，或者至少可以在第聂伯河边建造坚固的堡垒和防御阵地。

“我很清楚，我的做法让你们想到了卡尔十二世。但如果远征莫斯科需要一个成功的先例，那就说明我们缺乏有能力让远征莫斯科取得成功的人。在战争中，成功的概率有一半是靠运气。但如果总是等待一个集中全部有利因素的时机，就会一事无成。为了完成此次远征，我们必须先行动起来。没有一种事业能同时具备其所需的一切条件。在人类致力于从事的所有事业中，机遇总是很重要。不是法则创造了成功，相反，是成功创造了法则。如果我用新的方式取得成功，那么成功将会创造出新的法则。”

“战斗还没有真正开始，”拿破仑补充道，“俄国太强大了，不经战斗，是不会屈服的。只有与俄军进行一场大战，亚历山大一世才会坐下来谈判。如果有必要，为了引爆战争，我甚至会挺进莫斯科这座圣城，并征服它。和平就在莫斯科城门外等待着我。但如果亚历山大一世为了捍卫自己的荣誉，顽强抵抗，那么我将会跟波雅尔[①]谈判，或者与莫斯科人进行谈判。莫斯科人口众多。那里的人很团结，也很开明。他们清楚自己的利益所在，也懂得自由的价值。”

“最后，”拿破仑说，“莫斯科人憎恶彼得堡人。挑起莫斯科人跟彼得堡人之间的争端，我们将会坐收渔翁之利。这种憎恶产生的后果是无法估量的。”

就这样，在气氛活跃的宴会上，拿破仑在闲谈间表露了自己希望达到的真正目的。达鲁伯爵说：“战争是您很拿手的‘游戏’，赢家永远是您。于是人们很自然地推断出，您很喜欢玩这种‘游戏’。但在这种情况下，与其说这场战争必须征服的是人，不如说这场战争必须征服的是自然。由于擅离职守、疾病和饥荒，法军的人数已经减少了三分之一。

“在维捷布斯克，如果我们无法获得粮草，那么接下来会发生什么？您派去购买粮草和必需品的官员要么再也不见踪影，要么两手空空地回来。即使是物资采购官成功征集来为数不多的面粉和几头牛，转眼也被您的近卫军吃掉了。其他部队已经开始低声抱怨，说您的近卫军占有了所有东西，还说您的近卫军像极了特权阶层。运输医疗用品与供给品的车辆及牛群还没有到达。战地医院不仅太少，无法容纳所有伤病员，还缺乏食物、药品及房间。

① 俄国贵族的称谓。——译者注

“所有事情都在暗示我们应该停止远征俄国，并且越早停止前进，对我们越有利。毕竟我们不能指望俄国人对我们有什么好感。按照您的秘密命令，我们已经派人前去煽动俄国人起义了，却毫无效果。他们完全不理解自由是什么，又怎么可能因此发动起义呢？他们几乎处于野蛮状态，既没有资产，也没有欲望。我们能对他们产生什么影响呢？我们能从他们身上夺走什么呢？我们拿什么诱惑他们呢？他们唯一的资产就是自己的生命，而这会在他们死后被葬入茫茫大地。”

贝尔蒂埃接着说道：“如果我们继续前进，俄军就会利用我们狭长的侧翼和我们遭遇的饥荒，尤其是他们国家那可怕的寒冬，从而占据上风。但如果我们停在这里，您就会善加利用这种天气，并让您自己成为这场战争的主宰者。您依然能够在自己力所能及的范围内击败俄军，而不是四处追击逃跑的俄军，迟迟无法结束战争。”

以上就是达鲁伯爵和贝尔蒂埃给拿破仑的答复。拿破仑和颜悦色地听着他们的话，但常常在关键时刻通过很微妙的质疑打断他们，或者按照自己的意愿向他们提出问题，以便转移话题。但无论多么厌恶他们所说的事实，他都耐心地听他们讲着，并且非常耐心地给予回复。在整场讨论中，他举止十分亲切，用词简洁而幽默。实际上，这样的待遇几乎只有他的家人才能享受。这种情况充分解释了，尽管有太多不幸，但拿破仑依旧备受那些与他朝夕相处、关系密切的人的爱戴的原因。

然而，拿破仑仍然非常不满。他先后召见了几位将军。这些将军中的很多人虽然对打仗非常在行，却习惯了听从拿破仑的指挥。他指向哪里，他们就打向哪里。谈话间，他们如同在战场上一样对拿破仑言听计从，根本没有主见。无论拿破仑问什么，他们都只是按照他的意愿来回答这些问题。

在像拿破仑这样素来非常幸运的人面前，人们在提出自己的意见之前总会观望。他们担心自己的意见与拿破仑的想法相左，往往不会明确说出自己的意见，以免将来军队取得胜利后，遭其责骂。

更多人表明，他们赞同拿破仑的方案。他们完全相信，即使建议拿破仑停止前进的步伐，也只会惹得他不快，更何况他绝不会放弃继续前进的计划。由于让拿破仑停止前进的建议会带来新危险，这些人更愿意与人为善，接受他的意见。他们发现，与其因坚持自己的正确意见而忤逆拿破仑，倒不如支持他的错误意见来得方便。

有一位将军虽然对拿破仑的计划非常不满，却积极鼓励大家支持他的计划。他不仅野心勃勃，还心怀不轨。他夸大了自己部队的力量，以增强拿破仑的信心。虽然法军一路走来没有遭遇任何危险，但在经历如此疲惫不堪的长途行军后，这些将军依然能最大限度地将士兵们团结在自己的鹰旗周围。这是他们的一大功绩。拿破仑对此十分满意，准备嘉奖他们。

为了进一步取悦拿破仑，这位将军大胆地向他保证，他的士兵斗志昂扬。然而，士兵们憔悴的面容与他们的将军曲意逢迎、信誓旦旦的说辞完全不同。拿破仑对这位将军的说辞非常满意，便称赞将士们的这种热情。实际上，他只是在视察军队时看到过这位将军的士兵。而他每次视察军队时，全军都会精神抖擞地排成整齐的队列。这种盛况及对能够亲眼见到拿破仑的热情，往往会激励全军，振奋士气。总之，这样的盛况以及将军们提前秘密下达的命令——在拿破仑视察期间，全军士兵必须注重自己的形象，让拿破仑看到了全军上下士气高涨的表象。

事实上，拿破仑只会将注意力集中在自己的近卫军上。在其他部队，士兵们抱怨拿破仑不去视察他们。他们说：“只有在战斗期间，在我们必须为他战死时，我们才能看到他。他从未给我们提供过粮草及生活必需品。我们都在为他效命，他却不再体谅我们。”

士兵们就这样抱怨着他们遭受的苦难，却没有充分认识到，他们抱怨的其实是战争必然会产生的罪恶之一。为了在这些荒野中生存下去，法军的各路部队必须分散开来。当然，这种必要性也拉大了拿破仑与士兵们的距离。即使是他身边的近卫军，也几乎找不到粮草和住所。而其他部队距离太远，自然超出了他的视野。不久前，法军中有人做了许多鲁莽的事情。几个给其他部队运送粮草的车队，在途中大胆地滞留在拿破仑的大本营，将车上的粮草给了他的近卫军。到底是谁命令他们这样做的，我们不得而知。这种严重的渎职行为，加上人们常有的嫉妒心理，造成了士兵们的不满。

拿破仑对这些抱怨一无所知。但有件事情让他非常焦虑，痛苦不堪。他知道，痢疾正在全军肆虐。仅在维捷布斯克，就有3000名法军将士感染了痢疾，并且生命堪忧。将士们喝的汤里的黑麦是造成他们患痢疾的主要原因。他们的胃习惯了柔软的面包，无法消化黑麦这种又凉又硬的食物。拿破仑催促医生尽快找到控制痢疾的方法。

终于有一天，拿破仑看起来不那么着急了。他说：“达武已经找到连医生也没有找到的方法，并且刚派人告诉了我。我们要做的是，在煮汤之前，将黑麦进行烘焙。”当拿破仑眼中闪烁着希望的光芒，向医生求证这种方法是否可行时，医生在没有验证其有效性前不置可否。拿破仑立刻叫来卫队里的两个掷弹兵，命令他们挨着他坐在餐桌前，让他们吃按照这种方法准备的食物。尽管拿破仑还拿出自己的酒，并亲自为他们斟酒，但可惜的是，这个试验还是失败了。

出于对欧洲征服者的尊重，加上当时所处的环境，法军虽然经历了诸多困苦，但还是坚持了下来。将士们明白，他们已经陷得太深，所以为了尽快摆脱困境，他们必须取得胜利。不过，只有拿破仑才能带领他们取得成功。此外，法军遭遇的不幸使将士们的素质更加优良。所有留下的将士无论是思想方面，还是身体方面，都是军队中的精英。他们能走到这一步，经受了多少考验啊！军队停滞不前及军营条件艰苦，让他们深感厌恶。这足以激励他们行动起来。他们无法忍受裹足不前，又不可能撤退，因此只能前进。

斯摩棱斯克和莫斯科这样响当当的名字并没有引起法军的恐慌。对普通人来说，平日里要去未知的地方，见与世隔绝的人，面对各种未知的困难，这一切足以让人望而却步。单是路途的遥远就足以放大各种困难。置身于远离家乡、人烟稀少的陌生国度足以让普通人感到气馁，而对法军将士来说，这种景象却极具吸引力。他们的主要乐趣就在于以身犯险，因此越危险的地方，他们越觉得有趣。战争最有趣的地方也在于危险。新危险的独特性对法军将士更具吸引力，更能激发他们的热情和活力。他们经历了足够多的危险，对从前的危险失去了兴趣。因此，他们需要在新危险的刺激下，再次迸发活力。

届时，法军将士的野心就完全释放了。所有事情都会激发他们对获得荣誉的热情。他们已经开始了前途无量的事业。如何衡量一位伟大的皇帝所获得的优势，以及他给将士们带来的强大动力呢？如何衡量像拿破仑这样伟大的皇帝呢？奥斯特利茨战役取得胜利后，他对法军将士说：“我将允许你们用我的名字给你们的孩子命名。如果他们中有一个像我们一样成功，我将留给他我所拥有的一切，并让他当我的继承人。”

第3章 交战双方取得的局部成功

俄军两翼会师后，朝斯摩棱斯克城方向前进。这迫使拿破仑命令法军的各路部队相互靠近。尽管俄军还没有发动进攻的迹象，但拿破仑将投入全部兵力。这次远征似乎在以成功为诱饵，考验拿破仑的能力；以挫折为铺垫，激发拿破仑的才干。

法军的左侧是维特根施泰因率领的俄军。维特根施泰因非常惧怕乌迪诺和麦克唐纳元帅，所以命令俄军驻扎在通往波洛茨克和杜纳堡的两条路之间。这两条路在塞博兹交会。乌迪诺命令法军继续守卫阵地。但无论是在波洛茨克，还是在维捷布斯克，法军根本找不到任何暴露俄军位置的迹象。乌迪诺厌倦了在任何方向都观察不到俄军，于是决定亲自去寻找俄军。1812年8月1日，乌迪诺命令皮埃尔·梅尔率领他的师留在德里萨保护法军的辎重、火炮和住所。为了掩盖自己正在谋划的行动，乌迪诺命令韦迪耶率军向塞博兹推进，并占领公路边的一个地方。他自己则带领勒格朗的步兵部队、卡斯泰的骑兵部队及奥布雷的轻炮部队，向左进发，沿着通往奥斯威亚的道路一直走到亚库博沃。

巧合的是，维特根施泰因当时正从从奥斯威亚向亚库博沃挺进。在这里，敌对的两支军队意外相遇。当时天色已晚，法军和俄军展开了激战，但战斗持续的时间很短。夜幕降临后，双方便停止战斗，待次日再决胜负。

乌迪诺发现，与自己交战的只有俄军的一个师。他当时正率领军队行进在一条幽深的羊肠小道上。这里被树木茂盛的沟壑环绕，所有斜坡都对法军不利。他犹豫不定，不知是不是该放弃这个很快就被敌军所有炮火覆盖的地方。正在此时，一位年轻气盛的俄国参谋莽撞地闯进了法军的阵地，并被俘。法军士兵从他身上搜出了一些文件，从中得知维特根施泰因正率领麾下所有部队前去攻击并摧毁法军在杜纳河上的桥梁。乌迪诺认为，为了将所有兵力集中在一个有利位置，他必须率领法军撤退。正如军队撤退时经常发生的那样，在撤退途中，乌迪诺的一些掉队的士兵与辎重落入了俄军之手。

这么容易就取得了成功，维特根施泰因有些得意忘形，决定全面向乌迪诺的军队逼近。初尝胜利的果实之后，维特根施泰因命令雅科夫·库尔涅夫带领1.2万人渡过德里萨河，去追击阿尔布和勒格朗的部队。勒格朗命令部队停止前进。阿尔布急忙将俄军的动向告诉乌迪诺。阿尔布和勒格朗命令部队隐蔽在一座小丘后面，监视着俄国将军雅科夫·库尔涅夫的所有行动。当阿尔布和勒格朗看到库尔涅夫贸然进入位于法军藏身的小丘与德里萨河之间的一条河谷时，他们突然率军冲下来，击败并杀死了库尔涅夫，缴获了8门大炮，并俘虏了2000名俄军士兵。

据说，库尔涅夫阵亡时像一个英雄。一颗炮弹炸断了他的双腿，他的上半身则被重重地摔在自己的大炮上。当看到法军渐渐逼近时，他撕下了自己的勋章，为自己因鲁莽而犯下过错感到非常愤怒。他对士兵们说，他应该当场以死谢罪，并命令士兵们不要管他，让他自生自灭。俄军所有将士都为他感到惋惜，认为他的不幸遭遇应该归因于当年保罗一世任命将军时过于随意。当时，保罗一世刚刚掌权，想以胜利的征服者身份继承他的和平遗产。

因为取得了胜利，法军也变得像俄军一样鲁莽。这次出乎意料的成功激励了卡萨比安卡率领的由科西嘉人组成的部队。这些科西嘉人忘记了，正是由于俄军犯了错误，他们才取得这次胜利。他们忽视了乌迪诺的建议，也没有思考如果俄军没有鲁莽行事，他们就不会取得此次胜利，甚至轻率地前去追赶迅速逃跑的俄军。

科西嘉人就这样急速前进了2里格。当发现已孤军深入，要面对整支俄军时，他们才想到这样做是多么鲁莽。为了支援这支部队，韦迪耶被迫应战。他已经做好牺牲剩余兵力的打算。这时，乌迪诺率军赶到，帮助韦迪耶的师摆脱危险，带他们回到了德里萨河对岸。次日，乌迪诺返回了在波罗茨克城外的驻地。他回到驻地后发现，圣西尔和巴伐利亚人已经将他的部队人数增加到3.5万人。维特根施泰因仍然平静地驻扎在奥斯威亚。但拿破仑对法军这4天的战绩非常不满。

几乎与此同时，在维捷布斯克，拿破仑收到情报，欧仁亲王的前锋部队在苏莱吉附近取得了一些优势，但波尔塔率领的中军在第聂伯河附近的因科沃遭遇了数倍于己方的俄军，战败了。

当时，拿破仑正在给巴萨诺公爵写信，向奥斯曼帝国通报每天取得的战绩。只要这种沟通与交流能够终止奥斯曼帝国与俄国签订条约，那么这些战绩的真假并不重要。正当拿破仑忙着写信时，来自俄国的代表抵达维捷布斯克，并告诉迪罗克他们已经听到俄军宣告布加勒斯特和平的炮声。由库图佐夫将军签署的《布加勒斯特条约》刚刚得到批准。

当迪罗克将此情报告诉拿破仑时，拿破仑深深地感到，对他来说，奥斯曼帝国与俄国签订和平条约是奇耻大辱。现在，他不再对亚历山大一世的沉默感到惊讶了。他一开始认为，《布加勒斯特条约》的签订是巴萨诺公爵与奥斯曼帝国谈判过程中的拖沓造成的。后来他认为，该条约的签订是奥斯曼人的盲目与愚蠢导致的。奥斯曼帝国与俄国签署和平条约对法国造成的影响远比奥斯曼帝国与法国开战更具毁灭性。最后他认为，该条约的签订是他所有盟友背信弃义造成的。毫无疑问，拿破仑的这些盟友只有利用“天高皇帝远”的地理优势，才敢于在奥斯曼苏丹阴暗的宫殿里联合起来，反抗他们共同的独裁者。

奥斯曼帝国与俄国签订和平条约迫使拿破仑必须快速取得胜利。现在，他对和平的所有希望都已破灭。他刚刚阅读了亚历山大一世的宣言。该宣言是给土耳其人这个“粗鲁”的民族发布的，所以里面的言辞没有必要非常优雅。下面是该宣言的部分内容：“我们的敌人——法军背信弃义的程度是前所未有的。法军已经宣称要摧毁我们的国家。我们勇敢的士兵急切地想投入保卫国家的战争，并消灭法军。但我们并不想让他们死在摩洛神[①]的祭坛上。我们有必要发动一场全局性的起义来对抗拿破仑这个世界霸主。他嘴上忠诚，心怀背叛，想用由‘奴隶’组成的军队（legions of slaves）将我们牢牢困住。让我们赶走这群贪得无厌的蝗虫吧。让我们将十字架放在心中，紧握手中的剑。让我们拔出这头狮子口中尖利的牙齿，将这个意图统治整个世界的暴君推翻。”

拿破仑对此感到十分愤怒。一时间，羞辱、成就与挫折共同刺激着他的大脑。由于俄军在因科沃受挫，巴克莱的部队兵分三路朝鲁德尼亚进发。维特根施泰因的部队也在积极地采取防御措施。这些情况预示着法军和俄军即将开战。是立即出击还是进行旷日持久而血腥的防御战呢？拿破仑不得不做出选择。他不习惯指挥持久的防御战。同时，由于路途遥远，他的援军很难赶到，而俄军则会因此士气大振。

① 盛行于上古时期地中海东南岸地区的神，与火祭儿童有关。后指需要极大牺牲的人或事。——译者注

拿破仑做出了决定。就像此次远征一样，他的决定虽然非常大胆，却不鲁莽。他决定与乌迪诺分开。他首先让圣西尔增援乌迪诺，并命令乌迪诺的部队与麦克唐纳的部队联合起来。他决定在朝俄军的方向前进后，再命令他附近的部队改变行军路线。但他没有意识到，这样一来，他就将他的部队在维捷布斯克的行动路线改为他原计划在明斯克采取的行动路线了。他的计划非常严谨，他已经对副官们非常守时、保密意识极强且行事谨慎的品行习以为常。因此，4天后，当俄军将士丝毫找不到原本在其前面行军的法军的行踪时，他们将非常震惊，而按照这个计划，18.5万人的法军将会出现在之前打算袭击法军的俄军的左后方。

其间，尽管各部队都需要拿破仑亲临前线指挥，但由于战线拉得很长，加上战事频繁，他不得不停留在维捷布斯克。因此，他只有通过不断给各部队写信才能让将士们普遍感到他在亲自指挥战斗。他运筹帷幄，把握全局。他认为，他不断发出的紧急命令足以让大自然顺从他的意愿。

法军日常生活用品供应不足，将士们每天只能靠自己的努力来维持生活。他们连一天的口粮都不够了，拿破仑还要求他们带够15天的口粮。拿破仑不停地写信。8月10日，拿破仑给达武写了8封信，给其他副官也都写了差不多8封信。在第一封信里，他按照主要原则，只谈论一切跟自己有关的事情。“战争只是将优势兵力集中在一个特定的点上的艺术。我们的兵力一定要超过敌人的兵力。”正是本着这种精神，拿破仑写信给达武说：“请派人去请拉图尔-莫堡侯爵。如果俄军还待在斯摩棱斯克城——我有理由认为其就在斯摩棱斯克城，这将是一场具有决定性意义的战争。在兵力方面，我们并不占太大优势。奥恰将会是我军的中枢。所有这些让我相信，斯摩棱斯克城将会爆发一场异常激烈的战斗。因此，我们必须在奥恰、多姆布朗纳、莫希列夫、科查诺沃、博布尔、波里佐夫和明斯克建立医院。”

拿破仑为奥恰的物资供应问题感到十分焦虑。8月10日，当他口述写给达武的第一封信时，他发出了开始进军的命令。4天之内，他的所有部队必须在伯里斯泰纳河左岸集结，并朝利亚迪方向前进。8月13日，在维捷布斯克停留2周后，拿破仑终于离开了。

第 6 部分

第1章 法军改变作战计划

正是在因科沃的失利让拿破仑下定了决心。俄军的1万名骑兵在与法军前锋部队交战时，击败了波尔塔率领的骑兵。虽然波尔塔败北，但他的声望、他进攻时的勇猛、他的报告及拿破仑对进行一场决定性战役的迫切希望，都让拿破仑认为，俄军骑兵之所以能击败波尔塔的前锋部队，只是因为他们在人数上占优势。拿破仑相信，俄军正行进在杜纳河与第聂伯河之间，直逼他的军营中心。事实的确如此。

当时，由于法军过于分散，拿破仑必须将其重新集中起来。他决定，在与俄军正面交战之前，他亲率近卫军、意大利军及达武的3个师列队前行。他放弃维捷布斯克的防线，坚守奥恰的防线，最后决定亲率18.5万人直扑第聂伯河左岸与俄军左翼。拿破仑的计划是率军渡过第聂伯河，抢在俄军前面到达斯摩棱斯克城。一旦成功，他不仅能切断俄军与莫斯科的联系，还能切断俄军与俄国中部及南部的联系。这样一来，他就可以将俄军困在俄国北部。在斯摩棱斯克城，拿破仑还能击败巴格拉季昂与巴克莱的俄军，一雪之前在维捷布斯克未能消灭巴克莱部队的耻辱。

于是，法军的作战计划突然发生了变化。分散在50多平方里格土地上20万人的法军，将在俄军一无所知的情况下，同时集结在拿破仑护卫队的左侧。毫无疑问，该决定是拿破仑所做的英明决定之一。假如法军统一行动，迅速执行这个决定，战局将会瞬间改变。这将决定法国和俄国的命运，并展现征服者的才华。

当我们从奥恰进至利亚迪时，一部分法军已经在第聂伯河左岸拉开了漫长的战线。这条战线上的第一支部队，由达武指挥，因纪律严明、上下齐心而备受瞩目。全军秩序井然，精神抖擞。将军们非常关心自己的士兵，随时关注他们的物资供应状况。士兵们因此非常节约自己的口粮，更不会毫无远见地浪费粮食。由于军纪严明，这支部队常常战无不胜，成为其他所有部队学习的典范。

古丁率领的部队是法军中唯一一支纪律松散的军队。这支部队的将士们接到一个写得非常潦草的命令，无法弄清楚命令的内容，于是在遍布沼泽的森林里走了整整一天。后来，他们终于抵达了集结地，但300名士兵死于非命。在这种环境下，只有强行军才能弥补这些过失，而在强行军中，一些身体素质极差的士兵肯定会陷入沼泽。

一天之内，拿破仑就穿过了杜纳河与伯里斯泰纳河之间的丘陵与森林。他从拉萨斯纳前面渡过了伯里斯泰纳河。伯里斯泰纳河与法国的距离、它那古老的名字及与它息息相关的每件事都激起了法军将士的好奇心。这是法军有史以来第一次渡过这条流经莫斯科的河。法军英勇无敌的将士们矫健的身姿首次倒映在伯里斯泰纳河面上。历史上，罗马人曾渡过伯里斯泰纳河，却吃了败仗。北方的“蛮族”，即奥丁神与鲁里克的子孙，也是沿着伯里斯泰纳河顺流而下，掠夺了君士坦丁堡。在发现伯里斯泰纳河之前，法军将士雄心勃勃，他们的眼睛已经急不可待地搜寻伯里斯泰纳河很久了。最终，他们来到了一条狭窄的河边。河两岸树木茂盛、杂草丛生，使狭窄的河道显得更加逼仄。这就是伯里斯泰纳河。伯里斯泰纳河就是以这种谦卑的姿态出现在法军将士眼前的。看到此景，将士们所有骄傲的想法顿时烟消云散。不过，因为迫切需要粮草，他们很快便将这些想法抛到九霄云外了。

1812年8月13日夜间，拿破仑在拉萨斯纳前的帐篷里休息。第二天，他率军继续前进，随时准备战斗。他骑着马走在队伍中间。法军前锋部队追赶着前面的两支哥萨克部队。哥萨克人边打边撤，为摧毁桥梁和烧毁草料争取时间。法军一进入俄军遗弃的村庄，就发现它们早已被洗劫一空。法军必须尽可能快速地穿过这些村庄，因此整个行军过程看起来杂乱无序。

法军从浅滩涉水渡过伯里斯泰纳河。很快，浅滩就被踩踏得泥泞不堪，河水漫入。后边的部队只能设法找其他地方过河。法军的参谋们忽视了这样的细节，也没有人特别关注这样的细节。即使有危险存在，或者有其他道路可通行，也没有人留下来为法军指出危险所在，或者指出安全的道路。每支部队似乎都在各自想办法，每支部队、每个士兵似乎都各行其是，与其他部队或士兵失去了联系，就好像个人的命运不依赖他人的命运一样。

每支部队后面都有掉队或者迷路的士兵，而他们的军官过河时并没有注意到有人掉队了。掉队的士兵有很多，我们不便指责他们。此外，每个人都忙着寻找过河的地方或方法，根本无法顾及他人。这些掉队的士兵中有许多是强盗出身，他们要么假装生病，要么假装受伤，总之想方设法地脱离队伍。但因为时间紧迫，他们的军官根本无暇阻止他们这样做。当规模庞大的部队如此快速地往前推进时，这种情况不足为奇，因为一旦全军大乱，命令确实很难得到执行。

法军将士认为，在前往利亚迪的途中，他们在路过的那些村庄看到的人，与其说是波兰人，不如说是犹太人。因为当法军靠近时，波兰人和立陶宛人往往会逃跑，而犹太人总是待在自己家里。无论发生什么事情，都很难让犹太人离开他们破败、简陋的住所。我们总是可以通过浓厚的发音、喋喋不休而急促的说话方式与生动活泼的肢体语言，以及一谈到钱财便神采飞扬的面部表情辨认出他们。我们特别留意到他们充满欲望而敏锐的眼神。他们的脸拉得很长——充满恶意、假模假样的微笑都不可能使他们的脸变宽。他们身材修长，身姿灵巧；他们的举止非常庄重。此外，他们通常留着红色胡须。他们身穿黑色长袍，腰间通常用一根皮带紧紧地扎住。然而，他们脏兮兮的样子将他们与立陶宛农民区别开来。

犹太人蜂拥而入，看似已经征服波兰，榨取了那里的所有钱财。俄国人之所以憎恶犹太人，或许是因为他们反对偶像崇拜，而俄国人推崇偶像崇拜。最终，无论是出于迷信还是因为利益之争，俄国人禁止犹太人进入他们的国家。无能的俄国人开始憎恶犹太人，继而蔑视犹太人，但他们更憎恶法军的掠夺。出于怨恨或恐惧，犹太人审时度势，向法军出卖俄军的情报，同时向俄军出卖法军的情报。

在利亚迪，犹太人的时代结束了，而俄国人的时代适时地开始了。因此，法军终于摆脱了犹太人，再也看不到他们。然而，我们的其他需求让我们为再也看不到他们而感到遗憾。我们怀念他们活跃的样子，怀念他们过分殷勤的服务。只要我们给他们钱，他们就愿意为我们做一切。我们还怀念他们的德意志方言——在这片荒野里，德意志方言是我们唯一听得懂的语言。他们都说德意志方言，因为他们需要在交通运输中使用这种语言。

第2章 法军突袭克拉斯诺镇

1812年8月15日3时，我们来到克拉斯诺——一个由木头建造的城镇。在这里，俄军的一个团采取了象征性的防御措施。内伊只用了很短的时间便攻了上去，击败了俄军。占领克拉斯诺后，法军发现，6000多名俄军步兵排成两个纵队，在几个骑兵中队的掩护下撤离了。后来我们才知道，这是涅沃洛斯科瓦的部队。

克拉斯诺的地面高低不平，但光秃秃的，很适合骑兵行进。缪拉占领了克拉斯诺，但这里的桥已被俄军毁掉。为了能够赶上俄军，法军骑兵被迫向左移动，并在浅滩上跋涉了很长一段距离。当法军出现在俄军后方时，道路已经被俄军踩得泥泞不堪，行走起来非常困难。加上俄军勇敢无畏的面孔，法军更加犹豫不决了。法军并没有立刻展开进攻。等待后续部队及部署兵力浪费了很多时间，也失去了战机，但法军发动的第一次进攻仍然驱散了俄军的骑兵中队。

当发现自己暴露在法军面前后，涅沃洛斯科瓦就将俄军集中起来，形成了一个严密的方阵。缪拉的骑兵几次想冲进俄军的方阵，但都没能成功。

实际上，法军的第一次冲锋在距离前方俄军20步的地方就停了下来。每当发现法军步步紧逼时，俄军便转过身来，镇静地等待着法军，然后用短小的兵器将他们逼回去。接下来，俄军会趁法军混乱之际，继续撤退。

法军看到哥萨克人用他们长矛的杆子敲打那些走得比较缓慢或掉队的步兵。法军的骑兵中队不断袭扰俄军士兵，密切关注着他们的一举一动，不断向他们发起进攻。一旦发现掉队的俄军士兵，法军便将他们抓走。法军的骑兵甚至两次冲进俄军的方阵，但每次都走不了多远，便被铜墙铁壁似的俄军方阵围困其中。

有一次，涅沃洛斯科瓦迎来了一个非常危急的时刻。他率领的俄军行进在公路左侧，当穿过一片还没有收割的黑麦地时，由粗壮的尖木桩构成的长长的围栏突然挡住了他们的去路。由于法军在后面追得很紧，涅沃洛斯科瓦的士兵根本没有时间打开一个缺口。缪拉派符滕堡人攻击俄军，试图迫使他们放下武器。然而，俄军前面的士兵努力越过围栏的同时，后面的士兵们勇敢地转过身来，坚定地站在那里迎战。事实上，俄军士兵的枪法很糟糕。如同受到惊吓一般，他们大多数人的子弹都射向了空中。但由于两军之间的距离太近，俄军开枪时枪口冒出的烟雾及密集的枪声，使符滕堡骑兵部队的马受惊了。瞬间，符滕堡骑兵部队乱作一团。

俄军乘机越过了围栏。原本会给俄军造成致命打击的围栏现在正横亘在两军之间。俄军以围栏为屏障，迅速集合起来，继续前进。后来，法军拉来了几门大炮。只有这些大炮，才能将他们面前这个坚固的障碍打开一个缺口。

涅沃洛斯科瓦率领俄军快速抵达一条河谷。格鲁希奉命率兵前往这条河谷，攻击涅沃洛斯科瓦的部队。但缪拉得到一个假消息后上当了，所以他带着格鲁希的大部分骑兵改变行军路线，朝埃尔尼亚方向进发，而只留给格鲁希600名骑兵。格鲁希命令第八猎骑兵团赶往河谷，但发现骑兵太少，兵力太弱，无法对抗涅沃洛斯科瓦如此强大的部队。他命令第六轻骑兵团和第六枪骑兵团向涅沃洛斯科瓦部队的左翼不断发起猛攻。但道路两旁桦树密布，为涅沃洛斯科瓦的军队提供了有利的掩护，所以第六轻骑兵团和第六枪骑兵团的进攻根本不能对他的部队构成威胁。格鲁希请求缪拉提供援助，但不知是因为道路太难走令他无法快速行进，还是因为他没有充分认识到这次战斗的重要

† 格鲁希

让-塞巴斯蒂安·罗拉德（1789—1852）绘

性，总之，他未能及时赶来增援。不过，这次战斗的确很重要，因为斯摩棱斯克城和缪拉的部队之间只有这一支俄军。如果缪拉能够击溃这支俄军，那么斯摩棱斯克城可能就没有俄军守卫了。这样一来，法军不费一枪一弹，便可攻占斯摩棱斯克城，切断俄军与莫斯科之间的联系。然而，涅沃洛斯科瓦率领的这支俄军最终凭借生长着茂密树林的有利地形——树林很好地为俄军侧翼提供了掩护，没有被格鲁希的部队彻底击溃。

涅沃洛斯科瓦的部队犹如狮子般撤退了，但仍然有1200名士兵在这场战斗中阵亡，1000人被俘，8门大炮被缴。在那一天，法国骑兵赢得了荣誉。在这场战斗中，法国骑兵进行了猛攻，而俄军士兵进行了同样顽强的抵抗。然而，法国骑兵更值得称道，因为他们只能凭着手中的刀剑去砍杀敌人，而俄军士兵既有刀剑，又有炮火的支援。与俄军士兵相比，法国骑兵展现的勇气是更加高尚的品质。俄军士兵只是温顺的奴隶，过着不怎么幸福的生活——寒冷的天气使他们的肢体麻木而僵硬，双手也不灵活了。

碰巧法国骑兵取得荣誉那天正是拿破仑的生日。不过，大家并没想到为他庆生。当时的军事部署及军队所处的位置，都不适合为他的生日举行大型庆祝活动。空洞的欢呼声很快便在浩瀚的荒野中消散了。以法军现在的处境，只有取得完全胜利的那一天，才值得所有人像过节一样庆祝。

实际上，在给拿破仑的捷报中，缪拉和内伊恭祝他生日快乐。此外，他们还鸣放了100响礼炮向他致敬。拿破仑很不快地说：“在俄国，我们需要更加节约法国的火药。”他们答复道，他们用的是前一天从俄军那里夺取的火药。用敌军的火药为自己庆生的想法使拿破仑的脸上出现了一丝笑容。据说，正是这种罕见的阿谀奉承成就了缪拉和内伊这类人。

欧仁亲王也认为有必要向拿破仑表达自己的美好愿望。拿破仑对他说："我们应该全力以赴为战斗做好准备。当我们看到莫斯科时，我们的所有愿望就实现了。"听闻此言，欧仁亲王沉默不语。但退下后，欧仁亲王又回来回应了莫蒂埃元帅的质疑："莫斯科终将毁灭我们！"这句话像导火索一样，让在场的军官们纷纷表示他们不赞同进军莫斯科。迪罗克素来是法军所有军官中最矜持的，也是拿破仑的密友，就连他也大声地说："我无法预见我们的归期。"其实，只有那些杰出的军官在场时，这些军官才敢大胆发表这样的言论，因为他们知道，一旦做出决定，所有人就必须一致通过并执行。处境越危险，军官们越需要勇气。哪怕是说一句会降低大家热情的话，都会成为一种背叛。因此，我们看到，那些在拿破仑的帐篷里或通过保持沉默，或通过发表自己的见解来反对拿破仑的军官，在走出他的帐篷时都表现得信心满满。正是出于荣誉感，这些军官才会保持这种态度，而民众会将此视为阿谀奉承的表现。

纽沃夫斯基几乎被击败，赶忙躲进了斯摩棱斯克城，只留下一些哥萨克人去焚烧草料。幸好，哥萨克人没有烧毁房屋。

第3章 俄军主力转移

正当法军沿第聂伯河左岸逆流而上时，巴克莱和巴格拉季昂率军行进在第聂伯河与卡斯普利亚湖之间的地带。他们正朝因科沃前进。这两位俄国将军以为自己还没有摆脱法军的追击，所以举棋不定。后来，他们听取了军需官托尔将军的建议，决定进攻法军营地，便率领俄军匆忙赶路。实际上，他们两次都因这个如此大胆的决定而感到气馁，便停止了进攻法军营地的行动。最后，他们小心翼翼，诚惶诚恐，不敢采纳任何人的意见，似乎决定听天由命，等待法军的攻击。于是，他们顺势而为，调整了俄军的防守策略。

此外，从巴克莱的部队与巴格拉季昂的部队犹豫不定的行动中可以察觉到，这两位将军彼此之间缺乏很好的沟通与理解。实际上，他们的地位、性情与出身都大不相同。巴克莱生性沉着冷静、非常勇猛。他是个天才，制订任何计划时都讲究科学，不仅做事井井有条，而且毅力很强。他的祖籍在德意志，所以和德意志人一样，对一切事情精益求精，甚至能考虑到冒险的概率有多大。他将一切都归因于战略与战术，从来不靠运气。巴格拉季昂却生性鲁莽、遇事冲动，并且极其好战，属于苏沃洛夫派的传统的俄罗斯人。他不愿听从一个比他资历浅的将军的指挥。巴格拉季昂骁勇善战、战斗力很强，尽管没熟读过几本书，但洞悉自然规律，记忆就是他最好的老师，除了自己的记忆，他不听从任何人的意见或建议。除了自己的灵感，他不懂得其他谋略。

站在俄国边境线上，巴格拉季昂这个传统的俄罗斯人对不战而退的想法感到羞耻，气得浑身发抖。全军将士也跟他一样充满了战斗热情。一方面，俄军将士的战斗热情来自俄国贵族赤诚的爱国之心和自豪感，来自俄军在因科沃取得的胜利，来自拿破仑在维捷布斯克的毫无作为，以及那些不负责任的人的苛刻言论。另一方面，他们的战斗热情来自那些农民、商人和士兵看着法军踏入他们神圣国土时的恐惧，以及法军这种亵渎行为可能激发出来的其他恐惧。总之，一场大战不可避免。

只有巴克莱反对战争。人们误以为他反对战争的原因在于英国。其实早在1807年，巴克莱就在脑海里形成了反对战争的计划。但他不得不在与自己军队斗争的同时，与法军战斗。他虽然是俄国战争大臣兼俄军总司令，但既不是纯正的俄国人人，也不是常胜将军，所以无法赢得俄国人对他的信任——除了亚历山大一世。

巴格拉季昂及其军官都不愿意服从巴克莱的指挥。问题的关键在于保卫祖国、为拯救全国同胞而献出自己的生命，是每个将士的职责所在。所有俄军士兵都认为，他们有权对此进行考量。他们的厄运使他们不相信巴克莱小心谨慎的做法。除了几位将军，法军的好运无疑来自将士们的大胆与魄力。迄今为止，好运一直与法军相伴。当军队节节胜利时，指挥官很容易就可以让全军服从命令、听从指挥。没有人去想打胜仗是指挥官谨慎行事的结果，还是好运气在起作用。指挥官的处境就是这样，取得成功时，士兵们就盲目服从他；遭遇失败时，士兵们就极力批评他。

巴克莱虽然迫于压力匆匆离开了，但只是暂时屈从其他人的意见而已。他召集在鲁德尼亚附近的部队，试图突袭法军。尽管法军比较分散，但巴克莱很惶恐。在因科沃，他的前锋部队只给了法军微弱的打击。他浑身颤抖，停了下来，似乎每时每刻都觉得拿破仑正率领大军向他逼近。他认为，虽然俄军左侧有第聂伯河掩护，但拿破仑的大军正从俄军的正前方、右侧及其他所有可能靠近他的方向逼近，而他在东奔西跑中浪费了几天的时间。因此，当涅沃洛斯科瓦悲痛的叫声突然回荡在军营里时，巴克莱犹豫了，他完全无法立即发动攻击。他命令将士们赶紧拿起武器。为了保卫斯摩棱斯克城，他们匆忙朝那里前进。

然而，缪拉和内伊已经开始攻打斯摩棱斯克城了。缪拉率领骑兵从伯里斯泰纳河流入斯摩棱斯克城的地方发起进攻。内伊则指挥步兵从伯里斯泰纳河流出斯摩棱斯克城的地方发起进攻——这里树木丛生、沟壑纵横。内伊左侧有伯里斯泰纳河掩护，右侧有缪拉的部队。波尼亚托夫斯基率军直接从莫希列夫前来增援缪拉的部队。

在这里，两个陡峭的坡将伯里斯泰纳河夹在中间，而斯摩棱斯克城就建在这两个坡上。斯摩棱斯克城由两个城镇组成。它们被伯里斯泰纳河隔开，又被河上的两座桥连在一起。伯里斯泰纳河右岸的城镇已经完全商业化，商铺林立，商贾云集，非常现代化。它居高临下，使人们几乎忽略了对岸的城镇。因此，伯里斯泰纳河左岸的城镇完全从属于右岸的城镇。

位于伯里斯泰纳河左岸的古老城镇建在斜坡上，四周由高25英尺、厚18英尺、长3.5英里的城墙环绕。该城镇有29座巨大、坚固的防御塔和1个由泥土筑成的破旧要塞。这个要塞由5座堡垒组成，修筑在第聂伯河边，把守着通往奥恰的道路。这里有一条宽沟，是一个隐蔽的通道。此外，几座外围工事（outworks）与城郊的建筑很好地遮挡了通往莫希列夫和第聂伯河的道路。城镇的大部分地方都由一条深深的沟壑环绕着。越靠近第聂伯河，这条沟壑就越深、越陡。

伯里斯泰纳河左岸的居民一直以为俄军取得了胜利，便在教堂里赞美上帝。当看到俄军匆忙应战，继而被法国的胜利之师击败，然后浑身是血地逃跑时，这些被蒙骗的居民纷纷离开了教堂。他们根本没有料到自己会遭受灾难，所以立刻陷入了前所未有的恐慌。

与此同时，当看到斯摩棱斯克城时，内伊更加急切地想要占领这座城市。我们不知道，内伊是否不合时宜地想起了法军在普鲁士战争中创造的奇迹，或者他起初是否只想侦察一下“俄国的第一座堡垒”——斯摩棱斯克城。与普鲁士军队交战时，法国骑兵挥舞着马刀，迅速攻陷了一座座堡垒。当时，无论是出于哪种想法，内伊走到了离斯摩棱斯克城非常近的地方，被一颗子弹击中了脖子。他被激怒了，于是派一个营的兵力进攻斯摩棱斯克城。俄军从斯摩棱斯克城里发射出一枚枚炮弹。这个营三分之二的士兵倒在了俄军的炮火下，但活着的士兵仍在继续前进。除了俄国的城墙，没有什么能够阻止他们前进。后来，只有少数几个人撤了下来。尽管如此，法军士兵的英勇行为并没有引起人们的关注，他们也没有因此受到表彰。尽管法军蒙受的损失是将军的过失导致的，但与之争论并无益处。

这次受挫让内伊的头脑冷静下来，他命令部队撤退至河边一个树木繁茂的高地上。眺望斯摩棱斯克城及其周边地区时，他仿佛看到河对岸的俄军正在行动。于是，他跑去见拿破仑。在他的指引下，拿破仑穿过灌木丛和河谷，以免受到对岸俄军的炮火袭击。

到达高地时，拿破仑透过飞扬的尘土看到，黑压压的俄军排着长长的队伍正在迅速向斯摩棱斯克城靠近。俄军的各式武器在阳光下闪闪发亮。一列列队伍快速前进，士兵们仿佛个个健步如飞。这就是巴克莱和巴格拉季昂率领的俄军，有近12万人。换句话说，这两位将军率领着俄国的所有部队。

看到这一幕时，拿破仑非常高兴，拍手说：“我终于可以一举

† 斯摩棱斯克战役

阿尔布雷希特·亚当绘

歼灭所有俄军了！”毫无疑问，这支突然出现的俄军正在迅速进入斯摩棱斯克城，然后穿城而过，部署在城墙下。法军终于可以与俄军进行所有法国人热切期待的战斗了。决定俄国命运的时刻终于到来了。

拿破仑立刻仔细检查了军队，并逐一进行了部署。达武的部队在内伊的部队右侧，洛博伯爵的部队紧挨着达武的部队。中间是作为预备队的护卫队，远处有意大利军队。拿破仑还明确了朱诺特将军率领的威斯特伐利亚军队的位置，但一次临时行动让威斯特伐利亚军队偏离了自己的位置。缪拉和波尼亚托夫斯基的部队是法军的右翼。尽管缪拉和波尼亚托夫斯基已经率军逼近斯摩棱斯克城，但拿破仑命令他们撤退到一片树林的边缘，以便在他们前面的平原上留出一片空地。空地非常宽广，从这片树林一直延伸至第聂伯河，被拿破仑留作与俄军交战的战场。这种部署使法军前面是强大的俄军，背后是沟壑和陡坡，根本无路可退。但拿破仑破釜沉舟，一心只想打胜仗，根本没想过撤退。

与此同时，巴格拉季昂和巴克莱正率军全速返回斯摩棱斯克城。巴格拉季昂力求通过战斗守卫这座城市，而巴克莱想要掩护城里的居民撤离，并运走城中的弹药，因为他决心烧毁斯摩棱斯克城，不给法军留下任何东西。两位将军气喘吁吁地登上伯里斯泰纳河右岸的高地。当看到连接左右两座城镇的桥仍然控制在俄军手里时，他们终于松了一口气。

接下来，拿破仑派一队步兵前去攻打俄军，目的是将其吸引到伯里斯泰纳河左岸，以确保次日便可开战。有人断言，巴格拉季昂会禁不住诱惑，一定会上拿破仑的当。但巴克莱没有上当，而是将巴格拉季昂派往埃尔尼亚，独自肩负起保卫斯摩棱斯克城的重任。

巴克莱被法军的部署迷惑了，误以为对方的大部分兵力正在向埃尔尼亚挺近，以便阻止俄军进入莫斯科。他认为，法军如此部署的真实意图往往与表象相反，“明修栈道，暗度陈仓”是战争中很常见的策略。从本质上说，防守的一方往往会感到非常不安，所以常常放大进攻方的战斗力。恐惧会激发人的想象力，往往使防守的一方以为进攻方会有很多计划是自己连做梦都无法想到的。对巴克莱而言，他要面对的是拿破仑这样一位强大的对手，他很可能觉得自己有理由相信拿破仑肯定会有庞大的军事行动计划。

自那以后，连俄国人也指责拿破仑没有采取这种做法，但他们是否想过，他之所以将自己的军队部署在河边，是想击败一支强大的俄军，攻下一座防御极其坚固的城市。如果拿破仑切断俄军前往莫斯科的道路，就意味着也切断了他与法军后援部队的联系，以及他与其他部队，甚至与欧洲各国的所有联系。那些对拿破仑没有采用这种策略感到惊讶的人，是无法理解这样一场军事行动的困难的。在毫无准备的情况下，拿破仑率领规模如此庞大的法军，在两天内渡过了一条他一无所知的河——伯里斯泰纳河，穿过了一个他根本不了解的国家——俄国。与此同时，他指挥的另一个军事行动还远未结束。

8月16日晚，巴格拉季昂率领俄军前往埃尔尼亚。拿破仑刚刚命人将他的帐篷搭起来，就叫缪拉和达武来见他。他的帐篷就搭在环绕斯摩棱斯克城的沟壑边缘、他的第一条防线的中间。这里几乎在斯摩棱斯克城内火炮的射程内。缪拉刚刚观察了俄军的动向，推断出俄军有撤退的迹象。自法军渡过涅曼河以来，缪拉已经习惯了俄军这样一次次从他眼前逃跑。因此，他不相信次日会发生任何战斗，但达武的观点恰巧相反，而拿破仑坚信他所希望的战斗一定会打响。

第4章 法军占领斯摩棱斯克

1812年8月17日黎明时分，拿破仑希望看到俄军出现在他面前，所以很早就醒来了。但他为俄军准备好的战场还是空荡荡的。尽管如此，他仍然坚信自己的感觉，而达武也抱有同样的幻想。因此，达武支持拿破仑的观点。达武麾下一位叫达尔顿的将军看到俄军几支部队走到城外，排兵布阵，准备战斗。他看到的情景更加坚定了拿破仑开战的希望。无论内伊和缪拉如何反对，都无济于事。

贝利亚尔虽然同样满怀希望，期待与俄军开战，但早已厌倦彼时的那种不确定性，于是命令几名骑兵随他一同去侦察敌情。他将一些哥萨克人赶进第聂伯河。他登上高处，俯瞰斯摩棱斯克城——密密麻麻的俄军正带着大炮行进在伯里斯泰纳河对岸从斯摩棱斯克城通往莫斯科的路上。毫无疑问，俄军已全部撤退。贝利亚尔赶紧向拿破仑报告了这一情况。同时，他告诉拿破仑，必须放弃对俄军开战的所有希望。不过，鉴于当时那种情况，他认为，法军可以用大炮干扰对岸俄军的撤退。

贝利亚尔甚至提议派遣一部分法军渡过伯里斯泰纳河，然后切断留下来保卫斯摩棱斯克城的俄军后卫部队的退路。然而，拿破仑派去寻找可以渡河的浅滩的法国骑兵团走了两里格，不仅没有发现一处浅滩，还溺死了几匹马。好在法国骑兵看到，在斯摩棱斯克城上方大约1里格的地方，有一个宽敞的地方可以渡河。拿破仑非常兴奋，拨转马头，朝那个方向飞奔而去。拼命跑了几俄里①后，他感到疲惫不堪，只好返回。

从那一刻起，拿破仑似乎认为斯摩棱斯克城是唯一可以渡过伯里

① 俄里，俄制长度单位，1俄里约合1.0668千米。——编者注

斯泰纳河的地方。因此，他绝对有必要指挥主力部队攻占此地，并且刻不容缓。缪拉并没有因俄军的出现而被冲昏头脑，反而非常谨慎。缪拉及其骑兵在这次突袭中无法发挥作用，所以他反对拿破仑的决定。

在缪拉看来，当俄军自行撤退时，法军发起如此猛烈的进攻毫无用处。关于追击俄军的计划，他提出，“既然俄军一再撤退，不愿意战斗，而我们为了追击已经走得够远了，是时候停下来了”。

因为没有人听到他们之间的这段对话，所以我不知道拿破仑是如何答复缪拉的。但之后，缪拉说：“我曾跪下来请求我的妻兄停止行动，但他眼中只有莫斯科、荣誉及享乐。在他看来，只要攻入莫斯科，一切都将成为我们的囊中之物。莫斯科就是毁灭我们的祸根！”很明显，他们意见不合的原因就在于此。

可以肯定的是，从拿破仑那里离开时，缪拉看起来非常懊恼。他气冲冲地离开，被一直以来压抑的愤怒与黯淡的前景弄得烦躁不安。人们好几次都听到他在说“莫斯科”这个地名。

离第聂伯河左岸不远的地方，有一个威力很大的炮台。贝利亚尔就是从这里发现俄军在撤退的。在第聂伯河右岸，俄军设有两个炮台——比法军的炮台威力更大。当法军的枪支被炸碎时，弹药车也被炸毁了。缪拉策马扬鞭，跑进激烈的战火中，然后停下来，飞身下马，一动不动地站在那里。贝利亚尔见状，警告他，这样战死毫无意义，也不光荣。缪拉不予理睬，继续往前走。周围的人不再质疑他的行为——他之所以这样做，是因为对这场战争感到绝望，并预见到法军将来面临的灾难；为了避免这样的结果，他正在自寻死路。然而，贝利亚尔坚持认为，并已经指出，缪拉的鲁莽行为将会毁掉他周围的那些人。“那么好吧，”缪拉回答道，“请你们撤退，让我一个人留在这里。”但所有人都拒绝弃他而去。他气愤地转过身，犹如一个遭到暴力袭击的人，蹒跚地离开了尸横遍野、血流成河的战场。

其间，拿破仑下令发动总攻。内伊负责攻打斯摩棱斯克城，达武和洛博伯爵负责攻打保护城墙的郊区。在第聂伯河岸，波尼亚托夫斯基已经架设了60门大炮，并奉命顺流而下，前往斯摩棱斯克城郊区炸毁俄军的桥梁，阻止俄军撤退。与此同时，拿破仑命令护卫队炮兵团用12磅重的炸弹对斯摩棱斯克城的城墙进行狂轰滥炸。但由于城墙坚如磐石，这样的轰炸根本无济于事。于是，护卫队炮兵团违背了拿破仑的命令，用大炮轰炸隐蔽的通道，很快便炸毁了通道上方的障碍物。

除了内伊所率部队进攻失利，其他部队都不费吹灰之力就取得了成功。内伊所率部队的进攻本来应该是唯一能够决定此次战斗胜败的关键，但现在已经变得无足轻重。由于法军猛烈的进攻，俄军被迫撤入城中。那些没有时间撤入城内的俄军士兵都被歼灭了。但为了能够登上城墙攻击俄军，法军也伤亡惨重，血流成河。

据说，法军的一个营攻至俄军两个炮台的侧面。结果，俄军的一颗炮弹炸死了法军一个排的兵力，22名士兵同时阵亡。

与此同时，高地上法军将士的心悬了起来。他们默默凝视着这个营勇敢的士兵们，内心充满了焦虑。当看到这些斗志昂扬的士兵步伐坚定、训练有素地快速穿过枪林弹雨时，他们感到非常敬佩。这些士兵激发了法军将士的战斗热情，获得了他们由衷的掌声。高地上掌声雷动，甚至传到了正在猛烈进攻的士兵们的耳中。掌声是对这些忠诚士兵最好的献礼。尽管仅在达尔顿（Dalton）的一个旅及赖因德雷（Reindre）的炮兵部队中，就有5位营长和1500名士兵战死，并且达尔顿也在这次战斗中阵亡了，但幸存者仍然说他们激发的热情与全军对他们的致敬，足以补偿他们遭受的一切苦难。

冲到城墙下时，法军将士利用已经攻占的外围工事和建筑物来掩护自己，躲避俄军的炮火，但俄军用步枪持续射击。枪声回响在四周的城墙上，听起来更加密集、更加清脆。拿破仑渐渐厌倦了，想撤回军队。总之，法军重蹈覆辙，犯了内伊在前一天犯下的错误。内伊的错误导致法军损失了三四百人，但这次错误让法军损失了五六千人。尽管如此，达武仍然劝说拿破仑继续进攻。

夜幕降临，拿破仑回到自己的帐篷里。现在，他的帐篷已经挪至比前一天更安全的地方。洛博伯爵占领了环绕斯摩棱斯克城城墙的那条沟壑，却无法坚守。于是，他下令将炮弹打进城里，从而将俄军逼出城外。几个地方立刻腾起浓浓的黑烟，继而被忽隐忽现的火星照亮，接着出现了火花，最后，四面八方都出现了长长的火舌，仿佛许多火堆被同时点燃。不久，这些火堆便形成一片火海。火苗呈螺旋式往上蹿，在一阵阵凄凉的咆哮声中完全吞噬了整座城市。

洛博伯爵认为，这场巨大的灾难是自己一手造成的，因此感到万分沮丧。拿破仑坐在帐篷前，默默凝视着这可怕的景象。彼时，法军还无法查明这场火灾的原因，也无法知道其造成的后果。整整一夜，法军都处于战备状态。

8月18日3时左右，达武的一个部下冒险来到斯摩棱斯克城墙下，悄悄地登上城墙。由于四周一片寂静，他便潜入城内。突然，他听到有人用斯拉夫语发出几声呐喊，随后被包围。他以为自己除了丧命或投降，便再无出路。然而，就在此时，黎明的第一缕曙光照在他身上。他看到，那些他误以为的俄军士兵其实是波尼亚托夫斯基部队中的波兰人，他们是在巴克莱撤离后首批进入斯摩棱斯克城的人。

在对斯摩棱斯克城进行侦察，并将道路清理出来之后，法军进入了这座城市，以惯有的秩序与排场，在军乐声中走过血迹斑斑的残垣断壁，成功占领了这座空无一人的废墟。除了废墟，没有什么可以见证法军的辉煌战绩。这是一场没有观众的演出、一场几乎没有战果的胜利、一种充满血腥的荣誉。似乎只有包围法军将士的烟雾，见证他们征服了这座城市的荣耀。

第5章 将军们担心拿破仑的新计划

当得知法军完全占领了斯摩棱斯克城，城里的大火也几乎被扑灭时，拿破仑缓缓进入已经被他征服的空旷的城镇。这天，他收到了很多来自不同地方的报告。这些报告足以让他明白，就像在涅曼河、维尔纽斯和维捷布斯克一样，一直引诱他前进并且想象自己即将抓住胜利的魅影，再次从他身边飘走了。为了掌握这次战斗中敌我双方的战绩与损失等情况，拿破仑按惯例视察了战场。

拿破仑发现，战场上俄军士兵的尸体横七竖八，不计其数，但法军将士的尸体屈指可数。虽然大部分尸体身上的衣服被扒掉了，尤其是法军将士的尸体，但可以从肤色和体格上辨认出他们的身份。相比而言，法国人的肤色比俄国人白，但身材没有俄国人高大，肌肉也没有俄国人发达。看到这样的死亡景象，多么令人伤悲！计算死亡的人数并提交此次战斗的报告，多么令人沮丧！从拿破仑凝重的表情及恼怒的样子可以看出，他承受了多么大的痛苦。不过，讲求军事策略是他的第二天性。这种天性很快就压制了他的第一天性——共情，让他波涛汹涌的内心平静了下来。

对其他人而言，决战后的第二天计算出来的死亡人数具有迷惑性，并且令人厌恶，因为法军大部分阵亡士兵的尸体之前已经被抬走了。这也是战场上只有俄军士兵尸体的原因。采取这种权宜之计，是为了避免让人们对法军产生不良印象，同时是出于一种本能的冲动。这种冲动让我们首先想到的是收集和掩埋法军将士的尸体，为他们尽最后的责任，然后是救助挣扎在死亡线上的同伴，最后才处理伤亡的俄军士兵。

然而，在公告中，拿破仑仍然宣称，在前一天的战斗中，法军的伤亡人数远远少于俄军。征服斯摩棱斯克城让拿破仑掌握了俄国的盐厂，而法国有望因此获得2400万法郎的额外收入。至于拿破仑本人，他不可能真的被这种错觉愚弄。不过，人们仍然相信，拿破仑虽然很善于将自己的意愿最大限度地强加给别人，但这次他努力接受连自己都不愿意相信的幻想。

拿破仑继续视察战场。他来到斯摩棱斯克城靠近伯里斯泰纳河的一个城门前。这个城门面朝伯里斯泰纳河右岸的郊区——那里仍然被俄军占领着。拿破仑停下脚步，坐在一间茅屋前的几块垫子上。内伊、达武、莫蒂埃元帅、迪罗克、洛博伯爵及另一位将军站在他周围。与其说他在观察俄军的行动，不如说他在缓解心中的压力。他试图从将军们恭维的话语或他们的激情中寻求鼓励，以减轻事实与自省带来的心理压力。

拿破仑慷慨激昂，滔滔不绝地讲了很久。“不顽强抵抗便放弃了斯摩棱斯克城，对巴克莱而言是多大的耻辱。斯摩棱斯克城可是古老的俄国的咽喉。巴克莱留给了我多大的荣誉。这对我多么有利，这样我就有一个防御工事坚固的城市来支持进军莫斯科的计划。如果我的计划失败了，斯摩棱斯克城就可以为我的残余部队提供住所，而伯里斯泰纳河则可以掩护我们。

“那么，我拿什么来战斗呢？我的确有一支庞大的军队，但因缺少驻地而陷入困境。等待我的除了悬崖，再无其他。在某种程度上，我军已经破釜沉舟。巴克莱只需要下定决心与我们开战，便能击败我们。然而，俄国的一切都结束了，俄军眼睁睁看着一座座城市被攻陷，却不保卫它们。巴克莱到底要占据什么样的有利地形才肯战斗呢？究竟在什么地方，他才能下定决心战斗呢？他称斯摩棱斯克城为‘神圣的斯摩棱斯克城’‘坚固的斯摩棱斯克城’‘莫斯科的咽喉’‘俄国的堡垒’，但竟然放弃了它。俄国人甚至扬言，斯摩棱斯克城将成为法军的坟墓。我们不久就会看到这种损失对俄国人的影响。我们应该会看到立陶宛士兵，甚至斯摩棱斯克士兵弃俄军而去，因为他们对俄军不进行任何抵抗便放弃斯摩棱斯克城感到愤怒。”

拿破仑补充道：“真实的报告让我了解到俄军各部队的弱点。俄军各部队大都实力骤减，将被逐个击破。很快，亚历山大一世就没有军队了。我们刚刚在俄军中看到许多手握长矛的农民。他们只是一群乌合之众，充分证明了俄国将军麾下的正规部队已经大大减少。”

正当拿破仑夸夸其谈时，俄军步兵朝他这边射击，子弹从他耳边呼啸而过。尽管如此，这个话题让他非常兴奋，根本不在乎是否身处险境。他继续发表关于俄军及俄国将军的长篇大论，仿佛自己虽然不能通过战胜俄军来摧毁俄国，但可以通过推理（reasoning）摧毁它一样。没人回答拿破仑的问题，因为很明显他一直在自说自话，而不是在征求旁人的意见和建议。他在与反思此次战争的自己进行辩论，并试图说服自己。通过一连串臆想（conjectures），拿破仑正在努力让自己无视现实，继而接受自己一厢情愿的幻想，并努力让其他参与者一同接受。

事实上，拿破仑并没有给任何人时间去打断他。不过，没人相信他所说的俄军的弱点及混乱无序的状况。但如果有人回应他的想法，他又会说些什么呢？根据法国驻俄国大使劳里斯顿侯爵发来的一些文件，拿破仑证明了自己的这些想法是正确的。尽管劳里斯顿侯爵对俄军力量的评估是正确的，但出于“美化”这些文件的想法，它们被做了相应的修改。根据那些更加迎合拿破仑的想法的不太可信的描述，有人将劳里斯顿侯爵对俄军势力的评估报告删掉了三分之一。

自言自语一个小时后，拿破仑抬起头，望着几乎已经被俄军放弃的伯里斯泰纳河右岸的高地，惊呼道：“俄军士兵都是软柿子，他们承认法军已经战胜了他们！”他努力劝说自己，让自己相信俄军士兵在与欧洲人的接触中失去了原有的粗鲁、野蛮和勇猛。然而，俄军士兵已经从先前的战争中学会了很多东西。他们不仅学到了一些美德，而且仍然保留着原有的美德。

最后，拿破仑又上了马。此时，迪罗克对我们中的一个人说：“如果巴克莱拒绝战斗真的是一个很大的错误，拿破仑就不会如此焦急地想说服我们，让我们相信巴克莱的确犯了严重的错误。”我们没走多远，就看到一位军官走了过来。不久前，拿破仑派这位军官去了施瓦岑贝格亲王的部队。据这位军官报告，托马索夫及其部队已经出现在明斯克与华沙之间的北部地区，并且已经向法军的防线逼近了。在科布林，一支萨克森人的军队被击败。华沙遭到蹂躏，开始进入警戒状态。这就是俄军入侵华沙首先引起的后果。雷尼尔请求施瓦岑贝格亲王前来支援。随后，托马索夫率军撤退至戈罗迪兹纳。8月12日，托马索夫的部队驻扎在两条河谷之间的一片平原上。平原四周都是树林和沼泽。想要进入这片平原，只能取道托马索夫所率俄军左翼的后方。

雷尼尔将军十分擅长做战前准备与部署工作，能非常出色地对战场的地形做出判断，并熟知如何根据地形做好部署。但当战斗打响后，战场上到处是士兵和马匹，雷尼尔就失去了原有的自控力，而士兵们打斗时迅速的动作似乎让他头晕目眩。因此，刚开始时，他能一眼看出俄军力量薄弱的地方。但当法军逼近俄军时，雷尼尔并没有派大批将士迅速杀进俄军阵地，相反，他只是指挥法军连续进攻俄军。

托马索夫由于提前得知了这些情况，所以有时间部署军队对抗雷尼尔。起初，他派出一个接一个团的兵力去对抗雷尼尔部队的进攻，而后又派一个接一个旅的兵力去对抗雷尼尔的部队，最后则派出一个接一个师的兵力去对抗雷尼尔的部队。通过这种方式，托马索夫拖延了战斗时间，保存了俄军的实力。如果雷尼尔集中兵力，发起迅猛的进攻，托马索夫的部队或许早就被击溃了。夜幕终于降临了，托马索夫命令俄军撤离战场。尽管如此，他依旧损失了几门大炮、大量辎重和4000名士兵。他的部队撤退至斯特里河对岸。在那里，他遇到了率领多瑙河军队急速赶来增援的奇恰戈夫。

这次战斗虽然没有起到决定性的作用，却保卫了华沙，还让这里的俄军转攻为守，为拿破仑取得胜利争取了时间。

拿破仑听了一些对战斗细节的描述，但他天生具有顽强的意志，并不特别注重它们给法军带来的益处。他更关注的是这些细节表明他刚向将军们滔滔不绝地讲述的想法是正确的。由此可见，他仍然坚持自己最初的想法。他没有进一步询问这位军官，而是转过身，仿佛要继续刚才的话题。他高声对将军们说："现在你们明白了吧，俄国人就是胆小鬼，哪怕是奥地利人都能打败他们。"之后，他便忧虑地环视四周。"我希望，"他补充道，"只有法国人听到了我刚才所说的话。"接着，他问这位军官是否可以信赖施瓦岑贝格亲王的忠诚。这位军官发誓说，施瓦岑贝格亲王绝对忠诚可靠。拿破仑这样问并没有错，因为这次战斗似乎表明施瓦岑贝格亲王辜负了拿破仑对他的信任。

拿破仑所说的每句话都表明，他非常失望，并且又开始犹豫不决了。因为在他看来，成功是靠行动而不是靠语言沟通取得的，并且一旦做出决定，就必须付诸实施，更不必多费口舌。最后，拿破仑进入斯摩棱斯克城。当他带着将军们穿过厚厚的城门时，洛博伯爵高声说："这里多么适合安营扎寨啊！"他这么说无疑是在建议拿破仑停下来，不要再追击俄军了。但拿破仑没有做出任何答复，只是神色变得非常凝重。

然而，当拿破仑看到眼前的一片废墟时，他的表情很快就发生了变化。法军的伤员在破败的街道上爬行。一堆堆冒着浓烟的灰烬和烧焦的尸体随处可见。斯摩棱斯克城遭到如此严重的破坏，使拿破仑感到困惑。这是什么样的胜利果实啊？法军原本期望能在这里找到住所、食物、丰富的战利品及经历了重重困难后的回报，但现在一切都化为灰烬，将士们也只能露宿街头。毫无疑问，拿破仑对他的将士们影响巨大，但这种影响是否可以超越人性？对此，法军将士会怎么看呢？

此刻，完全可以说，法军遭受的痛苦一目了然，根本无须用语言来描述。拿破仑知道，将士们会相互提出这样一个问题："为什么我们行军800里格，攻占了斯摩棱斯克城，却一无所获，只找到浑浊的水，还要忍饥挨饿，露宿在街头的灰堆上。除了随身携带的物品，我们一无所有。如果我们有必要连拖带拽地将所有物品从法国运到俄国，为什么要求我们离开法国呢？"

几位将军也开始厌倦了，有的因生病而停止了前进，有的则低声说："如果我们不能享受自己的财富，拿破仑赐予我们财富又有什么用呢？如果他让我们长期在外征战，而我们的妻子却在家守活寡，他赐给我们妻子又有什么用呢？如果他迫使我们在冰天雪地里不断露宿在其他国家光秃秃的地面上，他赐予我们宫殿又有什么用呢？战争的艰辛逐年加剧，新的任务迫使我们为了寻找新的敌人走得越来越远。很快，拿破仑就会不满于只征服欧洲，甚至会想要征服亚洲。”

一些人，尤其是我们的盟友，大胆地认为，如果我们打一场败仗，而不是胜仗，那么我们的损失或许会少一些，因为打败仗或许能让拿破仑厌倦战争，或者至少让他与我们产生同理心。

一些离拿破仑最近的将军惊讶于他必胜的信心。“从某种程度上说，拿破仑是否已经放弃欧洲？如果欧洲各国联合起来反抗他，那么他将没有臣民，只剩他的士兵；也将没有法国，只剩军营。更何况他的士兵中有三分之一是外国人——他们都会成他的敌人。”缪拉和贝尔蒂埃这样说。拿破仑发现自己的两位将军在战争上和他一样存在各种忧虑和不安。他一直都在与这种忧虑和不安做斗争。他暴跳如雷，冲着缪拉和贝尔蒂埃大发脾气。就这样，他震慑住了两位将军。正如经常发生在帝王之家的事情一样，拿破仑总是对那些跟自己非常亲近的人比较冷酷。越是亲近的关系，越会有很多不便。这种不便反而会抵消亲近的优势。

拿破仑言辞激烈地冲缪拉和贝尔蒂埃大发脾气后，又将他们叫了回来。但这次两位将军对这种待遇非常不满，所以对拿破仑非常冷淡。于是，他开始安抚他们，以弥补自己草率的言行。他称贝尔蒂埃为“他的妻子”，称自己的情绪失控为“家庭内部矛盾”。

后来，离开拿破仑时，缪拉和内伊的内心充满了对这次远征的不祥预感。他们第一次看到俄国人时，便满腔怒火，因为他们不仅骨子里喜欢战争，而且非常善战。但从第一次行动可以看出，这次远征毫无连续性可言，一切都出乎他们的意料。计划赶不上变化，而他们总是忙着应对突发状况。情况瞬息万变，每走一步，他们就会听到不同的声音，而他们的计划和部署也会随着地理环境的变化而不断改变。

第6章 法军的状态

大约在同一时间，拉普和劳里斯顿侯爵出现在众人面前。劳里斯顿侯爵是从彼得堡赶来的。虽然他是从俄国的首都来的，但拿破仑并没有向他询问任何问题。由于他从前做过拿破仑的副官，所以拿破仑非常了解他率直的性格，也知道他对这次远征持反对意见。而拿破仑之所以什么都不问，无疑是担心他不会提供令自己满意的情报。

拉普却不同，他一路追随法军的脚步。因此，拿破仑无法保持沉默。“从尼尔曼到这里，我军前进了不过100里格，却已经大变样。那些从法国赶来的军官感到非常沮丧。他们无法相信，与打了败仗的军队相比，一支没有经过激战便取得胜利的军队怎么会对这座城市造成了更大的破坏。

“我们已经看到所有赶来加入法军的人和所有离开法军的人及那些不会因统帅的出现、榜样的力量及战争的爆发而感到兴奋的人。由于每支部队距离家乡的远近程度不同，他们看起来或因怀有希望而兴奋，或感到焦虑，或让人怜悯。

“当法军在德意志时，那里有许多东西不断让将士们想起法国。新兵们想象着自己并没有完全离开法国，依然满怀激情。但过了奥得河后，法军进入了波兰。这里的土地、物产、居民及其服饰、行为方式和住所等，看起来都非常陌生。总之，一切都与令他们十分怀念的祖国不同。因此，他们开始为离祖国越来越远感到沮丧，也开始面带倦容。

“既然他们已经到达自己不知道的地区，而这里的一切看起来令人沮丧，又让人觉得新奇，那么他们离法国该多么遥远啊！他们已经走出这么远，还要走多远啊？虽然这种想回家的念头令人沮丧，但他们不得不继续前进。他们抱怨说，自从离开法国，他们的疲惫与日俱增，而他们的给养在不断减少。”

事实上，他们首先缺乏葡萄酒，然后喝啤酒、烈酒，最后他们只能喝水，甚至常常连水都喝不上了。脱水食品与一切生活必需品也是如此。随着他们所需的一切逐渐匮乏，他们的身体越来越虚弱，他们的意志变得消沉。当他们继续行进在无边无际、茂密幽静的黑松林里时，一种莫名的不安搅得他们心烦意乱。穿梭在光秃秃的参天大树之间时，他们深感自己的脆弱与渺小。这片一望无际的树林让他们无比惊慌。他们对这些未知地区的地理状况产生了种种悲观、荒谬的臆想，随之产生了某种隐秘而巨大的恐惧。他们开始犹豫是否要继续前进，穿越广袤无垠的荒野。

由于连续几天非常危险的露营及道路上随处可见的散发着恶臭的人与马腐烂的尸体，法军将士遭受着精神与肉体的双重折磨，纷纷感染痢疾和伤寒。德意志人首当其冲，深受这两种可怕的传染病危害。与法国人相比，德意志人不怎么紧张，也不怎么冷静。他们认为远征俄国与他们无关，所以对远征俄国不怎么感兴趣。2.2万名巴伐利亚士兵渡过了奥得河，但仅有1.1万人抵达杜纳河，并且他们从来没有参加任何战斗。这次远征消耗了法军四分之一的兵力，也使盟军损失了一半兵力。

每天早晨，法军都排着整齐的队伍从营地出发。但没过一会儿，宽宽的队列便会变得又窄又长，士兵与士兵之间的间隔也会越来越大。身体无比虚弱的士兵会远远地落在后面。看着渐行渐远的伙伴与鹰旗，这些可怜的掉队的士兵又开始拼命追赶。但最终，伙伴和鹰旗逐渐从他们的视野中消失，他们变得心灰意冷。道路上、树林边，掉队的士兵到处都是。他们中的一些人采摘黑麦穗，狼吞虎咽地咀嚼着上面的麦粒充饥。然后，他们试图努力走到医院或者最近的村庄，但他们的努力往往是徒劳的。大量掉队的士兵就这样白白丧命。

实际上，脱离法军队伍的不仅有伤病员，还有很多身体健康的士兵。这些士兵一方面厌恶战争，意志消沉，另一方面又热爱自由，喜欢打家劫舍。在这些喜好的驱动下，他们自愿离开了法军。尽管如此，他们还不是那些意志最不坚定的人。在他们的带动下，逃跑的士兵越来越多。这些士兵结成团伙，住进法军行进途中村庄的民宅里。在那里，他们过上了富足的生活。在这些团伙中，德意志人远比法国人多。但值得注意的是，这些团伙的首领均为法国人。

拉普早已目睹这些混乱。他生性非常直率、诚实，到达斯摩棱斯克城后，他及时向拿破仑报告了这一切。但拿破仑只是回应道："我将打一场大仗，届时所有散兵游勇将会重新集结起来。"

与波尔塔在一起时，拉普说话会更加直截了当。之前在维尔纽斯，他曾对波尔塔说："我不会渡过杜纳河。今年就渡过杜纳河继续向前推进，将会让我军加速走向毁灭。"当时，波尔塔就提醒拉普注意措辞。

与其他人一样，波尔塔也非常重视法军的士气。"我知道，全军士气非常低落。"拿破仑说，"从我们进入维尔纽斯开始，全军就有一半人掉队了，而现在掉队的人数已增加至三分之二。当务之急，我们必须以战促和。但能够获得和平的关键在于莫斯科。除此之外，现在全军决不能停下来，因为只有继续前进才能使原本松散、混乱的队伍凝聚在一起。必须得有人在最前面带着军队前进，绝对不能停滞不前或原路返回。这是一支进攻型军队，而不是防守型军队。这是一支适合作战的军队，而不是一支适合驻扎下来的军队。"

拿破仑对身边的人这样说，但对那些指挥作战的将军又是另一番说辞。他在自己身边的人面前，表明了促使自己不断前进的动机；但在带兵打仗的将军面前，他小心翼翼地隐藏了自己的动机。对将军们提出的必须停止进军的建议，拿破仑看似同意了，实则隐藏了真实动机。因此，他的言辞前后矛盾。

就在那天，当达武与众将军跟随在拿破仑左右，走在斯摩棱斯克城的街道上时，由于这些将军率领的部队都在前一天的进攻中损失惨重，拿破仑对他们说，鉴于他们在攻占斯摩棱斯克城时付出的惨重代价，他很感激他们取得了一次重大胜利。他还表示，斯摩棱斯克城极其适合驻扎军营。

“现在，”拿破仑继续说道，“我们的防线已经部署得很好了，我们将在这里停留。在斯摩棱斯克城这个坚固的防御工事里，我可以集结我的军队，让军队好好休整，等待来自但泽的援兵与补给。令人满意的是，我们已经完全占领并出色地保卫了波兰。我相信，不出两个月，我们就可以收获两年来征战的果实。因此，能有这样的结果已经足够了。在今冬明春，我们必须管理立陶宛，并重新组建一支战无不胜的军队。届时，如果亚历山大一世还不派人来我们过冬的营地与我们和谈，我们就进军莫斯科，征服俄国。”

随后，拿破仑充满信心地告诉内伊，他之所以命令他率军穿过斯摩棱斯克城继续前进，只是为了将俄军驱赶到更远一些的地方，但他严令禁止他与俄军发生任何激烈的冲突。同时，拿破仑的确将先头部队派给了缪拉和内伊——他们都是拿破仑身边无比勇猛的将军。达武对此一无所知。拿破仑将这位谨慎多谋的元帅安排在桀骜不驯的缪拉麾下效力。由此可见，他似乎在两个重大抉择间摇摆不定，所以言辞多有矛盾之处。值得注意的是，在这样的思想斗争中，他的魄力与进取心战胜了他的小心翼翼，并且他的魄力及他处理问题的方式能使他创造出迅速离开斯摩棱斯克城的必要条件。

第7章 朱诺特将军的战斗

与此同时，俄军仍然守卫着第聂伯河右岸的郊区。1812年8月18日晚，法军忙着重建被摧毁的桥梁。8月19日天亮之前，第聂伯河右岸的郊区着火了。内伊借着火光率军过河。起初，他只看到那里的火焰，并没有看到俄军。于是，他率军从第聂伯河右岸漫长而崎岖的斜坡往上爬。士兵们小心翼翼地迂回前进，以避开火堆。俄军设置的这些火堆很有技巧，正好在法军前进的必经之路上，从而阻碍对方从主干道前进。

内伊及其先头部队高度警惕，悄悄地向俄军迷宫般凶险的阵地前进。他们知道俄军可能正在坡顶严阵以待，并准备突袭他们，继而逼迫他们退进火堆里，或跳入河中。但当爬上第聂伯河右岸的坡顶时，内伊及其先头部队发现，在通往彼得堡和莫斯科的道路分岔口，仅有一群哥萨克人正沿着这两条路逃离第聂伯河右岸。于是，他们如释重负，心中不再恐惧。正如在维捷布斯克一样，内伊及其先头部队在这里既没有抓到任何俘虏或间谍，也没有发现居民的踪迹。他们只能通过光秃秃的土地查看俄军的踪迹。但俄军在通往彼得堡和莫斯科的道路上都留下了很多脚印，所以内伊在两条路之间踟蹰不前，不知该从哪个方向追击俄军，直到中午时分才下定决心。

在此期间，法军已经从几个地方渡过伯里斯泰纳河，并对通往彼得堡和莫斯科的道路进行了侦察。行进1里格后，法军发现俄军步兵正行进在通往莫斯科的道路上。内伊的军队本来可以迅速击溃俄军步兵，但由于那条路在第聂伯河沿岸，他的部队需要穿过几条河才能攻击俄军步兵。每条河都非常深，它们的河床俨然成了一条条深沟。对面俄军岗哨的火力完全可以覆盖这些河。内伊首先率军渡过了斯图布纳河，这没有耽误他过多时间。但当试图率军渡过瓦卢蒂纳山丘脚下的科隆蒂尼亚河时，他遭到了俄军顽强的阻击。

俄国人有个古老而光荣的民族传统。正是这种传统使他们将瓦卢蒂纳山脚下的阵地看成胜利的圣地，因此俄军在这里十分顽强地阻击法军。要想守住这个地方，俄军必须取得胜利。但对俄军士兵来说，这种迷信比将军们开明的爱国主义精神更值得崇尚。因此，我们必须在这里迫使他们战斗。离开斯摩棱斯克城时，我们已经看到通往莫斯科的道路就在第聂伯河沿岸，而对岸法军的炮火完全可以覆盖这条道路。巴克莱考虑到如果在夜间行军，运送大炮、辎重及伤员的车辆发出的声音可能会暴露俄军撤退的意图，不敢在夜间走这条路。

通往彼得堡的道路距离第聂伯河比较远。这条路从右侧又分出两条遍布沼泽的路：一条离斯摩棱斯克城2里格，另一条离斯摩棱斯克城4里格。这两条路穿过一片树林，经过漫长的迂回，在通往莫斯科的道路上重新交会。一条路越过瓦卢蒂纳山，延伸2里格，便抵达布里迪奇诺，并在这里与通往莫斯科的道路交会；另一条路在更远的斯洛普涅瓦与通往莫斯科的道路交会。

巴克莱大胆带领众多马匹和车辆进入这些隘路。于是，俄军长长的队伍与沉重的车辆不得不避开从斯摩棱斯克城通往莫斯科的道路，绕了两大圈，因为内伊迅速攻击了从斯摩棱斯克城通往莫斯科的道路。正如在这种情况下经常会发生的那样，每当一辆车翻倒在路边，一个车轮或一匹马深陷在泥浆里，道路被冲毁或塌方，都会使整个队伍停止前进。与此同时，法军的大炮声越来越近，仿佛法军赶在俄军前面守住了道路的出口。

最终，在艰苦的行军之后，当法军为赶到道路出口而努力翻越瓦卢蒂纳山，渡过科隆蒂尼亚河时，俄军最前面的车队已经看到通往莫斯科的大路。内伊率军气势汹汹地渡过了斯图布纳河。至于被他赶回瓦卢蒂纳山的科尔夫则命令其前方的俄军返回来给予支援。据说，支援科尔夫的部队管理混乱，毫无秩序，不愿意听从他的命令，好在沃伦佐夫意识到瓦卢蒂纳山的重要性，便说服科尔夫前方部队的指挥官回去支援他。

俄军为了捍卫一切——大炮、伤员、辎重而保卫自己，法军则为了占领俄军的一切而攻击俄军。拿破仑在距离内伊的部队1.5里格的地方停了下来。他以为他的前锋部队遭遇的只是俄军的后卫部队，所以只派古丁将军前去支援内伊的部队，而他则召集其他部队返回斯摩棱斯克城。其实，这是一场重要的战斗，双方先后投入了3万人，士兵、军官和将军进行了正面交锋。战斗持续了很长时间，丝毫没有被夜色叫停的意思。最终，内伊虽然率军占领了高地，但因流血过多、体力消耗过大而精疲力竭。当看到自己周围都是尸体和垂死的士兵后，他下令停止射击，保持沉默，然后上刺刀。俄军听不到任何声音，便也消停了，并在夜色的掩护下迅速撤退。

俄军虽然战败了，但几乎与胜利的法军一样光荣。两个国家的两位将军都尽了最大的努力，内伊为了征服俄军而全力以赴，巴克莱则在溃败前极力营救俄军的炮兵、辎重及伤员。俄军只有一位将军没有在这次杀戮中受伤。这位将军不断用法语重复法军的口令，想从法军士兵手中逃脱，但最终在武器反射的光亮中被法军士兵认了出来，并被俘虏。俄军其余将军全部战死。尽管如此，法军的损失更惨重。

科隆蒂尼亚河上的桥梁上并没有得到很好的修复。恪守纪律而勇猛的古丁将军喜欢挑战危险，但并非一名无畏的骑手。当他下马准备过桥时，一颗炮弹掠过地面，炸断了他的双腿。当这个不幸的消息被报告给拿破仑时，他与周围的人停止了一切活动。所有人停止了讨论，一动不动地站在原地。

古丁将军被送到斯摩棱斯克城。虽然拿破仑非常关注他的伤势，但于事无补。没过多久，他便断气了。他的遗体被葬在斯摩棱斯克城堡里，墓碑上刻着："这是一位可敬的勇士的坟墓，他是一个好公民、一个好丈夫、一个好父亲、一个英勇无畏的将军、一个温和公正的人、一个既有原则又有才华的人。在一个品德高尚的人往往缺乏能力、有能力的人往往缺乏美德的年代，他却罕见地将两者完美结合。"拿破仑命令杰拉德接替古丁指挥其部队。在古丁的部队中，杰拉德最年长。俄军对我们的损失一无所知，也便没有从给我们的沉重打击中获得任何好处。

俄军非常惊讶地发现，只有前锋部队受到了法军的攻击。俄国人认为，缪拉的部队仅限于在公路上追踪俄军。因此，他们嘲笑缪拉，戏谑地称他为"公路将军"。其实，这种片面看待事物的方式往往是自欺欺人，不会带给人任何启迪。

实际上，当内伊率军进攻时，缪拉正带着骑兵从内伊的部队侧翼经过，却没能参加战斗，因为左侧的树林和右侧的沼泽阻碍了其部队的行动。但当缪拉率领骑兵在前方战斗时，他和内伊都期待朱诺特率领的威斯特伐利亚军队进攻俄军侧翼。

为了绕过第聂伯河各支流形成的沼泽，通往莫斯科的大道从斯图布纳河向左拐，经过高地，延伸至离第聂伯河更远的地方，后来又在地势比较有利于通行的地方折回第聂伯河。据说，第聂伯河与通往莫斯科的大道之间有一条比较陡峭的小道，那是一条捷径。通过这条小道，可以直接穿过低洼的沼泽，然后翻过瓦卢蒂纳高原（plateau of

Valoutina），就能再次回到通往莫斯科的大道上。

从普鲁迪兹渡过第聂伯河后，朱诺特率军走的就是这条小道。通过这条小道，朱诺特很快就率军来到俄军的左后方，并开始攻击返回的俄军后卫部队的援军侧翼。朱诺特的部队发起的攻击是这次战斗取得成功的关键。那些与内伊正面交战的俄军，在听到后卫部队遭到袭击时，一定会感到气馁。在战斗中，这种不确定性和混乱的局面将会使大量士兵、马匹和车辆挤在同一条路上，造成无法挽回的损失。朱诺特虽然很勇敢，但作为一位将军，又有些优柔寡断。肩负如此重大的责任令他不知所措。

其间，缪拉断定朱诺特将军已经率军赶到，却没有听到军队开始进攻的消息，所以感到非常惊讶。俄军非常坚定地与内伊交战，令缪拉怀疑朱诺特的军队是否已经到达。于是，他抛下骑兵，独自穿过了树林和沼泽，匆忙来到朱诺特的部队面前，申斥朱诺特为何不展开进攻。但朱诺特找了一个非常不可靠的借口："我没有接到任何进攻的命令，我率领的符滕堡骑兵看似勇敢，实则胆小，根本不敢攻打俄军。"

缪拉通过实际行动回应了朱诺特的话。他冲在符滕堡骑兵前面，率领他们向前冲。由于将军换了，骑兵们精神焕发。在缪拉的催促下，他们向俄军发起攻击，消灭了俄军的轻骑兵。然后，缪拉回到朱诺特身边，说："现在率领符滕堡骑兵完成你的任务，你仍然会得到荣誉，并保全你作为指挥官的职位！"说罢，他便离开了朱诺特的部队，回到了自己的部队。但朱诺特仍然稀里糊涂，没有让符滕堡骑兵发动进攻。由于在拿破仑身边待得太久，他只学会了服从命令听指挥，缺乏指挥作战的经验。拿破仑这样充满活力的天才事无巨细地指挥一切，无论是作战计划，还是所有细节，他都要亲自决定。此外，朱诺特因困乏无力及身体多处受伤，看起来比实际年龄更苍老。

拿破仑挑选这样一位将军来指挥如此重要的战斗一点儿都不奇怪。众所周知，他已经习惯性地依赖朱诺特将军，因为他是他最年长的副官。同时，只要朱诺特在身边，拿破仑就会时常回忆起他从前取得的所有胜利和荣誉，所以他不希望朱诺特离开。这算是他的一个小秘密和心理缺陷吧。我们有理由认为，看到自己的副官指挥自己的部队能够满足拿破仑的虚荣心，并且他与朱诺特的关系自然要比他与其他人的关系更加亲密，也更加牢固。

第二天，拿破仑视察战场。当看到古丁将军战死的那座大桥时，他说："古丁将军不应该在那里过桥。"后来，他凝视着朱诺特当时所在的位置，愤怒地叫道："毫无疑问，威斯特伐利亚军队应该从这里攻击俄军！这里是战役的关键！朱诺特将军当时在干什么？"拿破仑暴跳如雷，根本无法平息怒气。他唤来拉普，让他接替朱诺特指挥威斯特伐利亚军队，同时将命令朱诺特离开法军。朱诺特将永远失去指挥官的职位！派遣朱诺特指挥威斯特伐利亚军队这个错误的决定可能会阻碍法军前往莫斯科。拿破仑应该让拉普指挥威斯特伐利亚军队。拉普会讲威斯特伐利亚方言，并且知道如何指挥这些人战斗，但他拒绝接替老朋友朱诺特在法军中的职位。他竭力安抚拿破仑。通常情况下，只要愤怒发泄出来了，拿破仑的怒火很快就会烟消云散。

法军左侧的俄军侥幸逃脱，没有被歼灭。法军右侧的俄军却经历了更大的危险。达武派莫兰德将军从法军右侧穿过森林。莫兰德率军沿着遍布茂密森林的高地行进。战斗打响时，他的部队在俄军侧方。他率军再前行一段距离，便可以到达俄军的右后方。如果他率军突袭俄军，就会结束这场战役——法军无疑会取得胜利。但由于不熟悉地形，拿破仑命令莫兰德率军回到和达武停止前进的地方。

我们不禁问，为什么拿破仑让3位相互独立的将军为了相同的目标联合作战，他却不在现场统一指挥？这3支部队统一行动是绝对必要的，但如果他不亲自指挥，他们不可能统一行动、协同作战。相反，不知是因为疲劳，还是因为没有预料到这会是一场如此残酷的战役，抑或是必须事必躬亲、同时料理一切事务，拿破仑回到了斯摩棱斯克城。然而，他来不及也不可能同时出现在任何需要他的地方。事实是，由于前几天的行动，他需要处理的国内事务及欧洲事务已经被搁置了，需要他处理的文件也已经堆积如山。他必须处理完所有文件，使停滞的行政管理和政治事务运转起来。此外，自法军来到斯摩棱斯克城至今，虽然战况紧急，但战绩很辉煌。

因此，当缪拉部队中的副指挥官博雷利前来报告瓦卢蒂纳战役的情况时，拿破仑非常犹豫，不想接见他，因为他正在专心致志地处理堆在他面前的文件。一位大臣为了让拿破仑接见博雷利，不得不打断他。他被博雷利的报告激怒了，大喊道："你说什么？什么？你们的人手不够？俄军有6万人！那么这是一场大战！"于是，他开始对朱诺特不服从命令的消极行为大发雷霆。当博雷利告诉拿破仑古丁将军受了致命伤时，拿破仑悲痛到了极点。他反复发出一些质问，表示自己非常懊悔。随后，他凭借自己特有的极强的自制力压住不安，克制怒火，停止懊恼，全身心地投入工作。因为夜幕降临了，所以他将发动进攻的时间推迟到第二天。后来，一举消灭俄军的希望使他振奋不已。第二天天刚亮，拿破仑就出现在瓦卢蒂纳的战场上。

第8章 拿破仑的补偿与奖赏

内伊的部队和古丁将军生前指挥的部队，踩着同伴及俄军士兵的尸体走过来，站在断裂的树桩间。在法军脚下的这片土地上，凌乱的脚印、深深的弹坑、武器的碎片、破烂的制服、被毁坏了的枪械、翻倒的车辆及阵亡士兵散落的肢体随处可见。这些就是战胜者的“奖品”，是战役结束后战场上的“景象”。

古丁将军的部队人数锐减——几个营的士兵只剩下几个排了。不过，人数减少得越多，他们似乎越感到自豪。走近他们时，人们仍然可以闻到弹壳烧焦的味道和火药味——这种气味弥漫着整个战场。士兵们的衣服上也散发着这种气味，脸上脏兮兮的。检阅士兵时，拿破仑不得不避开、跨过或踩着地上的尸体及用力刺杀时弯曲了的刺刀。尽管如此，所有恐怖的场景都因他的到来而蒙上了一层荣誉的面纱。他心怀感恩，要让这片死亡之地变成胜利之地。在过去的几个小时里，令人满意的荣誉和雄心成了这里的主旋律。

拿破仑知道，现在正是用嘉奖与赏金鼓舞将士们的时候。因此，他的表情十分和蔼，语言十分亲切。“截至目前，我军在这场战役中取得的成就是最卓越的、最辉煌的。我面前的士兵是最勇猛的。因为他们奋勇杀敌，法国一定能征服世界。那些战死的将士将永垂不朽。”拿破仑之所以这样说，是因为他知道站在这个伤亡惨重的战场上，将士们想得最多的应该是名留青史、永垂不朽。

拿破仑非常慷慨地给予将士们无比丰厚的奖赏。仅在第十二营、第二十一营、第一百二十七营和第十七轻步兵营，他就授予了87枚奖章，提拔了87个人。古丁将军生前，这些营都由他指挥。在此之前，第一百二十七营并没有鹰旗。当时，军队只有在战场打了胜仗，才能赢得属于自己的鹰旗，并且以此证明，他们知道今后该如何保持这份荣誉。

拿破仑亲自授予第一百二十七营象征荣誉的鹰旗，同时嘉奖了内伊指挥的部队。他的赏赐非常丰厚，其规格也极高。这些赏赐也因由拿破仑亲自授予而变得更有价值和意义。当拿破仑来到一支部队的队列前时，将士们便簇拥在他周围，仿佛与他亲如一家。他声音洪亮地祝贺军官、中尉及士兵，并称赞他们英勇无畏，还询问他们中谁最勇敢、谁的功绩最大。经过军官们提名、士兵们确认之后，拿破仑当场奖赏了被推举出来的将士。正如他亲眼所见，围在他周围的将士们立刻就说出了最勇敢将士的名字，并且全军将士都为他们欢呼喝彩。他挨个奖赏了他们。

拿破仑慈父般的举止让士兵们觉得自己成了欧洲统治者的军事伙伴。这些形式恢复了至今仍令人感到遗憾的共和政体的惯例，令全军将士振奋。人们开始认为，拿破仑虽然是一位皇帝，却是一位革命的皇帝。他们愿意拥护一位带领他们走上财富之路的运气好的皇帝。总之，有关拿破仑的一切都令人兴奋。

胜利的战场从未出现过如此令人兴奋的景象。鹰旗的价值被展现得淋漓尽致。奖赏和提拔最勇敢将士的仪式如此盛大，欢呼声响彻云霄。这些将士获得的荣誉如此巨大。由于一切都发生在他们刚刚奋力拼杀的战场上，所以将士们觉得他们的所有付出及他们承受的所有苦难都是值得的。拿破仑高声赞扬了将士们的勇敢，他所说的每一句话都响彻欧洲，备受瞩目。通过公告，这位杰出统帅将让全世界尤其是他们的同胞，熟知这些最勇敢将士的名字。这些最勇敢将士的名字将深入人心。家人们更是为他们欢呼和自豪。这一刻，他们获得了多少荣誉与恩惠！全军完全沉醉在莫大的光荣中。拿破仑似乎也分享着将士们的快乐，和他们一样万分激动。

与将士们告别后，受内伊、缪拉的态度及波尼亚托夫斯基的话语影响，拿破仑冷静了下来。在会议上，波尼亚托夫斯基非常坦诚、明智，如同在战场上非常英勇一样。当一天中最炎热的时刻开始逼近时，拿破仑感到燥热难耐。当得知他的部队连续行进9里格却没有追上俄军时，拿破仑再无任何激情。在他返回斯摩棱斯克城的途中，马车在布满弹坑的道路上颠簸行驶，不时被长长的伤兵队伍挡住去路，不得不停下来。这些伤兵有些在地上痛苦地爬行，有些被抬着，而在斯摩棱斯克城里，运送残肢的车辆随处可见。这些残肢将被运到很远的地方扔掉。总之，战场外所有可怕、令人作呕的景象使拿破仑彻底平静了下来。斯摩棱斯克城俨然一座巨大的医院。这里此起彼伏的呻吟声掩盖了刚才在瓦卢蒂纳战场上将士们因获得荣誉而发出的欢呼声。

外科医生的汇报令人震惊。在斯摩棱斯克城，士兵们将麻醉性植物与谷物混合后提炼烈酒，而非用葡萄酿造葡萄酒和白兰地。由于饥饿与疲劳，法军的年轻士兵已经疲惫不堪。他们认为，这种烈酒能让他们变得亢奋，但会立刻耗尽他们体内的所有热量。随后，他们又会变得精疲力竭，抵抗力下降，从而导致疾病乘虚而入。

其他不如年轻士兵清醒，或者身体比年轻士兵更虚弱的士兵则会感到头晕目眩、神志不清、反应迟钝。他们蹲在壕沟旁或路边。他们半眯着的、泪汪汪的、毫无神采的眼睛似乎在呆滞地看着死神扼住他们的躯体。他们郁郁寡欢，安静地死去，连一声呻吟也没有发出。

法军不可能在维尔纽斯修建可以容纳6000多名伤病员的医院。伤病员只能分散在修道院、教堂、犹太会堂和谷仓里。这些地方虽然很简陋，有的还不干净，但早已人满为患，并且对伤病员来说仍然供不应求。他们时常缺少食物、床铺、被褥和药品等，甚至找不到可以躺在上面的稻草。由于缺少外科医生，即使是在医院，物资匮乏、卫生条件差等问题仍然会引发疾病，而伤病员根本无法得到救治。

在维捷布斯克，俄军撤退时，将400多名伤病员遗弃在了战场上。维捷布斯克城里还有300多名俄军伤病员。由于城里的居民也撤离了，当我们发现这些可怜的家伙时，他们已经在没有任何援助的情况下，在极度肮脏的环境里挣扎了3天。他们脏兮兮地挤在一起，有的已经死了，有的还在与死神搏斗。最后，我们挑出幸存的俄军伤病员，让他们与法军的伤病员住在一起。跟俄军一样，法军的伤病员也有700多人。由于用来包扎伤口的纱布已经开始短缺，医生便将自己的衬衫和那些伤病员的衬衫撕成条，为他们包扎。

这些不幸的伤病员待伤口愈合后，必须吃健康的食物才能彻底恢复。由于缺乏食物，他们中只有极少数人活下来。那些因肢体残缺或极度衰弱而无法去找寻食物的伤病员最先死亡。这些灾难发生在拿破仑没有出现的地方；他走到哪里，哪里就会获得给养；他一离开，给养也会被运走。事实上，只有在拿破仑目之所及的范围内，他的命令才得到严格执行。

在斯摩棱斯克城，法军尚不需要医院。我们将15幢宽敞的砖房上的火扑灭了，所以这些砖房没有被烧毁。我们在里面找到了一些葡萄酒、白兰地和医疗用品。法军运送伤病员的后备车辆终于抵达斯摩棱斯克城，但所有物资非常紧缺。医生们不分昼夜地救助伤病员。到了第二天晚上，用于包扎的所有材料都用光了。由于亚麻布一点儿都没有了，医生们不得不用从档案中找来的纸张替代。他们用羊皮纸条为伤病员包扎伤口，用粗布为他们止血。没有棉花，他们只好用短麻屑和白桦茸替代。

法军的医生非常气馁。一家接纳了100多名伤病员的医院已被迫停运3天，弥漫着绝望的气息。拉普偶然进入这家医院，发现了这一情况。我在此就不赘述他描述的恐怖情况了，以免让读者感到不适。何必要说起这些折磨人灵魂的可怕记忆呢？拉普向拿破仑汇报了这一悲惨而恐怖的情况后，拿破仑立刻拿出自己的葡萄酒和钱财，并分发给这些靠顽强的生命力支撑下来或靠令人作呕的食物活下来的不幸的伤病员。其实，这些报告除了激发拿破仑内心深处强烈的情感，还令他产生了一些令人害怕的想法。他想到，斯摩棱斯克城的大火并非不可预见，也并不致命，更不是俄军在绝望之余的冲动之举，而是他们冷静思考之后所做决定的结果。俄军曾认真研究了作战时间和作战策略，然后不惜一切代价摧毁了斯摩棱斯克城，而不是像以往那样拼命保卫它。

就在拿破仑得知俄军焚烧斯摩棱斯克城的那天，在斯摩棱斯克城找到的唯一一位牧首勇敢的回话，让拿破仑更清楚地认识到，所有俄国人的愤怒已经被激起。拿破仑的翻译对这种仇恨感到惊恐，便带着牧首来见他。一开始，可敬的牧首态度坚定、义正词严地责备拿破仑所谓渎神的行为。他并不知道，俄国将军才是下令烧毁仓库和教堂的罪魁祸首，却反过来谴责我们犯下了这种暴行。他们之所以这么做，是为了避免商人和农民与贵族分道扬镳。

拿破仑认真地听完他的话。“然而，”最后，拿破仑问他，“你的教堂被烧毁了吗？”“没有，陛下。”他回答，“伟大的上帝会守护我的教堂，因为我收留了这个城市中所有不幸的人——城市被摧毁，他们无家可归！”“你说得对，”拿破仑激动地说，“是的，上帝会保佑那些战争中无辜的受害者，上帝会因你的勇敢而奖励你。去吧，值得尊敬的教皇，回到你的岗位上去。所有牧首如果都以你为榜样，就不会卑鄙地背叛上帝赋予他们的和平使命。只有教皇待在教堂里，教堂才是神圣的地方。如果其他牧首没有放弃这些教堂，我的士兵就不会进入你们神圣的建筑，因为我们同为基督徒，你们的上帝就是我们的上帝。”

说罢，拿破仑就派人护送这位牧首回到他的教堂。一群恐慌的妇女和儿童聚集在圣坛周围，一看到士兵们走进这个庇护所，就发出令人心碎的尖叫声。这时，这位教皇高声说道：“高兴起来吧，我已经见过拿破仑，还和他进行了交谈。哦！我们上当了，我的孩子们！拿破仑并不是你们听人描述的那样。要知道，他和他的士兵与我们信仰同一个上帝。他发起的并不是宗教战争，而是一场国与国之间的政治斗争。他的士兵只同我们的士兵作战，他向我们保证，不会屠杀老人、妇女和儿童。那么，振作起来，让我们感谢上帝，感谢上帝让我们免受因将法军将士视为异教徒、不虔敬的恶棍和纵火犯而仇恨他们的痛苦！”然后，他开始吟唱一首赞美诗。在场的人热泪盈眶，一起唱了起来。

这些话表明，俄国人深受欺骗。尽管如此，仍然有很多居民早已逃离。也就是说，在法军到来之前逃跑的不仅有俄军，还有俄国百姓，甚至是整个俄国。面对如此庞大的俄国人口，拿破仑感到自己征服俄国的最主要的动力正在慢慢消失。

第9章 鼓动俄国农民发动起义

实际上，自从我们来到维捷布斯克，拿破仑就命令两个军官前去安抚俄国人的情绪，目的就是给他们灌输自由的观念，让他们发起暴动，加入我们的事业。但除了几个行军途中掉队的粗鲁的俄国农民，这两个军官的工作并无成效，而这几个农民或许是俄军留下来混入法军的探子。拿破仑的这一做法与他的计划完全相悖，并使俄军警惕起来。

其实，拿破仑也十分厌恶这种权宜之计。他的天性使他更加适合当君主，从宏观层面进行决策，而不是处理琐碎的民族事务。因此，他不太重视这件事。随后，在莫斯科，他收到了几封来自俄国不同家族首领的信。首领们在信中抱怨俄国贵族待他们如同可以随意出售或交换的牲畜一般。他们恳求拿破仑宣布废除农奴制，并许诺说，如果拿破仑这样做，他们会在局部地区发动起义，然后尽快发动全面起义。

拿破仑拒绝了这些首领的提议。我们应该已经看到，这个民族骨子里刻着难以控制的可怕的放荡不羁。我们可以从之前几次局部地区的起义中看出这个民族的行为准则。俄国贵族将会像圣多明戈的种植园主那样破产。拿破仑承认，他非常担心这种事情。这种担心使他一度放弃发动他可能无法控制的起义及为起义所做的所有努力。

此外，俄国贵族对他们的农奴充满怀疑。在重重危险中，俄国贵族认为让农奴忠于自己是最重要的。他们首先从思想上奴役这些悲惨的农奴，通过各种形式贬低他们。农奴们习惯性地信任、依赖的牧首往往会用欺骗性的语言迷惑他们。这些牧首让农奴相信，法军是被反基督的人指挥的魔鬼军团（legions of devils），是来自地狱的魔鬼，法军将士的外貌会令人恐惧，与法军接触会给农奴们带来损失。一些被俄军俘虏的人说，这些可怜的农奴不再使用法军用过的车辆，除非是运输最肮脏的牲畜。

然而，随着法军步步深入，法军的存在将驳倒所有拙劣的谎言。但看啊！俄国贵族带着他们的农奴撤到俄国腹地，就像可怕的传染病来临了一般。他们毁掉了住宅和其他所有财产，以及所有可能会耽搁他们撤退却能为法军所用的东西。他们借助饥荒、大火和荒野来阻止法军追赶的步伐。俄国贵族的做法的确给法军造成了严重的损失，但同样给他们的农奴带来了严重的灾难。因此，这些灾难的根由不再是一场君主之间的战争，而是一场阶层之间的战争，一场政党之间的战争，一场宗教派系之间的战争，一场民族之间的战争，一场集各种冲突于一体的战争。

当时，拿破仑首次觉察到远征事业的规模有多么宏大——他越深入俄国，他的事业就越宏伟。如果他要面对的只是其他国家的君主，那么就像做游戏一样，这些君主注定一败涂地。至于拿破仑，他比他们都英明。实际上，他已经征服了这些君主，现在需要应对他们的臣民。而在欧洲的另一端，他发现的是另一个“西班牙”。不过，这里路途遥远、广袤无垠、土地贫瘠，他感到气馁、犹豫，便停留了一阵。

在维捷布斯克时，拿破仑无论如何都想攻打斯摩棱斯克城。然而，到达斯摩棱斯克城后，他似乎迟迟无法做出任何决定，因为他再次困惑了。周围的大火、流行病和受害者，让一切都变得非常糟糕。现在的局势更加糟糕。拿破仑变得犹豫不决，转身眺望基辅、彼得堡和莫斯科的方向。

拿破仑心想，他应该率军在基辅包围奇恰戈夫及其部队，歼灭俄军令人恼火的右翼和后卫部队，占领波兰那些人口众多、盛产粮食和马匹的省份。他还应该命人加固莫希列夫、斯摩棱斯克城、维捷布斯克、波洛茨克、杜纳堡和里加的营地，这样有利于保卫法军攻占的其他地方。冬天来临时，他可以招募并训练波兰人，待来年春天就可以率领他们向俄国发动战争，让这场战争变得势均力敌。

抵达斯摩棱斯克城时，拿破仑站在通往彼得堡和莫斯科的道路交会处。从这里行军29天能到达彼得堡，15天能到达莫斯科。彼得堡是俄国政府的中心，是政府各部门的纽带，是俄国的大脑，拥有俄国的军火库与海军基地。总之，它还是俄国与英国往来的唯一联络点。因此，拿破仑应该占领它。他刚刚收到波洛茨克战役的捷报，更有了向彼得堡进发的信心。如果与圣西尔一起进军彼得堡，拿破仑就可以包围维特根施泰因率领的俄军，让麦克唐纳元帅眼睁睁地看着里加沦陷。

然而，莫斯科是贵族云集的地方，也是俄国曾经的首都。因此，拿破仑也应该攻占莫斯科，获得俄国的财富，打击俄国人心中根深蒂固的荣誉感。从斯摩棱斯克到莫斯科距离比较近，障碍比较少，资源也比较丰富。再者，拿破仑不能忽视且必须击败的俄军主力部队就在莫斯科。拿破仑如果能够成功率军攻占俄国的心脏——莫斯科，就可以震慑整个俄国。

尽管春天即将来临，但在拿破仑看来，包围俄军、加固营地和攻占莫斯科这三个计划中似乎只有最后一个是最切实可行的。不过，卡尔十二世的经历让他记忆犹新。他刚刚不耐烦地将伏尔泰的哲学思想弃置一边，认为其哲学思想像他读过的阿德勒菲尔德日记一样过于浪漫，还不准确。伏尔泰的哲学思想没能阻止拿破仑前进的步伐。他十分重视这次远征——与卡尔十二世远征俄国完全不同。谁又能冷静地审视自己的事业呢？世界上从没有两个人、两件事或两种情形是完全

† 拿破仑率军抵达斯摩棱斯克

让-夏尔·朗格卢瓦（1789—1870）绘

相似的，所以前车之鉴又有何用呢？

不管怎样，这段时间，我们时常听到拿破仑在念叨卡尔十二世的名字。

第10章 法军进至多罗戈布耶

但就像以前在维捷布斯克那样，来自四面八方的消息使拿破仑热情高涨。副官们似乎比他还要激动。达武、施瓦岑贝格亲王和内伊在莫希列夫、莫洛迪兹纳和瓦卢蒂纳的常规战斗中取得了胜利。在拿破仑所率部队的右侧，法军战线防守严密，俄军在前方仓皇逃跑；在拿破仑所率部队的左侧，乌迪诺虽然成功地将维特根施泰因的部队吸引到波洛茨克，但1812年8月17日，在斯洛纳，维特根施泰因率领俄军对乌迪诺的部队进行了十分猛烈而顽强的进攻。虽然俄军以失败告终，但维特根施泰因依然保持着进攻的态势。由于乌迪诺身负重伤，圣西尔接替他指挥由法国人、瑞士人和巴伐利亚人组成的大约3万人的部队。圣西尔喜欢自己统领部队、发号施令，不愿意听从任何人的指挥。8月18日，他按照自己的一贯做法，冷静地综合考虑了各方面的因素，随即部署了这支3万人的部队来对抗俄军。

8月18日，从黎明到17时，圣西尔设法向俄军提出撤出伤员的协议，并佯装撤军来迷惑俄军。与此同时，他不动声色地集结了全部有战斗力的士兵，将他们分成3列纵队，并让他们隐蔽在斯帕斯村后面的高地上。

8月18日17时，一切准备就绪。此时，维特根施泰因放松了警惕。于是，圣西尔发出信号，炮兵立刻开火，纵队迅速冲向俄军。俄军猝不及防，惊慌失措，徒劳地进行反击。其右翼部队首先被攻破，中路部队也很快溃败。俄军丢弃了1000名战俘和20门大炮。战场上尸横遍野，而圣西尔因兵力太弱，不得不假装继续进攻，以便更好地防守。

在这场短暂而残忍的战斗中，俄军右翼依托杜纳河顽强抵抗。在浓浓的硝烟中，圣西尔的部队只能用刺刀进攻。战斗进行得非常顺利，但就在大家都以为法军应该乘胜追击时，一切几乎功亏一篑。有人说是俄国龙骑兵，也有人说是俄国近卫骑兵，冒死向圣西尔的炮兵部队发起了进攻。圣西尔派法军的一个旅前去支援，但不承想这个旅突然掉头从炮兵中间逃回去了。这些逃兵阻碍了法军炮兵朝俄国骑兵开炮——以免误伤同伴。俄国骑兵混在圣西尔派出的那个旅中，到达法军炮兵阵地，挥刀砍杀我们的炮兵，推翻我们的大炮，并紧紧追击我们的骑兵。骑兵们越来越害怕，仓皇逃向他们的总指挥及其军队，将总指挥及其部队撞得人仰马翻。圣西尔不得不下马逃跑。为了避免在混乱中遭到马匹和逃跑士兵的踩踏，他跳进一条深沟，躲藏在沟底。当俄国骑兵逼近波洛茨克时，贝克海姆率领法国第四铁骑兵团迅速而有效地攻打了俄国骑兵，结束了这场激战。俄军躲进了树林里。

第二天，圣西尔派出一队士兵去寻找俄军，但发现俄军已经撤退。他率领的法军欢庆胜利，满载而归。在随后的两个月里——直到10月18日，维特根施泰因一直按兵不动。圣西尔密切地关注着俄军的动向，与麦克唐纳元帅、维捷布斯克及斯摩棱斯克的法军保持联系，同时在波洛茨克加强防卫，尤其是要在那里寻找粮草。

在8月18日的行动中，4名指挥官、4名上校和许多长官负伤。其中，全军尤其注意到两位巴伐利亚将军——德鲁瓦和利本均于8月22日阵亡。德鲁瓦和利本年龄相同，同属于一个团，在多次战役中并肩战斗。在危险丛生的军事生涯中，他们几乎同步得到提拔，又在同一场战斗中以同样的方式光荣战死。大家认为，不应该将这两位生死相依的勇士分开埋葬，因为无论生死他们都应该形影不离，于是将他们合葬了。

拿破仑一接到胜利的消息，就将其传达给帝国元帅圣西尔，并且准许他发放大量十字勋章，随后还批准了大部分将士的晋升申请。

尽管法军取得了这次胜利，但拿破仑并不敢独自做出冒险的决定——从斯摩棱斯克出发继续向前推进。他必须设法让别人提出这样的建议。越过瓦卢蒂纳后，内伊麾下的将士们非常疲劳。因此，达武的部队前去替换了他们。作为拿破仑的妹夫，缪拉欣然听从他的命令，前去指挥达武的部队。内伊也服从拿破仑的命令，接受了这一安排，并与缪拉达成了高度一致。

达武素来行事有条不紊、锲而不舍，这与性格急躁、容易冲动的缪拉形成了鲜明的对比。回想自己在两次重大战役中取得的胜利及获得的头衔，达武感到非常骄傲，但现在必须听从缪拉的号令，让他的自尊心受到了伤害。两位傲慢的将军年龄相仿，曾并肩作战，并见证了彼此一步步的升迁。他们都习惯了只服从一位统帅的领导，而不是让对方向自己发号施令。更何况缪拉冲动鲁莽，常常无法控制自己。

尽管如此，达武还是服从了拿破仑的命令。由于自尊心受到了伤害，达武显得极不情愿，非常勉强，随即断绝了与拿破仑的所有直接联系。拿破仑对此感到惊讶，命令达武恢复与他的直接联系，还声称他不相信缪拉的汇报。达武利用拿破仑的这一公开声明，再次向他提出要独立指挥部队。自此之后，这支先头部队就有了两位领导人。尽管有军纪、军令及前车之鉴，但由于事必躬亲、工作负荷过重，拿破仑感到疲惫不堪、非常苦恼，只好听之任之，不得不将一部分权力下放给将军们，也将一部分兵力分给将军们。他从前经常牢牢地掌控着形势，如今却反被形势摆布。

在此期间，巴克莱并没有进行任何抵抗，一直向后撤退至多罗戈布耶附近。因此，缪拉无须调遣达武，两人之间便没有机会产生误解。8月23日11时，拿破仑命令缪拉彻底侦察一片茂密的森林。虽然这片森林距离多罗戈布耶只有几俄里，缪拉率领的部队却遭到俄军的猛烈阻击。他不得不分两次派兵进行侦察。

8月24日凌晨，缪拉派部队前往那片茂密的森林进行侦察，但再次遭到了俄军的顽强抵抗。惊讶之余，他仍然奋力前进。当他试图穿过这片森林时，他看到俄军正排着整齐的队列投入战斗。卢加河狭窄的沟壑横亘在缪拉的军队与俄军之间。当时正值中午，俄军人数众多，战线很长。尤其以缪拉所率部队右翼对面的俄军兵力最多、准备最充分，占尽了天时地利。俄军这支部队是刚刚与巴格拉季昂会师的巴克莱的部队。俄军选择的地方非常适合大规模作战。缪拉有理由期待与俄军大战一场，于是派人给拿破仑送去急件汇报此事。

与此同时，缪拉命令蒙布兰率领骑兵从他的右侧通过沟壑，以便侦察和攻击俄军左翼。达武率领5个师的步兵也向这个方向移动，以掩护蒙布兰率领的骑兵。据说，缪拉将达武率领的5个师调遣到他左侧的公路上，是为了让这5个师从正面发动佯攻，以策应蒙布兰从侧翼进攻。

达武回应道：“这样做将让我军右翼损失惨重。俄军会因此向我军右翼发动进攻，从而占领我军后方的公路，而这条公路正是我们撤退的唯一路线。这将迫使我们与俄军作战。我接到的命令是避免开战；我也想避免开战，因为我的兵力不足，地理位置不佳。另外，我对我的将军缺乏信心。”随后，达武立刻给拿破仑写信，请求他火速赶来，除非他想让缪拉在他缺席的情况下发动进攻。

8月24日晚，拿破仑收到信，然后欣然放下了之前的犹豫不决。对一向积极进取、行事果断的拿破仑来说，优柔寡断绝对是一种莫大的折磨。他急忙率领护卫队马不停蹄地行军12里格。但前一天晚上，俄军再次消失了。

在我们看来，俄军之所以撤退，是因为遭到了蒙布兰率领的骑兵的进攻，而在俄军看来，撤退是因为巴克莱及其参谋长选错了部署军队的地方。他们所选的位置对俄军不利，无法让俄军发挥优势。巴格拉季昂首先发现了这一点，他极其愤怒，甚至宣称这是叛国行为。

俄军和法军的高级军官中均出现了不和谐因素。俄方对自己指挥官的能力和军队的实力信心不足，认为指挥官的一举一动似乎都是巨大的错误，他们所做的每一个决定似乎都是最糟糕的。斯摩棱斯克城失守之后，情况恶化了。巴克莱的部队与巴格拉季昂的部队会师后，局势变得更糟糕了。俄军士兵感到，他们的兵力越强，他们指挥官的能力似乎就越弱。俄军内部普遍出现抗议的声音。除了几个谨慎的士兵反对重新任命指挥官，其他士兵都大声呼吁重新任命指挥官，并提出任命库图佐夫为指挥官。谦恭却自尊心极强的俄国人期待由这位将军指挥作战。

其间，拿破仑已经到达多罗戈布耶。他不再犹豫，也深知自己所做的一切决定着欧洲的命运；无论身处何地，他所在的地方都将决定法国的命运。因此，他必须奋力向前，勇敢地面对瑞典人和奥斯曼人的背叛所带来的威胁。于是，他忽略了驻扎在里加的埃森的部队，驻扎在波洛茨克的维特根施泰因的部队，驻扎在博布鲁伊斯克的埃特尔的部队，以及驻扎在沃里尼亚的俄国海军上将奇恰戈夫的部队。这几支俄军部队共有12万人，并且人数还在持续增加。拿破仑从这些部队的驻地经过，即使被包围了也不在乎。他确信自己只要发动一次猛攻，就会清除所有障碍。

离开维捷布斯克时，法军多达18.5万人。经过了一系列战役后，法军的人数已经减至15.7万。在减少的2.8万人中，有一半驻扎在维捷布斯克、奥恰、莫希列夫和斯摩棱斯克，还有一半或战死，或受伤，或掉队。掉队的人正在后方对法国的盟友甚至本国同胞实施掠夺。

尽管如此，一支15.7万人的部队还是足以彻底击败俄军，攻陷莫斯科。虽然拿破仑的基本战略受到12万人的俄军威胁，但法军看起来仍然很安全。麦克唐纳元帅率领3.2万人正朝里加和杜纳堡逼近，他们已经或很快就会到达立陶宛、杜纳河与第聂伯河，甚至斯摩棱斯克城；圣西尔率领3万人逼近波洛茨克；维克多元帅率领1.2万人驻扎在博布鲁伊斯克；施瓦岑贝格亲王和雷尼尔则率4.5万人驻守在布格河岸。此外，拿破仑估计卢瓦宗和杜鲁特率领的2.2万名精兵已经逼近柯尼斯堡和华沙。此外，还有8万人的增援部队。11月中旬之前，所有部队都将踏入俄国境内。

拿破仑认为，包括从立陶宛和波兰征募的士兵在内，应该有28万人的部队支持他。他率领15.5万多人向前挺进了93里格，而这正是斯摩棱斯克城与莫斯科之间的距离。

不过，这28万人由6位将军率领，他们互不干涉、相互独立。6位将军中地位最高、最核心的不是战争大臣，而是一位和平大臣（minister of peace）。他就像一个统领全局的中枢，协调另外5位将军的行动。

此外，拿破仑原有部队的规模已经减少三分之一。初次踏入俄国境内的法军不可避免地被打散，大部分增援部队也被摧毁。士兵们出发时大多属于各个分队，后来被临时编入行进中的部队，由陌生的军官指挥。因此，他们毫无纪律，缺乏团队意识和集体荣誉，从踏入俄国的第一天起就有可能离开部队。而在这样的季节与气候条件下，在俄国光秃秃的地面上行军，他们的物资一天比一天匮乏，宿营条件也越来越简陋。

与此同时，拿破仑看到，就像斯摩棱斯克一样，多罗戈布耶被烧成了废墟，尤以商人的住所烧得最严重。商人们的损失最惨重，他们的财富本来可以为法军所用，或归法军所有。从商人们的处境来看，他们形成了一个中间阶层，构成了第三等级的雏形，极易受自由的诱惑。

拿破仑意识到他正在放弃斯摩棱斯克城，而当初他怀揣战斗的希望来到斯摩棱斯克城。然而，彼时俄国将军们的优柔寡断与分歧一直拖延着战争的爆发。此刻，拿破仑已下定决心，只听取那些支持他决议的意见，他坚持要追踪俄军。于是，俄军越小心，他越大胆。他将俄军的小心谨慎视为胆怯，将俄军的撤退视为逃跑。他瞧不起俄军的作为，但俄军的撤退又给了他希望。

第 7 部分

第1章 法军行进中的给养

拿破仑迅速赶到多罗戈布耶。为了等待法军其他部队，也为了放手让缪拉率军追踪俄军，拿破仑不得不在多罗戈布耶短暂停留。1812年8月26日，他再次率领法军出发。法军排成3列纵队齐头并进，拿破仑、缪拉、达武和内伊的部队在中间，行进在通往莫斯科的大路上；他们的右边是波尼亚托夫斯基的部队；左边是意大利军队。

法军主力处在中间位置，一路上并非找不到任何东西。其前锋部队则完全依靠俄军留下的物资维持生存。为了争取时间，主力部队必须快速行军，不能偏离方向。此外，左右两翼的部队已经将道路两边能够找到的食物消耗殆尽。为了能够吃得好一些，主力部队必须每天晚点出发，早点停止前进，然后在晚上向两边分散以便寻找食物。由于俄军近在咫尺，法军主力部队分散时不得不处处小心。

就像在维捷布斯克那样，拿破仑从斯摩棱斯克城出发时就下令，让全军带够几天的口粮。他意识到在行军途中收集粮草非常困难，但同时相信法军将士都很勤勉。他已经提醒了他们——这就足够了。法军将士会设法找到生活必需品，他们已经习惯这么做了。这么多人自愿并坚持不懈地追随一个人到这么远的地方，真是一个奇妙的现象。凭借活跃的思维、吃苦耐劳的精神与克服一切困难的习性，以及对充满冒险和刺激的战争“游戏”中的危险性和不可预见性的痴迷，规模如此庞大的法军和波兰军队能够日复一日地活下来，这真是个奇迹。

每个团都有许多车辆和在波兰常见的小马。这些马和车辆需要不断用新的牲口与车辆来替换。行李车由士兵驾驶——所有任务由他们亲自完成。他们其实已经掉队，但由于这里物资匮乏，他们必须运送一切物资，带着长长的车队离开，于是需要第二支部队扛走或拖走第一支部队的必需品。

在这次急行军的过程中，法军已经适应了当地的所有风俗，习惯了各种困难。出于本能，士兵们最大限度地利用了俄国贫乏的资源。至于军官们，想到总是无法如期得到配给的食物，于是也都根据自己的热情、智慧和坚毅，或多或少地参与了掠夺活动，并将掠夺来的物品视为应得的定期配给。

因为只有从公路两侧深入到不知名的地方才能找到食物，所以每天晚上，当军队停止前进、安顿下来后，分遣队便去到很远的地方寻找必需品。分遣队很少由各师来指挥，有时候由各旅指挥，更多的时候则听从各团的调遣。离开公路后，不出几俄里，分遣队便发现所有村庄里都有村民。这些村民对分遣队并无敌意，但由于语言不通，加上自己的所有财产要被夺走，所以都惊慌不已，逃进了树林里。于是，分遣队只得前往其他村庄，并且尽量不让村民惧怕。

吃饱喝足后，分遣队于第二天或几天后带着“累累硕果”，重新回到他们的部队。不过，分遣队如果遇到其他部队派出寻找食物的队伍，也经常会遭到抢劫。这种事情时有发生。因此，敌意绝对会引发法军内部的血腥冲突。法军对陷入同样物资匮乏的困境感到恐惧时，这种敌意产生了；而当他们共同面临其他不幸时，这种敌意并没有完全消解。

在分遣队回来之前，那些仍留在队伍中的士兵要靠在行军途中找到的食物存活。一般情况下，他们找到的都是未成熟的黑麦。他们会将这些未成熟的黑麦煮熟来吃。由于队伍后面都有拉车用的牲畜，所以法军对肉的需求比对面包的需求少。但行军距离比较远，尤其是行军速度非常快，致使法军损失了许多牲畜。这些牲畜因炎热的天气中暑而亡，或因大军前进时飞扬的尘土窒息而死。因此，每当行军至有水的地方时，牲畜们疯狂地跑进水里，结果许多都被淹死了，还有一些则因毫无节制地饮水而撑到无法行走。

据说，就像先前我们到达斯摩棱斯克城时一样，法军第一军各师所剩的兵力最多。这些师的分遣队纪律更加严明，带回来的食物最多，给俄国村民造成的伤害也最小。第一军中那些留在队伍中的士兵靠吃他们背包里的食物活了下来。法军中普遍存在的乱象让人身心俱疲，但看到第一军的士兵整齐的外表，又让人顿感宽慰。

法军每个士兵背包里的东西都减少到只剩下必需的衣物——两条衬衫、两双钉子鞋、一双备用鞋底、一条裤子和一双绑腿，少数必需的清洁用具，一条绷带，少量软麻布，60发子弹。

法军每个士兵的背包两侧都放着4块饼干——每块重16盎司[①]。背包底部是一条狭长的亚麻包——里面装着10磅面粉。整个背包及里面所装的物品，连同卷起来固定在顶部的皮带和防护罩，共重33磅12盎司。

法军每个士兵还背着一个亚麻布袋，就像一条肩带一样挂在肩上，里面装着两个3磅重的面包。他们都配备了4天的面包、4天的饼干和7天的面粉及60发子弹。沉重的背包，加上军刀、3个燧石、旋凿、肩带和火枪，每个士兵不得不背58磅重的东西。

法军后面是装载着6天粮草的车辆。不过，让法军信心满满地指望这些在当地找来的车辆是不可能的，因为它们只有在规模较小的部队及更加正规的战争中使用起来才比较方便。

① 盎司，英制重量单位，16盎司合1磅，即约0.454千克。——编者注

当面粉用光时，法军的士兵们就用面粉袋装找来的玉米。假如途中能遇到磨坊，他们就在磨坊里将玉米磨成粉。假如没有磨坊，他们就使用随军携带的手工磨或在村庄里发现的手工磨。不同村庄的俄国人彼此之间几乎不熟悉。在只有一台手工磨的情况下，需要16个人磨12个小时，才能磨出130个人一天的口粮。

在俄国，面包师非常多，每家也都有烤箱，所以法军几乎不缺烤箱来烘焙面包。由于第一军中有来自各行各业的人，所以法军在行军途中所需的食物几乎都由他们烹制，所需的衣物也几乎都由他们缝补。这是一支集农耕文明与游牧文明的特征为一体的队伍。拿破仑首先想到了用石磨磨粮食这个主意。达武不仅有充足的时间，还有适宜的地点和所需的人员，于是将拿这个主意付诸实施。但其他将军缺少这3个成功的因素。此外，其他将军个性更加鲁莽，做事缺乏条理，即使具备这3个成功的要素，也几乎不能使其发挥同等的优势。他们没有达武组织能力强，所以必须克服更多障碍。这些差异造成了许多不良影响，但并没有得到拿破仑的重视。

第2章
拿破仑在斯瓦科沃发表声明

拿破仑率军从多罗戈布耶行进几里格后，来到了斯瓦科沃。1812年8月27日，他从斯瓦科沃给维克多元帅发出命令，命其率军前往斯摩棱斯克城。当时，维克多的部队在涅曼河边。这支部队的左翼前去占领维捷布斯克，右翼前去占领莫希列夫，中路前往斯摩棱斯克城。维克多将率军在斯摩棱斯克城援助圣西尔的部队。如有需要，他还要率军支援前往莫斯科的法军，并与立陶宛保持联系。

拿破仑在他暂时设在斯瓦科沃的指挥部发表了讲话，描述了他在瓦卢蒂纳山视察军队时的细节，目的是让人们铭记那些在穿越瓦卢蒂纳时表现英勇的将士的名字。但他补充说，在斯摩棱斯克城，“波兰人的行为使俄国人感到惊讶，虽然俄国人一向鄙视波兰人”。这些话让波兰人义愤填膺。拿破仑早已料到波兰人的反应，只是微微一笑。他之所以激起波兰人的愤怒，是想让他们齐心协力，一致对付俄国人。

在这次行军途中，在古老的俄国的心脏——斯摩棱斯克城，拿破仑颁布了许多法令——将传遍法国各地，因为他想让法国各地百姓感受到他无处不在，并将他的权力渗透到世界各地。他的这种想法是令人难以想象的不断膨胀的灵魂的产物，一开始只是一个玩笑，到最后却演变成企图将整个世界变成一个帝国的野心。

实际上，在斯瓦科沃时，拿破仑周围的人很少遵守军纪。为了在夜间取暖，护卫队烧毁了拿破仑命令其守卫的桥梁，而这座桥梁是他第二天离开宿营地的唯一通道。尽管如此，与其他错误一样，这种错误不是因为法军将士不服从拿破仑的命令，而是因为他们无知。他们一察觉到这种错误，就纠正了过来。

就在同一天，缪拉将俄军赶到了奥西马河对岸。奥西马河道很窄，但两岸的河堤很高，河水极深。与这个国家的大部分河流一样，奥西马河的涨落受积雪影响。当积雪消融时，高高的河堤能够防止洪水泛滥。俄军后卫部队利用这一天险，驻扎在奥西马河对岸的高地上。缪拉下令侦察奥西马河谷。在那里，侦察兵发现了一处浅滩。缪拉就是通过这条狭窄而又危险的河谷，勇敢地置身于奥西马河与俄军驻地之间，率军向俄军逼近。就这样，他放弃了自己部队的所有后路，准备背水一战。一场小规模的战斗由此演变成了孤注一掷的军事行动。其实，俄军大规模地从高处冲下来，将缪拉逼到河谷边缘，差点儿逼得他跳进河里。但他将错就错，勇敢地率军突围，终于反败为胜，击退了俄军。由于第四枪骑兵团坚守阵地，俄军退回到不远处过夜。法军为占领方圆四分之一里格的地方付出了沉重的代价，这让俄军很满足，因为他们原本就打算在夜间放弃这一小片地方，而法军也原本可以不费一兵一卒就占领这里。

在危急时刻，达武的一个炮兵连两次拒绝开炮。这个炮兵连的指挥官辩称，没收到达武的指示，这妨碍了他在关键时刻开炮，因为他不能在接到达武的命令之前开炮。有些人说，达武的命令下达得很及时；有些人说，他的命令下达得太晚了。我之所以讲述这件事，是因为第二天在瑟姆勒沃，缪拉和达武为此当着拿破仑的面大吵了一架。

缪拉指责达武行动迟缓、太过谨慎。其实，早在远征埃及时，达武就对缪拉充满敌意。在激烈的争吵中，缪拉对达武说，如果他们之间意见不合，需要大吵一架，那么他们应该自己解决，而不应该让军队因此遭罪。

达武也感到非常愤怒，他指责缪拉过于鲁莽。据他所说，缪拉的轻率与鲁莽不断给其所率部队造成损失，白白浪费了将士们的生命，消磨了他们的意志，损耗了部队的物资。拿破仑终于知道他的前锋部队里每天都在发生什么了。每天早上，俄军都会从拿破仑的前锋部队面前消失。但在行军过程中，法军并没有根据这一情况做出任何调整。法军每天出发的时间都很晚，并且全军排成一队，沿着公路前进，就这样一直走到中午也没有碰到一个俄国士兵。

“我军发现，俄军的后卫部队隐蔽在一条布满沼泽的沟壑后面，并且做好了战斗准备。沟壑上面的桥梁悉数被毁，对岸的俄军火力已将那里全面覆盖。我军轻装部队立即展开攻势，第一批骑兵团紧跟着发动进攻，炮兵也随之开始进攻。但俄军距离太远了，完全在我军的射程之外。我军只能击中掉队的哥萨克人，但他们根本不值得浪费子弹。最后，由于前方的猛攻毫无成效，缪拉突发奇想，要更加准确地侦察俄军的兵力和位置，并且改变进攻策略。于是，他开始调遣步兵。

“由于队列太长，我军过了很久才终于从俄军两侧穿越沟壑，但俄军已经在一小支部队的掩护下撤退至一个新的位置。在这里，我军又遭到同样的反击，再次以同样的方式进攻。我们遭受了同样的损失，并再次贻误战机。

“就这样，缪拉步步紧追，等到抵达一个更坚固、更易防守的地方通常已到17时左右，很多时候甚至更晚。即使是在这种情况下，在这样的时间，俄军也在不屈不挠地进行反击。这表明俄军所有部队都在那里，并且决定在那里过夜。

“不可否认的是，俄军撤退时井然有序，令人佩服。两军在哪里交战完全取决于俄军的意愿，而不是缪拉的意愿。俄军选择的位置可谓占尽天时地利，对他们极其有利。俄军每次都攻守有节，尽可能地保存实力，并且为自己争取时间。实际上，俄军似乎有备而来。他们严格按照制定好的行军路线行进，并严格执行既定计划。在我们可能将俄军从一个地方赶走的那一刻之前，俄军从来不会放弃那个地方。

“到了晚上，俄军早早地占好位置，留下绝对必要的一部分人进行防守，而大部分人则开始休息，吃晚饭，补充体力。”

达武补充道：“截至目前，缪拉还未从这些事情中吸取教训，他不考虑时间因素、我军所处的位置及俄军的抗击情况。他在队伍里跑来跑去，在俄军的前沿阵地左冲右突，感受俄军各处的火力。他激情四射，大声地下达命令，并不断重复这些命令，直到声音嘶哑。他耗尽了所有弹药，搭上了所有士兵和马匹、战斗人员和非战斗人员，让所有部队保持战备状态，直到夜幕降临。

“直到那时，他才会意识到，的确有必要停止战斗，让全军就地宿营。可士兵们已经不知道该去哪里寻找食物及其他必需品。一整晚，他们都在黑暗中为了寻找饲料、水、木柴、秸秆和食物四处徘徊，到处摸索；由于找不到宿营地，他们只好靠呼唤彼此的名字来避免在夜间迷路。这些令人同情的士兵哪里还有时间睡觉呢？因为过度疲劳，他们一整晚都在诅咒不得不忍受的苦难，直到天亮时再次被俄军‘唤醒’。

“并不是只有先头部队遭受了这样的痛苦，而是整个骑兵部队都在遭受这样的痛苦。每天晚上，缪拉都让2万名骑兵鞍不离马甲不离身地留在公路上。这支长长的队伍一整天在骄阳似火、尘土飞扬的环境下行军，没有饭吃，没有酒喝。他们不知道前方战事如何，并且每25分钟就前进一段距离，然后停下来，部署在黑麦地里。但他们不敢卸下马鞍，让饥饿的马吃草料，因为缪拉命令他们要一直保持警戒。就这样，为了前进五六里格，士兵们度过了单调而沉闷的16个小时。那些胸甲骑兵的马更是吃尽了苦头。它们虽然比体形大的马弱小，却承载了更多重量，所以需要更多草料。它们消耗了太多体力，已经骨瘦如柴。腹部两侧的凹陷让它们走起路来左摇右晃，似乎随时都会连带主人一起跌倒。马一旦倒毙，主人就只能听天由命了。”

最后，达武说：“如果继续这样下去，我军整个骑兵部队都会被毁掉。缪拉可以随意处置骑兵。但我只要还是第一军的步兵指挥官，就不会任由他们白白丧命。”

在反驳达武的指责时，缪拉毫不退缩。拿破仑一边听着缪拉与达武争吵，一边玩着一个俄罗斯球。他用脚将球踢来踢去，似乎两位将军的误会里有什么东西令他高兴。拿破仑将两人之间的敌意归因于他们的战斗热情。他很清楚，在所有激发战斗热情的事物中，荣誉是最招人嫉妒的。

缪拉的急躁与热切令拿破仑满意。法军将士没有任何粮食储备，因此只能找到什么便吃什么。一切都已经消耗殆尽。法军有必要与俄军速战速决，然后快速前进。此外，鉴于欧洲存在极大的政治隐患，如果滞留在俄国，拿破仑会陷入更危险的处境。他自己也变得毫无耐心，希望无论如何都尽快结束这一切，以便赶紧脱身。

比起达武的稳扎稳打与谨小慎微，缪拉的急躁与冒进似乎更适合缓解拿破仑的焦虑。于是，将他们打发走时，拿破仑温和地对达武说：“一个人不可能具备所有优良品格。比起防守，我更懂得如何进攻。在立陶宛时，如果由缪拉率军追击巴格拉季昂及其部队，或许他不可能让巴格拉季昂跑掉。”有人甚至断言，拿破仑责备达武言辞过激，急于把所有命令都下达给他。实际上，要想让一切发生好转，更多依靠热情而非野心。不过，这种热情也会适得其反。之后，拿破仑命令缪拉和达武以后要更好地统一意见，便让他们离开了。

达武和缪拉回到了他们的指挥部，但两人之间的敌意依然没有消除。关于这场争论的内容，只有军队里的将军们知道。以上就是他们争论的焦点。

第3章 俄军全面实施毁坏城镇的计划

1812年8月28日，法军穿越了维亚济马所在的辽阔平原。法军快速前进，全部穿过田野。几个团并排行进，各自形成一个短小而紧凑的纵队。公路留给炮兵部队、运输车辆及运送伤病员的车辆通行。拿破仑骑在马背上，好让全军上下都能看见他。缪拉的来信及全军向维亚济马靠近，再次点燃了他与俄军开战的希望。在行军途中，士兵们听到拿破仑在数着那些炸死俄军要用的成千上万的炮弹。

拿破仑让士兵们将所有炮弹都装在辎重车上。然后，他下令烧掉其他车辆，包括运输粮草的车辆，因为这些车辆可能会妨碍法军快速前进。此外，一旦俄军攻击法军，这些车辆会危及将士们的安全。在行军途中，当看到副官纳尔博纳将军的马车时，拿破仑立刻当着他的面，命令士兵点燃了马车，哪怕他同意从马车上下来也不行。尽管这个命令看起来很残酷，但拿破仑其实只是想让将士们严格执行他的命令而已。为了让全军将士执行这一命令，拿破仑以身作则，率先烧毁了自己的马车。不过，其他人并没有执行这项命令。

所有部队的辎重车都集中在法军的后方，从多罗戈布耶开始，排成了一个长长的车队。拉车的马都被套上了绳索。这些车上装满了战利品、储备物资和弹药，并由专人看管。辎重车后面是生病的士兵。队伍中还有许多高大的胸甲骑兵，但其实他们骑的马并不比我们的驴高大。由于缺乏训练和战靴，胸甲骑兵不能跟着大部队徒步前进。哥萨克人如果突袭这个混乱无序的队伍及我们侧翼的大多数劫掠者，一定会取得成功。因此，胸甲骑兵可能会拖累全军，延缓法军的行军速度。尽管如此，巴克莱似乎害怕阻止法军前进，而只是率军攻击其前锋部队。这种攻击只能放慢法军行进的速度，并不能阻止其前进。

巴克莱避而不战的决心、法军实力的减弱及将军们之间的争吵及决定性时刻的到来，都让拿破仑感到不安。此前在德累斯顿和维捷布斯克，甚至是在斯摩棱斯克，拿破仑曾徒劳地希望亚历山大一世能够派使者前来和谈。如今到了里基，拿破仑似乎在恳求亚历山大一世派使者前来和谈。贝尔蒂埃写给巴克莱的一封信的结尾值得注意："拿破仑指示我，请求您向亚历山大一世转达他的问候，并转告亚历山大一世，无论战争胜败，还是任何其他情况，都不会削弱他和亚历山大一世的友谊。"

就在8月28日这一天，法军的前锋部队将俄军驱赶至维亚济马。在炎热的天气与飞扬的尘土中行军，法军非常需要水。士兵们为争抢几个泥塘发生了争执，还在几口泉附近发生了打斗。泉水很快就变得浑浊不堪，但还是被士兵们喝光了。就连拿破仑也不得不饮用这种充满泥浆的水。

夜间，俄军摧毁了维亚济马河上的桥梁，洗劫了维亚济马镇，并打算烧毁这里。缪拉和达武迅速率军前去灭火，遭到俄军的阻击。幸运的是，法军前锋部队从被毁的桥梁附近的浅水区渡过了维亚济马河，一部分攻击俄军，另一部分迅速扑灭了大火。

这次，拿破仑挑选了几个人，将他们安插进法军前锋部队，命令他们仔细观察驻扎在维亚济马的俄军，并查出真正的纵火者到底是俄军士兵还是法军士兵。对俄国人烧光一切的致命决议，拿破仑的疑虑似乎仍然存在，但被这几个人的报告彻底打消了。在维亚济马，这几个人发现了一些物资，但这些物资很快被劫掠一空。拿破仑穿过维亚济马时，也发现法军的士兵在哄抢物资。他感到非常愤怒，骑马走到一些士兵中间，命人将一个小贩[①]抓起来，立即审问并决定将其处死。实际上，将士们都清楚拿破仑这个命令的意思。众所周知，他当时越愤怒，之后就越宽容。因此，过了一会儿，将士们就让那个不幸的小贩跪在拿破仑面前，他的妻子和几个孩子也一同跪在旁边。拿破仑冷静了下来，问小贩需要什么，并命人放了他和家人。

看到贝利亚尔时，拿破仑仍然骑在马背上。15年来，贝利亚尔一直与缪拉并肩作战。此时，他已经成为缪拉的参谋长。贝利亚尔向拿破仑走过来。拿破仑见到他时感到非常惊讶，还以为发生了什么不幸的事。贝利亚尔首先缓解了拿破仑的忧虑，然后汇报说："俄军已经占据维亚济马镇对面一条沟壑后面的有利地形，正严阵以待，准备战斗。"于是，敌我双方的骑兵立即投入战斗。因为需要步兵配合进攻，缪拉调遣达武的一个师，准备亲自率领该师进攻。但达武匆忙赶来，命令该师停止前进，严厉地大声指责缪拉的这种做法，禁止他的将军服从缪拉的命令。缪拉凭借自己的身份与军衔，请求达武考虑一下情况的紧急性。但达武无动于衷。最后，缪拉派贝利亚尔前去面见拿破仑，并向拿破仑转达他对与达武分享指挥权感到厌恶，因为他们意见不合。拿破仑必须在他和达武之间做出选择。

贝利亚尔带来的这个消息让拿破仑勃然大怒，他高声说道："达武不听从任何人的指挥，是因为他的妻兄[②]的关系。他忘记了应该对他人保持应有的尊重。他曾任命他的妻兄为他的副官。"随后，拿破仑派遣贝尔蒂埃前去传达自己的命令，让孔潘斯率领的师立即听从缪

① 原文为suttler，特指在军队里贩卖各种日常用品、食品及酒水的小贩。——译者注

② 1801年，达武娶了夏尔·勒克莱尔的妹妹艾米莉·勒克莱尔，而夏尔·勒克莱尔的妻子是拿破仑的妹妹波利娜·波拿巴。——译者注

拉的指挥。孔潘斯所率的师便是前面引发缪拉与达武之间争执的那个师。达武没有为自己的行为辩解，只为自己的动机辩解。他的理由很可能是，他反对缪拉的鲁莽与坏脾气，抑或他能比缪拉更好地判断作战地形及应该采取的战术。

其间，战斗已经结束。缪拉不再关注俄军，而是完全沉浸在他与达武的争吵中。他与贝利亚尔待在帐篷里。当回忆起达武当时的表情时，他怒火中烧，感到羞耻。“达武违抗我的命令，公开羞辱我，竟然还能活着！他在意拿破仑的愤怒和决定吗？我要为我所受的屈辱复仇！军衔有什么意义？我是凭我手中的剑当上国王的，我只能诉诸我手中的剑！”就在缪拉伸手提起他的剑，准备去攻击达武时，贝利亚尔拦住了他。贝利亚尔给他分析了当时的形势，敦促他为法军树立榜样，率军追击俄军，并告诉他不顾后果的行为是错误的，只会令亲者痛，仇者快。

贝利亚尔说，当时他看到缪拉咒骂拿破仑，竭力咽下达武公开侮辱他这口气。尽管如此，怨恨的泪水还是从他脸上滚落到衣服上。当他如此折磨自己时，达武固执地认为，是拿破仑被错误的消息误导了。这时，达武正安静地待在自己的指挥部。

拿破仑回到了维亚济马。他不得不停下来，以便确定自己可能从这次胜利中获得的优势。他收到的俄国内部的消息称，俄国政府认为，这次胜利将属于俄国。俄国反复给百姓灌输这样的理念：俄国丢失这么多省份，是俄军预先采取的全面撤退计划的结果。法军在维亚济马查获的文件表明，彼得堡人曾为俄军在维捷布斯克或在斯摩棱斯克取得的所谓胜利唱感恩赞美诗。“什么？”拿破仑惊呼道，“唱感恩赞美诗？俄国怎么敢对上帝和百姓说谎？”

† 维亚济马战役

彼得·冯·赫斯（1792—1871）绘

除此之外，大多数被截获的俄国人信函中也都表达了同样的惊讶。“当我们的村庄燃烧起来时，”这些信中写道，“除了钟声、感恩赞美诗和胜利的报道，其他什么都听不到。仿佛我们应该为法军的胜利感谢上帝。到处都在散播谎言。这些谎言以口头形式和书面形式传播着，试图弄假成真。没有一件事情是真实的。俄国的那些大人物视国家命运如同儿戏，但真的以为我们就这么好骗吗？”

如果俄国真的对写出这种信的人使用了如此卑劣的欺骗手段，那么这些人生出这样的想法是非常公正的。无论如何，尽管国家与国家之间通常会采用此类政治谎言，但很明显，政治谎言一旦受到过度渲染，就会变成对统治者的讽刺，或者是对被统治者的讽刺，或者既是对统治者的讽刺，也是对被统治者的讽刺。

在这段时间里，法军前锋部队将俄军赶到戈亚茨。双方进行了短暂的交战。这种交战总是对法军不利，因为俄军总是下意识地使用远程大炮——俄军的远程大炮比法军的远程大炮射得更远。此外，我们还注意到，从斯摩棱斯克城开始，俄军不再烧毁村庄和房舍，而之前俄军给我们的印象就是要烧光所有村庄和房舍，似乎只有更多城市燃起熊熊烈火才能让他们满意。俄军之所以不再大肆纵火，可能是因为这种阴险邪恶的做法没有奏效。正如经常发生的那样，俄军烧毁城镇和村庄的后果是，他们的任何疏忽大意都可能有利于法军。在城镇和村庄里，法军找到了草料、玉米、烤箱和遮风避雨的地方。我们注意到，就这一点来说，所有这些破坏任务都被分配给了哥萨克人。出于对文明的仇恨或蔑视，这些游牧民族似乎对破坏城镇格外感兴趣。

第4章

反对巴克莱的做法

1812年9月1日，大约正午时分，缪拉及其部队只要穿过一片枞树林就到达戈亚茨镇了。此时，一支哥萨克人的部队出现了，这让缪拉不得不派出他的第一团。但很快，焦躁的缪拉又派人去调遣骑兵部队，他则亲自率军将俄军从他们占据的树林中赶走。他穿过树林，发现自己就站在戈亚茨镇的大门口。看到戈亚茨镇，法军精神抖擞，立即攻占了该镇的一部分。有一条河从戈亚茨镇流过，将它分成了两部分。俄军似乎想烧毁河上的桥梁——法军赶到时，所有桥梁都已经着火了。

与法军在斯摩棱斯克城和维亚济马镇时的情形一样，不知是巧合，还是出于鞑靼人的风俗习惯，戈亚茨镇的集市都建在亚洲一侧，位于我们对面的河岸上。河对岸的俄军后卫部队趁法军还没有过河，点燃了整个集市。由于缪拉行动迅速，俄军没有时间烧毁其余地方。

法军想方设法，利用木板、少数几条船渡过了戈亚茨河，或者从浅水区蹚过了河。俄军纵火烧毁集市后便逃跑了。法军最先过河的那些步兵去追击俄军。就在此时，法军步兵看到一个当地的居民朝他们走来。这个人走近时，哭着说他是法国人。他看到法军的喜悦和他的口音证实了他的说法。因此，他被带去面见达武，并被达武仔细盘问了一番。

根据这个当地居民的描述，俄军发生了很大的变化——反对巴克莱的呼声很高。这种呼声得到了贵族、商人和所有莫斯科人的回应。“巴克莱将军是叛徒，他让俄国的所有部队遭到摧毁，让俄军无休止地逃跑，从而使俄军蒙羞。与此同时，俄国人背负着耻辱苦苦挣扎，他们的家园遭到侵略，城镇都被烧毁。如果俄国的城镇在劫难逃，那么俄军将士应该立刻为国捐躯。这样一来，他们至少可以得到俄国百姓的尊敬。不过，他们如果为一个陌生人赴死，那么将失去一切，并且即使死了，也不会获得荣誉。”

“为什么要用巴克莱这个陌生人呢？苏沃洛夫的同辈、战友及与他旗鼓相当的对手不是还活着吗？国家兴亡，匹夫有责！”俄国的军人、贵族、商人及所有莫斯科人都希望库图佐夫能力挽狂澜，指挥俄军与法军开战，拯救民族于危亡之际。这个当地居民还说，由于巴格拉季昂的不屈和普遍的抗议，亚历山大一世已经做出让步，同意由库图佐夫指挥俄军与法军开战。俄军已经将法军引诱至俄国腹地。亚历山大一世也认为，一场大仗不可避免。

最后，这个当地居民还说，8月29日，库图佐夫已经到达维亚济马镇与戈亚茨镇之间的扎雷沃-扎伊兹（Tzarewo-zaimizcze），并宣布要速战速决。这个决定令俄军喜出望外，立即向博罗季诺前进。他们不再继续撤退，而是要坚守莫斯科的前沿阵地。他们要固守这里，保卫莫斯科。总之，他们誓与莫斯科共存亡。

此外，一件不太值得注意的事情似乎证实了这个情报：军营里来了一位举着停战旗的俄国军官。这位军官几乎没有什么可说的。很明显，他从一开始就只是来侦察法军的。达武对这位军官的行为特别不满。在他看来，这位军官的行为显得非常自信。一位法国将军不假思索地问这位陌生的俄国军官，在维亚济马镇和莫斯科之间等待法军的会是什么。这位俄国军官自豪地回答说：“波尔塔瓦（Pultowa）。”这个回答表明，维亚济马镇和莫斯科之间将会爆发一场战斗。然而，这个机敏的回答让这位法国将军感到高兴，因为他终于遇到了敢于迎战的俄国军官。

俄国军官离开时，法军并没有采取任何防范措施，正如他来时一样。他看到，他可以畅通无阻地进入法军总部；当他经过法军的前哨时，他没有碰到一个骑马巡逻的哨兵；他可以处处感受到法军的疏忽大意，而对征服者来说，这是很正常的，因为法军所有士兵都睡着了，不需要回答口令，也没有人巡逻。法军士兵似乎轻视了这些细节，认为这些事情太琐碎，不值得去做。为什么要采取这么多防范措施呢？法军战无不胜，需要保卫自己的是俄军！俄国军官后来说道，他很想利用法军疏于防守的这个晚上率军前来攻击，但他没有在附近找到俄军任何一支部队。

俄国军官匆忙赶去烧毁戈亚茨河上的桥，只留下几名哥萨克骑兵。拿破仑骑马赶来后，法军士兵带着这些哥萨克骑兵去见他，因为他希望亲自审问他们。他派人叫来翻译。两个穿着非常奇怪的斯基泰人来到他身边做翻译。他带着两人进入戈亚茨镇，又穿过戈亚茨镇。这些哥萨克骑兵的回答与那个当地居民的说法相同。9月1日晚，来自法军前哨的所有报告都证明，他们的说法是准确的。

据这些哥萨克骑兵说，在所有人反对的情况下，只有巴克莱一人最后一刻还在支持撤退计划。1807年，他曾对我们的一位将军吹嘘说，这是唯一能够拯救俄国的权宜之计。我们认为，尽管骄傲的俄国人因蒙受不幸而愤怒不已，但在面对咄咄逼人的法军攻击时，巴克莱还是一如既往、谨慎地坚持着这种防御体系，真是令人佩服。

毫无疑问，巴克莱并没有因俄军在维尔纽斯遭到突袭而感到痛苦，也没有因自己未将别列津纳河布满沼泽的河道作为保卫立陶宛的阵地而感到懊悔。但有人说，他后来在维捷布斯克和斯摩棱斯克先发制人，阻止了拿破仑，在洛切扎河、第聂伯河和瓦卢蒂纳山选择了恰当的时间和地方率军抵御了法军的进攻。这次小规模战役及其给法军造成的损失，都对巴克莱非常有利。他每次率军撤退，都吸引法军继续深入俄国，大大拉开了法军与其增援部队之间的距离，同时拉近了他与俄军增援部队的距离。总之，他所做的一切，无论是让俄军冒险，还是保卫或者放弃某个地方，都是明智之举。

尽管如此，巴克莱还是遭到了众人的批评！在我们看来，众人对他的批评恰恰是对他最高的赞誉。当公共舆论出现错误导向时，他敢于蔑视舆论。我们认为他很懂战术，也满足于观察我们的行动，然后从中获益。事实证明，俄军常常不顾一切地拯救国家。

在后来的战役中，巴克莱表现得更加出色。这位俄军总司令兼战争大臣已经被剥夺了指挥权。他的指挥权可能会交给库图佐夫，而他也自愿服从库图佐夫的指挥，并以极大的热忱服从其调遣。

第5章 血腥的局部战斗

俄军终于停止撤退了。米洛拉多维奇率领1.6万名俄国新兵和一大批农民，扛着十字架，高喊着“奉上帝的旨意”，迅速赶来与俄军会合。我们得知，俄军占领了博罗季诺周围的平原，并在平原上挖好了四通八达的战壕。显然，俄军下定决心要坚守博罗季诺平原，决不后退半步。

拿破仑向全军宣布，很快就要与俄军开战了。他命令法军休息两天，准备好武器，收集粮草。他告诫被派出去寻找粮草的分遣队：“你们如果在第二天赶不回来，就会失去战斗的荣誉。”

然后，拿破仑努力收集有关新对手库图佐夫的情报。情报显示，库图佐夫是个老头，之所以声望很高，是因为从前受过一次奇特的伤。自受伤后，库图佐夫便借机扩大自己的影响力。他因曾准确预言奥斯特利茨战役中俄奥联军的失败而名声大噪。后来，在俄国对抗奥斯曼帝国的战争中，库图佐夫立下赫赫战功，进一步提高了自己的声望。其勇气毋庸置疑。然而，有人指控说，库图佐夫的勇气取决于他能从中攫取个人利益的多少，因为他工于算计，一切以个人利益为重。他向来行动缓慢，报复心极强，并且最重要的是，他诡计多端，这些是鞑靼人真正的性格。他有一种本能——使用恭维、灵活、耐心的策略应对一场不可避免的战争。

从其他方面来看，与其说库图佐夫是一员干将，不如说他是一个圆滑的朝臣。他名气很大，发表过增加自己知名度的演讲，还诱使他人认同自己的各种做法。他曾竭力讨好整个国家和这个国家的每个人，无论这个人是将军还是士兵。

此外，无论是为人，还是言谈，甚至是着装和迷信的做法及其年龄，库图佐夫都有一种苏沃洛夫的风范——这是古老的莫斯科人的特征。这种风范让俄国人非常爱戴他。在莫斯科，人们陶醉在库图佐夫得到任命的喜悦中，他们在街上相互拥抱，认为国家总算得救了。

当拿破仑获悉这些细节，下达准备战斗的命令时，他以伟人特有的平静心态等待战争爆发。他静静地查看了法军大本营周围的环境，注意到了那里的农业进步。当看到戈亚茨河汇入伏尔加河时，尽管曾经征服了那么多河流，但他重新感受到了征服与荣誉带来的喜悦。他为自己即将成为那些注定要流入亚洲的河流的主人而自豪——仿佛那些河流正在在宣告他的到来，并为他打开通往地球上那片地区的道路。

1812年9月4日，法军仍然排成三列，从戈亚茨镇及其周边地区出发。缪拉已经提前出发，行进了几里格。自从库图佐夫到来后，哥萨克部队就不断骚扰法军的先头部队。看到自己的骑兵不得不对付力量如此弱小的哥萨克部队，缪拉感到非常恼火。我们确信，就在那天，出于一种古老的骑士精神，缪拉非常冲动，突然单枪匹马地朝着哥萨克部队猛冲过去。在距离哥萨克部队几步外的地方，他停了下来，用手中的剑指着哥萨克部队，打了一个让哥萨克部队后退的手势。面对缪拉如此盛气凌人的神态和威风凛凛的动作，哥萨克部队感到非常惊讶，乖乖地撤退了。

有人立即将这一情形讲给法军的将士们听。大家对此深信不疑。缪拉这位君主[①]勇武好战的性格、优雅的骑士风度与威望及其别具一格的行为方式，显得他在这一刻占了上风，尽管他的部队此时并不占优势。他就是这样一位君主：华丽的服饰让他看起来像个戏剧大

① 1808年，缪拉被拿破仑封为那不勒斯国王。——译者注

王，而非凡的勇气和充沛的活力让他成为一位真正的国王。缪拉总是英勇无畏，摆出一副高高在上的样子，也正是这种胆魄成了他最具威胁性的进攻武器。

然而，缪拉的部队还未行进很长时间，就不得不停下来。当他率军到达位于戈亚茨镇和博罗季诺之间的格里德纽亚时，公路突然变成一个陡坡，俯冲进一条深深的沟，然后又从沟中很突兀地攀升至一个宽敞的高地。库图佐夫已经命令科诺尼钦将军率领哥萨克骑兵守卫这里。起初，科诺尼钦率领哥萨克骑兵猛烈反击缪拉的先头部队，但由于法军紧随其后，并且进攻得越来越猛烈，所以他率领的哥萨克骑兵渐渐失去了防御能力。不久，缪拉的先头部队开始进攻俄军右翼，他的意大利轻骑兵首先发动进攻。让哥萨克骑兵感到既兴奋又惊讶的是，他们暂时压制住了意大利轻骑兵的进攻。随后，两支骑兵部队展开了混战。

哥萨克部队的将军普拉托夫承认，他旁边的一名军官在这次战斗中受伤了，但他并不感到惊讶。不过，他当着所有哥萨克骑兵的面让人鞭打陪伴他左右的巫师，并大声指责巫师太懒惰，居然敢违背他的命令而不用自己的法术改变炮弹的飞行路线。其实在战斗打响之前，普拉托夫已经明确指示巫师用咒语改变炮弹的路线，以保护大家的生命安全。

科诺尼钦的军队战败后撤退了。9月5日，缪拉的军队追踪科诺尼钦的部队，来到科洛斯科伊大修道院。科洛斯科伊大修道院属于哥特式建筑，非常古老，规模很大，经过加固后，原本高大、厚重的墙壁更加牢不可破。由于内战频繁，即使是这些神圣、象征和平的居所，也变成了军队的岗哨。

科诺尼钦所率的哥萨克骑兵受到法军左右夹击，但他并没有在科洛斯科伊或戈洛文诺进行抵抗。法军的前锋部队走出村庄后，看到整个平原上和树林中充斥着哥萨克骑兵。田里的黑麦被毁了，村庄遭到了洗劫。总之，科诺尼钦的哥萨克骑兵破坏了一切。所有迹象表明，库图佐夫准备选择将这里作为与法军大战的阵地。密密麻麻的哥萨克人的队伍绵延了1里格，他们的背后是3个村庄。在这3个村庄之间，河谷与树林纵横交错，其中站满了俄军的步兵。一些法兰西骑兵一冲动，便大胆闯到俄军步兵中间，随即被包围起来。

此时，拿破仑出现在一个高地上。他用征服者的眼光从这里俯瞰整个战场，将一切尽收眼底。他将形势看得一清二楚，丝毫没有慌乱。透过俄军设置的重重障碍，他分辨出俄军的主力部队和辅助部队，发现了俄军最重要的部署，并目光锐利地看着那里。就像老鹰紧紧地盯着自己的猎物一样，他将使尽浑身解数，以最快的速度冲向那里。

拿破仑知道，在他前面1里格的地方，克洛加河在博罗季诺的一条沟壑（他沿着沟边走了几步）里静静流淌，蜿蜒而下，几俄里后突然左转，汇入莫斯科河。他猜测，一个个高地可能阻挡了克洛加河，改变了它的流向。毫无疑问，俄军已经占领这些高地，而法军如果从这一侧攻击俄军会非常困难。拿破仑望向克洛加河两岸，发现克洛加河虽然很好地掩护了俄军右翼，却让俄军左翼暴露了。

俄国地图显示得不够详细。无论如何，由于地面必然向干流倾斜，而干流往往是海拔最低的，所以干流和支流所经过的沟壑——随着它们远离克洛加河——会由高变低，最终消失。此外，通往斯摩棱斯克城的老路就在克洛加河右边，足以表明这些沟壑的起点。如果不是为了避开克洛加河两边的沟壑和斜坡，俄国人为何将通往斯摩棱斯克老路修到远离克洛加河干流的地方，从而远离最适宜居住的地方呢?

俄军的部署也表明，拿破仑依据经验做出的判断是正确的。俄军右翼和中路部队的前沿阵地没有采取任何防御措施，也没有进行抵抗，但库图佐夫在俄军左翼的前沿阵地部署了大量兵力。很明显，俄军想最大限度地利用地形优势。为了弥补左翼在地理位置上的劣势，俄军在其前方部署了重兵，将这里作为最后的强大堡垒。事实上，俄军企图小心翼翼地掩盖真相——其左翼的前方就是最薄弱的地方。更有甚者，俄军这座最后的“强大”堡垒就在公路旁边、法军的侧面。因此，如果拿破仑要向前推进，那么攻下这个堡垒至关重要。于是，他命令法军进攻俄军左翼。

历史学家要挖空心思地寻找贴切的字眼来形容拿破仑敏锐、天才的目光，这多么费神啊!

法军立刻占领了村庄和树林。位于法军左翼和中路的是意大利军队、孔潘斯的师和缪拉的部队，右翼是波尼亚托夫斯基的部队。法军展开猛攻。意大利军队和波兰军队立刻出现在拿破仑所在部队的两翼。3支大军将俄军后卫部队赶到了博罗季诺河边。在这场战役中，法军将火力集中在一个点上。

击溃这道防线后，法军发现了俄国的第一座堡垒。这座堡垒在最靠前的位置，与俄军其他部队离得较远，几乎被完全孤立了。由于很难得到其他部队的支援，这座堡垒中的俄军必须竭力守住阵地。受地形限制，俄军不得不选择这个孤立无援的位置。

孔潘斯巧妙地利用了起伏的地势，将地势高的地方当作炮台，用来轰炸俄军的堡垒，并为法军步兵的进攻提供掩护。法军第六十一团冲在最前面，靠拼刺刀一鼓作气攻下了这座堡垒。但巴格拉季昂派来的增援部队又将堡垒夺了回去。法军第六十一团3次从俄军手里夺回堡垒，又均被俄军赶了出去，最终靠顽强战斗守住了这里。此时，这座堡垒已经血迹斑斑，几乎被摧毁了。

第二天，拿破仑来视察法军第六十一团时问道："第六十一团第三营在哪里？""还在堡垒中。"一名上校回答道。但战斗并没有停止，附近的一片森林里仍然充斥着俄军的轻型部队。撤退到森林里的俄军在3个师的支援下不断发动进攻。最后，莫兰德率军攻占了士瓦尔迪诺，而波尼亚托夫斯基率军攻占了埃尔尼亚森林，这令巴格拉季昂的部队彻底失去了信心。缪拉的骑兵驱赶了平原上的所有俄军。在这次战役中，西班牙团发挥了主要作用，凭着坚定、顽强的意志击败了俄军。俄军终于撤退了。至于那座堡垒，它曾是俄军最前沿的岗哨，现在已落入法军手中。

与此同时，拿破仑给法军的每支部队都指定了位置，其余部队排好队形，向俄军射击。几门大炮不时轰炸俄军。两军僵持不下，一直交战到夜幕降临。彼时，双方都已疲惫不堪，士兵们也无法在黑暗中瞄准敌人。

当时，达武麾下的一个团试图冲到队伍最前面。由于天黑，该团冲出了法军的前沿阵地，闯进了俄军胸甲骑兵的阵地，遭到了俄军的攻击。该团陷入了混乱，被俄军夺走了3门大炮，有300人被杀或被俘。其余士兵立刻紧密团结在一起，拼死抵抗。俄军再也无法将他们击溃。虽然该团的人数减少了，但幸存士兵最终回到了自己的阵地。

第6章 俄军在博罗季诺战场上的部署

拿破仑的部队驻扎在公路左侧的意大利军队后面。老近卫军排列成方队守卫在拿破仑的帐篷周围。轻型武器一停火，两军就点燃了一堆堆篝火。俄军的篝火烧得很旺，形成了一个巨大的明亮的半圆。法军的篝火却只发出苍白、摇曳不定的火光。当法军匆忙赶到这个不熟悉的地方时，天色已经很晚了。由于没有事先做好准备，法军缺乏木柴，尤其是中路部队和左翼部队。

拿破仑一夜几乎没有合眼。当科兰古从法军占领的那座堡垒返回时，拿破仑看到法军并没有俘虏任何俄军将士。他感到非常惊讶，反复问科兰古："我军骑兵当时没有瞅准机会进攻吗？俄军下定决心要么征服我们，要么毁灭自己吗？"科兰古回答道："俄军统帅让士兵们对战争充满狂热，并且让他们习惯与奥斯曼人作战。奥斯曼人对敌人毫不留情，会在敌人投降前就将其杀死。"听到这里，拿破仑陷入深思。他判断法军肯定会与俄军发生一场炮兵之间的较量，于是连续发布多条命令，让那些还没有赶来的法军炮兵全速前进。

这一晚，天气寒冷，秋风肆虐，更加不幸的是——下起了蒙蒙细雨。这种天气必须引起注意，因为这个季节像极了拿破仑所处的年龄段。众所周知，一年四季对应着人一生中的不同年龄段。

这一夜，大家多么躁动不安！士兵们和军官们必须准备好武器，缝补衣物，与寒冷和饥饿做斗争。他们的生活本身就是一场持续不断的战斗。将军们和拿破仑本人也非常不安，担心俄军会因前一天的失败感到沮丧，害怕俄军在黑暗中逃跑。缪拉已经预料到这一点了。我们好几次误以为看到的俄军的篝火发出的火光越来越微弱，误以为听到了俄军撤离的声音。但当天色渐明，我们才发现，这只是黎明的曙光使俄军营地上的火光变得暗淡而已。

这次，法军没有必要走很远的路去追俄军。1812年9月6日，当太阳升起时，阳光普照大地，两军依然停留在前一晚所处的位置，呈对峙态势。看到俄军并没有逃跑，法军上下都很振奋。

迎着黎明的第一缕曙光，拿破仑骑马去两军阵地之间观察敌情。沿着俄军的前沿阵地，拿破仑从一个高地走到另一个高地。他看到俄军占领了所有高地，围成一个巨大的半圆形。俄军的前沿阵地足有2里格长，从莫斯科河一直延伸至通往莫斯科的老路。俄军右翼部署在克洛加河注入莫斯科河的地方与博罗季诺之间。俄军中路部队部署在戈尔卡村与赛门罗夫斯加村之间，这是俄军整个防线中最重要的部分。俄军左翼和右翼兵力较弱。由于克洛加河这道屏障，法军无法靠近俄军右翼。

拿破仑立即发现了这个情况。从距离远近来看，俄军右翼防线比较薄弱，无法对法军构成威胁。因此，拿破仑毫不在意俄军右翼。对他而言，俄军的阵地始于公路旁边的戈尔卡村。戈尔卡村位于平原上地势较高的地方，可以俯瞰博罗季诺河与克洛加河。克洛加河与一条布满沼泽的深沟围绕着戈尔卡村所处的高地。公路偏离博罗季诺河，一路攀升至戈尔卡村所在高地的顶端。深沟环绕着高地顶端，在俄军中路部队的右边形成了一个独立的防御工事。这里就是俄军中路部队阵地的前沿。

在俄军中路部队的左边，火光所及的范围内，一座突兀的小丘耸立着。这座小丘俯瞰着整个平原，顶部有一座非常坚固的俄国堡垒——配备了21门大炮。这座堡垒的正前方和右边是克洛加河与一条条深沟，左边是一片开阔的高地。小丘下有一条泥泞的沟——克洛加河的一条支流从中流过。俄军整齐地排列在这片高地的顶部。高地左边的地势越来越低。法军就在低处与俄军对峙。紧接着，地势又开始升高，并一直延伸到赛门罗夫斯加村。此刻，赛门罗夫斯加村已经被烧成废墟，仍然冒着滚滚浓烟。巴克莱率领的俄军中路部队驻扎在赛门罗夫斯加村这个重要的位置。这支部队配备了炮兵，炮兵所在的位置非常坚固，并有壕沟作为掩护。

巴格拉季昂的左翼部队的阵地从赛门罗夫斯加村开始，地势起伏不定，越来越低，一直延伸至通往莫斯科的老路边的乌提沙村。俄军的阵地也一直延伸到这里。整个战场上有两座小丘，便是巴格拉季昂所率俄军的前沿阵地。小丘上的堡垒里有俄军重兵把守。这两座山及其斜对的壕沟，便是巴格拉季昂所率俄军的前沿阵地。赛门罗夫斯加村距乌提沙村的树林大约有1200步。考虑到乌提沙村一带的地形，库图佐夫决定放弃该村——俄军排兵布阵的高地处于战场中心位置，而围绕着高地的沟就是从乌提沙村延伸出去的。这条沟几乎无法阻挡法军的进攻。沟两边的斜坡很平缓，非常适合搭建炮台的制高点距离沟边缘不远。显然，法军从乌提沙村攻打俄军最容易，因为法军第六团前一天已经攻占了俄军在这里修建的堡垒。另外，对法军比较有利的是，乌提沙村附近有一片遮天蔽日的松树林。这片树林一直延伸至俄军防线的最左端。

然而，俄军左翼的防线并没有在这片松树林的尽头结束。拿破仑知道，松树林后面是通往莫斯科的老路。这条路绕过了俄军左翼，从俄军阵地后方一直延伸到莫扎伊斯克，与通往莫斯科的新路交会。拿破仑判断，那里肯定有俄军把守。事实上，图奇科夫已经率领部队驻扎在树林入口处。他用公路两边的高地做掩护，还在高地上部署了炮兵。

然而，俄军占领了有利地形并不重要，因为图奇科夫率领的这支孤立的部队与俄军的最后一座堡垒相距五六百英寻[①]，中间还隔着一片树林。法军如果不从压制图奇科夫的部队开始，就有可能占领这里，插在他的部队和巴格拉季昂部队的最后一座堡垒之间，并从侧面进攻俄军左翼。但拿破仑对此并不满足，因为俄军的前哨与树林阻止了法军继续前进，并挡住了他的视线。

侦察完毕后，拿破仑便制订了计划。"欧仁亲王应该担任总指挥！"拿破仑大声说，"右翼部队应该开始进攻。一旦在树林的掩护下攻下对面的堡垒，右翼部队就必须向左移动，向俄军侧翼挺进，横扫俄军的所有右翼部队，将他们赶回克洛加。"

总体作战计划就这样构思出来了。之后，拿破仑开始考虑作战细节：夜间必须将3座炮台部署在俄军堡垒对面，给每座炮台各配备60门大炮，其中2座炮台部署在俄军左翼对面，第3座炮台部署在俄军中路部队对面。拂晓时分，波尼亚托夫斯基的部队将只剩下5000人，并且一定会朝通往斯摩棱斯克城的老路前进，并绕过老路旁边的松树林。松树林同时为法军右翼和俄军左翼提供掩护。波尼亚托夫斯基的部队将从侧面攻击俄军左翼。法军只需等待波尼亚托夫斯基部的第一声枪响。

然后，法军的所有大炮就会向俄军左翼开炮。炮火将会覆盖俄军的防线，炸毁俄军的堡垒。之后，达武和内伊将会率军冲向俄军，而朱诺特将军率领的威斯特伐利亚军队和缪拉率领的骑兵部队，将会支援达武和内伊的部队。拿破仑将亲自率领2万人的近卫军行进在最后面。法军首先要占领这两座堡垒，然后通过这两座堡垒深入敌军

① 1英寻约合1.829米。——编者注

内部，将其击溃。这样一来，俄军的中路部队和右翼部队将暴露出来，几乎落入法军的包围圈里。

与此同时，如果俄军中路与右翼兵力加倍，就会威胁到莫斯科公路，而这是法军唯一的作战路线。拿破仑打算率领主力部队进攻俄军左翼。这样一来，克洛加河就会将法军和莫斯科公路隔开。这条公路由意大利军队守卫。拿破仑决心加强这里的兵力，将派达武的两个师和格鲁希的骑兵去增援意大利军队。至于法军的左翼，拿破仑估计意大利军队的一个师、巴伐利亚骑兵和奥尔纳诺的骑兵，大约1万人，就足以承担掩护任务。以上就是他的计划。

第7章 拿破仑发表声明

拿破仑站在博罗季诺高地上，最后一次视察了整个战场，并确定了自己的计划。此时，达武匆忙走了过来。他刚才就像观察自己的表演场地一样，十分仔细地观察了俄军左翼，但不相信自己看到的一切。

达武请求拿破仑："让我指挥我的5个师。这5个师共有3.5万名精兵。我将率领他们去与波尼亚托夫斯基的部队会合。因为他的兵力太薄弱，无法赶走俄军。我将于明天率军出发，在夜色的掩护下，绕过俄军左翼隐藏的树林，沿着斯摩棱斯克城通往莫斯科的老路前进。然后，我将率领4万名法国人和波兰人快速行军，突然出现在俄军的侧翼和后方。届时，陛下正率大军发动总攻占领莫斯科人的前线，而我则会快速从一座堡垒进至另一座堡垒，从一支后备部队冲向另一支后备部队，将所有俄军从莫扎伊斯克公路的左侧赶到右侧。这样，法军就可以立刻消灭俄军，结束战斗，同时结束法国与俄国的战争。"

拿破仑聚精会神地听完了达武的计划，静静地思索了几分钟，然后回答说："不！如果这样行动，不仅规模太大，而且会让我远离目标，浪费我太多的时间。"

然而，达武坚持自己的计划，承诺会在1812年9月6日6时前结束行动。他坚决表示，结束行动后再过一个小时，这一计划的大部分效果就会显现出来。拿破仑对这场争论感到不耐烦了，厉声说道："啊！你总是想驱赶敌人，这太危险了！"由于拿破仑断然拒绝接受自己的计划，达武再也没说什么。随后，他回到了自己的岗位上，低声抱怨着，认为拿破仑的谨慎不合时宜，让他很不习惯。然而，达武不知道究竟是什么让拿破仑如此谨慎，或许他虽然有很多盟友，但这些盟友不可靠。此外，法军人数缩减得太多，法军所处的位置太远，拿破仑年事渐高，这些原因都有可能让他失去从前的魄力。

† 拿破仑在博罗季诺高地上

瓦西里·韦列夏金（1842—1904）绘

做出决定后，拿破仑就回到了法军的营地。此时，缪拉前来说服拿破仑相信俄军会再次不战而逃，因为他经常上俄军的当。被派出去侦察俄军动向的拉普回来了。他说，他并没有看到俄军要撤退的迹象，反而看到俄军的人数越来越多，他们都待在战壕里。俄军增兵的做法非常明智。俄军似乎决定要攻打法军，并不想撤退。尽管如此，缪拉仍然坚持自己的观点。拿破仑对此感到非常不安，就回到了博罗季诺河边的高地上。

在这里，拿破仑看到，长长的黑压压的俄军在公路上行进——在平原上行进的俄军更是密密麻麻，后面跟着运输粮草和弹药的大型车队。总之，所有迹象都表明俄军不会撤退，准备与法军开战。虽然为了不引起俄军的注意，避免俄军大炮朝自己开火，拿破仑只带了几个随从，但还是被俄军的炮兵发现了。一发炮弹突然打破了那天的沉寂。

正如经常发生的那样，没有比大战前一天更平静的时候了。交战双方仿佛形成了默契——何必互相进行无用的伤害？第二天不就可以见分晓了吗？此外，双方都必须做好战前准备，不同的部队兵力不同，所用武器不同，拥有的弹药数量也不同。行军途中，军队常常有些混乱。将士们必须恢复军纪，团结一致。将军们必须了解彼此进攻、防御和撤退的战略部署，以便根据彼此的计划及地形做出相应调整，尽可能做到万无一失。

可怕的战斗就要打响了。两军将士密切地关注着对方，用眼睛打量彼此，默默地为一场激烈的战斗做准备。

拿破仑打消了战斗可能不会爆发的疑虑，回到帐篷里，下达命令。在帐篷里，他沉思着法军糟糕的处境。他看到，两军旗鼓相当，大约各有12万人和600门大炮。俄军占有地形优势，并且都说同一种语言，穿同一种制服，来自同一个国家，为同一个事业而战斗。不过，俄军中有大批非正规军和新兵。法军人数与俄军相当，但以正规军居多。拿破仑刚刚收到关于法军状况的报告。放在他面前的正是一份关于法军各个师兵力的报告。这份报告既不用于评估法军的实力，也不涉及军需品的分配问题，而是为即将爆发的战斗准备的，所以并没有夸大其词。法军的人数确实减少了，但将士们都很健壮、很顺从。如同那些刚刚结束青少年时期、摆脱胖乎乎的体型的男子一样，此时的法军将士肌肉更加紧实，看起来更有阳刚之气。

不过，在过去的几天里，拿破仑一直行走在法军中间，发现将士们都默不作声。仿佛暴风雨来临前寂静的大自然，抑或巨大危险来临时面面相觑的人们，将士们沉默不语，对战争的爆发既充满期待，又感到惊讶。

拿破仑觉得将士们需要休息一下。但只有战死或者取得胜利，将士们才能得到真正的休息。既然已经在拿破仑的带领下深入俄国，那么法军无论如何都必须征服俄国，取得胜利。显然，拿破仑已经将法军置于一种非常危险的境地。但他知道，在所有失误中，这是法国最愿意原谅的一种失误。总之，不管个人遇到什么困难，法军的将士都不会怀疑自己，也没有怀疑拿破仑。他们对最终的胜利深信不疑。

此外，拿破仑还考虑到将士们的习惯，他们对荣誉的渴望，甚至他们的好奇心。毫无疑问，法军的将士们希望看到莫斯科，这样便能宣称自己到过莫斯科了。在莫斯科，他们可以得到拿破仑承诺的奖赏，甚至可以大肆掠夺。但最重要的是，他们将在那里得到休息。拿破仑虽然没有看到将士们的热情，却看到他们变得更加坚定。这种变化表现出了他们的优越感及征服者在被征服者面前的骄傲与自信，也表明他们对拿破仑的运气与天才充满了信心。

怀着这些情感，拿破仑简洁、严肃而坦率地宣布了一个声明。在当时的情况下，对经验丰富的老兵来说，这个声明是恰当的。对他们而言，经历了这么多苦难后，虚情假意的赞美毫无意义。

他还讲了远征的全部理由，或者换言之，他讲了所有真正的利益。最后，他讲了荣誉。荣誉在这些荒凉的地方既是他凝聚将士们的激情，也是激励士兵们的最后一个崇高目标，士兵在先进文明和长期经验的启迪下总是因荣誉而可能取得胜利。总之，在所有目标中，只有荣誉这个目标让他们走到了现在。有朝一日，他的宏论会让人们敬佩，它既被指挥官称赞，又被军队称赞，因为它让指挥官和军队感到光荣。

“将士们！”拿破仑说，“这次远征，你们期望已久。现在，能否取得胜利完全取决于你们。我们必须取得这次胜利，因为只有取得胜利，我们才会有丰盛的食物和舒适的住所，才能度过寒冬，并迅速回到家园！你们一定要表现出你们在奥斯特利茨、弗里德兰、维捷布斯克和斯摩棱斯克时的勇敢，让你们的子孙后代在谈起你们的英勇行为时引以为荣。在谈到你们时，后人们会说：‘他们参加了那场光荣的莫斯科战役。’”

第8章 俄军的准备工作

1812年9月6日，大约中午时分，拿破仑注意到俄军阵地上的动静非同寻常。事实上，俄军全体集合，全副武装，而库图佐夫就站在中间，他的周围正在进行各种宗教仪式和军事盛典。他让牧首和修道院院长佩戴着他们从希腊人那里继承的象征辉煌与威严的徽章。他们走在库图佐夫前面，手持宗教圣物，尤其是斯摩棱斯克城从前的保护者的圣像。根据他们的描述，这个圣像是他们奇迹般地从亵渎神灵、应该遭天谴的法军手里救出来的。

当看到俄军将士对这种非同寻常的宗教仪式和军事仪式感到异常兴奋时，库图佐夫提高了嗓门，开始给他们灌输关于天堂的思想。他将俄国这个世界上唯一拥有农奴的国家描绘为天堂。他以平等的宗教的名义，竭力激发将士们的热情，让他们捍卫国家的财产。他之所以要展示被保护在俄军大营里的圣像，主要是为了激发他们的勇气，让他们义愤填膺。

库图佐夫说："拿破仑真是一个无处不在的暴君，一个世界秩序的破坏分子，一个可怜虫，一个推翻俄国的祭坛并让祭坛上沾满鲜血的大逆不道的人。他把以圣像为代表的真正的上帝的约柜暴露出来，任由人类亵渎，任由雨打风吹。"然后，库图佐夫告诉俄军将士，他们的城市已经化为灰烬。他提醒俄军将士，他们即将为他们的妻儿而战。他还说了一些向亚历山大一世致敬的话。最后，他呼吁俄军将士一定要虔诚，要表现出爱国主义精神。这正是这个豪迈、朴实的民族的天性美德（virtues of instinct），他们受感性的支配，但正因如此，他们投身行伍后才更加令人生畏，他们很少因理性而拒绝服从，他们像奴隶一样被限制在一个狭小的圈子里。在这里，他们只剩下几种意识（sensations），而这些意识成为他们的希望、心愿和想法的唯一来源。

俄国人还有其他特征，他们因缺乏比较的对象而感到自豪，因无知而轻信——像基督徒一样虔诚地崇拜圣像，因为他们将精神和道德的灵魂层面的宗教彻底变成了身体和物质层面的宗教，而这种宗教与他们的粗犷、简单是适应的。然而，庄严的景象、指挥官的演讲、军官们的规劝及祭司们的祈祷，彻底激发了俄军将士的勇气和热情。所有将士，哪怕是等级最低的士兵，都幻想着要献身于保卫天堂和神圣土地的事业。

法军并没有举行任何庄严的宗教或军事仪式。拿破仑既没有检阅法军，也没有采取任何手段激励法军，甚至到很晚的时候才发表演讲。9月7日早上，行动快要开始时，拿破仑才开始演讲。实际上，在他演讲之前，几支部队已经开始行动了，便没有听到演讲。然而，在俄军中，那些宗教和军事仪式已经强有力地鼓舞了士气。此外，俄军还用圣米迦勒之剑来祈祷，祈求天上的神灵帮助。而法军只是激发自己的勇气与力量，相信真正的力量只存在于内心，并且只有在内心深处才能找到天上的神灵。

就在这一天，拿破仑收到了从巴黎送来的他儿子夏尔的画像。夏尔是拿破仑与玛丽·路易丝唯一的孩子，自出生之日起就被封为“罗马国王”。夏尔一出生就受到举国上下的欢呼，拿破仑更是为此欣喜若狂。从那以后，拿破仑每天在宫殿里，只要靠近夏尔，他都会放松紧绷的神经，流露出最温柔的情感。如今身处这片遥远国度的原野，为应对所有险恶情况做准备时，拿破仑再次看到了那张甜美的面容。他那好战的灵魂是如何被瞬间融化的？他将画像拿在手里，走出帐篷，向将士们展示了画像。他唤来军官们，还叫来近卫军中的几位老兵，希望与他们分享自己的快乐。他渴望向法军这个大家庭展示自己家人的画像。在危急时刻，他希望这张画像能作为希望的象征闪耀光芒。

傍晚时分，马尔蒙的副官法维耶抵达莫斯科。法维耶是马尔蒙从萨拉曼卡附近的战场派来的，从前是法国内部纷争的重要人物。拿破仑亲切地接见了法维耶。大战前夕，胜败难料，拿破仑预感到法军可能会失败。听了法维耶说的一切——拿破仑派驻在西班牙的军队不仅纪律涣散，而且主帅过多，拿破仑承认他的看法很公正，但也解释了这样安排的理由。由于这些内容与本书所述主题无关，所以这里不再赘述。

随着夜幕降临，法军又开始担心，俄军可能会趁着夜色撤离战场。对此，拿破仑惴惴不安，难以入眠，不断问卫兵："现在几点了？"他还问卫兵有没有听到什么响动，并派人前去察看俄军是否还在法军面前。他非常怀疑俄军是否还在原地，所以下令直到第二天早上在能确定战斗一定会打响时，才能给法军宣读他的宣战书。

平静了片刻，拿破仑又被另一种焦虑困住了，他开始为将士们的状态感到害怕。他们是如此虚弱和饥饿，怎能经得起一场漫长而可怕的战争呢？当意识到这种危险时，拿破仑将近卫军视为唯一资源，这似乎是他对全军的安全保障。他派人去请贝西埃尔元帅。只有让贝西埃尔指挥作战，他才最放心。拿破仑想知道这位被选中的指挥官需要什么，就多次将他叫来，重复一些紧迫的问题。他希望这些老兵能从他们的物资车里分得可以维持3天的饼干和大米。最后，他担心自己的命令没有被执行，便再次起床，询问守卫在他帐篷入口的掷弹兵有没有收到这些粮食。他对掷弹兵的回答很满意，便走进帐篷，很快就睡着了。

不久，拿破仑再次叫来卫兵。副官走进拿破仑的帐篷，发现他正用双手撑着头。副官听到他正在喃喃自语，似乎是在思考荣誉与虚荣之间的关系。“战争是什么？是一场野蛮人之间的交易。战争的艺术全在于在某个特定的方面谁最强大！”然后，拿破仑抱怨说，他开始体验到命运的无常。他想起别人告诉他库图佐夫拖沓、粗心大意，似乎又备受鼓舞。他还对这位俄军指挥官不喜欢本尼格森表示惊讶。想到法军的危险处境，拿破仑便补充说：“决定性的一天即将到来，这场战斗将会是一场恶战。”他问拉普：“你认为我们是否会取得胜利？”拉普回答道：“毫无疑问，我们会取得胜利，但这场战斗将十分惨烈。”“我知道，”拿破仑又说，“但我有8万人。损失2万人后，我将带着6万人进入莫斯科。掉队的士兵将会在进军莫斯科及之后的行军中归队，而我们的军队将会比战争爆发前更加强大。”拿破仑估计的这个总数似乎既不包括他的近卫军，也不包括骑兵。

拿破仑再度感受到最初的那种焦虑，即俄军会不战而逃，于是再次派人前去查看其动向。士兵们回来后向拿破仑报告说，俄军大营里的火堆烧得依然非常旺盛。从火堆的数量及火堆周围移动的人影来看，不只是俄军的后卫部队在这里，而是一直在吊法军胃口的所有俄军都在这里。确定所有俄军都在这里后，拿破仑终于安静了，努力让自己休息了一会儿。

由于不久前率领部队夜以继日地行军，加之思虑过度，焦灼地期待着这场战争，拿破仑疲惫不堪。另外，天气寒冷，他感染了风寒。持续不断的高烧令他烦恼，干咳和过度口渴消耗着他的体力。在那天晚上剩余的时间里，他徒劳地试图退热和缓解口渴。这种新的病症因一种旧疾而变得复杂。从前一天开始，拿破仑一直在与长期以来折磨他的令人苦不堪言的疾病[①]进行艰苦的斗争。

9月8日5时，内伊的一名官员前来告诉拿破仑，内伊还在监视俄军，并希望开始发动进攻。这一消息似乎让拿破仑因高烧而消耗的体力得以恢复。他起身，呼唤卫兵，大步迈出帐篷，大喊道："我们终于可以与俄军进行正面交锋。向前冲，让我们去打开莫斯科的大门。"

① 指尿潴留病。——原注

第9章
博罗季诺战役（一）

拿破仑抵达法军于9月5日攻占的那座堡垒附近时，已是9月8日5时30分了。在这里，他等待着黎明的第一缕曙光，等待着波尼亚托夫斯基所率步兵发出的第一声枪响。太阳冉冉升起。他指着太阳对军官们大声说道："看，奥斯特利茨的太阳！"但太阳在我们的对面，从俄军那边升起，将我们暴露在俄军的炮火下，令我们眼花缭乱。然后，我们发现，我们的大炮摆放得太远了——摆放时天太黑了，根本打不到俄军，所以我们有必要将大炮向前移动。俄军等待我们将大炮向前推进，似乎在犹豫是否应该首先打破可怕的沉寂。

当时，拿破仑将注意力放在法军右边的俄军方面，但快到7点的时候，战斗突然在法军的左边打响了。不久，有人向拿破仑报告说，欧仁亲王的第一百零六团已经占领了博罗季诺村和村里本应被毁的桥梁。但这个团的将士被成功占领博罗季诺村的热情冲昏了头，为了进攻戈尔卡高地，不顾欧仁亲王的阻止过了桥，遭到俄军中路部队和侧翼炮火的压制。来人还说，指挥该团所在的旅的将军已经阵亡，如果不是法军第九十二团自发前去支援，并将欧仁亲王的第一百零六团的幸存者带回来，那么这个团将被全歼。

拿破仑刚刚下令让法军左翼向俄军发起猛攻。他也许以为法军左翼会部分地执行他的命令，而他可以借此将俄军的注意力引向法军左翼。但之后，他又数次下达命令，催促法军向俄军发起猛攻，并从正面投入战斗。他构思的这个作战计划采用了迂回战术。

在这次行动中，拿破仑判断，波尼亚托夫斯基的部队正在向通往莫斯科老路上的俄军靠近，便给波尼亚托夫斯基发出了进攻的信号。突然，滚滚浓烟从平静的平原上、寂静的小丘上升腾，紧接着，一阵阵爆炸声和子弹的呼啸声从四面八方响起。在这片嘈杂声中，达武率领孔潘斯的师和德赛克斯的师，携带着30门大炮，迅速赶到俄军的第一座堡垒。

俄军的步兵开始射击，而法军用大炮回击。法军的步兵没有射击，正在急行军，试图靠近俄军步兵并消灭他们。当孔潘斯将军及其最勇敢的步兵受伤并倒下时，其余士兵开始感到非常不安，停止在枪林弹雨中前进，准备反击。此时，拉普飞奔过来代替孔潘斯，命令步兵们上刺刀，并带领他们快速向俄军的堡垒靠近。

快要靠近俄军的堡垒时，拉普也中弹了，这是他第二十二次受伤。又来了一位将军接替拉普指挥步兵，但这位将军也倒下了。达武也受了伤。当步兵们将拉普抬到拿破仑面前时，拿破仑对他说："为何你总是被击中？那些炮兵在上面做些什么？"拉普回答，需要拿破仑的近卫军来完成进攻任务。"不！"拿破仑说，"我来处理这件事，我不希望看到近卫军被击溃。没有近卫军，我也能赢得胜利。"

内伊率领3个师火速赶到平原上去援助达武。这3个师的人数已经减少至1万人。俄军将火力分散开来攻击内伊的3个师。内伊率军向前冲去。孔潘斯所辖的第五十七团的将士看到援军到了，纷纷振作起来，鼓起勇气向俄军的堡垒靠近。经过努力，该团将士成功到达了俄军的战壕。他们爬进战壕里，与俄军士兵展开混战，用刺刀刺向俄军士兵，推倒并杀死了最顽强的俄军士兵。俄军其余士兵逃离后，第五十七团成功地占领了俄军的堡垒。与此同时，内伊率军对俄军的另外两座堡垒发动了猛攻，将堡垒夺了过来。

法军就这样攻破了俄军左边的防线。到中午时分，平原上的俄军被肃清了。拿破仑命令缪拉率领骑兵继续前进，乘胜追击，彻底击败俄军。只需片刻，缪拉便可以率军到达高地，杀入俄军队伍。高地上又出现了一支俄军。俄军的第二条防线由巴格沃特指挥，而图奇科夫派出的增援部队已经赶来支援俄军的第一条防线。这支俄军部队现在向前冲去，驻扎在赛门罗夫斯加村，企图重新夺回堡垒。仍处于获胜后混乱状态的法军遭到俄军突袭，不得不往回撤。

这时，拿破仑刚刚派去支援波尼亚托夫斯基的威斯特伐利亚军队正在穿过一片森林。这片森林将波尼亚托夫斯基的部队与其他部队隔开了。在飞扬的尘土和浓烟中，威斯特伐利亚军队看见了一支正在撤退的部队。通过这支部队行进的方向，他们猜测这是一支俄军，便朝这里开火，但实际上这是正在撤退的法军。由于威斯特伐利亚军队判断错误，法军变得乱上加乱。

俄军骑兵想要保持优势，奋力追赶法军。他们包围了缪拉的部队。当时，缪拉正在忘我地努力集合部队。当俄军骑兵伸手去抓缪拉时，他跑进了堡垒，逃脱了追兵。但在堡垒中，他只发现了一些意志不太坚定的法军士兵。他们已经失去勇气，正在惊恐万分地绕着防护矮墙跑来跑去，只想找个出口逃跑。

缪拉的镇定自若和呐喊声首先使一些士兵恢复了信心。他单手抓起一把火枪，朝敌人射击，另一只手则高高举起，挥舞着他的羽毛饰品——他召唤部下的标志。作为统帅，缪拉勇敢无畏、镇定自若，给这些士兵树立了良好的榜样，让他们恢复了最初的勇气。

与此同时，内伊再次组织他的师向俄军开火。他们的火力阻止了俄军骑兵前进的步伐，导致俄军骑兵陷入混乱，只好放弃进攻。缪拉终于脱险了。法军重新夺回了高地。

缪拉刚逃过一劫，又陷入危险。他率领布吕耶尔和南苏蒂的骑兵冲向俄军。布吕耶尔和南苏蒂的骑兵顽强地发起多次冲锋，终于击溃

† 为了支援内伊，南苏蒂的骑兵进攻俄军

弗朗茨·鲁博（1857—1928）绘

了俄军左翼部队的防线，迫使俄军左翼部队朝俄军中路部队靠拢，并在1个小时内彻底击败了俄军左翼部队。

尽管如此，已是一片废墟的赛门罗夫斯加村所在的高地仍然被俄军控制着。这个高地是俄军中路部队防线的前沿。库图佐夫不断从右翼部队中抽调兵力前去支援。俄军强大的火力席卷了内伊和缪拉的军队，阻止他们攻占高地。但法军必须攻占这个高地。拉图尔-莫堡侯爵率领骑兵首先肃清了前线，达武麾下的将军路易·弗里昂率领步兵紧随其后，迪富尔带领第十五团轻型部队率先爬陡坡，将这里的俄军赶出了村庄。村庄已经成为废墟，到处是壕沟。弗里昂虽然负伤了，但还是带着步兵爬上了陡坡，确保法军顺利占领高地。

第10章 博罗季诺战役（二）

这次行动打开了法军通往胜利的道路。法军本应该乘胜追击，再创胜利，但缪拉和内伊的部队已经筋疲力尽。两人停止前进，一边集结各自的部队，一边派人去请求拿破仑增派援军。这时，拿破仑开始犹豫了——他从未如此犹豫过。他仔细考虑了很久，给他的青年近卫军下达命令，然后又取消命令。就这样反复数次之后，他表示，由弗里昂和拉图尔-莫堡侯爵的部队守卫高地就够了，缪拉和内伊的部队不必继续追击俄军。在拿破仑看来，决定胜败的时刻还没有到来。

然而，库图佐夫充分利用了法军休整的这段时间，他原本没有想到他们会在这个时候休整。他召集所有后备部队，甚至近卫军，派它们去支援暴露在法军面前的俄军左翼。巴格拉季昂率领所有援军重新建立起一道防线。这道防线的右端是欧仁亲王正在率军进攻的大型炮台，左端是靠近战场的一片森林。巴格拉季昂所率军队万弹齐发，火力非常猛烈，将法军的队形打散了。他还下令，让步兵、炮兵和骑兵同时向法军发起猛攻。内伊和缪拉率军坚决反击。现在，他们面临的问题不再是乘胜追击，而是如何保住这个胜利的果实。

弗里昂的部队集中在赛门罗夫斯加村的正前方，击退了俄军的第一次进攻。但当俄军的炮弹和霰弹一拨接一拨地朝弗里昂的部队发射过来时，法军的一位将军感到非常疲惫，便下令撤退。关键时刻，缪拉跑过来，抓住这位将军的衣领大叫道:“你想干什么？”这位将军指着阵地上倒下的一半士兵，回答说:“你看清楚，我们不可能守住这里。”“很好，我会留下来！”缪拉大声说道。他的话阻止了这位将军的撤退行动。这位将军一动不动地看着缪拉的脸，然后转过身来，冷静地说:“你是对的。士兵们，勇敢地面对敌人，让我们赴死吧！”

其间，缪拉已经派博雷利去见拿破仑。博雷利指着俄军骑兵进攻时在高地上扬起的一团团尘土，请求拿破仑派兵支援。自法军占领高地以来，高地上一直很平静。此时，几颗炮弹首次落在距离拿破仑驻地很近的地方，想必俄军正在向这里靠近。博雷利坚持让拿破仑派出援军，并得到了拿破仑的应允。实际上，援军还没有前进几步，就被拿破仑命令停止前进。不过，洛博伯爵以调整队形为借口，让援军缓缓地前进。拿破仑觉察到了洛博伯爵的用意，便再次下达了停止前进的命令。

幸运的是，劳里斯顿侯爵所率预备军的炮兵当时正向前推进，在被法军占领的高地上拥有了一席之地。此次行动，劳里斯顿侯爵征得了拿破仑的同意，但仅仅是允许，而非命令。不久，拿破仑认为此次行动非常重要，便敦促劳里斯顿侯爵立刻行动。拿破仑一整天都表现得非常不耐烦。

不知是不是因为怀疑波尼亚托夫斯基与欧仁亲王在其左右两边战斗的结果，拿破仑才处于不确定的状态。但可以肯定的是，他似乎有些担心，唯恐俄军最左侧的部队从波兰人手中逃脱，并重新占领内伊和缪拉的部队后方的战场。因此，他让近卫军盯紧那个地方。面对这种压力，拿破仑回答道："我想看得更清楚一点儿。属于我的战斗尚未开始，但会持续很长时间，我必须学会等待。一切都需要时机，时机是一切事物的组成元素。目前，什么都还不明朗。"然后，他问了一下时间，补充说："属于我的战斗时刻尚未到来，战斗将在两个小时之内开始。"

实际上，拿破仑一直期待的战斗从未开始。那天，他要么静静地坐着，要么在第五团攻占的堡垒正前方悠闲地走来走去，偶尔去堡垒左边走走。由于这座堡垒坐落在一条沟边，距离战场比较远，拿破仑几乎看不到任何东西。只有战斗不在高处进行时，他才能看到交战双方。当看到战斗离自己越来越近时，他并没有感到不安。无论是对自己的军队，还是对俄军，他都很有耐心。每当有人来向他报告法军又损失了几位卓越的将军时，拿破仑都只是悲伤地做出一些听天由命的手势。他几次站起身来，转了几圈，又马上坐下了。

周围的每个人都惊讶地看着拿破仑。在此之前，在经受巨大打击时，他都表现得非常积极、冷静。但此时，他表现出一种死气沉沉的平静与一种缺乏勇气和活力的懒散。一些人认为，他们从他的表现中发现了那种常常随心所欲的人的沮丧。另一些人则认为，他已经对一切漠不关心，甚至对战争也没有丝毫兴致。有几个人说，当被岁月消磨了旺盛的精力时，天才在重大场合表现出的持久的平静与沉着，也会随着时间的推移变成迟钝和沉重。那些对拿破仑忠贞不贰的人认为，在指挥如此大规模的战役时，为了便于通信兵找到自己，拿破仑不必频繁改变自己的位置，所以才坐在那里一动不动。还有一些人的理由能更准确地解释这一点：他们将拿破仑这种缺乏活力的状态归因于他的健康状况不断受到打击——他得了一种隐疾，如今发作得很厉害。

指挥炮兵的将军们对部队停滞不前感到吃惊。很快，炮兵们就得到了许可，可以开始攻击。于是，他们快速登上高地。随后，80门大炮同时开炮。法军炮兵发起了猛烈的攻击，率先突破了俄军骑兵的防线，迫使他们躲到步兵的防线后面。

密密麻麻的俄军步兵向前推进。法军的炮弹呼啸而来，在俄军步兵中炸出一个个大深坑。然而，俄军步兵继续前进。在猛烈的炮火中，他们努力集中在一起。他们身边时刻都会有人倒下，但幸存者会踩着倒下的同伴的尸体再次集中起来。为了击溃俄军步兵，法军的大炮再次向他们发射霰弹，致使他们整排整排地倒下去。

最后，俄军步兵停下来，不敢再进一步，也不愿后退。究其原因大概有以下几种可能：一、在这场惨烈的战斗中，他们遭受了沉重的打击——巴格拉季昂当时可能也受伤了，所以惊恐万状。二、在第一次作战部署遭遇失败后，将军们不知如何改变作战策略，毕竟他们不像拿破仑那样有天赋，能让如此庞大的部队立刻步调一致、井然有序地行动起来。总之，法军炮兵向无精打采的俄军步兵轰炸了两个小时，而俄军步兵只是呆呆地站在原地，等待死亡，根本无法采取其他

† 巴格拉季昂在博罗季诺战役中受伤
彼得·冯·赫斯绘

行动。这场大屠杀极其恐怖，即使是法军聪明勇敢的炮兵，也不得不钦佩俄军步兵一动不动、听天由命的勇气。

作为胜利者，法军首先感到精疲力竭，对这场炮战的拖沓感到不耐烦。由于弹药已经耗尽，内伊奉命率军向前推进，在其部队右翼拉开战线，迅速前进，击败对面的俄军。达武和缪拉负责支援内伊的部队。内伊的残余部队负责消灭巴格拉季昂的残余部队。

之后，平原上的战斗就结束了。法军集中兵力对付高地上的俄军。巴克莱率领俄军中路部队和右翼部队在大型防御工事附近继续顽强地抵抗欧仁亲王的法军。

就这样，到了大约中午时分，在消灭了巴格拉季昂的部队与攻破了俄军一半的防线之后，整个法军右翼，也就是内伊、达武和缪拉的部队，出现在残余俄军失去掩护的一侧。从这里，法军可以看到整个俄军内部的情况——包括俄军的后备部队及被遗弃的大后方，甚至他们开始撤退的地方。

但内伊、达武和缪拉觉得自己的部队也很虚弱，所以不能冲进这个缺口。于是，他们率军冲至仍然很强大的俄军防线后边，大声呼喊：“青年近卫军跟着敌人，与他们保持一定的距离。发挥近卫军的优势，占领高地。你们足以消灭所有敌人。”

内伊、达武和缪拉派贝利亚尔去见拿破仑。贝利亚尔向拿破仑报告说：“从我们的位置，可以毫无障碍地看到俄军后方通往莫扎伊斯克的路。我们可以看到一群乱哄哄的俄国伤兵在路上加紧逃跑，还看到俄军正在撤退的马车。我们与俄军之间的确还横亘着一条沟壑和一片小树林，但俄国的将军们是如此狼狈，没有想到利用沟壑与树林来阻击我们。总之，我们不费吹灰之力就可以赶上这支混乱的俄军，让他们的失败成为定局，并结束这场战争。”

尽管如此，拿破仑仍然犹豫不决。他命令贝利亚尔再去查看俄军的情况，然后回来报告。贝利亚尔感到很惊讶，他飞快地回到自己的部队，然后全速返回，向拿破仑报告：“敌人开始想得更周全了，他们已经在树林里布置了狙击兵。机会稍纵即逝，我们必须立即采取行动，否则只有再打一仗才能结束战斗！”

在此之前，拿破仑派贝西埃尔前往高地观察俄军的动向。贝西埃尔刚刚从高地回来。他报告说：“俄军并没有陷入混乱，并且已经撤退到新的位置，似乎正在准备发起新一轮进攻。”然后，拿破仑对贝利亚尔说：“现在一切都还不明朗。在派出预备部队之前，我想将敌我形势看得更清楚一些。”他就这样答复了贝利亚尔，并且重复了好几次。当时，他指了指通往莫斯科的老路的一侧——波尼亚托夫斯基还没有占领这条路，又指了指这条老路的另一侧，以及正在法军左翼的后方发起进攻的俄国骑兵。最后，他指向欧仁亲王的部队正在奋力进攻的大型防御工事，尽管进攻并没有取得任何进展。

贝利亚尔惊愕地回到缪拉那里，并且告诉他，拿破仑不可能给他们派预备部队。贝利亚尔说：“我发现拿破仑仍然坐在同一个地方，看上去很痛苦、很沮丧。他面容沉静，神情呆滞，无精打采地发布着命令，似乎完全置身在可怕战争的喧嚣声之外！”听到这些话，喜怒无常的内伊怒不可遏，然后跑开了，并且大叫道：“难道我们大老远来到这里，就是为了打仗吗？拿破仑在后方干什么呢？待在后方，只会离失败越来越近，而不可能胜券在握。既然不再指挥战争，拿破仑就不再是将军。既然只想君临天下，那就让他回到杜伊勒里宫去当皇帝，让我们代替他来指挥战斗！”

想起自己在前一天见过拿破仑，缪拉显得更加镇定。当时，拿破仑正骑着马，观察俄军的防线。他几次都停下来，翻身下马，将头靠在大炮上，静静地休息一会儿，看起来很痛苦。缪拉知道，每到夜里，拿破仑是多么焦躁不安——连续不断的猛烈咳嗽让他喘不上气。缪拉还猜测，疲劳和春分（equinox）初至的天气让拿破仑原本虚弱的身体雪上加霜。总之，在关键时刻，他的身体状况束缚了他的才智。在疲劳、发烧和疾病折磨下，他的身体每况愈下。其中，疾病对他的影响最大，不仅损耗了他的体力，还消磨了他的精神。

不过，将军们还在进一步鼓动拿破仑下达命令。贝利亚尔离开后不久，在杜马斯伯爵和贝尔蒂埃的敦促下，达鲁伯爵低声对拿破仑说："呼声从四面八方传来。我们认为，现在是时候派出近卫军了。"拿破仑回答说："如果明天还有一场战斗，那么我的军队在哪里？"达鲁伯爵再没说什么，他第一次震惊地看到，拿破仑居然将战斗推迟到第二天，延缓了法军取得胜利的时间。

第11章 博罗季诺战役（三）

巴克莱率领俄军右翼继续顽强地抗击欧仁亲王的法军。欧仁亲王率军攻陷博罗季诺之后，立即渡过了俄军大型防御工事正对面的克洛加河。俄军指望克洛加河附近被泥泞深沟环绕的陡峭高地能够阻挡欧仁亲王部队的进攻，指望法军会因疲惫不堪而放弃进攻，指望有重型火炮防卫的壕沟能够阻挡法军的进攻。俄军的80门重型火炮被摆放在深沟的边缘。这些火炮不断发射炮弹，喷射出密集的火焰。然而，一切都令俄军失望。无论是俄军的战略与战术，还是俄军占据的有利地势，都没有将优势发挥出来。法军的进攻是出了名的猛烈。在法军发动第一次猛攻之后，俄军士兵突然看到莫兰德的部队出现在他们中间，于是乱作一团，纷纷逃跑了。

在博纳米的率领下，法军第三十团的1800人奋力登上了高地。

在高地上，马尔蒙的副官法维耶表现突出。法维耶是前一天才从西班牙赶到的。他主动请命，率领最优秀的狙击兵冲在最前面，仿佛是来代表西班牙军队出战的。在争当英雄的荣誉的激励下，他希望身先士卒，展现出英雄气概，所以总是在危险时刻冲在最前面。

然而，法军只是取得了短暂的胜利。法维耶身负重伤，倒在了奥古斯特·科兰古[①]战死的那座有名的堡垒里。法军的这次进攻行动缺乏一致性，这或许是因为第一批进攻部队的行动过于仓促，或许是因为跟在后面的部队行动过于缓慢。法军必须通过一条沟。这条沟很深，为他们提供了掩护，让他们免受俄军炮火的袭击。在这条沟中，法军的很多部队肯定停止了冲锋。因此，莫兰德的部队孤立无援，独自面对俄军几支部队的攻击。1812年9月5日10时，在莫兰德的

① 奥古斯特·科兰古是大掌马官科兰古的弟弟。——译者注

部队右边，弗里昂的部队尚未开始进攻赛门罗夫斯加村；在莫兰德的部队左边，杰拉德、布鲁西耶的部队和意大利近卫军的各个师还没有到位。

此外，这次进攻不该如此仓促。按照拿破仑的原计划，法军此次进攻的目的只是阻止巴克莱的部队进攻，并占领他率领的俄军右翼所在的地方。战斗虽然是从法军右翼开始的，却以左翼为核心。但在执行时，我们不知道拿破仑为什么改变了原计划。因为在法军炮兵发射第一批炮弹时，他连续派出不同军官，前来敦促欧仁亲王的部队开始进攻。

俄军从第一次突袭中回过神来，向四面八方冲去。库塔伊索夫和叶尔莫洛夫抱着必死的决心，冲在最前面。法军第三十团单枪匹马，对抗俄军全部兵力。该团将士勇敢地用刺刀攻击俄军，并将俄军团团围住，然后赶出堡垒。其实，俄军仍有三分之一的人留在堡垒中。其中一位英勇无畏的将军身负重伤，身负20处刀伤，并且刀刀刺穿了他的身体。在成功击退法军第三十团的胜利鼓舞下，俄军不再满足于自卫，转而发起反攻。那一刻，我们看到堡垒中的俄军团结起来，全力反击，将面对战争时的所有潜能与力量毫无保留地发挥出来。面对俄军如火山喷发般的猛攻，法军顽强地抵抗了4个小时。但要做到这一点，就需要欧仁亲王必须指挥无误、决心坚定。对长期以来保持常胜不败纪录的法国将士来说，承认自己失败的想法是他们无法容忍的。

法军的每个师都数次换将。欧仁亲王从一个师走到另一个师，带着责备的口吻恳求将士们一定要坚持住，最重要的是提醒他们想起以前取得的胜利。他派人向拿破仑报告其部队的危险处境。但拿破仑回答说："我不能支援他的部队。他的部队必须消灭堡垒中的俄军。那里是战斗最激烈的地方。他只能更加努力。"当欧仁亲王召集全部兵力，准备向俄军堡垒发动总攻时，忽然，他的注意力被他左边发出的愤怒叫喊声吸引了过去。

乌瓦罗夫率领两个骑兵团和大约1000名哥萨克人袭击了欧仁亲王的预备部队，使其陷入混乱。欧仁亲王立刻跑过去，在德尔宗和奥尔纳诺的支持下，赶走了乌瓦罗夫所率的虚张声势的部队。之后，他又回去指挥部队发动决定性进攻。

就在这时，缪拉第四次派人告知拿破仑，他的骑兵正在遭受俄军攻击。由于俄军以堡垒作为掩体发动进攻，欧仁亲王的部队损失严重。缪拉请求拿破仑派兵支援。按照拿破仑的命令，缪拉不得不和军队留在平原上，无法通过进攻俄军来为欧仁亲王解围。他只求拿破仑能派出近卫军的骑兵，从而在其帮助下攻取被深沟环绕的高地，一举消灭高地上的俄军及躲在堡垒中的俄军。

拿破仑对此似乎表示同意。他派人去找贝西埃尔——近卫军的骑兵由贝西埃尔指挥。不幸的是，将士们找不到贝西埃尔。按照拿破仑的命令，贝西埃尔已经前往某个更加接近俄军的地方察看战斗的进程了。拿破仑静静地等待了近一个小时，其间没有丝毫的不耐烦，也没有重复刚才的命令。当贝西埃尔回来时，拿破仑愉快地接见了他，安静地听了他的报告，并且允许他率军向前推进——只要他认为法军应该前进。

然而，一切为时已晚。拿破仑再也不能妄想击败俄军，或者占领整个俄国了，他所能占领的只有战场。他留给库图佐夫足够的时间来侦察法军所处的位置。库图佐夫已经派人巩固了所有仍然掌握在俄军手中而法军难以接近的地方，并部署俄国骑兵压制平原上的法军。

俄军第三次加强了内伊和缪拉对面的俄军左翼的兵力。缪拉召集了蒙布兰的骑兵——蒙布兰已经战死。奥古斯特·科兰古接替蒙布兰指挥骑兵。奥古斯特·科兰古发现，不幸阵亡的蒙布兰的副官们都为失去指挥官而哭泣。“跟上我，”他对副官们说，“你们不要为蒙布兰哭泣了，你们应该为他报仇雪恨！”

缪拉指着俄军新组成的侧翼，要求奥古斯特·科兰古必须率军将其击溃，并一直推进到俄军的大炮台附近。届时，法国轻骑兵会紧随其后，守住奥古斯特·科兰古率军攻占的阵地。奥古斯特·科兰古则率领铁骑兵转而进攻俄军左翼，从后面攻占俄军的堡垒。俄军这座坚固的堡垒正将火力集中在正面，全力攻击欧仁亲王的部队。

奥古斯特·科兰古回应道：“哪怕战死，我也要冲到那里。你很快就会看到的。”随后，他率军出动，消灭了前方的所有俄军，并带着他的骑兵突然攻向俄军左翼。当一颗子弹射中奥古斯特·科兰古时，他已率先进入被鲜血染红的俄军堡垒。他攻占的堡垒成了他的坟墓。

缪拉等人立刻派人前去向拿破仑报告这一胜利的消息，以及此次战役给法军造成的损失。听到弟弟奥古斯特·科兰古不幸阵亡的消息时，科兰古惊呆了。但面对这种不幸，他很快就鼓起了勇气。他默不作声，任凭眼泪静静地流淌。你可能以为他并不为弟弟的死感到难过。拿破仑发出一声悲叹，对大掌马官科兰古说：“你已经听到这个消息了，你想退出战斗吗？”其实在那一刻，法军正在向俄军发起进攻。科兰古既没有回答拿破仑，也没有退出战斗。他双手掩面，感谢拿破仑对他的关切，但拒绝退出战斗。

就在法军骑兵坚决发起冲锋时，欧仁亲王率领步兵马上就要靠近俄军的堡垒了。突然，他看见堡垒中的俄军停火了，笼罩在堡垒上的硝烟也散了。在那里，法军骑兵正迅速移动，他们的胸甲闪烁着耀眼的光芒。法军终于攻占了俄军一直据守的高地。欧仁亲王率军快速冲向俄军，与骑兵前后夹击，企图迅速消灭俄军，加快法军胜利的步伐。

然而，俄军还没有放弃抵御法军的进攻，甚至更加顽强、疯狂地攻击法军。相继击退一支支俄军部队后，将军们又将各支部队召集起来。最后，俄军大部分将士都死在自己修建的堡垒下面。

幸运的是，俄军的最后一支进攻部队向赛门罗夫斯加村进发。俄军的大型防御工事失去了大炮的掩护，而那些环绕高地的深沟无疑减缓了这支部队前进的速度。贝利亚尔几乎没有时间集中30门大炮来对付这支部队。当这支部队几乎快到我军的炮口时，我军大炮适时地开始发射。这支部队还没开始进攻，便撤退了。缪拉和贝利亚尔说，当时他们如果有1万名步兵，就会取得决定性胜利。但缪拉和贝利亚尔只剩下骑兵了。因此，他们认为，法军能占领战场已经很幸运了。

格鲁希与贝利亚尔并肩作战。他们的军队一再猛烈进攻俄军大型防御工事的左侧，确保法军取得胜利，并肃清了平原上的俄军，但根本无法追赶逃跑的俄军。潮湿泥泞的深沟及其后面由重兵把守的堡垒，给俄军的撤退提供了掩护。俄军在堡垒中坚守，拼命阻击法军的进攻，直到夜幕降临。俄军用这种方式保卫通往莫斯科的大道，保卫俄国的圣城、弹药库、仓库及俄国人的避难所。

俄军在第二个高地上的炮火覆盖了法军占领的第一个高地。欧仁亲王不得不让气喘吁吁、疲惫不堪的将士们躲在洼地和被炮火摧毁的壕沟里。将士们不得不蹲下来，躲在这些布满弹坑的护墙后面。虽然这种姿势让人感到非常别扭，但由于俄军火力太猛，法军将士无法前进，就这样坚持了几个小时。

9月5日15时30分左右，法军终于迎来了最后的胜利。这一天，法军数次击退俄军，取得了胜利。各支部队相继击败了与之对抗的俄军，却没能乘胜追击，彻底击溃俄军。由于增援的预备部队没有及时赶到，各支部队的将士们都已精疲力竭，就停止了追击。但最后，所有障碍都已被消除，炮声渐渐减弱，距离拿破仑越来越远。各支部队的将军们都前来见拿破仑。波尼亚托夫斯基和波尔塔经过一场鏖战，也取得了胜利。俄军停止前进，驻扎在一个新的阵地上。天色已晚，法军的弹药也已耗尽。战斗结束了。

贝利亚尔第三次前来面见拿破仑，看到拿破仑似乎更加痛苦了。他非常吃力地爬上马背，沿着赛门罗夫斯加村所在的高地缓慢走着。他发现，有一块阵地尚未被法军完全占领，仍有一些俄军将士在负隅反抗。

在枪炮声中，内伊和缪拉仍然斗志昂扬。但拿破仑的状态一直没有变化。他走路时，显得无精打采、意志消沉。他说话时，声音听起来慵懒而倦怠。然而，当看到俄军，听到俄军持续射击的声音时，他似乎又焕发了精神。他走到离俄军最后的阵地更近的地方察看敌情，甚至希望将俄军赶出阵地。但缪拉指着法军的残余部队说，这个任务得让近卫军去完成。贝西埃尔则坚持一贯的观点，强调这支精锐部队的重要性，反对道：“皇帝与他的增援部队和祖国都相距甚远，至少应该保留那一小撮士兵，只有他们能保障皇帝的安全了。”临近17时，贝尔蒂埃补充道：“现在已经太迟了，敌人正在增强他们在最后一个阵地上的力量。即使再战死几千人，我们可能也得不到想要的结果。”拿破仑也没有更好的办法，只是建议各位将军一定要小心谨慎。后来，他又缓慢地回到了帐篷。他的帐篷搭建在两天前法军攻占的炮台背后。从早上开始，拿破仑就一动不动地待在帐篷前，仿佛他只是那天残酷战役的旁观者。

慢慢走回来后，拿破仑将莫蒂埃元帅叫到身边，命令道：“让青年近卫军现在出发，但绝对不能跨过横亘在我们与敌人之间的那条深沟。”接着，他补充道：“让你负责守住战场是我对你的唯一要求。只要能守住战场，你可以采取任何你认为必要的行动。”没过多久，他又让莫蒂埃元帅回来，问道：“你是否准确理解了我的意思？我建议你不要进攻，只要守住战场即可。”一个小时后，拿破仑又派人向莫蒂埃元帅重申了他的命令：“无论发生什么事情，都不能前进或者后退。”

第12章 博罗季诺战役的结局

回到帐篷后，拿破仑原先只是感到身体不适，现在又要承受巨大的精神痛苦。他亲眼看到了战场上的情形——远比人们描述的更令人震撼。这就是拿破仑无比热切追求的胜利，也是他付出极其昂贵代价取得的胜利，但还不是完全的胜利。他总是竭尽全力，想征服尽可能远的地方。可当命运女神给予他最后的青睐时，难道他要如此冷漠、怠惰吗?

法军的损失无疑是巨大的，与获得的战果不成正比。拿破仑周围的每个人都因失去朋友、亲戚或者兄弟而哀叹——很多杰出的将士在这次战役中阵亡了。法军的43位将军或死或伤。对巴黎来说，这是多么巨大的哀伤。对俄国来说，这是多么巨大的胜利。对德意志人来说，这是多么危险的话题。虽然拿破仑的军队取得了胜利，但没有人欢呼。即使是待在自己的帐篷里，拿破仑也沉默不语、表情阴郁，甚至没有人来说一些阿谀奉承的话。

杜马斯伯爵和达鲁伯爵被拿破仑召进帐篷，听他训话。他们什么也没说，但他们的态度、低垂的目光与沉默比说任何话都有说服力。

1812年9月5日22时，缪拉虽然经历了12个小时的战斗，但并没有感到筋疲力尽。他再次来到拿破仑的帐篷，请求拿破仑派出近卫军的骑兵。他说："俄军正在匆忙、混乱无序地渡过莫斯科河，我想出其不意地将其消灭。"拿破仑斥责缪拉的战斗热情有些过度。之后，他口授了当天的公告。

拿破仑似乎很高兴地向欧洲宣布，他和他的近卫军都没有暴露在正面战场上。在一些人看来，这种小心谨慎是非常自爱的表现。不过，一些更有见识的人有截然不同的看法。他们从来没有见拿破仑展示过任何徒劳无益或毫无必要的激情。在他们看来，拿破仑率领外国盟友的军队在那么遥远的地方战斗，而这些军队都是为了取得胜利才团结在一起的，这让他越发觉得保存一支精良、忠诚的军队是多么必要。

事实上，俄军已经不再对战场抱有任何希望。他们不可能指望拿破仑在战场上战死，因为他根本没有必要亲自出面来确保战争取得胜利。他们也不可能击败拿破仑，因为他过人的军事才能足以使他运筹帷幄，甚至不用派出预备部队——他的近卫军。因此，只要不动用近卫军，拿破仑的真正权力及其从舆论中得到的权力都会保持完整。无论是盟友还是敌人，似乎都认为近卫军是拿破仑人身安全的一种保障。因此，他煞费苦心地告知欧洲，他仍然拥有这支强大的预备部队。实际上，这支预备部队不足2万人，并且其中仅新兵就占了三分之一以上。

这些动机虽然很有说服力，但根本无法让那些有充分理由犯下大错的人满意。这些人一致认为："我们已经看到，那天早上，我们的右翼部队赢得了胜利。形势对我们是有利的，但右翼部队就此停止了进攻，而后继续从正面进攻俄军。就像在战争初期一样，这场战役仅仅是实力的较量！这场战役毫无计划，而这次胜利只属于士兵，不属于将军！当我军士兵已经疲惫不堪、十分虚弱时，为什么还要如此仓促地追击俄军，而不能有喘息的机会？我军追上俄军时，为什么不乘胜彻底将其击溃，而是在对我们充满愤怒的国家中，在广袤的荒野里，在距离法国800里格的地方，继续白白流血，任由俄军宰割？"

这时，缪拉大声说道："在这个决定性的日子里，我居然没有看出拿破仑的天赋！"欧仁亲王承认："我不明白我的养父[①]为什么犹

① 即拿破仑。——译者注

豫不决。”当欧仁亲王问内伊该采取什么行动时，内伊非常固执地建议欧仁亲王撤退。

只有那些从未离开拿破仑身边的人才注意到，这个征服众多国家的人已经被高烧和复发的顽疾征服了。顽疾对他影响更甚，因为他每次剧烈的运动和强烈的情绪波动都会加重它带来的痛苦。当时，他们引用了拿破仑15年前在意大利写下的一句话：“健康在战争中是必不可少的，什么都无法取代它。”接着，他们又引用了他在奥斯特利茨平原上发出的感叹：“米歇尔·奥德内已经疲惫不堪。没有人总是适于战争。我良好的健康状况将会再持续6年，之后我必须停止战斗了。”很不幸，拿破仑一语成谶。

9月5日夜间，俄军不合时宜的喧闹声让法军感觉到敌人就在附近。6日早上，拿破仑的帐篷附近发出了一声警报。实际上，老近卫军不得不跑去拿武器。这种状况发生在法军取得胜利之后，似乎是一种侮辱。中午之前，法军一直按兵不动。更确切地说，已经没有军队了，有的只是一支先头部队。其余部队已经分散到战场上去抬伤员了。在这次战役中，法军共有2万人负伤，他们被抬到后方大约2里格的科洛斯科伊大修道院。

首席外科医生拉雷刚刚从法军各团中招募了助手，救护车也重新归队，但这些都不足以应对目前的状况。后来，在一篇刊登的记叙文中，拉雷抱怨说，拿破仑没有留下任何部队去他周围的村庄采购必需品。

当拿破仑骑马视察战场时，战场上的景象异常阴森可怕。一切令人感到恐惧。天色阴沉，寒风怒吼，冰冷的雨点打在人身上。一座座房屋被烧成灰烬。平原上一片狼藉，到处是废墟和垃圾。远处，一棵棵树在凄风冷雨中倔强地挺立着。为了寻找食物，法军将士四处游荡，甚至在已经死亡的同伴的背包里摸索。他们的伤口看起来非常吓人——俄国制造的火枪弹比法国的大。营地里一片死寂，没有人唱歌，也没有人讲故事。

鹰旗周围幸存的军官及其副官和少数士兵，几乎不足以保护鹰旗。在激烈的战斗中，他们的衣服早已被撕裂，沾满了火药和鲜血。虽然衣衫褴褛，饱受苦难，但他们看起来很自豪。当看到拿破仑时，他们无比兴奋，发出了胜利的欢呼。在这支军队里，每个人都既能冷静地分析问题，又能保持很高的战斗热忱，也都明白各自所处的位置。

法军将士不会轻易上当受骗。他们惊讶地发现，敌军虽然死伤无数，却鲜有被俘虏的——不到800人。通过这些数据，将士们已经计算出法军取得了多大程度的胜利。与其说这么多俄军将士的尸体表明法军取得了胜利，不如说俄军将士尸体的数量证明了俄军的勇气。如果俄军其余部队撤退时都能保持良好的秩序，感到非常骄傲，丝毫不感到气馁，那么法军取得一场战役的胜利又有什么意义？在疆域如此辽阔的国家，俄军何必要为保住一城一地而死战呢？

对我们来说，我们已经拥有了太多，甚至多得我们已经容不下了。我们从科诺出发，历尽千辛万苦，穿越荒野，走过一座座被烧成灰烬的村庄与城市。一路走来，我们身后留下了一道长长的、笔直的车辙。那道车辙是否会像一艘船驶过后在一望无际的大海上留下的痕迹一样，很快就在我们身后不远处消失得无影无踪？几个全副武装的农民就能轻而易举地抹去所有痕迹。这能叫征服吗？

事实上，在法军后方，哥萨克人即将带走法军的伤员及掉队的士兵。500名掉队的士兵很快就落入哥萨克人手中。一些被哥萨克人抓走的士兵，加入了哥萨克人的队伍。他们帮助哥萨克人抓捕其他掉队的法军士兵，直到发现队伍中的法军士兵越来越多。这些士兵突然集中起来，摆脱了毫无防备的哥萨克人。

拿破仑只能以阵亡人数来评估他取得的胜利。法军的许多将士躺在战场上，或者倒在堡垒里。与那些活下来的人相比，战场与堡垒似乎更属于这些战死的人。

我们不得不骑马跟在拿破仑后面，在一堆堆尸体中继续前行。一匹马的蹄子碰到了一名伤员。这名伤员发出痛苦的呻吟声，或许是生命最后的叹息。虽然法军取得了胜利，但截至当时，拿破仑一直保持沉默。看到这么多人战死，他感到非常压抑。此刻，他终于发出了一声惊叫。发出愤怒的叫喊声后，他感到一丝宽慰，对这名不幸的伤员非常关切。有人安慰拿破仑说，这名伤员只是一个俄国人而已，但他生气地反驳道："胜利之后，没有敌人，只有人类！"然后，他让随行官员分散开来，去救助伤员。他目光所及之处，都能看到伤员在痛苦地呻吟。

在一条深沟的底部，我们发现了很多人。当时，法军的大部分人掉进了这条深沟。为了更好地保护自己不受俄军攻击，也为了躲避狂风暴雨，许多人在深沟中慢慢地往前爬。那些年轻士兵痛苦地呼唤着祖国或母亲的名字，那些老兵则等待着死神来临。他们中有些人非常平静，有些人则在讥笑死神，但没有人恳求上帝的怜悯，也没有人抱怨自己的命运。还有一些人恳求我们直接杀死他们。我们快速走过这些不幸的人身边，既没有抱着无用的同情心来帮助他们，也没有因同情而残忍地杀死他们以结束他们的痛苦。

其中一个伤员受伤最严重。他的两条腿和一只胳膊都被炸飞了，只剩下一只胳膊还连在躯干上。不过，他看起来生机勃勃，充满了希望，甚至充满了欢乐，所以我们试图救他。当士兵们抬着他走时，他在抱怨那被炸断的胳膊和腿都很疼。对那些缺胳膊少腿的人来说，这种情况很常见。这或许是因为虽然他们的肢体残缺不全，但他们的灵魂依然完好无损，而感觉只属于灵魂，不属于躯体。这进一步论证了一个观点——身体并不像人们通常认为的那样可以感知失去的肢体。

有人看到俄军士兵拖曳着脚步来到尸体堆积的地方。由于一堆堆尸体的阻碍，他们撤退得异常艰难。有几个人已经证实，这些可怜的伤员中有一个人在一匹马的尸体里待了好几天，靠啃食马的内脏活了下来。这匹马被炮弹炸成了一具空壳。有人看到，几个人将俄军伤员的断腿拉直，将树枝与他们的断腿紧紧地绑在一起，然后给他们一根树枝来支撑身体。伤员们就这样一瘸一拐地走到下一个村庄，没有一个人发出呻吟声。

当离开自己的家园时，这些俄军士兵也许并不寻求怜悯。然而，他们之所以比法军士兵更坚强地忍受着痛苦，并不是因为他们更勇敢，而是因为他们遭受的痛苦比法军士兵更少。气候磨钝了俄国人的器官，使他们的身体变得麻木，连大脑也反应迟钝。

在这次令人悲伤的巡视中，拿破仑徒劳地试图用令人精神振奋的幻想来安慰自己。他再次提到法军俘虏的俄军士兵人数及其缴获的拆卸下来的大炮数量：七八百名俘虏，20门大炮。这些就是这次不完全胜利的战利品。

第13章 发生在莫扎伊斯克的战斗

与此同时，缪拉继续率军追击俄军后卫部队，迫使其撤退到莫扎伊斯克城。俄军后卫部队撤退时经过的那条路非常干净。他们什么都没有留下，既没有落下任何人，也没有落下任何车辆或衣服；他们还埋葬了所有死者，因为他们信奉的宗教让他们非常尊重死者。

当看到莫扎伊斯克城时，缪拉想象自己已经占领该城，于是派人向拿破仑报告他可能会在这里过夜。但俄军后卫部队占据了城墙外的一个地方，俄军其余部队占领了城墙后面的一个高地。这样一来，俄军的火力就覆盖了通往莫斯科和卡鲁加的道路。

库图佐夫或许是因为不知道该走两条路中的哪一条，或许是因为不想让法军确定自己走了哪条路，所以他陷入了犹豫。当时的情况就是这样。此外，俄国方面认为，在距离法军取得胜利的战场只有4里格的地方安营，是俄军为了维护尊严必须要做的事；同时，这也让俄军有时间清理其身后道路上的杂物。

俄军态度坚定——与战斗爆发前一样气势逼人，不禁令我们赞叹不已。但俄军这样做也是有原因的：一是我们离开博罗季诺战场的时间太长，二是一条深谷横亘在俄军与法军骑兵之间。缪拉没有意识到这条深谷是障碍，而他麾下的军官德利已经发现了这一点。在前往靠近莫扎伊斯克城门的地方侦察敌情时，德利看到了城门上俄军闪闪发亮的刺刀。

不过，缪拉还像战役开始时一样暴躁。在他的军事生涯中，他一直都这么暴躁。他并没有重视这条深谷，甚至不认为它是障碍。他召集骑兵，愤怒地命令他们前去攻打和击溃俄军，并且突破莫扎伊斯克的城门和城墙。副官极力劝阻，却毫无成效。副官将对面高地上的俄军指给缪拉看，让他明白俄军的火力覆盖了整个莫扎伊斯克城及那条正准备吞噬法军其余骑兵的深谷。但缪拉比之前更加愤怒了，坚持认为:“我们必须前进。如果那里有任何障碍，那么我们会看到的。”然后，他说了一些侮辱性的话来催促骑兵们前进。骑兵们虽然准备执行命令，但还是拖延了一会儿，因为他们都明白应该延迟执行命令，以便给缪拉留出思考的时间，让他有机会发布相反的命令。他们都期待缪拉能够在不幸发生之前下达相反的命令，尽管他下达相反的命令并不总是及时，但至少这次下达得还算及时。缪拉率军几乎包围了一群喝得醉醺醺的掉队的哥萨克人。哥萨克人朝缪拉可怕地号叫着。缪拉便命人向他们开了几炮。浪费了一些火药后，他感到满意了。

然而，这场小冲突的后果非常严重，增加了法军前一天的损失——贝利亚尔也受伤了。对缪拉而言，贝利亚尔受伤是巨大的损失。他让贝利亚尔前去侦察俄军阵地的左侧，因为法军可以从那里接近俄军，也应该从那里发起进攻。但他当时什么都没有考虑，就向面前的俄军发起了进攻。

1812年9月6日，夜幕降临，拿破仑才在一支实力很弱的分遣队的护送下到达战场。在来莫扎伊斯克城的路上，他走得比前一天更慢了。他完全不关心这里的战事，似乎没有听到将士们战斗时的叫喊声，也没有看到那些从他身边呼啸而过的子弹。

有人拦住拿破仑，将处在他与莫扎伊斯克城之间的俄军后卫部队指给他看。他看到，城墙后面的高地上有5万名俄军士兵，他们正在投入战斗。这种景象表明，法军还没有完全获胜，而俄军也丝毫没有气馁。尽管如此，拿破仑却没有意识到这一点。他萎靡不振地听完汇报后，就回到不远处的一个村子里睡觉了。这个村子就在俄军炮火的射程之内。

俄国的秋天驯服了拿破仑，否则在莫斯科的平原上，整个俄国也许会向法军屈服。严酷的秋天提前来到俄国，非常及时地帮助了俄国。9月6日，也就是这场艰苦战斗爆发的前一天，一场暴风刮了起来。对法军来说，这场暴风是致命的！拿破仑遭遇暴风的袭击。那晚之后，一种令人疲倦的热病几乎要烧干拿破仑的血液，击垮他的精神。在战斗期间，他忍受着热病带来的痛苦，生不如死。更严重的是，在接下来的5天，这种热病令他无法行走，也让他很难发挥军事才能。正因如此，库图佐夫才能保存俄军的力量，俄军也才没有在博罗季诺被法军彻底摧毁。此外，库图佐夫获得了召集剩余俄军的时间，还避开了法军的追踪。

9月9日，法军发现，莫扎伊斯克城没有俄军守卫，仍然矗立在那里。除了城外高地上的俄军后卫部队控制着莫扎伊斯克城，前一天驻扎在城内的俄军都不见了。法军的一些部队进入城里，想穿城而过，去追俄军，而还有一些部队进城是为了掠夺必需品和寻找住所。然而，他们既没有发现居民，也没有发现粮食，只发现了死尸。为了住进那些房屋，法军不得不将尸体和大量垂死的俄军士兵从门窗里扔出来，集中在一个地方。由于垂死的俄军士兵太多，并且过于分散，俄军才没敢放火烧毁房屋。实际上，俄军并不总是如此有人性。此时，他们的人性已经向对进入莫扎伊斯克城的第一批法军开炮的欲望低头。俄军行为的后果是，以木制建筑为主的莫扎伊斯克城很快便着火了，而一部分被他们遗弃的不幸伤员也遭到了火焰的吞噬。

当我们试图拯救这些不幸的俄军伤员时，法军第三十三团的50名士兵开始往高地上攀登。当时，俄军的骑兵和炮兵仍然占领着高地顶峰。在莫扎伊斯克城外停止前进的法军惊讶地看到，这50名士兵分散在俄军尚未占领的斜坡上，朝数千名俄军骑兵开火。我们预想的一切都突然发生：俄军几个中队迅速行动起来，顷刻间便包围了这50名大胆的士兵。他们立即站好队形，朝四面八方的俄军射击。但在如此宽广的平原上，由于法军第三十三团势单力薄，而俄军骑兵人多势众，这50名士兵很快便从我们眼前消失了。法军上下哀号一片。每个士兵都伸长脖子，眼睛死死地盯着战场，注视着交战双方的一举一动，努力想从刀光剑影中辨认出自己的同伴，想看看这50名士兵战斗的结果如何。有些人埋怨自己离得太远了，并希望法军能够前进。有些人则机械地装上子弹或恶狠狠地插上刺刀，仿佛他们已经足够接近俄军骑兵，可以帮助这50名士兵一样。他们的表情时而生动，仿佛他们正在战斗，时而痛苦，就像他们被打败了一样。其他人建议并鼓励他们，让他们忘却这一切，就好像根本听不到厮杀声一般。

几柱烟雾从黑压压的马群里升起，遮挡了法军的视线，增加了这场战斗的不确定性。有些人大声喊道，这是法军第三十三团的50名士兵在射击，他们还在保护着自己，还没有被打败。实际上，指挥第三十三团的军官刚刚杀死了一名俄军的指挥官。这名军官用这种方式回应了劝他投降的俄军。我们的焦虑又持续了几分钟。当看到第三十三团勇猛的反击吓坏俄军骑兵时，法军上下立刻发出欢呼，都非常敬佩这50名士兵。俄军骑兵分散开，以躲避这50名士兵的精准射击。当俄军骑兵分散开时，我们终于再次看到第三十三团尖兵连的50名士兵掌控着这么大的战场，而他们的落脚点只有几英尺而已。

看到法军如此猛烈地进攻，俄军消失得无影无踪。我们找不到任何痕迹来追踪俄军。之前在维捷布斯克和斯摩棱斯克城，俄军也是这样做的。更值得注意的是，俄军是在损失惨重后的第二天消失的。刚开始，我们不太确定应该走通往莫斯科的道路，还是走通往卡鲁加的道路去追击俄军。之后，缪拉和莫蒂埃元帅率军冒着危险朝莫斯科进发。

缪拉和莫蒂埃元帅率军行进了两天。将士们一路上除了吃马肉和被踩坏的小麦面包，再没有其他食物，也没有找到一个人或者一件物品来引导他们寻找俄军。俄军步兵虽然毫无秩序，但并未留下任何蛛丝马迹。他们无论是身处群体之中，还是独处，都会服从命令。在这个荒凉而充满敌意的国家，我们根本无法获得任何情报或者资源。

在通往莫斯科的大路左侧几里格的地方，意大利军队正在向前挺进。突然，他们看到一些手持武器的俄国农民。这些农民还不习惯战斗，但他们的首领手握一把匕首，发疯似的冲向法军。这个首领叫嚷着，他已经失去宗教信仰，他需要保卫国家，他厌恶这样活着。我们的士兵将他包围，本想放过他。但当他试图杀死他们时，他们将同情转化成愤怒，满足了他一心求死的愿望。

9月11日，俄国人又出现在克里姆斯科瓦伊附近。在克里姆斯科瓦伊，俄军建立了牢固的阵地。俄军已经开始执行原来的计划——在撤退过程中更注重对地理位置的选择，而非关注法军所处的位置。起初，莫蒂埃元帅很满意，因为他让缪拉明白了，从俄军选取的位置来看，缪拉根本不可能攻击俄军。但火药的味道很快就让缪拉兴奋不已。他一心想打败俄军，并迫使迪富尔和莫蒂埃元帅率领他们的步兵前来支援。这支步兵部队中还包括弗里昂的残余部队和青年近卫军。战斗开始的那天，拿破仑没有将这支预备部队派上用场，实在有悖常理。然而，预备部队在尚未发挥任何作用的情况下，就已经损失两千人。莫蒂埃元帅对此非常愤怒，并且写信告诉拿破仑，他不再服从缪拉的命令。当时，指挥先头部队的将军只能通过写信的方式与拿破仑保持联系。在莫扎伊斯克，拿破仑停留了3天，却因仍然忍受高烧的折磨而连房门都没有出过。拿破仑焦虑不安，被堆积如山的事务压得喘不过气。他患了重感冒，即使嗓子沙哑，也不得不立即给7个人下命令。由于说不出话，他只能在几张纸上写下他要发的急件的抬头。一遇到类似的麻烦，他就用符号来表达自己的意思。

贝西埃尔向拿破仑汇报当天在战斗中受伤的将军名单。这份重要的名单让拿破仑心痛不已。他极力想要发出声音，一番努力后，终于做到了。他突然打断贝西埃尔，吼道："8天后进军莫斯科，一切终将结束！"

尽管迄今为止，拿破仑将所有希望都寄托在俄国首都莫斯科。然而，要想取得莫斯科战役的胜利，就必须付出惨重的代价，更何况法军的胜算非常小。因此，拿破仑降低了对这场战斗的期望。9月11日，因为维克多的关系，拿破仑在给贝尔蒂埃的指示中流露出了他的痛苦："由于我军攻击了俄军的要害，俄军不再同我军周旋。写信给维克多元帅，让他指挥所有军队，包括步兵、骑兵、炮兵与走散的士兵，前往斯摩棱斯克城，以便从斯摩棱斯克城赶往莫斯科。"

拿破仑身心俱疲，却仍小心翼翼地掩盖痛苦。对于他的痛苦，法军上下无人知晓。就在拿破仑痛苦难忍之际，达武前来见他。达武身负重伤，还没有恢复，但仍当面请求拿破仑允许他指挥先头部队。他保证，会设法夜以继日地前进，赶上俄军，迫使其与法军战斗，并且不会像缪拉那样白白浪费将士们的性命，消耗法军的力量。然而，拿破仑只是高度赞扬缪拉的大胆和不竭的战斗热情，以此来回答达武。

拿破仑之前就听说，法军已经再次发现俄军，并且俄军并没有像他担心的那样向卡鲁加撤退，而是向法军右翼靠近。实际上，俄军仍在撤退。只需两天时间，拿破仑的先头部队就可以到达莫斯科了。一想到这座雄伟的城市及自己将无限希望寄托给这座城市，拿破仑便恢复了体力。9月12日，他的身体明显好转。他可以坐车出发，前去加入他的先头部队。

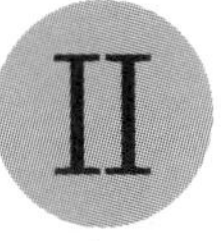

冰雪屠场

拿破仑远征俄国的死亡行军

HISTORY OF THE EXPEDITION TO RUSSIA,

UNDERTAKEN BY THE EMPEROR NAPOLEON, IN THE YEAR 1812

[法] 菲利普-保罗·塞居尔 **著**

赵秀兰 **译**

吉林出版集团股份有限公司

目 录

第 8 部分 / 387

第 1 章 莫斯科贵族和商人的牺牲 / 389
第 2 章 烧毁莫斯科的打算 / 397
第 3 章 博罗季诺战役前后莫斯科的状况 / 405
第 4 章 法军发现莫斯科变成空城 / 413
第 5 章 缪拉率军进入莫斯科 / 419
第 6 章 莫斯科大火 / 423
第 7 章 拿破仑对未来计划的犹豫 / 431
第 8 章 法军在莫斯科大肆劫掠 / 437
第 9 章 切里科沃和温科沃的局部战斗 / 445
第 10 章 法俄会谈 / 455
第 11 章 停战协定成为废纸 / 465

第 9 部分 / 475

第 1 章 法军离开莫斯科 / 477

第 2 章 马洛–亚罗斯拉维茨战役 / 481
第 3 章 哥萨克人突袭法军 / 489
第 4 章 拿破仑决定撤退 / 495
第 5 章 撤退计划 / 501
第 6 章 温茨辛格罗德将军被俘 / 509
第 7 章 法军到达莫扎伊斯克 / 517
第 8 章 两千名俄军俘虏遭屠杀 / 523
第 9 章 达武被指责 / 529
第 10 章 法军损失惨重 / 535
第 11 章 暴风雪对法军的影响 / 543
第 12 章 内伊处境险恶 / 549
第 13 章 欧仁亲王的军队溃败并解散 / 557
第 14 章 法军到达斯摩棱斯克城 / 565

第 10 部分 / 573

第 1 章 俄国将军的行动缺乏协调 / 575
第 2 章 错失击败俄军的机会 / 583
第 3 章 拿破仑离开斯摩棱斯克城 / 595
第 4 章 欧仁亲王九死一生 / 601
第 5 章 克拉斯诺战役 / 609
第 6 章 法军陷入混乱 / 619
第 7 章 放弃奥恰 / 627
第 8 章 内伊的决定 / 635
第 9 章 内伊是撤军途中的英雄 / 647

目 录

第 11 部分 / 655

第 1 章 俄军占领明斯克 / 657

第 2 章 法军丢掉明斯克的细节 / 665

第 3 章 法军残部的状况 / 671

第 4 章 为渡过别列津纳河做准备（一）/ 677

第 5 章 为渡过别列津纳河做准备（二）/ 683

第 6 章 渡过别列津纳河 / 689

第 7 章 巴尔图诺的师被俘 / 695

第 8 章 别列津纳河上的战斗 / 701

第 9 章 法军烧毁别列津纳河上的桥梁 / 707

第 10 章 法军的绝望处境 / 713

第 11 章 拿破仑打算返回法国 / 717

第 12 章 内伊与维克多发生争吵 / 723

第 13 章 拿破仑在离开前会见元帅们 / 729

第 12 部分 / 733

第 1 章 拿破仑的离开给法军留下的印象 / 735

第 2 章 法军遭受的苦难 / 743

第 3 章 缪拉率军逃跑 / 749

第 4 章 内伊率军撤离科诺 / 759

第 5 章 缪拉叛变的征兆 / 767

第 6 章 普鲁士军队叛变的细节（一）/ 771

第 7 章 普鲁士军队叛变的细节（二）/ 777
第 8 章 普鲁士军队叛变的细节（三）/ 783
第 9 章 普鲁士军队叛变的细节（四）/ 789
第 10 章 奥地利军队的背叛 / 793
第 11 章 缪拉的背叛 / 797
第 12 章 结语 / 801

出版后记：烽火燃史鉴 文库启新章 / 805

第 8 部分

第1章 莫斯科贵族和商人的牺牲

在维尔纽斯，我们看到了亚历山大一世在准备防御战的过程中遭到突袭时，是如何带领其七零八落的军队撤退的。直到撤退到距离维尔纽斯大约100里格、一个位于维捷布斯克和斯摩棱斯克城之间的地方，他才将俄军集合起来。他与巴克莱一起率领俄军匆忙撤退。后来，他躲进了德里萨的一个军营里。由于军营的位置没选好，俄军付出了极大的代价，才在周围挖好了壕沟。这个军营只是广袤土地上的一个点，位于极其漫长的前沿阵地上。俄军选择在此处扎营的结果，只是让法军看出应该攻击的目标在哪里。

看到这个军营和杜纳河时，亚历山大一世备受鼓舞，他终于可以在渡过杜纳河后喘口气了。在杜纳河对岸，他首次同意接见一名来自英国的代理人。他认为，直到那一刻，对他来说，保持俄国与法国交往的诚信非常重要。至于他的诚信到底是发自内心的还是流于表面的，我们不得而知。但有一点可以肯定，在巴黎，成功地表现出自己的诚信之后，他极其肯定地对达鲁伯爵说，他以自己的名誉担保，“尽管拿破仑有各种指控，但这是我第一次违反《提尔西特和约》[①]”。

与此同时，亚历山大一世让巴克莱发表了一些讲话，旨在破坏法国与其盟国之间的关系。这些讲话与拿破仑在克鲁伯克听到的俄国人的言论性质相似，令他非常恼火。俄国人的这些努力在法国人看来是多么卑鄙，在德意志人眼里又是多么不合时宜！

从其他方面来讲，亚历山大一世让对手觉得他毫无军事指挥才能。这个观点有一定的依据。首先，他忽略了别列津纳河这道守卫立

① 1807年7月7日，拿破仑与亚历山大一世签订条约；7月9日，与普鲁士签订条约。这两个条约合称为《提尔西特和约》。——译者注

陶宛的唯一的天然防线。其次，在他古怪地率领自己的军队向北撤退时，其余俄军都向南逃跑了。最后，他亲自下旨让俄国皇室招募新兵，并且指定新兵集合的地点为德里萨，同时给出了新兵集合的时间。然而，德里萨的几个城镇几乎立即被法军占领了。此外，战斗刚打响，亚历山大一世就离开了俄军。这也是他毫无军事指挥才能的有力证据。

至于亚历山大一世在俄国新旧省份采取的政治措施及他在波拉茨克向俄军、莫斯科和他伟大的祖国发布的公告，我们必须承认，它们不仅因人而异，还因地制宜。事实上，亚历山大一世采取的政治手段展现了一个鲜明的特征，那就是他的实力逐步提升。

在最近才被法军占领的立陶宛的部分地方，房屋和庄稼及居民等一切都因俄军太过匆忙或者故意为之而被留了下来。俄军只带走了实力雄厚的贵族，因为他们的背叛可能会成为非常危险的示范。这些贵族如果走得更远，那么以后想要回到立陶宛将更加困难。此外，他们还是人质。

对于那些之前就属于俄国的立陶宛省份，俄国不仅采用了比较温和的治理措施，还非常明智地给予了很多帮助。因此，这些省份更长久地臣服俄国，也早已将独立从记忆中抹去。这些省份的居民急忙携带着所能带走的一切财产，跟随俄军一起撤退了。然而，要求这些省份的居民改信东正教，以便激发他们的爱国主义精神，并非一日之功。于是，亚历山大一世下令，在这些省份，每500名男子中要征兵5人。

与此同时，在俄国本土，宗教、迷信、愚昧与爱国主义，所有这些都与政府携手并进，不仅居民不得不跟随俄军撤退，就连所有带不走的东西都要被毁掉。那些注定无法被招募进正规军的人，则加入了民兵组织和哥萨克军队。

当时，俄国内部正受到威胁，正是需要莫斯科树立榜样的时候。这座被诗人称为“带着金色穹顶的莫斯科”的首都，由295座教堂、1500座豪宅及其花园和附属建筑组成，看起来庞大而杂乱。这些用砖砌的宫殿及其花园夹杂着木屋，甚至茅草屋，分布在几平方里格的不规则的地面上：它们围绕着一座高大的三角形堡垒而建，堡垒有巨大的双层围墙，其中一层围墙的周长半里格，里面有几座宫殿、教堂和未经雕琢的石制建筑。另一层围墙里是一个大型集市，集市上充斥着商贩和店主，陈列着来自世界各地的商品。

这里的建筑物及宫殿与商店的屋顶都是铁制的。抛光的铁顶闪闪发亮，上面绘着彩色图案。每座教堂顶部都有一个露台和几个尖塔。尖塔的顶端是金色的圆球，再往上是一弯新月，最上面是十字架。这让观光者不禁联想到这个国家的历史：亚洲人战胜俄国人后，又被他们的宗教征服。之后，基督教战胜了伊斯兰教，而基督教的十字架代替了伊斯兰教的新月。

一缕阳光照得这座城市绚丽多彩。观光者驻足欣赏这种景象，既高兴又惊讶，想起了自己孩提时阅读的东方诗人的作品中歌颂的那些神童。进入这座城市，近距离观看之后，观光者会更加惊讶。通过本地居民的行为举止与生活习惯、使用的各种现代欧洲的语言，以及他们或华丽或朴素的服饰，观光者能辨认出哪些人是贵族，哪些人是平民。他们惊讶地看到，俄国商人穿着亚洲款式的服饰，尽显奢华；普通人穿着希腊风格的服饰，还留着长长的胡子。他们还会为那些风格多样的高大建筑感到震惊。然而，所有这一切都带有地方色彩，有些色彩甚至很刺眼，这与作为俄国古都的莫斯科十分匹配。

最后，当看到这么多雄伟壮丽的宫殿及宫殿里的豪华设施和不计其数的奴隶与仆人时，观光者不禁会想象那些光彩夺目的景象，仿佛听到了不断在宫殿里回荡的举办隆重庆典及娱乐活动时的喧嚣。他们甚至会觉得自己进入了一座君主云集的城市，而这些君主带来了世界各地的侍从、礼仪和风俗。

实际上，这些“君主”只是富裕而有实力的臣民。他们是贵族，以古老的贵族血统为荣。俄国贵族数量庞大，在莫斯科作为首都的7个世纪里，彼此之间都有着血缘关系。他们是地主，以拥有巨额的财产为荣，拥有几乎莫斯科下辖的所有土地及100多万名农奴。由于贵族身份，他们有爱国精神和宗教自豪感。他们安身于“贵族的摇篮与坟墓”——这是他们对莫斯科的称谓。

其实，称莫斯科为“贵族的摇篮与坟墓”似乎是正确的。俄国最显赫的贵族应该在这里出生和接受教育，并且在这里从事给他们带来声誉和荣耀的职业。此外，在莫斯科，无论满意还是不满意，贵族们都可以将自己的厌恶或怨恨表达出来。在莫斯科，他们因自己的声誉而受人敬重，并利用它对年轻贵族施加影响；他们对权力已经没有更多期望，因此可以在远离权力中心的地方重振他们长期以来在皇位旁俯首称臣的自尊心。

在莫斯科，在他们自己的领地上，贵族远离中央政权。中央政权对他们鞭长莫及。无论野心是否得到满足，他们都拥有更多言论自由。他们坚持拥有时代赋予的特权，并且得到君主的尊重。他们虽然是好公民，却是糟糕的廷臣，常常让君主颜面尽失，引起君主的厌恶。因此，君主不喜欢到莫斯科这座贵族之城和商业宝库来参观这里巨大的荣耀，更难用权力压制一些声望很高的年长的贵族，不得不纵容他们。

然而，亚历山大一世必须来到这座贵族之城——莫斯科。在发布公告之前，他从波拉茨克来到莫斯科，寻求贵族和商人阶层的支持，这是他第一次面对这么多贵族。这里的仪式与集会都十分盛大，而亚历山大一世在这里发表的演说及下定的决心也意义重大。他的声音表露出他的情感。他的话音刚落，所有人就异口同声地喊道："陛下，您想要什么，我们就会为您奉献什么！请把我们的一切都拿走吧！"

然而，其中一个贵族提议让亚历山大一世招募民兵。为了组建民兵队伍，这个贵族建议从每25个农奴中抽出1个进入民兵队伍。这时，许多人打断了他，喊道："国家需要我们付出得更多，每10个农奴中必须抽出1个，并且这个农奴必须配有武器、装备和3个月的口粮。"这样一来，贵族要为莫斯科政府提供由8万名农奴组成的民兵队伍及大批储备物资。

贵族们不假思索，立刻投票通过了这个提议。

一些人认为，在通过了这个提议时，贵族们激情澎湃，表示只要危险在眼前，他们就会按照上述提议出人出力。另一些人认为，贵族们之所以在集会上同意如此紧迫的提议，仅仅是因为他们臣服亚历山大一世——在绝对权力面前，臣服的意愿确实会压倒其他一切想法。

他们补充说，会议结束时，一些很有威望的贵族私下里抱怨这种做法过度慷慨。

"危险真的迫在眉睫吗？不是还有俄军保卫我们吗？我们听说，俄军还有40万人。那么，为什么还要剥夺我们如此多的农奴？

虽然这些农奴只是暂时去服兵役，但谁指望他们还能活着回来呢？相反，他们能活着回来才是让人感到可怕的事。等到服完兵役，这些农奴已经习惯了战争中一些不合规矩的做法。回来时，他们还会像从前那样俯首听命吗？毫无疑问，回来时，他们满脑子充斥着新观点和新想法。这些新思想会对村民们产生糟糕的影响。他们会在那里传播一种难以驾驭的思潮，而这种思潮会因格外关照农奴而给主人带来无尽的麻烦。”

不管怎样，从这次集会通过的提议来看，俄国贵族对国家是慷慨的。伟大的国家确实值得他们这样付出——其中的细枝末节微不足道。我们都知道，无论哪个国家到了生死存亡的时刻，国民都会这样做。世间万事万物，离得太近去看反倒看不清。此外，当判断一个国家如何时，我们的依据应该是这个国家的普通大众及这个国家决议执行的情况。

随后，亚历山大一世向商人们发表了简短的演说。他下令，应该将他的公开宣言读给商人们听。在他的宣言中，拿破仑是“背信弃义的可怜虫”与“言行不一的摩洛克①”。拿破仑嘴上说忠于两国的友好关系，内心却十分狡诈，他正努力“将俄国从地球上抹去”。

据说，听了这些话，脸色红润而阳刚的俄国商人怒火中烧。长胡须使他们古铜色的脸看起来既威严又狂野。他们气得发抖，眼中闪烁着怒火，手臂僵硬，双拳紧握，咬牙切齿。他们虽然克制着想要咒骂的冲动，但已经通过肢体表现出强烈的愤怒，并且效果非常显著。他们自行推举一位首领。而这位首领为了证明自己实至名归，率先表示

① 摩洛克（Moloch）是古代近东的一位神。——译者注

要捐出5万卢布。尽管5万卢布是他全部财产的三分之二，但他第二天就将其上交了。

俄国商人被分成了三个阶层。每个阶层自行决定其捐款的数额。不过，在这次集会中，一个被列入最低阶层的商人宣称，他的爱国之情容不得任何限制，而他随即捐出的一笔钱也远远超过了其所属阶层建议的标准。其他人纷纷效仿这个商人。于是，俄国商人本能的爱国情感得到了充分的利用。当聚在一起时，他们彼此激励、相互影响，而君主的话语也鼓舞着他们。当时，所有情形都将俄国商人紧紧地团结在一起，容不得其反悔。

据说，出于爱国主义精神，莫斯科人的捐款数额高达200万卢布。其他地方的政府也效仿莫斯科，号召人们捐款，得到了大家的响应。亚历山大一世接受了所有捐款，但并不是所有捐款都能立即兑现。为了能够收齐所有捐款，他向那些答应捐款但还没有兑现的人追要捐款，并且设定了完成捐款的时限。但到那时，拿破仑会消灭所有俄国人的这种危险已经不复存在。这种危险让一些人感到惊恐的同时，也点燃了另一些人的爱国热情。

第2章 烧毁莫斯科的打算

斯摩棱斯克城很快会被攻破。拿破仑的法军还在维亚济马镇，但莫斯科的人们已经开始惊慌失措。虽然这场大战尚未结束，但俄国人已经打算放弃首都了。

在公告中，莫斯科总督罗斯托普钦告诉妇女们："我不会要求你们留在莫斯科，因为恐惧越少，危险就越小。但你们的兄弟和丈夫必须留下来，否则他们就会蒙羞。"接着，他又补充了一些细节道："我军中的15万人已经没有粮草储备，只能靠吃马肉活下来。沙皇陛下正准备返回首都。8.3万名士兵——包括新兵和民兵，带着80门大炮，正朝博罗季诺进发，去和库图佐夫的军队会和。"

罗斯托普钦这样总结道："如果这些兵力还不够，我将对你们说：'来吧，朋友们及莫斯科的百姓们，让我们也去支援俄军！我们将召集10万人，然后抬着圣母像，带着50门大炮，立即消灭敌人，结束战争！'"

罗斯托普钦公告的大部分内容都具有《圣经》的风格和散文诗的特点。这些文风与特点被认为纯属俄国人的怪癖。

其间，在一个德意志工匠的指导下，亚历山大一世命人在离莫斯科城不远的地方制作了一个巨大的热气球。制造热气球的目的，是在法军上空盘旋，找出法军的领袖，然后对其猛烈开火，将其击毙。但热气球造好后，经过几次尝试，始终没能顺利起飞，因为用于打开两翼的弹簧总是断掉。

尽管如此，罗斯托普钦毫不气馁。据说，他让人准备了大量飞行器和其他可燃物。莫斯科也被设计成巨大的如地狱般的"机器"，如果夜间突然爆炸，就可以毁灭拿破仑及其军队。如果法军侥幸躲过这一危险，那么罗斯托普钦将不再拥有庇护所或战争资源。正如发生在斯摩棱斯克城、多罗戈布耶、维亚济马镇和戈亚茨的灾难一样，这场由罗斯托普钦引发的如此可怕的灾难及其可能制造的紧张气氛，足以让整个俄国束手无策。

作为亚洲征服者的高贵后裔，罗斯托普钦制订了以上可怕的计划。该计划虽然构思起来毫不费力，但落实时必须小心翼翼。之后，该计划得到了果断执行。罗斯托普钦是俄国贵族，曾到访过巴黎。他很稳重，是好丈夫和好父亲。他思维敏捷，待人和善，言谈举止十分得体。与一些同胞一样，他身上既有古老的气质，又有现代文明的影子。

接下来发生的事让罗斯托普钦“名垂青史”。在俄国这场大无畏的个人牺牲中，罗斯托普钦付出得最多。发动个人为国家捐款的计划首先是从斯摩棱斯克城开始的，后来却是由罗斯托普钦完成的。与所有重大并且有始有终的事情一样，这个计划令人钦佩。既然能成功地得到实施，就表明提出该计划的理由很充分、很正当。罗斯托普钦的奉献精神无人能及，以至于历史学家不得不停下笔，对烧毁莫斯科一事进行揣测、理解和思考。①

在这个几乎被推翻的庞大帝国，每个人都用坚定的目光审视这个国家所面临的危险，也都在衡量、评价这种危险，并且不约而同地想要

① 我们知道，罗斯托普钦写道，他并没有参与烧毁莫斯科这一重大事件。但我们不能不听那些参与并见证这场大悲剧的俄国人和法国人的意见。毫无例外，所有人坚持将这一“慷慨”决定的全部荣耀归于罗斯托普钦。有些人甚至认为，罗斯托普钦同样受到崇高的爱国精神的鼓舞，而这种精神也让他的名字变得不朽。但罗斯托普钦如果拒绝参与如此悲壮的焚城行动，那么该行动的所有荣耀都将归于俄国人的爱国主义精神，而他则会成为体现这种精神的代表人物。——原注

冒险牺牲所有个人与集体的利益。罗斯托普钦虽然只是一名臣子，也没有君主的支持，却足以决定国家的命运；他虽然只是贵族中的一员，却可以在取得所有贵族的同意之前，下令毁掉他们的宫殿。作为众多国民的保护者，作为大量富可敌国的商人的保护者，作为欧洲最大首都之一的保护者，罗斯托普钦坚守岗位，牺牲了贵族的财富、产业——不，是牺牲了整座城市。他骄傲而满意地将最豪华、最漂亮的宫殿付之一炬，与其他人一起默默地承受着愤怒与痛苦。

那么，究竟是何等强烈而恰当的动机能够激发出罗斯托普钦如此惊人的信心呢？在决定毁灭莫斯科时，他的主要目的不是饿死法军，因为他已经设法销毁了莫斯科的粮食。他也不是为了设法不给法军留下任何住所，因为莫斯科有8000多座房屋和教堂分布在如此广阔的土地上，不可能都被毁掉。总有一些房屋会被留下来，而这足够让15万人的法军落脚了。

毫无疑问，罗斯托普钦也意识到自己的做法与亚历山大一世的作战计划中的重要部分不一致。亚历山大一世的目的是诱敌深入，将拿破仑留在俄国，直到冬天来临。在俄国，所有人被法军的入侵激怒了。由于冬季严寒的侵袭，拿破仑的法军将会失去防御能力。人们自然认为，俄国人的怒火会让拿破仑明白，他的远征已经没有意义，他应该结束远征。他们会迫使拿破仑在时机尚未成熟时放弃远征，回到立陶宛，以便在那里过冬，而这很可能会让法军做好第二次远征俄国的准备。第二次远征会给俄国带来更大的危险。

然而，罗斯托普钦认为，这场严重的危机中存在两大隐患。其一，它威胁俄国的荣誉。亚历山大一世被迫签订和平协定，但这对莫斯科是一种耻辱。其二，这是一种政治危机，而非军事危机。罗斯托普钦担心，法军入侵俄国的目的并不是征服俄国，而是掀起一场革命。

莫斯科人口稠密，被人们称为整个帝国的权威与榜样。作为莫斯科总督，罗斯托普钦预见到拿破仑会以革命为武器。革命是唯一可以让拿破仑实现目标的手段。于是，罗斯托普钦决心在拿破仑与所有被征服者之间构筑一道屏障，无论这些人来自哪里，也无论他们是皇室成员、平民、贵族或参议员。他尤其要在农奴与俄国士兵之间构筑一道屏障。总之，他要在士兵与大批工匠和商人之间构筑一道屏障，避免他们联合起来发动革命。在莫斯科，工匠与商人开始逐渐形成中间阶层，而发起法国大革命的正是这样的中间阶层。

烧毁莫斯科的所有准备工作都在悄悄进行。人民、各阶层的财产所有者均不知情，或许连他们的沙皇也不知情。整个民族对这种牺牲都毫无察觉。的确，当烧毁莫斯科的计划即将实施时，我们看到俄国百姓逃到教堂，听到他们对这种破坏的诅咒。那些从远处看到这种毁灭行动的人，也就是那些富可敌国的俄国贵族，他们与农奴一样都误以为是法军在毁灭莫斯科。总之，那些奉命指责法军、激起对法军的公愤的人，都参与了这一破坏行动。此次行动的目的是让法军成为俄国人憎恨的对象。这项计划的参与者只想着引导所有俄国人憎恨法军，并将这种压力施加给法军，而几乎不关心众多不幸者的咒骂。

亚历山大一世保持沉默，让人怀疑他之前已经批准了这一重大计划。对俄国人来说，他在这场灾难中扮演了何种角色仍然是一个谜。关于这个问题的答案，俄国人要么一无所知，要么心照不宣。在专制制度的影响下，他们不能探究其中的缘由，只能保持沉默。

一些人认为，除了君主，整个俄国没有一个人敢承担如此巨大的责任。对于该计划，亚历山大一世随后表示不该负责任，同时并未提出反对意见。然而，这种观点随后就被推翻了。还有一些人认为，亚历山大一世之所以离开俄军，是因为他不希望待在军中指挥这次破坏行动，或者指挥俄军进行防御。换句话说，他不想留下来见证这场灾难。

从斯摩棱斯克城撤退时，俄军被强制要求放弃所有房屋。然而，只要武器在手，俄军就更倾向于一直保卫百姓的房屋。俄军将法军描述为具有毁灭性的怪物。在大撤退中，整个俄国几乎没有遭遇痛苦。在公路附近居住的农奴通过小路逃到主人的其他庄园。在那里，他们找到了新住处。

农奴们放弃了自己的小屋。这些小屋都是用一根根木头搭建起来的，只需一把斧头就足以实现。一条长椅、一张桌子和一幅画就是屋内的所有摆设。对一无所有的农奴来说，放弃这样的小屋几乎没有任何损失。他们甚至都不属于自己，而是主人的财产。他们的一切都由主人提供，而他们也是主人所有收入的来源。

此外，农奴们在拉走车辆、农具、牲畜的同时，也带走了所有私人物品。他们中的大多数人都能养活自己，保障自己的衣食住行，但只停留在文明的初级阶段，远未实现象征商业高度发展和社会进步的明确分工。

在城镇，尤其是在繁华的莫斯科，怎么能指望人们放弃这么多房屋，放弃这么多便利和享受，放弃这么多动产和不动产呢？但其实，要完全放弃莫斯科，只需付出极少的代价，甚至无须付出代价，就像放弃最没有价值的村庄一样。莫斯科的情况与维也纳、柏林和马德里一样，当法军到来时，大贵族毫不犹豫地撤离了。对他们而言，留下来就等于背叛自己的国家。此外，城内的商人、工匠及劳动者都认为，他们有责任像势力强大的贵族一样撤离，根本不需要任何人给他们下达撤离的命令。由于他们的头脑不足以让他们明辨是非，所以对他们而言，有贵族树立榜样就足够了。少数几个留守莫斯科的外国人可能会启发他们，但他们不是被流放了，就是被吓跑了。

至于与其他国家隔绝的人及经常遭到外族掠夺的城市居民，激起他们对亵渎、掠夺和破坏的恐惧非常容易。有了这些先例，他们等待“不虔诚而凶猛”的法军的目的，仅仅是与其战斗。出于恐惧，其他人必须在法军来临时躲开——如果他们想在今生和来世拯救自己。总之，顺从、荣誉、宗教和恐惧等，一切都在指引俄国人带上他们能够带走的所有东西逃跑。

在法军到达前两周，莫斯科政府运走档案、公共财物的方向及贵族和著名商人运走贵重物品的方向，都给其他居民指明了他们应该朝哪个方向逃跑。罗斯托普钦已经迫不及待地想看到整座城市疏散完毕，立即派人敦促人们转移。

9月3日，一个法国女人冒着被“野蛮”的莫斯科人撕成碎片的危险，大胆地离开了自己她的藏身之处。她在居民区徘徊了很长时间。四周一片寂静，着实令她惊讶。远处传来一声凄厉的叫声，仿佛这座城市的挽歌，她立刻惊恐万分。她一动不动地站在那里，注视着一大堆陷入深深痛苦中的俄国人。他们带上财产及圣像，带着孩子往前走。神父抬着象征俄国宗教的圣物，走在队伍的最前面。他们唱着哀伤的赞美诗，向上帝祈求平安。所有俄国人都与他们一起唱了起来，眼中还闪烁着泪光。

到达城门口时，这些不幸的俄国人痛苦而不舍地穿过城门。他们的目光再次转向莫斯科城，似乎在与这座圣城做最后的告别。渐渐地，他们的哭泣声和吟唱赞美诗的呜咽声消失在广阔的平原上。

第3章 博罗季诺战役前后莫斯科的状况

居民们就这样或零散或大批地离开了莫斯科。在前往卡赞、弗拉迪米尔和雅斯拉夫的道路上，在距离莫斯科40里格的地方，徒步逃亡的人及一排排各式各样的车辆随处可见。与此同时，为了防止人们丧失信心，罗斯托普钦根据维持秩序所采取的措施，将许多不幸的俄国人留到了最后一刻。

导致许多俄国人到最后一刻才离开的因素，还包括库图佐夫的上任与俄军在博罗季诺取得胜利的虚假情报，以及那些不太富有的俄国人在放弃自己唯一家园时的难舍难离。库图佐夫的上任使俄国人重新燃起了希望。此外，尽管俄国人拥有的车非常多，但运输工具依然不足。这一方面是因为军队紧急征用令车的数量大大减少，另一方面是因为这些车太小，为了让车能在土路上行驶，俄国人常把车造得很轻。

尽管库图佐夫的部队在博罗季诺战败了，但他还是给各方致信，宣称他取得了胜利。他欺骗了莫斯科人与彼得堡人，甚至俄军的其他指挥官。亚历山大一世将这一虚假情报传达给他的盟友。他欣喜若狂，冲向圣坛，授予俄军及库图佐夫家族荣誉，并且赏赐他们金钱，让他们欢庆胜利。然后，他又感谢了上帝，并任命库图佐夫为陆军元帅。

大多数俄国人肯定认为，这份虚报情报对沙皇产生了非常大的影响。他们尚且不知道库图佐夫为何有此欺骗行为，但他起初确实因此得到了很多恩惠，并且这些恩惠始终没有被收回。之后，据说库图佐夫受到了可怕的威胁，但这些威胁并未对他产生实质性的伤害。

如果我们可以相信库图佐夫的几个俄国同胞——或许是他的敌人，那么他这样做有两个动机。第一，他不希望灾难性情报动摇俄国人对亚历山大一世抱有的坚定信念。第二，他很担心自己的急件会在亚历山大一世的生日当天送到其手上。此外，他这样做也是为了得到在这种周年纪念日通常会得到的赏赐。

但在莫斯科，这种错误印象持续的时间并不长。法军摧毁了库图佐夫一半兵力的谣言很快就在莫斯科城里传开了。由于非常事件总能引起不小的骚动，这一谣言几乎瞬间就传播到很远的地方。尽管如此，俄国将军使用的语言仍然是傲慢的、具有威胁性的。他们是仅有的为数不多的还敢说话的人。许多仍然相信俄国将军的人留在了莫斯科，但感到非常焦虑，并且这种焦虑只增不减。这些留下来的俄国人既满怀怒气，又满怀希望，同时惊恐万分。

在这种时刻，留下来的俄国人只能匍匐在圣坛或自己家中的圣像前，祈求上天的帮助。当欢呼声突然响起时，他们立刻拥上街头和公共场所去一探究竟。他们沉浸在喜悦中，他们的眼睛牢牢地盯着主教堂上面的十字架。对那些极度焦虑的人来说，即使是一只秃鹫被支撑十字架的铁链缠住，然后被吊在空中，都是一种预兆——表明他们的神会抓住拿破仑，并将其送到他们手里，任由他们处置。

罗斯托普钦利用了这一切，按照情况对他有利与否来选择放出或隐瞒消息。他从被俘的法军士兵中挑选出最矮小的人，然后将其展示给俄国人，希望俄罗斯人看到俘虏的弱点，从而获得勇气。同时，为了给俄国人提供食物，让那些征服者挨饿，罗斯托普钦清空了莫斯科的各种物资。实施这项措施非常容易，因为莫斯科所需的全部物资在春天和秋天可以通过水路运输，而在冬天只能靠雪橇运输。

当博罗季诺战役失利的后果显现出来时，罗斯托普钦仍然保留残存的一点儿希望。众多的俄国人开始逃跑，必须保持秩序。伤者排成了长长的队列，不断呻吟着，他们的衣服上沾满了血迹。就连莫斯科最了不起的贵族，也像其他人一样，被吓坏了。在这座长久以来未曾感受战争恐怖的城市里，这些景象是那么新奇和令人震惊。警察部门加强戒备，但这些景象引发的恐惧很快就会引发更大的恐慌。

罗斯托普钦再次向人们发表了讲话，宣称："我将保卫莫斯科到最后一刻。裁判所（tribunals）已经关闭，但这无关紧要，因为裁判所没有审判有罪者的机会。"他接着补充说："我会在两天内发出信号。"他建议俄国人"用斧头和铁叉武装自己，因为法国人并不比一捆玉米重"。至于受伤的俄国人，他说会让神父来"给他们唱弥撒，用水祈福，保佑他们早日康复"。第二天，他补充说："我将去库图佐夫那里，然后采取战术，消灭法军。"他还说："我们将把这些'客人'送到魔鬼那里。我们将消灭那些背信弃义的可怜虫，把他们变成灰烬。"

事实上，库图佐夫从未对拯救俄国感到绝望。在博罗季诺战役期间，他曾雇用民兵搬运弹药，救助伤员，随后又用他们组成自己军队的第三纵队。在莫扎伊斯克，他一脸和气，为自己创造了足够的时间去组织军队有序撤退，并抬走伤员。至于那些根本无法治愈的伤员，他将他们留给了法军，以此让其陷入困境。随后在泽尔科沃，他率军有效阻止了浮躁冒进的缪拉部队的前进步伐。1812年9月13日，莫斯科人终于看到了俄军营地的火光。

在莫斯科，民族自豪感、有利的地理位置和为了加固阵地所做的工作让俄国人相信，库图佐夫下定决心保卫莫斯科，誓与莫斯科共存亡。然而，库图佐夫一直犹豫不决——无论是出于策略还是因为谨慎，最后放弃了莫斯科，让罗斯托普钦承担全部责任。

驻扎在莫斯科前面的俄军共有9.1万人，其中有6千名哥萨克人与2万名新兵，以及6.5万名老兵——他们是参加莫斯克瓦战役的12.1万人中活下来的那部分。新兵中一半人配备了火枪，另一半人则手持长矛。

博罗季诺战役前一天，法军有13万余人。在博罗季诺战役中，法军损失了大约4万人，但仍有9万余人。在行军过程中，法军的一些部队与拉博德和皮诺率领的师刚刚重新归队。因此，抵达莫斯科之前，法军实际有10万余人。然而，由于带着607门加农炮、2500辆炮车及5000辆辎重车，法军的行军速度减慢了，其所带的弹药仅够支撑一场战役。

库图佐夫或许考虑过俄军与法军之间有生力量的悬殊。不过，这只是我们的猜想，他撤军或许纯粹是出于军事动机。

可以肯定的是，直到最后一刻，库图佐夫这位老将军都在欺骗罗斯托普钦。他甚至对罗斯托普钦发誓说："我以我满头的白发起誓，我将与莫斯科共存亡。"然而，罗斯托普钦突然被告知晚上在军营里举行的战争会议的最终决定：俄军不做抵抗，直接放弃莫斯科。

罗斯托普钦非常愤怒，但并没有被这个情报吓倒。现在已经没有时间了，也没有必要隐瞒莫斯科注定的命运了。事实上，当时留在莫斯科的俄国人很少。这一情报也不值得再隐瞒了。此外，俄国百姓在逃跑过程中的安全仍有必要得到确保。

于是，到了晚上，罗斯托普钦派人去挨家挨户敲门，告诉人们莫斯科将会有火灾。每个可以利用的缝隙都装有引信，尤其是商人居住区的那些带铁皮顶的店铺里的洞、孔和缝隙。救火车（fire engines）被运走了，只留下破败不堪的城市。人们率性而为，要么痛苦不堪，要么仓促地做决定。那些留下来的莫斯科人，大多聚集在公共场所。他们挤在一起，互相询问，征求意见。很多人四处游荡，有的因恐惧而沮丧，有的则因极度恐惧而恼怒不已。最后，俄军——莫斯科人最后的希望——抛弃了他们，开始穿越城市，只是在匆忙撤退时，带走了一些依然留在莫斯科的人。

在许多深陷痛苦的妇女、儿童和老人的簇拥下，俄军从科洛姆纳城门（gate of Kolomna）离开莫斯科。田野上到处是人。他们四散而逃，奔跑在乡间的各条道路上。他们没有带食物，只带着在慌乱中第一时间能够带走的财产。一些没有马的人自己拉着车，拖着他们年幼的孩子、生病的妻子和身体虚弱的父母。总之，他们带着最珍贵的物品和最亲爱的人往前走。他们在树林里宿营，依靠同胞的相互施舍维持生计。

撤离莫斯科前的最后一天，一个可怕的场景结束了这一令人悲伤的戏剧。罗斯托普钦将他能够留下来并武装起来的所有人集合在一起。监狱的门被打开后，一群肮脏的、令人作呕的囚犯乱哄哄地从监狱里冲了出来。这些可怜的家伙欣喜若狂地冲上街道。有人从囚犯中挑选出两个男子——一个俄国人和一个法国人。他们一个被指控犯叛国罪，另一个被指控政治站位不高，均被拖到罗斯托普钦面前。罗斯托普钦谴责了那个俄国囚犯的罪行。他是一个商人的儿子，是在煽动俄国人起义时被捕的。一个情况引起了人们的警觉：人们发现，他信奉德意志光照宗（German illuminati）中的马丁派（Martinists）。被关在监狱期间，他总是胆大妄为。人们一度认为，平等精神已经渗透到俄国。无论如何，他都没有指认任何同谋。

关键时刻，这个俄国囚犯的父亲来了。人们料到这个老人会为自己的儿子说情，但相反，他坚决请求将儿子处死。罗斯托普钦答应给

† 罗斯托普钦在莫斯科总督府庭院谴责一位商人的儿子叛国

阿列克谢·基夫申科（1851—1895）绘

他几分钟，让他再跟儿子说说话，并给儿子送上祝福。“什么？让我祝福一个叛徒？”老人愤怒地喊道。然后，他转向儿子，用一种可怕的声音和手势诅咒了他。

老人的诅咒就是处决这个叛徒的信号。有人用军刀将这个可怜的家伙砍倒了。但由于这一刀并没有砍中要害，他只是受了伤。如果人们没发现他还活着，那么法军的到来或许会挽救他的生命。人们将围墙推倒，砸向这个可怜的家伙，将他砸得粉身碎骨。

看到这一幕，那个法国囚犯惊恐万分。“至于你，”罗斯托普钦转向他说，“作为法国人，你只能盼望法军到来。那么，你自由了，去告诉你的同胞，俄国只有一个叛徒，并且这个叛徒已经受到了惩罚。”随后，罗斯托普钦向周围那些可怜的人发表了讲话，称他们是俄国的儿子，并劝告他们通过报效祖国为自己赎罪。作为最后一个离开这座不幸城市的人，罗斯托普钦重新加入了俄军。

从这一刻起，庞大的莫斯科城既不属于俄国人，也不属于法国人，而属于那群罪恶滔天的暴徒。几名警官和一些警察激起了他们的怒火，并将他们组织起来，给他们每个人分配了具体任务，以便他们能够同时开始行动——抢劫、纵火、搞破坏。

第4章 法军发现莫斯科变成空城

就在那一天（9月14日），拿破仑终于被说服，开始相信库图佐夫并没有率军扑向法军右翼，而是重新返回了他的先头部队。拿破仑骑着马来到距离莫斯科几里格的地方，缓慢而谨慎地行进着。他派侦察人员察看他前面的树林和深沟，并登上所有小丘去寻找俄军。他预想战斗会随即展开，而法军所处的地理位置也预示着战斗将会爆发。我们开始了各种准备工作，但由于并未遭遇丝毫抵抗，随后便放弃了所有准备工作。

只需要翻过最后一座山，我们就可以到达莫斯科了。这座山紧邻莫斯科，从山顶可以俯瞰整个莫斯科城。这座山被称为“救赎之山”。站在山顶上，莫斯科居民可以看到他们的圣城，继而拜倒在地。我们的侦察人员很快就登上了“救赎之山”。当时是9月14日14时，在阳光的照射下，这座神圣的城市闪耀着绚烂的色彩。见到这般景象，侦察人员惊愕地停下了脚步，感叹道：“莫斯科！莫斯科！”然后，每个人都加快了脚步，乱哄哄地奔跑着。法军所有将士都鼓起掌来，欣喜若狂地重复着“莫斯科！莫斯科”，就像水手们在漫长而艰难的旅程结束时呼喊着“陆地！陆地”一样。

看到这座镀金的城市，看到这个连接亚洲与欧洲的金碧辉煌的城市，看到这个集世界上两个大洲的奢华、礼仪和艺术于一体的壮丽城市，法军将士站在那里，默默地注视着，感到非常自豪。现在，辉煌的一天终于来临了。这将成为我们一生中最宝贵、最光荣的回忆。在这一刻，我们感到全世界都被震惊，而我们的一举一动也会引起世界人民的关注。我们每个人的行动无论多么微不足道，都将被历史记录下来。

我们在这个雄伟壮观的“剧场”里行进着，仿佛所有国家的人都在为我们欢呼。我们骄傲地将我们所处的这个令人愉快的时代，高高地置于所有其他时代之上。由于我们足够优秀，所以在我们看来，这个时代很了不起。我们的荣光彻底照亮了这个时代。

我们已经迫不及待地想要回祖国。当我们返回家园时，我们的妻子、父母和同胞将会用何等的尊敬和热情来欢迎我们啊！余生我们应该会构成一种特殊的社会阶层。同胞们将会惊讶地看着我们，既好奇又钦佩地听我们讲述我们的故事。无论我们走到哪里，人们都会簇拥着我们。他们将会记住我们所说的每一句话，哪怕是毫无无意义的字眼。这次了不起的征服将会给我们带来荣誉的光环。从今往后，人们会想象着，他们在我们周围能够呼吸到天才和奇迹的气息。

当这些骄傲的想法让位于更温和的情绪时，我们对自己说，在付出所有艰辛之后，我们应该得到荣誉与赞美。我们终于可以停下来了，因为在一次非凡的远征之后，我们再也无法超越自己。这次远征可以与远征埃及媲美，可以与古代所有辉煌的战争相提并论。

此刻，我们忘了所有苦难与危险。在付出如此沉重的代价之后，在以后的人生中，我们能否自豪地说，“我曾在法国驻莫斯科的军队服役”？

好吧，朋友们，尽管现在我们仍然感到非常屈辱，而我们的屈辱可以追溯到那座给我们带来毁灭性打击的城市，但当我们回忆起当年来到莫斯科时的狂喜，难道还不能获得慰藉，从而骄傲地抬起我们因不幸而低下的头颅吗？

拿破仑加快了自己的步伐。但他太兴奋了，便停下了脚步，不由得发出了欢呼声。自这次远征开始以来，一些心有不满的将军就有意避开了拿破仑。但当看到我们即将占领莫斯科，听到有情报称有人拿着休战旗来到法军中时，这些将军感到震惊，陶醉在被荣誉激发的热情中，从而忘记了不满。他们紧紧围绕在拿破仑周围，向他的好运表示敬意，并且已经准备好要将他“毫不费劲”取得的第七次远征的胜利归功于他的天才。

不过，拿破仑的狂喜只持续了很短的时间。他有太多事情要考虑，不能尽情放纵自己的情感。他发出的第一声感叹是:“我们终于到达这座著名的城市了！”他发出第二声感叹是:“正当其时！”

拿破仑用急切的眼神注视着这座城市，想象着自己看到的是整个俄国。这座城市的围墙内包含了他的所有希望——和平、战争费用和不朽的荣耀。因此，他目光热切、聚精会神地注视着所有出入口。这座城的大门何时才能打开？他何时才能看到俄国代表团前来，将这座城市的财富、人口、元老院（senate）和显要的贵族交给我们处置？然后，他贸然开始的事业，凭着坚定的毅力成功地结束了。此次胜利是强强联合的成果。从今以后，拿破仑追求自身成功的轻率行为及他在莫斯科取得的胜利，将被视为他一生中最伟大的成就。尽管此次胜利并不彻底，但所有可能毁灭拿破仑的人或事都将为他的荣誉付出代价。那一天将决定拿破仑是世界上最卓越的人还是最鲁莽的人。换言之，那一天将决定他是高居于圣坛之上，还是在自掘坟墓。

很快，拿破仑的内心充满了焦虑。他看到，在自己的左右两边，欧仁亲王和波尼亚托夫斯基正在接近这座充满敌意的城市。缪拉率领侦察人员已经到达莫斯科郊区的入口，但那里并没有出现求和的俄国代表团。只有米洛拉多维奇派来的一个官员宣称，如果拿破仑不给俄军后卫部队留出撤离的时间，那么米洛拉多维奇将会放火烧掉这座城市。

拿破仑答应了米洛拉多维奇的所有要求。一时间，法军先头部队和第一支撤退的俄军混在一起。哥萨克人认出了缪拉。这些哥萨克人像游牧民一样随意，也像欧洲南部的人们一样善于表达。他们簇拥在缪拉周围，用手势和惊叹声赞美他的英勇，表达对他的倾慕之情。缪拉沉醉于其中，拿出军官们的手表，分给这些哥萨克人。其中一个哥萨克人称缪拉为他们的酋长。

缪拉一时冲动地相信，他可以在哥萨克人中找到一位新的玛捷帕[①]，或者他本人就应该成为一位新的玛捷帕。他想象着自己已经将哥萨克人争取过来。在当时的情况下，暂时停战维持了拿破仑的希望——他不得不自欺欺人。因此，他也高兴了两个小时。

与此同时，天色渐渐暗了下来，莫斯科城一片寂静，仿佛没有生命一样。拿破仑越来越焦虑，而法军将士也变得急不可耐。一些将军冒险进入莫斯科城，回来后报告："城中空寂无人！"

听到这个情报，拿破仑气愤不已，拒绝承认这个情报的真实性。他走下"救赎之山"，来到莫斯克瓦和多罗戈米洛沃大门前。在那个关卡的入口处，拿破仑又停了下来，但被缪拉催促进城。"好吧，"他回答说，"那就进去吧。因为我们都希望进入莫斯科！"然后，他要求法军进城后要严守纪律。拿破仑依然抱有希望："也许这些居民甚至不知如何投降，因为这里发生的一切都是前所未有的。对我们来说，莫斯科人是陌生的；而对莫斯科人来说，我们也是陌生的。"

一个又一个报告接连送来，内容大同小异。一些居住在莫斯科的法国人冒险离开这几天躲藏的地方。他们证实这些致命的消息是真实的。拿破仑叫来达鲁伯爵。"俄国人放弃了莫斯科城！"他惊呼

① 乌克兰民族英雄。——译者注

道，“这种行为太离奇了。我们必须了解此事的真相。去，把波雅尔们给我带来。”拿破仑想象着，那些傲慢自大或惊恐万分的人，一动不动地待在他们的房子里。一直以来，被征服的人都十分顺从他。他让他们信服自己，并期待着他们为他祈祷。

拿破仑怎么可能说服自己相信，那么多宏伟的宫殿、壮观的庙宇、鳞次栉比的商店，就像法军最近通过的那些微不足道的小村庄一样，被他们的主人抛弃了。然而，达鲁伯爵并没有完成使命。他没有看到一个莫斯科人，也没有看到冒烟的烟囱。此刻，这座原本人口众多的城市寂静无声。仿佛莫斯科城里的30万人被施了魔法，变得悄无声息、一动不动，莫斯科城如同荒漠一样沉寂。

尽管如此，拿破仑依然抱着怀疑的态度，仍未被说服，还在等待更多消息。最后，一位法国军官下定决心要让拿破仑感到满意，或者说服拿破仑。无论拿破仑想要什么，这位军官都必须满足他。他走进莫斯科城，抓了五六个流浪汉，将他们带到拿破仑面前。拿破仑原本以为，这位军官带来了一个俄国代表团。但这五六个被抓来的莫斯科人刚一开口，拿破仑就发现，他们只是贫穷的劳动者。

此后，拿破仑才不再怀疑整个莫斯科是一座空城。他失去了建立在莫斯科之上的一切希望。他耸了耸肩，带着轻蔑的神情，看着那些让他与所有希望失之交臂的事物，喊道：“啊！俄国人还不知道我们占领他们的旧都将对他们产生什么影响！”

第5章 缪拉率军进入莫斯科

这时，缪拉率领长长的骑兵部队进入莫斯科城已有一个小时。这些骑兵深入到莫斯科城巨大的躯体里。虽然法军尚未采取过任何行动，但城里毫无生气。看到这种死寂的景象，骑兵们深感震惊，也用庄严肃穆的态度回应了这座寂静无声的现代“底比斯”。这些勇士听着马蹄声在空荡荡的宫殿里回荡，不禁暗暗心惊。这里有许多房屋，但骑兵们惊讶地发现，他们只能听到自己的声音。他们置身于富有的俄国文明中心，但没有人想过停下来去掠夺财富。他们这么做可能是因为谨慎，或者是因为先进的文明民族置身于敌国的都城时会非常自爱。

与此同时，骑兵们默默地注视着这座雄伟的城市。如果他们在一个繁荣昌盛、人口稠密的国家看到了这座城市，那将是一件了不起的事。不过，在荒野里看到这样一座城市更令人惊叹。它就像一片富饶而美丽的绿洲。起初，突然看到这么多华丽宏伟的宫殿，骑兵们惊呆了。但现在他们发现，这些宫殿与简陋的小屋混杂在一起。这种现象表明，俄国各阶层之间缺乏明确的等级划分。像其他国家一样，这里的奢华并不是工业发展的产物，而是在工业发展之前就已经如此。而按照客观规律，这种奢华或多或少会受工业发展的影响。

更特别的是，在莫斯科，不平等的情况普遍存在。不平等是所有人类社会的祸根，在某些社会里滋生了骄傲，在某些社会里滋生了卑微，但均会滋生腐败。莫斯科人如此慷慨地放弃一切，仿佛这些都是借来的，这表明过度享受并没有让他们变得不堪一击。

骑兵们继续前进，有时会因惊奇而兴奋，有时会因怜悯而不安，但常常因一种高昂的热情而激动。有几个骑兵引用了历史上流传下来的著名的征服事件，但仅仅是为了满足他们的自尊心，而不是想要从中吸取教训。这些骑兵认为自己无比高大，足以碾压所有古代的征服者。他们因仅次于美德的荣誉而兴高采烈。紧接着，他们感到十分忧伤，这可能是因为他们经历了这么多情绪起伏之后感到疲惫了，也可能是因为他们在海拔颇高的地方开展军事行动对他们的身体造成了影响，还可能是因为他们在越高的地方越能意识到自己的渺小。从这样的高度，他们看到了无边无际的天地。置身于如此广阔的空间，他们发觉自己的软弱都消失不见了。毕竟人们攀登得越高，视野就越开阔，就越能意识到自己的渺小。

骑兵们行进缓慢，陷入沉思，突然听到了枪炮声。队伍立刻停止前进，而队尾的骑兵还没有进入莫斯科城，中间部分已经走在莫斯科城最长的一条街道上，队首的骑兵已经到达克里姆林宫。克里姆林宫的大门好像紧闭着，里面传来凄惨的叫喊声。一些“野蛮”而令人厌恶的俄国男人和女人全副武装地出现在宫墙上。他们看起来脏兮兮、醉醺醺的，正疯狂而恶毒地诅咒着。缪拉向他们示好，但毫无成效。他发现，必须用大炮才能打开克里姆林宫的大门。

缪拉的骑兵部队没费什么劲就进入了克里姆林宫，站在了这些可怜的俄国人中间。一个俄国人冲到了缪拉近旁，想要杀死他的一名军官。这名军官很快就解除了此人的武装。但他再次扑到这名军官身上，将其推倒在地，试图掐死他。尽管这名军官牢牢地抓住了他的胳膊，但他仍努力地用牙齿啃咬。这些人就是唯一等待法军到来的莫斯科人，他们似乎是被当作“野蛮人”和民族仇恨的“野蛮”象征而留下来的。

然而，人们很容易看出，并不是每个人都因怀有爱国主义精神而愤怒。看到这一幕时，被遗忘在克里姆林宫里的500名俄国新兵却没有任何动静。在缪拉的骑兵部队刚开始招降时，这500名俄国新兵就解散了。再往前走，缪拉的骑兵队伍追上了护送粮草的俄国护卫队。俄国护卫队的将士们立即放下武器。数以千计的掉队士兵和逃兵，自愿加入我们的先头部队。先头部队将俘虏留给了随后接应他们的部队。该部队将俘虏们集中起来，交给其他部队。因此，这些俘虏在我们的军队里很自由。直到莫斯科城里的大火燃起和抢劫开始时，他们才想起了自己的职责。一种普遍的憎恶让他们团结起来，离开我们的部队，重新加入库图佐夫的部队。

在克里姆林宫停留了几分钟后，缪拉将他鄙视的这些俄国新兵驱散了。在跋涉了900里格的征程之后，他仍然像当年在意大利与埃及时一样热情。为了抵达莫斯科，他参加了60场战役，但仍然不知疲倦。他穿过莫斯科这座骄傲的城市，却并没有屈尊停在那里，而是穿过城市，去追赶俄军后卫部队。他大胆、毫不犹豫地踏上了前往弗拉迪米尔和亚洲的道路。

数千名哥萨克人正带着4门大炮朝弗拉迪米尔撤退。短暂的休战结束了。缪拉厌倦了这半天的和平，立即命令骑兵们用卡宾枪射击。但骑兵们认为，战争已经结束了，而莫斯科就是战争的终点。敌我双方的先头部队都不愿意重新发动战争。缪拉再次下达命令，奈何骑兵们仍然犹豫不前。最后，他对骑兵们不服从命令的行为感到恼怒，于是亲自前来下达命令。重新开火似乎会对亚洲构成威胁，但在法军到达塞纳河岸之前，射击注定不会停止。

第6章 莫斯科大火

直到天黑之后，拿破仑才进入莫斯科。他住在多罗戈米洛沃郊区的一栋房子里。在这里，他任命莫蒂埃元帅为莫斯科总督。“最重要的是，”他对莫蒂埃元帅说，“一定不能发生劫掠行为。你对此要用你的性命向我保证。你一定要坚决保卫莫斯科，不能让它遭到任何人的破坏，无论是敌是友。”

那晚天色阴沉，噩耗接二连三地传来。几个居住在俄国的法国人，甚至还有一名俄国警察局的官员，前来告知拿破仑莫斯科城里即将燃起大火。这名官员还详细说明了这场大火的准备细节。听到这些话，拿破仑感到非常震惊。他努力想要休息一会儿，但根本无法休息。他不时喊着卫兵，让卫兵给他重复这个致命的情报。不过，他仍然深表怀疑。1812年9月14日2时左右，情报员前来报告，莫斯科城里真的着火了。

着火的地方是莫斯科市中心的交易所（exchange）。这是莫斯科最富有的区域。拿破仑立即发布了一条条命令。天一亮，他就亲自赶到了事发地点，并斥责青年近卫军和莫蒂埃元帅。莫蒂埃元帅将一些铁皮顶的房屋指给拿破仑看。这些房屋门窗紧闭，还没有着火，仍然完好无损，但已经开始冒黑烟。拿破仑沉思着走进克里姆林宫。

当看到这座留里克王朝和罗曼诺夫王朝的半哥特式、半现代风格的宫殿，以及仍然矗立在里面的两朝君主的宝座和伊凡大帝的十字架，当从克里姆林宫俯瞰这座城市最繁华的地方，当得知着火点仍然局限在集市区，尚未形成蔓延之势，拿破仑之前的希望之火重新燃起。这次远征满足了他的野心。“终于，”他大声说，“我到了莫斯科，站在了历代沙皇的古老宫殿里，站在了克里姆林宫里！”拿破仑怀着骄傲、好奇心和满足感审视着克里姆林宫的每个角落。

拿破仑需要一份莫斯科为法军提供的资源清单。在这个充满希望的短暂时刻，拿破仑给亚历山大一世写信提出和平建议。我们在大医院里发现了俄军的一名高级军官。他负责将拿破仑的信送给亚历山大一世。在集市的熊熊烈火旁，拿破仑写完了信。这名高级军官拿着信离开了，他要将关于这场灾难的消息传达给他的君主，而亚历山大一世的唯一答复是这次火灾将是一场大灾难。

白天有利于莫蒂埃元帅指挥法军灭火。纵火者一直隐藏得很好。法军怀疑纵火者是否真的存在。最后，直到拿破仑发布了严格的禁令，莫斯科城里才恢复了秩序，停止了警报。法军每个人都占据了宽敞的房子或者华丽的宫殿。经历了长久以来必需品极度匮乏的生活之后，人人想在这里过上舒适的生活。

两名法国军官住进了克里姆林宫里的两幢房子。从这两幢房子，可以看到莫斯科城的北部和西部。午夜时分，一道异乎寻常的亮光将他们惊醒了。他们四处察看，看到宫殿里到处是火苗。火苗起初只是照亮宫殿，但很快便烧毁了这些豪华典雅的建筑。他们看到，北风直接将火苗吹向了克里姆林宫，而法军的精锐部队及其指挥官正在克里姆林宫里休息。他们开始担心这些火苗会威胁部队及指挥官的安全，也担心周围房子里的士兵和马匹。毫无疑问，法军疲惫不堪，而精疲力竭的士兵、随从和马匹正在这些房子里酣睡。火花和燃烧的碎片已经飞上克里姆林宫的屋顶。

此时，北风变成西风，将火花和燃烧的碎片吹往另一个方向。其中一名法国军官不再担心其部队的安全，就回去睡觉了。他大声说："现在让别人负责灭火吧，这不关我们的事。"正是因为经历了太多事件与不幸，这两名法国军官才会变得对大火漠不关心。他们经历了太多痛苦，疲惫不堪，所以变得如此自私。他们剩余的力量和情感只够保全自己及那些侍奉他们的人。

没过多久，强烈的火光再次惊醒了这两名军官。他们看到其他地方也出现了火苗，西风正将火苗吹向克里姆林宫方向。他们诅咒着，认为是法军的轻率和缺乏纪律导致了这次灾难。风向从北向西改变了3次，而这些火苗也3次扑向克里姆林宫，仿佛执意要破坏这座帝国宫殿一般。

看到这种景象，两名法国军官的脑海里产生了强烈的怀疑。是不是俄国人意识到法军的鲁莽轻率和疏忽大意，所以希望在烧毁莫斯科的同时，让我们的士兵在酒足饭饱、疲惫不堪和昏昏欲睡的情况下与莫斯科同归于尽？或者他们妄想让拿破仑也与莫斯科同归于尽？他们可能认为，为了除掉拿破仑这样的人，即使烧掉他们的旧都也是值得的，除掉拿破仑的重要性足以让他们有理由牺牲莫斯科的一切。或者他们认为，上帝为了给予俄国人无比卓越的胜利，于是命令他们必须付出如此巨大的代价？或者他们认为，要想让伟大的巨人葬身火海，就必须为他点燃一个巨大的柴堆？

俄国人是不是计划这样行事，我们不得而知。但拿破仑的好运气是不可能让他们得逞的。其实我们不知道克里姆林宫里有一个火药库。我们更不知道，就在那天晚上，卫兵们都熟睡了，忽视了自己的职责，从而没有发现一支俄国炮兵悄悄进入克里姆林宫，来到了拿破仑卧室的窗户底下。

就在这时，各处熊熊燃烧的火焰猛烈地朝克里姆林宫蹿来。由于风力很强，火势越来越猛。如果不是一块从我们头顶飞过的火把砸在了一辆弹药车上，法军的精锐部队及拿破仑肯定会葬身火海。这样一来，整个法军的命运都取决于飘荡在空气中长达几个小时的火花。

这一天终于到来了，却是一个令人沮丧的日子。这一天的来临使莫斯科往日的辉煌荡然无存，也让这里遭到破坏的景象变得越来越恐怖。法军许多军官在宫殿大厅里避难。将军们和莫蒂埃元帅奋力灭火，与大火对抗了36个小时后，疲惫而绝望地倒下了。

将军们什么都没说，但我们自责不已。我们中大多数人认为，我军缺乏纪律致使士兵们喝得酩酊大醉。我们认为醉酒才是这场灾难的导火索，而大风使这场灾难变得失控。我们怀着一种厌恶的心情看待自己。看到此情此景，整个欧洲都会高呼恐怖。面对如此巨大的灾难，我们惊恐万分，沮丧地看着彼此。这场灾难玷污了我们的荣誉，剥夺了我们的胜利成果，威胁我们现在和未来的生活。我们现在只是一支由罪犯组成的部队，将受到上帝和文明世界的严厉审判。正当这些念头不断涌现在我们的脑海，正当我们对纵火者感到愤慨不已，我们突然意识到，当务之急是寻找线索，找出罪魁祸首。然而，所有描述都开始表明，俄国人才是这场灾难的始作俑者。

事实上，法军将士从四面八方赶来，得出相同的结论。就在法军到达莫斯科的那天（1812年9月14日）晚上，一个载着可燃物的热气球落在了特鲁别茨科伊亲王的宫殿上。随后，大火吞噬了那座宫殿——这是一个信号。紧接着，交易所着火了。有人看到俄国警察用蘸着焦油的长矛搅动着火焰，使火越烧越旺。被放在房屋炉灶里的榴弹炮开始爆炸，炸伤了火炉周围的法军将士。他们离开那些房屋，又去寻找新的住处。正要进入那些关得严严实实、无人居住的房子时，他们听到里面有微弱的爆炸声，继而看到有轻烟冒出。这些轻烟立刻变得又浓又黑，然后变成了红色，接着变成了火光，整幢房屋立即陷入了火海。

法军看到面目狰狞、身上裹着破布的男人和愤怒的女神般的妇女在火堆里跑来跑去，他们使这一景象宛如地狱般可怕。这些可怜的人喝得醉醺醺的，因纵火成功而兴奋不已，不再费力隐藏自己，激动地在熊熊燃烧的街道上奔跑着。被抓时，他们手持火把，仍然拼命想让大火蔓延开来。为了迫使他们松开手中的火把，法军将士不得不砍掉他们的手。据说，这些囚犯是俄国将军为了烧毁莫斯科而从监狱里释放出来的。实际上，烧毁莫斯科这种极端的决议只有“爱国主义者”才会采纳，也只有罪犯才会执行。

拿破仑立即下令，当场枪毙所有纵火犯。法军立刻行动起来。只有老近卫军荷枪实弹，占领了克里姆林宫的一部分。庭院里，装载辎重的马车到处都是。我们非常疲惫，也非常失望。看到如此华丽、壮观的建筑被烧毁，我们都惊呆了。我们占领了莫斯科城，又被迫离开。在没有任何生活必需品的情况下，我们要去城外露营。

当法军奋力灭火，从大火中抢救物品时，拿破仑正在睡觉。夜间，谁也不敢打扰他休息。天亮时，拿破仑被火光惊醒了。他首先感到愤怒，并试图控制这场吞噬一切的大火，但很快就停了下来，不得不屈服，因为他发现根本不可能控制火势。他感到非常惊讶：当他击中了俄国的心脏——莫斯科时，却发现这里的人并没有屈服和感到恐惧。他觉得自己被击败了——俄国人的决心超出了他的想象。

为了这次远征，拿破仑付出了一切。但这次远征就像一个他不断追逐的幽灵，每当他想象着自己快要抓住它时，它却消失在一团烟雾和火焰中。拿破仑感到极其愤怒，似乎被周围的大火吞噬了。他不时站起身，走来走去，然后突然坐下。他飞快地走过他的房间，他突兀而激烈的手势流露出内心的痛苦与不安。他刚停下，就又开始走动，然后又停下。当务之急是察看火势和宫殿被烧毁的程度，于是，拿破仑赶紧走到窗边。他的胸口剧烈地起伏，嘴里断断续续地发出一些短促的叫喊声。“多么壮观的景象……这是他们自己干的……这么多的宫殿……多么非同寻常的决心！这都是些什么人？这些人确实是斯基泰人！”

虽然着火的地方与拿破仑的住所之间隔着一片宽阔的空地，并且再往前走就是莫斯科河及两个码头，但拿破仑感觉他倚靠的窗棂已经开始燃烧了。站在宫殿铁皮屋顶上的清洁工努力地扑打着火苗，但根本无法将其扑灭。

就在这时，有谣言说克里姆林宫已经遭到破坏。据说，俄国人通过书面材料证实了这个谣言的真实性。拿破仑的一些侍从害怕得发抖。法军一动不动地等待着拿破仑的命令及命运的安排。然而，对这一令人惊恐的消息，他只是微微一笑，表示根本不相信。

尽管如此，拿破仑仍然不安地走来走去，每走到一扇窗户前就会停下来，看着烈火疯狂吞噬着他辉煌的胜利果实，烧掉通往克里姆林宫的所有桥梁和街道，并逐渐向克里姆林宫包围过来，好像要将他困在克里姆林宫一般。每时每刻都有邻近的房屋开始燃烧。拿破仑的住所周围没有燃烧的范围越来越小。最后，大火将他困在了克里姆林宫里。

空气里充满了烟尘和灰烬。夜幕降临，身处危险中的法军即将陷入黑暗。昼夜平分时节的大风仿佛与俄国人联合起来对付法军，吹得越来越猛。缪拉和欧仁亲王匆忙赶到现场，在贝尔蒂埃的陪同下，前来面见拿破仑。他们跪下来，连说带比画地恳求拿破仑离开这里，并告诉他大火已经包围了克里姆林宫。但他们是在白费力气，根本劝不动拿破仑。

拿破仑已经占领俄国沙皇的宫殿，便决定不向大火屈服。这时，一片叫喊声突然响起："克里姆林宫着火了！"我们这才从沉思中惊醒过来。拿破仑出去查看是否真有危险。大火两次朝他的住所蔓延，但都被扑灭了。然而，军火库上的塔仍在燃烧。有人在塔里发现了一名警察，便抓他去见拿破仑。拿破仑亲自审问了这名警察。这名警察就是纵火的人，他按照长官发出的信号完成了使命。显然，俄国人要破坏一切，就连古老而神圣的克里姆林宫也不例外。

拿破仑通过手势表示蔑视和恼怒。愤怒的法军士兵将警察推到前院，用刺刀杀死了他。

第7章 拿破仑对未来计划的犹豫

俄国人火烧莫斯科这件事促使拿破仑下定了决心。他急忙走下克里姆林宫的北向楼梯——这段楼梯因斯特里茨大屠杀而闻名。他希望有人带他出城，并将他带到莫斯科通往彼得堡的路上1里格外的地方。于是，他朝着彼得罗夫斯基宫（palace of Petrowsky）走去。

然而，我们被一片火海包围着。克里姆林宫的所有大门都已经着火。由于火势太猛，我们几次试图冲出火海，但都失败了。经过一番搜寻，我们在岩石之间找到了通往莫斯科河的一扇后门。正是通过这扇狭窄的后门，拿破仑与麾下的军官及卫兵逃出了克里姆林宫。但他们逃出去的结果又如何呢？他们只是离大火更近了，并且既不能退回去，也不能待在那里。他们该怎样前进呢？又该如何从火海中冲出来呢？那些曾经穿过这座城市的人都因这场大火与大风惊呆了。烟尘与灰烬遮蔽了穿城而过的人的视线。他们找不到出路，在浓烟和废墟中已经无法辨认出街道。

时间紧迫，已不能再等。我们周围火焰的咆哮声变得越来越凶猛。一条狭窄弯曲的街道完全着火了，看起来像是地狱入口，而非出口。拿破仑急忙往前走着，毫不犹豫地冲进这条狭窄的通道。在火焰的噼啪声，以及燃烧的木材与烧得滚烫通红的铁皮屋顶坠落时撞击地板的声音中，拿破仑前进着，被废墟阻碍了前进的脚步。熊熊燃烧的火焰吞噬着街道两边的建筑物，我们则穿梭于其中。由于风力十足，火焰漫过墙头，长长的火舌在我们头顶形成一道拱门。我们在着火的墙壁间滚烫的地面上行走，任凭空气里充斥各种可燃物。炙热的空气灼伤了我们的眼睛，但我们不得不努力睁开眼，紧盯着危险的地方。炙热的空气、滚烫的灰烬和四处飞溅的火苗让我们口干舌燥，嗓子冒烟，呼吸急促，烟雾几乎令我们窒息。我们努力用双手捂住脸

† 拿破仑在熊熊大火中的莫斯科

阿尔布雷希特·亚当（1786—1862）绘

颊，以防脸颊被难以忍耐的高温灼伤，并且不时用手拂去落在衣服上、烧穿衣服的火花。因此，我们的手都被灼伤了。

这种痛苦是无法用语言来描述的。快速前进似乎是确保我们安全的唯一办法。当我们快速往前冲时，我们的向导突然停下了脚步，变得举棋不定，焦躁不安。如果当时法军第一军的一些劫掠者没有在灼烧的火焰中认出拿破仑，那么我们冒险往前冲的行动可能就会在这里终止了。他们跑过来，指引拿破仑来到早上已被烧成灰烬的一栋房子的废墟里。这里依然冒着烟。

这时，我们遇见了达武。达武在莫斯科河受了伤，想让士兵们抬着自己，去救被大火包围的拿破仑。如果无法救出拿破仑，达武宁愿和他一起被烧死。当看到拿破仑已经逃出火海时，达武欣喜若狂地奔向拿破仑。拿破仑和蔼可亲地拥抱了他。即使处在危险中，拿破仑仍然镇定自若，举手投足间更未流露出丝毫的慌张。

为了逃离这个巨大的火坑，我们必须经过一排长长的运送火药的车队。这个车队正在大火中行进着。虽然这样做很危险，但这是最后的危险。夜幕降临时，拿破仑已经到达佩特罗斯基。

第二天（9月17日）早上，拿破仑第一次将目光投向莫斯科。他希望看到大火已经熄灭，却看到大火更加肆虐，火势更加凶猛，火焰旋转着升向天空；整个城市看起来就像一个巨大的喷火口，充斥着通红耀眼的火光。看到这种惨烈的景象，拿破仑悲凉地陷入沉思。他神情阴郁，沉默良久，然后发出一声长叹：“这场大火预示着我们将遭受极大的不幸！”

为了到达莫斯科，拿破仑用尽了所有战争资源。莫斯科一直是他远征计划的终点，而征服莫斯科是他希望达成的目标。可现在，莫斯科已经不复存在！该怎么办呢？此刻，这个行事果断的天才不得不犹豫起来。1805年，拿破仑突然下令，彻底放弃一次远征，付出巨大的代价来备战，在滨海布洛涅（Bologne-sur-mer）做出决定，突击并歼灭奥地利军队。简言之，乌尔姆与慕尼黑之间的所有军事行动完全按照战前计划来进行。1806年，他同样准确无误地在巴黎指挥了远在柏林的法军的所有行动，并且确定了他进入柏林的时间及他要任命的总督。现在，终于轮到他犯难了。他无法决定何去何从。从前，他根本不会与身边最受信任的将军商议自己非常大胆的计划，只有在执行这些计划时，他才会与他们商议。但此刻他不得不与将军们商议，并以此考验周围人的品行和体力。

尽管如此，在商议计划的过程中，拿破仑仍旧保持着雷厉风行的做派。他宣布，他应该率领法军进军彼得堡，并且他已在地图上标出此次行动的路线。这个计划是大家事先就预料到的，因为拿破仑已经给各军下令，让将士们做好准备。实际上，拿破仑的计划只是虚晃一枪，不过是在努力佯装自己的情绪比较好，或者是转移莫斯科的损失给他带来悲伤的权宜之计。因此，贝尔蒂埃和贝西埃尔很快便说服拿破仑，并让他相信，法军既没有时间、食物和行进路线，也没有任何必要去彼得堡。

此刻，拿破仑得知，库图佐夫率领俄军在向东逃了一段时间后，突然转向南方，朝莫斯科和卡鲁加之间的地区行进。这也是将军们反对去彼得堡的另一个原因。为了消灭这支被打败的俄军，法军有3个理由朝其所在的方向挺进。其一，确保法军右翼与防线的安全。其二，占领卡鲁加和陶拉，因为这里有俄国的粮仓和军火库。其三，开辟一条法军撤到斯摩棱斯克和立陶宛安全、便捷的新路线。

有人提议，朝维特根施泰因部队所在地和维捷布斯克撤退。面对这些计划，拿破仑举棋不定。除了征服彼得堡的计划令他感到高兴，其他计划似乎只是关于撤退的方式，而同意这些计划就等于承认自己的错误。不知是出于骄傲，还是不能承认法军采取了错误的军事策略，拿破仑拒绝接受这些计划。

此外，在撤退过程中，法军该停在哪里呢？拿破仑将所有希望寄托在莫斯科求和上，并没有在立陶宛准备过冬的住所。对他而言，卡鲁加没有吸引力。为什么要在这些刚刚被征服的省份浪费人力和物力呢？促使俄国人为保留这些省份而与法军达成和平协定，给俄国造成威胁，让其付出一些代价才是更加明智的做法。法军是否有可能继续进行一场新的战斗，踏上新的征途，而不暴露其充斥着伤病员、掉队士兵和各种各样的车队的防线呢？莫斯科是法军集结的地方，这怎么可能改变呢？还有什么地方比莫斯科更有吸引力呢？

最后，也是最重要的，当拿破仑得知他写给亚历山大一世的信才刚刚经过俄国的前沿阵地时，当他知道8天时间就足以收到自己热切盼望的回信时，当他需要这段时间集结、重整自己的军队，去搜集在莫斯科大火中残存下来的东西，并将他的士兵们从那座庞大的医院里撤走时，他放弃了为之付出巨大代价的希望。

现在法军活下来的人的确几乎不到原来的三分之一。莫斯科没有被烧毁的地方也不到原来的三分之一。幸运的是，拿破仑还活着，克里姆林宫也依然屹立着。拿破仑的威名依然没有受到任何损害。他说服自己，拿破仑和莫斯科这两个名字加在一起足以实现一切目标。因此，他决定重返克里姆林宫。不幸的是，近卫军的一个营被困在了克里姆林宫。

第8章 法军在莫斯科大肆劫掠

在前往克里姆林宫的途中，拿破仑路过的那些营地展现了“非凡”的景象。在田野上，在又厚又冷的泥土上，红木家具、门窗和镀金的门还在燃烧。在火堆周围，在几块木板盖住的潮湿稻草上，法军士兵和军官或坐在扶手椅上，或躺在柔软的沙发上。他们浑身溅满了泥浆，衣服也被浓烟熏黑了。他们的脚上盖着羊绒披肩或西伯利亚最稀有的毛皮，脚边堆放着波斯金碗和银盘。除了在灰烬里烤的一块黑面团和半熟的、带着血丝的马肉，他们没有其他食物。这真是一幅富足与匮乏、富人与贫民、奢华与不幸并存的奇特景象！

在营地与城市之间，拿破仑看到一队队法军士兵或拖着战利品往前走着，或像驱赶牲口一样驱赶那些背着士兵们从莫斯科抢来的物品的莫斯科人前进。那些莫斯科人的腰都被压弯了。这场大火烧光了一切。原本藏在莫斯科城里的近2万名居民，现在都跑了出来。在这些男男女女中，商人们穿得都很得体。他们带着自己仅有的财产，到我们的火堆旁寻求庇护。他们和我们的士兵生活在一起——一些士兵保护他们，一些士兵容忍他们，但很少有士兵谈论他们。

大约有1万名俄军士兵处于同样的困境。几天来，他们在法军中间游荡着，有些还带着武器。遇到这些被击败的俄军士兵时，法军将士并没有敌意，也没想过要俘虏他们。不知是出于轻率还是怜悯，法军将士认为战争已经结束。在不打仗的时候，他们并不喜欢树敌。他们允许这些俄军士兵与他们分享火堆。此外，他们还允许俄军士兵跟他们一起去劫掠。当部队恢复了一些秩序后，或者说，当一些军官将这些劫掠者组织成一支搜寻粮草的正规军时，混在法军中的俄军掉队士兵的数量之多才引起他们的注意。当抓捕俄军士兵的命令下达时，他们中有七八千人已经逃跑了。没过多久，法军就不得不与俄军战斗。

进入莫斯科城时，一种更奇特的景象令拿破仑感到震撼：偌大的莫斯科城里只剩下散落在废墟中的几栋房屋。整座城市中被烧毁的建筑物散发出刺鼻的气味。现在，一堆堆灰烬、一片片断壁残垣及一根根被烧毁的柱子，是城里仅剩的痕迹，标记着街道所在的位置。

在郊区，俄国人到处都是，他们的衣服几乎被烧焦了。他们像幽灵一样从废墟中走过，蹲在园子里。一些人用手扒开泥土，在里面寻找蔬菜，另一些人则与乌鸦争夺军队留下的牲口的死尸。再往前走，又有人一头扎进莫斯科河，从里面捞出一些罗斯托普钦之前下令扔进去的玉米。他们并没有将玉米拿去蒸煮，而是就地狼吞虎咽地吃起来，尽管玉米已经坏了，吃起来有一股酸臭味。

与此同时，在法军营地里，各种物资都很稀缺。出于自己的责任或军官们更加严格的要求，法军将士都严守军纪。看到战利品时，他们会怒火中烧，咕哝道："为什么要让我们留下来呢？当一切都在我们触手可及的范围内时，我们为什么要被饿死？任由敌人的大火烧毁可能被救出来的那些东西是对的吗？为什么要如此尊重我们的敌人呢？"他们还补充道："因为莫斯科人不仅放弃了莫斯科城，还拼命将其摧毁，所以我们抢救的一切就应该是我们的合法所得。为了消灭我们，莫斯科人将旧都变成了一个巨大的战争机器。这样一来，莫斯科城里残存的一切就如同被征服的军队留下来的武器一样，理应属于征服者。"

讲原则、守纪律的法军士兵发出了这些议论，但没有得到任何人的回应。起初，过于严格的军纪与过多的顾忌阻止劫掠的命令发布。后来，士兵们获准实施劫掠，丝毫不受军纪的约束。由于急需生活必需品，除了必须留在鹰旗周围的卫兵，所有人——包括精锐部队——都急忙去瓜分战利品了，就连军官们也不例外。将军们对此不得不睁一只眼闭一只眼。

拿破仑看到整个军队都分散在莫斯科城里。出发寻找战利品的劫掠者及那些带着战利品回来的士兵排着长长的队列，阻碍了拿破仑前进的步伐。成群结队的士兵聚集在大火没有烧到的地窖入口，或者聚集在宫殿、商店和教堂的门口，想方设法要进去。

各式各样的家具阻碍了拿破仑前进的脚步。这些家具中，有的是法军士兵从大火里抢救出来后扔出窗户的，有的是已经抢劫很多物品的士兵为了抢劫其他战利品而扔掉的。士兵们就是这样，不断寻找新的战利品，并且不加区分地抱起所有东西，仿佛他们可以抱走所发现的一切物品。可等到走出几步后，他们发现自己根本抱不动那么多东西，便因过于疲劳而不得不扔掉手里的大部分东西。

道路堵塞。像营地一样开阔的地方都变成了市场。每个人都去那里用自己富余的战利品交换必需品。一些劫掠者不知道那些稀有物品的价值，就将它们贱卖了，而一些徒有其表的东西却被高价卖了出去。由于黄金便于携带，加上士兵们的背包装不下大量银子，他们不得不花费大量银子来购买黄金。坐在一捆捆战利品上的士兵随处可见。他们坐在一堆堆糖和咖啡上，或坐在一瓶瓶葡萄酒和酒精度数极高的烈性甜酒（liqueurs）中间，等着换取一小块面包。许多士兵由于身体虚弱或者不胜酒力，倒在火堆附近，被烧死了。

大部分没有被烧毁的房子和宫殿成了军官们的住所，所以里面的东西并没有遭到抢劫。所有军官痛苦地看着这座被烧毁的大城市，都明白被劫掠是其必然的归宿。精锐部队的一些将士被指控过于疯狂地

† 拿破仑看着陷入混乱的莫斯科

阿尔布雷希特·亚当绘

收集从大火中抢救出来的东西。由于人数很少，他们都受到了指名道姓的批评。对这些热血男儿来说，战争是一种激情，但必须以其他生命的存在为前提。他们并不贪婪，因为他们不囤积物资，反而挥霍抢来的东西。他们拿走那些东西是为了给予有需要的人。他们相信有得必有失，他们已经为这一切付出了危险的代价。

此外，在这种场合下，除了动机，其他一切几乎都不用区分。无论是带着遗憾还是心满意足，所有人都因那些东西是必需品才拿走的。财富要么被消耗掉，要么被埋在灰烬里，已经不再属于任何莫斯科人。法军士兵被置于一个十分新奇的情形下。在这种情形下，对错难辨，何况军官们并没有制定任何规则。那些极其讲究的人，或出于原则，或因为比其他人富有，会选择从士兵手里买走所需的食物和衣服。还有一些人派手下为自己掠夺物品，而最窘迫的人则被迫动手去抢劫。

至于士兵，大多为自己掠夺来的果实感到难堪，变得不那么积极、草率了。当处于危险中时，他们开始权衡利弊。为了保住自己的战利品，他们做了之前不屑于做的自救的事。

正是在这种混乱中，拿破仑再次进入莫斯科。他已经允许法军士兵劫掠，并且希望散布在废墟中的军队不要空手而归。当混乱越来越严重时，就连拿破仑的老近卫军也受到了诱惑。俄国农民用食物引诱法军士兵进入那些正在燃烧的废墟，而拿破仑则让这些农民为诱惑士兵付出了代价。这些农民带来的食物被我们饥饿的士兵抢劫一空。拿破仑获悉，由于所有必需品都很稀缺，士兵们已经为抢劫莫斯科城里的残存物资打了起来。最后，当所有残存物资都被疯狂的劫掠者抢劫一空时，拿破仑严令禁止近卫军离开住所。我们的骑兵恢复了对他们所住教堂里的神的崇敬。和执行其他任务一样，法军各部队轮流出去劫掠。最后，拿破仑下令，抓捕那些掉队的俄军士兵。

然而，一切为时已晚。俄军士兵已经逃走，受惊的俄国农民也不再返回莫斯科。大量粮食被糟蹋了。法军有时也会犯这样的错误，但在当时的情况下，他们认为这一切都是大火造成的。他们还来不及去思考，大火就已经开始燃烧了。一个值得注意的事实是，拿破仑的第一个命令一下达，法军就立刻恢复了秩序。

一些作家，甚至是法国作家，探寻了这些废墟，试图从中找到法军的暴行留下的痕迹，但无异于大海捞针。因为遇到的俄国百姓较少，遇到的俄军却很多，所以法军大多数士兵都表现得很慷慨。如果说在劫掠事件发生的最初阶段，他们有过一些过激行为，而他们的生活必需品是如此匮乏，加上他们遭受着如此深重的苦难，法军又由这么多不同国家的人组成的，那么一些过激行为又有什么值得大惊小怪的呢？

自那以后，法军将士因不幸的遭遇蒙羞，也总是受到人们的责难。谁不知道，混乱一直都是荣耀之战糟糕而极不光彩的一面？就像世间万物都会投下阴影一样，征服者的威名也会给其带来不良影响。太阳这个发光体即使再大，也未必能同时照射到微小生物的每一面。物体越大，其投下的阴影也就越大，这是客观规律。

至于其他方面，人们对军队的美德与恶习同样感到惊讶。当下的美德也可能成为另一个时代的恶习。正因为此，前者没有那么值得赞扬，后者也无须过分谴责。在我看来，美德与恶习都是在特定环境下滋生出来的。因此，万物都是相对的。当然，我们不否认以固定的原则和绝对的善良作为出发点和目标。但在这里，这个问题涉及对法军及其领袖做出评价。要想做出正确的评价，我们必须站在他们的立场上，换位思考。然而，这种立场非常崇高，非常特殊，也非常复杂。几乎没有人能够到达那样的高度，接受与这种立场相关的一切，并评价其造成的所有必然后果。

第9章 切里科沃和温科沃的局部战斗

离开莫斯科时，库图佐夫引诱缪拉朝科洛姆纳进发，并一直将其引诱至莫斯科河与通往科洛姆纳的道路相交的地方。在这里，库图佐夫的部队趁着夜色突然掉头，向南行进，取道波多尔，在莫斯科与卡鲁加之间穿梭。夜间，俄军绕开莫斯科行军。大风将灰烬和火星吹向俄军，看起来既悲凉又肃穆。大火吞噬了俄国的商业中心、宗教圣地与孕育民族的摇篮。俄军将士在明亮的火光中行进着，他们心中充满了恐惧和愤怒，面色阴沉，沉默不语。能听到的只有他们单调沉闷的脚步声、火焰熊熊燃烧的声音和暴风雪的怒号。昏暗的光线中经常闪现出苍白的面孔。当看到熊熊烈火，这些士兵可能极度悲愤。他们眉头紧皱，表情阴郁，目露凶光，以为是法军在放火烧毁莫斯科。他们的神情已经表明他们内心燃烧着凶猛的复仇之火。复仇之火已经蔓延至整个俄国，而那么多法国人都将沦为受害者。

在这庄严时刻，库图佐夫用一种坚定而不失高贵的语气告诉他的君主，莫斯科已经沦陷。他宣称："为了保护南方土壤肥沃的省份，为了保证我与托马索夫及海军上将奇恰戈夫的通信顺畅，我不得不放弃莫斯科。但在离开莫斯科之前，我已经让莫斯科的百姓全部撤离。有百姓在，莫斯科才有生命，因为他们是帝国的灵魂。俄国人在哪里，莫斯科和整个俄国就在哪里。"

然而此时，在悲愤的重压下，库图佐夫似乎屈服了。他承认"这个伤口很深，永远无法抚平"。但恢复镇定后，他补充说："失去莫斯科，俄国只是失去了一座城市。这是为了拯救整个国家而付出的代价。我率军扑向敌人漫长战线的侧面，命令我的分遣队封锁那里。在那里，我可以观察敌人的动向，保护帝国的资源，并重整我的军队。"1812年9月16日，库图佐夫宣布，"拿破仑将被迫放弃他致命的征服”。

据说，收到情报后，亚历山大一世就像遭到了雷击一样。拿破仑将希望建立在对手亚历山大一世的弱点上。同时，俄国也害怕这一弱点造成的后果。亚历山大一世掩饰了这些希望与恐惧，在对臣民发表演说时，他展现了自己遭遇的极大的不幸。“不要沮丧，不要懦弱，”他大声说，“让我们发誓，我们要用加倍的勇气和毅力面对敌人。敌人现在身处空无一人的莫斯科，就如同在一座坟墓里，没有统治手段，甚至没有生存手段。拿破仑带着30万人进入俄国。这些人来自不同国家，没有联盟基础，也没有任何民族或宗教纽带。战斗、饥荒及一些人擅离职守已经使拿破仑的兵力损失过半。在莫斯科，他只有这支残军；虽然他在俄国的心脏，却没有一个俄国人臣服他。

“与此同时，我们的军队不断壮大。拿破仑正处在庞大的俄国人中，被等待他的俄军包围和限制。为了躲避饥荒，不久，他将被迫率军通过由我们勇敢的士兵防守的严密阵线逃跑。话说回来，当所有欧洲人都在关注和鼓励我们时，我们怎能退却？相反，让我们给所有欧洲人树立榜样，让我们感谢上帝，感谢他选择我们作为第一个为美德和国家独立而战斗的国家。”亚历山大一世用祈求全能的上帝保佑的手势结束了演讲。

不知是由于行事优柔寡断，还是出于对军事策略的考虑，库图佐夫采取了迂回的行军路线。后来的事实证明，他这样做是很幸运的。缪拉一连三天都找不到库图佐夫部队的任何踪迹。俄军则利用这段时间来研究地形、挖掘战壕。其先头部队几乎已经到达沃罗诺沃。沃罗诺沃是罗斯托普钦最漂亮的庄园之一。当罗斯托普钦一行人朝着一幢别墅走去时，俄国人以为他只是想看它最后一眼。然而，他们突然发现浓烟笼罩了它。

俄国人急忙前去灭火，但被罗斯托普钦制止了。他们看见，罗斯托普钦站在他放的大火中，面带笑容地看着这幢华丽的别墅被烧毁，然后坚定地写下这番话："8年来，我一直在装饰这幢乡间别墅。我和家人幸福地生活在这里。这里居住着1720人。当你们到来时，他们都已离开这里。我放火烧毁我的房子，免得它被你们糟蹋。法国人，我已将我在莫斯科的两幢房子留给了你们。它们连同家具价值50万卢布。但在这里，除了灰烬，你们将一无所获。"在一座依然屹立的教堂的铁门上读到这些话时，法军将士大吃一惊，浑身战栗。

就在这个地方附近，缪拉率军追上了库图佐夫的部队。9月29日，他派一队骑兵明智地向切里科沃靠近；10月4日，他又派另一队骑兵向温科沃靠近。但由于法军将米洛拉多维奇逼得太紧，他转而率领1.2万名骑兵扑向波尔塔的部队，并使这支部队陷入非常危险的境地。于是，缪拉在战火中口述了一封信，建议暂时停战，并告知库图佐夫，自己将会派人举着停战旗去见他。库图佐夫期待这个人是劳里斯顿侯爵。但就在这时，波尼亚托夫斯基率军赶来了，增强了我们的兵力。缪拉便不再理会自己写给库图佐夫的信，一直率军战斗到天黑，击退了米洛拉多维奇的部队。

与此同时，经过我们的努力，自9月14日晚上开始燃烧的莫斯科大火，终于在15日熄灭了。但16日夜里，大火又开始燃烧。16日到18日，大火烧得最猛。19日，火势减弱。20日，大火终于熄灭了。就在这天，由于火势凶猛而离开克里姆林宫的拿破仑，又回到了克里姆林宫。在克里姆林宫的拿破仑吸引了所有欧洲人的目光。拿破仑在克里姆林宫等待他的运输车队、增援部队及掉队的士兵们。他确信，他的胜利、如此巨大的战利品的诱惑、莫斯科雄伟壮观的景象，尤其是他自己的荣誉，将使全军集合起来。在这堆巨大的废墟顶上，拿破仑的荣誉就像磐石上的灯塔一样，散发出迷人而耀眼的光芒。

然而，9月22日和28日，缪拉分别写来两封信，促使拿破仑走出这座致命的宫殿。这两封信表明，法军与俄军又开始打仗了。为此，拿破仑写了两道让法军出发的命令，但又将它们烧掉了。对他而言，这场战争似乎已经结束，而他只是在等待来自彼得堡的回信。通过回忆提尔西特谈判与爱尔福特会晤，拿破仑维持着自己的希望。在莫斯科，他是否有少许压倒亚历山大一世的优势呢？毕竟就像那些长期以来受到命运青睐的人一样，拿破仑热切地希望能得到自己满怀信心期待的答案。

像拿破仑这样的天才都拥有一种非凡的能力，那就是只要他高兴，就能把最重要的工作丢在一边，无论是为了让自己的生活丰富多彩，还是为了忙里偷闲休息一会儿。在这方面，拿破仑能够像主宰他人一样主宰自己。

就这样，巴黎方面转移了拿破仑对彼得堡的注意力。他有各种事务需要处理。在最初的日子里，信接连不断被送来。这些信吸引了拿破仑的注意力，使他忙得不可开交。然而，他处理事务非常高效，很快便无事可做了。刚开始，每两星期就会有从法国送来的急件，后来再也没有急件送来。设在4座化为灰烬的城镇中的几个军事哨所和用粗糙的栅栏围起来的木屋不足以守卫一条93里格的道路，而我们还没能建立更多梯形编队。由于哨所之间距离较远，路线太长，又在俄军的攻击范围内，所以均会遭到破坏。只需少数俄国农民和几个哥萨克人，就足以阻断这些哨所之间的联系。

拿破仑还是没有收到亚历山大一世的回复。他感到越来越不安，而他分散注意力的方式也越来越少了。拿破仑这种天才非常活跃，已经习惯统治整个欧洲，而现在除了管理10万人的军队，他的天才没有用武之地。军队组织得非常完善，所以管理军队几乎不需要花费他的精力。这里的所有事情都已安排妥当，一切尽在他的掌控之中。周围的将军随时都能告诉他每个士兵在早上或在夜间的位置及他们是独自一人还是与同伴在一起，是在拿破仑附近还是在医院里。即使有人请了假，这些将军也会说出他可能在什么地方。从某种程度上说，从莫斯科到巴黎，拿破仑的军队管理已经无可挑剔，因为他对将军们的要求非常高，而将军们是精挑细选出来的，经验都非常丰富。

现在已经过去11天了，亚历山大一世仍然沉默不语。拿破仑希望与亚历山大一世较量一番，看谁更加固执。这样一来，他便失去了本应抓住的防御俄军攻击的时机。

此后，对俄国人来说，拿破仑的所有行动都比他在维捷布斯克时更加强硬。俄国人觉得，这个劲敌决心定居在他们帝国的心脏。莫斯科虽然已经化为灰烬，但总督和市政当局仍然留在那里。拿破仑已经下令准备军队在莫斯科过冬的粮草。剧院已经在废墟中搭建起来。据说，拿破仑已经派人去请巴黎一流的演员。一名意大利歌手努力在克里姆林宫再现了杜伊勒里宫的晚间娱乐活动。拿破仑打算用这种方法制造一种莫斯科依然处于有政府状态的幻觉。由于已经习惯于统治常常犯错的人和无知者，他在所有这些骗局中表现得游刃有余。但他意识到，这些手段不足以分散自己的精力。

9月很快过去，10月来临，亚历山大一世还是没有给拿破仑任何回复。对拿破仑而言，亚历山大一世这样做是一种侮辱！他非常恼火。10月3日，经过一夜的焦躁不安和愤怒后，他召集将军们。“都进来吧，”他一看到将军们就说，“来听听我刚刚构想的新计划。欧仁亲王，你把我的计划读给大家听听。”将军们认真地听着。“我们必须烧毁莫斯科剩余的建筑，取道特威尔，进军彼得堡。在那里，麦克唐纳元帅将率军与我们会师。缪拉和达武则率军殿后。”拿破仑神采飞扬，目光如炬，目不转睛地盯着将军们。将军们神情冷漠，沉默不语，但都对拿破仑的计划感到非常惊讶。

此时，为了激励将军们，拿破仑得意扬扬地说：“什么情况？这种想法不值得你们激动吗？历史上曾有过如此伟大的军事成就吗？从今往后，这次征服是唯一值得我们去做的事情！我们将得到何等的荣耀啊！当全世界的人得知我们在3个月之内征服了北方两个最重要的都城时，他们会说些什么呢？”

然而，达武和达鲁伯爵都反对拿破仑的计划。他们反驳道：“在这个季节，我军缺乏供给，从特威尔进军彼得堡，要经过一片贫瘠的荒野和一条糟糕的道路。这条道路有100里格是从沼泽穿过的，只需300名农民就可以在一天之内将它破坏，让它变得无法通行。我们为什么要继续北上？为什么要去迎接冬天，挑衅冬天并与之对抗呢？冬天快要来临了，到那时，留在莫斯科的6000名伤员该怎么办？难道我们要将他们留下来任凭库图佐夫处置？他的部队很快就能追上我们。届时，我们应该立即进攻和防守，然后像远征大逃亡一样前进。”

这些军官宣称，他们当时提出了各种计划，但对一个想象力超群的天才君主来说，这些计划都没有用。如果拿破仑真的下定决心要行军至彼得堡，那么军官们的反对声是不会停止的。当发现自己不得不在整个欧洲面前做出让步，放弃征服俄国，并从俄国撤退时，拿破仑产生进军彼得堡的想法只是在泄愤，而这个想法不过是绝望激发出来的灵感而已。

不过，拿破仑进军彼得堡的想法更是一种威胁，令法军军官们感到害怕，从而促进并加快了由科兰古主持的谈判的到来。谈判由科兰古主持，这让亚历山大一世很高兴，因为在拿破仑的宫廷里，作为拿破仑的大掌马官，科兰古是唯一一位能够影响拿破仑的显贵。但在过去几个月，拿破仑一直在疏远科兰古，因为他一直没能说服他同意自己远征俄国的计划。

尽管如此，拿破仑不得不向科兰古求助，并向他表明自己的焦虑。他派人去请科兰古前来相见。但当单独和科兰古在一起时，他犹豫了。他挽着科兰古的胳膊，非常焦躁地来回走了很长时间，自尊心让他无法打破这种备受煎熬的沉默。最后，他屈服了，但仍然很不甘心。他准备恳求亚历山大一世向自己求和，仿佛是对方在屈尊答应和解一样。

拿破仑咕哝了几句后，对科兰古说："我就要进军彼得堡了。我知道莫斯科被烧毁无疑会给我的大掌马官带来痛苦。随后，整个俄国的臣民将联合起来反对亚历山大一世，将会策划一场反对君主的阴谋。亚历山大一世将遭到暗杀。这种非常不幸的事情将会发生。我敬重亚历山大一世，将为他感到遗憾。他的性格符合我们的利益，没有哪位君主能像他一样对我们这么有利。因此，我打算派你前去见他，以阻止灾难发生。"

然而，与其说科兰古不会阿谀奉承，不如说他顽固不化。他并没有改变自己的态度，而是坚持说："陛下的这些提议都没有用。只要俄国人没有完全撤离俄国领土，亚历山大一世就不会听取任何建议。俄国人非常清楚他们在今年这个季节具有的优势。不，更重要的是，采取这种办法将对我们不利，因为这会表明陛下渴望和平，并且会暴露法军的狼狈处境。”

科兰古补充说：“陛下，您选择的谈判者的官衔越高，就越清楚地表明您多么焦虑。我非常肯定，我去谈判将比其他任何人去谈判更有可能失败。”拿破仑突然插了一句话来终止谈话：“好吧，那我派劳里斯顿侯爵去吧。”

科兰古就进军彼得堡一事又提出了新的反对意见，并且由于拿破仑再三催促，他建议拿破仑当天就开始向卡鲁加方向撤退。听到这个建议，拿破仑非常生气，他恼怒地回答道：“我喜欢简单的计划，喜欢不那么迂回曲折的路线。我们要走大路，就走我们来时的那条路，但不达成和平协定的话，我是不会踏上那条路的。”然后，就像曾给科兰古看他写给亚历山大一世的信那样，拿破仑又让劳里斯顿侯爵看了那封信。拿破仑命令劳里斯顿侯爵去给亚历山大一世送信，并命令他设法让库图佐夫将信顺利地送到彼得堡。最后，拿破仑对劳里斯顿侯爵说：“我想要和平，我必须实现和平，我绝对会促成和平。只有这样做才能保住我的荣誉！”

第10章 法俄会谈

劳里斯顿侯爵出发了。1812年10月5日，他到达了前沿阵地。法军与俄军双方立即暂停敌对行动，都同意谈判。但当时只有亚历山大一世的副官沃尔孔斯基和俄军总参谋长本尼格森在这里，而库图佐夫不在。英国将军威尔逊断言，俄国军官们怀疑他们的指挥官库图佐夫，指责他太软弱，并认为他通敌叛国，所以他不敢离开自己的营地。

劳里斯顿侯爵得到的指示是，他只能亲自将信交给库图佐夫。因此，他断然拒绝与任何中间人交流。正如他本人所说，他要抓住这个机会来终止这场谈判，因为他不赞同谈判。尽管沃尔孔斯基向劳里斯顿侯爵提出各种请求，但劳里斯顿侯爵还是退出了谈判，并下定决心返回莫斯科。毫无疑问，在这种情况下，愤怒的拿破仑肯定会发动进攻，击溃库图佐夫尚未建立完整的部队，继而迫使他请求停战。虽然这样做并不能取得决定性的胜利，但拿破仑至少可以在不损失增援部队的情况下撤退。

不幸的是，俄军总参谋长本尼格森渴望与缪拉谈判。劳里斯顿侯爵只得终止自己的计划。本尼格森是一名优秀的军人，更是一名能干的谈判专家。他努力表现出自己非常尊重新近登上那不勒斯王位的缪拉，用各种溢美之词引诱他，用花言巧语欺骗他，还总说自己厌恶战争，渴望和平，而缪拉也厌倦了战争，非常担心战争的结果。据说，他很后悔没有很好地尽到国王的责任。即使无望得到一个更好的结果，他也乐于陶醉在本尼格森对自己的夸赞中，甘愿被本尼格森诱惑和欺骗。

本尼格森同样成功地说服了他的指挥官，即法军先头部队的将领。他急忙派人去见劳里斯顿侯爵，并将其带到俄军营地。午夜时分，库图佐夫在营地里等候劳里斯顿侯爵。但这次见面一开始就不顺利。科诺尼钦和沃尔孔斯基希望库图佐夫与劳里斯顿侯爵见面时他们也在场，这让劳里斯顿侯爵非常震惊。他坚持让他们退出去，而他们只得照办。

当与库图佐夫单独在一起时，劳里斯顿侯爵向他解释了自己的动机，并请求他将自己安全送达彼得堡。库图佐夫回答说，劳里斯顿侯爵的要求超出了他的权力范围，但他立即提议，派沃尔孔斯基将拿破仑的信送给亚历山大一世。库图佐夫主动提出，在沃尔孔斯基从彼得堡返回前，法军与俄军停战。同时，他严正声明，他渴望和平，而他麾下的将军们纷纷附议。

“根据他们的说法，这些俄国将军都对战争的持续表示遗憾。”出于什么原因呢？就像尊重皇帝一样，他们的百姓也应该相互尊重、爱护和支持。他们殷切希望和平的消息尽快从彼得堡传来。但沃尔孔斯基不可能像他们期待的那样很快就返回。这些俄国将军挤在劳里斯顿侯爵周围，将他拉到一旁，牵着他的手，按照他们从亚洲继承来的礼节亲切地与他交谈。

不过，事实很快证明，在主要观点上，这些俄国将军达成了一致。他们都在欺骗缪拉和拿破仑，并且成功了。这些消息使拿破仑欣喜若狂。由于对停战抱有希望，或许是由于绝望，他轻易相信了这些表象。拿破仑有时被这些表象弄得眼花缭乱，急切地想摆脱压抑在心底的情绪。他似乎想让自己沉浸在喜悦中，以此消解这种压抑。他召集了法军的将军们，得意扬扬地向他们宣布：“我们很快就会达成和平协定，你们只需等待两周时间。没有人比我更了解俄国人的性格了。待亚历山大一世收到我的信后，整个彼得堡将会燃起篝火庆祝和平。”

然而，对拿破仑而言，库图佐夫提出的停战协议并不令人满意。拿破仑命令缪拉立刻违反协议。尽管如此，无论出于什么原因，法军与俄军最终都遵守了该协议。

这份停战协议很特别。任何一方如果想要破坏它，就只需要提前3个小时通知对方即可。它只限于两个阵营的前线，但不包括侧翼。至少俄国人是这样解释的。如果不打仗，我们就无法调动辎重队运输粮草，也无法派人出去搜寻粮草。除了可能对我们有利的地方，在其他地方，这场战争仍在持续。

在刚开始的几天里，缪拉想要在俄军的前沿阵地上展示自己的能力。他发现俄军将士都知道他很卓越，以勇猛著称，并且职位很高。因此，他感到非常满意。俄国军官们都小心翼翼，不让缪拉感到任何不快。他们对缪拉极尽恭维之词，增强他的幻觉。就像向法军下达命令一样，缪拉甚至可以向俄军的骑兵前哨下达命令。如果他看中了俄军占领的任何一块土地，那么俄军军官们会欣然拱手相让。

一些哥萨克人的首领甚至假装对缪拉极其热情，并且告诉他，他们已经不承认其他人是他们的皇帝，只承认已经进入莫斯科的缪拉是他们的皇帝。有那么一刻，缪拉相信哥萨克人不会再和他作对了，所以有点儿得寸进尺。拿破仑阅读缪拉的来信时，有人听到他高声说：“缪拉以为自己是哥萨克人的皇帝！多么愚蠢啊！”这种异想天开的想法不过是那些受命运青睐的人构想出来的。

拿破仑几乎是不可能上当受骗的。在这种虚假的喜悦中沉浸片刻后，他很快就抱怨说：“我周围的那些游击战令我恼火。尽管俄军表示想达成和平，但我清楚，哥萨克人的部队在悄悄地靠近我军侧翼和后方部队。难道我的老近卫军中的150名骑兵没有遭到许多野蛮的哥萨克人的追踪和袭击吗？这次袭击就发生在停战协定签订两天之后，并且就发生在通往莫扎伊斯克的路上。法军正是通过这条道路运输弹药与粮草及增派部队的。此外，这条路也是我与欧洲保持联系的要道。”

事实上，在那条路上，法军两支车队刚刚落入俄军之手。一支是由于指挥官的疏忽，这名指挥官已经在绝望中结束了自己的生命。另一支则是由于一名军官过于怯懦，这名军官原本会在法军开始撤退时受到惩罚，但因法军遭到重创，他才逃过了一劫。

我军的士兵，特别是骑兵，每天早晨都不得不到很远的地方去寻找当天晚上和第二天的食物。随着莫斯科和温科沃周边地区的食物越来越少，他们每天都需要到更远的地方去搜寻食物。也就是说，士兵们即使都能返回，等回来时也会人困马乏。我们必须为每一蒲式耳[①]黑麦和每一捆草料而战斗。在这个过程中，意外会接连出现，小规模的交锋会不断发生，我们会遭受一定的损失。就连俄国农民也牵涉其中。由于利益的诱惑，许多俄国农民带着粮食来到我们的军营，而利益有多大，就会有多少人因此付出生命的代价。为了赶走我们寻找粮食的队伍，一些俄国农民放火烧了自己的村庄，加入了他们之前召集的哥萨克人的队伍。这些哥萨克人将我们围困在那个村庄里。

俄国农民还占领了维尔伊亚。维尔伊亚是莫斯科附近的一个小镇。据说，一位神父策划并领导了这次游击战。他武装了当地百姓，并从库图佐夫那里得到了几支部队。然后，10月10日天亮之前，他在一个地方发出了虚假的进攻信号，又在另一个地方亲率部队冲到法军驻地

① 蒲式耳，英、美计量谷类等干量体积的单位。1英蒲式耳约合36.37升，1美蒲式耳约合35.24升。——译者注

的栅栏跟前，破坏了栅栏，冲进了小镇，杀死了驻扎在镇上的所有法军的将士。

由此可见，在我们的正面、侧翼及后方，这场战争无处不在。我军力量正在遭受削弱，而俄军日益强大。这场胜利注定会像许多其他胜利一样，在整体上获胜，而在细节上是失败的。

看到自己残存的骑兵在每天都会发生的小规模战斗中损失了一半，缪拉终于变得忐忑不安。不知是由于厌倦、虚荣，还是因为在军事方面的轻率，无论是在前沿阵地，还是在见到我们的军官时，俄国的将军们都夸大了威胁我们的灾难。他们向我们展示了那些“看起来很狂野的马”。那些马成群结队，纵横驰骋，长长的马鬃迎风飞扬。顿时，平原上尘土漫天。难道这些不是在告诉我们，许多来自四面八方的骑兵加入了他们，而我们的骑兵正在逐渐灭亡吗？难道他们队伍里连续不断发射火炮的声音不是在警示我们，在停战协议的幌子下，他们正在训练大量新兵吗？

事实上，这些新兵虽然不得不长途跋涉，但最终还是加入了俄军。俄军没有必要像往年那样，为了阻止新兵离开部队而将集合新兵的时间推迟到大雪封堵了除公路以外的所有道路的时候。所有人都响应了国家的号召。据说，整个俄国都武装了起来。当母亲们得知儿子们已被选中入伍时，她们喜极而泣，急忙将这个光荣的消息告诉儿子们，甚至陪着他们，直到看到他们佩戴上十字军的标志，听到他们高呼“这是神的旨意”。

俄国的将军们还说，严冬就要来临了，他们非常好奇我们将如何确保安全。严冬是他们在自然界中最强大的盟友，而他们每时每刻都在期待它的到来。他们同情我们，并力劝我们赶紧逃跑。他们告诉我们，两周后，我们的指甲会冻脱落，手指会冻僵，手会变得麻木——连武器都握不住。

一些哥萨克人首领的话也很“怪异”。他们问我们的将军：“你们在自己的国家是不是没有足够的玉米、足够的空气和足够的坟墓？总之，你们是不是没有足够的空间生存和死亡？否则你们为什么要远离家乡，跑到这么远的地方来白白送命，用鲜血使外国的土地变得肥沃呢？”他们还说：“法军是在掠夺我们的祖国。我们只要活着，就有责任耕种、守卫和保护这片土地。而当我们死后，我们的同胞会将我们的尸体埋在这里，因为这片土地养育了我们，使我们得以活下来。到那时，就该轮到我们的尸体滋养这片土地了。”

对于这些警告，拿破仑并非不知情，但不会因此动摇自己的决心。他的焦躁不安再次暴露出来，正是在这时，他愤怒地下达了命令，让法军掳走克里姆林宫教堂里每一件可以作为战利品的物品。他说，这些东西是俄国人自己破坏的，应该属于征服者。胜利赋予征服者双重权利，而火灾赋予征服者更多权利。

从伊凡大帝钟楼的塔尖上取下那个巨大的十字架，花费了我们很长时间。俄国人将这个十字架视为救赎他们帝国的象征。拿破仑决定将它安装在巴黎荣军院的顶部。拆除十字架时，人们注意到，许多乌鸦围着它飞来飞去。拿破仑厌倦了乌鸦的噪音，大声说：“这群不祥的鸟好像要保卫这个十字架。”在这种危急的情况下，我们不能假装知道拿破仑的全部想法。众所周知，他可以有各种预感。

拿破仑每天外出时阳光都很灿烂。在这种天气，他努力去感知并使别人也意识到他的幸运星，但这并不能使他高兴起来。空旷的莫斯科死气沉沉，周围的荒野也是一片死寂，而亚历山大一世的沉默让这一切显得更加凶险。我军士兵在莫斯科这个巨大的坟墓里游荡的微弱的脚步声，不可能将拿破仑从他的幻想中惊醒，让他走出痛苦的回忆，放弃令他更加痛苦的期待。

夜晚尤其让拿破仑感到厌烦。达鲁伯爵每天都陪在他身边，直到深夜。只有在那个时候，拿破仑才承认自己处境危险。“从维尔纽斯到莫斯科，是什么在支持着我，能让我休息一会儿，或让我能够安静地思考呢？是这片广阔、光秃秃的荒凉战场。在这里，我很难觉察到我的将士在减少。他们与世隔绝，仿佛迷失在漫无边际的恐惧中。在这个风俗习惯与宗教都非常陌生的国度里，我连一个人都没有征服。实际上，我只是占领了我脚下的这片土地。一旦我离开，与我还未涉足的土地一样，留在我身后的那些土地也不属于我。然而，对这片巨大的荒野来说，仅让我认识到自己的渺小还不够。实际上，我已经在广袤的荒野里迷失了。”

然后，拿破仑重新考虑了那些他还可以选择的不同决议。“人们想象，”他说，“除了行军，我没有别的事可做。他们没有考虑到，军队休整及伤病员从我们的医院撤离，需要一个月的时间。如果我放弃伤员，哥萨克人每天就会以杀害伤员和掉队者来庆祝他们的胜利。那样的话，我看起来就像是在逃跑，而这种消息将会传遍欧洲！那些羡慕我的欧洲人正在寻找一个可以与我抗衡的对手，然后与之结盟。他们以为，亚历山大一世就是与我旗鼓相当的那个人。”

然后，在意识到“自己一贯正确”这一观念产生的力量时，拿破仑第一次想到，他也可能会犯错。此时，他感到不寒而栗。“我后退的第一步将会引发一系列多么可怕而危险的战争。不要让我的不作为受到谴责！好像我不知道似的，”拿破仑补充说，“从军事角度来看，莫斯科毫无价值！莫斯科不是军事中心，而是政治中心。人们视我为莫斯科的将军，而事实上，我就是莫斯科的皇帝！”接着，他大声说：“从政治上来看，一个人永远不该止步不前，永远不该倒退，永远不该承认自己错了，因为这会贬低他的深谋远虑。即使犯了错，他也应该将错就错，以便让自己看起来是正确的。”

因此，拿破仑固执己见。在其他场合，这种坚韧不拔的精神是他最好的品质，但在当时的情况下，这成了他最糟糕的缺点。

与此同时，拿破仑的忧虑越来越强烈。他知道，他不能指望普鲁士军队，毕竟贝尔蒂埃收到了来自可靠消息来源的暗示。该暗示让拿破仑对奥地利人的支持失去了信心。他很清楚，库图佐夫在玩弄他，但他走得太远了，既不能前进，或停在原地，也不能后退，更无法为了荣誉和胜利而搏杀。因此，所有那些决定性或阻碍性的因素交替影响着拿破仑，让他滞留在被烧成灰烬的莫斯科，在失望与希望之间反复挣扎。

劳里斯顿侯爵是10月6日出发去给亚历山大一世送信的。10月20日之前，拿破仑不可能得到回复。尽管有这么多充满威胁的因素，但骄傲的个性、军事策略及个人的健康状况，让拿破仑选择了最糟糕的一条道路。他静静地等待亚历山大一世的回信，而那段时间的等待正在毁灭他。与其他将军一样，达鲁伯爵惊奇地发现，拿破仑不再迅速而及时地做出决定，也不再根据实际情况快速改变自己的策略。法军的将军们断言，这位天才再也不能根据实际情况来调整自己的战略了。他们将拿破仑的这一变化归因于其固执的秉性。这一秉性使他越来越强大，也可能会让他走向没落。

无论如何，拿破仑处在这种极其危急的战争形势下，而这种形势又因他的政治立场而变得错综复杂。两者之间的关系变得空前微妙。人们不能期待，像拿破仑这样的人——一个迄今为止都非常强大的人，会很快放弃自己的目标。自从离开维捷布斯克，他就给自己设定了目标。

第11章 停战协定成为废纸

拿破仑完全了解自己的处境。在他看来，如果在震惊的欧洲人面前退却，他就会失去一切；如果能下定决心战胜亚历山大一世，他就能挽救一切。他非常清楚还有哪些手段可以动摇其不屈不挠的竞争对手。他知道他具有战斗力的军队的数量、他所处的境地及季节。总之，他知道一切都会变得越来越不利于法军，但他仍然相信那种给他带来极高声望的幻想的力量。一直以来，拿破仑都能从幻想中获取一种实实在在、永不衰竭的力量。因此，他仍然对自己抱有微弱的希望，并且努力通过这种似是而非的论点来维持臣民对他的信心。

尽管如此，莫斯科空空如也，再也没有什么东西可以支撑拿破仑了。“莫斯科被烧毁，无疑是一种不幸。”拿破仑说，“但这种不幸并非没有好处。如果不是这样，我就不能在这么大的城市里维持秩序，也不可能让30万人心生敬畏，更无法在克里姆林宫安心入睡，因为我会担心有人想割断我的喉咙。俄国人只给我们留下一片废墟，但我们至少可以安安静静地待在这些废墟里。毫无疑问，我们已经损失了几百万法郎，但俄国损失的又岂止几百万法郎呢？俄国未来一个世纪的商业都被毁了。对我们来说，这个国家倒退了50年，这本身就是一项非常重要的战果。等到最初的热情退去，这种变化将让俄国人惊慌失措。”于是，他得出结论，这种沉重的打击将会撼动亚历山大一世的地位，迫使其求和。

如果重新审视一下不同兵种，拿破仑就会发现，法军的人数已经大大减少。此刻，法军正驻扎在一条狭长的前沿阵地上。拿破仑很快就要视察部队了。军队人数的锐减令他苦恼。不知是考虑到敌人，还是为了自己的臣民，拿破仑想掩饰这一点。因此，他宣布，迄今为止，法军采用的三人并排前进的惯例是错误的，两人并排前进就足够了。他还命令，步兵今后采用两人一排的队形前进。

更重要的是，拿破仑坚持改变这种一成不变的行军队形，会让人产生法军依然很强大的错觉。他阻止大家对此提出异议。但洛博伯爵非常固执，不能接受他的这种做法。毫无疑问，他非常希望洛博伯爵能够理解自己的初衷。什么都无法动摇他的决心。

尽管如此，缪拉还是给拿破仑送来了其先头部队陷入困境的消息。听到这个消息，贝尔蒂埃吓坏了。但拿破仑派人找来了那位送信的军官，严厉地询问了他。拿破仑的神情吓坏了军官，他紧皱的双眉表明他不相信这个消息是真的。于是，送信的军官对自己之前说的话没有那么确定了。拿破仑利用军官的迟疑来维持贝尔蒂埃的希望，并说服他相信事态并非那么紧急。然后，拿破仑让军官回到缪拉的军营。不出意外的话，这位军官肯定会在军营里散播这样的言论：拿破仑是不会动摇的。毫无疑问，拿破仑有理由这样坚持下去，而缪拉先头部队的将士们也都必须加倍努力才行。

与此同时，全军将士的态度也让拿破仑信心倍增。大多数军官仍然对他信心十足。普通士兵看到了当下生活的全部，对未来希望渺茫，甚至几乎不考虑未来，但依然保持着可贵的品质——无忧无虑。每日视察时，拿破仑都会给予他们丰厚的奖赏。士兵们只是平静地接受这一切，喜悦中夹杂着一丝沮丧。尽管那些阵亡将士的位置已经由新人顶上，但被他们鲜血染红的阵地表明，拿破仑的奖赏会将他们置于险境。

此外，自从离开维尔纽斯后，法军许多士兵就扔掉了冬天的衣物，以便在背包里装满食物。由于长途跋涉，将士们的鞋已经被磨烂，剩下的衣服也在战斗中变得破烂不堪了。尽管如此，他们依然保持着自己的骄傲，小心翼翼地隐瞒着自己的窘境，不让拿破仑知道。他们在他面前表现出良好的军人风范，展现着严明的军纪，将手里的武器擦得锃亮。尽管现在他们身处克里姆林宫这座沙皇宫殿的第一座庭院里，但他们的物资还在800里格之外的地方；尽管经过这么多战斗和风餐露宿之后，他们衣衫褴褛、蓬头垢面，但他们仍然渴望让自己看起来干净整洁、反应机敏，因为这些因素都关系到他们的骄傲。困难越多，这些因素越是激起将士们克服困难的决心。毕竟人人都会因自己完成了需要不懈努力才能取得成功的任务而感到自豪。

在第一场雪降临前，拿破仑仍然笑容可掬，假装不了解法军的现状，并抓住一切来维持他的希望。然而，风雪的降临让拿破仑努力维持的幻想破灭了。从那一刻起，他除了想撤退，其他什么都没想，尽管他并没有说出“撤退”二字。不过，我们是不可能从拿破仑那里得到肯定的撤退命令的。他只是说，法军必须在20天内进入过冬的营地。他还敦促伤员尽快离开。就像在其他场合一样，他不会同意自愿放弃任何东西——无论这些东西多么微不足道。先前，拿破仑的炮兵部队缺乏马；现在，由于炮兵部队的人数大幅减少，马就过剩了，但这并不要紧。当有人提议将部分马留在莫斯科时，拿破仑的情绪立刻变得非常激动。“不，敌人会将它们当作战利品！”他坚持带走所有东西。

拿破仑下令在这个到处是荒原的国家购买2万匹马，并准备好两个月的粮草。但这片土地不足以为法军最遥远、最危险的行军提供足够的粮草。听到拿破仑下达的这些根本无法执行的命令时，一些军官感到非常震惊。但我们已经看到，拿破仑有时会发出这种命令来欺骗他的敌人，也常常通过下达这样的命令，向自己的军队表明他需要多少必需品，从而暗示将士们应该为此付出多大的努力。

拿破仑的脾气时而变得非常糟糕，以此宣泄自己的苦恼。一天清晨，他在招待会上看着聚集在一起的将军们，拿破仑想象着能够从他们焦虑的表情中看出哪些人不赞成他的计划。他似乎想要用严肃的态度、严厉的语气和生硬的言辞来震慑他们。从他苍白的脸色来看，他很明显受到了真相的沉重打击，变得疲惫不堪，而了解真相的最佳时间是在漆黑的夜晚。有时，在这种情况下，拿破仑感到自己那颗破碎的心快要跳出来。他心急如焚，通过不耐烦的动作向周围人宣泄自己的悲伤。然而，这种做法非但没有减轻他的痛苦，反倒让他为自己不公正的行为自责。然后，他又急于补救，更加重了自己的痛苦。

拿破仑只对达鲁伯爵坦率而毫不示弱地袒露了心迹。他说："我应该率军扑向库图佐夫的部队，将其彻底击溃或者击退，然后迅速赶往斯摩棱斯克。"从前，达鲁伯爵赞同法军撤回斯摩棱斯克城。但现在听到拿破仑这样说时，他反驳道："现在这样做已经太晚了。"这是因为俄军壮大了，而拿破仑的军队却被削弱了。拿破仑的胜利已经被人们遗忘。一旦他的军队向法国方向撤退，俄军就会悄悄地从他身边溜走。为了在法国出售战利品，每个满载战利品的士兵都试图回到法军远征的起点。"那么我们该做些什么呢？"拿破仑高声问道。"待在这里，"达鲁伯爵回答道，"将莫斯科变成一个巨大而坚固的军营，在这里过冬。"对此，他还保证法军将不再需要面包和食盐，因为这些东西通过大规模的搜寻就可以找到。例如，我们如果找不到食物，就可以杀死马，将马肉腌制起来。至于住宿，如果房舍不够，士兵还可以住在地窖里。我们可以在这里等待春天的到来。到那时，后援部队及所有武装起来的立陶宛人就会赶来援助我们，还会与我们一起完成此次远征的伟业。

听完达鲁伯爵的建议，拿破仑静静地沉思了一会儿，然后说道："这个建议非常大胆！但在巴黎的人会怎么说呢？他们会在那里做些什么？在过去的3个星期里，他们没有收到我的消息，在做些什么呢？谁知道一连6个月的通信中断会产生什么后果！不，法国不会习惯于我的缺席，普鲁士和奥地利将会利用这一点来挑起事端。"

尽管如此，拿破仑仍然没有决定去留。在这种固执的思想斗争中，他日复一日地推迟承认已经失败的事实。他的大臣和副官们看到，处在诸多人和因素的复杂旋涡中，拿破仑整天都在讨论收到的一些新诗的优点，以及在巴黎上演的法国喜剧的规则——这些规则是他花了3个晚上才制定好的。大臣和副官们都了解拿破仑内心深处的焦虑，佩服他惊人的定力和自控力。他能够转移自己的注意力，或者将注意力集中在他喜欢的事物上。

拿破仑延长了用餐时间。在此之前，他吃得很简单，并且用时很短。他似乎想通过增加饭量来抑制自己胡思乱想。饭后，他会捧着一本小说，就像是进入冬眠一样，一连几个小时都半躺着，等待着他那可怕的历史性灾难的到来。看到这个倔强固执、冥顽不化的人苦苦地挣扎着，法军的军官们都说，拿破仑已经抵达荣耀的顶峰，之后无疑会开始走下坡路。正是出于这个原因，他继续保持不动，想要在这个高度多停留一会儿。

在我们浪费时间的同时，库图佐夫争取到了时间。在写给亚历山大一世的一封信中，他描述道："我的兵力非常充足。我从各地招募的新兵已经赶到，并且已经开始接受训练。在各自家人的照顾下，我们的伤病员逐渐康复。农民武装了起来，一些在塔尖上放哨，还有一些偷偷溜进法军的住所，甚至进入克里姆林宫。与莫斯科被占领之前一样，这些农民每天都向罗斯托普钦汇报莫斯科发生的事情。即使做了法军的向导，他们也是为了将其领进罗斯托普钦部队的包围圈。我的游击队员每天都会带来数百名囚犯。这些农民所做的每一件事都是为了摧毁法军，增强我们的力量。他们所做的每一件事都在为我们服务，同时出卖法军。总之，对法军来说，这场战争已经结束；但对我们来说，这场战争才刚刚开始。”

库图佐夫没有忽略任何优势，将俄军在萨拉曼卡取胜的捷报传遍整个军营。库图佐夫说：“法军被赶出了马德里。上帝之手重重地摁在了拿破仑身上。莫斯科将是他的监狱与坟墓，也将是他整个军队的监狱与坟墓。我们很快会在俄国的领土上战胜法国！”这位俄国将军就是这样对他的部队和他的君主说的。尽管如此，库图佐夫仍然对缪拉保持着尊重的态度。他既大胆又狡诈，小心翼翼地谋划了一场突如其来、激烈的战斗，并用友好的态度和甜言蜜语来掩饰他准备毁灭我们的计划。

终于，这种伪装持续几天之后，一个哥萨克人彻底撕破了它的虚假表象。当缪拉像往常一样出现在前沿阵地时，这个哥萨克人向他开火了。缪拉非常愤怒，向米洛拉多维奇宣布，不断遭到违背的停战协议结束了，从此以后，他们只能兵戎相见。

缪拉告诉拿破仑，他的部队左边有一片树林。这片树林有利于俄军进攻他的侧翼和后方部队。他的第一道防线背后是一条深谷，他可能会被迫跳进去。简言之，缪拉的部队处在非常危险的位置，绝对有必要撤退。但拿破仑不会同意缪拉的军队撤退，尽管他起初指出沃罗诺沃会更加安全。他仍然认为，这次远征的政治意义大于军事意义。他尤其害怕军队撤退，宁可为此冒任何风险。

1812年10月13日，拿破仑又派劳里斯顿侯爵到缪拉那里，查看先头部队所在的位置。至于拿破仑，或许是因为他固执地坚持最初的希望，或许是因为他可能在为撤退做准备，或许是因为他的骄傲遭到了打击及他采取的军事策略遭遇了挫折，总之，在准备出发时，他出现了一种本不该有的疏忽。不过，他事先可能已经察觉到自己的计划存在纰漏，因为就在开始撤退的那天，他在地图上查看到了计划从沃洛克拉姆斯克、祖布佐和比洛埃向维捷布斯克撤退的路线。过了一会儿，他又下令让军队向斯摩棱斯克城撤退。朱诺特接到命令，于10月21日在科洛斯科伊烧毁伤员们的所有枪支，并炸毁弹药车。拿破仑派遣德希利尔率军前去占领埃尔尼亚，并在那里修建军火库。直到10月17日，在莫斯科的贝尔蒂埃才想到将皮革分发给各部。

在关键时刻，贝尔蒂埃这位可怜的少将是拿破仑的主要代理人。在一个陌生的国度，加上非常极端的天气，贝尔蒂埃也没有采取新的预防措施，他希望由拿破仑来决定所有细节。因此，他忽略了一些细节。这种疏忽或短视带来了致命的后果。在法军中，每个师都由一位元帅、一位亲王甚至是国王来指挥。这些师或许过于相互依赖。此外，贝尔蒂埃并没有单独下达任何命令，他认为只要准确地下达拿破仑信里的命令就够了，但并没有领会这些信的精髓。不知是由于疲劳，还是出于习惯，他总是搞不清这些命令中哪些部分是肯定的，哪些部分只是推测。

其间，拿破仑集合了军队。在克里姆林宫，他视察军队的次数更多了。他将所有骑兵都编成了营，并慷慨地奖赏了他们。克拉帕雷德所率的师带着所有能够搬走的战利品及能够行走的伤员向莫扎伊斯克出发。其余伤员集中在一座大孤儿院（foundling hospital）里。拿破仑将法国外科医生安置在孤儿院。受伤的俄国人被作为人质，与我们的伤员混在一起。

然而，一切为时已晚。在做这些准备工作期间，在克里姆林宫的第一个庭院内，当拿破仑检阅内伊的部队时，突然有人报告称，温科沃方向传来了炮声。过了一段时间，才有人敢向拿破仑汇报这一情况。有些人不相信或不确定这个传言的真实性，害怕拿破仑听到这个传言后发脾气。还有一些人则贪图安逸，犹豫是否应该将传言告诉拿破仑，因为他会因此下达可怕的命令。他们害怕拿破仑会派他们前去核实这一传言，害怕去执行这个令人疲惫的任务。

最后，迪罗克鼓起勇气将情况告知拿破仑。拿破仑起初非常焦躁不安，但很快就镇定了下来，继续视察军队。年轻的贝朗格——拿破仑的一个副官——很快就带来了一个消息：缪拉部队的第一道防线遭到俄军袭击并被攻破了；其左翼撤向一片树林，遭到了攻击，被切断了退路；12门加农炮、20辆弹药车和30辆马车已落入俄军之手；两位将军惨遭杀害；三四千人丧命；辎重也丢掉了；最重要的是，缪拉受了伤。缪拉几次率军进攻，终于占领了他后方的大路，但还是没能从俄军手中救出先头部队中的幸存者。那条大路是其部队撤退的唯一途径。

尽管如此，我们的荣誉还是保住了。由库图佐夫指挥的俄军的正面攻击很弱。波尼亚托夫斯基的部队在右翼几里格外进行了英勇的抵抗。就在巴格沃特的部队快要击溃我军左翼时，缪拉及其卡宾枪手们靠着非凡的毅力，压制了对方的进攻，扭转了那天的战局。克拉帕雷德和拉图尔莫堡的部队清理了斯帕斯卡普里亚（Spaskaplia）隘口，这个隘口位于我们防线后方2里格，已被普拉托夫占领。两名俄国将军战死，其他人均受了伤。俄军尽管损失惨重，但获得了这次进攻的优势和我们的大炮及阵地。总之，胜利属于他们。

缪拉再无先头部队。破坏停战协定的俄军已经消灭了他一半骑兵，而另一半也在这次战斗中所剩无几。此外，幸存的骑兵因长期忍饥挨饿而面黄肌瘦，几乎无法再冲锋陷阵了。10月18日，战斗重新打响了。

听到这些消息，拿破仑恢复了早年的热情，立刻下达了许多不同的命令。有些命令是下达给全军的，有些命令是下达给具体的部队的。虽然每道命令的内容都不一样，但所有命令都是必要的，其目的均是一致的。夜幕尚未降临，法军已经开始向沃罗诺沃进发。拿破仑派布鲁西耶率军朝费明斯科（Feminskoe）方向前进，命令波尼亚托夫斯基率军向梅登挺进。10月19日天亮前，拿破仑率军离开了莫斯科。“让我们向卡鲁加前进，”他说，“灾难将降临在我一路上遇到的那些敌人身上。”

第 9 部分

第1章 法军离开莫斯科

莫斯科的郊区非常广阔。在莫斯科城南门附近的一个郊区，有两条大路通往卡鲁加。右边那条是老路，另一条是新路。在老路上，库图佐夫的部队刚打败了缪拉的部队。1812年10月19日，拿破仑也是走那条老路离开莫斯科的。他向军官们宣布，他打算率军经卡鲁加、梅登、于克诺、埃尔尼亚和斯摩棱斯克返回波兰边境。拉普说："现在太晚了，严寒可能会将我们困在路上。"拿破仑回答说："我必须给士兵们时间来恢复身体。留出时间集中莫斯科、莫扎伊斯克和科洛斯科伊的伤员，以便将他们送到斯摩棱斯克。"然后，他指向依然很晴朗的天空问道："是不是因为阳光太耀眼了，所以你们没有辨认出我的幸运星？"但他将希望寄托于运气的做法及他凝重的表情，让大家觉得他只是假装相信他们会很安全。

拿破仑带着9万名有战斗力的士兵和2万名伤病员进入了莫斯科城，又带着10万多名战斗人员一起离开了莫斯科，只留下了1200名伤病员。尽管待在莫斯科的这段时间，拿破仑的部队每天都有人员损失，但这段时间让他的步兵得到了休息，完成了补给，使他增加了1万人的兵力，并确保大部分伤病员得到恢复或撤出莫斯科。然而，在撤退的第一天，拿破仑就察觉到他的骑兵和炮兵与其说是在前进，不如说是在爬行。

一个令人悲伤的场景增加了拿破仑不祥的预感。自前一天起，法军的队伍就源源不断拥出莫斯科。在这支由10.4万人与5万匹各种马组成的队伍中，10万多名战斗人员背着行囊，拿着武器，带着550多门大炮和2000辆炮车，走在最前面。他们仍然表现出一种强大的力量，不愧为征服世界的士兵。但这支队伍的其余人员像极了一群成功入侵后的外族人。这种情形令人非常震惊。他们排成了三四列很长的纵队，里面混杂着轻便马车、弹药车、美观的马车及其他各式车辆。这里有俄国、奥斯曼帝国和波斯特色的战利品及伊凡大帝巨大的十字架。蓄着大胡子的俄国农民携带着我们的战利品或驾驶着运输战利品的马车成了队伍的一部分。其他人甚至推着装满他们可以拿走的东西的手推车。这些愚蠢的家伙不可能坚持到第一天结束。由于无知和贪欲，他们并没有考虑过一路上要经历战斗，还要走800里格的路。

法军后面的追随者中有许多来自不同国家的人。他们非常显眼，没有统一的制服和武器。仆人用各种语言咒骂着、叫喊着，用鞭子抽打被绳索套着的小马，驱赶小马拉着那些美观的车子前进。这些马车里装满了食物、从大火中抢救出来的物品及法国妇女与她们的孩子。从前，这些女人是生活在莫斯科的幸福居民，而现在，法军的入侵引起了莫斯科人对她们的仇恨，逼得她们只能逃离莫斯科，法军则成了她们唯一的避难所。

一些俄国女孩自愿被俘，也跟在法军队伍的后面。整个队伍看起来像一辆大拖车，像一个漂泊的民族，像一支刚刚打了一场大仗，满载着奴隶和战利品归来的古老军队。不可思议的是，这支队伍的首领居然能在这么长的路程中引导和鼓励如此沉重的车队。

尽管道路很宽，卫兵的喊叫声很大，但拿破仑还是费了很大的劲才从这样一大群人中通过。毫无疑问，如果有一条小路挡在前面，再有一些哥萨克人前来骚扰，那么我们只需进行几次强行军，就可以摆脱所有累赘。但只有命运或敌人有权以这种方式减轻我们的负担。拿破仑完全明白，他既不能剥夺士兵们来之不易的战利品，也不能责备他们保卫这些战利品。毕竟，战利品可能掩盖食物匮乏带给人的煎熬。既然无法给予军队本应提供的给养，难道他还要禁止将士们随身携带这些战利品吗？此外，在没有军用交通工具的情况下，这些车辆是救治伤病员的唯一交通工具。

于是，拿破仑默默地离开了自己身后那支庞大的队伍，走上了通往卡鲁加的那条古老的大道。朝这个方向前进了几个小时后，他宣布，他应该率军去战场上打败库图佐夫的部队。但中午时分，在克拉斯诺帕克拉城堡对面，他停了下来，然后突然率军向右转，行军一段时间后踏上了通往卡鲁加的新路。

在这次行军过程中，一场突如其来的大雨破坏了道路。拿破仑及法军不得不停止前进。出现这种情况实为不幸。我们费了很大力气才将大炮从泥淖中拉出来。

无论如何，拿破仑利用内伊的军和缪拉的残余骑兵吸引了俄军的注意力，从而使俄军没有发现他的行军路线。内伊的军和缪拉的残余骑兵仍然在莫茨卡和沃罗诺沃。库图佐夫被这种假象蒙蔽了，仍然在老路上等待法军。然而，10月23日，整个法军都已转移到新路上，很快就可以悄悄地从俄军旁边路过，并插入库图佐夫的营地和卡鲁加之间。

在法军迂回行军开始的第一天，贝尔蒂埃给库图佐夫写了一封信。这封信既是法军争取和平的最后一次尝试，或许也是一种作战策略。然而，贝尔蒂埃并没有收到任何令人满意的答复。

第2章

马洛-亚罗斯拉维茨战役

1812年10月23日，拿破仑住在博鲁斯克，度过了愉快的一晚。他获悉，当天18时，德尔宗已经率领他的师赶到其所率部队前面4里格的地方，发现俄军并没有占领马洛-亚罗斯拉维茨及其周围的树林。那片树林是离库图佐夫的军队非常近的一个很好的位置，也是可以切断法军与通往卡鲁加的新路的唯一地点。

拿破仑原本希望前往马洛-亚罗斯拉维茨以占据有利条件，甚至已经下达向马洛-亚罗斯拉维茨前进的命令。但不知何故，他又收回了这条命令。由于自己所处的位置离博鲁斯克不远，他在马背上度过了一夜。当时，拿破仑就在路的左边，并且认为库图佐夫的部队也在路的左边。拿破仑冒着大雨侦察了地形，就好像他预料到那里可能成为战场一般。第二天（10月24日），拿破仑得知，德尔宗曾与俄国人争夺马洛-亚罗斯拉维茨。不知是对自己的计划非常有信心还是非常没底，总之，他并没有太在意这个消息。

因此，拿破仑很晚才非常从容地离开了博鲁斯克。当炮声传到他所在的地方时，拿破仑才开始感到不安。他急忙来到高处，仔细聆听。“难道俄国人预料到我会去马洛-亚罗斯拉维茨吗？难道他们知道我采取的战术吗？难道我在这次行军中绕得还不够远吗？我此次行军的目的就是要绕过库图佐夫部队的左翼。”

实际上，在这次行军过程中，法军稍稍表现出了长时间休息之后的迟钝。莫斯科距离马洛-亚罗斯拉维茨只有110俄里。原本4天就足以走完的这段路，法军却走了6天。由于载着许多粮草和劫掠来的物资，法军的车辆很沉重，在道路上留下很深的车辙。在通过纳拉河及沼泽地带时，仅将不同军集合起来就花了我们一整天的时间。在距离俄军非常近的地方行军，各个军的确必须相互跟紧，不能将队伍拉得太长。尽管如此，我们的所有灾难都源于行军过程中的拖沓。

拿破仑还在高处听。炮声越来越大。“那是在打仗吗？”他大声问道。每一发炮弹发出的声音都令他焦躁不安，因为对他而言，最主要的任务已不再是征服俄国，而是保存法军的实力。他催促同行的达武迅速前进。但天黑后，他和达武才率军赶到战斗发生的地方。此时，枪炮声已经平息下来，整个战斗也结束了。

由于一群来自特韦尔的哥萨克人快要抓住拿破仑的一个军官，而这个军官距离他很近，所以拿破仑看到了战斗的尾声，但没能帮上欧仁亲王及其部队。

直到这时，欧仁亲王派出的一个军官才前来面见拿破仑，并解释事情的经过。这个军官说：“部队不得不先从马洛–亚罗斯拉维茨山脚下的路加河弯道处过河，然后爬上一座陡峭的山坡。马洛–亚罗斯拉维茨镇就建在这个陡峭的山坡上。山后是悬崖峭壁。远处是一片隆起的平原，周围有森林环绕。森林中延伸出3条路，正前方的一条路通向卡鲁加，左边的两条路通向莱克塔索沃。库图佐夫的部队就驻扎在莱克塔索沃。”

德尔宗虽然前一天没有在马洛–亚罗斯拉维茨镇发现俄军，但认为让整个师驻扎在地势较高的马洛–亚罗斯拉维茨镇有些冒险。这里离路加河与小路较远，恰好位于悬崖边缘。如果俄军夜间偷袭，那么整个师就可能被逼得走投无路，只能跳下悬崖。因此，德尔宗让部队驻扎在路加河岸边，只派两个营占领马洛–亚罗斯拉维茨镇并监视那片隆起的平原。

“夜将尽，已是凌晨4时（10月24日）。在德尔宗的营地里，除几个哨兵外，所有人都已睡着。突然，在黑暗中，多赫图罗夫率领俄军尖叫着冲出树林。我们的哨兵不得不赶紧回到岗哨。随着俄军逼近，各个岗哨的士兵退至各自的营，各营将士退至各自所属的师。然而，这并不只是一次奇袭，因为俄军已经开始炮击德尔宗的部队了。进攻一开始，隆隆的炮声便传向远方。距离马洛-亚罗斯拉维茨镇3里格的欧仁亲王听到炮声，感到形势很严峻。”

这个军官继续汇报道：“欧仁亲王立即率领几位军官迅速赶来，他麾下的几个师和近卫军紧随其后。当靠近马洛-亚罗斯拉维茨镇时，欧仁亲王发现，俄军以路加河为界，密密麻麻地排列着，就像一个喧闹的大圆形剧场。路加河则标志着这个‘圆形大剧场’的‘墙角’，许多俄军步兵已经占领了路加河两岸。”

在俄军步兵后面、马洛-亚罗斯拉维茨镇所在的山顶上，俄军的先头部队正在朝德尔宗的部队开火。在远处的平原上，库图佐夫的黑压压的部队排成两列纵队，正从莱克塔索沃方向延伸过来的两条道路快速赶来。在光秃秃的斜坡上，俄军拉开距离，进入了大约半里格长的战壕。在战壕里，俄军根据人数和位置分配了枪支和弹药等物品。俄军已经占领了通往卡鲁加的老路。前一天，这条路还没有被俄军占领。如果当时愿意，我们本来可以占领这条路，并在这条路上随意通行。但从今以后，库图佐夫将会牢牢地控制并誓死保卫这条路。

同时，利用路加河边的高地这一优势，俄军炮兵让炮弹飞过路加河的拐弯处的低地，落在了德尔宗及其部队所在的位置。此处极难防守，哪怕有丝毫的犹豫都很致命。德尔宗的部队必须通过迅速撤退，或快速进攻来摆脱困境。虽然我们可以选择撤退，但欧仁亲王下令进攻。

从一座狭窄的桥过了路加河后，一条通往卡鲁加的大道沿着一条沟壑底部一直延伸至马洛–亚罗斯拉维茨镇。一支俄军占领了这条大道。德尔宗率军迅速冲向俄军，将其打得溃不成军，落荒而逃。不久，法军的刺刀便在高地上闪闪发光。

德尔宗对胜利充满信心，便宣布我们已经取得了胜利。现在，他只要率军攻下一幢幢建筑物即可，而他的士兵犹豫了。德尔宗身先士卒，朝那些建筑物走去，用话语、手势和以身作则的行动来鼓励士兵们。这时，他被一颗炮弹击中了前额，倒在了地上。他的弟弟扑在他身上，用自己的身体掩护他，将他抱在怀里，试图将他从战火里救出来。但第二颗炮弹再次击中了他们，同时炸死了兄弟二人。

德尔宗阵亡后，其职位空白需要有人来填补。吉耶米诺接替德尔宗指挥部队。他做的第一件事就是派100名掷弹兵去教堂及其院子里，让他们隐蔽在墙后，朝俄军掷手榴弹。这座教堂坐落在道路左边，所以从教堂里就可以控制这条路。我们能赢得胜利，多亏了这座教堂。那一天，追赶我们的俄军5次从这座教堂前经过，埋伏在那里的掷弹兵5次及时地将手榴弹扔向俄军侧翼及后方部队。雨点般落下的手榴弹牵制了俄军，减缓了其前进的速度。后来，我们又开始发动进攻。这些掷弹兵与我们两面夹击，导致俄军腹背受敌，确保我们成功将其击败。

吉耶米诺的部队快要击败俄军时，突然遭到俄军主力的攻击，被迫退向桥边——欧仁亲王的部队就驻扎在桥边。这座桥的优势在于方便欧仁亲王判断该如何采取行动，并调遣后备部队。起初，他循序渐进地派出增援部队。但后来，几乎每支增援部队都不足以发挥很大的作用，于是相继被俄军击败，并没有帮助吉耶米诺扭转战局。

最后，法军第十四师投入了战斗。法军第三次冲上了高地。但当经过高地上的那些房子，走过一半的距离，然后到达平原时，第十四师的将士们便没有了任何掩体，直接暴露在俄军面前。在平原上，俄军围成的那个圆圈更大了。第十四师的将士们遭到了俄军的火力压制，再也无法前进了。他们吓坏了，军心开始动摇。新的俄军不断加入战斗，而我军人数越来越少，不得不后退。地面上的障碍物让已经开始混乱的法军更乱了。法军士兵丢盔弃甲，快速跑下高地。

与此同时，法军身后以木制建筑为主的小镇遭到炮击，立刻着火了。大火阻碍了法军撤退，将其逼了回来。俄军的疯狂追击令我军非常愤怒。于是，双方开始肉搏。有些人一只手抓住俄军士兵，另一只手则用力捶打，直到双方都跌落悬崖，滚到火里，还不松手。在悬崖底下，受伤的人要么被烟雾呛死，要么被火烧死。这些人被烧焦碳化的尸体尽管还有人形，但很快呈现出恐怖的样子。

然而，并不是所有人在战斗中都如此勇敢无畏。据说，一个爱吹牛的法军军官在谷底滔滔不绝，浪费了时间，却不投入战斗。在这样安全的地方，他竟然留下很多士兵保护自己，却让其余士兵暴露在俄军面前。由于缺乏统一指挥，这些士兵乱哄哄地与俄军士兵搏斗着。

现在只剩下法军第十五师了。欧仁亲王命令第十五师开始进攻。在前进的过程中，第十五师派一个旅前往左边的郊区，又派一个旅进入右边的城镇。这支部队由意大利人组成，都是新兵，从未参加过战斗。他们一边高声叫喊着，一边往前冲，对即将面临的危险全然不知，甚至藐视。奇特的是，这种性情导致生命在年轻时不如在衰老时那么珍贵。年轻时，我们都觉得死亡离自己很远，不惧怕死亡，也会觉得未来的日子还很长，可以像富人挥霍他们的财富一样肆意挥霍生命。

令人极其震惊的是，法军第四次冲上了高地，但与前几次一样，又被赶了回来。开始进攻时，这些年轻的新兵比老兵更加急切，但很快就灰心丧气，飞快地逃回了自己的大本营。大本营是他们的后盾。无奈之下，法军第十五师再次派这个旅冲向俄军。

不断增加的兵力与不断取得的胜利给俄军壮了胆。俄军从高地上下来，抢占桥梁，切断了我们的退路。除最后一支预备部队外，欧仁亲王已经一无所有，随即率领他的卫兵参加了战斗。看到此情此景，在欧仁亲王的号召下，法军第十三师、第十四师和第十五师的残部重新鼓起勇气，竭尽全力，最后一次顽强地对抗俄军，将俄军赶了回去。战斗第五次转移到了高地上。

与此同时，佩拉尔迪上校率领意大利猎骑兵，用他们手中的刺刀，击败了正在接近桥梁左边的俄军。在硝烟弥漫、战火纷飞中，佩拉尔迪的意大利猎骑兵继续前进。接连取得的胜利和给俄军造成的重创，让他们兴奋不已。但他们并没有停留在地势较高的地方，而是继续向前推进，并试图缴获俄军的大炮。然而，俄国土地上的深沟纵横交错，一条横亘在意大利猎骑兵面前的深沟阻碍了他们前进的步伐。他们被熊熊烈火包围了，不得不散开队形。此时，俄军骑兵袭击了意大利猎骑兵，将他们赶回城外的庄园。意大利猎骑兵在那里停下来，集合在一起。所有人，包括法国人和意大利人，都顽强地保卫着马洛–亚罗斯拉维茨镇地势较高的大街。终于，俄军被击退，撤至通往卡鲁加的道路上，集中在一片树林和马洛–亚罗斯拉维茨之间。

于是，意大利士兵和法国士兵共同挤在一条深沟底部，大概有1.8万人。5万人的俄军凭借着建在陡峭山坡上的马洛–亚罗斯拉维茨镇提供的所有屏障来掩护自身。正是在这种情况下，这些意大利士兵和法国士兵打败了高高在上的俄军。

法军悲伤地打扫了战场。法军一共死伤了7名将军和4000名意大利士兵。即使看到俄军的损失，法军将士也没有得到任何慰藉。俄军死伤人数不到法军的两倍，并且其伤员是可以救活的。此外，这种情形令人想起在相似的情况下，彼得一世为了消灭1个瑞典人牺牲了10个俄国人。人们认为，彼得一世并不是在努力使俄国人和瑞典人的死伤人数相同，而是在用如此残酷的方式赢得胜利。但最令人感到可惜的是，这场血战本来是可以避免的。

事实上，10月23日夜间到10月24日凌晨，在法军的左边，我们发现了许多火把。这些火把让我们得知，俄军正向马洛-亚罗斯拉维茨挺进。此时，法军无精打采地朝马洛-亚罗斯拉维茨行进着。由于疏忽，有一个法军的独立师与其他部队相隔了3里格，于是它的处境变得非常危险。然而，法军各部队之间距离都比较远，很难相互顾及。在马伦哥战役、乌尔姆战役和埃克穆尔战役中快速行军的法军现在到哪里去了？为什么在危急时刻，我们的部队还要缓慢前进，如此拖拉呢？难道是我们的大炮和辎重拖累了行军的速度，造成了这种迟缓吗？这样的推测至少是合理的。

第3章
哥萨克人突袭法军

听到关于马洛-亚罗斯拉维茨战斗的报告时，拿破仑就在距离大路右边几步的地方。当时，他的住所位于一条深沟的底部，靠近格罗迪尼亚村和一条小河，是一座老旧、肮脏、造型奇特的小木屋。这座小木屋是一个织布工人的家，就建在路加河的拐弯处。从这个小屋到马洛-亚罗斯拉维茨只有半里格。在这个快被虫蛀坏的又脏又黑、用一块布隔成两部分的小屋里，法军和欧洲的命运即将一锤定音。

1812年10月24日上半夜，拿破仑是在不断接收报告中度过的。将军们一致认为，俄军正在为第二天的战斗做准备，但他们都不愿意再次战斗。23时左右，贝西埃尔走了进来。他将自己的崇高地位归因于自己在军事方面获得的荣誉，特别是拿破仑对他的厚爱。拿破仑喜欢他，将他视为自己的左膀右臂。事实上，任何人都不可能用取得任何其他国家君主恩宠的方式来得到拿破仑的垂青。要想得到拿破仑的垂青，就必须追随他，为他所用。这一点从拿破仑几乎没有为贝西埃尔这位和蔼可亲的人做过什么牺牲便可以看出来。总之，贝西埃尔不应该只做多次胜利的见证人。感到疲惫时，拿破仑习惯看到那些他认为由自己亲手栽培的人待在身边。

拿破仑派贝西埃尔去侦察俄军的动向。贝西埃尔奉命仔细察看了俄军的前沿阵地。回来后，他向拿破仑报告说："敌军的前沿阵地部署得无懈可击！""噢，天哪！"拿破仑紧紧握着贝西埃尔的手说，"你确定你的判断是对的吗？你没搞错吧？你会对你说的这些话负责吗？"贝西埃尔重申了自己的看法，断言道："俄军300名掷弹兵足以压制整个法军。"然后，拿破仑露出惊愕的神色，将双手抱在胸前，垂下头，仿佛被深深的沮丧压得喘不过气来。"我的军队取得了胜利，我征服了俄国。但我遭到拦截，我的军事策略遭遇挫折。库图佐夫，这个老斯基泰人，居然赶到了我的前面！我不能指责我的幸运星。难道法国的太阳没有跟着我来到俄国吗？通往马洛-亚罗斯拉维茨的路不是前一天还没被俄军占领吗？看来，不是我的运气使我感到失望，而是我没有抓住时机。”

拿破仑陷入沉思，坠入痛苦的深渊。他目光呆滞，神情恍惚，完全忽略了周围人的存在。周围的人无法向拿破仑问出一句话。任凭他们怎么恳求，拿破仑连头都不点一下。最后，他努力想休息一会儿，但极度的焦虑令他无法闭上眼睛。在那个残酷的夜晚，他不断站起来，又躺下，不停地叫着卫兵，却没有说一个字来暴露自己的苦恼。人们只能通过拿破仑躁动不安的举止推断他内心的痛苦。

10月25日4时左右，正在值班的军官阿伦贝格亲王前来向拿破仑报告说，哥萨克人趁着夜色，以树林和起伏的地势为掩护，悄悄插进了拿破仑的部队和自己的先头部队之间。拿破仑刚派了位于其部队右侧的波尼亚托夫斯基前往克莱门斯科。由于几乎没有料到俄军会出现在自己的右侧，所以他忽略了派侦察兵去右侧侦察，也轻视了波尼亚托夫斯基那份条理清晰的报告。

当天，太阳刚出现在地平线上，拿破仑就骑上马，率军踏上通往卡鲁加的路，随行的只有几名军官。对他来说，这条路就是通向马洛-亚罗斯拉维茨的路。为了到达马洛-亚罗斯拉维茨镇的那座桥，拿破仑必须穿过一片约1平方里格的平原。路加河环绕着这片平原。平常护送拿破仑的4个骑兵中队事先并未得到通知。等到得知拿破仑已经出发的消息后，4个骑兵中队急忙追赶，但没有追上。路上挤满了运送伤病员的车、炮车及载着战利品的车。由于有军队的保护，负责运送的每个人都放心地前进着，相互之间并无猜忌。

突然，一小批人出现在法军行军队伍的右前方；接着，一大队人马黑压压地逼近；不久，行军队伍里传出一阵阵叫喊声。一些妇女和随从掉头往回跑。由于太过惊慌，他们上气不接下气，听不进去任何话，也无法回答任何问题。与此同时，车队不知前面发生了什么情况，就停止了前进。整个队伍立刻变得混乱不堪，有些人努力前进，有些人则一心想后退。他们乱作一团，互相推搡。很快，整个队伍就彻底陷入了喧嚣与混乱。

看到这种混乱的景象，拿破仑无奈地笑了笑，但并没有停止前进。在他看来，人们的恐慌毫无根据。副官们怀疑人们看到的是哥萨克人，但因为那队人马前进时排着非常正规的队列，所以他们并不确定。如果那些可怜的人没有在进攻时像为了抑制恐惧那样大声地号叫，那么拿破仑很可能无法脱身。当时，有一种情况加剧了拿破仑的危险——那队人马的叫喊声最初被误认为是欢呼声，甚至被误认为是在高呼“拿破仑万岁”。

那队人马由普拉托夫率领的6000名哥萨克人组成，跟在我们得胜的先头部队后面，明目张胆地渡过了横亘在他们面前的路加河，穿过了低处的平原和通往卡鲁加的大路。此时，拿破仑正沿着一条弯弯曲曲的深沟，非常平静地行进在他的部队中，他拒绝相信俄军正在实施如此大胆的计划。

那队人马开始进攻，以非常快的速度靠近拿破仑。拉普甚至只来得及对拿破仑说：“他们是哥萨克人，往后撤！”然而，拿破仑的眼睛欺骗了他，或者是因为他不喜欢逃跑，他一动不动地站在那里。就在拿破仑快要被包围时，拉普一把抓住他坐骑的缰绳，让他转过身来。拉普大声喊道：“事实上，您必须往后撤！”真是到了应该逃跑的时候了，尽管他的自尊心不允许他这样做。拿破仑拔出了佩剑，贝尔蒂埃和科兰古也拔出了佩剑。他们站在道路左边，等着哥萨克人的到来。哥萨克人离他们不到40步。拉普掉转马头，转过身来面对他们。这时，冲在最前面的一个哥萨克士兵将手中的长矛刺进了拉普的坐骑的肚子。那个士兵力大无穷，将拉普掀翻在地。另外一名副官与几名近卫队骑兵赶紧将拉普救了出来。在这场行动中，勒库泰克斯的勇敢、几位军官和猎骑兵的努力及哥萨克人对劫掠的渴望，拯救了拿破仑，尽管哥萨克人只需要伸出手来就可以抓住拿破仑。哥萨克人穿过大路时，将面前的所有东西都打翻在地，包括马、人和车辆。他们打伤并杀死了一些人，将这些人拖到树林里，寻找其身上的财物。然后，他们解开拴在运输枪支的车辆上的马并牵走了。尽管如此，这队哥萨克人马的胜利只是暂时的、偶然的。拿破仑的近卫军疾驰而来。看到飞奔而来的近卫军，哥萨克人扔下战利品逃走了。这次劫掠结束了，只留下令人哀伤的痕迹——道路上到处是哥萨克人丢弃的劫掠物。

然而，哥萨克人中有一些胆大妄为甚至厚颜无耻的人。他们一边慢慢地从法军的纵队之间的空隙撤退，一边冷静地往枪里装子弹。他们认为我军的精锐骑兵因自身负重太大而跑不快，但他们的马可以跑得飞快，并且可以在鞭子的抽打下跑得更快。他们逃跑时井然有序，几次转过身来观察我军的骑兵，还总能保持在我军骑兵的射程以外。因此，他们当中没有人受伤，也没有人被俘。最后，他们把我们吸引到一条长满灌木的深沟里。在这里，等候我们的是他们的大炮。面对猛烈的炮轰，我们只能停止前进。所有这一切令人深思。我军疲惫不堪，但战斗又开始了，并且势头不减。

拿破仑因俄军竟敢攻击他感到震惊，他停止前进，直到平原上的俄军都被驱散为止。之后，他又回到了马洛-亚罗斯拉维茨。欧仁亲王将其前一天排除万难、取得胜利的战场指给拿破仑看。

战场本身就足以说明问题。这次战场上的景象比以往任何战场上的景象都更有说服力，其显著的特征是，废墟上血迹斑斑，街道两边的房屋已经被毁，街道上堆满尸体，死者的头颅被大炮的轮子轧碎。受伤的人不断从废墟中爬出来，在街道上爬行，嘴里发出惨叫声。他们的衣服、头发和四肢的大部分地方已经被烧毁。此外，法军的掷弹兵在悲伤地哀悼他们战死的上校和将军。这一切都证明战斗打得极其艰难。据说，置身于这样的场景中，拿破仑只看到了荣誉，他高声叫道：“如此令人骄傲的一天，荣誉完全属于欧仁亲王！”不过，这种景象加重了远征俄国给拿破仑带来的痛苦印象。视察完战场之后，他走向隆起的平原。

第4章
拿破仑决定撤退

朋友们，你们能忘记这个终止了拿破仑征服世界计划的战场吗？在这里，20年征战的胜利烟消云散了，我们获得财富的雄伟大厦的根基开始动摇了。难道你们还想象不出那座城镇血迹斑斑的废墟与那些深沟及那片中间高高隆起、周围树林环绕、看上去像一顶帐篷一样的平原吗？一边是法军将士，他们放弃并离开了俄国北部；另一边，在树林的入口处，是俄军，他们守卫着俄国南部，并试图将我们赶回北部，让我们置身于冰天雪地之中。在两军之间的平原上，是拿破仑所在的地方。沿着通往卡鲁加和梅登的道路，拿破仑从南走到西，察看敌情。他发现，这两条路都已被俄军占领，看到库图佐夫率领着12万人的俄军驻守在通往卡鲁加的路上，准备跟他争夺20里格长的深沟。在梅登方向，拿破仑看到了无数骑兵。那是普拉托夫率领的穿过法军侧翼的骑兵部队。这支部队一次次穿越我军侧翼，满载着战利品，又突然出现在法军右翼。他们的援军和炮兵正在等待他们。拿破仑的目光在梅登方向停留了很久。就是在那里，他收到了军官们的报告，并查看了地图。然后，他一脸懊悔，慢慢地回到了法军大本营。

缪拉、欧仁亲王、贝尔蒂埃、达武和贝西埃尔跟着拿破仑回到了大本营。在由不知名的工匠修建的简陋住所里，一位皇帝——拿破仑，两位国王——缪拉、欧仁亲王，以及三位将军——贝尔蒂埃、达武和贝西埃尔，即将决定欧洲的命运及征服欧洲的这支军队的命运。他们讨论的焦点是斯摩棱斯克。他们是否应该从卡鲁加、梅登或莫扎伊斯克前往斯摩棱斯克？拿破仑坐在一张桌子旁，双手撑着头，遮住自己的脸，这无疑是在掩饰脸上的痛苦。

在拿破仑决定法军即将面临的命运前，没有人去打破这种沉默，直到素来行事冲动的缪拉再也无法忍受拿破仑的犹豫不决。然而，这种冲动或许会给他带来荣耀，或许会让他快速走向毁灭。

缪拉站起来，大声说道："诸位可能会再次指责我不谨慎，但在战争中，形势比人强。形势决定一切，也定义一切。在除了进攻别无选择的情况下，谨慎会变成鲁莽，而鲁莽也会变成谨慎。要停下来是不可能的，而逃跑也是危险的，因此，我们应该主动出击。俄军的恶劣态度及其藏身其中而我军无法逾越的树林又算得了什么？我才不在乎呢。把我的骑兵残部和近卫军的残部派给我，我将率部强行冲进树林和俄军大营，扫清我军面前的障碍，重新为我军开辟通往卡鲁加的道路。"

此时，拿破仑抬起头，用一席话浇灭了缪拉的热情。他说："我们已表现得够鲁莽了。为了获得荣誉，我们已经付出太多了。现在是时候考虑如何拯救剩余的兵力了，而不是考虑其他事情。"

不知是由于傲慢，还是出于对保护他训练出来的那些尚未受过伤的近卫军骑兵的渴望，贝西埃尔不愿服从缪拉的调遣。这支近卫军骑兵由贝西埃尔一人指挥，而他只听从拿破仑的调遣。贝西埃尔发现自己得到了支持，便冒险补充道："无论是法军其他部队，还是近卫军，都没有足够的精力发动进攻了。我已经说过，由于运输工具不足，胜利者如果被追上，就将沦为被征服者的猎物；当然，只要有人受伤，对我们而言都会是致命的。因此，缪拉只能勉强得到支援。那么我们现在处于怎样的位置呢？这个位置的优劣已经很好地展现出来了。我们现在要面对的是怎样的敌人呢？难道我们没有注意到，在前一天的战场上，那些刚刚武装起来、穿着崭新军装的俄国新兵是如何激烈地战斗，并倒下去的吗？"最后，贝西埃尔说他赞成撤退。他的提议得到了拿破仑的默许。

达武立刻说道："既然已经决定撤退，那么我建议经梅登向斯摩棱斯克撤退。"然而，缪拉打断了达武的话。不知是出于敌意，还是由于自己提出的鲁莽行动遭到拒绝后常常会产生的沮丧，缪拉说自己感到非常惊讶。"居然有人敢向陛下提出如此鲁莽的建议。达武要摧毁军队吗？他是否会率领一支长长的、负担很重的队伍，在没有向导、一切都不确定的情况下，踏上一条未知的路？库图佐夫的部队就在附近，随时都有可能对达武的侧翼发动攻击！达武会保卫他的部队吗？如果途经我们后方的博鲁斯克和维尔伊亚撤退，我们就会安然无恙地撤到莫扎伊斯克。既然这样，我们为什么要拒绝走这条安全的路线呢？在莫扎伊斯克，粮草可能已经收集好了。此外，我们熟悉那里的一切，不会被任何叛徒误导。"

听了缪拉这番话，达武怒不可遏，愤怒地回应道："我提议经梅登这个土壤肥沃的地区撤退。这条路线虽然没人走过，但能供应充足的粮草，沿途的村庄也没有被烧毁；并且这条路线最短，不可能被敌人切断。你建议我们经莫扎伊斯克撤到斯摩棱斯克，但这是一条怎样的路？这条路的沿途尽是荒野和被烧成灰烬的村庄。如果我们走这条路，那么沿途大量运送伤病员的车队会令我们的处境更加窘迫。我们一路上看到的只有废墟、血迹、骷髅和饥饿的人们！

"此外，我虽然认为当别人问我的意见时，发表自己的意见是我的职责所在，但仍会准备以同样的热忱服从不同于自己的见解的命令，就像这些命令与我的建议一致一样。但只有陛下有权让我保持沉默，而你不能，因为你不是我的君主，永远不会是我的君主！"

缪拉和达武的争吵越来越激烈，最终被贝西埃尔和贝尔蒂埃打断了。拿破仑仍然在沉思，似乎不知道眼前发生的这一切。最后，他用

† 拿破仑从莫斯科撤退

维克托·马祖洛夫斯基（1859—1844）绘

一句话结束了这次会议。他说：“好吧，先生们，我来做决定。”

拿破仑决定从那条可以很快远离俄军的道路撤退。但在说服自己下令，让法军走一条全新的道路撤退之前，他需要再次拼命地努力挣扎一番。这种内心的挣扎非常煎熬，让拿破仑失去了理智。那些陪伴在他左右的人断言，一份报告是促使他最终采取这个致命决定的最后一根稻草。该报告显示，在博鲁斯克方向，离法军后方几里格的地方，法军与哥萨克骑兵再次爆发了激战。

值得注意的是，当库图佐夫率领俄军因在马洛-亚罗斯拉维茨战败而沮丧，正向南撤退时，拿破仑下令向北撤退。

第5章 撤退计划

那天晚上，在俄军大营里，同样的焦虑使俄军坐卧不宁。在马洛–亚罗斯拉维茨战斗的过程中，库图佐夫率军来到战场附近。他摸索着前进，每走一步就停顿一下。他仔细察看地面，仿佛害怕它会在脚下下沉似的。他并没有立刻命令那几支被派去支援多赫图罗夫的部队立即出发，直到完全确定必须这样做时，他才下达了命令。他不敢亲自率军切断拿破仑的撤退路线，直到他不再恐惧发动大规模战役前的1个小时。

由于战争带来的兴奋，威尔逊连忙去见库图佐夫。我们曾在埃及、西班牙和其他地方见过这个活跃的英国人。他是法国人的敌人，也是拿破仑的敌人。他此时是俄军中盟军的代表。在库图佐夫的部队中，他是一个独立的观察者，不，甚至可以说是一名审判员、一个令人十分厌恶的人。对库图佐夫这位俄国的老将军来说，威尔逊的出现令人厌恶。正如仇恨总是带来仇恨一样，他们非常憎恨彼此。

威尔逊责备库图佐夫过于拖延，并提醒他，在10月18日的温科沃战役中，由于他的拖延，俄军5次与胜利失之交臂。事实上，如果那天趁俄军总参谋长本尼格森的部队进攻法军左翼时，库图佐夫率军发动快速进攻，完全占领法军前线，那么俄军可能会彻底摧毁缪拉的部队。但不知是因为疏忽，还是因年龄太大而行动迟缓，抑或像几个俄国人断言的那样，与对拿破仑的敌意相比，库图佐夫更加忌妒本尼格森，总之，库图佐夫的进攻太弱、太迟，停止得太快。

威尔逊继续坚持在第二天采取决定性行动。遭到库图佐夫的拒绝后，他问道："这么说你是决心为拿破仑的撤退打开一条自由通道吗？难道你允许拿破仑取得胜利后撤退吗？这样一来，在彼得堡及伦敦，甚至整个欧洲，人们将会发出多么愤怒的呐喊声！难道你还没有

† 威尔逊

出自 1912 年于圣彼得堡出版的《军事百科全书》

听到自己军队中的抱怨吗？”

库图佐夫感到非常恼火。他回答说：“我当然宁愿用金子为敌人打造一座桥，也不愿让我的部队妥协，因为我的部队肩负着整个俄国的命运。拿破仑不是正在逃跑吗？那么我们为什么还要阻止他逃跑，反倒逼他去征服俄国呢？俄国的寒冬足以将其摧毁。在俄国的所有盟友中，我们最能信赖的就是寒冬。我们应该等待这个严酷的季节前来助力。我才是俄军的指挥官，尽管你的呼声很高，但俄军还是会服从我的指挥。陛下如果得知我采取的行动，一定会允许我这么做的。我为什么要担心英国？难道我不是正在为英国打仗吗？我是一个纯粹的俄国人，我最想看到的是俄国得到拯救。俄国如果得到拯救，就不会冒险再发动一场战争。至于欧洲其他国家，无论它们是在法国的统治下，还是在英国的统治下，对我来说，都无关紧要。”

就这样，库图佐夫拒绝了威尔逊的建议。他虽然闭口不提在马洛-亚罗斯拉维茨隆起的平原上的法军，却被迫对法军采取了最具威胁的策略。10月25日，库图佐夫派遣其所有师带着700门大炮前往马洛-亚罗斯拉维茨隆起的平原上。毫无疑问，敌我双方都明白，一决胜负的日子来了。威尔逊也是这样认为的。此外，俄军的阵地背靠一条泥泞的深沟，而横跨这条深沟的是一座很不安全的桥。在威尔逊看来，大敌当前，这条唯一的撤退路线似乎是行不通的。但库图佐夫现在的处境是，要么征服敌人，要么战死沙场。英国人威尔逊则期待着一场决定性战役。这场战役无论对拿破仑来说是致命的，还是对俄军来说是危险的，都必然充满血腥，而英国将是这场战役的赢家。

尽管如此，威尔逊仍感不安。夜间，在俄军营地中走动时，威尔逊听到库图佐夫发誓说他终于要去战斗了，他为此感到非常高兴，看到俄国的将军们都在为一场决定性战役做准备，他感到心满意足。唯有本尼格森仍然对是否向法军发动进攻持怀疑态度。然而，考虑到发动进攻这个立场不会再发生改变时，威尔逊终于躺下来等待天亮。10月25日3时左右，威尔逊被撤退的命令惊醒了，他的一切努力都白费了。库图佐夫决定向南撤军，先到共扎里沃，再渡过卡鲁加河。而此时，拿破仑在奥卡已经做好撤军的万全准备。

就在那一刻，拿破仑命令军队朝北撤向莫扎伊斯克。于是，法军和俄军往相反方向撤退，都利用自己的后卫部队欺骗了对方。

威尔逊说，库图佐夫部队的撤退就像一场溃败。俄军背后有一座桥。一时间，骑兵、炮兵、马车和各营从四面八方拥向桥头。在桥头，从右路、左路和中路匆忙赶来的所有俄军纵队碰撞在一起。一大堆人将桥头挤得水泄不通，根本挪不动。库图佐夫花了好几个小时才将各营分开，使大桥畅通。达武命人漫无目的地发射了几颗炮弹。他原本以为这些炮弹白白浪费了，却没想到它们正好落在了混乱的俄军中。

拿破仑只需朝这群乱哄哄的俄国士兵逼近，就有可能消灭他们。但在马洛-亚罗斯拉维茨付出巨大代价后，除了行军，拿破仑别无选择，便撤退了。可战争就是这样！在战争中，任何军队都不可能尝试太多，也不可能过于冒进。战斗的双方并不知道对方正在做些什么。双方的前哨在这两支敌对大军的外围。这两支大军经过前哨时，互相敬畏。两支彼此对峙的军队之间存在着多么大的差异啊！

此外，也许是因为在莫斯科时，拿破仑一直不够慎重，所以他现在表现得过于谨慎，甚至缺乏胆识。他已经疲惫不堪，对两次与哥萨克人的交战感到厌恶。他同情自己的伤员。众多恐怖的经历令拿破仑灰心丧气。就像那些决心极其坚定的人一样，对完全胜利不再抱有希望时，他便决定立即撤退。

从那一刻起，拿破仑的眼里只有巴黎，就像离开巴黎时，他的眼里只有莫斯科一样。10月26日，我们的致命撤退开始了。达武仍然率领2.5万人作为后卫部队。拿破仑向前走了几步，在不知不觉中让俄军惊慌失措。然而，令俄军惊讶的是，法军调转方向，与他们背道而驰。法军将士沮丧地行进着，似乎感到羞愧难当、无地自容。拿破仑行进在法军中间，神情阴郁，一言不发，似乎在焦虑不安地估算着他与维斯瓦河畔的要塞之间的通信距离。

走了250里格后，拿破仑只能在两个地方停下来休息。第一个是斯摩棱斯克，第二个是明斯克。他将这两座城变成了自己的两个“大仓库”，在那里建立了巨大的军火库。但维特根施泰因仍然屯兵于波洛茨克，随时会攻击法军左翼。奇恰戈夫已经率部到达布雷斯克-利托夫斯基，对法军右翼构成很大威胁。由于招募大量新兵，每天都有新的部队赶来，维特根施泰因的兵力逐渐壮大，而圣西尔的兵力逐渐削弱。

拿破仑将希望寄托在维克多及其率领的3.6万名新兵身上。自9月初，他们就一直驻扎在斯摩棱斯克。拿破仑指望着他从两座“大仓库”里派出的分遣队，希望那些身体已经复原的伤病员及掉队的士兵能够在维尔纽斯集结，以营为建制行军。所有营都将依次加入法军的行列，填补因战斗、饥荒和疾病而损失的兵力。这样一来，拿破仑将会有机会再次占领杜纳河和伯里斯泰纳河岸。他希望自己的出现有助于维克多、圣西尔和麦克唐纳对维特根施泰因产生震慑作用，有助于他们压制库图佐夫，甚至威胁待在俄国新首都彼得堡的亚历山大一世。

因此，拿破仑宣布他将停留在杜纳河畔，但他的思想并没有停留在杜纳河与伯里斯泰纳河上。他意识到，由于将士们已经疲惫不堪，加上兵力锐减，他不可能守住这两条河及它们之间的地区，何况这两条河的河道很快就会被冰雪覆盖，变得了无痕迹。拿破仑不相信积雪有6英尺深。如果积雪能够达到6英尺深，就意味着大雪会迅速覆盖河道，让河面结上一层厚厚的坚冰。到那时，这些河道就会为俄军到达这里提供一条宽阔的道路，而俄军就可以插入法军的用木头搭建的营地之间的空隙，烧毁法军分散在200里格防线上的营地。

假如正如拿破仑宣布的那样，到达维捷布斯克后，他就停下来，假如在维捷布斯克，他采取适当的措施来保存兵力，并招募新兵，假如法军将托马索夫、奇恰戈夫和霍尔特尔的部队逐出沃里尼亚，假如拿破仑在那些富饶的省份招募10万名哥萨克人，那么他的冬季住所就有着落了。但现在，在维捷布斯克，他什么也没准备好。不仅兵力不足以达到他的目标，而且在他身后100里格的地方，奇恰戈夫仍然威胁着他在撤军过程中与法国、德意志及各个军之间的联系。因此，在斯摩棱斯克以外100里格的地方，在一个土壤更加坚实的地方，在别列津纳河的沼泽地带后面，也就是明斯克，拿破仑必须寻找过冬的营地作为补救。

自己能及时到达明斯克吗？拿破仑有理由这么想，因为东布罗夫斯基率领的波兰人就驻扎在博布鲁伊斯克要塞周围。这些人足以困住埃特尔及其部队。至于施瓦岑贝格亲王，这位常胜将军率领着4.2万人，其中包括奥地利人、萨克森人和波兰人。而杜鲁特正率领着由法国人组成的师从华沙赶来与施瓦岑贝格亲王的部队会合。因此，施瓦岑贝格亲王的兵力将增加到5万多人。他已经率军将托马索夫的部队赶到斯特里河边。

摩尔达维亚的俄军的确刚刚与沃里尼亚的俄军残部会师。奇恰戈夫是奥地利人，这位活跃而坚决的将军指挥着5.5万人的俄军。9月23日，奇恰戈夫的部队已经暂停前进。出于谨慎，他甚至认为部队应该撤退至布格河对岸。然而，对奇恰戈夫的部队将要从布雷斯克-利托夫斯基重新渡过布格河的敌情，拿破仑一无所知。

无论如何，不知道这些敌情并不是拿破仑的错，因为一切为时已晚，他根本无法预见奇恰戈夫的这一行动。拿破仑只有仓促地赶回来，才可以阻止奇恰戈夫。他以为，施瓦岑贝格亲王、雷尼尔、杜鲁特、东布罗夫斯基等人的部队和另外一支2万人的部队，分别驻扎在明斯克、斯洛尼姆、格罗德诺和维尔纽斯之间，总兵力多达7万人，完全可以压制俄军。他不允许6万人的俄军占领他的弹药库，并切断他的退路。

第6章 温茨辛格罗德将军被俘

拿破仑对危险进行了各种预测。到达维尔伊亚时，他仍处于沉思之中。此时，莫蒂埃元帅出现在他面前。但我意识到，由于当时接连不断的暴力场面和令人难忘的事件，我们已经将注意力转移了，忽略了一个值得注意的事实。10月23日1时30分，一场巨大的爆炸引发了空气波的震动。一时间，法军和俄军都震惊不已——尽管在如此迫切的期望下，现在几乎没有什么事能让人感到惊讶了。

莫蒂埃元帅听从了拿破仑的命令，在克里姆林宫里放置了很多炸药。克里姆林宫已不复存在。莫蒂埃元帅命人将一桶桶炸药放置在克里姆林宫的所有大厅里。整个宫殿内共放置了18.3万磅炸药。莫蒂埃元帅带着8000名士兵留在克里姆林宫。俄军的一颗榴弹炮就可以引爆整座克里姆林宫。莫蒂埃元帅及其部队就在这里掩护法军向卡鲁加前进，掩护我们的各种车队向莫扎伊斯克撤退。

在莫蒂埃元帅率领的部队中，几乎只有2000人可以依靠。其他人从前是骑兵，来自不同国家、不同部队。他们虽然由新军官统领，但因为习惯不同，没有共同的经历，总之，没有任何纽带将他们统一起来，所以他们只是一群乌合之众，而不是一支组织有序的军队，可以在很短的时间内一哄而散。

莫蒂埃元帅被视为忠诚的牺牲品。其他将领，那些昔日与他共享辉煌的伙伴，离开他时眼里噙满了泪水。拿破仑泪光点点地对他说：“你务必依靠你的好运气。在战争中，我们有时必须将自己置于险境。”莫蒂埃元帅毫不犹豫地接受了任务——保卫克里姆林宫，在撤退时炸毁它，并烧毁莫斯科城里尚未被烧毁的建筑物。10月21日，在克拉斯诺帕克拉城堡，拿破仑通过书信向莫蒂埃元帅下达了最后的命令。执行完这些任务之后，莫蒂埃元帅将率军向维尔伊亚挺进，而他的部队将成为法军的后卫部队。

在这封信中，拿破仑特别建议莫蒂埃元帅“让那些仍留在医院里的伤病员坐着青年近卫军和那些由骑兵转为步兵的人的车及任何你可能找到的车辆离开”。他还补充说，罗马人曾把“公民”的冠冕授予那些拯救市民的人。莫蒂埃元帅要拯救这么多将士，就应该得到这么多顶王冠。他必须让那些伤病员骑上他和其他将士的马。在圣让达克雷（St. Jean d’Acre），拿破仑就是这样做的。莫蒂埃元帅更应该采取这种做法，因为运走伤病员需要大量马和车辆。一旦组织如此庞大的车队随部队一起撤退，却无法保证粮草供应，这些马车也将毫无用处。拿破仑希望，他能向莫蒂埃元帅证明自己对他非常满意，因为莫蒂埃元帅为他拯救了500人。莫蒂埃元帅首先要拯救军官，然后是副官，并优先拯救法国人。因此，他召集麾下的所有将军和军官，让他们明白采取这一措施的重要性，以及如果他们能够拯救500人，拿破仑将慷慨地奖赏他们。

与此同时，当法军离开莫斯科时，哥萨克人正在深入莫斯科郊区。于是，莫蒂埃元帅率军向克里姆林宫撤退，仿佛死亡侵蚀四肢时，剩余的生命力就会朝心脏撤退一样。这些哥萨克人是温茨辛格罗德指挥的1万名俄军的侦察人员。

温茨辛格罗德这个外国人对拿破仑的仇恨之火熊熊燃烧，他渴望夺回莫斯科，想凭借这一卓越的功绩让自己在俄国立足。因此，他急于前进，与其部队之间拉开了很长一段距离。他快速穿过格鲁吉亚人的聚居区，加速向克里姆林宫挺进。他遇见了法军的前哨，误以为是自己人，结果掉进了埋伏圈，沦为了俘虏，而他原本是想攻占这座城市的。在这种情况下，温茨辛格罗德突然转变了角色，高举手帕挥舞着，宣称自己带来了一面休战旗。

温茨辛格罗德被带到莫蒂埃元帅面前。他高声要求国际法的保护，说莫蒂埃元帅将他当成俘虏违反了国际法。莫蒂埃元帅回答说："一名将军以这种方式前来，也许会被当作一个鲁莽的士兵，但绝不会被视为带着休战旗请求停战的士兵。你必须立即交出你的剑。"眼看再无希望瞒天过海，这位俄国的将军便交出了剑，并承认自己行事过于鲁莽。

最后，经过4天的抵抗，法军终于永久告别了莫斯科这座致命的城市。莫蒂埃元帅带着400名伤员撤退。其间，在一个安全而隐蔽的地方，他们巧妙地准备好了炸药。一场大火已经在这个地方缓缓烧起来了。他们仔细测算过火势，知道大火将在何时烧至埋在这些已成废墟的宫殿的地基下的炸药。

莫蒂埃元帅加快了撤退的速度。然而，就在他率部迅速撤退时，一些贪婪的哥萨克人和肮脏的莫斯科人或许想乘机掠夺。难以抵制的诱惑促使他们不断向克里姆林宫靠近。他们侧耳倾听，却没听到任何动静。克里姆林宫静悄悄的，他们便大胆地走进去。他们拾级而上，掠夺心切，早已将手伸了出去。须臾之间，他们便与克里姆林宫内那些建筑物一起被炸成了碎片，飞到了空中。很多手臂碎片落了下来，支离破碎的肢体混杂在墙壁和武器的碎片中，飞到了很高的地方，然后如瓢泼大雨般落下来。

莫蒂埃脚下的大地在颤抖。在10里格外的费明斯科，拿破仑听到了爆炸声。第二天，他用在欧洲发表演说时那种愤怒的口气，在博鲁斯克发表了公告。公告大意是，克里姆林宫、兵工厂、军火库都被炸毁了，可以追溯到君主制起源的古老城堡与沙皇的第一座宫殿已经不复存在。莫斯科现在只剩一片废墟，以及一个肮脏、不健康的污水池，丧失了政治或军事上的重要性。拿破仑将莫斯科城扔给了俄国的乞丐和劫掠者，自己则率领法军向库图佐夫的部队进发，直扑其左翼，并将其赶回去。然后，他会率军悄悄地前往杜纳河岸，并在那里过冬。然而，他担心这样做看起来像是在撤退，便补充说："在杜纳河边，我将驻扎在距离维尔纽斯和彼得堡80里格以内的地方，这样我就具有双重优势。也就是说，我离我的物资与目标都更近了。"拿破仑希望这番话能给法军的撤退披上进攻的外衣。

就在这时，拿破仑宣布："我绝不会下令彻底毁灭我正在离开的这个国家。我也厌恶增加这个国家的人们的痛苦。我不会为了惩罚俄国的纵火犯而毁灭9000个庄园主和20万名没有犯下野蛮行径的农奴，也不会使他们永久失去赖以生存的资源。"

拿破仑并没有因法军的不幸而变得乖戾。但在3天之内，一切都变了。在与库图佐夫的部队发生小规模交战，经过博鲁斯克小镇后，拿破仑再次率军撤退。他刚刚率军穿过博鲁斯克，就烧毁了这里。就这样，一切都注定要在拿破仑的身后被烧毁。在征服过程中，他保住了那些城镇；在撤退过程中，他决心毁灭一切。或许是为了摧毁敌人，拖延俄军的行军进度，拿破仑必须毁灭一切，因为在战争中一切都是必不可少的；抑或是作为报复的方式，他必须毁灭一切。这是远征造成的可怕后果。起初，交战双方会采取一切防御手段；后来，这些防御手段就成了攻击对方的动机。

然而，必须承认，在这场可怕的战争中，拿破仑并不是进攻方。10月19日，贝尔蒂埃给库图佐夫写信，提议"以恰当的方式控制敌对行动。除了战争状态下可能对俄国造成的破坏，尽可能不要造成更大的危害。对俄国造成的破坏，对它来说有多么不利，对拿破仑来说就有多么痛苦”。但库图佐夫回复道：“我无权约束俄国人的爱国行动。”这一答复等同于他批准俄国的民兵组织对法军发动劫掠式攻击，并导致法军在某种程度上用同样的方式“回敬”。

同样，大火也吞噬了维尔伊亚。在这里，莫蒂埃元帅重新加入了拿破仑的大军，并给拿破仑带来了温茨辛格罗德。看到这个德意志将军，拿破仑所有潜伏的怨恨都被激发了出来，他由沮丧变为愤怒，将所有压迫他的怒火统统发泄在他的敌人身上。“你是谁？”拿破仑大声喝道，他狠狠地将双臂抱在胸前，仿佛要抱紧自己，并约束自己，“一个眼里没有国家的人！你一直是我的仇人。当我与奥地利人交战时，我发现你在他们的队伍里。现在奥地利人成为我的盟友，你就进入俄军为俄国服役。你是这场战争目前最热情的煽动者之一。不过，你是莱茵邦联的人，是我的臣民。你不是一个普通的敌人，你是一个叛乱分子。我有权让你接受审判。近卫军，抓住这个人。”近卫军一动不动，仿佛见惯了这些暴力场面终将无果而终，并且确信不服从命令就是很好的服从命令的方式。

拿破仑继续说：“先生，你看见了吗？这个满目疮痍的国家，这些燃烧的村庄。这些灾难性后果应该由谁负责？应该由英国雇用的50个像你这样的冒险家负责！是你们将这些灾难带给了欧洲大陆。这场战争的严重后果最终将落在那些引发战争的人身上。再过6个月，我将在彼得堡召见你们，让你们为自己因狂妄自大而造成的一切后果负责。”

然后，拿破仑对被俘的温茨辛格罗德的副官说：“至于你，纳雷什金伯爵，我没什么可责备你的。你是俄国人，你只是在履行你的职责。但身为俄国的贵胄，你怎么能成为一个唯利是图的外国人的副官呢？你应该成为一位俄国将军的副官，那样的工作会更加体面。”

这时，除了表明自己的态度，温茨辛格罗德没有机会回应拿破仑这种野蛮的指责。他非常平静地说道:“亚历山大一世是我的恩人，也是我家族的恩人，我拥有的一切都来自他。出于感激，我成为他的臣民。鉴于我的职位是恩人任命的，所以我只是在履行自己的职责。”

拿破仑又说了一些威胁的话，但语气已经不那么激烈了。他不带任何感情色彩地说了几句话，或许是因为他在一开始便发泄了所有怒气，抑或是因为他只是想吓唬那些可能想要抛弃他的德意志人。至少那些在拿破仑周围的人是这样解释他当时的粗暴言行的。但这种观点被否定了。大家都没有把这件事放在心上，也都急于跟这位被俘的将军交谈，安慰他，并让他平静下来。在法军到达立陶宛之前，大家都非常关注温茨辛格罗德。在立陶宛，哥萨克人救走了温茨辛格罗德及其副官。拿破仑假装亲切地对待纳雷什金伯爵这位年轻的俄国贵族，同时却对自己的将军大发雷霆。这种情况表明，即使处于非常愤怒的状态，拿破仑也不忘精心谋划。

第7章 法军到达莫扎伊斯克

1812年10月28日，我们再次到达莫扎伊斯克。这个城镇里仍然充斥着法军的伤员。有些伤员被带走了，其余伤员集中在一起。就像在莫斯科一样，这些伤员被留了下来，期待俄国人能慷慨大度地对待他们。冬天来临时，拿破仑刚刚离开莫扎伊斯克几俄里。也就是说，在经历了一场艰苦的战斗和10天的行军与反向行军之后，法军只向撤退方向行进了3天的路程。法军行军如此缓慢，是因为离开莫斯科时，每个士兵只带了15天的口粮。法军缺乏粮食供应，而冬季的来临又增加了他们对粮食的需求。

一些人被困难吓倒了。法军撤退还没几天，马就已经拉不动载满粮食的车了。10月26日，我们烧毁了马车，然后执行烧毁军队后面所有车辆的命令。按照命令，我们将运送弹药的车辆、已经精疲力竭的马及房屋一起炸毁。最后，尽管俄军没有再出现，但我们似乎再次走上了一段艰难的旅程。当再次看到这条众人皆知的通往斯摩棱斯克的道路时，拿破仑逐步恢复信心。黄昏时分，达武派人带着一名被俘的俄军猎骑兵前来见拿破仑。

起初，拿破仑漫不经心地审问他。碰巧的是，他比较了解路况、路名及道路之间的距离。由于他在回答拿破仑的问题时提及“俄军正在经梅登向维亚济马前进”，拿破仑马上开始变得非常专注。难道库图佐夫打算像在马洛-亚罗斯拉维茨时那样先发制人，切断法军向斯摩棱斯克撤退的道路？或者像在卡鲁加时那样，将拿破仑及其部队困在荒野中，既没有粮草供应，也没有遮风避雨的地方，并且正值全民暴动？然而，拿破仑的第一反应是拒绝接受这个想法，因为不知是出于骄傲还是出于经验，他都习惯于不相信对手能够展现出自己处在同样位置上时应该展示出的能力。

不过，在这种情况下，拿破仑还有一个动机。他的安全受到了很大的影响，因为俄军正占领着通往梅登的路，而这条路正是达武推荐给法军的。但不知是出于虚荣还是疏忽，达武并没有在他的急件中提到这一惊人的情报。由于担心这个情报会对军队造成影响，所以拿破仑假装不相信，并蔑视这个情报。第二天，他命近卫军轻装简行，全速前进，直抵戈亚茨。他建议近卫军，也就是他军队里的精锐，在戈亚茨休息，并给他们提供粮食，以便他们近距离确定库图佐夫部队的行军方向，并赶在其之前到达戈亚茨。

尽管如此，拿破仑没有考虑季节因素，而对季节的忽视将会使他遭到报复。冬季近在眼前，只要刮几分钟的风就足以使天气更加寒冷。我们立刻意识到这样的冬季是俄国独有的，而我们在俄国是陌生人。一切都变了，包括路况、将士们的精神状况及勇气。行军越来越艰辛，法军上下变得闷闷不乐，惊慌失措。

在距离莫扎伊斯克几里格的地方，我们必须渡过克洛加河。克洛加河只是一条大溪，若用两根树干、同样数量的柱子和几块木板架桥，就足以保证法军过河。但由于当时情形混乱，加之个人疏忽，拿破仑停留在了这里。法军炮兵试图推着几门大炮涉水而过，但连人带炮都消失了。法军的每支部队看起来都在单独行动，似乎没有参谋人员及统一的号令，也没有共同的纽带，更没有将它们维系在一起的东西。事实上，这些部队的将领地位很高，彼此之间太过独立。拿破仑本人高高在上，以至于与军队的具体人员相距甚远，根本不了解真实情况。虽然贝尔蒂埃处在拿破仑与各军的将军之间的位置上，但那些将军不是国王、亲王，就是元帅，所以他不得不谨慎行事。此外，在这种混乱的情况下，贝尔蒂埃根本无法胜任自己的职位。

像架一座桥这样的小障碍就使拿破仑停住了脚步。他用手势表达了不满和蔑视。贝尔蒂埃只用一种很无奈的表情作为回应。在这方面，贝尔蒂埃没有接到拿破仑的任何命令。因此，他认为自己不应该受到责备，他只负责忠实地传达拿破仑的命令，他只是拿破仑的传声筒，仅此而已。贝尔蒂埃反省自己，他总是时刻准备清晰明确地重复拿破仑的命令，并且既不添油加醋，也不缺少字句。至于拿破仑忘记的事情，贝尔蒂埃自然也就遗忘了。

过了克洛加河之后，我们继续前进，都陷入了深思。我们中的一些人抬头望向高处时，发出了一声恐惧的惊叫。大家立刻环顾四周，看到一个被踏得光秃秃、满目疮痍的平原，所有树木都从离地面几英尺高的地方被砍倒了。更远的地方是崎岖不平的丘陵，其中最高的丘看起来最奇形怪状，像极了一座被破坏殆尽的火山。地面上到处都是头盔、铁甲的碎片、破碎的鼓和枪支，以及制服的碎片和沾染鲜血的军旗。

3万具尸体躺在这个荒无人烟的地方，大都被野兽或者鸟类吞食殆尽。在一座山顶上，一堆骷髅俯瞰着群山，仿佛死神已经将他的帝国建在了这里。奥古斯特·科兰古攻占的那个可怕的堡垒，也是他的坟墓。不久，大家喊道："这个地方就是悲壮的博罗季诺战役的战场！"叫声变成了一阵阵长而悲哀的低语。拿破仑很快从堡垒边走过去。我们也从堡垒旁边走过，没有人想要停下来。寒冷、饥饿和俄军迫使我们前进。我们只是转过身忧伤地看了那座巨大的坟墓最后一眼。那么多伙伴手握武器，白白地战死在这里，而我们不得不将他们留在这里。

在这里，我们用手中的利剑和体内的热血书写了法国历史上最令人难忘的篇章。一些遗迹记录了博罗季诺战役，但很快就会被清除掉。总有一天，旅行者会漠然地走过这个与其他地方别无二致的平原。但当得知这里是一场著名战役的战场时，他就会走回来，好奇地久久地审视它，将它最细微的特征印刻在“贪婪”的记忆中。毫无疑问，旅行者会惊叹道：“多么勇敢的士兵！多么高明的指挥官！多么难以捉摸的命运！”这些士兵就是13年前（1788年），从欧洲南部进入北非，试图从埃及打开一条通往东方亚洲道路的士兵。当时，这些士兵被赶出了埃及的大门；后来，他们征服了欧洲，然后试图从欧洲北部前往亚洲，但再次被挫败。那么，是什么促使他们选择这种充满活力与冒险的生活？他们不是寻找更温暖的气候、更宽敞的住处、更迷人的景致、更多财富的野蛮人，因为他们本来就拥有这些优势和所有能够拥有的快乐。然而，他们放弃了它们，选择了居无定所和缺衣少食的生活。日复一日，他们接连倒下，要么被杀，要么被打致残。是什么原因驱使他们这么做？除了对一个迄今为止绝对可靠的领袖的信心，还有什么呢？那就是他们完成一项已经开始的宏伟事业的雄心壮志！对令人陶醉的胜利的渴望，尤其是对名利的贪得无厌的追逐，是驱使他们为了不朽而赴死的强烈本能。

第8章 两千名俄军俘虏遭屠杀

据说，当法军将士在沉思中庄严地走过这个致命的战场时，他们发现了一个幸存的士兵，他的呻吟声打破了沉寂。一些人朝他跑过去，靠近他时，才发现他是一名法国士兵。他在战斗中被炸断了双腿，倒在了死人堆里。俄军没有发现他还活着。当时，一颗炮弹炸开了一匹马的肚子，这名士兵便躲在马腹中逃过一劫。在后来的50天，这名幸存的法国士兵掉进一条深沟里，伤口上裹满了泥浆，他靠吃死人的腐肉活了下来。由于缺乏食物，他变得日益憔悴。那些发现他的士兵说，是他们救了他。

再往前走，我们又看到了科洛斯科伊大修道院，或称科洛斯科伊医院。这里的景象比战场上的景象更可怕。在博罗季诺，我们看到的只有死亡；而在这里，我们看到的是一片死寂。至少在博罗季诺，战斗已经结束了；而在科洛斯科伊，战斗还在肆虐。死神似乎在极其恶毒地追击着他的祭品，也就是那些从战场上逃出来的人。通过他们的所有感官，死神立刻就能穿透他们的身体。在这片荒野里，除了尚未执行的命令，他们一无所有，无法击退死神的攻击。那些命令来自非常遥远的地方，由一个地位极高的人下达，又辗转经过很多人才传达给他们的，但他们根本无法执行。

尽管面临饥荒、寒冷和赤贫，但在这个瘟疫流行的地方，一些外科医生的忠诚和残存的希望仍然支撑着许多伤员。然而，当这些伤员看到法军再次从这里经过，而他们要被留下来时，那些身体最虚弱的伤员爬到门口，排在道路两边，伸出手，恳求法军带他们一起走。

拿破仑刚刚下令，无论哪种类型的车，都应该搭载伤员。正如在莫斯科时一样，那些身体最虚弱的人会被留下来，由因受伤被俘的俄国军官保护——在我们的照料下，这些俄国军官的身体已经恢复。拿破仑停下来，看着将士们执行这一命令。他放弃了一些马车，并让随从点燃了它们，与他们在燃烧的马车旁取暖。从早晨起，无数爆炸声宣告大量马车被炸毁。不过，这种牺牲是非常必要的。

其间，我们目睹了一种残暴的行为。几名伤员刚刚被安置在军中小贩的车上。车上因装满了从莫斯科劫掠来的物品而不堪重负。这些可怜的小贩看到负担又加重了，开始小声抱怨。但因为被迫承担这个任务，他们只能保持沉默。然而，当法军开始前进时，他们便放慢了脚步，落在了法军后面。四顾无人时，他们乘机将法军交给他们照料的那些不幸的伤员统统扔进了沟里。只有一个伤员活的时间比较长，被下一批经过这里的车队发现并救了上来。这个伤员是一位将军，他讲述了这种残暴的行为，才令其广为人知。听闻这种残暴行为后，法军皆不寒而栗。拿破仑也得知了此事。法军遭受的苦难还没有严重到如此程度，也没有普遍到如此程度，没有把将士的怜悯之心扼杀掉，也没有让将士把所有情感都压抑在自己心中。

漫长的一天终于结束了。到了晚上，当拿破仑的部队接近戈亚茨时，将士们惊讶地发现了一些刚刚在行军途中被杀的俄国人。有人说，这些俄国人的脑袋都是以同样的方式被敲碎的，血淋淋的脑浆散落在周围。据了解，之前有2000名俄国囚犯途经此地。一些西班牙人、葡萄牙人和波兰人看守他们。对这一发现，性情不同的人持不同意见：有些人义愤填膺，有些人拍手称快，有些人无动于衷。但在拿破仑周围，大家都保持沉默，没有流露情感。科兰古突然感叹道："这种暴行多么残忍！在我们带到俄国的文明行为中，它是一个很不错的样本！这种野蛮行径会对敌人产生什么影响呢？难道我们没有把我军的伤员和众多战俘都交给敌人，任由他们摆布吗？难道敌人缺乏最恐怖的报复手段吗？”

拿破仑悲伤地保持着沉默。第二天，这样的谋杀没再发生。当时，不幸的俄国俘虏被留在一些封闭的地方等着饿死。夜间，他们像牛一样被圈起来。这种做法无疑也是一种野蛮行径，但我们又能做些什么呢？交换战俘吗？俄国拒绝了这个建议。要释放那些俄国战俘吗？那样他们就会将这种不幸公之于众。不久，其他人就会加入他们，与他们一起回来追击我们。在这场殊死搏斗中，让他们活着，势必会威胁我们自己的生命。我们必须残忍。这个祸根源于我们将自己卷入了是否释放俘虏这个两难的选择之中。

此外，在向俄国内陆进军的过程中，我军被俄军俘虏的士兵同样受到了非人的对待。当然，在战争中，人必须要残忍，这并不是一个借口。

夜幕降临时，法军终于到达了戈亚茨。在入冬的第一天，我们看到的都是各种残忍的景象——血肉横飞的战场、两家被遗弃的医院、大量在熊熊烈火中燃烧的马车、脑浆迸裂的俄国被害者。过于漫长的行军和严寒的初冬，都让这一天变得更加可怕。因此，法军的撤退变成了逃跑。拿破仑被迫屈服并逃跑成为一幕非常新奇的景象。

看到拿破仑最终受挫、被迫让步时，几位盟军的首脑从心底里感到高兴，就和他们的下级看到他们因受挫而屈服时产生的满足感一样。他们沉溺于一种令人痛苦的嫉妒中。这种嫉妒是由非凡的成功激发出来的，并且通常会在受到辱骂的情况下产生，它动摇了平等的根基，而平等是人类的第一需求。但这种恶意带来的快感很快就会消失在普遍的痛苦中。

拿破仑的骄傲受到了伤害，证明以上这种想法是正确的。那一天，在行军途中停下来休息时，法军的将士就意识到了这一点。在一片冰封的田野上，在崎岖的犁沟里，俄国人和法国人的尸骨到处都是。拿破仑试图用语言的力量减轻自己的负担，让自己摆脱这么多灾难带来的难以承受的重负。“事实上，我很害怕这场战争，我要让这场战争的始作俑者受到整个世界的诅咒。我指责那位被英国人收买的俄国大臣，是他煽动了这场战争。这个叛徒将亚历山大一世和我卷入了这场战争。”

拿破仑当着两位将军的面说出了这番话。出于对拿破仑一贯的尊敬，两位将军默默地听着。他还说，这场战争是不幸引起的。科兰古可能极不耐烦，用表示生气与怀疑的手势流露内心的愤怒，突然退了出去，结束了这段令人痛苦的谈话。

第9章 达武被指责

离开戈亚茨之后，经过两天的行军，拿破仑的部队到达维亚济马镇。拿破仑停留在维亚济马镇，以便等待欧仁亲王和达武的部队，并侦察通往梅登和尤克瑙的道路的情况。这条路在维亚济马镇与通往斯摩棱斯克的公路相连。此处的十字路口可能会让来自马洛-亚罗斯拉维茨的俄军找到法军的踪迹。但11月1日，在等了36个小时之后，拿破仑并没有看到俄军的先头部队。于是，他又率军出发了。他一方面希望库图佐夫已经睡着，追不上法军；另一方面又担心库图佐夫已经率领俄军走他右边的道路离开了维亚济马镇，并继续向多罗戈布耶前进，以切断他的退路。无论如何，拿破仑将内伊留在了维亚济马镇，命其集结法军第一军和第四军，并接替达武指挥后卫部队，因为据他判断，达武一定非常疲惫了。

拿破仑抱怨达武太拖拉，并写信责备他，说他本该最多落后3天的行程，却落后了5天。他认为达武做事过于有条不紊，所以无法以恰当的方式指挥如此不正规的行军。

整个法军，特别是欧仁亲王的部队，都在重复着这些抱怨。士兵们说："由于对秩序的追求和执拗的性格，达武让敌人在科洛斯科伊大修道院超过了他。在科洛斯科伊大修道院，达武给那些衣衫褴褛、污浊不堪的哥萨克人留足了体面，他让自己的队伍以营为单位排成方队，在哥萨克人前面有条不紊地撤退，就像马穆鲁克一样。与此同时，在不远处，普拉托夫率领军队带着大炮，密密麻麻地排列在达武能看到的地方。当时，达武指挥部队迅速站成稀疏的几排，用几门轻炮对抗普拉托夫的部队。不过，这几门轻型炮第一次开火，便产生了预想的效果。但军事部署和定期出去觅食浪费了大量时间，而在撤退时，特别是在部队闹饥荒时，时间总是很宝贵。最巧妙的军事策略是通过所有可能的方式寻找食物来挨过饥荒。”

为了回答这个问题，达武强调了他对各种混乱的恐惧。起初，这种恐惧让他努力使这次撤退保持应有的秩序。他竭力掩盖撤退时造成的破坏，生怕将这些表明我们处于灾难性状态的证据留给俄军，因为这样不仅会让我们感到耻辱，还会给我们带来危险。

达武补充道：“大家并没有意识到我必须克服的一切。我发现这个国家已经完全被摧毁了，房屋遭到了破坏，树木连根被烧毁。因为‘毁灭全部’这项工作并不是交给我这个后来者的，大火在我来之前已经燃起。法军看起来似乎已经完全遗忘了我这支后卫部队！毫无疑问，大家也忘记了，由于那么多人在我前面走过这条冰冻的道路，留下各种车辙和脚印，道路变得更加不平，也更难走了。此外，还有深深的河流和断桥。没有人想到要将断桥修好，因为在没有参与战斗时，每个军都只关心自己的士兵，而不关心其他士兵。

“另外，难道大家不知道，一队人数众多、属于其他军的掉队士兵，或骑马，或步行，或坐着车走在前面，让我们后卫部队的处境更加难堪？就像一个人生病后，所有病痛都集中到情况最糟糕的那个部位一样。我每天都行进在这些可怜的家伙和哥萨克人之间，一方面催促掉队士兵往前走，另一方面受到哥萨克人的追击。”

经过戈亚茨后，达武发现查热窝-扎伊麦兹泥沼上没有桥可过。泥沼里到处是被困的马车。当着俄军的面，达武命人将这些马车从泥潭里拖了出来。当时，俄军离他很近。俄军的火把照亮了泥沼，俄军的鼓声与法军将士的声音交织在一起。当时，达武和他的将军们并没有决定把这么多战利品拱手让给俄军；直到经过多次无畏的努力，他们才终于下定决心这么做。这种情况一天之内会发生好几次。

其实，法军一路上必须经常通过沼泽。由于霜冻，斜坡滑得像玻璃一样。马车一旦滑进沼泽，便会被困在里面。要想将马车拉出来，必须沿一条结冰的道路爬上对面的斜坡。马掌已经磨得很光滑，根本无法在结冰的路面上站稳，因此这些马和车夫常常会精疲力竭地摔倒，压在彼此身上。饥饿的法军士兵会立刻扑向这些不幸的马，将它们撕成碎片，然后点燃残存的马车，烤着那些血淋淋的马肉，并且狼吞虎咽地吃下去。

与此同时，法军的炮兵尽可能地避开这些不幸的家伙。他们是一支精锐部队。与他们的军官一样，这些炮兵都是在世界上第一所炮兵学校里获得培养的。为了抢救大炮，他们放弃了自己的马车，只牵走了套在马车上的马。他们把马套在运输大炮的车上，就连他们自己也在帮着拉车。

哥萨克人从远处观察着这场灾难，却不敢走近法军。他们把轻炮架在雪橇上，向自乱阵脚的法军发射炮弹，使原本混乱的场面更加混乱。

法军第一军已经损失了1万人。然而，11月2日，经过种种努力，在做出大量牺牲之后，欧仁亲王和达武的部队距离维亚济马镇还有2里格。可以肯定的是，就在当天，他们的部队可能已经穿过维亚济马镇，与内伊的部队会师，避免了一场灾难性交战。人们断言，这种拖沓肯定是欧仁亲王的主意。但达武认为，行军缓慢是由于自己的部队过于疲劳，而欧仁亲王忠于职守，坚持与他共同面对已经预见到的危险。达武的副官们说，事实正好相反。欧仁亲王已经安营扎寨，打心眼里不愿让自己的士兵离开他们的火堆与已经开吃的食物，况且烹调食物总是给他们带来很大的麻烦。

尽管如此，在那个看似宁静的夜晚，俄军先头部队已经从马洛-亚罗斯拉维茨赶过来。我们开始从维亚济马镇撤退，俄军结束他们的撤退，转而追击我们。他们避开了法军的两个军——第一军和第四军，以及波尼亚托夫斯基的部队。他们绕过这些军队的露营地，将进攻纵队布署在道路左边。达武和欧仁亲王的部队距离维亚济马镇2里格，而俄军先头部队正好就部署在达武和欧仁亲王的部队与维亚济马镇中间。

米洛拉多维奇被称为“俄国的缪拉”，是俄军先头部队的指挥官。据他的同胞们说，米洛拉多维奇是一个不知疲倦、战无不胜的勇士，他的性情和缪拉一样鲁莽，他的身材与缪拉一样高大，像缪拉一样，他也是命运的宠儿。尽管许多军官和士兵倒在了米洛拉多维奇周围，他麾下的几匹马也被杀死了，但他从未受过伤。米洛拉多维奇藐视战争规则，甚至创造了一种不遵守规则的战术。他总能迅速做出决定，并善于伪装自己。他总能出奇制胜，与敌人交战往往出其不意、攻其不备。他不屑于做任何战前准备，总是根据地势、地形来决定该怎么做，只靠突如其来的灵感指引自己。在其他方面，作为一名战场上的将军，米洛拉多维奇在处理任何事务时都缺乏远见——无论是公共事务还是私人事务。他还因挥霍无度而臭名昭著。但罕见的是，他非常正直。

我们现在要对抗的就是米洛拉多维奇与普拉托夫率领的2万人的俄军。

第10章 法军损失惨重

11月3日，欧仁亲王正率军向维亚济马镇进发，走在前面的是运送装备的马车及炮兵。当第一束曙光照射在身上时，欧仁亲王发现左边有一支部队威胁自己的撤退。他身后的后卫部队已经被切断，他左边平原上则挤满了掉队的士兵与混乱的车辆。在俄军的长矛面前，这些掉队的士兵四处逃窜。与此同时，在维亚济马镇方向，欧仁亲王听到了战斗的声响——为了保存自己的实力，内伊正在与俄军战斗，而他原本是前来援助欧仁亲王的。

作为将军，欧仁亲王并不是命运的宠儿。由于缺乏经验，所以每件事都让他感到意外。他立刻直面凶险的俄军，并着手采取补救措施。他命令部队停止前进，调转方向，将部队部署在大路右边，以压制平原上试图切断自己后路的俄军纵队。当内伊派一个团从维亚济马镇赶来时，俄军纵队最前面的部队正压制欧仁亲王率领的意大利军队右翼，并且已经占领了一处据点。内伊所派的团从后面袭击俄军纵队，并将其赶走了。

与此同时，达武麾下的将军孔潘斯，也率领他的师加入了欧仁亲王率领的意大利后卫部队。他带领部队杀出一条血路，与欧仁亲王的部队会合。当欧仁亲王和孔潘斯的部队与俄军作战时，达武率军沿大路左侧，从欧仁亲王和孔潘斯的部队后面迅速经过。一经过欧仁亲王和孔潘斯的部队，穿过大路后，达武便立刻要求加入战斗，让自己的部队成为意大利军队的右翼。此时，他发现自己正处于维亚济马镇与俄军之间。欧仁亲王将其守卫的阵地交给了达武，然后带兵穿过大路，来到另一边。于是，俄军开始在他们面前拉开战线，试图冲破他们部队的左右两翼。

第一个军事部署取得了成功，但达武率领的法军和欧仁亲王率领的意大利军队并没有击败俄军右翼，只好继续撤退。这两支军队只是尽力保卫自己的阵地，保留了3万兵力。但法军第一军，也就是达武率领的部队，由于在进行匆忙的军事部署后就对俄军发起突袭，所以有些混乱。这支部队的处境非常悲惨，尤其是大量骑兵没有马可骑，也没有武器可用。由于恐惧，这些骑兵迷茫地跑来跑去，使他们所在的部队陷入了混乱。

法军第一军的混乱景象鼓舞了俄军，被俄军视为法军的溃败。俄军的炮兵人数远远超过了法军第一军和意大利军队。俄军炮兵部署迅速，很快便斜插进它们的侧翼，袭击它们的防线。法军炮兵已经赶到维亚济马镇。他们接到了快速返回支援第一军和意大利军队的命令，但因携带辎重而无法快速行军。实际上，在达武及其麾下的将军身边，仍然有一些人非常坚定。其中有几位军官在莫斯克瓦战役中受过伤。他们的伤尚未痊愈，一位军官的手臂用绷带吊着，另一位军官的头上包扎着纱布。这些军官带领部队参加战斗，援助那些勇猛善战的将士，鼓励那些犹豫不决的士兵勇猛地冲向俄军大炮，迫使俄军后退。他们甚至率领部队夺取了俄军的3门大炮。总之，这些军官的高尚行为令俄军和法军的逃兵震惊，为整个法军树立了良好的榜样。

米洛拉多维奇觉察到他的猎物正在逃跑，便立刻请求增援。这次去寻找援军的人又是威尔逊。威尔逊总是出现在最能威胁法军的地方。他急忙去求库图佐夫，但发现这位老将军正漠不关心地带着部队停留在能够听到这次战斗的声响的地方休息。威尔逊表现得非常热情，由于情况紧急，他努力说服库图佐夫率军前去支援，却徒劳无果。他没能说服库图佐夫行动，便义愤填膺地指责其为叛徒，并宣称自己将立即派手下的一个英国人全速赶往彼得堡，向亚历山大一世及

† 维亚济马战役

彼得·冯·赫斯（1792—1871）绘

其盟友告发他的叛国行为。

然而，威尔逊的威胁并没有对库图佐夫产生一点儿作用。库图佐夫之所以坚持不采取行动，大概是因为他年事已高，加上严寒霜冻，使他的身体极易疲劳；看到大片废墟，他感到非常沮丧。年迈或许对他产生了影响：一个人到了几乎没有任何东西可以拿来冒险的年龄时，就会变得谨慎起来；当没有更多时间可以浪费时，他就会成为一个拖延者。正如在马洛-亚罗斯拉维茨时一样，库图佐夫似乎仍然认为，单凭俄国的寒冬就可以击败拿破仑。然而，拿破仑这个天才，这位人类的征服者，还没有被自然完全征服。最好是将击败拿破仑、取得战争胜利的荣誉留给俄国严寒的冬季，也将为俄国人报仇的任务留给俄国严寒的冬季。

米洛拉多维奇的部队孤立无援，只能努力冲破法军的战线。但除了用炮火压制，别无他法。炮火给法军造成了严重的破坏。欧仁亲王和达武的兵力越来越弱，当听到右翼部队的后方打响的枪声时，他们想象着俄国的其他部队正在从尤克诺夫道路靠近维亚济马镇，而内伊正率军保卫着维亚济马镇的出口。

打枪的只是一支俄军先头部队，但欧仁亲王和达武对自己部队后方爆发战斗感到震惊，因为俄军的出现会威胁他们撤退。这场战斗从11月3日7时开始，持续到夜幕快要降临。此时，载有辎重的车辆一定走远了。于是，法军将士开始撤退。

法军开始撤退的消息，振奋了俄军的士气。如果没有法军第二十五团、第五十七团、第八十五团的奋力杀敌及一条深沟的掩护，达武的部队肯定会被打乱，然后从右侧被俄军击败并摧毁。欧仁亲王的部队并没有受到过于迅猛的攻击，所以可以通过维亚济马镇更快地撤退。但俄军也一直在追击欧仁亲王的部队，直到其进入维亚济马镇为止。这时，达武的部队遭到2万名俄军士兵的追击和80门大炮的压制，正试图穿过维亚济马镇。

莫兰德指挥的师首先进入维亚济马镇。这个师以为战斗已经结束，正满怀信心地前进着，突然遭到了俄军的攻击。弯弯曲曲的街道挡住了将士们的视线。面对俄军突如其来的进攻，莫兰德的师惊愕不已，顿时大乱。不过，他很快就将自己的师集结起来，鼓励士兵们奋力抵抗，终于扭转了局势，并努力闯过了难关。

结束这一切的人是孔潘斯。他率师结束了行军。他发现，米洛拉多维奇率领的勇猛的俄军正紧跟着他。他转过身来，果断率先朝俄军猛冲过去，将俄军士兵打倒在地。因此，俄军非常害怕孔潘斯。之后，直到完成撤退任务，孔潘斯的师再也没有受到俄军的骚扰。对法军中每个人来说，这场战斗是光荣的，但其结果是灾难性的，因为在这场战斗中，法军既没有秩序，也没有统一行动。如果不是由于指挥官太多，我军足以击溃俄军。直到11月3日14时左右，法军的指挥官们才召开会议，统一军事部署。不过，后来在执行这些军事部署时，指挥官们仍然出现了不和谐的现象。

当夜幕笼罩维亚济马镇时，敌我双方都非常疲劳。此时，内伊的部队赶来支援我军，这才让双方得以休战，开始建立宿营地，清点人数。法军的几门大炮被毁坏了，行李不见了，4000人或死或伤，许多士兵走散了。虽然法军的荣誉保住了，但各部队之间出现了巨大的隔阂。因此，很有必要将各部队集中起来，拉近它们之间的距离，让残存的兵力形成一个更紧凑的整体。法军每个团的幸存者几乎都不够组成一个营，每个营幸存的士兵几乎都不够组成一个排。法军的将士已不再处于他们习惯的岗位上，战斗伙伴也不再是他们熟悉的人，军官也不再是他们熟悉的军官。

借着维亚济马镇大火的亮光，法军进行了这一令人伤感的整编。其间，内伊和米洛拉多维奇的炮兵还在继续发射炮弹。隆隆的炮声响彻黑夜，在浓密的树林里回荡着。军队中幸存的勇敢的士兵夜里几次以为自己遭到了俄军的攻击，都爬起来去取武器。第二天早晨，当再次站入队列时，他们惊讶地发现法军的兵力所剩无几。

第11章 暴风雪对法军的影响

由于领导者以身作则，树立了很好的榜样，加上将士们都希望在斯摩棱斯克找到他们想要的一切，更重要的是，灿烂的阳光——大多数希望与生命的源泉，似乎在驱赶并否定已经包围我们的绝望和死亡，法军又有了精神支柱。

然而，11月6日的天气对我们十分不利。天空中乌云密布。在寒冷的浓雾中，法军艰难地行进着。雾越来越浓，不一会儿，一团巨大的云压得越来越低。接着，鹅毛般的大雪开始飞舞。整个天空仿佛正在下落，与大地相接，像是要彻底毁灭一切。所有物体都变样了，变得模糊不清，难以分辨。我们继续前进，不知道自己身在何处，也无法看清我们被困在了哪里。一切都变成了我们前进的障碍。将士们在暴风雪中挣扎前行。大雪被暴风裹挟着覆盖了大地，在山谷中越积越厚，填满了深沟。我们不知道的是，积雪下未知的深沟正在我们脚下张着邪恶的大口，准备吞噬掉入其中的人。身体非常虚弱的人放弃了挣扎，听天由命，任凭这些雪坑成为他们的坟墓。

跟在这些遇难者后面的人改变了前进的方向，绕过了那些雪坑。然而，风暴将飘落的雪及地面上的积雪卷起来，刮到他们脸上，似乎决心要阻止他们前进的脚步。俄国的冬天从四面八方攻击他们。这是一种新的攻击形式。雪水浸透了他们单薄的衣裳、破烂的鞋靴。他们湿漉漉的衣服结成冰，紧紧地贴在身上，犹如一个硬邦邦的冰壳包裹着他们，使他们四肢僵硬。一阵刺骨的寒风猛烈地吹来，他们越来越难以呼吸。就在他们呼出一口气的一瞬间，寒风屏住了他们的呼吸，将他们呼出的气体变成了冰柱，挂在嘴角周围的胡须上。

在寒风中，这些不幸的人瑟瑟发抖，却仍在前进，直到堆积在他们脚下的雪球，或者某些残破的物体碎片，比如一棵树的树枝，或者队友的身体，绊住他们的脚，使他们跌跌撞撞摔倒在地。他们徒劳地趴在地上呻吟着，身体很快被积雪覆盖了。一座座小丘标记着他们躺下的地方，是他们唯一的坟墓。高低起伏的小丘布满沿途，就像一片墓地一样。即使是那些最勇猛无畏的人和最冷漠的人也受到了影响，他们将目光转向别处，快速走了过去。但无论在他们面前，还是在他们周围，只有皑皑白雪。白茫茫的大地一望无际，令人感到沉闷。令他们非常震惊的是，即使张开想象的翅膀，他们也依然望不到尽头。大自然仿佛抛出一张巨大的卷帘，将整个军队罩住了。只有阴郁的松树没有被大雪包裹起来。那些松树就是墓地里常见的树木，即使在葬礼上也是一样的青翠。它们巨大的黑色树干纹丝不动，看上去阴森森的，凄凉无比。所有这些都使整个哀伤的场面更加凄惨，更为这支在一片死寂的大自然中垂死挣扎的军队增添了一抹悲凉。

在马洛-亚罗斯拉维茨时，一切仍然有利于法军进攻。但从入冬起，法军只能防御。那些对将士们有利的因素现在都对他们不利，甚至连手中的武器也开始跟他们作对。他们的四肢被冻僵了。对他们来说，那些武器似乎重得难以承受。他们频繁跌倒，任凭武器从手中掉落，或摔碎或埋在雪地里。即使再次站起来，他们手里也没有了武器。他们并非主动丢弃武器，而是饥饿和寒冷从他们手中夺走了武器。许多人的手指被冰黏在他们仍然握着的步枪上，导致他们无法进行让自己活下去的必要的热身活动。

很快，我们遇到了许多人。这些人来自法军的不同部队，有的孤身一人，有的结伴而行。他们没有完全丢掉自己的军旗。由于寒冷和身体虚弱，他们掉队了。但无论是一支部队还是单个士兵，都在努力挣扎求生的过程中彼此分开了。当我们发现这些人时，他们已经没有武器，被恶劣的天气击倒了，没有防御能力，也没有领袖，只是迫切地进行自我保护。

他们大多数人都被旁边小路的景象吸引，分散开来，希望为即将到来的夜晚找到面包和栖身之所。在第一段行程中，他们走了七八里格仍然一无所获。除了哥萨克人和一些武装起来的俄罗斯人，他们什么也没见到。哥萨克人和武装起来的俄罗斯人将他们包围，打伤了他们，扒光了他们的衣服，然后狂笑着离开了，任凭他们在雪地里冻死。在亚历山大一世和库图佐夫的号召下，俄罗斯人奋起反抗。当时，他们还没有学会像后来那样勇敢地为一个他们无法保卫的国家复仇。在树林的掩护下，他们徘徊在法军两侧。他们用手中的长矛和斧头杀死那些离开大路的人，将躲过一劫的人赶回致命的大路上。大路上积雪很厚，那些倒下的人很快就会被大雪掩埋。

夜幕降临。在这个季节，夜晚长达16个小时！白雪覆盖了一切，法军将士不知道该停在哪里、坐在哪里、躺在哪里，不知道在哪里能找到草根或其他可吃的东西，不知道在哪里能找到干木头来点燃一堆火。疲劳、黑暗和一个个命令阻碍着他们前进的步伐，尽管如此，他们的意志、体力及军官们的努力还是让他们坚持了下来。他们努力想搭建一个宿营地，但肆虐的暴风雪卷走了他们为搭建宿营地而准备的东西。积雪覆盖的松树枝结满了冰，根本无法点燃。雪片还在洋洋洒洒地从空中快速飘落。他们努力想点燃树枝。第一次点燃的微弱的火苗融化了空中飞舞的雪片和地面上的积雪，但很快就熄灭了。随着火苗的熄灭，法军将士心中的希望之火也熄灭了。他们个个没精打采，心如死灰。

最后，当他们再次点燃的火苗越烧越旺时，火堆周围的军官和士兵准备他们少得可怜的晚餐。晚餐是从被炸死的马身上撕下的血淋淋的瘦肉和几勺混着雪水的黑麦面粉。第二天早晨，毫无生命体征地躺在地上、围成一个圆形的法军将士的尸体标记着这里曾是宿营地。在这些死去的法军将士周围的地面上，散布着几千匹马的尸体。

从那天起，我们对彼此的依赖开始减少。在这支曾经充满活力的军队里，将士们很容易受到各种印象的影响。尽管他们都曾受过先进文明的理性教育，但沮丧的情绪还是迅速蔓延，忽视纪律的现象也越来越普遍，而这类情况可以滋生难以想象的善，同样可以滋生难以想象的恶。在每一个宿营地，在每一段艰难的行程中，每时每刻，都有一部分人从当时仍然有组织、有秩序的军队中分离出去，陷入混乱。然而，也有一些人克服了沮丧的情绪，仍然坚守纪律。这些人中有军官、士官和坚定的士兵，都是毅力非凡的人。他们重复着斯摩棱斯克的名字，互相鼓励着。他们相信他们即将到达斯摩棱斯克。他们曾得到承诺，他们的所有愿望都将在斯摩棱斯克实现。

在这种情况下，在这场大雪和随之而来的严寒之后，每个人——无论是军官还是士兵，由于性格、年龄和体质各异，有些人仍然坚毅不屈，有些人却萎靡不振。我们的一位军官曾在执行纪律方面最严格，但现在很少去管士兵们是否遵守纪律。看到这种普遍的混乱时，他绝望地放弃了所有关于常规、秩序和条理的固有观念。他比其他人更早想到我们已经失去一切，他感到自己已经准备放弃一切了。

从戈亚茨到位于多罗戈布耶和斯摩棱斯克之间的米卡莱夫斯卡村，这支法军并没有发生什么引人注目的事情。但有件事比较显著，即将士们发现有必要将从莫斯科掠夺来的战利品扔进瑟姆勒沃湖。于是，大炮、哥特式盔甲、克里姆林宫的饰品和伊凡大帝的十字架都被扔进了瑟姆勒沃湖。战利品和荣誉——我们为之牺牲了一切的东西，现在都成了我们的负担。我们的目标不再是让生活更美好，而是保住性命。在这片巨大的废墟中，法军就像一艘在狂风暴雨中颠簸的大船，毫不犹豫地将可能阻碍自身前进的东西统统扔进了那片冰与雪的“海洋”里。

第12章 内伊处境险恶

1812年11月3日至4日，在斯塔克瓦，拿破仑及其部队停了下来。这次休息及法军看起来像在逃跑而非撤退带给他的耻辱，激发了他的想象力。他下达了几个命令，命令他的后卫部队假装成在混乱中撤退的样子，将俄军引入埋伏圈，而他则亲自在埋伏圈里等待俄军。但这个自负的计划不会产生什么效果，所以拿破仑慎重考虑后取消了这个计划。11月5日，拿破仑在多罗戈布耶过夜。在这里，他得知之前法军驻扎在斯摩棱斯克时为这次远征定购的手工磨到了，但现在才将它们分发给各部队，已经太晚了，它们已经毫无用武之地。

第二天（11月6日），天空乌云密布，突然下起了雨夹雪。此时，我们看到达鲁伯爵急匆匆地从米卡莱夫斯卡的对面赶了过来。一队骑马的哨兵待在他和拿破仑周围。

10天来我们收到的第一封信传递了一个奇怪的情报：在巴黎的一座监狱里，一位默默无闻的将军正在计划一场阴谋。这位将军没有同谋，他散布了我军已经被俄军摧毁的假消息，并伪造了让一些部队拘押各部大臣、警察局局长及巴黎司令官的命令。他的计划取得了成功。他的冲动使他在人们毫不知情的情况下采取了第一次行动。当得知他的行动后，人们普遍感到非常震惊。但关于这一事件的谣言一传到国外，一个命令就足以将这位将军的同伙或者那些被他蛊惑的人送进监狱。

这封信告知拿破仑这位将军及其同伙所犯罪行的同时，也告知了他们所受的惩罚。那些站在远处的人想从拿破仑的表情看出他正在想些什么，却什么也看不出来，因为他一直压抑着自己的情感。他对达鲁伯爵说的第一句话，也是唯一一句话是：“假如我们现在还留在莫斯科，会发生什么事情呢？”然后，拿破仑匆忙走进一幢用栅栏围起来的房子，这里曾是他的通信站。

和最忠诚的军官独处时，拿破仑立刻发泄了所有情绪，他发出惊愕、屈辱和愤怒的惊呼。过了一会儿，他又派人去请别的军官，以便观察这个非同寻常的情报会对法国军官产生什么影响。在这些军官身上，他看到了一种令人痛苦的不安与惊愕。他发现，军官们对法国政府稳定的信心彻底动摇了。拿破仑有理由相信，他们彼此交流时都会叹一口气，并且会说，人们认为已经结束的1789年法国大革命似乎还没有结束。在挣扎着摆脱大革命造成的困境的过程中，这些军官已经老了，他们是否会再次被卷入可怕的政治动荡？战争正在从四面八方向我们逼近，我们随时都有可能失去一切。

得知这一情报后，有些人深感欣慰，希望它能加快拿破仑返回法国的步伐，使其待在国内。既然国内不安定，就不要再去国外冒险。第二天，眼前的痛苦结束了这些猜测。至于拿破仑，他的所有心思再次先他一步飞到了巴黎。当他机械地朝着斯摩棱斯克的方向前进时，内伊的副官达比尼亚克上校前来相见。此时，拿破仑的全部注意力被拉回到我们当下所处的位置和时间上。

从维亚济马镇开始，内伊就保护法军撤退。对许多人来说，这次撤退是致命的；但对他而言，这次撤退则是不朽的。直到撤退到多罗戈布耶，我们也只是受到一些哥萨克人的骚扰。我们中垂死挣扎的人与我们遗弃的车辆吸引了他们的注意力。当我们准备反击时，他们便飞快地逃跑了，但仍然不断回来骚扰我们。

尽管如此，内伊送来的消息并不是关于哥萨克人的。在接近多罗戈布耶时，内伊从在他之前经过的部队留下的痕迹中看出，那些部队普遍混乱无序，而他没有能力抹去这些痕迹。到那时为止，他已下定决心将行李留给俄军。但当看到第一批丢弃在多罗戈布耶前方的大炮时，他羞愧得脸都红了。

在多罗戈布耶，内伊及其部队停了下来，度过了一个难熬的夜晚。大雪、狂风和饥荒驱使大部分人离开火堆去寻找食物和庇护所。在露宿的地方，大家焦躁不安地等待着黎明的到来。然而，到了黎明时分，一场暴风雪不期而至。就在此时，俄军也出现了。一夜之间，法军营地里的大部分人都不见了踪影。内伊只好亲自率领剩下的军官和士兵抗击俄军，他不得不迅速地率军退到第聂伯河对岸，然后派人去报告拿破仑他所面对的情形。

内伊希望拿破仑能够了解最糟糕的情况。他让自己的副官达比尼亚克上校告诉拿破仑："首先，对那些从未逃跑过的士兵来说，法军从马洛-亚罗斯拉维茨撤退，已经使他们萎靡不振；其次，法军从维亚济马镇撤退动摇了将士们的坚定意志；最后，接连不断的大雪及其预示的越来越猛烈的寒冷，让整个法军陷入混乱。大量军官失去了他们的部队，失去了他们指挥的排、营、团乃至师。于是，这些军官也变成了散兵游勇。将军、上校和其他各级军官及士兵们混在一起，乱七八糟地行进着。他们时而跟着一个纵队前进，时而跟着另一个纵队前进。在整个法军陷入普遍混乱的情况下，维持秩序已经毫无可能。这种状况的影响非常糟糕，甚至波及那些在所有革命战争中服过役的老兵。卓越的士兵们相互询问，为什么只要求他们作战来确保其他部队撤退。大批伤员被毫无目的地从莫斯科一路运送到附近的树林里，然后全部被遗弃在那里。当听到树林里传来绝望的哭声时，谁指望将士们能鼓足勇气呢？难道这就是他们的命运？他们待在自己的队伍里还能得到些什么呢？将士们白天要不停地艰难跋涉与战斗，夜间还要忍饥挨饿。在不能遮风挡雨的地方宿营，比战斗更具破坏性。饥饿和寒冷使将士们睡意全无，本应使他们恢复精力的睡眠可能会夺走他们的生命。简而言之，现在，鹰旗已经无法再保护他们，只会毁灭他们。既然如此，他们为什么还要待在自己的队伍里，与大家一同赴死呢？因此，最好分散开来。既然除了逃跑，没有其他出路，那就来试试看谁跑得最快。最优秀的士兵不应该倒下，因为他们身后的胆小鬼将不会走完剩下的路。”最后，达比尼亚克上校奉命向拿破仑解释了内伊部队的险恶处境，内伊断然拒绝为此承担责任。

实际上，拿破仑看清了周围的一切，足以判断其他类似的情况。逃兵从他身边经过，而他意识到，现在除了从外围部队开始，一部分一部分地做出牺牲，从而保存最核心的部队，他什么也做不了。因此，达比尼亚克上校开始解释时，便立刻被拿破仑打断了。他说：“达比尼亚克上校，我没有问你这些细节。”达比尼亚克上校沉默不语，他知道，在这场现在已无法挽回的灾难中，每个人都有充分理由发泄自己的情绪。但拿破仑害怕抱怨，因为除了使沉溺其中的人和听他们倾诉的人气馁，抱怨没有任何用处。

达比尼亚克上校注意到了拿破仑的态度。在整个撤退过程中，拿破仑始终保持同样的态度，庄严肃穆，沉默寡言，听天由命。他身体上承受的痛苦要比其他人少得多，但他的心理压力要比其他人多得多，何况他对法军的不幸一直耿耿于怀。当时，一个由沙彭蒂耶委派的车队从斯摩棱斯克给拿破仑送来了补给。贝西埃尔想要占有这些补给，但拿破仑立刻将它们送给了内伊，并说：“那些正在战斗的将士必须比其他人先吃到东西。”与此同时，拿破仑还派人告诉内伊：“尽量坚守阵地并保存实力，以便让法军能在斯摩棱斯克停留一下。在那里，法军可以找到食物，得到休息，并重新组织起来。”

虽然这种希望使一些法军将士坚守自己的岗位，但仍有许多人放弃了一切，加速前进，从而尽快得到拿破仑曾承诺他们经历这么多苦难后应得的东西。至于内伊，他明白必须有人做出牺牲。很明显，他就是那个牺牲品。他听天由命，准备以最大的勇气来面对一切危险。然而，他有多大的勇气，他的处境就有多危险。从此以后，内伊再也不以保住辎重或大炮为荣誉，因为寒冷的冬天从他手里夺走了这些东西。伯里斯泰纳河第一个弯道尽头的斜坡上覆盖着冰雪，所以将大炮拉上斜坡非常不易。内伊只好将部分大炮留在那里。他毫不犹豫地放弃了那些大炮，爬上了斜坡。放眼四顾，他发现伯里斯泰纳河横穿他的撤退路线，于是他决定凭借这条充满危险的河防御俄军。

在一片树林和被我们遗弃的马车的掩护下，俄军继续追击我们。在这片树林里，俄军用步枪向内伊的部队射击。内伊的部队中有一半人感到气馁，因为他们僵硬的手指被冰黏在了冰冷的武器上。他们开始退却，并为自己辩护——“前一天也因胆怯而逃跑过”。在此之前，他们认为自己是不可能逃跑的。但内伊冲到他们中间，抢走了他们的一把火枪，将他们带回战场，然后带头向俄军开枪，并且像列兵一样将自己暴露在俄军的枪口下。他手握火枪，像极了当年还不是一位丈夫，也不是一位父亲，既不拥有财富与权力，也没有后顾之忧的样子。简而言之，内伊看起来像必须争取一切一样，而事实上，他已经失去了一切。与此同时，他又变成了一个士兵，而不再是一位将军。他利用地形优势，背靠一个高地，用一幢被栅栏围起来的房子作为掩护。他注意到，他的将军与上校们，尤其是费岑扎克（Fezenzac），奋力掩护他。原本想要追击他们的俄军只好被迫撤退。

通过这一行动，内伊给法军争取了24个小时的喘息时间。趁着这段时间，法军朝斯摩棱斯克前进。第二天及接下来的日子，内伊表现出同样的英雄气概。在维亚济马镇和斯摩棱斯克城之间，他率军奋战了整整10天。

第13章

欧仁亲王的军队溃败并解散

11月13日，内伊的部队接近斯摩棱斯克城，但直到14日，他才率军进入，因为他必须四面查看，防止俄军进城。内伊原本打算占领左边的小丘以加强自己左翼部队的实力，突然，他发现那些小丘上到处都是逃跑的士兵。这些不幸的可怜虫在恐惧中跌倒，从小丘上滚了下来，滚到内伊所在的地方，跌落在冰冻的雪地里。洁白的雪地上沾染着血迹。内伊很快发现，这些人之所以如此混乱地逃跑，是因为他们中间有一些哥萨克人。他大吃一惊，驱散哥萨克人后发现，他们后面是欧仁亲王指挥的意大利军队。意大利军队的将士们回来了，他们衣衫褴褛，没有辎重，也没有大炮。

事实上，从多罗戈布耶到这里，欧仁亲王指挥的意大利军队一路遭到普拉托夫部队的围困。在多罗戈布耶附近，意大利军队离开了大路。为了继续前往维捷布斯克，欧仁亲王走上了两个月前他从斯摩棱斯克到多罗戈布耶的那条路，只是当时他的部队经过沃普河时，它只是一条小溪，几乎没有人注意到它。现在，欧仁亲王发现河水上涨，已经使沃普河变成一条宽阔的河。河水漫过泥泞的河床，在两边陡峭的堤岸之间奔流。欧仁亲王发现，他们必须在这两个崎岖不平、冻得非常坚硬的堤岸上开辟一条道路。于是，他下令在夜间拆除附近的房屋，以便用这些材料搭建一座桥。但躲进房屋的将士反对拆除房屋。由于平日里将士们对欧仁亲王更多的是爱戴，而不是惧怕，所以他们并没有服从他的命令。天亮时，哥萨克人出现了。法军的工兵两次试图架桥，但都失败了。他们非常沮丧，便放弃了架桥。

欧仁亲王率领的五六千名士兵仍然秩序井然，他们的人数是被解散的士兵及伤病员的两倍。此外，欧仁亲王的军队还有100多门大炮、弹药车和许多其他车，排列在岸上，有1里格长。军队试图从浅滩蹚过裹挟着冰块的激流。第一批过河的大炮已经到达对岸，但河水一直在上涨。与此同时，由于车轮的碾压和马蹄的践踏，浅滩的河床越来越深。一辆马车深陷其中，其他车辆也陷了进去。后来，整个军队停止了前进。

时间一点一点地被消磨掉了。欧仁亲王指挥的意大利军队在徒劳地努力过河。天气越来越寒冷，将士们越来越饿，而哥萨克人也越来越近。最后，欧仁亲王不得不命令意大利军队将大炮和所有辎重留下来，轻装过河。接着，令人伤心的一幕发生了。那些马车的主人几乎没有时间挑选他们的财物，只能从中挑出他们最需要的物品，并且将这些物品放在马背上。此时，一大群士兵赶了过来，掀翻了马车，打碎了所有东西。这些士兵没有这样的财富，便用这种方式泄愤——将马车主留下来的东西据为己有。哥萨克人只能远远地看着士兵们将这些东西带走。

然而，这些士兵中大多数人寻找的都是食物。他们将绣花衣服、画、各种装饰品和镀金的青铜器扔到一边，只为寻找几捧面粉。傍晚时分，人们可以看到，巴黎和莫斯科这两座当时世界上最大的城市的奢侈品和财富，散落在冰雪覆盖的荒野上，遭受人们的鄙视。这种景象非常奇特。

与此同时，大多数炮兵都绝望地敲打着他们的大炮，将火药撒在大炮周围。还有一些炮兵沿着弹药车的队列撒下火药。弹药车在辎重车的后面，离辎重车还有很长的距离。炮兵们等着最心急的哥萨克人走近弹药车。当一大批贪婪的哥萨克土匪来到弹药车周围时，他们就把一个宿营时点燃的火把扔到撒在地上的火药上。火焰迅速燃起，瞬间点燃了弹药车。炮弹爆炸了，马车被炸飞了，没有被当场炸死的哥萨克人沮丧地四散而逃。

法军第十四师还剩下几百人。他们与哥萨克人对抗，足以让其与欧仁亲王的部队保持一定距离，直到第二天。其余士兵、行政人员、妇孺和伤病员，在俄军炮火的攻击下，挤在河岸上。必要时，这些人就跳进湍急的河水里。但看到河面越来越高、河水裹挟着巨大而尖利的冰块滚滚向前时，他们犹豫了。寒冷已经给他们带来了无法忍受的痛苦，而跳进寒冷的河水里将令他们更加痛苦。

德尔凡蒂上校是意大利人，他不得不树立榜样，率先过河。然后，士兵们也开始过河，其他人紧随其后。身体最虚弱的人、意志最不坚定的人，或者最贪得无厌的人，都躲在后面。那些犹豫不决、既不愿离开战利品也不愿放弃财富的人，在摇摆不定时遭到了突袭。第二天，人们看到，这些可怜的人沦为哥萨克人的囚犯。哥萨克人占有了所有财富，但仍然想剥夺那些囚犯肮脏而破烂的衣服。哥萨克人剥去了那些囚犯的衣服，然后将他们集中在一起，用手中长矛的柄狠狠地打着他们赤裸的身体，驱赶着他们在雪地上行走。

过河后，意大利军队的将士们三五成群，浑身上下都被沃普河水浸透了。他们没有食物吃，没有地方住，就在一个村庄附近的雪地上度过了一晚。意大利军队的军官们希望能住在木屋里。然而，意大利士兵包围了那些木屋，疯了似地奔跑着，挤进了木屋。由于夜色昏暗，已经无法辨认出哪些人是军官，哪些人是士兵，而军官们也认不出自己的士兵了。士兵们拆掉了所有东西：门板、窗户，甚至屋顶的木板。他们并不会因自己强人所难的举动而感到内疚，也不理会别人像他们一样需要宿营。

一些将军徒劳地想把这些士兵赶走。面对他们的拳头，士兵们毫无怨言，既不反抗，也不停下来，甚至连帝国近卫军的士兵们也都如此。在整个法军里，这样的场面每晚都会发生。这些不幸的士兵虽然保持沉默，却在忙着拆墙上的木头。他们将每堵墙上的木头都拆了下来。经过徒劳的努力，军官们见无法阻止他们，又担心掉落的木头砸中自己的头，只好转身离去。士兵们决绝的行动既体现了一种非凡的毅力，也流露着他们对愤怒的军官们的尊重。他们生好火后，开始烘烤自己的衣物，然后在那些仍在过河的人的喧闹声、咒骂、呻吟声中消磨一整夜。那些从河岸上滑下去的人，都被冲进激流淹死了。

一个事实让哥萨克人感到耻辱。在这场灾难中，哥萨克人看到了如此丰富的战利品。他们面对的意大利军队不过区区几百人，并且相距只有半里格。此外，他们与欧仁亲王的部队之间还隔着沃普河。尽管如此，意大利军队足足牵制了由普拉托夫率领的鲁莽而贪婪的哥萨克人20个小时。

普拉托夫这位哥萨克人的首领确定第二天就能率军摧毁欧仁亲王的部队。事实上，他采取的所有措施都是经过精心策划的。经历了一段艰难而混乱的行军后，欧仁亲王的部队看到杜克霍夫齐纳镇近在眼前。该镇还没有遭到战火的摧残。于是，他们高兴地加速前进，迫切想在镇上找到挡风遮雨的住所。就在此时，数千名哥萨克人突然冒了出来，用炮火迫使欧仁亲王的部队停止前进。同时，普拉托夫率领大军赶来，向欧仁亲王的后卫部队和两翼发起攻击。

那些亲眼见证这次战役的人说，接下来欧仁亲王的意大利军队将彻底乱套。已经失去组织的士兵、妇女和侍从跌跌撞撞地奔跑起来，乱哄哄地从意大利军队中跑了出去。简而言之，有那么一段时间，这支不幸的军队完全陷入一片混乱，毫无队形可言，只是一群团团转的乌合之众。大势似乎已去，但欧仁亲王的冷静和军官们的努力挽救了一切。出色的士兵们从混乱的人群中抽身，排成整齐的队列向前推进，发射了几发炮弹。哥萨克人虽然占据了一切优势，却缺乏勇气，而勇气是意大利军队的唯一优势。面对意大利军队的攻击，哥萨克人开始撤退，仿佛他们只将这次战役当成了一场演习。

在杜克霍夫齐纳镇上，意大利军队找到了比较温暖的住所。但出了镇子之后，将士们就得露宿在雪地里。此外，在到达斯摩棱斯克城门口之前，意大利军队还必须准备好应对同样的突袭。发生在沃普河边的一场灾难使欧仁亲王放弃了与拿破仑分开的念头，因为哥萨克人越来越大胆，他们包围了法军第十四师。当欧仁亲王要去替法军第十四师解围时，意大利军队的将士们在零下20度的天气里冻僵了。寒风刺骨，将士们继续围在火堆燃尽后尚有余温的灰烬旁。欧仁亲王告诉将士们，他们的同伴已经被包围，而俄军正在逼近他们，他们已经能够听见子弹和炮弹的呼啸声了。尽管如此，将士们仍然无动于衷，拒绝站起来，并抗议说他们宁愿去死，也不愿再忍受如此残酷的苦难。意大利军队的骑兵和哨兵已经放弃他们的岗位。尽管如此，欧仁亲王还是设法调动了后卫部队。

欧仁亲王的部队返回斯摩棱斯克时，掉队的人被俄军驱赶到了内伊的部队中。这些掉队的人将恐慌传递给了内伊的将士们。所有人都奔向第聂伯河。他们挤在桥梁入口处，没有去想采取何种措施保护自己。此时，第四团发动的一次进攻阻止了俄军前进的脚步。

年轻的费岑扎克是第四团的上校，他设法给这些几乎快要冻死的将士注入新的生命力。与在任何战斗中一样，在这次进攻的过程中，第四团的将士们让内心的感受战胜身体上的感受，因为他们身体的每一种感受都倾向于让他们感到沮丧，并暗示他们逃跑。大自然用最迫切的声音建议他们逃跑，而几句激发他们荣誉感的话就足以使他们英勇无畏地去献身。第四团的将士们像复仇女神一样冲向俄军。尽管一切都对他们不利，但他们还是冒着北方凛冽刺骨的寒风，冲向了被俄军占领的冰雪覆盖的小丘。内伊不得不控制第四团将士们的急躁情绪。

正是费岑扎克上校的责备引起了第四团的这一变化。第四团的将士们献身于自己的事业，也许不是他们的性格使然，而是出于那种必须勇敢的本能与习惯及对荣誉的热爱。在前途如此渺茫的情况下，荣誉是一个多么绝妙的字眼啊！对一个普通士兵来说，荣誉是什么？他的牺牲是别人看不见的，他既不会受到赞扬，也不会受到指责，更不会有人为他感到遗憾，但他的荣辱与他所在的部队息息相关。对每个人来说，有自己的圈子就足够了，一个小团体可以像一个大团体一样充满激情、富有活力。一个队列整齐的排能激发一名士兵的斗志，就像一支整齐有序的军队会激发一位将军的斗志一样。

第14章 法军到达斯摩棱斯克城

法军将士终于再次看到了斯摩棱斯克城，离它越来越近。拿破仑曾许诺，他们所受的一切苦难都会在斯摩棱斯克获得回报。将士们欢呼雀跃，奔走相告。斯摩棱斯克城就是兑现承诺的地方。在这里，他们将找到丰盛的食物，不再忍饥挨饿，他们疲惫不堪的身体也会得到休息。在这里，他们将住进温暖的房间里——壁炉里的火烧得旺旺的，也将忘记他们曾在零下19度天寒地冻的地方宿营的经历。在这里，他们将美美地睡上一觉，恢复自己旺盛的精力。在这里，他们可以缝补衣服，也会得到应季的新鞋和衣服。

看到这一情景，除了精锐部队、若干士兵和由老兵组成的团仍然待在他们的队列里，其余士兵都以最快的速度向前跑去。成千上万人，其中主要是失去武器的人，占据了伯里斯泰纳河陡峭的两岸，聚集在高耸的城墙和城门周围。他们乱哄哄地站在那里，面容憔悴，满脸尘灰。他们衣衫褴褛，身上裹着一些奇怪的东西御寒。总之，这些人着装怪异，样貌丑陋，但格外热情与兴奋。斯摩棱斯克城里的部队认为，如果任凭这群因饥饿而发狂的人拥进城，那么他们将会在城里大肆劫掠。因此，城内的部队关闭城门，以免发生这种严重事故。

城内的部队希望，这种严格的措施能够将想冲进城的散兵游勇集中起来。随后，这些不幸的人开始在有序与混乱之间进行可怕的挣扎。为了冲破大门，他们徒劳地恳求着、哭泣着、威胁着，却倒在了那些奉命击退他们的士兵脚下。尽管如此，城内的部队接到命令，必须将散兵游勇拒之门外。他们发现城内将士铁面无私，不得不等待第一批部队到来。在军官的带领下，第一批部队仍然秩序井然。

第一批部队由老近卫军和青年近卫军组成。直到后来，散兵游勇才获准进城。他们与11月8日至14日陆续到达的其他部队的将士都认为，斯摩棱斯克城里的部队之所以推迟让他们进城，只是为了让近卫军拥有更多休息空间和更多食物。历尽磨难的散兵游勇认为，这种做法不公平，所以开始咒骂。“难道我们永远要为特权阶层做出牺牲？而这些人仅仅是在检阅部队时才派上用场，除了在检阅部队、庆祝活动和接受赏赐时，他们从来都不是最重要的。难道我们永远只配吃他们的残羹剩菜？我们总是要等到他们酒足饭饱之后才能得到食物吗？”然而，即使有人能回答他们的质疑，也不可能告诉他们，拯救所有人就意味着失去所有人。法军必须至少保存一支完整的部队，并优先考虑那些在重要关头能够做出最大努力的部队。

可怜的散兵游勇终于被他们热切希望进入的斯摩棱斯克城接纳了。他们离开了伯里斯泰纳河岸。河岸上充斥着那些身体虚弱的人的尸体——不耐烦的情绪和几个小时的等待足以要了他们的命。一些人倒在了冰雪覆盖的陡坡上，而只有爬上陡坡，他们才能到达上面的城区。其余人都跑到粮库那里。在他们包围城门期间，更多人因遭到拒绝而死亡了。“你们是谁？属于哪个部队？有没有自证身份的东西？”分发粮食的人接到命令，只向获得授权的军官发放粮食，所以必须认真负责。军官们需要拿着收条，来换取应得的口粮。但有三分之二的士兵既失去了自己的军官，也不知道自己所属的团在哪里。

于是，这些不幸的人分散在街道上，不再抱有任何希望，只剩下掠夺。马匹被杀，所有马肉都被吃光，只剩下骨头。这表明饥荒无处不在。所有门板和窗户都被破坏并拆了下来，用来在宿营时生火。因此，他们在那些房屋里找不到挡风遮雨的地方，找不到过冬的住所，也没有生火取暖的木头。伤病员滞留在大街上，躺在他们来时坐的马车上，穿过一个不知名的地方，仿佛再次走上了一条致命的道路。在不是废墟却堪比废墟的斯摩棱斯克城里，法军再次露宿街头。此时，斯摩棱斯克城甚至比法军刚刚离开的森林还要寒冷。

这些无组织的士兵只有找到他们所属的部队，才能获得食物。为了得到食物，他们重新加入了自己的部队。然而，所有烘烤的面包悉数分发完了，饼干没有了，肉、面粉和蔬菜干没有了，烈酒也分发完了。要防止不同部队的人员在粮库门口互相残杀，必须付出艰苦的努力。在经过烦琐的手续之后，当少得可怜的食物送到士兵那里时，他们拒绝将食物抬回部队。他们扑在那些麻袋上，从中抢过几磅面粉，然后跑开，躲起来，直到狼吞虎咽地吃完为止。酒水也是如此。第二天，屋子里到处都是不幸者的尸体。

简而言之，法军一直期待着能在斯摩棱斯克城得到他们遭受这么多苦难之后的回报，不幸的是，这里是一个致命的地方。抵达这里，只是苦难的开始。等待我们的是无法形容的艰苦，我们还得背负沉重的铁轭行走40天。对有些人来说，正在经历的苦难已经让他们很难承受了。不堪重负的士兵们被等待他们的可怕前景压垮了。有些人开始反抗命运，但他们发现，除了自己，他们没有什么可依赖的。于是，他们决定无论如何也要活下去。

自此以后，这些渴望活下去的士兵就开始恃强凌弱。比别人强壮的人就用暴力抢夺垂死的战友赖以生存的东西——衣服甚至金子。这些士兵的背囊里塞满的不是食物，而是衣服和金子。比别人弱小的人便靠偷窃获得财物。绝望使这些可怜人变成了强盗。他们扔掉了自己的武器，趁部队普遍陷入混乱之际，保住不光彩的战利品。当时，即使是在白天，也很少有人知道他们的姓名。他们身上的制服早已无比肮脏，破烂不堪，让人无法辨认出他们属于哪个部队。在昏暗的夜晚，他

† 从俄国撤退的法军

伊拉里翁·普里亚尼希尼科夫（1840—1894）绘

们更难被辨认出来。这种情况非常有利于一切怯懦和罪恶行为的发生。如果已经出版的作品没有夸大这些恐怖行为，那么我应该在如此令人厌恶的行为的细节上保持沉默，因为这些暴行非常罕见，并且最严重的罪行都已得到公正的判决。

11月9日，在这种凄凉的景象中，拿破仑率军抵达斯摩棱斯克城。他把自己关在城内新广场的一幢房子里，直到11月14日才离开，继续率军撤退。他计算了10万人的部队15天所需的粮草。然而，斯摩棱斯克城里的面粉、大米和烈酒的数量只有他们所需总量的一半；此外，城中根本没有肉。拿破仑愤怒地斥责一个奉命提供这些物资的军需官。军需官在拿破仑脚下跪了很久，才保住了自己的性命。拿破仑之所以饶恕了他，或许是因为与他的求饶相比，他所陈述的原因更有说服力。

“当我到达斯摩棱斯克城时，”这个军需官说，“继续前进的部队中有一批掉队的人。就像通常会发生的那样，这些人让斯摩棱斯克城陷入了恐怖和毁灭。与在路上行军时的状况一样，有些人饿死在城里。当城内稍稍恢复秩序时，只有犹太人首先主动提供了必要的食物。随后，一些立陶宛贵族也慷慨地施以援手。最后，负责运输从德意志征集的粮食的车队出现了。这些车是唯一穿越了立陶宛荒野的轻便马车。它们运来的面粉和大米不超过200公担。此外，数百头德意志和意大利公牛也跟随这些车来到了这里。

“其间，房屋、庭院和花园里的尸体堆积如山。尸体散发的恶臭污染了空气。这些尸体引发的一系列问题正在剥夺那些活着的人的生命。文职人员和许多军官都受了感染，有些人或者不停地哭泣，或者眼神空洞地死死地盯着地面，看起来与白痴别无二致。还有一些人的头发变得僵硬、直立。他们满口胡言乱语，或浑身上下出现可怕的抽搐，或大声地狂笑后突然倒地而死。

“与此同时，人们发现有必要立即杀死来自德意志和意大利的大部分公牛，因为它们既无法走得更远，也吃不下草料。它们的眼睛深陷在眼窝里，目光呆滞，眼珠子一动不动。即使是在人们准备打死它们时，它们也依然一动不动，不知躲避。其他不幸接连发生：几个车队被拦截，粮草被抢走，一个800头牛的牛群刚刚在诺镇遭劫。”

这个军需官又补充说：“我们还应该考虑到经过斯摩棱斯克城的大量分遣队。维克多元帅及其率领的2.8万人及大约1.5万名伤病员待在斯摩棱斯克城。由于叛乱和俄军的到来，许多邮差和掳掠者被赶回了斯摩棱斯克城。所有人都要靠斯摩棱斯克城仓库里储存的东西维持生命。每天，我们都必须分发近6万份口粮。最后，送往莫斯科的粮食和牛已经到达莫扎伊斯克，送往卡鲁加的粮食和牛已经到达耶尔尼亚。”

这些话大部分是有根据的。从斯摩棱斯克到明斯克和维尔纽斯，一座座弹药库已经建起来了。这两座城镇比斯摩棱斯克更像补给中心，而维斯瓦河沿岸的堡垒形成了提供补给的第一道防线。储存在此的粮草总量不计其数。运粮队尽了最大的努力才把粮草运送到维斯瓦河沿岸，却无济于事，因为法军对粮草的需求量太大了，运来的粮草远远不够。

实际上，大规模的远征总是因其自身不堪重负而被拖垮。法军的忍耐已经超越了人类的极限。在某种程度上，在试图超越时间、气候和距离的过程中，拿破仑迷失在空间里——纵使再有才华，他也无法超越无边无际的空间。

对其他人来说，拿破仑必须充满激情。就供给不足而言，拿破仑并没有欺骗自己，但亚历山大一世欺骗了他。拿破仑早已习惯了凭借威名及胆量给别人带来的震慑，从而战胜一切。他把军队、财富，总之，他把拥有的一切都押在了亚历山大一世的第一次行动上。拿破仑依然是在埃及、马伦哥、乌尔姆和埃斯林根时的那个拿破仑。只是他的这种做法像极了斐迪南·科尔特斯。科尔特斯是马其顿人，曾烧毁了自己的船。最重要的是，拿破仑置他的军队于不顾，急切地想要深入未知的亚洲。最后，他的这种做法就像恺撒冒险将全部财富装进一艘脆弱的木船里一样。

第 10 部分

第1章 俄国将军的行动缺乏协调

发生在温科沃的突袭，也就是库图佐夫率军在莫斯科城前发动的那次突袭，只是一场大火的导火线。就在这次突袭发生的同一天同一时刻，整个俄军又恢复了进攻态势。俄军的总计划随后被制订出来。

10月18日，正当库图佐夫所率部队的大炮摧毁拿破仑对荣耀与和平的幻想时，在拿破仑左翼部队后方100里格的地方，维特根施泰因正率军扑向波洛茨克。在拿破仑右翼部队后方200里格的地方，俄国海军上将奇恰戈夫已经利用自己兵力上的优势，压制了施瓦岑贝格亲王的部队。维特根施泰因与奇恰戈夫，一个从北方南下，另一个从南方北上，力争在波里佐夫会师。

这段路是我们撤退过程中最难走的。上述两支俄军都已接近波里佐夫，但当时拿破仑的法军还需要赶12天的路才能到达波里佐夫。此外，寒冬、饥荒和俄军都阻碍了拿破仑的部队向波里佐夫撤退。

在斯摩棱斯克，人们只是怀疑明斯克处于危险之中。波洛茨克失守时，在场的军官提供了以下相关细节。

在8月18日的战役中，圣西尔因战功卓著而被提升为元帅。之后，他就一直率军驻扎在俄国境内的杜纳河岸，占领波洛茨克。他让部队驻扎在城墙外一个坚固的营地里。整个部队在这个营地过冬，可以轻而易举地进驻立陶宛边境。我们的士兵建造的兵营比俄国农民的房子更宽敞，并且很温暖。它们组成了一个军事村，并且搭建了切合实际的防御工事，同样可以抵御寒冬和敌人的侵袭。

两个月来，敌我双方只进行了一场游击战。法军的目的是在这片土地上寻找粮食，俄军则抢夺法军找到的东西。这种战斗完全有利于俄军，因为我们的将士人生地不熟，语言不通，甚至连试图进入的那些地方的名字也不知道。因此，我们的部队不断被当地居民甚至是向导出卖。

由于这些限制、饥饿和疾病，圣西尔的兵力减少了一半。与我军不同的是，维特根施泰因所率俄军的人数因新兵的到来而增加了一倍多。到10月中旬，驻扎在波洛茨克的俄军已达5.2万人，而我军只有1.7万人，其中包括法军第六军（巴伐利亚人）及2000名骑兵。第六军人数从原来的2.2万人减至1800万人。当时，骑兵还没有赶到这里。由于没有粮草，圣西尔对俄军进攻自己部队的侧翼感到不安，于是派骑兵前往杜纳河上游一个很远的地方。他命令骑兵设法找到粮草并获取情报，然后从杜纳河左岸返回营地。

斯坦格尔正率领芬兰军队的两个师朝波洛茨克赶来，最近刚刚到达里加。圣西尔害怕自己的右翼遭到维特根施泰因部队的攻击，同时害怕自己的左翼遭到斯坦格尔的攻击，于是给麦克唐纳元帅写了一封非常紧急的信，请求他率军尽全力阻止斯坦格尔率领的俄军前进，并且自己会给他派1.5万人的援军，如果麦克唐纳不这样做，就请亲自率领1.5万人前来，接受自己的指挥，因为这些俄军一定会经过自己部队所在的地方。在同一封信中，圣西尔还向麦克唐纳提出了自己的进攻和防御计划。但麦克唐纳认为，在没有接到命令的情况下，他无权采取如此重大的行动。他不信任圣西尔，怀疑圣西尔可能有意要让俄军占领其部队的大炮所在地。他向圣西尔做出了答复，他的首要任务是保卫大炮，所以他会按兵不动。

在这种情况下，俄军变得越来越大胆。最后，10月17日，圣西尔部队的哨兵被赶进了营地。维特根施泰因的部队占领了那片环绕着波洛茨克的树林的所有出口，还威胁要与我军进行一场战斗。维特根施泰因不相信我军会冒险接受他的挑战。

由于拿破仑没有下达命令，圣西尔下定决心修筑防御工事时已经太晚了。他只派人修筑了必要的防御工事，同时指明需要炮兵重点守卫的地方，而并没有让炮兵保护守卫防御工事的士兵。他将左翼部署在杜纳河岸，由位于杜纳河左岸的炮兵掩护，兵力最强；右翼的兵力则较弱。波罗塔河是一条流入杜纳河的小河，隔开了圣西尔部队的左右两翼。

维特根施泰因派遣亚什维尔率军进攻圣西尔的左翼，给其造成了威胁。10月18日，维特根施泰因率军进攻圣西尔的右翼。起初，圣西尔保留下来的两个法国中队，凭着英勇无畏的气概击败了维特根施泰因的先头部队，夺取了他们的大炮，并俘虏了维特根施泰因。但据说，这两个法国中队并没有识破维特根施泰因的身份，因此，当被迫撤退时，他们只把维特根施泰因当成微不足道的“战利品”放了。

当时，俄军从树林里冲了出来，猛烈地攻击圣西尔的部队。在俄军步枪的猛烈射击下，圣西尔身中一枪，但他仍然留在部队里。由于他无法站立行走，只好被士兵们抬着走。维特根施泰因决心占领波洛茨克，所以战斗一直持续到天亮。由梅森守卫的堡垒在失守后先后7次被夺回。维特根施泰因曾有7次以为自己已经打败了圣西尔，但最终还是被他拖垮了。勒格朗和梅森保住了他们的战壕，战壕里到处流淌着俄国人的鲜血。

当圣西尔的右翼部队看似取得完全胜利时，其左翼部队似乎完全失败了，而造成这种逆转的原因是瑞士人和克罗地亚人操之过急。瑞士人和克罗地亚人之间的竞争关系一直持续着，他们都希望有机会施展拳脚。他们太急于证明自己配得上这支大军，所以行事鲁莽，就被草率地部署在阵地的前方。为了吸引亚什维尔，他们放弃为摧毁其部队而准备好的阵地，冲上前去，迎战亚什维尔率领的俄军。他们寡不敌众，与俄军混战在一起，导致法国炮兵无法朝俄军开炮，成为无用的摆设。至于我军盟友，则被赶回了波洛茨克。

直到这时，杜纳河左岸的法国炮兵才找到机会向俄军开炮。不过，这些炮兵非但没有阻止俄军前进，反倒促使俄军加快了前进速度。为了避免法国炮兵的炮火，亚什维尔指挥俄军迅速冲进了波罗塔河的深谷，准备从那里进城。这时，3门法国大炮终于开始仓促攻击俄军最前面的纵队，再加上瑞士人的最后努力，我军成功地将驱赶了俄军。10月18日5时，战斗结束了。四面八方的俄军撤退到树林里。我军1.4万人打败了俄军5万人。

接下来的那个夜晚非常宁静，甚至对圣西尔来说也是如此。他的骑兵被骗，给他带来了错误的情报。骑兵向圣西尔保证，无论是在杜纳河的上游，还是下游，都没有俄军通过。然而，这个情报并不准确，因为斯坦格尔已经率领1.3万人的俄军从德里萨渡过杜纳河，沿河左岸前进。斯坦格尔的目标是从背后袭击圣西尔，将其困在位于斯坦格尔、杜纳河与维特根施泰因之间的波洛茨克。

10月19日早晨，维特根施泰因的部队暴露在我军武器攻击范围之内，并表现出进攻我军的态势，但他似乎害怕发出进攻信号。尽管如此，圣西尔并没有被这些表象欺骗，他知道并不是他脆弱的防御工事阻挡了一支大胆且人数众多的俄军。毫无疑问，维特根施泰因是在等待某种军事部署的结果，等待一个重要的协同作战的信号，而与他协同作战的部队，只能是在他的后方。

10月19日10时左右，圣西尔的一名副官带着情报从杜纳河对岸疾驰而来。情报显示，另一支俄军在斯坦格尔的率领下，正沿着立陶宛境内的杜纳河岸快速前进，并且已经击败法军骑兵。圣西尔立即请求支援。如果没有援军，这支俄军很快就会到达他的营地后方，并将他包围。维特根施泰因很快就得知了这个消息。这个消息使他麾下的士兵欢呼雀跃，同时使法军士兵沮丧不已。法军的处境变得极其危险。这些勇敢的士兵被3倍于己的俄军包围在一座木城里，身后有一条大河。除了河上的一座桥，他们别无退路，而这座桥的另一头也有一支俄军威胁他们。

当时，圣西尔削减出兵人数，派了3个团去杜纳河对岸阻击斯坦格尔的部队，结果却是徒劳的。他设法阻止维特根施泰因的部队侦察到这3个团的动向。斯坦格尔部队的炮声离波洛茨克越来越近。法军营地左边的炮台原本保护着营地，现在已经调转方向，准备好向斯坦格尔率领的俄军开炮了。看到这一转变，维特根施泰因的部队发出一阵阵欢呼声，但维特根施泰因仍然纹丝不动。要想发动进攻，他不仅需要听到斯坦格尔发起进攻的号角声，而且决心看到斯坦格尔露面。

与此同时，圣西尔麾下的将军们惊慌失措。他们围着圣西尔，敦促他下令撤退，因为再不撤退就没机会了。他拒绝了将军们的请求，因为他相信，眼前全副武装的5万名俄国人正翘首以待，一旦他的部队开始撤退，他们便会飞奔过来追击。因此，圣西尔依然按兵不动，利用了俄军疑惑的空当。他仍然自以为是地认为，在斯坦格尔的部队出现之前，夜色就会笼罩波洛茨克。

后来，圣西尔承认，他一生中从未如此焦虑不安。在焦急等待的3个小时里，他不时看看手表，再看看太阳，仿佛这样能加快太阳落山似的。

终于，斯坦格尔的部队在半个小时内就可以到达波洛茨克了。但当再努力一下就可以出现在平原上，到达波洛茨克的桥边，并堵住圣西尔的部队逃离维特根施泰因的部队围追堵截的唯一出路时，斯坦格尔的部队停止了前进。不久，夜幕降临前，出现了浓雾，使3支部队无法看到彼此。法军将士把夜幕降临看作上天对他们的垂怜。

圣西尔等待的就是这一刻。他部队中数量众多的大炮已经悄无声息地过了河，而他指挥的各个师也即将过河，悄悄地撤退。然而，就在这时，勒格朗的士兵不知是出于习惯，还是因把营地全部留给俄军而后悔，居然放火烧了军营。其他两个师认为这是上级批准火烧营地的一个信号，便以勒格朗的师为示范，也开始火烧营地。须臾之间，营地一片火光。

火光暴露了圣西尔部队的动向。维特根施泰因命令所有大炮立即开火，并令全部将士向前冲去。一发发炮弹使整个波洛茨克城陷入火海。法军不得不与火势比速度，在大火烧过来之前迅速撤退。波洛茨克城被火光照亮，如同白昼一般。然而，法军撤退得井然有序。敌我双方的损失都很惨重。直到10月20日3时，俄军才再次占领波洛茨克。

幸运的是，尽管俄国民兵的呐喊声很大，但斯坦格尔在这场喧嚣的战斗中睡得很香。当晚，他几乎没有派兵支援维特根施泰因的部队，就像前一天维特根施泰因几乎没有派兵支援他的部队一样。直到维特根施泰因的右翼部队结束了战斗，波洛茨克城的桥梁才断裂。此时，圣西尔的所有兵力已经到达杜纳河左岸。接下来，他就能毫无顾忌地对付斯坦格尔的部队了。就在这时，斯坦格尔开始行动了。但他刚开始采取行动，弗雷德伯爵便率领6000名法军士兵突袭了他的部队，迫使其退回之前离开的几里格外的那片树林。弗雷德伯爵还杀死或俘虏了斯坦格尔手下的2000名士兵。

第2章 错失击败俄军的机会

10月21日是让我们感到光荣的日子。维特根施泰因的部队被击退了，斯坦格尔的部队被打败了，1万名俄国人被杀，其中有6名将军或死或伤，失去了战斗力。但圣西尔也受伤了，我军的进攻失败了。俄军兵力充足，将士们充满信心，兴高采烈。我军则兵力不足，将士们失去了勇气。因此，我们必须撤退。法军需要一名指挥官。弗雷德伯爵渴望指挥法军，但法国的将军们拒绝与他合作，因为他们了解他的性格，认为不可能与他和睦相处。由于这些法国将军无不自以为是，圣西尔即使有伤在身，也不得不继续指挥两支部队。

紧接着，圣西尔命令法军从通往斯莫利安齐的所有道路撤退。他一直处在部队中间，指挥并协调两边各个纵队前进。这种撤退方式与拿破仑采取的撤退方式截然不同。

圣西尔的目的是找到更多粮草，以便行军时更加自由、更加协调。总之，他要避免众多纵队行军过程中普遍存在的混乱问题，因为部队、大炮和辎重都挤在同一条道路上，混乱在所难免。他成功地达到了自己的目的。虽然有5000名俄军紧随其后，但1万名法国人、瑞士人和克罗地亚人排成4个纵队缓慢撤退，不仅没有被俄军打垮，而且使维特根施泰因和斯坦格尔的部队在8天内只走了正常行军的情况下3天便能走完的路程。

圣西尔就这样率军向南撤退。沿着公路右侧，他们从奥恰一路走到波里佐夫。这正是拿破仑从莫斯科撤退时走的路线。途中，只有左翼的一个纵队遭到了俄军的阻击。这个纵队是弗雷德伯爵率领的1500名巴伐利亚人，以及一个法国骑兵旅。尽管圣西尔曾命令弗雷德伯爵归还这个骑兵旅，但弗雷德伯爵仍然将其留在自己的部队里。弗雷德伯爵因自尊心受到了伤害，再也无法屈从于别人的指挥，所以行军时变得随心所欲。但这种做法使他失去了全部辎重。后来，他以更好地服务共同事业为借口，选择了从维尔纽斯到维捷布斯克这一撤退路线，而拿破仑已经放弃了这条路线。这样一来，弗雷德伯爵的纵队就脱离了法军第二军，经克鲁伯克向维雷卡撤退，这对大局没有任何用处。

8月19日以来，弗雷德伯爵一直心存不满。他认为，8月18日法军之所以能取得胜利，是因为他做出了很大的贡献。但第二天的报告几乎没有提到他的贡献。这种想法一直萦绕在弗雷德伯爵的脑海里，挥之不去。于是，他不断抱怨。据说，他的弟弟正在奥地利部队中服役。在弟弟的不停怂恿下，这种想法深深刺痛了他。此外，人们相信，在撤退的最后阶段，萨克森将军蒂尔曼将弗雷德伯爵拉进了解放德意志的计划。

当时，几乎没有人察觉到这种背叛行为。维克多元帅急率2.5万人从斯摩棱斯克城赶来。10月31日，在斯莫利安齐城外，维克多的部队与圣西尔的部队会师。当时，维特根施泰因对此毫不知情，他相信自己的兵力具有优势。他已率军渡过了卢科尔姆利亚河，鲁莽地从自己后方的深沟攻击了我军的岗哨。这两支部队只要同时努力，便可彻底摧毁维特根施泰因的部队。第二军的将士们满腔热情。但就在第二军一心想取得胜利，相信胜利唾手可得，等待冲锋的信号时，维克多却下令撤退。

当时，大家都认为维克多的谨慎不合时宜。他之所以这么谨慎，究竟是因为他不熟悉俄国——这是他第一次来到这个国家，还是因为他不信任那些当时没有战斗经验的士兵，我们不得而知。他可能不认为自己有理由冒险率军与维特根施泰因的部队战斗，因为这场战斗如果失败了，肯定会导致大军及其指挥官阵亡。

撤退到卢科尔姆利亚河对岸后，维克多的部队一整天都保持守势。在夜色的掩护下，他打算率军占领西耶诺。俄国将军维特根施泰因后来意识到了部队处境危险。情况十分危急，他只能利用我军撤退及由此引发的士气低迷来撤退自己的部队。

向我们描述这些细节的军官补充说，从那时起，维特根施泰因似乎一心只想重新夺回维捷布斯克，所以他命部队保持守势。维特根施泰因可能认为，为了和俄国海军上将奇恰戈夫的部队会师，从别列津纳河的源头过河太轻率了。我们听到了一个未证实的谣言，说维特根施泰因的部队已经从南方向明斯克和波里佐夫挺进，还说施瓦岑贝格亲王已经叛变。

11月6日是一个不幸的日子。这天，在米卡莱夫斯卡，拿破仑收到了关于马利特制造阴谋的消息。拿破仑得知，第二军和第九军已经会师，并在扎兹尼基与俄军交战。他被这个情报激怒了，立即向维克多下达命令。为了保障军队的安全，维克多必须立刻率军将维特根施泰因赶回杜纳河对岸。拿破仑并没有向维克多隐瞒他已经带着部队死里逃生、到达斯摩棱斯克这个事实。此外，他的骑兵已经完全没有马可骑了。

走运的日子已经过去了，灾难性消息从四面八方传来。一方面，波洛茨克、杜纳河和维捷布斯克失守，维特根施泰因的部队在4天内就可以行军至波里佐夫。另一方面，在埃尔尼亚，德希利尔的部队被打败了。俄军切断了奥热罗的旅的退路，并占领了弹药库和通往埃尔尼亚的道路，之后，库图佐夫及其部队就可以在克拉斯诺镇以逸待劳，等待我军前来，就像他在维亚济马镇所做的那样。

同时，在我军前面100里格的地方，施瓦岑贝格亲王告知拿破仑，他正在率军占领华沙。换句话说，他已经放弃了明斯克与波里佐夫的弹药库，完全不顾及法军的撤退。奥地利皇帝弗朗茨二世可能打算把拿破仑拱手送给俄国。

与此同时，在我军的后方和中路，欧仁亲王的部队被困在了沃普河边，那些一直在斯摩棱斯克城等待我们的马已经被士兵们吃光了，莫蒂埃元帅军队的马在觅食时被掠走了，克拉斯诺镇的牛被俄军抢走了，法军将士出现了可怕的病症。在巴黎，遍布阴谋的时代似乎又回来了。简言之，一切似乎使拿破仑不堪重负。

拿破仑每天收到的关于各部队状况的报告就像死亡名单一样。从这些报告中，拿破仑看到军队中仍然有战斗力的士兵已经从征服莫斯科时的18万人减至3万人。面对一连串灾难，他只能消极应对。他依然保持着一种不可逾越、不可动摇的坚定态度。拿破仑的表情依然不变，他既没有改变他的习惯，也没有改变他的命令。看到拿破仑的这些情况时，你可能会认为他手下还有几支部队。他甚至没有加快行军的步伐。他只是对维克多的谨慎态度感到非常恼怒，因此，他再次向维克多下达命令，令其率军攻击维特根施泰因的部队，从而消除威胁自己撤退的危险。至于德希利尔，拿破仑将他派往柏林了。到了柏林后，德希利尔被撤退时的疲劳击垮，一病不起，还没来得及为自己辩护就死了。

拿破仑保持不可动摇的坚定态度。这种态度是一种无比强大的精神，也是一种无可挽回的不幸。令人惊讶的是，他允许命运剥夺他的一切，却不会为拯救一部分人而牺牲另一部分人。起初，在没有得到拿破仑的命令之前，法军各部队的指挥官们便自作主张，烧了他们的辎重，毁了他们的大炮。拿破仑不得不允许他们这么做。他们如果认为拿破仑后来做了类似的指示，那绝对是曲解了他的意思。他似乎很顽强，重要的是，他没有做出任何举动来表明自己承认失败了。要么是因为他尊重自己的不幸，并凭借自己的执着为周围的人树立了坚韧不拔的榜样，要么是因为他像那些幸运常相随的人一样骄傲，而这种骄傲加速了他们的垮台。

对法军而言，斯摩棱斯克是一个更加致命的地方，而对一些人来说，这里是一座可以休息的“宫殿”。来到斯摩棱斯克，在痛苦得以暂时缓解后，法军将士互相问道：“为什么在莫斯科，所有事情都被遗忘了？为什么会有这么多没用的行李？为什么这么多士兵的背囊里装满了黄金，而不是食物和衣服？为什么他们会被饿死或冻死？最重要的是，如果33天的休息时间还是不够为这么多炮兵、骑兵和战马制作在雪地里行走时所需的鞋和马掌，那要怎么办呢？只有穿着这样的鞋，我们才可以行进得更加稳当、更加迅速。

“如果早已做好这些准备，我们就不会在维亚济马镇、沃普河与第聂伯河及整个撤退过程中损失最优秀的士兵了。总之，即使是现在，库图佐夫、维特根施泰因或许还有俄国海军上将奇恰戈夫，也不会有时机让我们陷入更加致命的状况。

“可是，就算拿破仑没有下达命令，法军各部队的指挥官们也应该采取预防措施。他们可都是国王、亲王和元帅！难道他们没有预见到俄国的冬天有多么寒冷吗？还是说拿破仑已经习惯了士兵们的积极与智慧，所以才高估了他们的见识？难道对波兰战役的回忆蒙蔽了拿破仑？因为波兰的冬天和我们自己国家的冬天一样温暖，整个10月的天气都很晴朗。就连俄国人也对此感到惊讶。是什么样的精神主宰了整个法军及其领袖？法军各部队的指挥官们都在盘算什么？即使在莫斯科被和平的希望冲昏了头，我们最终也是要返回法国的。但我们什么都没有准备，甚至没有为取得和平后踏上归国之路做任何准备！”

越来越多的人无法解释拿破仑及其指挥官们为何没有对俄国的寒冬做好准备，只能将这种疏忽归因于他们自己的粗心大意，因为在军队和专制政府中，为所有人着想只是最高领袖的职责。人们认为，不管出现什么问题，最高领袖都应该负全责。不幸的事一旦发生，人们就开始不信任最高领袖，对其百般指责。前文已经提到，对像拿破仑这种精力充沛的天才来说，出现这种重大过失是极不可能的。在如此长时间远离家园，在遥远而陌生的异国他乡行军打仗的过程中，拿破仑的过失似乎反映出一种带有普遍性的错误，而这种错误正是“历代君主毁灭的先兆”。

拿破仑到达斯摩棱斯克已经5天了。大家都知道，内伊已经接到命令，尽可能晚一些到达斯摩棱斯克。欧仁亲王也接到命令，要在杜克切纳停留2天。“那么，陛下就不是为了等待意大利军队而必须停留在斯摩棱斯克。既然如此，当饥荒、疾病和寒冬来临，3支俄军正逐渐包围我们的时候，我们为什么还要在这里拖延呢?

“当我们深入俄国这个大国的心脏地带时，难道俄军就没有向波罗的海和黑海方向挺进吗？当我们没有给俄国造成致命的打击，相反却让自己陷入困境时，难道俄军会按兵不动吗？当俄国强大的军队即将包围我们时，难道我们被彻底消灭的致命时刻还没有到来吗？我们能想象，我们可以通过让南方的奥地利人和北方的普鲁士人联合起来，困住俄军，或者让俄军陷入瘫痪吗？让波兰军队和法国军队与这些危险的盟友并肩作战，这难道不是一种让它们完全失去用武之地的方法吗？

“但3个月前，当陛下停止前进，开始攻击斯摩棱斯克城，而不是向埃尔尼亚右侧进军时，陛下并没有进一步深入调查法军陷入困境的原因。难道陛下没有发现俄国人对我们的这种做法感到非常高兴吗？假如当时进军埃尔尼亚，我们就会切断俄军向莫斯科撤退的道路。现在，我们撤退到斯摩棱斯克，又要在同样的地方抗击俄军了。现在，俄军的行动比我们当时要自由得多。俄军会犯我们当时犯的错误吗？在我们撤退的过程中，当俄军可以轻易地赶到我们前方时，难道会一直跟在我们后面吗？

“如果库图佐夫的攻击更大胆、更巧妙，陛下会愿意吗？俄军现在的情形与我们当时的情形一样吗？在俄军撤退期间，难道不是所有条件都对他们有利吗？相反，在我们撤退时，难道不是所有条件都对我们不利吗？难道俄军切断了奥热罗与他的旅的联系还不能让陛下将一切看清楚吗？除了得到粮食补给并迅速向前推进，我们还需要在已经被烧毁和被劫掠的斯摩棱斯克做什么事情？

“可是，陛下想当然地认为，他的急件表明他已经在斯摩棱斯克停留了5天的时间。这样一来，他就可以让军队混乱无序的逃跑看起来像是在缓慢而光荣的撤退。这正是他下令摧毁斯摩棱斯克周围塔楼的原因。正如他表达的那样，他不希望这些城墙再次阻挡我们。仿佛我们回到了一个地方，却不知道是否能从这个地方离开一样。

“谁会相信陛下之所以这样做，是想给炮兵争取时间，让他们给马钉上马掌，以便能够在冰面上行走呢？仿佛陛下可以指望那些因饥饿和长途跋涉而变得瘦弱的工人来进行任何劳动。这些可怜人发现，昼短夜长，他们几乎找不到可吃的食物，也找不到可穿的衣服，他们的锻造工具已经被丢弃或损坏。此外，他们还需要大量不可或缺的材料。

“或许陛下是希望给自己留出时间，抛弃那些带来麻烦、没有用处的士兵，摆脱危险，离开部队，去召集更好的士兵，重新组建军队？就好像他可以将任何命令传达给如此分散的士兵，或者将既没有住处也没有粮食的士兵召集在宿营地一样。总之，就算我们考虑将垂死的士兵重新组织成部队，他们也不再坚持任何信念，而最微不足道的攻击就足以让他们作鸟兽散。”

以上就是拿破仑周围的军官们的谈话。或者更确切地说，是他们内心的写照。在最严重的灾难和全国上下普遍叛乱两年多的时间里，他们都完全忠于拿破仑。

然而，拿破仑的努力并不是完全没有结果的。他将剩余的所有骑兵集结起来，由一名指挥官指挥。我们的骑兵在渡过涅曼河时有3.7万人，而现在只剩下1800人。拿破仑将骑兵部队的指挥权交给了拉图尔-莫堡侯爵。不知是出于对侯爵的尊敬，还是因为大家都感到疲惫不堪，没有人提出反对意见。

拉图尔-莫堡侯爵接受了这个光荣的任命，他既没有表现得很高兴，也没有表现得很遗憾。他是一个与众不同的人，时刻准备战斗，从不冒失，非常活跃却很冷静。他以无比纯洁的道德、朴素而不浮夸的品质著称。在其他方面，他不矫揉造作，待人非常真诚，通过行动而非言语为自己争得荣耀。在极度混乱的情况下，他总是秩序井然、泰然自若地前行。因此，在那个耀眼的时代，他总是比任何人更迅速地获得最高荣誉。

那些不堪一击的部队被重新组织起来。部分粮食被分配下去，还夺来一部分粮食。拿破仑和近卫军得到了休息。只有部分火炮和行李被毁。许多命令得以迅速传达，这些就是这次致命的拖延带来的所有好处。然而，在其他方面，人们预料的所有不幸都发生了。数百人暂时集结在了一起。地雷爆炸了，却几乎没有炸毁城墙的外部。这些地雷是最后一天才使用的，目的是将那些掉队的士兵赶出斯摩棱斯克城，因为我们已经无法让他们行动起来了。

那些彻底失去信心的士兵、妇女及几千名伤病员，都被遗弃在斯摩棱斯克城。从奥热罗在埃尔尼亚附近的遭遇可以非常明显地看出，现在库图佐夫成了追击者，并且他没有将追击路线限制在大路上。他正率军从埃尔尼亚直接向克拉斯诺前进。此外，我们应该预见到我们必须切断俄军的道路。11月14日，法军——或者更确切地说，3.6万名士兵才开始前进。

老近卫军和青年近卫军当时只有9000到1万名步兵与2000名骑兵。达武率领的法军第一军有八九千人，内伊率领的法军第三军有五六千人，欧仁亲王所率的意大利军队有5000人，波尼亚托夫斯基的军队有800人，朱诺特将军率领的威斯特伐利亚军队有700人，拉图尔-莫堡侯爵率领的剩余骑兵有1500人。此外，还有大约1000名轻骑兵及已经没有马可骑的500名骑兵。我们已经将他们成功地集合在一起了。

离开莫斯科时，这支法军共有10万人，而在25天内其人数已经减少至3.6万人。法军炮兵已经损失了350门大炮，残存的为数不多的炮兵分成了8支队伍。与此同时，他们还被6万名手无寸铁的掉队的士兵和许多大炮及行李拖累。

不知是因为受这么多人和马车的拖累，还是因为一种错误的安全感，拿破仑下令每隔一天让一个将领率军出发。他这样做很可能是因为后者。不管怎样，拿破仑、欧仁亲王、达武和内伊相继离开斯摩棱斯克城了。直到11月16日或17日，内伊才离开。内伊接到的命令是，让炮兵锯掉大炮的炮耳（trunnions），然后把大炮埋起来，销毁弹药，驱赶前面所有掉队的士兵，炸毁斯摩棱斯克城周的塔楼。与此同时，在距离斯摩棱斯克城几里格的地方，库图佐夫及其部队正等着我们，准备各个击破法军残存的各部队，让它们无法守望相助。

第3章
拿破仑离开斯摩棱斯克城

11月14日5时左右，法军的第一个纵队终于离开了斯摩棱斯克城。这个纵队行军时步伐仍然很坚定，氛围却像黑夜一样阴郁，与脚下的这片土地一样寂静，失去了往日的活力。

只有偶尔传来的鞭打那些可怜的马匹发出的声音，以及当他们遇到深沟时发出的短暂而猛烈的咒骂声才会打破这种寂静。在黑暗中，人、马和大炮从这些结冰的斜坡上相继滚下去，一个叠在另一个的身上。第一天，他们才前进了5里格。近卫军中的炮兵花了22个小时才走出这片土地。

这个纵队到达克里斯尼亚时并没有发生重大伤亡，但朱诺特将军率领的威斯特伐利亚军队到达克里斯尼亚时已经减少至700人。法军的先头部队已经推进至克拉斯诺。法军的伤病员和掉队士兵即将到达利亚迪。克里斯尼亚与斯摩棱斯克相距5里格，克拉斯诺与克里斯尼亚相距5里格，利亚迪与克拉斯诺相距4里格，伯里斯泰纳河从距离克里斯尼亚通往克拉斯诺的大路右侧2里格的地方蜿蜒流过。

在克里斯尼亚附近、靠近这条大路的地方，有一条路从埃尔尼亚通往克拉斯诺。就在这个纵队到达克里斯尼亚的那天，库图佐夫正率领9万人的俄军浩浩荡荡地行进在这条路上。库图佐夫采取的行军路线与拿破仑的行军路线是平行的，但他的部队很快就超过了拿破仑的部队。到达交叉路口时，他派了几支先头部队前来截断我们的退路。

据说，其中俄军第一支先头部队由托尔斯泰伯爵指挥。它与拿破仑的部队同时出现在克里斯尼亚。法军击退了托尔斯泰的先头部队。

米洛拉多维奇指挥的第二支先头部队有2万人，占领了我们前方3里格的地方。它部署在通往梅利诺和尼库利亚的那条大路左侧一条深沟后面，就埋伏在我们撤退时将要走的那条路旁，等待我们前来。

与此同时，俄军的第三支先头部队到达了克拉斯诺，并在夜间偷袭了克拉斯诺，但波尔塔率军将其赶了出来。其实，波尔塔的部队也是刚刚到达克拉斯诺。

俄军的最后一支先头部队，即第四支先头部队，继续向前推进，到达位于克拉斯诺与利亚迪之间的地方，并俘虏了几名途经那条大路的法军将军和其他官员。

与此同时，库图佐夫率领主力部队前进，并在俄军先头部队后面驻扎下来，距离它们都非常近。库图佐夫庆幸自己的军事策略取得了成功。然而，不知是因为我们缺乏远见，还是因为他太拖拉，他采取的军事策略不可避免地会遭遇失败。这是一场错误对错误的较量。在这场较量中，我们所犯的错误最大，我们根本没有想过会逃脱被彻底毁灭的命运。做出这些部署之后，库图佐夫一定认为法军已经成为囊中之物。实际上，正是他的这一信念，拯救了我们。库图佐夫行动时已经心有余而力不足。他原本计划得很周密，但由于年迈，他只执行了一半计划，并且执行得很糟糕。

当俄军忙着在拿破仑及其军队周围部署时，拿破仑在一个简陋的茅屋里格外平静。这个茅屋是唯一一个仍然矗立在克里斯尼亚的住所。显然，拿破仑完全没有意识到这些正从四面八方向他包围过来的部队（包括炮兵和骑兵）的一切行动。至少他没有向停留在斯摩棱斯克的法军3个军下达加速前进的命令，而他也在等待天亮后继续前进。

拿破仑的部队正在向前推进，根本没有采取任何预防措施。部队前面是一群掉队的士兵。他们急切地想要到达克拉斯诺。当他们走到距离克拉斯诺2里格的地方时，哥萨克人突然穿过大路，出现在这些掉队的士兵前面。哥萨克人当时就部署在我们左边的高地上。这些掉队的士兵惊愕地停住了脚步，根本没有想到会发生这种事情。刚开始，他们更愿意相信无情的命运循着他们在雪地上留下的脚印追踪他们，从欧洲一路到了这里，而他们在雪地上留下的脚印就像一道长长的、黑色的、静止的线条，让他们的希望变得无比渺茫。

一些掉队的士兵因艰苦的处境而变得愚笨麻木，不知所措。他们眼神空洞地眺望着家的方向，机械而执着地朝那里前进，听不进任何警告。他们就要投降了。其他人则聚集在一起。敌我双方都停顿了一下，以便判断彼此的兵力强弱。这时，法军几名军官走上前来，在某种程度上让这些掉队的士兵恢复了秩序。这些军官派来七八名步兵，足以冲破哥萨克人构成的那道极其危险的障碍。

就在法军将士嘲笑这次攻击无聊且鲁莽时，他们左边高地上的俄军炮兵突然开始向他们开炮。炮弹穿过马路。与此同时，由30名俄军士兵组成的纵队出现在他们左侧，威胁着正在前进的威斯特伐利亚军队，使其指挥官感到十分迷惑。他没有迅速做出反应，以迎接俄军的进攻。

一位受伤的官员——他不为这些德意志人所熟悉，只是偶然出现在这里——愤怒地朝他们叫喊，并立即开始指挥他们。他们就像服从自己的指挥官一样服从他的指挥。情况危急，容不得他们考虑这样做是否符合常理。这位官员表现得鹤立鸡群，成为人群的焦点，他们聚集在他身边。他们的指挥官依然感到困惑不已，但还是保持了沉默，顺从这位官员发出的命令，并承认他比自己更出色。危险解除后，指挥官提出了异议，但并没有像经常发生的那样进行报复。

这位受伤的官员就是埃克塞尔曼。在这次行动中，他充当各种角色——将军、行政官员、士兵，甚至更确切地说是炮兵，他夺取了一门被遗弃的大炮。他为大炮装上炮弹，对准俄军，开始射击。他让这门大炮再次为我军所用，对付俄军。这场战役结束后，威斯特伐利亚军队的这位指挥官郁郁而终，英年早逝。我们可以由此推断，过度疲劳和身体所受的几处重伤早已对他造成了致命的伤害。

看到领头的法军纵队如此整齐地进军时，俄军便集中火力发起攻击。但这个纵队藐视俄军的攻击，很快就将其甩在了后面。当轮到老近卫军中的掷弹兵从这里经过时，俄军还在射击，但这些掷弹兵就像一个移动的堡垒，将拿破仑紧紧地围在中间。他们为自己竭力保护拿破仑而感到自豪。老近卫军中的军乐队表达了这种自豪。在最危险的时刻，这支军乐队演奏了著名的曲子《没有什么比与家人团聚更幸福！》。实际上，没有任何东西能逃过拿破仑的注意。他高声制止了军乐队，“还是演奏《让我们守护法国的安全》吧！”“守护法国的安全”更符合拿破仑当时的迫切心情，也符合法国当时的局势。

俄军的炮火越来越猛烈。拿破仑下令捣毁俄军的炮台，让俄军的大炮成为哑炮。两个小时后，拿破仑的部队到达了克拉斯诺。波尔塔的部队及行进在拿破仑前面的第一批掷弹兵的出现，足以赶跑俄军的步兵。拿破仑陷入了极度焦虑，因为他不知道攻击他的是哪支俄军。他的骑兵已经太弱了，无法远离大路去搜集相关的情报。他让莫蒂埃元帅率领青年近卫军跟在他身后，与他保持1里格的距离。莫蒂埃元帅的青年近卫军离拿破仑太远了，兵力也太弱了，无法支援他的部队。于是，拿破仑决定等待他们。

莫蒂埃元帅的青年近卫军经过前文提及的距离克拉斯诺2里格的地方时，并没有发生血腥的战斗，但那里的地形给他们带来许多困难。这条路沿途多高地，且被冰雪覆盖。为了翻越这些高地，莫蒂埃元帅不得不命人将大炮和行李留在后面。在每一个高地上，大炮都因受到阻扰而被抛弃，而行李在被抛弃之前就被抢光了。俄军可以从其所处的位置俯瞰青年近卫军的全貌。青年近卫军将士们的身体已经非常虚弱，他们伤痕累累、衣不蔽体。总之，俄军看到了法军非常狼狈的一面，而这一切通常会被非常小心地隐藏起来。

尽管如此，米洛拉多维奇似乎只满足于从他所处的位置羞辱正在经过这里的拿破仑，以及那支长期以来一直令欧洲感到恐惧的老近卫军。直到拿破仑的部队过去后，米洛拉多维奇才敢收拾残局。但后来，他变得大胆起来。他集中兵力，从高处下来，占领了这条大路对面一个可以部署2000人的有利位置。这样一来，他隔开了欧仁亲王、达武和内伊的部队与拿破仑的部队，并切断了这3位指挥官前往欧洲的道路。

第4章 欧仁亲王九死一生

当米洛拉多维奇做这些准备时，在斯摩棱斯克，欧仁亲王正全力以赴集结分散的部队。他费了好大的劲才制止了士兵们抢劫粮库的行为，将他们召集起来。然而，直到11月15日，他才成功地集结了8000人。欧仁亲王不得不向士兵们保证一定给他们供应粮食，并将通往立陶宛的道路指给士兵们看，以促使他们重新开始行军。夜幕降临后，欧仁亲王和士兵们不得不在距离斯摩棱斯克城3里格的地方停下来。一半士兵已经离开了队伍。第二天早晨，欧仁亲王和士兵们继续行军。尽管夜晚很冷，士兵们可能会面临死亡，但他们并没有留在宿营地。

欧仁亲王前一天听到的隆隆炮声已经停止了。拿破仑的部队在艰难地前进着。掉队的士兵加入了他们遇到的部队。欧仁亲王及其参谋长神情忧郁，陷入沉思，信马由缰地前进着。不知不觉，他们将自己的部队抛在了身后，却丝毫没有意识到这一点。因为这条路上到处是掉队的士兵和随心所欲地行进的人，大家已经不再指望这些人保持部队该有的秩序。

就这样，欧仁亲王及其参谋长来到了距离克拉斯诺2里格的地方。此时，眼前发生的一件奇怪的事情引起了欧仁亲王及其参谋长的注意。几名掉队的士兵突然停止前进，跟在他们后面的人也停了下来，和他们站在一起。那些比这几名掉队的士兵走得更远的人又退了回来，加入他们。这些人挤在一起。很快，人越来越多。欧仁亲王十分惊讶。他环顾四周，意识到自己已经远远地走在了部队前面，而他的部队需要行军1个小时才能追上他。他身边只有1500人。这些军衔不同的人来自不同的国家、不同的部队。他们没有领袖，毫无秩序，手上也没有可以进行战斗的武器。俄军要求欧仁亲王身边的这支部队投降。

俄军的要求引起了一阵愤怒的叫喊声。一个俄国人手持休战旗，独自走过来，坚持要求这支部队投降。“我们已经击败了拿破仑和他的近卫军，”这个俄国人对欧仁亲王说，“你们已经被2万人的俄军包围了。除了体面地接受投降，你们没有办法保证自己的安全。这些是米洛拉多维奇将军给你们的建议。”

听了这些话，居永将军从人群中冲出来，大喊道：“你从哪里来就回哪里去！告诉那个派你来的人，假如他有2万人，那我们就有8万人！”居永的士兵要么战死了，要么跑散了。这个俄国人对居永的话迷惑不已，转身回去了。

这一切发生在顷刻之间。过了一会儿，大路左侧的高地后面闪现出一道道火光，腾起滚滚浓烟。炮弹和霰弹像雨点般落在了大路上，给这支部队的前进带来了威胁，而士兵们也立刻上了刺刀。

欧仁亲王犹豫了片刻，他很不舍得离开这支不幸的部队，但最后他还是留下了参谋长，然后返回了自己的部队，以便率领部队参加战斗，从而在俄军的火力越来越猛之前闯过去，否则就会被消灭。他有王者的荣誉和无数胜利的自豪，所以他不会投降。

与此同时，吉耶米诺要求掉队士兵中的军官出列。几名将军、上校和一大批其他军官立即从人群中走出来，站在吉耶米诺周围。他们联合起来，接受吉耶米诺指挥。他们将迄今为止混杂在一起的士兵分成了几个排。他们发现，如果还让这些士兵乱糟糟地混在一起，根本不可能激发他们的斗志。

这支部队是在猛烈的炮火中临时组建起来的。几位军官走过去，自豪地站在队伍里，他们愿意像普通士兵那样服从吉耶米诺的指挥。出于各自不同的自豪，近卫军中的一些士兵坚持由自己的军官指挥，而其他各排的士兵则由一位将军指挥。到那时为止，拿破仑一直亲自担任近卫军的上校（colonel）。现在已经到了生死存亡的关头，而近卫军的士兵们依然坚持自己的特权——任何东西都不能让他们忘记自己的特权。最终，他们的要求得到了满足。

这支临时组建的部队就按照这个顺序，继续向克拉斯诺行进。当他们走出俄军大炮的射程后，米洛拉多维奇率军冲上来进攻这支部队的侧翼，并紧紧地将其包围，迫使其掉头，寻找一个可以防守的位置。值得一提的是，尽管一切都对这支临时组建的部队不利，尽管这支部队的士兵手里几乎没有还能用的枪，但为了向永恒的荣誉致敬，这支由法国人和意大利人组成的1500人的部队，以一抵十，坚定地反击，与俄军对抗了一个多小时。

由于欧仁亲王及其部队还没有抵达，这支部队想抵抗得更久一些显然是不可能的。俄军屡次要求它放下武器。战斗暂停之际，隆隆的炮声从战场的前方和后方传来。因此，“整支军队马上受到了攻击，这次战斗从斯摩棱斯克一直延伸到克拉斯诺。我们需要援军，但再怎么等也不可能等到。我们必须自己去寻找援军。可我们应该去哪边呢？去克拉斯诺寻求援军是不可能的，因为我们离那里太远了。我们有充分的理由相信，在克拉斯诺，我们的部队也遭到了攻击，这也是我们必须撤退的原因。我们离米洛拉多维奇率领的俄军太近了。他的部队正在向我们喊话，要我们放下武器。因此，下面这个计划可能更好，因为我们现在可以转向斯摩棱斯克的方向。欧仁亲王也在那个方向，这样我们就可以与他的部队联合起来。我们如果能够一致行动，快速地从俄军中冲过去，再次进入俄国，就可以与欧仁亲王的部队会合。然后，我们再一起返回，击败米洛拉多维奇的部队，最终到达克拉斯诺”。这是这支临时组建的部队的一位军官的提议。

对这位军官的提议，将士们异口同声地表示赞同。于是，顷刻之间，将士们一窝蜂地冲进俄军的火枪和大炮之间。

起初，俄军感到非常震惊，让开了一条路，让这支部队中少量几乎没有武器的勇士冲进俄军中间。然后，当意识到这支部队的计划时，不知是出于同情还是出于钦佩，排列在道路两旁的俄军将士大声叫喊着，让这支部队停止前进，并恳求其投降。但俄军得到的唯一答案是，这支部队的士兵举着刺刀，神情非常严肃，一言不发，更加坚定地前进着。俄军的全部大炮立即对准这支部队。在几码远的地方，这支部队中有一半人或死或伤，躺倒在地上。

尽管如此，其他士兵仍然继续前进，没有一个人离开队伍。看到这种情景，俄军士兵没有一个敢冒险靠近这些幸存的士兵。他们中有几个人再次看到了欧仁亲王及其正在前进的部队。不过，当时欧仁亲王的部队正在以师为单位前进。这些不幸的士兵跑过去，加入这支战斗力虚弱的部队。欧仁亲王张开双臂接纳并保护了他们。

在一个多小时里，俄军大炮一直消耗着吉耶米诺的兵力。一半俄军追赶吉耶米诺的部队，迫使其撤退；米洛拉多维奇则率领另一半俄军去阻止欧仁亲王的部队。

米洛拉多维奇的右翼部队埋伏在一个高地后面的一片树林里。高地四周布满了大炮。他的左翼部队延伸至大路，但更靠后。这种部署决定了欧仁亲王的部署。欧仁亲王率领部队行至此处，部署在大路的右边，其右翼的位置比左翼靠前。就这样，隔着大路，欧仁亲王的部队斜插在敌我双方之间的大路上，而这条大路正是双方争夺的焦点。敌我双方的左翼都部署在大路旁边。

俄军处在进攻的位置，却摆出一副防守的样子，只是向欧仁亲王的部队开枪射击。双方都连续开炮。对俄军来说，我军的大炮是极具杀伤力的，而对我军来说，俄军的大炮几乎完全没有威力。欧仁亲王被这种射击弄得筋疲力尽，于是下定决心，在大路左侧集结法军第十四师，并把俄军所处的树木丛生的高地指给第十四师的将士们看，要求他们务必占领那里。那里是俄军的主力所在，所以是战斗的关键与重心。只要击败那里的俄军，就一定能击败其他地方的俄军。但欧仁亲王没想到的是，他的这一做法会引起驻扎在那里的守军的注意。这样一来，俄军就会往那里增兵，那么大路右侧就没有俄军守卫了。按理说，欧仁亲王应该好好地利用这一情形。

法军第十四师的300名法国士兵分成了3个分队，只有他们愿意参加这次进攻。这些忠心耿耿的法国士兵毅然决然地朝着处在有利地形、由数千人组成的俄军进发。为了掩护这些法国士兵，意大利近卫军的炮兵部队向前推进，却很快被俄军的炮兵击溃了，俄军骑兵则夺取了大炮。

尽管霰弹迅速落在300名法国士兵身边，但他们依然继续向前挺进。实际上，他们已经到达了俄军的阵地。此时，俄军的两支骑兵队突然从树林两边飞奔出来，冲向他们，阻止他们前进。他们悉数被杀，无一幸免。随着他们的战死，他们所在的部队仅存的纪律和勇气也消失殆尽。

就在这时，吉耶米诺再次出现了。即使在这种危急时刻，欧仁亲王及其麾下的4000名身体虚弱的士兵和幸存的骑兵也没有感到绝望。欧仁亲王原本有超过4.2万名骑兵。他表现得非常勇敢，这一点可以从他众所周知的性格中看出来。我军面临的灾难和对取得胜利的热情，应该促使优柔寡断的俄军做出更多努力。即使夜幕笼罩大地，俄军也不应该结束这场战斗。直到今天，我们都对俄军当时的所作所为感到十分震惊。对俄军来说，取得胜利是一件非常新鲜的事。俄军即使胜券在握，也不知道如何从中获利。俄军本来当时就可以击溃我军，取得胜利，竟然拖延到了第二天。

欧仁亲王看到，他的出现吸引了大部分俄军将士，他们都聚集在大路左侧。因此，他只需要等到夜幕降临。夜晚是弱势一方的坚定盟友。漆黑的夜晚可以束缚住俄军的手脚，使其停止一切行动。事实上，的确如此。黑夜笼罩大地后，欧仁亲王率军离开了大路。他没有扑灭营火，而是让火继续燃烧着，以便迷惑俄军。穿过田野之后，他让部队改变方向，悄悄地经过米洛拉多维奇左翼部队所在的位置，而米洛拉多维奇对自己能够取得胜利过于自信，所以当时正在酣睡。他梦见第二天早晨自己接过了拿破仑手中的佩剑。这是何等的荣誉啊！

在这次危险的行军过程中，有一个时刻非常惊险。在这个无比关键的时刻，欧仁亲王的将士们——这些经历了诸多战役的幸存者，悄悄地从俄军旁边绕过去。他们屏住呼吸，蹑手蹑脚地走着，尽量不发出任何响动。

当时，他们的生死完全取决于一个眼神，或一声惊叫。月亮突然从厚厚的云层里钻出来，洒下一抹清辉，暴露了他们的行动。与此同时，一个俄国哨兵大声叫喊着让他们停下来，让他们说出自己的番号和口令。当时，他们以为自己一定失败了，必死无疑。然而，一个叫克利斯基的波兰人跑到俄国哨兵跟前，用波兰语跟他说话。克利斯基非常镇定地低声对俄国哨兵说：“别出声，伙计！难道你看不出我们是乌沃洛夫部队的人吗？看不出我们正在进行秘密行动吗？”俄国哨兵被镇住了，缄默不语。

哥萨克人每时每刻都飞奔在欧仁亲王部队的侧面，仿佛要侦察一番，然后回到他们的队伍里去了。哥萨克人前进了好几次，仿佛即将冲锋似的。但他们还被蒙在鼓里，并没有采取更多行动。眼前的部队让他们充满怀疑。这支部队经常停下来，摆出一副坚定的防御姿态。谨慎的哥萨克人没有采取行动。

最终，经过两个小时焦灼的行军之后，欧仁亲王率军又回到了大路上。实际上，11月17日，欧仁亲王的部队已经到达克拉斯诺。当米洛拉多维奇率军从高地上下来，准备捉拿欧仁亲王时，却发现战场上只剩下几个掉队的法军士兵。11月16日晚上，欧仁亲王率军离开时，曾劝说这些掉队的士兵离开他们的火堆。

第5章 克拉斯诺战役

11月16日，拿破仑一整天都在等待欧仁亲王。欧仁亲王的部队与俄军交战的枪炮声激怒了拿破仑。为了与拿破仑会合，欧仁亲王企图突破俄军的拦截，却徒劳无功。当夜幕降临时，欧仁亲王还是没有出现，他的养父拿破仑不安至极。“令人困惑又充满期待的漫长的一天终于结束了，难道欧仁亲王和意大利军队也随之终结了吗？”拿破仑只剩下一个希望——俄军将欧仁亲王及其部队赶回了斯摩棱斯克，欧仁亲王加入了达武和内伊的部队，第二天，他们将合兵一处，决定孤注一掷。

拿破仑焦虑地将身边的元帅召集起来。他们分别是贝尔蒂埃、贝西埃尔、莫蒂埃和勒费弗尔。这些元帅已经得救，肃清了障碍，只需继续从立陶宛撤退。对他们而言，立陶宛是畅通无阻的。但他们会抛弃自己的战友，任凭他们被俄军包围吗？不，当然不会。因此，他们决定再次进入俄国，要么和战友一起返回家园，要么和战友一同战死沙场。

这一想法被采纳后，拿破仑冷静地准备实施他的计划。对于俄军在他周围进行的明显的大动作，他一点儿也不感到震惊。他看到，库图佐夫的部队正在前进，企图在克拉斯诺包围并俘虏他。就在前一天晚上，拿破仑得知，奥扎罗夫斯基已经率领一支步兵先头部队超过了他的部队，占领了马里沃村。马里沃村位于拿破仑的部队左侧。这个不幸的事件非但没有令拿破仑感到沮丧，反倒激怒了他。他叫来副官拉普，高声说道：“你必须马上率军出发，日夜兼程，用刺刀攻击奥扎罗夫斯基所率的俄军步兵。俄军第一次表现得如此大胆，我决心要让俄军为此后悔。这样，俄军就再也不敢如此靠近我的大本营了。”然而，拿破仑再次将拉普叫回来，继续说：“不能这样做！只派罗盖率领他的师去吧！你在原地待命，我不希望你战死在这里。在但泽，我会给你机会，让你率军与俄军拼杀。”

当拉普将这个命令传达给罗盖时，他不禁感到惊讶。8万人的俄军包围了拿破仑及其部队。而第二天（11月17日），拿破仑只能率领9000人突围，但他毫不在意自己的安全问题，而是思考到达但泽后他应该做些什么。如果能够到达但泽，他就可以摆脱严冬的困扰。然而，在到达但泽之前，他必须要对抗另外两支俄军和战胜饥荒，还要行军180里格。

罗盖的部队成功夜袭了奇尔科瓦和马里沃村。罗盖借助俄军的火把确定了俄军的位置。俄军占领了两个村庄，它们由一条堤道相连，堤道边上有一条沟。罗盖将部队分成3个纵队。左右两支纵队悄无声息地前进，尽可能靠近俄军。当看到罗盖从中央纵队发出的进攻信号时，左右两支纵队就开始发起进攻，但他们要想一枪不发地冲进俄军中间，就只能使用刺刀与俄军士兵肉搏。

罗盖的左右两支纵队都是青年近卫军，他们立即开始行动，打了俄军一个措手不及。俄军感到非常震惊，从右边跑向左边，不知道该从哪边保卫自己。此时，罗盖率领他所在的中央纵队，突然冲进俄军的中心地带，混在其中，进入俄军的营地。俄军陷入混乱，四散逃窜，他们把最好的武器扔进附近的湖里，并点燃他们的帐篷。由此燃起的火焰非但没有拯救俄军，反倒照亮了他们的营地，为罗盖的部队消灭俄军带来了便利。

在这次战斗中，罗盖的部队沉重地打击了俄军，使其在24个小时内停止了行动。拿破仑则平安地留在克拉斯诺。11月17日晚上，欧仁亲王回到了拿破仑身边。拿破仑十分高兴地欢迎他归来。但很快，拿破仑越来越担心达武和内伊的部队。

在离我们不远的地方，俄军营地呈现出一种类似于在温科沃、马洛-亚罗斯拉维茨和维亚济马时的景象。我们看到，每天晚上，俄国将军都会在他们帐篷附近的圣物周围摆放大量蜡烛，带着士兵们朝圣物跪拜。根据习俗，士兵们要通过不断重复交叉行走和跪拜来证明自己的虔诚。神父则狂热地向他们布道，劝诫他们。

尽管俄军采取了如此强大的宗教手段，尽管它在人数方面远远超过我军，尽管我军的兵力很弱，尽管库图佐夫的部队与米洛拉多维奇的部队仅仅相距2里格，并且米洛拉多维奇的部队正在进攻欧仁亲王的部队，但库图佐夫的部队依然按兵不动。第二天晚上，在热情的威尔逊的怂恿下，俄军总参谋长本尼格森试图让库图佐夫这个老头行动起来，却失败了。库图佐夫将他那个时代的缺点提升为美德，称自己拖沓与瞻前顾后的行为是出于谨慎与仁慈而采取的明智之举。他决定怎么开始就怎么结束。如果我们可以将小事与大事进行比较，那么库图佐夫声望的形成与拿破仑声望的形成截然相反——命运造就了库图佐夫的声望，而拿破仑的声望造就了自己的命运。

库图佐夫吹嘘道："我只进行短途行军；每隔3天我就让我的士兵休息一次；如果我的士兵需要面包或烈酒，我会立即停止前进，来满足他们，我甚至会因没有及时满足他们的需求而羞愧难当。"

然后，他得意扬扬地摆出胜利者的姿态："从维亚济马一路走来，我一直把法军当作我的俘虏一样护送。当它想要停下来或离开大路时，我就惩罚它。带着俘虏去冒险是没有用的。那些哥萨克人作为先头部队，加上一支炮兵部队，就足以击败法军，让它的将士们戴着枷锁一个一个地通过。在执行这个计划的过程中，拿破仑采取的军事策略正好有利于我实施作战计划。这可是天赐良机，我为什么不抓住呢？一旦错过这个机会，再想抓住拿破仑，我又要付出高昂的代价。拿破仑的命运难道不是已经不可挽回地被注定了吗？这颗流星将会陨落在别列津纳河的沼泽中，这个巨人将会在维特根施泰因、奇恰戈夫和我自己所率的俄军的包围中被击败。至于我自己，我将会很荣幸地将身体虚弱、手无寸铁、奄奄一息的拿破仑交给维特根施泰因和奇恰戈夫。对我来说，得到这份荣誉足矣。”

听了这番话后，英国军官威尔逊表现得更加积极和迫切了。他恳求库图佐夫：“你只要离开你的总部一会儿，前往高地。在那里，你会看到拿破仑的最后时刻已经到来。当俄国人都在大声疾呼消灭拿破仑时，你会允许他越过俄国的边界？我们能做的只有出击。只要你下令，一次冲锋就足以击败拿破仑的部队。两个小时后，欧洲的面貌将会发生翻天覆地的变化！”

后来，面对库图佐夫的冷淡态度，威尔逊越来越恼火，他第三次愤怒地威胁库图佐夫道:“你看，在拿破仑的带领下，那支由落伍的士兵、残缺不全的士兵和奄奄一息的士兵组成的部队，即将从你的身边逃走。拿破仑可能听到了哥萨克人的惊呼，‘让这些骷髅从他们的坟墓里逃出来真是太可惜了！’”但年迈（这种无法避免的不幸）导致库图佐夫对主动出击变得无动于衷。对试图让自己采取行动的激将法，他感到很愤怒，只用简短粗暴的回答让威尔逊这个愤怒的英国人闭上了嘴。

有人断言，库图佐夫收到了一份间谍发来的报告。报告称，克拉斯诺挤满了拿破仑的老近卫军。因此，库图佐夫这位老将军担心，发动进攻将有损他的名声。但我们不幸的处境给俄军总参谋长本尼格森壮了胆。尽管库图佐夫按兵不动，但本尼格森还是说服了斯特罗加诺夫、戈利钦和米洛拉多维奇。本尼格森率领5万多名俄国士兵，带着100门大炮，大胆地在白天进攻1400名饥肠辘辘、身体虚弱、被冻得半死的法国人和意大利人。

拿破仑完全明白危险正在迫近，而他可能会逃离这种危险。天还没有亮，他可以避免这次致命的战役，率领欧仁亲王的部队和他的近卫军迅速行军，并占领奥恰和波里佐夫。在奥恰和波里佐夫，他可以集结维克多元帅和乌迪诺麾下3万人的部队，东布罗夫斯基、雷尼尔、施瓦岑贝格亲王的部队，以及他的所有预备部队。届时，拿破仑的兵力会再次壮大起来。接下来的一年里，他将一如既往地威风和强大。

11月17日，天还没亮，拿破仑就下达了命令。他全副武装，率领老近卫军步行出发。但他们前进的方向既不是法国的盟国波兰，也不是法国。在法国，拿破仑仍被视为一个崛起中的王朝的首脑及西方世界的皇帝。这次，他拿起宝剑，说："我已经充分地扮演了皇帝的角色，现在该成为将军了。"拿破仑转过身，率军冲回8万人的俄军中，冲进俄军兵力最强的地方，吸引俄军的所有兵力来对付他自己的部队，以此为达武和内伊的部队创造有利条件，以便它们离开俄国，因为这个国家的大门不再为法军开放。

天终于亮了。我们突然看到，俄军带着大炮出现在地平线上，分别部署在我军的前方、右方和后方。拿破仑率领6000人的近卫军，迈着坚定的步伐，继续前进，进入了那个可怕的圆圈中央。与此同时，在拿破仑前面几码的地方，莫蒂埃元帅率领5000人的残部，与整个俄军正面对峙。

莫蒂埃元帅的目标是保卫从克拉斯诺通往斯塔乔瓦方向的深沟的

那条大路的右侧。老近卫军中的一个侦察营排成堡垒一样的方队，驻扎在靠近大路的地方，支援青年近卫军的左翼。在这个侦察营的右边，在环绕克拉斯诺的雪原上，残存的近卫军骑兵和拉图尔-莫堡侯爵的400名骑兵带着几门大炮部署在法军军营和炮台所处的位置。现在，军营和炮台不复存在。自从离开斯摩棱斯克城，拉图尔-莫堡侯爵麾下骑兵部队中的1400人已经冻死或走散了。

一支由德鲁奥指挥的法国炮兵部队加强了莫蒂埃元帅的炮兵兵力。德鲁奥是坚守美德的人，他认为责任包含了一切，并且能够简单而毫不费力地做出高尚的牺牲。

克拉帕雷德留在了克拉斯诺，带着几名士兵保护伤员撤退。欧仁亲王率军继续向利亚迪撤退。由于前天的战斗和夜间行军，欧仁亲王的麾下七零八落。他麾下的师尽量团结在一起，缓慢前进，然后毁灭，却无法战斗。

与此同时，拿破仑将罗盖从马里沃村召回来参加战斗。俄军不断靠近马里沃村，然后穿过村子，在我军右边向更远的地方推进，以便包围我军。战斗开始了。但这是一种什么样的战斗呢？在这里，拿破仑没有突如其来的神启（sudden illumination）可以依赖，没有瞬间闪现的灵感，没有连那些极富胆识的人也无法预料的大手笔，而这些大手笔曾助他攫取财富，获得胜利，也曾让敌人惊慌失措、目瞪口呆、一败涂地。现在，俄军的所有行动都自由了，而我军的所有行动都受到了牵制。拿破仑这个进攻型天才被迫进行防守。

显而易见，在这个方面，威望并不是一个缥缈的影子，而是真正的力量。它给予那些不屈不挠地获取它的人以自豪，给予那些敢于攻击它的人必须小心谨慎的建议，而它的威力也由此倍增。俄军只是前进，没有采取任何军事策略，甚至没有开火。俄军人数足够多了，原本可以歼灭拿破仑及其不堪一击的部队，却不敢靠近拿破仑。对这位埃及和欧洲的征服者，俄军心存敬畏。这支曾在埃及、马伦哥、奥斯特利茨、弗里德兰等地取得无数胜利的军队，令俄军望而却步。我们几乎可以想象到，在那些顺从和迷信的人眼里，一个声名显赫的人就像某种超自然的东西一样让人无法企及。他们相信，自己只能从远处攻击并击溃拿破仑的军队。换句话说，正如拿破仑描述的那样，老近卫军就是一座活动的堡垒，像花岗岩一样坚固。除了大炮，人类无论怎么努力，都无力摧毁它。

俄军的大炮使罗盖的部队和青年近卫军损失惨重。尽管如此，俄军的大炮只能消灭我军将士，却无法征服他们。这些年轻的士兵中有一半之前从未参加过战斗，在3个小时里，他们承受着死亡的冲击，却没有后退一步，没有做出任何逃避死亡的动作。这些将士无法反击，因为他们的大炮已经破碎，并且俄军一直处在他们步枪的射程之外。

俄军越来越强大，而拿破仑的兵力不断削弱。隆隆的炮声和克拉帕雷德的部队的叫喊声使拿破仑明白，在克拉斯诺及其部队的后方，本尼格森正准备率军占领通往利亚迪的道路，切断法军的退路。法军的东边、西边和南边，都被俄军的炮火笼罩。只有法军的北边还没有被俄军包围，那是第聂伯河所在的方向。那里有一个高地，高地下面就是大路，拿破仑就在那条路上。我们仿佛看到俄军的炮火正覆盖这个高地。在这种情况下，俄军就在拿破仑的上方，可能会在几码远的地方击败他。拿破仑知道自己处境危险，立刻抬头看了一眼高地，然后说："很好，让我的一个猎骑兵营去占领这个高地！”紧接着，他收回目光，再也没有看那个高地，而是全神贯注地盯着陷入危险的莫蒂埃元帅的部队。

最后，达武及其部队出现了。迅速赶走一群哥萨克人后，达武率军冲了过来。一看到克拉斯诺，达武的部队便分散开来，穿过田野，从俄军背后越过其防线的右端。到了克拉斯诺后，达武和他的将军们才再次将部队集结起来。

就这样，法军第一军被保存了下来。我们同时得知，克拉斯诺的后卫部队再也不能保卫法军的其他将士了，而内伊及其部队可能还在斯摩棱斯克，但我们不能再等他了。拿破仑一时间无法下定决心做出如此巨大的牺牲，仍在犹豫。

由于所有人都可能死亡，拿破仑最终下定了决心。他叫来莫蒂埃元帅，痛苦地紧握着他的手，告诉他：“时间紧迫，你一刻也不能耽误。敌人正从四面八方逼近。库图佐夫可能已经到达利亚迪，也可能已经到达奥恰。你面前是蜿蜒而下的伯里斯泰纳河的最后一段。为了占领这最后一段，你率领我的老近卫军迅速赶过去。达武将会缓解俄军给你带来的压力。你们两个必须努力在克拉斯诺坚持到晚上，然后必须回到我身边。”随后，拿破仑一心想着内伊的不幸，为他感到绝望。拿破仑慢慢地从战场上退了出去，穿过克拉斯诺。在克拉斯诺，他又停了一会儿，然后向利亚迪前进。

莫蒂埃元帅急切地想要执行拿破仑的命令。但就在这时，近卫军中的荷兰部队丢掉了它防守的一个重要阵地，并且损失了三分之一的士兵。俄军的炮兵随后攻占了那个阵地。罗盖虽然预感到俄军的炮火是毁灭性的，但认为自己的部队能将其扑灭。于是，他派一个团前去完成这个任务，但这个团被俄军的炮兵击退了。他又派出一个团（第一伏击团）冲到俄军中间，顽强地抵抗了俄军骑兵的两次进攻。它继续前进，但俄军发起了第三次进攻。第一伏击团的将士被俄军的霰弹炸成碎片。罗盖能够救下来的只有50名士兵和11名军官。

罗盖已经失去一半士兵。现在是11月17日14时，他的泰然自若与毅力让俄军感到非常震惊。最后，俄军看到拿破仑已经离开，于是壮起胆，开始朝罗盖的部队逼近。法军的青年近卫军几乎被俄军紧紧地包围着，很快就陷入进退维艰的境地。

幸运的是，达武召集的几个排及他的另一支由掉队士兵组成的部队出现了，并引起了俄军的注意。莫蒂埃元帅抓住机会命令剩下的3000名士兵当着5万俄军的面慢慢撤退。“将士们，你们听到了吗？”德拉博尔德喊道，“莫蒂埃元帅下令有条不紊地撤退！像平时一样有条不紊，将士们！”这些勇敢而不幸的将士，扶着一些伤员，冒着俄军如雨点般落下的炮弹和霰弹，缓慢地从这个屠宰场般的战场撤退，就像他们从演练场撤离一样。

第6章 法军陷入混乱

成功撤离克拉斯诺后，莫蒂埃元帅的部队与俄军总参谋长本尼格森的部队被克拉斯诺隔开。莫蒂埃元帅的部队安全了。大路左侧俄军的炮火切断了克拉斯诺和利亚迪之间的通信。借助驻军的高地，科尔伯特和拉图尔-莫堡侯爵的部队压制了俄军的炮火。这次行军过程中发生了一件非常奇特的事情：一颗榴弹炮落在一匹马的身后爆炸了，马被炸得粉身碎骨，骑在马上的人却没有受伤，只是从马上摔了下来，之后站起来继续前进。

与此同时，在离战场4里格的利亚迪，拿破仑让部队停了下来。夜幕降临后，拿破仑发现，莫蒂埃元帅的部队已经赶到他的部队前面。此前，他以为莫蒂埃元帅的部队在他的部队后方。拿破仑忧心忡忡，焦躁不安，他派人将莫蒂埃元帅叫来，对他说："你一定进行了一场光荣的战斗，经受了极大的痛苦。但为什么你赶到了我的前面，将我置于你与敌人之间呢？为什么你要暴露自己，让敌人切断你的部队与法军其他部队的联系呢？"

莫蒂埃元帅并没有意识到他的部队已经赶到拿破仑的部队前面，他惊讶地说道："一开始，我把达武留在了克拉斯诺，让他再次努力集结部队。我率军离开后还没走出多远，就因敌军击退第一军而被迫停了下来。敌军将第一军朝我所在的方向驱赶过来，逼得我不得不向后退。此外，库图佐夫并没有乘胜追击，只是率领他的所有部队紧跟着我军的侧翼，仿佛亲眼见证我军经受痛苦、集合零散部队让他非常享受。"

11月18日，法军犹豫不定地继续行进。那些急不可耐的掉队的士兵走到了拿破仑的前面。拿破仑手里拄着一根棍子，艰难而烦躁地走着。每隔一刻钟，他就停下来，仿佛对古老的俄国充满不舍。当时，拿破仑正在穿过俄国的边境，并且将他不幸的战斗伙伴留在了俄国。

11月18日傍晚时分，拿破仑抵达多姆布朗纳。多姆布朗纳是一座以木制建筑为主的城镇。与利亚迪一样，这里人口众多。对一支在过去3个月里只看到废墟的部队来说，多姆布朗纳的景象充满新奇。我们终于从古老的俄国和它那被冰雪和灰烬覆盖的荒野中走了出来，进入了这个友好而人口众多的地方。此外，我们可以听懂这里的语言。当时，这里的天气刚刚回暖，冰雪开始消融，我们得到了一些食物。

于是，俄军、严寒、孤独、饥饿和露宿，就这样一下子消失不见了。尽管如此，一切还是晚了，拿破仑看到他的军队被摧毁了。他不时喊着内伊的名字，发出悲恸的叫声。那天晚上，有人听到拿破仑一边呻吟，一边惊叫："我可怜的士兵遭受的痛苦深深地刺痛了我。可我没有找到落脚的地方，也无法帮助他们。没有弹药、粮食和大炮，我能待在哪里呢？我的兵力不够强大，所以我不能再停留。我必须尽快赶到明斯克（Minsk）。"

拿破仑还没有说完，一名波兰军官就带着情报赶来了。根据情报，明斯克刚刚落入了俄军手中：11月16日，俄国海军上将奇恰戈夫率军进入了明斯克。明斯克有拿破仑的弹药库，也是他撤退的目的地与唯一希望。刚开始，拿破仑保持沉默，无法忍受这最后一击。但紧接着，他意识到自己处境的危险，冷静地回答道："很好！现在，我们只能用手中的刺刀杀出一条血路。"

奇恰戈夫率领的俄军是从施瓦岑贝格亲王手中逃出来的，也可能是施瓦岑贝格亲王有意放走的。我们对当时的情况一无所知。但为了赶上奇恰戈夫的部队，也为了摆脱库图佐夫和维特根施泰因的部队的追击，我们必须在波里佐夫跨过别列津纳河。于是，11月19日，拿破仑在多姆布朗纳给东布罗夫斯基下达命令，要他放弃与埃特尔作战的一切想法，率军全速前进，去占领从波里佐夫渡过别列津纳河的那个地方。拿破仑写信给乌迪诺，命令他的部队迅速向同一地点进军，并快速夺回明斯克。维克多元帅也将很快率军赶到那里。下达完这些命令后，拿破仑没有那么焦虑了，只是看起来仍然疲惫不堪，也非常沮丧。

11月18日半夜，一种奇怪的声音将拿破仑从昏睡中吵醒。有些人说，最初听到的是自己人的枪声，目的是将已经住进这些房子的人引出来，从而让自己住进去。其他人断言，我们早已习惯了宿营地的混乱无序，也习惯了大声喧哗。在一片死寂中，如果突然有人大声喊一个掷弹兵的名字，就会被误认为是俄军前来偷袭的警报声，大家就会赶紧拿起武器，准备战斗。

不管是什么原因，每个人都立刻看到，或者以为自己看到，一些哥萨克人包围了拿破仑的部队。一瞬间，枪声和警报声大作。拿破仑非常镇定地对拉普说："去看看，毫无疑问，这些卑鄙的哥萨克人决心要打搅我们休息！"很快，整个营地大乱，士兵们或跑出去迎战，或试图逃跑。一片黑暗中，他们看不清彼此，都误以为自己遇到的是敌人。

拿破仑一度以为遭到了一次严重的袭击。有一条小溪流经多姆布朗纳，拿破仑就问其余炮兵是否被安置在小溪后面。当得知士兵们一时疏忽，没有采取预防措施时，他立即跑到桥上，命人赶紧将大炮推到桥的另一边。

然后，拿破仑又回到了老近卫军中，在营地前停了下来。"掷弹兵！"拿破仑对掷弹兵说，"我们虽然在撤退，但没有被敌人征服。让我们战胜自己，为全军树立榜样！你们中间的一些人已经放弃了自己的部队，甚至扔掉了自己的武器。我不希望用军法来制止这种混乱，但我请求你们要完全战胜自己。你们要为了自己的荣誉行正义之事。我保证支持你们维护军队纪律。”

在其他部队面前，拿破仑也讲了类似的话。这几句话虽然言简意赅，但对那些老掷弹兵来说已经足够了，因为他们之前可能根本就没有机会听到拿破仑讲话。听了这番话后，老掷弹兵们报以热烈的掌声。1个小时后，他们重新开始行军，便将这番话完全抛诸脑后了。至于后卫部队，拿破仑将造成这次恐慌的大部分责任归于后卫部队，并就此事向达武表示了愤怒。

在奥恰，我们发现了十分丰富的物资：60艘装载搭建桥梁的装备的船和所有辅助设备——这些东西后来全被烧毁了，以及分配给达武、欧仁亲王和拉图尔-莫堡侯爵的36门大炮与马匹。

在奥恰，我们再次见到了那些军官和士兵。他们奉命在第聂伯河的两座桥上阻止散兵游勇，并迫使其重新回到自己的部队。至于那些之前授予士兵的鹰旗，现在则被当作不祥之物丢弃了。从前，获得鹰旗就意味着获得荣誉及所有战利品。

骚乱已经有序进行，一些在战斗中表现突出的人也加入进来。然而，当桥上拥挤的人越来越多时，一些衣衫褴褛的人便高呼“哥萨克人来了”，以此催促前面的人加快步伐。这样一来，人群更混乱了。紧接着，那些毫无防备的人的食物和衣服都被乘机抢走了。

灾难发生后，留下维持第聂伯河两座桥上秩序的将士们也是第一次看到这支部队，他们对法军的惨状感到震惊，对法军陷入的极大混乱感到恐惧，开始变得灰心丧气。法军就这样乱哄哄地进入奥恰这个友好的边境小镇。如果不是近卫军及欧仁亲王麾下幸存的那几百人维持秩序，这里肯定会遭到掠夺。

拿破仑带着6000人的近卫军进入奥恰，原来的3.5万人现在只剩下这么多了！欧仁亲王的意大利军原本有4.2万人，但现在只剩下1800人！达武的第一军原有7万人，现在只剩下4000人！

达武失去了一切，实际上他连衣服都没有了。由于饥饿，他变得非常憔悴。一位战友递给他一块面包，他一把抓过来，狼吞虎咽地吃了起来。他的脸上沾满白霜，有人递给他一块手帕，让他擦擦脸，他大声说："只有钢铁之躯才能忍受这样的考验，血肉之躯根本不可能经受住这些苦难。人类的力量是有限的。这些苦难远远超过了人类可承受的范围。"

达武率先支持从维亚济马镇撤退。按照习惯，他仍然在所有小路前停下来，一直等到部队里的每个人都归队。他还不断制止部队中出现的混乱行为，并且允许他的士兵侮辱并剥夺那些为了战利品而扔掉武器的战友。这是留住那些武器仍然在手的士兵，并惩罚那些扔掉武器的士兵的唯一方法。然而，整个法军中普遍存在混乱现象，因此，达武的有条不紊和军纪严明受到了指责。有人认为，面对混乱时，达武表现得太胆怯了。

拿破仑试图遏制法军的沮丧情绪，但没有成功。当他独处时，人们听到他也会对士兵们的苦难表示同情。但在士兵面前，他不会流露出这种情感；相反，他表现得更加坚定。拿破仑发布了一个公告："命令所有人返回他们的部队。如果他们不这样做，就会剥夺军官的军衔，处死士兵。"

对那些已经麻木不仁或者绝望的人而言，拿破仑的威胁既无益，也无害。这些士兵不是为了逃避危险，而是为了逃避苦难，他们既不理解死亡对他们的威胁，也不奢求有生还的机会。

然而，处境越是危险，拿破仑就越有信心。在他眼中，在泥泞、冰雪覆盖的荒野里，这些人仍然是英雄，而他是欧洲的征服者。拿破仑信念坚定，并不是因为他迷恋“欧洲的征服者”这个称号。在奥恰这个小镇上，我们看到，拿破仑亲手焚烧了属于他的所有东西，因为万一他倒下的话，这些东西可能会成为俄军的战利品。此时，我们对这一点确信无疑。

不幸的是，拿破仑把之前为了撰写他的生平事迹而收集的所有文件都烧掉了，而撰写自己的生平事迹正是他发动这场致命战争的意图。当时，他决定以一个气势汹汹的征服者的姿态，在杜纳河和伯里斯泰纳河的交汇处停下来。现在，他却以一位丢盔弃甲的逃亡者的身份返回到这两条河的边界地带。当时，他把可能会将自己滞留在这两条河边的无聊而乏味的6个月视为自己最大的敌人。在那里，像恺撒一样雄心勃勃的拿破仑打算口述他的评论。

第7章 放弃奥恰

然而，现在一切都变了。两支俄军部队正在切断拿破仑的退路。应该努力从哪条路冲出俄军的重围？他必须做出决定。他对即将进入的立陶宛森林一无所知，于是召集了曾穿过立陶宛森林前来与他会合的军官。

拿破仑开始讲话，告诉这些军官："对辉煌的胜利习以为常，常常是大灾难的前兆。现在我们绝对不能互相指责。"然后，他提到库图佐夫的部队占领了明斯克。承认库图佐夫在其右翼坚持不懈的战术技巧后，拿破仑宣布："我打算放弃明斯克，联合维克多元帅和乌迪诺，率军从维特根施泰因的部队中间冲过去，利用别列津纳河的地势，夺回维尔纽斯。"

来自瑞士的若米尼将军反对这个计划。他说，维特根施泰因的部队所在的位置是接连不断的长长的沟壑。凭借这些沟壑，维特根施泰因的部队肯定会非常顽固而灵活地抵抗我军。无论维特根施泰因采取哪种作战方式，他的部队都可以坚持足够长的时间，以达到歼灭我军的目的。若米尼还说，在这样寒冷的季节，在法军处于如此混乱的状态下，改变路线将会彻底摧毁法军。法军将会在这些树枝光秃秃、到处是沼泽的森林里迷失方向。他坚持认为，只有走大路才能在某种程度上将法军各部团结在一起。俄军还没有占领波里佐夫及其附近别列津纳河上的桥梁，而法军有足够的时间到达那里。

若米尼指着地图上波里佐夫所在的位置接着说，他知道波里佐夫右侧有一条路。只要走这条路，法军就可以到达那些正好穿过立陶宛沼泽的木桥。根据他的说法，这是唯一一条可以让法军从泽宾和马洛德茨诺到达维尔纽斯的道路。法军如果取道明斯克，需要多走一天的路，并且沿途有50座断桥，根本无法通行。此外，奇恰戈夫的部队还占领着这条路，而法军如果从左侧绕过明斯克，就可以从两支俄军部队之间通过，从而避开它们。

拿破仑对若米尼的建议感到震惊。自尊心作祟的他非常反感避开俄军，也急于用一场胜利来表明自己已经离开了俄国。因此，他派人去请工兵部队的多德将军。一看见多德，拿破仑就喊道："我们该从泽宾撤退还是去斯莫利安齐打败维特根施泰因？"拿破仑知道多德刚从斯莫利安齐回来，所以才问他法军是否可以靠近斯莫利安齐。

多德回答道："维特根施泰因的部队占领了一个高地。通过这个高地，他完全可以控制整个沼泽地区。我们不得不在他的视野之内，在他伸手可及的地方，沿着蜿蜒曲折的道路前进。这样一来，我军的攻击纵队就会长时间暴露在俄军的火力下，首先是俄军左翼的火力，然后是俄军右翼的火力。因此，我军无法从正面靠近这个高地。为了改变这种局面，我军必须朝维捷布斯克撤退，并且需要绕行很长时间。"

听闻此言，拿破仑失去了获得荣耀的最后希望，于是决定率军前往波里佐夫。他命令埃布莱将军带着8个连的工兵先行一步，以确保别列津纳河上桥梁的安全，并让若米尼做埃布莱的向导。同时，拿破仑还说："不战而退跟逃跑没有区别，是很残忍的。如果还有弹药，也有可以让我停下来的物资，我将向欧洲证明，我始终知道如何战斗和征服他人。"

现在，所有希望都破灭了。在斯摩棱斯克时，拿破仑是第一个到达那里的，也是第一个离开的。他宁愿被告知，也不愿亲眼见证自己的灾难。在克拉斯诺时，我们的灾难接连不断地出现在拿破仑眼前。在克拉斯诺，危险分散了他的注意力。但在奥恰，他屡次陷入对不幸遭遇的沉思。

在斯摩棱斯克，拿破仑有3.6万名战斗人员、150门大炮和1个弹药库。在别列津纳河对岸，法军可以满怀对生命的希望，自由地呼吸。但在奥恰，拿破仑的军队几乎不足1万人。这些士兵几乎没有衣服和鞋子，被一群垂死的人缠住，只有几门大炮及一个被人洗劫过的军械库。

5天之内，所有不幸都变得更加深重。法军遭到的破坏、混乱的状态更加可怕。明斯克已经被俄军占领了。拿破仑已不再想从别列津纳河对岸寻找休息的地方和充足的粮草。最后，新的敌人出现了。奥地利背叛了它的盟国，与俄国签署了协定。这件事已经成了公开的秘密。

拿破仑甚至不确定他是否能够及时到达波里佐夫，应对新的危险。这种危险是由施瓦岑贝格亲王的犹豫引起的。我们已经看到，俄军的第三支部队，即维特根施泰因的部队已经出现在了拿破仑的部队右边，试图阻止其进入波里佐夫。拿破仑派维克多元帅率军去对付维特根施泰因的部队，并命令他找回在11月1日丢失的战机，并恢复进攻。

各位将军服从了拿破仑的命令。11月14日，拿破仑率军离开了斯摩棱斯克。维克多元帅和乌迪诺率军攻击了维特根施泰因部队的岗哨，并迫使其向斯莫利安齐撤退。维克多元帅和乌迪诺一致同意第二天务必与俄军开战。通过这次行动，他们为第二天的战役做好了准备。

在第二天的战役中，只有3万人的法军要对抗4万人的俄军。其实，驻扎在斯莫利安齐和维亚济马镇的法军的兵力已经足够多了。如果没有过多的指挥官，或许他们就可以轻松地面对人数众多的俄军。

维克多与乌迪诺意见不合。维克多想攻击俄军左翼，以便集中两支部队的兵力击败维特根施泰因的部队，然后经波特切科沃前往卡门，再从卡门经波奇纳前往别列津纳河。乌迪诺却强烈反对这个计划，说这样做会将这两支部队与法军分开，而法军需要它们的支援。

就这样，法军中的一位指挥官希望采用迂回战术，另一位指挥官则主张正面进攻。他们各持己见，谁都无法说服对方。11月14日夜间，乌迪诺率军撤向塞里伊亚。11月15日黎明时分，维克多发现乌迪诺的部队已经撤退，不得不动身前去追赶。

在距离卢科尔姆利亚河还有一天行军路程的地方，维克多的部队停了下来。

虽然卢科尔姆利亚河离西耶诺很近，但维特根施泰因的部队并没有袭击维克多的部队。乌迪诺终于收到了拿破仑从多姆布朗纳下达的命令——夺回明斯克。这就意味着维克多将单独留下来率军对抗俄国将军维特根施泰因的部队。维特根施泰因很有可能会意识到自己的兵力优势。11月20日，在奥恰，拿破仑得知自己的后卫部队战败，自己的左翼受到库图佐夫的部队的威胁，并且由于遭到位于沃里尼亚的俄军阻击，先头部队停在了别列津纳河边。拿破仑还得知，维特根施泰因率领4万多人的俄军不但没有被维克多的军队击败，还准备扑向自己的右翼。因此，他没有时间可浪费了，必须争分夺秒。

然而，很久以后，拿破仑才决定离开伯里斯泰纳河。在他看来，离开伯里斯泰纳河，就像是第二次抛弃了不幸的内伊，并且是永远抛弃了这位无畏的战友。就像在利亚迪和多姆布朗纳那样，无论白天还是黑夜，拿破仑每过一个小时就派卫兵去询问是否有内伊的消息。俄军也没有泄露任何关于内伊的消息。拿破仑不知内伊是生是死。这种极度的沉默已经持续了4天。拿破仑相信内伊还活着。

11月20日，拿破仑被迫离开奥恰时，还是把欧仁亲王、莫蒂埃元帅和达武留在了这里。在距离奥恰2里格的地方，他停下来，询问有没有内伊的消息。他仍然期待内伊能够活着回来。整个法军中弥漫同样的愁绪。拿破仑并没有带走所有部队，而是将其余部队都留在了奥恰。一旦迫切地需要得到片刻的休息，每个人的思绪和目光都会投向伯里斯泰纳河岸。法军将士努力倾听着，仿佛任何战斗中发出的声音都可能表明内伊回来了，或者更确切地说，是内伊最后的叹息。但除了那些威胁伯里斯泰纳河上桥梁的俄军，法军将士什么都没有看见！当时，欧仁亲王、莫蒂埃元帅和达武这3位指挥官有一位想要摧毁桥梁，但另外两位不同意这样做，因为他们认为，这会再次将他们与英勇杀敌的战友分开，并承认他们对自己无法拯救内伊而感到绝望。失去内伊是法军的大不幸。一想到这一点，这两位指挥官就感到害怕，内心久久不能平复。

到了第四天，一切希望都破灭了。夜晚只带来了令人厌倦的寂静。法军把内伊的不幸归咎于自身，却忘了它根本无法为克拉斯诺平原上的第三军再等更长时间，因为第三军必须在那里再与俄军战斗28个小时，尽管当时第三军已经精疲力竭，并且所剩弹药仅够一人使用。

仿佛遭受了令人痛苦的损失，法军默默铭记着内伊。达武是最后一个与这位不幸的元帅分手的。莫蒂埃元帅和欧仁亲王询问达武，内伊有没有什么临终遗言。

当收到俄军从11月15日开始连续炮击拿破仑部队的报告时，内伊急切地想立刻与欧仁亲王一起率军撤离斯摩棱斯克。然而，达武拒绝撤离。他说，拿破仑下达的命令是让他们摧毁斯摩棱斯克城的城墙，所以他们必须这样做。

内伊和欧仁亲王变得很急躁，但达武坚持要待到第二天。因为拿破仑命内伊负责殿后，所以内伊不得不等待达武。

11月16日，达武的确曾派人将自己的危险处境告知了内伊。然而，内伊要么是改变了主意，要么是出于对达武的愤怒，当时就答复道："即便世界上所有哥萨克人都来对付我，也无法阻止我执行命令。"

欧仁亲王、莫蒂埃元帅和达武将这些回忆和所有猜测讲完之后，陷入了更深的沉默。突然，他们听到了几匹马奔跑的声音。他们立刻高兴地喊道："一定是内伊安全回来了！几个波兰骑兵前来宣布他即将到来！"就在这时，内伊的一个军官骑马飞奔过来，告诉他们，内伊正沿着伯里斯泰纳河的右岸前进，并派自己前来求援。

夜幕刚刚降临。达武、欧仁亲王和莫蒂埃元帅只有短暂的时间让那些迄今为止一直都风餐露宿的法军将士恢复活力。

自从离开莫斯科，这些可怜的将士第一次得到了充足的粮食。他们准备将粮食制作成食物，然后在隐蔽的地方休息一下，让自己暖和起来。怎么可能在将士们刚刚开始品尝难以言喻的甜头时，就让他们重新拿起手中的武器，在夜晚安睡之际离开避难所呢？谁能说服他们停止休息，重新踏上征程，再次回到黑暗的、被冰雪覆盖的俄国荒野中呢？

围绕这种牺牲带来的荣誉，欧仁亲王和莫蒂埃元帅与法军将士进行了辩论。欧仁亲王以他作为上级的名义，要求将士们做出牺牲。他和莫蒂埃元帅向将士们许诺会分配给他们庇护所和粮食，从而达成了威胁未能达成的效果——那些掉队的人重新集结了起来。欧仁亲王发现自己一共集结了4000人。听到内伊处境危险的消息，这些人都准备前去支援。然而，这是他们最后的努力。

他们走在那些不知名的路上，在黑暗中毫无秩序地行走了2里格，每隔几分钟就停下来听一听哪里有枪炮声，但什么也没有听到。于是，他们越来越焦虑。难道他们迷路了？还是来得太迟了？难道那些不幸的战友已经倒下了？他们将要面对的是俄国的胜利之师吗？由于一切都不确定，欧仁亲王只好命令炮兵放几炮试试。紧接着，他们觉得自己听到了雪地上发出的求救信号。这些信号是法军第三军发出的。第三军当时已经失去了所有大炮，只好用排炮回应第四军的炮声。

于是，这两个军根据炮声传来的方向朝彼此靠拢。内伊和欧仁亲王首先认出了对方。他们开始向对方奔跑。欧仁亲王跑得更快。内伊和欧仁亲王扑向对方的怀抱。欧仁亲王哭了。内伊愤怒地抱怨了几句。欧仁亲王感到非常高兴，他被由自己骑士般的英雄主义行为拯救的战争英雄感动了，立刻变得精神振奋。内伊的心中激荡着战斗的热情，为军队的荣誉因他受到威胁而感到恼怒，并指责达武，误认为达武背叛了他。

几个小时后，当达武请求内伊原谅自己时，内伊严厉地看了他一眼，然后说："陆军元帅先生，我没有责备你。上帝是我们的证人，也是你的审判官。"

两支部队认出彼此后，就不再保持整齐的队形。双方的士兵、军官和将军都朝对方跑过去。欧仁亲王的手下怀着既惊讶又好奇的心情，愉快地同对方握手，充满同情地把对方紧紧地搂在怀里。他们慷慨地拿出自己刚刚得到的食物和白兰地，让对方享用，并问了对方一个又一个问题。然后，所有人一起向奥恰走去。大家都急不可耐。欧仁亲王的将士们急切地想听内伊部队的经历，而内伊部队中的将士们也急切地想要讲述他们的故事。

第8章
内伊的决定

内伊的将士们说，11月17日，内伊率领6000名步兵和300名骑兵，携带12门大炮离开了斯摩棱斯克，将5000名伤病员留在城里，期望俄军能对他们手下留情。如果不是因为普拉托夫部队大炮的轰鸣声与地雷的爆炸声，他们的元帅永远无法从已经成为废墟的斯摩棱斯克城中带出7000名手无寸铁的掉队的士兵。内伊部队的将士们详述了他们的领袖对伤员和妇女及其子女的关心，以此证明这个最勇敢的人同时是最仁慈的人。

在斯摩棱斯克城门口发生的一件怪事，令内伊部队的将士们万分恐惧。这种恐惧至今仍未消失。一个母亲抛弃了只有5岁的儿子。尽管儿子不停地哭喊，她却完全不顾儿子的哭声和眼泪，硬将他赶下雪橇，因为她的雪橇上堆满了东西，已经太重了。这个母亲心神不定地喊道："你从未见过法国，因此，见不到法国你也不会后悔。但我了解法国，我决心再去一次法国！"内伊两次将那个不幸的孩子亲自送回母亲的怀抱，但母亲两次将孩子扔在冰天雪地里。

在成千上万最深沉、最崇高情感的"见证"下，这位母亲的行为不过是一个罪恶的特例而已。一位狠心的母亲在一场大雪中丢弃了自己的孩子，而她也在同一场大雪中遭到遗弃。内伊将她的孩子托付给了另一位母亲。内伊的将士们在自己的部队中看到了这个孤儿。后来，又有人在别列津纳河畔、维尔纽斯甚至科诺看到了这个孤儿。最后，这个孤儿躲过了法军在撤退过程中所有令人恐惧的遭遇。

内伊的将士们继续回答欧仁亲王的将士们迫切提出的问题。他们说，在内伊的率领下，朝克拉斯诺的方向前进，完全超过了法军处境悲惨的大部队。他们后面跟着一群苦难深重的散兵游勇，前面还有一群散兵游勇。由于饥肠辘辘，他们加快了脚步。

内伊的将士们描述了他们是如何发现沟底堆满头盔、轻骑兵的帽子、破烂的箱子、散落的衣物及马车和大炮的。有些马车已经被掀翻了，有些马车上还套着马。这些可怜的马已经筋疲力尽，奄奄一息。

在克里斯尼亚附近，当内伊的部队结束第一天的行军时，一阵猛烈的炮声过后，几颗子弹从将士们的头顶呼啸而过。他们以为一场战斗刚刚开始。这些炮弹和子弹似乎是从他们前面射过来的。看起来，俄军似乎距离他们很近。但在这条路上，将士们连一个俄国士兵也没看见。里卡尔带着他的师继续前进，想找到俄军的位置，但只在这条路的拐弯处发现了两门法军的大炮及一些弹药。他们在附近的战场上发现了许多可怜的哥萨克人。看到他们后，哥萨克人居然朝他们开炮。听到炮声，他们吓坏了，立刻放弃了两门大炮逃跑了。

此时，内伊的将士们停止了讲述，转而问欧仁亲王的将士们发生了什么事，为什么他们普遍表现得非常气馁，为什么他们在将大炮扔给俄军前没有破坏大炮，难道他们没有时间将大炮牢牢地固定住，他们至少应该有时间毁掉弹药吧。

内伊的将士们继续回忆，迄今为止，他们只发现了法军狼狈至极的行军时留下的痕迹。但第二天早上，这一切彻底改变了。当他们来到那片被鲜血染红的雪地上时，他们确认了自己不幸的预感——雪地上到处是损坏的大炮和支离破碎的尸体。这些尸体及其所在位置仍然明显地标记着参战的部队和战斗的地点。他们指给彼此看，法军第十四师曾在这里战斗，从尸体帽子上破碎的标志还可以辨认出这些人属于哪些团。意大利近卫军曾在这里战斗过，战死的人就躺在这里，他们的制服清晰可辨。但这支部队活下来的人都去哪里了呢？内伊的将士们徒劳地望着血流成河的战场、毫无生命体征的尸体和广袤的荒野，似乎在向它们发问，但四周一片宁静，犹如死寂的墓地。他们仍然无法洞悉同伴的命运，也不能洞悉自己的命运。

内伊急忙命令将士们迅速穿过这个战场。将士们毫无障碍地走了一段路，发现路的尽头是一条深沟。过了沟之后，这条路一直延伸到一个宽阔而平坦的高地，这里就是卡托瓦战场。3个月前，在欢欣鼓舞的行军过程中，他们打败了涅沃洛斯科瓦的部队，并鸣响前一天从俄军那里夺取的大炮以向拿破仑致敬。内伊的将士们说，他们能清楚地回忆起当时的情形，尽管在冰雪的覆盖下，卡托瓦战场看起来与一般情况下血腥的战场有所不同。

此时，莫蒂埃元帅的将士们惊呼道："11月17日，正是在那里，拿破仑和我们一直在等待你们，一直在战斗。"内伊的军官们回答说，库图佐夫的部队或者米洛拉多维奇的部队占据了拿破仑当初所在的位置，因为米洛拉多维奇还没有离开多布洛。

当他们看到一片被俄军踩踏得完全变黑的雪地时，内伊的部队开始后退。这时，一个俄国人离开了部队，走下山，单独来见内伊。或许是在装模作样，或许是出于对遭遇不幸的内伊的尊重，或许害怕绝望的内伊会杀了他，总之，他表现得极其礼貌，用各种甜言蜜语劝说内伊投降。

这个俄国人是库图佐夫派来的。"如果还有一丝能保证您安全的机会，库图佐夫就不会对您这位杰出的将军、有名的勇士提出这样残酷的建议了。但您的前面和周围有我军8万名将士。库图佐夫提议，如果您对此有任何疑问，可以派一个人去看看我军，清点我军人数。"

这个俄国人的话还没有说完，俄军右翼突然射出40枚葡萄弹。内伊的部队立刻分散开来。这个俄国人大吃一惊，停止了他要说的话。与此同时，法军一名军官冲上去，抓住这个俄国人，要把他当作间谍杀死。这时，内伊制止了军官的冲动行为。他怒气冲冲地向这个俄国人喊道："元帅从不投降。我们根本不可能在敌人的炮火下谈判。你现在是我的俘虏。"内伊命人缴获这个不幸的俄国人的武器，押着他行进，一起面对俄军的炮火。直到我们到达科诺后，他才被释放。至此，他已经被囚禁了26天。其间，他一直与内伊的将士们同甘共苦。他原本可以逃跑，但由于肩负重大使命，并没有这样做。

与此同时，俄军的炮火越来越猛烈。正如内伊的将士们所说，所有小丘原本看上去冰冷、沉寂，但一瞬间就变得像火山喷发的一样。看到这种情形，内伊备受鼓舞。随后，他的将士们突然产生了热情，就像每次在自己的叙述中有机会提内伊的名字时一样。他们补充说，在猛烈的炮火中，热情的内伊似乎临危不乱，丝毫没有受到炮火的影响。

库图佐夫并没有欺骗内伊，他的确有8万名士兵。这些士兵正值壮年，意志坚定，营养充足。在他们旁边，是一支庞大的骑兵部队和一支占据着有利地形的炮兵部队。总之，俄军占据天时地利人和，一切都已经准备就绪。然而，内伊只有由5000名士兵组成的一个纵队，这个纵队还是由掉队的士兵和各部队幸存的士兵组成的。经过长时间犹豫不定、无精打采的行军，这些掉队者和幸存者因缺吃少穿而日渐虚弱。他们的武器残缺不全，肮脏不堪，并且大部分已经无法使用。有些士兵身体弱得连手中的武器都拿不稳。

尽管如此，内伊并不想屈服，也没想到自己会死。他想率军冲进俄军的阵地，从中穿过去。他根本不知道自己的这种努力是多么令人赞叹。他的部队孤军奋战，无处求援。将士们都支持他，而他遵从自己的天性。作为一位征服者，他习惯取得在别人看来根本不可能的胜利，而征服者的骄傲令他相信一切皆有可能。

最让人感到惊讶的是，内伊的将士们是那么温顺，因为所有人都证明自己不会辜负内伊的期望。将士们还说，正是在那时，他们清楚地看到，构成英雄的要素不仅包括非常顽强的意志、宏伟的计划及无畏的冒险精神，还包括他人的支持。

里卡尔带着他的师——1500名士兵走在前面。内伊把里卡尔的师逼向俄军，并准备让其他纵队也跟着这个师前进。里卡尔的师沿着大路走进了深沟，但在爬上对岸时，遭到俄军从第一道防线发动的攻击。于是，他的师又退回了深沟。

内伊并没有被俄军吓倒，也不允许别人被吓倒。他将幸存者集合起来，将他们安排进预备部队，继续前进。勒德吕、拉祖和马尔尚都支持内伊。内伊命令400名伊利里亚人攻击俄军左翼，他亲自带着3000名士兵走在前面，从正面攻击俄军。他没有高谈阔论，身先士卒，为整个部队树立了榜样。对英雄而言，事实胜于雄辩。内伊的行为最具说服力，同时是最强硬的命令。于是，将士们都跟着他前进。他们开始进攻，冲进俄军阵地，并突破了俄军的第一道防线。之后，他们并未停止前进，而是快速冲向俄军的第二道防线。但在他们到达俄军第二道防线前，俄军的火炮弹和霰弹像雨点一样向他们袭来。一瞬间，内伊发现，他的将士们受伤了，大部分士兵阵亡了，部队所在的位置空了下来，不成形的纵队一窝蜂调转过头，裹挟着他踉踉跄跄地后退。

内伊发现自己尝试了一件不可能的事情。他一直等到士兵们逃回深沟对岸。深沟将他的部队与俄军隔开了。此时，深沟是他唯一的屏障。即使在深沟对面，他同样既无希望，也无所畏惧。他停下来，集合幸存者。他集合了2000人，对抗8万名俄军士兵。他用6门大炮，回击俄军的200门大炮。他的行为和勇气令命运女神为之动容。

毫无疑问，当时正是命运女神对内伊的眷顾麻痹了库图佐夫。让内伊等人感到无比惊讶的是，他们看到这位俄国的法比尤斯像所有法比尤斯的模仿者一样走极端，坚持他所谓的仁慈与谨慎，站在道义的高地上，不允许自己或不敢攻打内伊的部队，仿佛对自己的优势心存怀疑。看到拿破仑因鲁莽而失败，内伊对这个缺点无比恐惧，于是走向另一个极端。

任何一支俄军部队只要发起猛攻，就可以彻底消灭内伊的部队。然而，没有一支俄军部队果断采取行动。俄军像被钉在地上一样，一动不动地坚守阵地，仿佛他们除了喊口号，没有胆量发动进攻；除了服从指挥官的命令，毫无战斗热情。这种行为准则在他们撤退时能为他们赢得荣耀，但在我们撤退时给他们带来了耻辱。

在很长一段时间里，库图佐夫都不确定俄军在和哪支法军部队作战，因为他原以为内伊的军队已经沿着第聂伯河右岸，从斯摩棱斯克城撤退了。在战争中，一方误以为另一方采取了理应采取的行动，这是常有的事。

与此同时，400名伊利里亚人乱哄哄地回来了。他们经历了一次非常奇特的冒险：在向俄军左翼前进时，他们遭遇了从局部交战中归来的5000人的俄军。俄军还带着一面法军的鹰旗和几名被俘的法军士兵。

这两支敌对的部队，一支正在返回自己的阵地，另一支正要去进攻这个阵地。两支部队并排朝着同一个方向前进，彼此打量着对方，但都不敢贸然发动攻击。它们之间的距离非常近，几个被俘的法军士兵从俄军中向他们的战友伸出双臂，乞求战友解救自己。伊利里亚人也呼唤被俘的法军士兵过来，接纳并保护他们。但无论是伊利里亚人，还是被俘的法军士兵，都没有向对方靠拢。就在这时，内伊的部队被击败了，伊利里亚人便和内伊的部队一起撤退了。

库图佐夫指挥战斗时更多地依赖大炮，而不是士兵，他只想从远处攻击内伊的部队。俄军的炮火完全覆盖了法军占领的所有地区。一颗子弹击倒了法军第一排的一名士兵，又击中了最后一驾马车。坐在马车里的都是从莫斯科逃出来的妇女。

在这场猛烈的炮击中，内伊部队的将士惊呆了。他们一动不动地看着自己的统帅，等待他做出决定。据他们的一个军官所说，将士们不想知道他们为什么失败了，只想知道在这种极其危险的情况下，为什么他们看到自己的统帅还是那么平静、坚定。内伊正在观察俄军。自从欧仁亲王的战术取得成功之后，俄军的行踪变得更加可疑。俄军从内伊部队的侧面延伸到很远的地方，以断绝其一切生还的机会。

夜幕降临，一切都变得模糊。此时是冬季，昼短夜长，夜色很快便笼罩了一切。这是有利于法军撤退的唯一条件。内伊一直在等待黑夜的来临，他命令部队利用敌军休息的时机返回斯摩棱斯克城。他的将士们说，听到这个命令，他们都吓得僵住了。就连他的副官也不敢相信自己的耳朵，变得沉默不语，就像不理解自己听到的话一样。副官惊讶地看着内伊，但内伊重复了同样的命令。通过他专横的语气，将士们看出他已经下定决心，也领会了他的智谋。内伊的自信激发了将士们的自信。从他身上，将士们看出了一种处于他那个位置上的人具有的非常强大的精神。将士们立刻服从命令，毫不犹豫地转身朝着与法军、拿破仑的部队及法国完全相反的方向挺进！他们再次回到了具有毁灭性的俄国。将士们撤退了，1个小时后，他们再次穿过躺满意大利人尸体的战场。他们在那里停了下来，而一直留在后卫部队里的内伊随后也加入了他们的行列。

内伊的将士们紧紧地注视着他的一举一动——他要做什么？不管他的计划是什么，在这个陌生的国家，在没有向导的情况下，他将走向何方？好战的本能让他在一条沟边停了下来。这条沟很深，中间有一条小溪。因此，内伊命令将士们清除沟上面的积雪，打破冰层。查看地图后，他大声说："这条小溪会汇入第聂伯河。这条小溪就是我们的向导，我们必须沿着小溪前进。它会把我们带到第聂伯河边。我们必须渡过第聂伯河。到了第聂伯河对岸，我们就安全了。"说完，他立即率军朝那个方向前进。

然而，走到离他们放弃的大路不远的地方后，在一个村子里，他们再次停了下来。将士们并不知道村子的名字，但相信这个村子不是福米纳就是达尼克瓦。在这里，内伊集合部队，让将士们点燃火把，似乎打算在村子里过夜。一些跟在他们后面的哥萨克人想当然地以为他们要在村子里过夜。毫无疑问，哥萨克人立刻派人前去向库图佐夫报告内伊部队驻扎的地方。他们以为，内伊的部队第二天就会交出武器，向库图佐夫投降。不久，他们就听到了库图佐夫部队的大炮发出的轰鸣声。

内伊听了听，喊道："是达武终于认出我们了吗？"他又听了听，前一阵炮声与后一阵炮声间隔的时间非常有规律。于是，他判断这些炮声一定是一组大炮同时发射的。看到俄军期待又完全确信能俘虏自己，内伊感到非常满意，他发誓要让俄军空欢喜一场，于是命令部队立刻继续行军。

与此同时，内伊麾下的波兰人已经彻底搜查了这个地方，但只发现一个跛脚的俄国农民。不过，这真是一个意外之喜。俄国农民告诉这些波兰人，内伊的部队离第聂伯河只有1里格。但由于第聂伯河还没有完全结冰，他们无法从冰面走过第聂伯河。“会这样的。”内伊说。但当有人告诉他解冻刚开始时，他又说：“第聂伯河结不结冰无关紧要，我们必须过这条河，因为除此之外，我们别无他法。”

内伊率领部队走过一个村庄后，终于在11月17日20时左右走到了那条沟的尽头。一直走在他们前面带路的那个跛脚俄国农民停了下来，抬手指向第聂伯河。将士们猜想这个地方一定在西罗科里尼亚和古西诺埃之间。内伊和那些紧跟着他的军官跑到第聂伯河前，发现河水已经结冰，足以承受他们的重量。由于河道突然改变了方向，从第聂伯河上游漂下来的冰块淤积在了河道转弯处。河道转弯处已经完全冻结了。不过，上游和下游的河水仍然在流淌。

内伊和军官们观察到这一点后，开始变得不安。连这条河都对他们充满敌意，想要用表象欺骗他们。一个军官打算牺牲自己保全其他人。他主动请缨，要先去试探一下，看能不能踩着冰层过河。他艰难地走到了河对岸后，又返回来，报告说，将士们及一些马应该可以踩着冰层过河，但必须放弃其余东西，因为冰雪已经开始融化，他们不能再耽搁时间了。

在万籁俱寂、漆黑的夜晚，一支由身体虚弱的人、伤员及带着孩子的妇女组成的纵队缓慢前行。穿过田野时，他们根本无法保持足够近的距离。在黑暗中，他们不断拉开距离，有些人已经走散或迷失了方向。内伊觉察到只有一部分人跟了上来。不过，他总是可以克服障碍，保证自己的安全。他原本可以先过河，然后在对岸等其他人，但他从来没有想过这样做。当有人向他提出这个建议时，他立刻拒绝了。为了集合队伍，他停留了3个小时。为了不让自己忍受等待的煎熬，或者承担过久等待的危险，他裹紧斗篷，在第聂伯河岸边酣睡，度过了危险的3个小时。内伊具有英雄的气质和强健的体魄，而如果没有强健的体魄，他无法成为英雄。

第9章

内伊是撤军途中的英雄

11月17日午夜时分，内伊的部队开始过河了。但第一批冒险踩着冰面过河的人大声说，冰面无法承受他们的重量，正在下沉，水快要没过他们的膝盖了。紧接着，他们脚下的冰面发出可怕的开裂声。这些裂缝迅速向远处延伸，就像冰面破裂一样。所有人都惊愕地停了下来。

内伊下令，一个接一个地过河。于是，将士们小心翼翼地往前走。由于天很黑，他们往往不知道自己脚下踩的是冰块还是冰块的裂缝。当裂缝较大时，他们不得不冒着掉入裂缝、永远消失的危险，从一块冰跳到另一块冰上。每当走在最前面的士兵开始犹豫不前时，那些跟在他后面的人就会不停地催促他赶快走。

经历了可怕的恐慌后，内伊的部队终于来到了第聂伯河对岸，将士们以为自己得救了。然而，第聂伯河对岸是一个完全被冰雪覆盖的垂直陡坡，成了他们登上河岸的障碍。爬坡时，许多士兵又滑下来掉在冰面上。冰面随之破裂，擦伤了他们。他们后来在描述过河时的情形时说，这条河及其河岸出其不意地想要阻止他们过去，但似乎也有些遗憾，仿佛是被迫这样做的，所以才通过结冰的方式给他们的逃亡提供了一线生机。

但他们又说，当时最让他们感到恐惧、最影响他们的是妇女和伤员。妇女和伤员分散了他们太多精力。妇女们必须放弃行李，放弃她们剩余的财富及粮食，换句话说就是她们必须放弃自己现在和未来的所有资源。将士们看到妇女们取出所有东西，开始挑选，扔掉一些东西，然后重新拾起来，疲惫而悲伤地倒在冰冻的河岸上。回忆起那么多人分散在那条深不见底的河的冰面上时，将士们似乎因害怕而再次发抖。他们不断听到有人掉了进去，听到那些人在沉入河里时的哭泣声。最可怕的是那些伤病员绝望的哀号。由于车辆不敢冒险从脆弱的冰面上通过，他们不得不下车步行。他们向同伴伸出手来，请求同伴不要丢下自己。

当时，内伊决定，试着让几辆载着这些可怜伤病员的马车通过。但等马车到了河中央时，冰面就开始下沉，然后裂开了。接着，第聂伯河对岸的人听到从岸边传来的痛苦的叫喊声。先是一阵又长又刺耳的叫喊声，接着是压抑而微弱的呻吟声，最后是可怕的寂静——连人带马车都消失在水里了！

内伊大惊失色，目不转睛地望着第聂伯河。在黑暗中，他似乎看见一个物体还在移动，原来是一个叫布里格维尔的军官。由于腹股沟处有一个很深的伤口，布里格维尔无法直立行走。一大块冰将他托了起来。很快，内伊等人就清楚地看到了他。他从一个冰块爬到另一个冰块上。等他爬到靠近岸边的地方时，内伊抓住了他，把他救了上来。

自前一天以来，内伊的部队一共损失了4000名掉队的人和3000名士兵——有的士兵被杀了，有的士兵失踪了。大炮和所有行李都不见了，只剩下3000名士兵与大约3000名掉队士兵。终于，在付出了这么多代价后，内伊将所有过河的人集合起来，继续行军，而这条被他们征服的河再次成为他们的朋友和向导。

将士们三三两两地摸黑前进。突然，一个士兵摔倒了，他辨认出脚下是一条已经被踩得泥泞不堪的路。这条路太烂了，以致走在前面的人要弯下腰，用手仔细摸索着路面往前走。突然，他们吓得停了下来，惊叫道："我们摸到了许多大炮和马刚刚经过后留下的痕迹。"看来，他们避开了一支俄军，又碰上了另一支俄军。在将士们几乎走不动的时候，他们必须再次战斗，战斗无处不在！但内伊让将士们继续前进。他丝毫不受眼前的这种状况影响，继续循着这些危险的痕迹往前走。

内伊率领部队来到一个叫古西诺埃的村庄。将士们迅速进入，并占领了这里。在这里，他们发现了离开莫斯科以来一直想要的所有东西，包括居民、食物、温暖的住所。此外，他们还俘虏了100名哥萨克人。这些哥萨克人一觉醒来发现自己成了俘虏。他们的报告和吃点东西才能继续前进的需要使内伊在那里停留了几分钟。

11月18日10时左右，将士们来到了另外两个村庄。休息时，他们突然察觉到周围的树林里动静很大。他们来不及呼喊战友的名字，来不及四处张望，更来不及在离伯里斯泰纳河最近的村子里集合。成千上万的哥萨克人已经从树林里冲了出来，用长矛和大炮包围了他们。

这些哥萨克人是普拉托夫率领的骑兵，是沿着第聂伯河的右岸来到这里的。他们如果烧毁了村庄，就会发现内伊的兵力不足，继而将其一举歼灭。但实际上，他们连续3个小时一动不动，甚至没有开火。其中原因，我们不得而知。哥萨克人后来给出的解释是，他们没有接到开火的命令。那一刻，他们的将领还没有准备下达任何命令。在俄国，没有人敢承担不属于自己的责任。

内伊表现得非常大胆。哥萨克人只能按兵不动。他率领几名士兵就足以震慑这些哥萨克人，他甚至命令其他士兵继续就餐，直到夜幕降临。然后，他让将士们低声地相互传达命令，悄悄地离开营地，让大家在行军过程中尽可能紧跟队伍。后来，将士们开始行军，但当他们迈出第一步时，就仿佛给了俄军一个信号。俄军立刻向他们开炮。他们也立即行动起来。

听到隆隆的炮声后，三四千名手无寸铁的掉队士兵惊慌失措，开始到处躲藏。由于不知道该去哪里，他们中大多数人都在原地不停地打转，有时试图冲进士兵队伍。内伊设法让掉队者保持在他的部队和俄军之间，所以俄军的炮弹主要打在了这些人身上。在这种情况下，最胆小的人掩护了最勇敢的人。

与此同时，内伊将这些可怜的掉队士兵当作一道防线，来掩护他的右翼部队。他又率军来到了第聂伯河岸，并凭借第聂伯河来掩护他的左翼部队。就这样，内伊率领部队行走在掉队士兵与第聂伯河之间，从一片树林走到另一片树林，从一个拐弯处走到另一个拐弯处。他利用所有弯道和有利地形，以便减少伤亡。他的部队常常不得不离开第聂伯河。但每当他的部队离开第聂伯河一段距离后，普拉托夫就率军将其包围起来。

就这样，用了两天时间，内伊的部队才走了20里格。其间，6000名哥萨克人不断骚扰他的侧翼。这些哥萨克人现在已经减少至1500人，却一直保持着围攻的态势。在每次发动突袭之前，他们就会消失不见，然后立即返回来，就像他们的斯基泰人祖先一样。但他们与他们的祖先之间有很大的差别，那就是，他们把大炮装在雪橇上。这样一来，他们就可以在飞奔的过程中射击了。和他们的祖先一样，他们技术精湛，善于瞄准，并准确地发射。

夜幕降临，内伊稍微松了一口气，将士们面露喜色。但如果有人停下来，向某个因疲惫不堪或因受伤而倒下的战友告别时，他就会面临迷失在黑夜里、找不到队伍的危险。在这种情况下，他们经历了许多残酷的时刻，遭遇了不少令人绝望的事情。庆幸的是，哥萨克人终于放慢了追击他们的速度。

内伊率领这支不幸的军队安静地继续前进，摸索着穿过一片茂密的树林。突然，在部队前面几步外的地方，一道亮光照在第一排法军士兵脸上。紧接着，几颗炮弹飞了过来。第一排士兵非常害怕，以为自己走投无路了。他们的后路已经被切断，现在是他们生命的尽头，他们惊恐地摔倒在地上。走在他们后面的人跟得很紧，也随之摔倒在地上。内伊见大事不妙，便冲上前去，命令将士们冲锋，仿佛他早已预见到这次袭击。他喊道："将士们，现在该是你们进攻的时候了。前进！去俘虏他们！"一分钟前，将士们还惊慌失措，以为遭到哥萨克人出其不意的攻击。但听了这番话后，他们坚信会打敌人一个措手不及，最后他们非但没有被打败，反倒成为胜利者。于是，他们向已经跑远的哥萨克人冲去，听到了哥萨克人从远处的树林里急速逃走的声音。

很快，将士们穿过这片树林，于11月18日22时左右来到一条小河前。这条小河从一条深沟流过。将士们不得不一个一个地过河，就像过第聂伯河时那样。再次看到内伊的部队时，一心追击的哥萨克人试图利用其正在过河这个有利时机。但内伊拿起步枪，朝他们放了几枪，再次击退了他们。内伊的部队艰难地渡过了这条小河。一个小时后，部队来到一个大村庄。饥饿和疲惫迫使将士们在这里停留了两个多小时。

第二天（11月19日），部队继续前进。从18日午夜一直到19日10时，他们没有遇到任何敌人。当他们来到一处坡地时，普拉托夫的部队再次出现了。内伊率领部队来到一片树林边，以树林为掩护，与俄军对峙。将士们一整天只能眼睁睁看着俄军的炮弹将那片树林和自己的宿营地炸毁。内伊的部队现在只有小武器，无法将哥萨克炮兵挡在足够远的地方。

当夜幕再次降临时，内伊发出行军的信号。将士们继续向奥恰前进。前一天（11月18日），内伊已经派普奇本多夫斯基带着50名骑兵去奥恰求援了。如果俄军还没有占领奥恰，普奇本多夫斯基一定已经抵达那里了。

内伊的将士们在结束他们对此次行军经历的叙述时说，在接下来的行军中，他们遇到了一些可怕的障碍，但他们认为这些障碍不值一提。不过，他们继续热烈地谈论自己的元帅，与我们分享了他们对内伊的钦佩，即使是那些与他旗鼓相当的人也不会嫉妒他。大家都为内伊感到庆幸，因为他能活着回来激发了太多令人愉快的情绪，根本不会让人产生丝毫嫉妒。此外，即使有人嫉妒，内伊也已将自己置于让人完全无法企及的高度。对他来说，这些英雄行为都源自他的天性。如果不是从大家的眼中、手势及欢呼声中感受到自己的荣耀，他从来没有想到自己做了一件了不起的事。

这种荣耀并不是一个意外的惊喜。后来的每一天都会产生杰出的人物，比如11月16日做出壮举的欧仁亲王，以及11月17日做出壮举的莫蒂埃元帅。但从那时起，内伊被公认为法军撤退过程中的英雄。

从斯摩棱斯克到奥恰，需要行军5天。在这段短短的路途中，内伊收获了多少荣耀！建立不朽的功名需要的时间多么少！既然如此，这些了不起的启发灵感的事物（inspirations），也就是那些看不见、摸不着杰出贡献的萌芽（germ）——一瞬间在心里产生，必将永垂不朽——是什么性质呢？当时，拿破仑就率军走在前面2里格的地方。当听说内伊已经回来时，他高兴得跳了起来，大声喊道："我救了我的得力干将！我宁愿从国库中拿出3亿，也不愿失去这样一位悍将。"

第 11 部分

第1章 俄军占领明斯克

这是法军第三次，也是最后一次渡过第聂伯河。第聂伯河发源于俄国，一半在俄国境内，另一半在波兰境内。第聂伯河自东向西一直延伸到奥恰，看似会深入波兰境内，但立陶宛的高地阻碍了它继续流向波兰腹地，迫使它改变方向，向南方流去，从而成为俄国和波兰的界河。

库图佐夫率领8万人的部队在第聂伯河这个不堪一击的障碍前停了下来。到那时为止，俄军一直是法军灾难的旁观者，而非创造者。我们再也看不到俄军将士了，我军已经摆脱了他们，不再经受被他们击败时他们的快乐带给我们的痛苦了。

在这场战争中，正如经常发生的那样，库图佐夫大部分时间都率性而为，并没有充分发挥自己的军事才能。但凡需要欺骗和拖延，库图佐夫的狡诈、懒惰及年龄就会发挥作用。他善于审时度势，但每当需要急行军、追击、预判和进攻时，他的优势就无从发挥了。

经过斯摩棱斯克之后，为了加入维特根施泰因的部队，普拉托夫直奔大路右侧。战场也因此转向了那边。

11月22日，经过一条宽阔的道路，法军从奥恰行军至波里佐夫。道路的两边是高大的桦树。雪已经融化，一路上都是很深的泥浆，因此这一路的行军并不愉快。那些身体虚弱的士兵深陷在泥浆中；我们的伤病员滞留在路上，落入了哥萨克人之手。哥萨克人以为会遇上一场持续的霜冻，便将马车换成了雪橇。

在士兵们的身体逐渐虚弱的过程中，人们目睹了一种表现出某种传统美德的行为。一群哥萨克人包围了法军两名陆战队队员，似乎打算俘虏他们。他们中的一个变得气馁，想举手投降；另一个则继续战斗，向战友喊道：“如果你懦弱到投降，我肯定会毙了你！”事实上，当他看到战友扔掉手中的步枪，向敌人伸出手臂时，他就将其打倒在地，仿佛战友已经落入哥萨克人的手中。正当哥萨克人感到惊讶时，他很快重新给步枪装上子弹，并将枪口对准最前面的几个哥萨克人。哥萨克人不敢靠近他。就这样，他从一棵树撤退到另一棵树，拉开了自己与哥萨克人之间的距离，并成功地重新加入了他的队伍。

在进军波里佐夫的前几天，明斯克陷落的消息已在法军中传开。这时，法军将领惊愕地环顾四周。持续了许久的可怕场景折磨着他们，丰富的想象力使他们预见到更加危险的未来。将领们私下谈话时，一些人惊呼："就像卡尔十二世在乌克兰一样，拿破仑率军去了莫斯科，却遭到了毁灭。"

还有一些人不同意将我们遭受的灾难归因于入侵俄国，不愿为我们所付出的代价辩解，而是希望通过一场战役来结束这次远征，所以他们断言："我们抱有这种希望的理由非常充分。通过将战线一直推进到莫斯科，陛下给了如此庞大的军队一个足够宽阔、坚固的大本营。"

他们拿出地图，将由杜纳河、第聂伯河、乌拉河和别列津纳河标示出的从里加到博布鲁伊斯克的大本营指给我们看。他们说，麦克唐纳、圣西尔、维克多和东布罗夫斯基等人及其部队正在那里等待他们。还有施瓦岑贝格亲王和奥热罗及其部队——奥热罗率领5万人保卫易北河与涅曼河之间的地区。此外，近28万名士兵从北到南支持15万人从东部发起进攻发。正因如此，那些希望通过战役结束远征的人说，尽管进军莫斯科似乎有些危险，但拿破仑已经为这个计划做了充分的准备。这个计划值得让拿破仑这样的天才来实施，并且极有可能取得成功。事实上，这个计划的失败完全是细节上的错误导致的。

接着，他们回想起我军在斯摩棱斯克的无谓牺牲和朱诺特在瓦卢蒂纳的不作为。他们坚称："尽管损失惨重，但如果在内伊开始取得成功后，我军能够一直保持成功的势头，就会在莫斯科战役中完全征服俄国。

"从军事上讲，拿破仑在莫斯科战役中表现出的优柔寡断导致了这次远征的失败；从政治上讲，火烧莫斯科也表明这次远征是失败的。即便如此，法军最终还是有可能安全地返回。从我们进入莫斯科那天开始，如果那位40岁的俄国将军和持续50天的俄国冬季不给我们恢复元气和撤退的机会，那我们的军队又会如何呢？"

后来，他们懊悔自己在莫斯科时的鲁莽与固执，以及在马洛-亚罗斯拉维茨时致命的犹豫。他们因此浪费了那么多宝贵的时间。自从离开莫斯科，他们就丢掉了500门大炮、31面鹰旗和所有行李，失去了27位将军，4万人被俘，6万人战死。法军只剩下4万名手无寸铁的掉队士兵和8000名尚有战斗力的士兵。

最后，提到进攻纵队被消灭时，他们继续说："当在储备丰富的大本营集合时，这支纵队幸存的士兵都不知道为什么会沦落到这样的地步。他们不知道该停在什么地方、是不是该喘口气？他们为什么不能集中在明斯克和维尔纽斯及别列津纳河的沼泽后面呢？在那里，他们至少可以阻击敌人一段时间，利用冬季来休整并且让自己的身体康复。

"但他们并没有这样做——他们的失误让他们失去了一切。他们竟然派一名奥地利人守卫弹药库，掩护所有勇敢的法军将士撤退。他们并没有派一位军事指挥官前往维尔纽斯或明斯克，让其率领足够的兵力，支援奥地利军队，抗击摩尔达维亚和沃里尼亚的俄军，或者防止奥地利军队背叛。"

这些抱怨的人不是不知道巴萨诺公爵就在维尔纽斯。尽管巴萨诺公爵很有才华，深受拿破仑信任，但他们认为，巴萨诺公爵对战争策略一窍不通，加上他肩负着繁重的行政管理工作和一切政治事务，所以拿破仑不应该将军队指挥权交给他。那些经历苦难、有时间观察的人就是这样抱怨的。但在如此严重的危机中，在拿破仑这样的天才面前，人们不应该讨论如何避免错误，也不应该衡量引发错误的动机。除此之外，谁不知道，在危险而卓越的事业中，当目的没有达成时，每件事都会变成一种错误。

尽管施瓦岑贝格亲王的背信弃义并不明显，但可以肯定的是，除了他身边的3位法国将军，所有法军将士都认为他已经背叛了他们。他们说："沃波尔留在维也纳的唯一目的就是充当英国的秘密特工。他和奥地利外交大臣梅特涅共同编造了一份指示，然后送给施瓦岑贝格亲王，让其做出背信弃义之举。因此，自9月20日，也就是俄国海军上将奇恰戈夫率军赶到的那一天以来，施瓦岑贝格亲王在卢茨克战役中惨败，从而结束了他常胜的军事生涯。他再次渡过布格河，放弃了明斯克，占领了华沙。之后，他坚持了这个错误的战术。10月10日，他率军向布雷斯克-利托夫斯基进发。由于没有抓住奇恰戈夫按兵不动这个时机，插入其部队驻地与明斯克之间的地带，施瓦岑贝格亲王在行军中错失良机。另外，他率军向布良斯克、比亚韦斯托克和沃尔科维茨行进毫无意义。

"施瓦岑贝格亲王的行为让奇恰戈夫的部队得以喘息，也让奇恰戈夫得以集结6万人的部队，并将其一分为二。萨肯带着一半部队对抗施瓦岑贝格亲王；10月27日，奇恰戈夫率领另一半部队出发前去占领明斯克、波里佐夫、我军的弹药库、陛下的必经之地及陛下的冬季营地。直到这时，施瓦岑贝格亲王才率军追赶奇恰戈夫的部队，而不是按照命令抢在奇恰戈夫前面。他将雷尼尔的部队留下来对抗萨肯的俄军，自己则缓慢行军。然而，奇恰戈夫率军出发的时间比施瓦岑贝格亲王率军出发的时间早了5天。

“11月14日，在沃尔科维茨，萨肯率军袭击了雷尼尔的部队，将其同奥地利军队隔开。由于萨肯步步紧逼，雷尼尔不得不向施瓦岑贝格亲王求援。施瓦岑贝格亲王立刻率军返回——仿佛他一直在期待雷尼尔的求援，想让明斯克听天由命。于是，施瓦岑贝格亲王率军驰援雷尼尔的部队，为其解了围，并且击败了萨肯。他歼灭了萨肯的一半部队，一直追击其残部到布格河。但到了11月16日，也就是施瓦岑贝格亲王取得胜利的那一天，奇恰戈夫的部队攻占了明斯克，这对奥地利来说是双重胜利。明斯克的所有建筑都被完好地保存了下来。施瓦岑贝格亲王没有辜负奥地利政府的期望，一方面，他刚刚削弱了俄军，另一方面，他将陛下出卖给了俄国人。”

几乎整个法军都这样议论着，但拿破仑缄默不语。或许是出于政治原因，他不寄希望于盟国有更多热情。或许是因为6个星期前，当他还在莫斯科时，施瓦岑贝格亲王给他送来消息，表明对他的忠心。

尽管如此，拿破仑的确指责过施瓦岑贝格亲王这位陆军元帅。施瓦岑贝格亲王痛苦地抱怨道，首先，他收到两个自相矛盾的指示，命令他同时占领华沙和明斯克，但这是不可能的。其次，巴萨诺公爵传递给他的消息是假的。

施瓦岑贝格亲王说：“巴萨诺公爵一再向我表示，大军正在安全有序、像往常一样声势浩大地撤退。为什么他要给我发来用来欺骗巴黎那些无所事事的人的公告呢？我之所以没有更加努力地协助大军，仅仅是因为我相信大军完全有能力自保。”

施瓦岑贝格亲王还以自己的兵力弱小为由辩解：“我只有2.8万人，怎么能够指望这么少的人在很长一段时间抵挡俄军6万人呢？在这种情况下，如果奇恰戈夫的部队抢在我前面，会是好事吗？正因如此，我当时才毫不犹豫地率军去追赶奇恰戈夫的部队，从而离开了加利西亚、我的弹药库和我的大本营，难道不是这样吗？我之所以停止追赶奇恰戈夫的部队，仅仅是因为雷尼尔和杜鲁特这两位法军将领向我发出紧急求援。雷尼尔、杜鲁特和我都有理由相信，巴萨诺公爵、乌迪诺或维克多元帅的部队会为明斯克提供安全保障。”

第2章 法军丢掉明斯克的细节

事实上，当我们背叛了自己时，我们就无权指责他人背叛了我们，因为在需要做出选择时，所有人都有软肋。

维尔纽斯的法军似乎毫不怀疑事情的真实情况。当时，在别列津纳河和维斯瓦河之间的驻军、仓库守军、行进中的各个营，还有杜鲁特、卢瓦宗和东布罗夫斯基率领的各师，可能在明斯克集结成一支3万人的部队。其中3000人由一位名不见经传的将军率领，这支部队是唯一一支在明斯克与俄国海军上将奇恰戈夫的军队对峙的部队。众所周知，这些年轻士兵被暴露在一条河前。奇恰戈夫的部队开始向他们逼近，于是，他们跳进了河里。实际上，如果他们当时所处的位置是河对岸，那条河就会保护他们一段时间。

正如经常发生的那样，整体计划的错误导致了细节上的错误。明斯克的总督是临时任命的。据说，他口惠而实不至，他承诺一切，却什么都不做。11月16日，他丢失了明斯克及4700名伤病员与200万人的口粮和全部弹药。5天后，东布罗夫斯基才得到这个消息。但紧接着，一个更大的灾难性消息传来了。

明斯克总督率军撤往波里佐夫，但忘了通知前来驰援他的乌迪诺。当时，乌迪诺的部队行军两天就可以到达明斯克。明斯克总督也未能协助从博布鲁伊斯克和伊谷曼（Igumen）匆忙赶到明斯克的东布罗夫斯基的部队与敌军作战。然而，11月20日晚，东布罗夫斯基的部队并没有赶到桥头；其赶到时，俄军已经占领了桥头。尽管如此，东布罗夫斯基还是率军赶走了奇恰戈夫的先头部队，占领了桥头，并亲自率军勇敢地守卫，直到11月21日傍晚。由于俄军炮兵从侧面发起了进攻，东布罗夫斯基的部队遭受了沉重的打击，被迫渡过别列津纳河，离开明斯克城，一直退到通往莫斯科的道路上。

拿破仑对这场灾难毫无准备。他以为自己能够彻底阻止这场灾难，毕竟他已经于10月6日从莫斯科向维克多下达了命令。这些命令预见到维特根施泰因或奇恰戈夫会率军猛攻明斯克，同时建议维克多尽量靠近波洛茨克和明斯克，派一位精明能干、谨慎行事、足智多谋的将领跟着施瓦岑贝格亲王，定期与明斯克方面联系，并向不同方向派遣代理人。

然而，维特根施泰因的部队抢在奇恰戈夫的部队之前发动了进攻。危险越来越近，时间越来越紧。这引起了每个人的注意。拿破仑并没有重复发出10月6日发出的明智的指令。他的副官似乎完全忘记了这些指令。最后，在多姆布朗纳，当拿破仑得知俄军已经占领明斯克时，他并不知道波里佐夫面临的危险迫在眉睫，因为他经过奥恰时已经烧掉了架桥材料。

11月20日与维克多的通信证明，拿破仑是安全的。信中说，乌迪诺会于11月25日率军抵达波里佐夫，但奇恰戈夫已于11月21日占领了波里佐夫。

在奇恰戈夫占领波里佐夫后的第二天，拿破仑的部队距离波里佐夫还有3天的行程。当拿破仑的部队正在公路上行进时，一名军官向他报告了这个新的灾难性消息。他用手杖敲着地面，怒视着天空，说道：“天空写着，我们现在只会犯错误！”

与此同时，乌迪诺已经率军向明斯克行进，却全然不知已经发生的事情。11月21日，在博布尔河和克鲁普基之间，乌迪诺的部队停了下来。半夜时分，布罗尼科夫斯基将军赶来告知乌迪诺，他和东布罗夫斯基已经战败，波里佐夫失守，俄国人正在自己身后穷追不舍。

11月22日，乌迪诺率军前去与他们会合，并集合了东布罗夫斯基的残余兵力。

11月23日，在距离波里佐夫对岸3里格的地方，乌迪诺碰到了俄军的先头部队。他集结炮兵、步兵和骑兵击退了俄军的先头部队，俘虏了900人，缴获了1500辆车，并迫使其退回别列津纳河。兰伯特的残余部队再次经过波里佐夫，在渡过别列津纳河后，摧毁了河上的桥。

当时，拿破仑在托罗辛纳。他让部下描述波里佐夫的位置。他们向他保证，这时，别列津纳河除了是一条河，更是一个由浮冰组成的堰塞湖。别列津纳河上的桥长300英寻，已经被完全毁坏，无法修复了。想从那座桥上通过，是根本不可能的。

此时，工兵部队的一位将军来了。他刚从维克多的部队回来，拿破仑便询问他波里佐夫的情形。这位将军声称："在我看来，我军除非从维特根施泰因的大军中穿插过去，否则无路可退。"拿破仑回应道："我必须找到一个能让我军甩掉库图佐夫、维特根施泰因和奇恰戈夫等所有敌军将领的方向。"拿破仑用手指着地图上波里佐夫下方的别列津纳河的河道，他想从那里渡过别列津纳河。但这位将军反对从那里渡过别列津纳河，因为奇恰戈夫的部队就在别列津纳河右岸。拿破仑接着指向别列津纳河下方的一个通道，然后又指向另一个通道，这个通道离第聂伯河更近。这时，拿破仑想起自己正在靠近乌克兰，突然停了下来，大声说："对，波尔塔瓦！我现在的处境就跟波尔塔瓦会战[①]时的卡尔十二世一样！"

事实上，拿破仑预料到的每一场灾难都应验了。令人沮丧的

① 指1709年6月28日，俄国沙皇彼得一世的军队与瑞典国王卡尔十二世的军队之间的会战，俄军最后取得了决定性胜利。——译者注

是，想到自己的处境与卡尔十二世这位瑞典征服者非常相似，拿破仑焦躁不安，思绪烦乱。他的健康状况比在马洛-亚罗斯拉维茨时还要糟糕。在他使用的各种表达中，他说某句话时声音很大，足以让远处的人听到，那就是："当我们犯了一个又一个错误，不知还会发生什么时，让我们拭目以待吧！"

实际上，最初这些自言自语的焦虑行为就是拿破仑唯一的反应。他的贴身侍卫是唯一一个目睹他焦虑的人。迪罗克、达鲁伯爵和贝尔蒂埃都曾说过，他们对此一无所知，他们只看到拿破仑的坚定不移。从人性的角度来说，的确如此，因为拿破仑有足够的自制力，避免暴露自己的焦虑。但人的强项往往在于隐藏自己的弱点。

当晚，有人听到一次奇怪的谈话。这次谈话比其他任何事情都能说明拿破仑当时的处境多么危急，而他掩盖得多么好。夜深了，拿破仑已经就寝。迪罗克和达鲁伯爵还在他的房间里。他们以为拿破仑已经熟睡了，便开始窃窃私语，对前景做出最悲观的猜测。然而，拿破仑听到了他们的谈话，当听到"政治犯"一词时，他大声说道："怎么？你们相信他们敢这样做吗？"达鲁伯爵吃了一惊，立刻回答说："如果我们被迫投降，就必须做好一切准备。您不能指望敌人会宽宏大量。我们深知，重大的国家政策本身就等同于道德，不受任何法律的约束。""可是，"拿破仑说，"法国会怎么样呢？""哦，至于法国，"达鲁伯爵接着说道，"我们可以随意做出一千种令人不悦的猜测，但谁也不知道它会发生什么。"然后，他补充道："为了您的将士们及您本人，您如果能幸运地乘坐热气球或用其他办法到达法国，就可以为我们的安全提供更多保障。您不应该留下来和我们在一起！""既然如此，我想我妨碍你们了？"拿破仑微笑着说。“是的，陛下。您不愿意做阶下囚吧？”达鲁伯爵以同样的口吻说道，“有我当俘虏就够了。”听到这话，拿破仑沉默良久。空气似乎凝固了。然后，拿破仑严肃地问：“大臣们的报告都被烧毁了吗？”“陛下，到目前为止，您还不允许这样做。”“去把它们都烧掉，因为不得不承认，我们此时的处境非常凄凉。”拿破仑第一次说出这种丧气话。说完，他就睡觉了。拿破仑知道，必要时，他应该将一切推迟到第二天再定夺。

拿破仑的命令表明他很坚定。乌迪诺刚刚派人告知拿破仑，他决心撤掉兰伯特的职务。拿破仑同意了乌迪诺的请求，并敦促他率军占领波里佐夫北面或者南面的一条通道。拿破仑还表达了自己的焦虑，希望乌迪诺的部队能在11月24日之前占领这条通道，并为法军过河做准备。他还要求乌迪诺随时向他汇报具体情况与进展，以便他确定适宜的行军速度。拿破仑根本没有想过要从3支俄军部队手里逃走，他此时的唯一想法是，击败奇恰戈夫的部队，并重新夺回明斯克。

8个小时后，拿破仑再次给乌迪诺写信，说他放弃从维塞洛沃附近渡过别列津纳河，打算率军直接从维雷卡向维尔纽斯撤退，避开奇恰戈夫的部队。

然而，11月24日，拿破仑得知，他只能尝试着从斯塔齐扬卡附近渡过别列津纳河。因为在那里，别列津纳河的河道只有54英寻宽、6英尺深。通过一片沼泽后，法军可以走到河对岸，只是这片沼泽在占领制高点的俄军射程内。

第3章 法军残部的状况

法军从俄军中间穿过的所有希望破灭了。由于遭到库图佐夫部队和维特根施泰因部队的追赶，法军已经别无选择，只能冒着遭受守卫别列津纳河两岸的奇恰戈夫部队攻击的危险渡过别列津纳河。

自11月23日起，拿破仑就一直在为渡过别列津纳河做准备，就像在为一次孤注一掷的行动做准备一样。首先，他让所有部队将鹰旗送到他那里，并全部烧毁。其次，他将近卫军中的1800名骑兵分成两个营。这些骑兵中只有1154人配备了火枪和卡宾枪。

当时，进军莫斯科的骑兵部队被彻底摧毁了，拉图尔-莫堡侯爵麾下的骑兵不超过150人。拿破仑将所有幸存的军官召集到自己身边，组成了一支大约有500名军官的部队。他将这支部队作为他的神圣中队（sacred squadron），任命格鲁希和波尔塔担任指挥官，并任命各师的将军们担任队长。

拿破仑进一步下令烧毁所有无用的马车。每位军官，无论官阶高低，只能留下一辆车。所有部队都要烧毁一半的货车和马车，并将马交给近卫军的炮兵部队。炮兵部队的军官接到命令——将能够找到的所有牲口都收归己用，甚至包括拿破仑的坐骑，但不得放弃一门大炮或一辆弹药车。

发出这些命令后，拿破仑率军进入明斯克那片阴暗而广袤的树林里。那里只有几座小村庄和几个简陋的住所，几乎没有空地。维特根施泰因的部队发起炮击，大炮的轰鸣声在树林里回荡。维特根施泰因的部队从北方向我军即将毁灭的右翼冲过来。在他的部队后方有库图佐夫的部队。得知维特根施泰因的部队正在朝我军逼近后，我军加快了步伐。地面又上冻了，很滑。四五万名身体虚弱的将士、妇女和孩子尽可能快地穿过这片树林。

这次行军不等天亮就开始了，但天黑时还没有结束。在行军过程中，原本聚集在一起的部队又散开了。在漫长的黑夜里，在这片阴暗的树林里，一些士兵迷失了方向。夜间，法军停了下来，第二天早晨又继续前进。树林里非常黑暗，将士们混乱地穿行着，听不到任何信号。当时，所有残存的部队都分散开来，不同部队的人混在了一起。

我们在身体极其虚弱、局面极其混乱的时候接近了波里佐夫。当时，我们听到前面传来喊叫声。有人跑上前，以为是我们遭到了攻击。事实上，是维克多的部队遭遇了维特根施泰因的部队。维特根施泰因的部队将维克多的部队赶回我们走的这条路的右边。于是，维克多的部队一直在此等待拿破仑的部队经过。维克多的部队仍然完好无损，看起来生气蓬勃。拿破仑一出现，维克多的部队就像往常那样欢迎他，发出被遗忘已久的欢呼声。

维克多的部队对我们遭受的灾难一无所知。这些灾难被小心翼翼地隐藏起来，连维克多都不知道。因此，当维克多的部下在拿破仑身后看到的不是那支征服莫斯科的强大部队，而是一连串“幽灵”时，瞬间变得惊慌失措。他们身上披着的破布、女士外衣、地毯碎片或脏斗篷已经被火烧得不成样子，到处都是破洞；他们的脚上没有穿鞋，而是裹着各种碎布。他们身体瘦削，脸上尽是黑乎乎的泥污，胡子拉碴，手无寸铁，看起来很狼狈。他们低着头乱哄哄地往前走着，眼睛盯着地面，沉默得像一群俘虏。

最令维克多的将士吃惊的是，许多上校和将军四处散开，将自己与他人隔开。他们似乎只关心自己，一心只想着拯救他们残存的财产或他们的士兵。他们与士兵们一起往前走着，但士兵们并没有注意到他们，而他们也不再给士兵们下达任何命令。他们对士兵们没有什么期待，他们与士兵们之间的所有关系都破裂了。共同的苦难已经打破了部队里的阶层固化。

维克多和乌迪诺简直不敢相信自己的眼睛。此情此景让他们麾下的军官们对这支部队充满了同情与怜悯。他们眼里含着泪水，在人群中认出自己的战友时，就将其留下来。他们先给战友提供了衣服和食物，然后问战友的部队在哪里。当战友们指出自己残存的部队时，他们看到的不是成千上万人的部队，而是一个指挥官带领着一群军官和士兵。这些军官和士兵的眼里充满了警惕。

从第一天起，如此深重的灾难就让法军第二军与第九军士气低迷。混乱是所有罪恶中最具传染性的，它袭击了第二军和第九军，因为秩序似乎是违背自然的。然而，这些手无寸铁的人现在已经完全意识到，他们必须浴血奋战，突破刚刚围上来的俄军，才能渡过别列津纳河。尽管他们中的一些人已经奄奄一息，但他们一直对胜利充满信心。

现在，拿破仑亲自率领的这支部队只是一支军队的缩影，仅仅是一支大军的缩影。将士们意识到，战胜他们的只是大自然，而不是俄军。拿破仑的出现会让他们士气大振。他们早就习惯了不向拿破仑寻求支持，只想在他的带领下走向胜利。这次远征是这支军队参加的第一次不幸的战争，尽管它曾参加过那么多幸运的战争。无论如何，只要能够追随拿破仑就行。拿破仑曾把他的士兵抬得那么高，现在又把他们放得那么低，只有他才能够拯救他们。因此，在法军将士的心目中，他们仍然爱戴拿破仑。拿破仑犹如所有人心中的希望。

由此可见，一些人可能会将自身的不幸归因于拿破仑，从而指责他。但拿破仑毫不畏惧地继续行走在这些人中间，跟这个人说说话，跟那个人说说话，没有丝毫的矫揉造作。他确信，只要我们尊重那些获得荣誉的人，他就一定会受到我们的尊敬。我们很清楚地知道，拿破仑属于我们，就像我们属于拿破仑一样。拿破仑的声望是国家财产，我们宁愿拿起武器对准我们自己——事实上，许多人都是这样做的，也不愿拿起武器对准拿破仑。他们甚至愿意为了他献出宝贵的生命。

拿破仑所率部队中的一些人倒在了他的脚下。他们虽然处在最可怕的昏迷状态，但从来没有因自己遭受的痛苦而指责过他。相反，他们恳求拿破仑。话说回来，难道拿破仑没有和大家一起置身于危险之中吗？他们中的哪个人比他冒的危险更大？在这场灾难中，谁遭受的损失最大呢？

即使有人诅咒拿破仑，也不会当着他的面诅咒。在所有不幸中，引起拿破仑的不快似乎仍然是最大的不幸。将士们的信心如此坚定，他们服从那个将整个世界都交给他们的人。迄今为止，拿破仑天才般的军事计划为他们赢得了一场又一场胜利，并且从未出现过失误。他们唯他马首是瞻。他长期掌握他们抚恤金的发放与职位的晋升。拿破仑谱写着历史的篇章，他不仅知道如何满足贪婪者的欲望，还懂得如何满足慷慨者的需求。

第4章 为渡过别列津纳河做准备（一）

现在，最关键的时刻就要来临了。维克多元帅率领1.5万人殿后。乌迪诺率领5000人行走在队伍的最前面，已经到达别列津纳河。中间是拿破仑率领的7000人。此外还有4万名散兵、大量行李和大炮，其中大部分属于法军第二军和第九军。

11月25日，当部队快要到达别列津纳河时，拿破仑似乎徘徊不前。他不时命令部队在大路停下来，等待夜幕降临，想借着夜色抵达河边，以免被俄军发现，同时给乌迪诺的部队留出时间撤离波里佐夫。

11月23日，当走进波里佐夫时，乌迪诺发现，那座长300英寻的桥有3个地方已经被俄军摧毁。俄军就在附近，因此，他的部队根本无法修复桥梁。乌迪诺确定，在他的部队左边、别列津纳河下游2英里处，也就是欧克霍尔达附近，有一个可以涉水渡过别列津纳河的地方。但在这里，河水依然比较深，不太安全。在波里佐夫以北1英里的地方，也就是斯塔德霍夫，还有一个很难靠近的浅滩。最近两天，乌迪诺了解到，在斯塔德霍夫以北2里格的地方，也就是斯塔齐扬卡，还有一条通道可以渡过别列津纳河。通过科尔比诺指挥的旅，乌迪诺得知了这些情况。

科尔比诺指挥的旅就是巴伐利亚将军弗雷德伯爵在率军挺进斯莫利安齐时，从法军第二军借调来的那个旅。乌迪诺一直将这个旅留在自己的部队里，直到抵达多克西茨时，才让其经波里佐夫回到了法军第二军。当科尔比诺率军到达波里佐夫时，他发现俄国海军上将奇恰戈夫的部队已经占领了波里佐夫，所以不得不率军向别列津纳河上游撤退。为了隐蔽行踪，他让士兵们在别列津纳河岸边的树林里穿行。正当不知该从哪个地方渡过别列津纳河时，他突然看到一个立陶宛农民。这个农民的马浑身湿漉漉的，说明他刚从对岸渡河过来。科尔比诺抓住这个农民，让他当向导。他率军跟在这个农民后面，从斯塔齐扬卡对面的一个浅滩渡过了别列津纳河。一渡过河，科尔比诺就重新加入了乌迪诺的部队，并告诉乌迪诺，奇恰戈夫的部队已经占领了波里佐夫。

拿破仑打算直接撤退到维尔纽斯。于是，乌迪诺立刻意识到，从斯塔齐扬卡渡过别列津纳河然后前往维尔纽斯的这条路最直接，危险也最小。他还发现，虽然维特根施泰因的部队和库图佐夫的部队在后面紧追我军的步兵和炮兵，并试图阻止我军往别列津纳河上的桥梁过河，但至少有一点是确定的，拿破仑和骑兵也可以从科尔比诺率军通过的那个浅滩渡过别列津纳河。只要拿破仑渡过别列津纳河，我们就赢得了战争、获得了和平，还能让俄军误以为他们仍将拿破仑牢牢困住。因此，乌迪诺毫不犹豫，立刻部署兵力。11月23日晚，他率领炮兵部队、一个架桥中队、一个步兵团和科尔比诺的旅，占领了斯塔齐扬卡。

与此同时，乌迪诺还派人侦察了另外两条路，但他们发现这两条路上都有俄军重兵把守。因此，乌迪诺的目标是迷惑并驱逐守卫在那里的俄军。但他的兵力太弱，根本不可能与俄军进行正面交锋，只好诉诸计谋。为了实现这一目标，11月24日，乌迪诺派遣300名士兵和几百名掉队者前往欧克霍尔达。在那里，他们奉命收集建造桥梁所需的一切材料，并尽可能地制造声势。乌迪诺还将胸甲骑兵全部派往欧克霍尔达，让他们在俄军能够看到的地方巡逻。

除此之外，洛伦斯少将还派人找来几个犹太人，并让他们来见乌迪诺。乌迪诺详细地询问了犹太人关于那个浅滩及从浅滩通往明斯克的道路的情况。然后，他假装对犹太人的回答——找不到更好的通道——感到满意。他留下几个犹太人做向导，派人将其他犹太人送到法军哨所以外的地方。但为了进一步确定这些犹太人是否遵守承诺，乌迪诺让他们发誓，会从别列津纳河下游回来见我们，以告诉我们俄军的动向。

乌迪诺所做的这些，都是为了努力把奇恰戈夫的注意力完全吸引到自己部队的左边。与此同时，在斯塔齐扬卡，我军士兵秘密地为拿破仑率军抢渡别列津纳河做准备。直到11月25日17时，埃布莱带着两名工匠、两车煤和6车被包裹得很严实的工具与铁钉及几个连的架桥兵到达那里。在斯摩棱斯克时，埃布莱已经让每个工匠都准备了一件工具和一些铁钉。

但由于前一天用波兰木屋的横梁搭建的桥太脆弱，一切工作都要重新做。夜色太暗，无法完全架好桥，所以只能在第二天白天架桥。直到11月26日，埃布莱才带人冒着俄军的炮火重新架桥。形势紧迫，容不得他们有丝毫犹豫。

在那个决定拿破仑能否顺利过河的夜晚来临时，乌迪诺让拿破仑及其部队先留在波里佐夫，而他则率领其余部队前去占领斯塔齐扬卡。所有人悄无声息地行走在最黑暗的地方，尽量不发出任何声响。

11月25日20时，乌迪诺和东布罗夫斯基已经率军占领了这条通道的制高点，埃布莱则带着工兵和满满一车废弃的车轮从高地上下来，守卫别列津纳河两岸。埃布莱命人想尽一切办法将那些废弃的车轮制成铁钳。他不惜一切代价来保护这些不太结实的铁钳，并用它们拯救了法军。

11月25日黑夜将尽时，恰普利茨让工兵将第一根木桩沉入泥泞

† 为了获取架桥材料，法军拆掉波兰人木屋上的横梁

法伯尔·杜·福尔（1780—1857）绘

的河床。我军已经很不幸了，雪上加霜的是，由于河水上涨，那个浅滩已经完全被水淹没。为了架桥，我军不幸的工兵必须付出惊人的努力。他们站在没过下巴的河水中，被迫与湍流和浮冰做斗争。一阵狂风刮起，那些冰块向工兵们冲过来。许多工兵被冻死，或者被淹死。

除了俄军，工兵们什么都可以征服。严酷的天气让我军从这个浅滩渡过别列津纳河难上加难。这种天气并没有使河水完全结冰。河面上没有一处冰层厚到可以让我们冒险从上面通过。在这种情况下，俄国的冬季甚至比俄国人带给我们的破坏还要严重。与冬季严酷的天气相比，俄国人缺乏摧毁我们的坚定意志，但俄国的冬季从来没有让俄国人失望过。

借着对岸高地上俄军的火光，在恰普利茨师的大炮和火枪的射程内，法军忙碌了整整一夜。恰普利茨师不再怀疑我们的渡河意图，便派人去通知他的总司令奇恰戈夫。

第5章
为渡过别列津纳河做准备（二）

恰普利茨率领的师出现后，我们失去了迷惑俄国海军上将奇恰戈夫的一切希望。我们每时每刻都在担心奇恰戈夫的军队向我军的工兵开炮，尽管直到天亮，他才发现我们的工兵。工兵架桥的进展并不快。别列津纳河对岸地势较低，泥泞不堪，完全处于恰普利茨的师的射程内，因此，我们根本不可能强行过河。

11月25日22时，当拿破仑离开波里佐夫时，他认为自己要去进行一场非常绝望的战斗。他带着残余的6400名近卫军将士，在斯塔洛伊-波里佐夫城堡安顿下来。它是拉德齐维尔亲王的一座城堡，坐落在从波里佐夫到斯塔齐扬卡的大道右侧。从这里到波里佐夫和斯塔齐扬卡的距离相同。

在那天晚上剩余的时间里，拿破仑一直走来走去。他不时走出去，时而停下来侧耳倾听，时而走向那条将决定他命运的通道。由于一直处于非常焦虑的状态，所以每过一个小时，他都觉得已经是清晨了。随从多次提醒他天还没有亮。

当拿破仑率军赶到乌迪诺及其部队所在的地方时，天刚蒙蒙亮。像往常一样，看到危险的景象时，拿破仑反倒镇静下来。但当看到俄军的火把及其所处的位置，又看到他最忠实的将军——拉普、莫蒂埃元帅和内伊等人时，拿破仑大声说道："假如我摆脱了这一危险，你们一定会相信我有神保佑！"缪拉认为，现在是时候全心全意地考虑如何拯救拿破仑了。几个波兰人也向缪拉提出了这个建议。

在河边的一幢房子里，拿破仑等待黎明的到来。这幢房子坐落在陡峭的河岸上。乌迪诺的大炮就设在河堤上。缪拉找到拿破仑，对他说："我察看了这条通道，觉得从这里过河不现实。我劝您趁时间还来得及，先保住自己的性命。我认为，您可以从距离斯塔齐扬卡几里格的地方非常安全地渡过别列津纳河。5天后，您就会到达维尔纽斯。几名勇敢而意志坚定的波兰人对所有道路都非常熟悉，他们愿意当您的警卫，并为您的安全负责。”

但拿破仑拒绝了缪拉的提议，认为这个计划会败坏他的名声，只有懦夫才会这样逃跑。令他感到愤怒的是，法军尚且处于危险之中，居然有人胆敢认为他会弃军而逃。尽管如此，拿破仑并没有对缪拉感到不满，可能是因为缪拉给了他一个展示坚定决心的机会，或者更确切地说，是因为他从缪拉的建议中看到了其忠诚。在拿破仑的眼中，人的首要品质是忠君。

就在这时，天亮了，俄军火把的光变得苍白，逐渐消失。法军士兵端起武器，炮兵们也摆好炮架，将军们在观察着。总之，所有人都目光坚定地注视着对岸，保持着沉默。这种沉默表现出法军极大的期待，也预示着即将来临的极大危险。

从前一天开始，法军的桥梁兵在架桥过程中发出的敲击声就回荡在遍布树林的高地之间。我们认为，这些声音肯定引起了俄军的注意。因此，我们料想俄军及其炮兵肯定会在11月26日黎明时分赶来，出现在我们的桥梁兵搭建的那些不太结实的脚手架跟前，而埃布莱及工兵还得花8个小时才能将桥建好。毫无疑问，俄军只是在等待天亮，以便更好地将大炮对准目标。天亮时，我们看到俄军将火把扔得到处都是。俄军已经离开河岸，撤走了高地上的30门大炮。俄军的一颗炮弹就足以摧毁我们即将放置的、保证部队安全过河的那块木板，而这是唯一一块可以连通两岸的木板。就在我们的炮兵部署在炮台时，俄军的炮兵撤退了。

在更远一些的地方，我们看到俄军长纵队的队尾。俄军正头也不回地向波里佐夫移动，但还是留下了一个步兵团和12门大炮。这个步兵团并没有占据任何有利地形。我们还看到一大群哥萨克人在树林的边缘徘徊，他们组成了恰普利茨的师的后卫部队。就这样，恰普利茨带着6000人撤退了，仿佛要将这条通道移交给我军一般。

起初，我军将士几乎不敢相信自己的眼睛。最后，将士们欣喜若狂地拍着手，大声地喊叫起来。拉普和乌迪诺匆忙跑进拿破仑所在的房子里。“陛下，”他们对拿破仑说，“敌人刚刚开拔，离开了他们的营地，离开了他们的阵地！”“不可能！”拿破仑说。就在这时，内伊和缪拉也跑了进来，他们也证实拉普和乌迪诺所言非虚。拿破仑立刻冲了出去，放眼眺望，只见恰普利茨的师的尾部越走越远，消失在树林里。他高兴地叫道：“我太聪明了，已经摆脱奇恰戈夫的追击了！”

我们刚开始架桥时，俄军的两支小部队再次出现，并向我们开火。我们的炮兵得令用火炮攻击他们。

仅一波齐射就足够了。所有大炮同时发射太冒险了，极有可能将恰普利茨率领的师吸引回来，所以我军大炮没有连续开炮，况且此时桥还没有完全架好。

拿破仑迫不及待地想占领对面的河岸，并向最勇敢的将士表明了这一点。乌迪诺的副官雅奎诺和来自立陶宛的普雷齐耶斯基伯爵率先进入河里。尽管冰块划破了两人坐骑的腹部和腰部，但他们还是成功地到达了对岸。骑兵中队队长索尔德带着法军第七军的50名猎骑兵紧随其后。50名猎骑兵身后各跟着一名轻步兵和两个脆弱的木筏。两个木筏分20次累计运送了400人。拿破仑表示，他希望能抓一个俘虏来

† 俄军进攻别列津纳河边的法军

彼得·冯·赫斯绘

审问。雅奎诺听到了拿破仑的话，他刚一过河，便看到恰普利茨麾下的一个士兵。雅奎诺追了过去，攻击那个士兵，缴了他的械，然后将他抓住，放在马背上，带他过河去见拿破仑。

11月26日13时左右，河岸上的哥萨克人已经被完全清除了，而为步兵架的桥也完成了。勒格朗指挥的师带着大炮迅速过了桥。从拿破仑面前经过时，士兵们高呼“拿破仑万岁”。拿破仑正在积极地催促炮兵过河。他以身作则，大声鼓励勇敢的将士们过河。

当看到法军占领对岸时，拿破仑便高声叫道：“看，我的幸运星又出现了！”他之所以这样说，是因为他相信宿命论。拿破仑和所有征服者一样，都相信命运。拥有巨额财富的人非常清楚命运有多么眷顾他们，他们认为自己可以和上帝进行交流，觉得命运女神对他们的保护比对普通人更直接。

第6章 渡过别列津纳河

就在这时，一个立陶宛贵族假扮成农民，从维尔纽斯来到别列津纳河，带来了施瓦岑贝格亲王战胜萨肯的消息。拿破仑似乎感到非常高兴，他大声地宣布了这一消息，还加了一句：“奇恰戈夫的部队前脚刚到，施瓦岑贝格亲王的部队马上就尾随而至。施瓦岑贝格亲王是来援助我们的。”这只是拿破仑的猜想而已。不过，由于恰普利茨的师消失了，这种猜测就有了很大的可能性。

与此同时，因为刚刚完工的第一座桥只是为了方便步兵过河，所以工兵紧接着开始架第二座桥。这座桥比第一座桥高100英寻，是专门为炮兵和辎重车修建的。直到11月26日16时，这座桥才搭建完毕。架第二座桥期间，乌迪诺带着法军第二军的残部和东布罗夫斯基的师，跟随勒格朗过抵达河对岸。这些人加起来大约有7000人。

勒格朗关心的第一件事就是确保通往泽宾的道路畅通。他派一个分遣队赶走了那条道路上的哥萨克人，将俄军逼向波里佐夫，并使其尽可能远离通往斯塔齐扬卡的路。

恰普利茨的师听从了奇恰戈夫的命令，一直走到靠近波里佐夫的一个村庄——斯塔克赫瓦，然后掉头往回走。途中，他遇到了乌迪诺的先头部队。该部队由阿尔伯特指挥。双方都停了下来。乌迪诺的先头部队发现自己距离主力部队太远，所以只想为其争取过桥的时间。至于恰普利茨的师，则在等待命令。

奇恰戈夫发现自己陷入了困境。脑海中先入为主的观念使他在几种计划之间犹豫不定。他刚决定将火力集中在一个地方，脑海中就会浮现另一个计划，继而推翻前一个计划。

奇恰戈夫将其部队分成三个纵队，从明斯克行进至波里佐夫。有的纵队走从明斯克到波里佐夫的道路，有的纵队走从安托诺波利亚、洛格伊斯克和泽宾到波里佐夫的道路。由此可见，奇恰戈夫首先将全部注意力集中在别列津纳河挨着波里佐夫以北的那部分。当时，他认为自己的左翼部队的兵力很强，右翼部队的兵力较弱，所以非常担忧右翼的状况。

还有其他更重要的因素将奇恰戈夫引向了这个错误的方向，那就是库图佐夫的指示。埃特尔指挥驻扎在博布鲁伊斯克附近的一万人的部队，拒绝离开自己的营地去追击东布罗夫斯基的部队及保卫别列津纳河挨着波里佐夫以北的部分。他声称，自己之所以拒绝这样做，是因为牛群存在暴发瘟疫的危险。正如奇恰戈夫承认的那样，埃特尔的借口非常荒唐，瘟疫根本不可能发生。但实际上，埃特尔的借口是完全正确的。

奇恰戈夫又补充说，维特根施泰因发给他的情报让他非常担忧别列津纳河下游的防守。这个情报也让他想当然地假定，维特根施泰因的部队出现在了法军右侧及波里佐夫以北。这将会迫使拿破仑的部队前往波里佐夫以南的地区。

卡尔十二世和达武曾率军渡过别列津纳河的先例也可能是奇恰戈夫向波里佐夫以北行军的又一动机。通过朝波里佐夫以北移动，拿破仑不仅可以率军避开维特根施泰因的部队，而且可以重新夺回明斯克，继而与施瓦岑贝格亲王的部队会合。此外，奇恰戈夫已经占领明斯克，而施瓦岑贝格亲王是他的第一个对手。这让他格外留意，也让他进行了深思熟虑。最主要的是，乌迪诺的部队出现在乌克罗达附近，再加上犹太人给他的报告，才让奇恰戈夫做出了决定。

奇恰戈夫完全上当了。11月25日晚上，就在拿破仑决心再次逆流而上的那一刻，奇恰戈夫下定决心沿着别列津纳河顺流而下。仿佛是拿破仑替这位俄国将军做出了这个决定，计划好了执行这个决定的时间，甚至精确到具体的时刻和每个细节。俄军和法军同时从波里佐夫出发。法军向斯塔齐扬卡前进，而俄军向萨巴斯扎维奇前进，似乎不约而同向相反的方向行军。奇恰戈夫召集其所有部队。除了一小支轻型部队，其他部队都向波里佐夫以北进发。他甚至没有采取破坏道路的措施。

尽管如此，在萨巴斯扎维奇时，俄军与法军正在过河的那个地方相距也不过五六里格。11月26日上午，一定有人已经告知了奇恰戈夫此事。从俄军的攻击点到波里佐夫桥，只需要行军3个小时。奇恰戈夫之前已经留下1.5万人镇守那座桥，因此，他可以亲自率军回到那个攻击点，在斯塔克赫瓦与恰普利茨的部队会合，并在到达攻击点的当天就发动进攻，或者至少可以为发动进攻做准备。然后，第二天（11月27日），奇恰戈夫就可以率领1.8万人击败乌迪诺和东布罗夫斯基率领的7000名法军士兵。最后，他可以在拿破仑的眼皮底下重新夺回恰普利茨前一天放弃的阵地（在斯塔齐扬卡附近）。

人们在犯了重大错误后，需要很长一段时间才能修正这些错误。究其原因，一是天性让我们怀疑自己是否真的犯错——在完全确定自己的做法错误之前，没有人愿意承认自己犯错；二是错误本身会影响我们的判断，让我们自我怀疑，从而犹豫不决，需要听听他人的意见才能做出最后的决定。

就这样，奇恰戈夫在磋商、摸索和准备中失去了一天多的时间，即11月26日剩余的时间和11月27日全天。拿破仑大军的出现，让他非常不解。因此，他根本不可能找出法军的弱点。他看到拿破仑无处不在：在法军假装为过河做准备的地方，拿破仑曾出现在他的右翼部

† 法军渡过别列津纳河

扬·苏科杜斯基（1797—1875）绘

队；在波里佐夫，拿破仑曾出现在他中路部队的对面。事实上，法军的一些师陆续到达波里佐夫，故而那里人来人往，热闹非凡，这才影响了奇恰戈夫的判断。最后，在斯塔齐扬卡，奇恰戈夫又在他左翼部队的前方看到了拿破仑。实际上，拿破仑当时的确就在斯塔齐扬卡。

11月27日，奇恰戈夫几乎没有修正自己犯下的错误。他让猎骑兵侦察并进攻波里佐夫。俄国猎骑兵通过那座被烧毁的桥过河，但被巴尔图诺所率的师击退了。

11月27日14时左右，正当奇恰戈夫犹豫不决时，拿破仑已经带着大约500人的近卫军和内伊的部队过了别列津纳河。内伊的部队现在只剩下600人了。他率领自己的部队为乌迪诺殿后，保卫桥的出口，以防奇恰戈夫的部队前来袭击。

内伊的部队前面有辎重车和一群掉队士兵。天黑前，还有许多掉队士兵在他部队的后面陆续过河。与此同时，维克多的部队接替了近卫军，驻扎在斯塔齐扬卡高地上。

第7章 巴尔图诺的师被俘

到那时为止，一切进行得很顺利。但在经过波里佐夫时，维克多将巴尔图诺的师留在了那里。巴尔图诺的师奉命阻击后面的俄军，同时驱赶躲在波里佐夫避难的大量掉队士兵，并在天黑前与维克多的军队会合。巴尔图诺第一次看到法军的这种混乱状况，就像达武一开始撤退时那样。他急于掩盖部队走过时留下的痕迹，防止紧跟在他后面的库图佐夫部队中的哥萨克人看到任何蛛丝马迹。但他的努力是徒劳的，由于普拉托夫的部队从奥恰的公路上对他的师发起攻击，加上奇恰戈夫的部队同时从波里佐夫那座被烧毁的桥上对他的师发动进攻，所以天黑前，他的师一直被困在波里佐夫。

正准备率军离开波里佐夫时，巴尔图诺收到了拿破仑的命令，让他整晚都驻扎在那里。毫无疑问，拿破仑的想法是，将3名俄国将军的全部注意力都吸引到波里佐夫。只要巴尔图诺能够在那里牵制他们，拿破仑的部队就有足够的时间渡过别列津纳河。

维特根施泰因离开了普拉托夫，率军沿着大路右侧行进，追击法军。当天晚上，他就走出了波里佐夫和斯塔齐扬卡之间的高地，切断了波里佐夫和斯塔齐扬卡之间的大路，俘虏了那里的所有法军士兵。一群掉队者被迫退向巴尔图诺部队所在的地方，并告诉巴尔图诺，俄军已经将他的部队和法军其他部队隔开。

巴尔图诺毫不犹豫。尽管只有3门大炮与3500名士兵，他还是决定率军从俄军中冲过去。他做出相应的部署后，踏上了征途。一开始，他率军沿着一条很滑的路行走。路上挤满了行李车和逃亡的士兵。在一个寒冷、漆黑的夜晚，他率军顶着刺骨的寒风行进。猛烈的风吹打着将士们的脸，犹如刀割一般。他们不仅要克服这些困难，还要进攻俄军。很快，将士们便看到，在他们右边的高地上，排列着几千名手持火把的敌军。起初，俄军只是攻击巴尔图诺的侧翼。巴尔图诺不管不顾，继续率军前进。但没过多久，他就不得不从正面迎击俄军了。俄军占据了有利地形，向巴尔图诺的师开火。俄军的子弹从他们身边嗖嗖地飞过。

巴尔图诺的师被困在一片浅水区。五六百辆车排成长队，阻碍了该师的行动，令他们举步维艰。7000名掉队士兵受到惊吓，绝望地号叫着，冲进了这个师，从士兵中间闯了过去。原本不太整齐的队伍更加混乱了。由于掉队士兵不时挤进来，这个师的将士们变得灰心丧气。为了使队伍集合起来，占据一个更好的位置，巴尔图诺不得不率领自己的师撤退。然而，撤退时，该师又遇到了普拉托夫的骑兵。

在巴尔图诺的师中，一半士兵已经战死，幸存的1500人被俄军3支部队和一条河包围了起来。

在这种情形下，有人拿着休战旗，代表维特根施泰因及其麾下的5万人，前来命令巴尔图诺师投降。但巴尔图诺拒绝投降。他将那些仍然携带武器的掉队者重新召回自己的师。他想最后努力一次，率军从俄军中杀出一条血路，然后前往斯塔齐扬卡。然而，他的部下虽然从前非常勇敢，但现在因遭受苦难而变得虚弱，很难再使用自己手中的武器了。

与此同时，率领先头部队的将军向巴尔图诺报告，斯塔齐扬卡的桥梁被烧毁了。这个消息是一个叫罗切克斯的副官刚刚带来的，罗切克斯撒谎说，他亲眼看到桥梁被烧毁。消息是假的，但巴尔图诺居然相信了。在灾难中，人总是容易轻信不幸的消息。

巴尔图诺以为法军抛弃了他，将他当成了牺牲品。在夜间行军，巴尔图诺的部队不仅要克服重重困难，还要面对从3个方向逼近的俄军，所以每个旅不得不分散前进。巴尔图诺命令让每个旅趁着夜色，悄悄地从俄军的侧面溜过去，而他自己则带着一个仅剩400人的旅登上了右边陡峭的高地。高地上有茂密的树林，巴尔图诺打算在黑暗中穿过维特根施泰因的部队，突破它的包围，然后重新加入维克多的部队。无论如何，他都要从别列津纳河的源头绕到河对岸。

然而，巴尔图诺师无论试图从哪个地方渡过别列津纳河，都会遭遇俄军的炮火。因此，他只能转身再去寻找其他地方。他率军冒着暴风雪，在厚厚的雪地里漫无目的地游荡了好几个小时。几乎每走一步，他都能看到，有的士兵被冻僵在风雪中；有的士兵因为饥饿和疲劳憔悴不堪；有的士兵奄奄一息，落入了不停追击他们的俄军骑兵手中。

这位不幸的将军仍在与天斗争，与人斗争，与自己的绝望斗争，他甚至感到他脚下的大地也在塌陷。事实上，由于厚厚的积雪覆盖大地，他深一脚浅一脚地往前走着，无法断定脚下踩的土地是否坚硬，随后掉进了一个湖里。湖面上的冰结得不够厚实，无法承受他的体重，他差点儿淹死了。直到那时，他才不得不向俄军屈服，放下了自己的武器。

就在这场灾难发生的同时时，俄军将巴尔图诺师的其他3个旅困在了路上。这3个旅完全失去了行动的力量，但仍然强撑到第二天早上才投降。他们先是与俄军搏斗，后来又与俄军谈判，但最终都失败了。共同面临的不幸再次将这3个旅团结在他们的将军——巴尔图诺周围。

在巴尔图诺的整个师中，只有一个营逃了出来，即留在波里佐夫的最后一个营。在普拉托夫和奇恰戈夫率军攻占波里佐夫时，这个营离开了波里佐夫。这个营离开波里佐夫后，莫斯科和摩尔达维亚的军队在波里佐夫成功会合。当时，这个营脱离了巴尔图诺的师，孤军奋战，险中求胜，活了下来。

几列长长的车队和一群掉队士兵正从不同方向奔向斯塔齐扬卡。在其中一些人的吸引下，这个营的将士走错了路，离开了他们右边的那条路，而那条路才是法军所走的路。就这样，这个营的指挥官带领士兵们来到了别列津纳河边。他们沿着蜿蜒崎岖的河道前进。在那些不如他们幸运的战友与俄军搏斗时，他们在黑暗中悄悄行进。地面坑坑洼洼，高低不平，不利于俄军发现他们。就这样，他们逃脱了俄军的追击，给维克多带去了巴尔图诺已经投降的确切消息。

拿破仑听到这个消息后，悲痛万分，大声说道：“多么不幸，当所有部队似乎都奇迹般地得救时，巴尔图诺却投降了。他破坏了一切！”其实，这么说并不恰当。但拿破仑当时太悲伤了，所以才不由自主地说出这句话。他预料到维克多的兵力已经极其薄弱，根本无法坚持到第二天。在整个撤退过程中，拿破仑以不给俄军留下任何东西为荣，但散兵、没有武器的部队和因将领战死而无人指挥的部队除外。事实上，巴尔图诺的师是第一个，也是唯一一个放下武器投降的师。

第8章

别列津纳河上的战斗

巴尔图诺的师投降后，维特根施泰因无比振奋。与此同时，两天的摸索、一名俘虏的报告与普拉托夫再次占领波里佐夫的事实，让奇恰戈夫看清了战局。从那一刻起，北边、东边和南边的俄军3支部队似乎团结了起来。他们的指挥官开始互通信息。维特根施泰因和奇恰戈夫虽然互相嫉妒，但更厌恶法军。是仇恨，而不是友谊，让他们团结在一起。因此，将军们准备联手从别列津纳河两岸攻击法军在斯塔齐扬卡架的桥梁。

11月28日，法军用了两天两夜才渡过别列津纳河。此时，对俄军来说，妄想彻底击败法军为时已晚。然而，法军完全处于混乱状态，拥有的材料也不足以架好两座桥梁。11月26日晚上，供车辆通行的桥坏了两次。车辆通行因此拖延了7个小时。27日16时左右，这座桥又坏了。此外，树林里和周围村庄的掉队士兵没有把握好时机在26日晚上过桥。27日破晓，那些散兵游勇全都拥上桥头，试图过桥。

特别是当近卫军开始行军后，没有了近卫军的控制，这些掉队士兵更是争先恐后地拥挤着过桥。近卫军开始行军仿佛一个信号，令他们从四面八方拥来，挤在河岸上。顷刻间，一大群人、马匹、战车混在一起，乱哄哄地拥向那座桥的狭窄入口。桥的入口被挤得水泄不通，谁都无法通行。第一批冲上河岸的人，在后面的人的推搡下往前走，又被近卫军和架桥兵赶了回来，于是再次停在河边。他们或被挤倒，或遭到踩踏，或跳进漂浮着冰块的别列津纳河里。在巨大而可怕的混乱场面中，时而出现一阵乱糟糟的嗡嗡声，时而发出很大的喧闹声，其中夹杂着呻吟声和可怕的咒骂声。

为了拯救这些绝望的人，拿破仑和他的副官试图让他们恢复秩序，却徒劳无功。11月27日2时左右，当拿破仑走过来时，近卫军必须动用武力才能为他开路。近卫军中的一队掷弹兵和拉图尔-莫堡侯爵的将士纯粹是出于同情才拒绝从这些可怜的人中挤过去。

拿破仑将大本营设在树林中间的扎尼夫基村。扎尼夫基村距离斯塔齐扬卡不到一里格。埃布莱刚刚视察了停在河岸上的行李车，他告诉拿破仑，这么多车过河需要6天以上的时间。内伊当时也在场，他立即喊道："那样的话，我们最好马上烧掉那些车。"但贝尔蒂埃反对这样做，他向拿破仑保证，情况远没有糟糕到这种程度。拿破仑偏爱自己最想听到的意见，不希望让这么多人受苦——他认为是自己让这些人遭受了如此多的苦难，并为此自责；此外，这些车装载的粮食太少了，根本不够这么多人分配。因此，他听信了贝尔蒂埃的话。

11月27日晚，一场因抢夺宿营地引发的混乱发生了，桥上的混乱才得以终止。斯塔齐扬卡村吸引了散兵游勇的注意力，他们离开了大桥。顷刻之间，村子里的房屋被拆成了碎片。村子不见了，取而代之的是无数宿营地。由于寒冷和饥饿，这些可怜的掉队士兵挤在宿营地周围，无论如何都不离开。他们又浪费了一整晚的时间，再次错过了过河时机。

与此同时，为了保护这些掉队士兵，维克多带领6000人对抗维特根施泰因的部队。当11月28日的第一缕曙光照射到大地上时，维克多的将士看到维特根施泰因的部队正在做战斗准备。当他们听到维特根施泰因的部队发射的炮弹从他们头顶呼啸而过时，他们看到奇恰戈夫的部队出现在河对岸。他们害怕了，几乎同时站起来，乱哄哄地快速冲向河岸，再次挤上了桥。

将士们的恐惧并非毫无根据。这些不幸的人的末日来临了。维特根施泰因和普拉托夫率领4万名俄国北部和东部的士兵，袭击了别列津纳河左岸的高地。那里只有维克多率领那支兵力弱小的部队防守。在右岸，奇恰戈夫率领2.7万名来自俄国南部的士兵，离开斯特拉瓦，前来攻击乌迪诺、内伊和东布罗夫斯基的部队。这3个人的部队估计不足8000人，他们得到了神圣中队、由3800名步兵和900名骑兵组成的老近卫军和青年近卫军的支援。

两支俄军试图同时占领桥上的出口和入口，并俘虏那些没有穿过泽宾的沼泽的法军士兵。6万多名穿得暖、吃得饱、全副武装的俄军士兵，攻击1.8万名衣不蔽体、饥肠辘辘、装备很差的法军士兵。法军士兵面前有河流阻挡，四周全是沼泽。此外，还有5000多名掉队士兵、伤病员和大量行李拖累他们。在过去的两天，由于寒冷的天气和悲惨的处境，老近卫军已经损失三分之二的兵力，青年近卫军也损失了一半的兵力。

这一事实及巴尔图诺率领的师遭遇的灾难，足以说明维克多部队的人数锐减。然而，11月28日，维克多仍率军阻击了维特根施泰因的部队整整一天。内伊已经率军将奇恰戈夫的部队击败了。对2.7万人的俄军而言，内伊率领的8000名由法国、瑞士和波兰士兵组成的部队仍是一支劲旅。

奇恰戈夫所率部队的进攻迟缓而无力。虽然大炮为部队扫除了道路上的障碍，但其并没有贸然前进，也不敢深入到我军队伍出现的那道缺口。然而，在奇恰戈夫右翼的对面，在一支兵力强大的俄军纵队的进攻下，维斯瓦河的部队屈服了。当时，乌迪诺、阿尔布、东布罗夫斯基、克拉帕雷德和科西科夫斯基都受了伤，人们开始感到不安。内伊急忙赶来，命令杜梅克及其骑兵从那支俄军纵队的侧翼冲过树林。杜梅克的骑兵击溃了俄军，俘虏了2000名俄军士兵，将其余士兵打得七零八落，并通过这次猛烈的冲锋决定了这场悬而未决的战斗的走向。就这样，奇恰戈夫的部队战败了，被赶回了斯塔霍瓦。

法军第二军的将军大多受了伤，因为部队的人数越少，他们就越要亲自上阵。在这种情况下，许多军官拿起伤员的步枪，接替伤员的位置，奋勇杀敌。在这一天的损失中，贝尔蒂埃的副官——年轻的诺阿耶最引人注目。一颗炮弹炸死了诺阿耶。他属于那种战功卓著却操之过急的军官。他们不停地将自己暴露在俄军面前。将士们认为，他们为拯救法军而阵亡就是最大的荣誉。

在这次战斗中，拿破仑率领近卫军留在布里洛瓦做后卫部队，守卫两军之间的桥梁出口。近卫军离维克多的部队更近。维克多尽管处在一个非常危险的位置上，受到一支兵力4倍于己的俄军攻击，但几乎没有丢失阵地。由于巴尔图诺率领的师被俘，维克多的右翼受到严重破坏。但凭借别列津纳河这道天险，维克多保存了实力，并得到拿破仑命人在别列津纳河对岸建造的一个炮台的支援。维克多的部队前面也有一条深沟。部队将士们利用深沟掩护自己。然而，维克多的左翼部队处在空旷的地方，没有任何掩护，也没有任何支援，很可能在斯塔齐扬卡高地上被全歼。

直到11月28日10时，维特根施泰因的部队才发起第一次进攻。他率军越过波里佐夫境内的公路，沿着别列津纳河前进，试图接近法军过河的通道，但遭到其右翼部队的阻击，在很长一段时间内无法接近桥梁。这时，维特根施泰因改变了部署，向维克多的部队发起全面进攻，但没有奏效。他的一个攻击纵队试图越过维克多部队面前的深沟，但遭到反击，并被消灭了。

最后，大约在11月28日中午，俄军发现了自己的优势，一举击溃了法军左翼。如果没有富尼耶的努力和拉图尔-莫堡侯爵的献身精神，法军将会失去一切。当时，拉图尔-莫堡侯爵正在带着他的骑兵过桥。他察觉到了危险，又带着骑兵返回桥头，勇敢地冲向俄军。经过一场血腥的战斗，俄军被迫停止前进。在维特根施泰因指挥的4万人的部队对维克多率领的6000人的部队造成任何影响之前，夜幕降临了。维克多的部队仍然占领着斯塔齐扬卡的高地，守卫着桥梁免受俄军步兵的攻击，却无法阻止俄军左翼的炮火攻击桥梁。

第9章 法军烧毁别列津纳河上的桥梁

11月28日，法军第九军的处境更加危急，因为其撤退的唯一途径是一座不坚固、很狭窄的桥。此外，挤在桥上的掉队士兵及其行李也阻碍了第九军撤退。随着战斗越来越激烈，第九军的将士们越来越慌乱。首先，他们为敌我双方正在进行一场恶战的传闻感到惊恐。其次，他们看到有伤员从战场上回来了。最后，他们看到了俄军左翼的大炮。一些炮弹落在混乱的人群中，这些情况令第九军的将士们更加惊恐不安。

掉队的士兵挤作一团，庞大的人群与马、车混乱地挤在一起，严重阻碍了交通。形势令人担忧。大约在11月28日中午，俄军发射的第一批炮弹落在了混乱的人群中。这些炮弹是人们普遍感到绝望的信号。

然后，正如在所有极端情况下一样，下面这种倾向就毫不掩饰地表现了出来。大部分人的行为比较卑劣，但一些人的行为仍然比较高尚。由于性格不同，有些人手握利剑，疯狂而坚定地为自己杀出一条血路。有些人更残忍，他们驾着马车，无情地碾压挡住他们去路的人，为自己闯出一条路。为了保全自己的行李，可憎的贪婪本性让他们牺牲了不幸的同伴。其他人陷入极度惊恐，完全不知所措。他们哭泣着，恳求着，直到精疲力竭。一些人，主要是伤病员，放弃了生存的希望。他们走到一边坐了下来，眼睛死死地盯着即将掩埋自己的积雪。

在这群亡命之徒中，那些最先开始行动的人并没有冲上这座桥，而是试图从桥的两边向上爬。但由于拥挤，大部分人掉入河中。掉在漂浮着冰块的河里的妇女，怀抱着她们的孩子。当她们觉得自己开始下沉时，就将孩子高高地举起来。即使已经完全没入水中，她们仍然伸展僵硬的手臂，将孩子高高地举过自己头顶。

在可怕的混乱中，为炮兵部队架的桥突然被炸塌了。堵在这座狭窄的桥上的部队试图后退，却无法通行。跟在该部队后面的人们并没有意识到灾难的来临，他们没有听到前面的叫喊声，继续往前挤，将该部队的将士们挤进河里，自己也跟着掉进了河中。

然后，每个人都试图从另一座桥上通过。人们带着许多大型弹药车、重型马车和大炮从四面八方拥向那座桥。车夫驾驶这些车从一大堆人中间迅速穿过，驶过高低不平的斜坡，将那些挡在他们面前的不幸的可怜虫碾得粉身碎骨。之后，更多车夫驾着车急速驶向其他车，将其他车掀翻。周围的人被那些车砸死。这些铤而走险的人一排接一排地被挤到翻倒的车上，夹在这些障碍物之间。许多接连挤上桥的不幸的人被撞倒在地上，身体被倒下的车压得支离破碎。

人们蜂拥而至，一个踩着另一个的身体往前挤。除了愤怒、痛苦的喊叫声，什么也听不到。在可怕的混乱中，那些被同伴踩在脚下无法呼吸的人，痛苦地挣扎着，用双手紧紧地抓住同伴，甚至用牙齿咬同伴。但同伴无情地将他们推开，仿佛他们是敌人似的。

这些人中有妻子或母亲。她们徒劳地呼喊自己的丈夫和孩子。她们刚刚与家人分离，却再也无法团聚。她们伸出手臂，苦苦地哀求，希望能获准过桥和家人相聚。但人群裹挟着她们一会儿向前走，一会儿往回退，挤得她们难以忍受。甚至不等人们注意到她们，她们就倒下去了。狂风暴雪的呼啸声，炮火的轰鸣声与人们的叫喊声、呻吟声和可怕的咒骂声交织在一起。在愤怒而混乱的人群中，人们听不到被各种声音吞噬的受害者的抱怨声。

比较幸运的人快速爬过一堆堆倒下的伤员、妇女及孩子，而那些不幸的人被挤倒在地，快要窒息而亡。为了能够爬到那座桥上，比较幸运的人又将那些不幸的人踩在脚下。当最终到达那座狭窄的桥时，他们以为自己安全了。殊不知一匹倒下的马，甚至一块断裂或错位的木板，便会让所有人无法通行。

桥的另一头也挤了一大群人。许多马和车被困在人群中。这种情况再次使人们陷入困境，减慢了过桥的速度。这群亡命之徒挤在桥面上一块安全的木板上，就在这时，他们发生了内斗。身强体壮的人将虚弱无力的人挤进了河里。他们被自我保护的本能冲昏了头脑，头也不回，愤怒地朝着目标冲去，根本不去理会同伴或军官愤怒而绝望的诅咒。就这样，他们牺牲同伴来保全自己。

尽管如此，具有奉献精神、值得颂扬的榜样仍然不在少数。无论篇幅如何有限，我都该讲一讲他们的事迹。有人看到，一些士兵甚至军官拉着雪橇，从致命的河岸抢救生病或受伤的战友；在离人群更远的地方，一些士兵一动不动地守着自己濒死的军官。军官请求士兵不要再管他们了，应该考虑如何保全自身，但士兵们拒绝了他们的请求，说自己宁愿被俘或等待死亡的来临，也不愿放弃自己的军官。

在第一条通道上方，为了更迅速地执行拿破仑的命令，年轻的劳里斯顿侯爵跳进了河里。一名炮兵正像桥上的其他人一样拼命地往前挤，但当看到一条载着一位母亲及其两个孩子的小船翻了，沉到冰面下时，他不顾自己的安危，立刻跳进河里，奋力向3个落水者游去，并成功地救出了两个孩子中较小的那个。这个可怜的小孩绝望地叫着自己的妈妈，不停哭喊。有人听见这名勇敢的炮兵对小孩说："不要哭。我既然把你从水里救了出来，就不会将你抛弃在岸上不管。你不会一无所有，我就是你的父亲，是你的家人。"

这些灾难已经让法军非常不幸，而11月28日夜幕的降临犹如雪上加霜。夜晚的黑暗尚不足以将法军隐藏起来免受俄军炮火的攻击。在茫茫白雪中，在别列津纳河的河道，黑压压的人群、马和车，以及人们发出的喊叫声，足以吸引俄军炮兵的注意力，让其准确地调整火力方向。

11月28日21时左右，当维克多的部队开始撤退时，情形更加糟糕了。该部队开拔了，从它一直以来保护的这些不幸的可怜人的队伍中打开了一个缺口。然而，留在斯塔齐扬卡的一支后卫部队不知是因为被冻得麻木了，还是因为急于保住自己的行李，竟然拒绝在这个夜晚过河，而这个夜晚是去河对岸的最后时机。为了让后卫部队离开斯塔齐扬卡，有人点燃了那些车，但徒劳无功，后卫部队还是不愿离开那里。直到第二天黎明时分，天光初现时，将士们才立刻全部拥向桥头。但为时已晚，他们再次被困在了那里。11月29日8时30分，埃布莱看到俄军正在靠近桥，不得不放火烧了那座桥。

这场灾难的破坏程度已经达到极限。一大堆马车、3门大炮、数千名男女老幼，被遗弃在俄军这边的河岸上。被遗弃的人凄惨地在河岸上踱步。为了游到河对岸，有些人跳进了河里；有些人冒险爬上漂浮在河面的冰块上随波逐流；有些人迅速冲进燃烧的桥的熊熊火焰中。那座桥在他们脚下沉了下去。他们冻僵的身体瞬间燃烧起来，他们在冰与火的煎熬中死去。不久，各种尸体堆积在一起，与冰块一起撞击着桥墩。幸存者只能等待俄军的到来。埃布莱的部队离开这座桥一小时后，维特根施泰因的部队才出现在高地上。维特根施泰因不费一枪一弹，就收获了所有胜利果实。

第10章 法军的绝望处境

当灾难快要结束时，在河对岸，法军幸存人员毫无秩序，乱作一团。当法军走上前往泽宾的道路时，士兵们才慌乱地回到各自所属的部队。在很大程度上，别列津纳河对岸是一个被森林覆盖的高原。河水在不同的地势之间随坡度变化流动，形成一片巨大的沼泽。沼泽上有3座连在一起的桥，总长300英寻。当法军将士从桥上通过时，他们既惊又喜，同时不乏恐惧。

这些高大的桥是由含有树脂的杉木建造的，从离过河的通道几俄里的地方延伸出去。恰普利茨已经率军占领这些桥好几天了，他命令士兵们在桥的入口处放置了一个铁丝网和数捆极易点燃的干柴，仿佛是在提醒自己这些东西的用途。只需一个哥萨克人烟斗中的火星，就足以点燃这些桥。在这种情况下，我们的所有努力都将付诸东流，而我们辛苦渡过别列津纳河也毫无益处。我们被困在沼泽和别列津纳河之间的狭小空间里，没有食物，无处躲避狂风，在狂风中瑟瑟发抖。俄军不费一枪一炮，便可以迫使法军和拿破仑投降。

在这种绝望的处境中，法军所有将士似乎注定要成为俄军的俘虏。一切都不利于我们，有利于俄军，但俄军半途而废了。直到拿破仑到达别列津纳河的那一天，库图佐夫才到达科皮斯境内的第聂伯河。在拿破仑率军渡过别列津纳河的时间里，维特根施泰因的部队受到阻击，但他似乎并不着急。奇恰戈夫的部队被击败了，拿破仑成功地解救了法军8万名士兵中的6万人。

拿破仑率领近卫军，待在令人悲哀的别列津纳河岸靠近布里洛瓦废墟的地方。直到最后一刻，没有任何地方可以遮风挡雨。在暴风雪中，拿破仑的近卫军损失了三分之一。在一整天时间里，近卫军将士们手持武器站在那里，随时准备战斗。到了晚上，他们露宿在一个广场上，守卫在拿破仑周围。老掷弹兵不时往火里添柴，他们坐在背包上，双肘撑在膝盖上，双手托着头。他们就这样弯着腰睡觉，用一个身体温暖另一个身体。另外，这种睡姿也不会让他们有明显的饥饿感。

虽然拿破仑是在近卫军的守卫下度过这三天三夜的，但他的目光和思绪一直同时关注3个方面。他下达了命令，亲自率军支援法军第二军，保护法军第九军和炮兵过桥。他与埃布莱竭尽全力地拯救残军。最后，他指挥残军向泽宾前进。欧仁亲王已经先拿破仑一步率军前往泽宾了。

据说，拿破仑仍然给那些麾下无人的元帅下达了命令，对他们进行了安排，仿佛他们还有部队可以指挥一样。有个元帅十分尖刻地评价了拿破仑的这种做法，并历数他的损失。拿破仑决定拒绝听取所有汇报，以免汇报变成抱怨，所以他急切地打断了这位元帅，说：“既然如此，你为什么想让我不安呢？”尽管如此，这位元帅仍然继续说着。拿破仑用责备的语气重复道：“先生，我问你，你为什么想让我不安呢？”说完，拿破仑立刻保持沉默。这句话揭示了拿破仑在逆境中对自己和他人十分严苛的原因。

在每天都会有人死去的日子里，拿破仑周围的每个营地都有一堆死尸。这些死者中有各阶层、各军衔和各年龄段的人，除了士兵，也有大臣、将军和行政人员。一位家族历史非常悠久的年长贵族将军格外引人注目。这位60岁高龄的贵族将军坐在一根倒下的被白雪覆盖的树干上。每天早晨，他都会镇定而愉快地梳洗打扮。即使狂风大作，他也把自己的头发梳理得非常整齐，并小心翼翼地搽上粉。面对所有灾难，他用这种方式自娱自乐，以平复一次次冲击内心的愤怒。

拿破仑身边的科学家团的军官们还在寻找讨论的话题。在这样的时代，只有少数发现鼓舞着人们。这些军官充满热爱探险的时代精神，他们忍受着呼啸的北风带来的巨大痛苦，正努力弄清风向不断改变的原因。据他们说，自太阳的直射点离开南极以来，南半球的天气非常温暖。太阳将雨水转化为水蒸气，水蒸气逐渐上升，南半球的气压增高，而北半球的水蒸气较少，气压较低，所以热空气剧烈地向北半球移动。以此类推，自去年春天开始，俄国所在的北极地区产生、接收和冷却的水蒸气太多。因此，冷空气运动剧烈，形成猛烈刺骨的寒流，导致俄国寒风呼啸。寒风席卷了俄国几乎光秃秃的土地，冻僵或摧毁了所到之处的一切东西。

在科学家团的军官中，有几位注意到了一个奇妙的现象：落在他们衣服上的每片雪花都呈透明的正六边形。

悬浮在大气层中的冰柱折射太阳光产生的幻日现象——好像几个太阳同时出现的现象，也是他们观察的对象。这让他们转移了注意力，将他们从痛苦中转移了出来。

第11章 拿破仑打算返回法国

11月29日，拿破仑与法军第九军离开了别列津纳河岸。他下令，让掉队的士兵走在他的前面，以便催促他们前进。如今，第九军已经混乱无序。前一天（11月28日），第二军和第九军及东布罗夫斯基率领的师共有1.4万人。但现在，除了大约6000人，其余人已经混在一起了，没有明确的师、旅或团这样的组织了。

夜间，由于行李都被丢在了别列津纳河对岸，法军将士们饥饿难忍，加上寒气侵袭，许多将士倒下了，还有很多人逃跑了。更令人不忍直视的是被遗弃在别列津纳河两岸的伤病员。他们绝望地在雪地里翻滚，将他们的鲜血沾染得到处都是。总之，一切都令将士们灰心丧气。他们处在大批从莫斯科撤回的散兵游勇中，惶恐不安。

整个法军虽然仍有6万人，却毫无秩序，也不团结。各部队混在一起，无论是骑兵、步兵还是炮兵，无论是法国人还是德意志人，无论是侧翼还是中路。运载大炮的车也行进在混乱的人群中。除了尽可能快速前进的命令，各部队再没有收到任何指示。

当法军将士拥挤着通过狭窄、多小丘的堤道时，许多人被踩死了。之后，他们分散到每个可能会找到庇护所或食物的地方。就这样，拿破仑率军到达了卡门，和前一天被抓的俘虏一起在这里过夜。这些俘虏像羊群一样被关在一个羊圈里。他们饥肠辘辘，甚至吞食同伴的尸体。最终，几乎所有俘虏都死于寒冷和饥饿。

11月30日，拿破仑到达了普雷泽泽尼齐。乌迪诺受伤后，已于前一天（11月29日）带领大约40名军官和士兵撤退到这里。他以为自己已经安全了，但就在这时，俄军游击队员兰斯科伊带着150名轻骑兵、400名哥萨克人和3门大炮，闯入了村庄，占领了所有道路。

乌迪诺的护卫队兵力弱小，被俄军驱散了。乌迪诺发现自己被困

† 拿破仑与在别列津纳河撤退的法军

阿尔布雷希特·亚当绘

在一间木屋里，身边只剩下17个人。但他非常大胆地进行了反击，并成功地保卫了自己。俄军对此感到非常惊讶，便离开了村子，占领了一个高地，并用大炮攻击乌迪诺。在无情的命运的安排下，在这场小冲突中，勇敢的乌迪诺被一根木头的碎片所伤。

由威斯特伐利亚人组成的两个营走在拿破仑前面。它们终于出现了，好在出现得并不太晚。它们为乌迪诺解了围。但在解围前，这两个营和乌迪诺的护卫队非常焦虑地相互观察了很长时间，因为刚开始，双方并没有认出对方是自己的盟友。

12月3日早晨，拿破仑率军抵达马洛德茨诺村。马洛德茨诺村是奇恰戈夫可能会先于拿破仑到达的最后一个地方。在这里，法军将士找到了一些食物和很多草料。天气晴朗，阳光灿烂，虽然还是有点儿冷，但将士们可以忍受。那些长时间落在后面的信使同时到达了。波兰人得到了立即取道奥利塔直接奔赴华沙的命令，而那些失去坐骑的骑兵也得到从梅雷兹前往涅曼河的命令。其余部队将继续沿着它们重新夺回的那条大路前进。

直到这时，拿破仑似乎都没有想过要离开他的军队。但12月3日大约中午，拿破仑突然通知达鲁伯爵和迪罗克，他决定立即动身前往巴黎。

达鲁伯爵不明白拿破仑为什么这样做，所以表示反对。他说："您和国家的通信渠道已经畅通了，最危险的时刻已经过去了。现在每撤退一步，您都会遇到从巴黎和德意志派来的援军。"拿破仑回答道："我觉得自己不再足够强大，所以不能让普鲁士挡在我和法国之间。既然如此，我还有什么必要留下来，带领一支溃败的军队呢？有缪拉和欧仁亲王指挥就足够了，况且内伊完全可以掩护大军撤退。

“为了确保法国的安定，为了号召整个法国武装起来，为了采取措施确保德意志人继续对我忠心耿耿，也为了能带着足够多的新军回来援助我的大军，我绝对有必要回到法国。

“不过，为了达到这个目的，我必须独自一人走过盟国400多平方里格的土地。为了避免危险，我决定秘密穿越这些盟国。我的行踪不能让任何人知道，毕竟盟友们还不确定我们灾难性撤退的消息真实与否。我必须赶在他们得到确切的消息之前通过他们的土地。这样的消息可能会对我们的盟友产生影响，甚至让他们有背叛之举。因此，我已经没有时间耽搁了，必须立刻出发。”

拿破仑只是在选择由谁来指挥军队的问题上犹豫不决，他在缪拉和欧仁亲王之间摇摆不定。他喜欢欧仁亲王的谨慎和忠诚，但缪拉的声望更高，说话也更有分量。欧仁亲王将留在缪拉身边，他更年轻，军衔比较低，肯定会服从缪拉的领导，而以欧仁亲王的性格，他一定会保持战斗热情，这将让他成为其他元帅的榜样。

此外，法军的元帅们已经习惯了由贝尔蒂埃传达拿破仑的所有命令，并代替拿破仑奖励将士们。因此，贝尔蒂埃也会留下来。法军的形式或组织将不会发生任何变化。同时，这一安排也证明拿破仑一定会速去速回，如此既能使那些最不耐烦的军官忠于职守，也能使拿破仑最疯狂的敌人心生忌惮。

以上便是拿破仑的动机。科兰古接到命令，立即秘密为拿破仑离开军队做准备。各部队会合地点选在斯莫戈尼，时间是12月5日晚上。

尽管达鲁伯爵没有陪在拿破仑身边，但拿破仑将管理军队的重任交给了他。拿破仑下达命令时，达鲁伯爵只是默默地听着。面对如此沉甸甸的责任，他并没有什么急于回应的。不过，贝尔蒂埃的反应恰恰相反，这位身体虚弱的老人16年来从未离开过拿破仑的身边。得知拿破仑此次不让他陪伴左右，他感到非常不解，无法接受。

当时，拿破仑是在私密场合做出这样的安排的。贝尔蒂埃的情绪非常激动。拿破仑对他的抗议感到非常不满。盛怒之下，他责备了贝尔蒂埃，并提到了自己给予他的所有恩惠。他告诉贝尔蒂埃，法军的声望要靠他建立，就像他为自己建立声望一样。为了使事情简单一些，拿破仑给贝尔蒂埃24小时的时间来考虑并做出决定。如果届时仍然坚持不服从命令，贝尔蒂埃就要离开法军，回到法国。此外，拿破仑将命令贝尔蒂埃留在法国，并且禁止他再次进入巴黎或来面见自己。第二天（12月4日），贝尔蒂埃以自己年事已高、健康状况不佳为由，为前一天的拒绝服从命令一事道歉。为了取悦君主，他只能把悲伤留给自己。

第12章 内伊与维克多发生争吵

就在拿破仑决定离开的那一刻，天气变得更加寒冷，仿佛俄国寒冷的冬天看到拿破仑即将逃离，要将他打垮，摧毁他的军队。12月4日，当我们到达比尼扎时，气温为26度。

之前，拿破仑将洛博伯爵及其率领的数百名老近卫军士兵留在了马洛德茨诺村。马洛德茨诺村位于通往泽宾的道路与从明斯克到维尔纽斯的道路的交叉口附近。洛博伯爵有必要保护这一交叉口，直到维克多元帅的部队到来。在那之后，维克多的部队会守卫这个交叉口，直到内伊的部队到来。

拿破仑派内伊和梅森指挥的法军第二军殿后。11月29日晚，拿破仑离开别列津纳河岸时，内伊带领第二军和第三军残存的3000人通过通往泽宾的那些桥，只留下梅森带着几百人守卫桥的入口处。等第二军和第三军通过后，梅森等人负责烧毁那些桥。

虽然为时已晚，但俄国海军上将奇恰戈夫的部队还是发起了猛烈的攻击。奇恰戈夫不仅让士兵们用火枪攻击，还用刺刀攻击。尽管如此，他的部队还是被击退了。与此同时，梅森在这些桥上堆满了干柴，这些干柴都是恰普利茨前几天放在那里却没有用过的。一切准备就绪时，俄军彻底厌战了。此时，夜幕降临，宿营地也往前推进了很多，梅森带人迅速穿过小路，并点燃了那些干柴捆。几分钟后，这些长桥就被烧成了灰烬，掉进了沼泽里。天气虽然寒冷，但沼泽并没有被冻得很硬，因此俄军无法蹚过沼泽。

这些泥泞的沼泽挡住了俄军，迫使其绕道而行。第二天（11月30日），内伊和梅森在率军行进过程中并没有受到俄军的干扰。但到了第三天，当内伊、梅森和将士们来到能够看到普雷泽泽尼齐（Pleszezenitzy）的地方时，他们看到所有俄军骑兵都急切地向前冲，将杜梅克及其胸甲骑兵驱赶到他们右侧。顷刻间，杜梅克及其胸甲骑兵遭到了攻击，四面受敌，溃不成军。

梅森看到，在他和将士们撤退时必须穿过的村庄里，到处都是掉队的士兵。他派人警告那些掉队者立即逃跑。但饥肠辘辘的掉队者没有看到俄军的到来，所以拒绝离开刚刚找到食物的地方。俄军将梅森逼进村子里，和掉队者挤在一起。这时，掉队者看到了俄军，听到了炮弹的呼啸声。他们立刻站起身，冲了出去，将道路堵得水泄不通。

在惊恐的人群中，梅森和将士们突然发现自己迷失了方向。掉队者挤压着他们，几乎令他们窒息，让他们无法使用武器。梅森没有别的办法补救，只好要求将士们一动不动，紧密地团结在一起，等待人群散去。这时，俄军骑兵追上了掉队者，并混入其中，与梅森及其将士拉扯不清。梅森及其将士只得边走边砍倒挡在面前的人。就这样，他们缓慢地穿过人群。等人群终于散去后，俄军士兵发现，梅森及其将士正坚定地等待他们。在掉队者逃跑的过程中，我军的一部分战斗人员也被拥挤的人群挤走了。在一片开阔的平地上，梅森带着七八百人与俄军成千上万人作战。他们失去了可以安全撤退的所有希望，只能努力向不远的一片树林撤退。梅森心想，即使阵亡，也要让俄军付出更大的代价。就在此时，他看到一支由1800名波兰人组成的部队从树林里冲了出来。不久前，内伊遇到了这支部队，便率领这支部队前来援助梅森。内伊的增援成功地阻击了俄军，使梅森及其将士安全地撤退到马洛德茨诺村。

12月4日16时左右，内伊和梅森看到了马洛德茨诺村。这天早上，拿破仑已经离开了那里。恰普利茨的部队紧跟在内伊和梅森的部队后面。现在，内伊和梅森的部队只剩下600人了。这支法军后卫部队的弱点、夜晚的来临及有地方过夜的希望，激起了俄国将军恰普利茨的战斗热情。恰普利茨率军向内伊和梅森的部队发起了猛攻。内伊和梅森十分肯定，如果被赶出营地，他们就会冻死在公路上。因此，他们宁愿在保卫营地时战死。

在营地入口处，内伊和梅森停了下来。眼看拉着炮车的马快要死了，他们只好放弃了抢救大炮的想法，决定让大炮发挥最后的作用——击溃俄军，于是命人将所有大炮排成一行，向俄军猛烈开炮。恰普利茨的进攻纵队被他们彻底击溃，停滞不前。但恰普利茨仍然利用其兵力优势，让一部分士兵前往法军营地的另一个入口。同时，他的先头部队已经越过马洛德茨诺村的封锁线。这时，在马洛德茨诺村，恰普利茨的军队又遇到一支法军。

幸运的是，维克多带着法军第九军剩余的大约4000名士兵，仍然占领着马洛德茨诺村。敌我双方都怒不可遏。俄军多次攻占马洛德茨诺村前排的房屋，很快又被法军夺回。敌我双方交战与其说是为了荣誉，不如说是为了夺取和保住一个抵御致命寒冷的避难所。直到12月4日23时30分，俄军才放弃进攻。俄军将士几乎被冻僵了，只能去周围的村庄寻找避难所。

第二天(12月5日)，内伊和梅森都以为，维克多将取代他们承担殿后的任务。但他们发现维克多的部队已经撤退了。根据维克多的指示，一支部队留在了马洛德茨诺村。但内伊和梅森发现，这支部队只剩下60人，其余人都已经逃走了。虽然俄军直到最后一刻都无法打败法军，但严峻的气候彻底击溃了法军。内伊和梅森的将士们手指被冻得僵硬，握不住武器，最后他们也倒在了离自己掉落的武器只有几步的地方。

梅森不仅身体强壮，而且思维活跃、意志坚定，没有被吓倒。他继续向比尼扎撤退，并且将那些不断想从自己身边逃走的人重新集结起来。他仍然用几个步兵来证明后卫部队的存在——他当时不得不这么做。俄军将士也被冻僵了，在夜幕降临前不得不分散到邻近的村庄寻找住处。天亮之前，他们不敢离开住处。白天，俄军重新开始追踪我军，但并没有发起攻击，因为除了活动被冻得麻木的身体，如此严寒的天气不允许任何一方为了攻击对方或者保卫自己而停止前进。

与此同时，内伊对维克多的离去感到惊讶，于是前去追赶。内伊赶到维克多的前面，试图劝说他停下来。但维克多已经下令撤退，拒绝收回成命。内伊想让维克多放弃他的部队，将部队交给自己指挥。但维克多既不同意这样做，也不愿意在接到拿破仑的明确命令前承担殿后的工作。他们为此发生了争吵。内伊情绪非常激动，好在没有对冷静的维克多产生任何影响。最后，拿破仑的命令到了：维克多奉命率军掩护法军撤退，内伊则被召到了斯莫戈尼。

第13章 拿破仑在离开前会见元帅们

拿破仑是跟随着一群垂死的人刚刚到达斯莫戈尼的。他非常懊恼，但看到这些不幸的人遭受的苦难，他脸上没有流露出丝毫情感。这些不幸的人也没有在拿破仑面前发出任何抱怨。煽动叛乱的确是不可能的，也需要更多投入，毕竟每个人都在全身心地与饥饿、寒冷和疲劳抗争。此刻，大家需要团结一致和相互理解。饥荒和许多恶行使每个人都只关注自身，从而将自己孤立起来。与其在挑衅或抱怨中耗尽力气，不如默默地前进，竭尽全力对抗充满敌意的天气，并通过持续不断的行军和忍耐痛苦来转移注意力。因此，他们机械地活在自己的感觉里，继续通过追忆往日的荣誉和20年来取得的胜利激发出来的对荣誉的热爱，以及他们不断挣扎后心中仍然存在的温暖，来履行自己的职责。

指挥官的权威始终是完整的、受到尊重的，这既因为权威一直都非常明显地体现为慈父般的关怀，也因为危险、胜利和灾难始终是由法军将士共同承担的。法军就像一个不幸的家庭，其领导者也许是最值得同情的。拿破仑与法军之间保持着一种忧郁而高贵的沉默。二者都非常骄傲，不愿发牢骚，也都经验丰富，不会觉得自己无用。

与此同时，拿破仑已经匆忙进入了他的最后一个指挥部。在这里，他做出了最后的指示，向他即将走向毁灭的部队发布了第29次公告，也是最后一次公告。拿破仑在自己的住处采取了防范措施，以防这里将要发生的事情在第二天到来前泄露。

军官们突然预感到了最后的不幸，都希望能跟随拿破仑。这些军官在内心深处都渴望逃离这种可怕的天气，回到法国，与家人团聚。尽管如此，没有一个人敢说出这样的愿望，因为责任和荣誉约束着他们。

正当这些军官竭力装出一副他们根本无法体会到的平静的样子时，拿破仑向指挥官们宣布决定的最后时刻到了。他将所有元帅召集起来。元帅们陆续进来时，拿破仑将他们每个人都偷偷地拉到一边，打算首先让他们赞同自己的计划。拿破仑说服了一些元帅。至于另一些元帅，他表露出对他们的绝对信任，从而赢得了他们的支持。

看到达武时，拿破仑跑上前去迎接他，并问道，为何一直没有看到他。他质问达武是不是完全抛弃了自己。听了达武的回答，拿破仑认为是自己引发了达武的不满。他温和地进行了解释，欣然接受了达武的回答，向达武透露了自己打算走的路线，并听取了他对这条路线的一些细节方面的意见。

拿破仑态度亲和，对元帅们恭维备至。后来，他将元帅们召集到自己的饭桌旁，称赞他们在战争期间的高尚行为。至于他自己，他只说了下面这番话，坦白了自己的鲁莽。他说："我如果是皇位继承人，又出身于波旁王室，就不会犯任何错误。"

招待完指挥官之后，拿破仑让欧仁亲王给他们读了他的第29份公告。之后，他大声宣布自己已经透露给他们的秘密。他说:"今晚，我就要与迪罗克、科兰古及洛博伯爵一起返回巴黎。为了法兰西民族和我不幸的军队，我必须回到法国。只有在那里，我才能采取措施，控制奥地利和普鲁士。当看到我领导法兰西民族，率领一支由120万人组成的新军时，这些国家肯定不会对我们宣战。"

拿破仑补充说："我已经命令内伊前往维尔纽斯，在那里重整军队；命令拉普前去支援内伊，然后再去但泽；命令劳里斯顿侯爵前往华沙；命令纳尔邦前往柏林。我的家眷会留在军队里。在维尔纽斯，我军必须攻击俄军，并让俄军滞留在那里。我军将在那里找到卢瓦宗与弗雷德伯爵，以及援军、给养和各种各样的弹药。之后，我军会进入涅曼河对岸的冬季营地。我希望在我回来之前，俄军不会渡过维斯瓦河。”

最后，拿破仑说道：“我让缪拉指挥军队。我希望你们能像服从我一样服从他的指挥，也希望你们之间尽量和谐相处。”

当时已经是22时，拿破仑站起来，亲切地握住元帅们的手，拥抱了他们，然后离开了军队。

第 12 部分

第1章 拿破仑的离开给法军留下的印象

朋友们！我必须承认，我感到非常沮丧，我从内心深处拒绝深入回忆这么多恐怖事件。写到拿破仑离开军队时，我自认为我的任务已经完成。我自称为那个恢宏时代的历史学家。在那个时代，我们从光荣的顶峰突然坠入不幸的深渊。但如今对我来说，除了最深重的苦难，没有什么可回忆的。为何我们不能放过自己？这样一来，你们便不必承受阅读那些苦难的痛苦，我则可免去回忆那些苦难的煎熬。如今，那些苦难只能在灰烬中翻找，在灾难中重述，在墓碑上书写。

既然命运让好运和厄运将作用发挥到极致，那么我将努力遵守我对你们的承诺，直到写到本书的结尾。此外，既然已经将英雄的历史叙述到快要落幕，我又怎么能掩盖这支卓越的军队最后的叹息呢？与这支军队有关的每件事都关乎它的名声，无论是它垂死的呻吟，还是它胜利的呐喊，它的一切都是宏伟的。我们注定要用我们的荣誉和悲伤来震撼后世。这是多么令人悲哀的慰藉！但这支军队留给我们的只有令人悲哀的慰藉。朋友们，请不要怀疑，失败的巨大声音将会在后世发出回响，苦难会和荣誉一样不朽。

拿破仑的军官们都来到了一条大路上。拿破仑从他们中间走过时，只是勉强而忧郁地微笑着向他们告别。军官们同样默默地用恭敬的手势来表达他们的美好愿望。拿破仑带着军官们的美好祝愿上路了。他和科兰古上了一辆马车，他的马穆鲁克骑兵和近卫军统领旺索维奇坐在马车前面，迪罗克和洛博伯爵乘着雪橇跟在后面。

拿破仑的护卫队里最初只有波兰人，后来加入了由那不勒斯人组成的皇家卫队。离开维尔纽斯去见拿破仑时，这支队伍有六七百人。然而，在那段短短的路途中，这支队伍彻底毁灭了，原因仅仅是严寒的冬季。就在那天夜里，俄军先是偷袭了拿破仑的护卫队必经的尤普拉诺伊小镇，随后又放弃了这个小镇。当时，拿破仑距离小镇还有不到一个小时的路程。

在梅德尼克，拿破仑遇见了巴萨诺公爵。他对巴萨诺公爵说的第一句话是：“我已经没有军队了。在过去的几天，我一直在一群散兵游勇中间行进，这些人为了生存四处游荡。如果给他们面包、鞋子、衣服和武器，就能够将他们团结起来。但你的军事管理没有成效，你的命令没有得到执行。”当巴萨诺公爵给拿破仑看了一份在维尔纽斯收集的大量弹药的清单，以此作为回答时，拿破仑叫道：“你给我带来了新的希望。我将命令缪拉和贝尔蒂埃在维尔纽斯停留8天，让他们在维尔纽斯整顿军队，鼓舞士气，以便让法军在继续撤退时不那么悲惨。”

在接下来的旅程中，拿破仑没有受到俄军的干扰。他从郊外绕过维尔纽斯，经过维尔科维斯基，然后换乘雪橇。12月10日，拿破仑在华沙停留，请求波兰人征用1万名哥萨克士兵，答应会给新兵发放一些补助金，并承诺自己将率领38万人的军队迅速返回。他从华沙迅速穿过西里西亚，在德累斯顿访问了萨克森王国的君主，然后经过美因茨的哈瑙，最后到达了巴黎。12月19日，也就是拿破仑发表第29次公告两天后，他突然出现在了巴黎。

从马洛-亚罗斯拉维茨到斯莫戈尼，这位欧洲的主人不过是一支濒临崩溃、垂死挣扎的军队的统帅而已。从斯莫戈尼到莱茵河，拿破仑是一个不为人知的逃亡者，穿越了充满敌意的地区。过了莱茵河，他再次发现自己是欧洲的主人和征服者。莱茵河以南的繁荣景象，让他重新充满了信心和斗志。

与此同时，留在斯莫戈尼的军官们也赞成拿破仑离开。军官们非但没有气馁，反倒将所有希望都寄托于拿破仑回到法国，并迅速带领一支军队返回。现在法军只能逃离——它离俄国的边境很近，道路也很顺畅。法军正在接近一支1.8万人的援军，可以获得大量弹药。这支援军的士兵都是来自一座大城市的新兵。缪拉和贝尔蒂埃留下来指挥军队，并立刻做出决断。他们自认为有能力指挥法军撤离。但当时法军正处于极度混乱的状态，需要一个号召力极强的人来将各部队团结在一起。拿破仑最有号召力，却离开了军队。他的离开留下了一个很大的缺口。在这个缺口面前，缪拉显得非常渺小。

当时，人们清楚地看到，天才无可替代。这或许是因为作为拿破仑的追随者的骄傲使他们不愿再屈尊服从别人，或许是因为拿破仑总能面面俱到，并安排好一切。他只塑造良好的“战争工具”、战术熟练的副手，却没有塑造出优秀的指挥官。

第一天晚上，就有一位将军拒绝服从缪拉的命令。这位将军是指挥后卫部队的元帅，他似乎是后卫部队中唯一一个返回法军大本营的人。老近卫军和青年近卫军的3000人依然坚守自己的位置。整支大军现在只缺领袖了。不过，当拿破仑离开的消息传来时，由于习惯了只接受欧洲征服者的指挥，近卫军士兵没有了为拿破仑服务的荣誉来支撑，不屑于充当别人的卫兵，感到气馁。因此，老近卫军和青年近卫军也陷入了混乱。

法军大多数上校以前都是受人敬仰的对象。现在，他们凡事都自己做主，再没有听从其他人的命令。他们身边只带着四五个军官或士兵，前去保护他们的阵地。每个人都认为必须为自己的安全负责，也希望能保证自己的安全。他们都是义无反顾地走了200里格路的人，但如此漫长的行军几乎是一次溃退。

实际上，拿破仑的离开和缪拉的无能并不是军心涣散的唯一原因，严酷的寒冬才是最主要的原因。当时，天气十分寒冷。严寒让法军的处境更加艰难，它就像法军和维尔纽斯之间的一道屏障，阻挡了法军撤到维尔纽斯。

在我们到达马洛德茨诺村之前，在12月4日天气开始变得极其寒冷之前，尽管行军很痛苦，但死亡人数要比我们到达别列津纳河之前少得多。部分原因是内伊和梅森的不懈努力，压制了俄军；部分原因是当时的天气并不太寒冷，我们尚且可以从被破坏得不太严重的城镇得到供给；部分原因是当时幸存下来的人都是渡过别列津纳河时死里逃生的最强壮的人。

之前混乱的军队已经部分恢复了秩序。军队的建制依然被保留了下来。大批逃跑者分成许多8至10人的小组，继续往前走。许多这样的小组仍然有一匹马，他们的给养都被驮在马背上。这些马最终注定要成为运输工具。这些逃跑的可怜的士兵仅有的装备是破衣烂衫、几件餐具、一个背包和一根棍子。他们不再拥有士兵该有的武器和制服，也没有了与任何俄军战斗的愿望。现在，饥饿和严寒就是他们最大的敌人。尽管如此，他们仍然保持着坚韧不拔的毅力、坚定的信念、挑战危险的精神和忍受痛苦的意志，拥有做好万全准备、善于变通和迅速利用自己处境的能力。此外，那些仍然有武器的士兵给陷入混乱的战友起绰号，嘲笑战友，而他们也怕别人给自己起同样的绰号。这种对绰号的忌惮产生了一定的影响。

在法军离开马洛德茨诺村之后，在拿破仑离开法军之后，俄国的冬天更加寒冷，似乎在全力以赴地用寒气攻击我们每个人。在与这样的灾难对抗的过程中，所有小组都彻底瓦解了。法军不再以众多团体的形式，而是以许多个体的形式孤独地挣扎着。那些最优秀的士兵也丢掉了自尊，什么都无法阻止他们离开，任何意味深长的表情都无法留住他们。在灾难面前，他们没有任何希望得到援助，即使悔恨也无济于事。不再有人谴责这些气馁的士兵，也不再有人来证明他们的气馁。所有人都是受害者。

从此以后，法军中不再有兄弟情谊，所有团体都解散了，所有纽带都断裂了。极度邪恶的力量使将士们变得残忍。吞噬生命的饥饿，使这些不幸的将士堕落到只剩下残酷的自我保护的本能。他们兽性大发，并且准备好为自己的生存牺牲一切。一种粗暴、野蛮的本性似乎已经向这些不幸的将士传达了它的全部愤怒。他们像野蛮人一样，弱肉强食。这些不幸的将士围着垂死的人跑，常常等不到那些垂死的人咽下最后一口气。当一匹马倒下时，你可能会以为自己看到了一群饥饿的猎犬。这些不幸的将士将马团团围住，把马撕成碎片，像饿极的狗似的相互抢夺。

尽管如此，更多人还是守住了道德底线，在确保自己安全的同时，不伤害他人。实际上，这也是他们仅剩的美德。如果有战友倒在他们身边或者大炮的车轮下，那么战友的呼救是徒劳的，即使以同胞、宗教和道德的名义去呼救也是徒劳的。那些从倒下的战友身边经过的人甚至都不会看他们一眼。一直以来的寒气已经完全渗透到了他们的心脏，让他们变得无比冷漠。寒冷的天气冻僵了他们的脸，让他们变得麻木不仁。除了少数指挥官，所有人沉浸在痛苦之中。恐惧占据了他们的心扉，没有给同情心留下余地。

过度的成功一直以来都受到责难，因为它能使人变得自私自利。同样，过度的不幸也会让人变得自私自利。但人们更容易原谅后者，因为前者是自愿变得自私，而后者是被迫变得自私；前者是内心的罪恶，而后者完全是本能的冲动——当然也冒着瞬间死亡的危险。在这样一种全军普遍面临的巨大灾难中，向即将死亡的上级或战友伸出援手是大义之举。在某些情况下，人类最平常的一个动作也会变成一种崇高的行为。

不过，也有少数人坚定地立于天地之间，保护与帮助弱者。遗憾的是，这样的人确实少之又少。

第2章
法军遭受的苦难

12月6日，就在拿破仑离开军队的这一天，天空呈现出更可怕的景象。空气中飘着冰粒；空中的飞鸟掉落在地上，浑身被冻僵；空气凝滞，连一丝风都没有。仿佛大自然中一切有生命、活动的东西，包括风，都凝固了，都被束缚住了，仿佛万物都被死亡冰封了。这时，万籁俱寂，除了绝望的沉默和控诉的眼泪，人们什么也感受不到，什么也看不见。

我们像阴郁的幽灵一样游走在毫无生机的大地上。唯有单调乏味的脚步声、踩着雪地发出的噼啪声和垂死者微弱的呻吟声，打破了无边无际、凄凉的死寂。没有人发怒，没有人诅咒，没有任何东西尚存丝毫余温。我们几乎没有力气祈祷。或许是因为软弱，或许是因为听天由命，或许是因为只有在寻求善意和同情时才会抱怨，大多数人甚至毫无怨言地倒下了。

截至那时，我军最不屈不挠的士兵也彻底失去了斗志。有时他们的脚会将积雪踩下去，但更常见的情况是，被冻得坚硬的积雪表面光滑得如同玻璃一般，无法给他们任何支撑。他们每走一步都会滑倒，他们爬起来后，接着又滑倒了。就这样，他们艰难地继续前行。这片充满敌意的土地似乎拒绝承载他们，在他们艰难地迈步时从他们脚下逃跑，使他们掉入陷阱；又似乎在阻碍他们前进，迫使他们放慢脚步，以便把他们交给追击的俄军，或将他们送到更恶劣的环境中。

事实上，但凡他们累得稍做停留，冬天就会将它那只沉重而冰冷的手压在他们身上，准备杀死他们。这些不幸的可怜人感到自己被冻得四肢麻木，但还是不得不站起来，徒劳得像木偶一样机械地往前走几步。他们已经失去了说话的能力，神志不清。他们的血液就像溪中的水一样在血管里冻结，凝固了他们的心脏，然后又流向他们的大脑。这些垂死挣扎的人摇摇晃晃，仿佛喝醉了酒。由于持续行走在雪地里，他们无法闭目养神，十分疲劳；加上宿营时的柴火冒出的烟，熏得他们的眼睛红肿、发炎。他们的眼中流出来的是真正的血泪。他们胸脯起伏，发出沉重的叹息声。他们用惊愕、坚定又狂热的眼睛望着天空、彼此和大地。这种目光表明他们在告别，仿佛在谴责折磨他们的残暴的大自然。不久，他们就跪倒在地上，用双手极力支撑着自己的身体。他们的头左右摇晃了几分钟，嘴里发出痛苦的叫声。最后，他们倒在雪地里，紫青色的鲜血瞬间染红了雪地。就这样，他们的苦难结束了。

同伴从他们身边走过时，并没有停下脚步，或朝他们这边挪动一步，因为他们害怕这会延误自己的行程。同伴也没有回头看，因为他们的胡须和头发都冻硬了。同伴感到很痛苦，无力同情他们。总之，死亡会给他们带来什么损失呢？他们又留下了什么呢？他们遭受了很多痛苦，但他们离巴黎依然很远。由于周围的环境和苦难，他们对国家的感情丧失殆尽。所有美好的幻想破灭了，希望也几乎破灭了。因此，大多数人对死亡漠不关心。由于人必有一死，加上对死亡见惯不怪，越来越多的人变得对死亡无动于衷，有时甚至会蔑视死亡。更多时候，看到那些不幸的垂死的人瘫倒在地上，身体立刻僵硬了，他们心想，那些死者已经没有任何希望了，已经安息了，他们的痛苦已经结束了。事实上，在一种安静、熟悉、一成不变的环境中，死亡可能是一件不寻常的事，会造成一种可怕的反差，会引发一场恐怖的巨变。但在这种动荡、暴力和持续变动的环境中，他们不断行进、遭遇危险和经受痛苦，死亡只是一场过渡、一种轻微的变化、一次额外的迁移，几乎不会让他们感到惊慌。

以上就是法军在最后的日子里的状况。最后的夜晚更加可怕。那些散兵看到法军残部时感到非常震惊，他们加入其中，一起行进。他们远离所有住所，停驻在树林边缘。他们点起了火堆，然后整夜坐在火堆前，像幽灵般一动不动。他们似乎从未有过足够的热量。他们离火堆很近，任凭火烧着他们的衣服和他们冻僵的肢体。此时，最可怕的痛苦迫使他们躺了下来。第二天，当他们想站起来时，却再也站不起来了。

与此同时，那些几乎能挺过冬季严寒的人，依然保留着一些勇气，悲伤地准备着他们的晚餐。自从离开斯摩棱斯克以后，他们的伙食就只有几片烤马肉、一些用雪水稀释的汤和被压成饼状的黑麦粉。因为没有盐，他们只能用弹药筒里的粉末来调味。

火光不断将新的“幽灵”吸引过来，但先来者赶走了后到者。这些可怜的后到者从一个宿营地走到另一个宿营地，直到遭受冰冻和绝望的双重打击，最后不知所措，放弃了努力。他们躺在雪地里，躺在那些比他们幸运的先来者后面，死在了那里。他们中有许多人没有办法，也没有力气砍倒高大的冷杉树，因此想点燃树干是徒劳的。死神很快就以各种形式在这些树木周围突袭了他们。

在一些地方，大路两边建有巨大的棚屋。棚屋里的场面更加恐怖。士兵们急忙冲进去，紧紧地挤在一起。许多士兵像牲口一样在火堆周围挤来挤去。活着的人无法将死者从火堆旁挪走，便躺在死者身上，等待死亡的到来，而后来者也会躺在他们身上等待死亡。在很短的时间里，又有一群掉队的人出现了。他们无法再挤进这些避难所，就将它们团团围住。

为了生火，他们频频拆毁用干木头垒成的墙。有时，他们遭到驱赶，感到灰心丧气，不得不将就着把这些木墙当作宿营地。但宿营地的火很快蔓延开来，烧着了那些用干木头搭建的房屋。屋子里被冻得半死的士兵都被烧死了。第二天，那些在火势没有蔓延过来的避难所里活下来的人发现，他们的战友躺在熄灭的火堆边的一堆堆尸体旁，身体冻得僵硬。为了逃离这片坟墓，战友必须非常费力地从这些可怜人的身体上爬过来。其中有很多人还尚存一丝气息。

在尤普拉诺伊村，也就是拿破仑刚刚经过一个小时后就被塞斯拉文率领的俄军游击队占领的那个村庄，仅仅是为了能够取几分钟暖，俄军士兵就烧毁了所有房子。火光吸引了一些可怜的法军士兵。严寒和苦难使他们变得神志不清，发疯似的跑向火光。他们咬牙切齿，像恶魔一样大笑着冲进了大火，浑身抽搐着死去了。饥饿的同伴对此毫不畏惧，竟然有人把被火烧得残缺不全的尸体拖出来，将这种令人作呕的“食物”塞进嘴里。这些情况都是千真万确的！

法军是由欧洲最文明的国家组建的军队。这支军队曾取得那么多次辉煌的胜利。即使在最后一刻，它也是一支胜利的雄师。在许多被这支军队征服的首都，它的名字依然震慑人心。不久以前，它最强壮、最勇敢的士兵们自豪地见证过许多胜利的场面。现在，他们却失去了高贵的仪容。他们衣衫褴褛，赤裸着伤痕累累的双脚，手里拄着冷杉树枝来支撑身体。他们拖着脚步，摇摇晃晃地往前走着。他们曾经为了征服而投入的所有力量和不屈不挠的精神，现在都用来逃跑了。

当时，像许多迷信的民族一样，我们也进行了预测，并且听信了预言的内容。一些人佯称，一颗彗星的不祥之光照亮了我们穿越别列津纳河的道路。他们补充说：“毫无疑问，彗星并不会预示世界上的重大事件，但肯定有助于改变这些事件。如果我们承认彗星对地球上的物质有重要影响，那么这种影响至少可能会作用于人类思维，使其发生变化，前提是人类思维依赖它所散发的物质。”

一些人则引用了古老的预言。他们说：“古人曾预言鞑靼人会入侵塞纳河两岸。瞧啊！他们现在可以自由地越过已经败北的法军来到塞纳河畔，以一种合理的方式实现那个预言。”

还有一些人相互提醒着对方提防可怕而具有毁灭性的风暴，也正是那场风暴标志着法军进入了俄国领土。“那正是上天发出的预言！看看它预言的灾难吧！为了阻止这场灾难，大自然已经尽力了！我们为什么固执地对大自然的声音充耳不闻呢？”在他们看来，40万人同时倒下是一件非同寻常的事情，但实际上，这并不比许多传染病和不断蹂躏地球的革命更引人注目。这件事必然吸引天地间的所有力量。我们强大的理解力让万物显现了它们的本质。上天仿佛既同情我们的脆弱，又恐惧法军会覆灭，因此，它似乎在命令每个人，哪怕他们再渺小，都要把自己当成浩瀚宇宙的中心，立刻行动起来。

第3章 缪拉率军逃跑

当第一批法军将士到达维尔纽斯时，他们的身体和精神都处于极度痛苦的状态。维尔纽斯！这里有他们的弹药库、粮仓，是他们进入俄国后遇见的第一座富有的人口众多的城市！仅仅是维尔纽斯这个名字，以及不断向其靠近，就足以给人勇气。

12月9日，这些可怜的士兵中的大部分终于到达了维尔纽斯附近。突然，一些人拖着沉重的脚步向前冲去，一头扎进维尔纽斯的入口。他们拼命地前进，很快就挤在了一起。他们挤得那么厉害，导致人、马和车挤得水泄不通，一动不动，无法前进。

要把这群人从一条狭窄的过道里赶出去几乎是不可能的。那些走在后面的人，在一种愚蠢的本能的指引下，也加入了拥挤的人群。他们根本不知道可以从其他几个入口进入这座城市。在充满灾难的日子里，局面非常混乱，一整天都没有一个参谋出面指挥士兵从其他入口进城。

在这10个小时里，气温降低了27度甚至28度，成千上万名自以为到达安全地方的士兵不是死于严寒，就是死于窒息，就像在斯摩棱斯克城门口和别列津纳河的桥上所发生的那样。6万名士兵穿过了别列津纳河，之后两万名新兵也加入他们的行列。这8万人中有一半已经死了。大部分人是在从马洛德茨诺村到维尔纽斯的最后4天里死去的。

在这之前，立陶宛大公国曾经的首府——维尔纽斯仍然不知道我们的灾难。突然，维尔纽斯城里充斥着4万名饥肠辘辘的士兵的呻吟声和哀叹声。看到这种意想不到的景象，城里的居民十分惊恐，关上了门。街道上，游荡的可怜的士兵随处可见。有些人非常愤怒，有些人感到绝望，他们或威胁或恳求，试图打开房屋和仓库的门，或踉踉跄跄地前往医院。这种情景真是太可悲了。无论到哪里，这些可怜的

† 维尔纽斯城内，饥肠辘辘的法军将士洗劫商店

瓦西里·蒂姆（1820—1895）绘

士兵都遭到了拒绝。在仓库，由于有许多不合理的手续，加上原来的部队不复存在，又加上各部队的士兵混在一起，一切常规物品的分发根本无法进行。

维尔纽斯的仓库里囤积了大量面粉和面包，足够让10万人吃上40天；储存的肉类可以让法军吃上36天。尽管如此，没有一个指挥官敢站出来下令将这些食物分发给所有前来寻找食物的人。管理食物的人也害怕承担责任。其余管理人员则担心，当一切事情都由他们决定时，那些饿极的士兵就会自暴自弃。此外，他们对士兵们的绝望处境一无所知。在当时的情况下，士兵们即使有抢劫食物的倾向，也几乎没有时间去实施。几个小时之后，我们不幸的战友就饿死在这些巨大粮仓的门口。第二天，粮仓里的所有食物都落入俄军之手。

军营和医院也将这些可怜的士兵赶了出来，但并不是活着的人驱逐了他们，因为死神完全占领了这两个地方。少数还有呼吸的人抱怨，在很长一段时间里，他们没有床铺，甚至连稻草也没有，几乎被抛弃了。院子里、走廊里，甚至房间里都堆满了尸体。这些地方成了众多疾病感染者的停尸房。

最后，由于立陶宛人的同情、犹太人的贪婪及欧仁亲王和达武等几位指挥官的努力，维尔纽斯向法军开放了一些避难所。发现自己又回到了可以居住的房子里时，这些不幸的士兵感到非常惊讶。没有什么比他们表现出来的惊讶更令人不可思议的了。在他们看来，一块发酵的面包是上等的美味，坐下来享受美食的感觉难以言表！随后，当看到一支人数较少部队依然全副武装、秩序井然，将士们穿戴整齐时，他们感到无比钦佩。他们似乎是从地球的尽头返回来的，他们遭受的诸多暴力和持续不断的苦难，改变了他们的所有习惯。他们逃离了苦难的深渊。

然而，他们还没来得及开始品尝这些美食，俄军的炮声就开始在城市上空和他们头顶轰鸣了。威胁他们生命的炮声、军官的喊叫声与震耳欲聋的战鼓声，以及刚刚到来的另外一批不幸士兵的哀号声和叫喊声，充斥着维尔纽斯，使这里再次陷入混乱。奥鲁克、兰斯科伊和塞斯拉文指挥库图佐夫的部队。恰普利茨部队的先头部队正在攻击卢瓦宗的部队。当时，卢瓦宗的部队负责守卫维尔纽斯，并掩护一支没有马匹的法军骑兵部队沿着从诺沃伊到特洛基的路向奥利塔撤退。

起初，法军努力抵抗俄军的攻击。弗雷德伯爵率领巴伐利亚军队刚刚加入纳罗克-茨维兰斯基和尼亚门特钦的部队。维特根施泰因的部队一直在追击弗雷德伯爵的部队。从卡门到维雷卡，他的部队一直紧咬着法军右翼。与此同时，库图佐夫和奇恰戈夫也在率军追击法军。弗雷德伯爵的部队还剩不到2000人。卢瓦宗的师和维尔纽斯的驻军已经赶到斯莫戈尼来接应并支援我军，但3天之内，寒冷使他们的兵力从1.5万人骤减至3000人。

弗雷德伯爵率军从鲁科尼出发前去守卫维尔纽斯。经过一番英勇的抵抗后，部队被迫后退。卢瓦宗部队所在的位置离弗雷德的部队不远，更靠近维尔纽斯；弗雷德的部队牵制了俄军的进攻。卢瓦宗的部队成功压制了俄军火力，鼓舞了那不勒斯师的将士们，他们拿起武器，甚至走出维尔纽斯去迎击敌军。然而，步枪从这些被称为“太阳之子”的那不勒斯人手中滑落。不到1个小时，那个由那不勒斯人组成的师失去了武器，不得不退回城里，大部分人身负重伤。

与此同时，俄军对维尔纽斯城里法军的攻击并没有什么成效。现在，法军老近卫军只剩下几个排了。老近卫军分散开来，抗击俄军。每一个人想得更多的是，自己也许会在与饥饿、寒冷的斗争中丢掉性命，而不是在与俄军搏斗时战死。当“哥萨克人来了！”的叫喊声传来，并回荡在维尔纽斯时，法军又开始溃逃。在很长一段时间里，“哥萨克人来了！”的叫喊声是大多数法军将士听到后就会采取行动的唯一信号。

弗雷德伯爵出人意料地出现在缪拉面前，他说：“敌人就在我身后紧追不舍！巴伐利亚人再也无法抵御俄军和守卫维尔纽斯。他们已经被迫退回城内。”与此同时，骚乱声传到了缪拉的耳朵里。他大吃一惊，以为自己无法再主宰军队，军队已变得不受控制。他立刻步行离开了宫殿。有人看见缪拉在人群中用力地往前挤着，他似乎害怕人群中发生冲突。和前一天的混乱局面一样，人们拥挤在各条街道上，致使整个街区水泄不通。在维尔纽斯郊区的最后一幢房子前，缪拉停了下来。在这里，他下达了命令，然后等待黎明及部队的到来。他让内伊负责剩余事务。

如果法军再守卫维尔纽斯24个小时，许多人可能会得救。这座致命的城市里还剩下近两万人，其中有300名军官和7位将军。他们大部分人所受的伤来自极寒天气，而不是来自与俄军交战。还有几个人从表面上看依然很健康，但精力已经耗尽了。在与这么多困难勇敢地斗争之后，快到达港口时，一想到还要行军4天，法军将士就失去了信心。他们好不容易发现自己回到了一个文明的城市，却又要下定决心返回荒野。既然如此，他们甘愿忍受命运的摆布，尽管命运对待他们如此残酷。

虽然我们曾让立陶宛人陷入危险，连累了他们，现在又抛弃了他们，但他们还是收留并帮助了一些法军士兵。曾受我们保护的犹太人却赶走了法军其余士兵。他们还做了很多更过分的事情。看到这么多受难者，犹太人欲壑难填。尽管只是利用我们的苦难进行投机，让我们用金子换取他们一些微不足道的救助，但历史并不屑于用这些令人作呕的细节来玷污她的篇章。犹太人还引诱我们不幸的伤兵进入他们的房子，扒光了伤兵的衣服。后来，当看到俄军时，他们从房门和窗户里将这些垂死的受害者赤裸裸地扔到大街上，无情地让他们被冻死。甚至在俄军看来，这些邪恶的犹太人把可怜的法国士兵折磨得痛不欲生。无论是现在还是将来，这样可怕的罪行都必须受到谴责。现在，我们手无缚鸡之力，而我们对这些恶棍的愤慨可能就是他们今生今世所受的唯一惩罚了。但总有一天，他们会再次遇见从前欺凌过的受害人。届时，神圣的正义定会为我们雪耻！

12月10日，内伊再次主动承担了指挥后卫部队的职责。在他的部队离开维尔纽斯后，维尔纽斯很快就被普拉托夫率领的哥萨克骑兵占领了。哥萨克骑兵屠杀了被犹太人扔到大街上的所有可怜的法军士兵。在屠杀过程中，仅由30个人组成的法军哨兵队突然出现了。他们是从维利亚河大桥上撤回来的。法军离开时忘记了他们，将他们遗弃在那里。看到这些新鲜的“猎物”，成千上万的俄军骑兵匆忙赶过来，大喊大叫地包围了这30名法军士兵，从四面八方攻击他们。

不过，哨兵队的指挥官让他的士兵围成一个圈。他毫不犹豫地命令士兵开枪，然后上刺刀，在他的指挥下突围。不一会儿，哥萨克骑兵就从这位指挥官面前逃跑了。这位指挥官控制了这座城市。对哥萨克人的攻击，他并不惊讶；对哥萨克人的胆小懦弱，他也不惊讶。他利用哥萨克人逃走的时机，带领士兵掉转方向，毫发无损地追上法军的后卫部队，并加入了他们。

此时，后卫部队在内伊的指挥下正与库图佐夫的先头部队交战，以便击退敌军。为了避免另一场灾难，法军的后卫部队仍滞留在离维尔纽斯不远的地方。

正如在莫斯科时那样，拿破仑在维尔纽斯也没有下达过正式的撤退命令。他担心我军的失败史无前例，也不想过早地宣布撤退。他打算趁同盟国的君主及其大臣震惊于我军撤退、来不及做出反应的时机，在他们准备倒向俄国、进攻我们之前，穿过他们的领土。

以上就是每一个在维尔纽斯的人，包括立陶宛人和在这里的外国人，甚至各国大使都被欺骗的原因。直到亲眼见证，他们才相信我们的灾难。几乎所有欧洲国家都迷信地相信拿破仑这位天才绝对正确。他正是利用这一点欺骗了他的盟友。也正是出于同样的信任，拿破仑巧妙地向军官们隐瞒了实情。因此，军官们全然不知法军会撤退。无论是在维尔纽斯，还是在莫斯科，没有一个军官为任何形式的撤退做好准备。

维尔纽斯有法军的一大批行李、大部分财富与给养，以及很多巨大的马车。这些马车上有皇帝的侍从，还有许多大炮和大量伤员。对军官们来说，法军的撤退就像一场始料未及的暴风雨，又像一声霹雳。有些人惊恐万状，不知所措；有些人因惊慌而呆若木鸡。一道道命令下达了，人、马和车四散逃窜，横冲直撞。

在这场骚动中，几名军官被挤出了维尔纽斯城，带着他们所能携带的一切，向科诺进发。在距离科诺1里格的地方，这些负担沉重、受到惊吓的军官来到了波纳里的小丘和小路上。

在我军撤退途中，只有骠骑兵觉得，这个树木茂密的小丘对我军有利，从这里可以俯瞰整个维尔纽斯平原，能够看到俄军的一举一动。此外，骠骑兵并没有注意到小丘的斜坡崎岖、陡峭。如果法军能够整齐有序地撤退，那么这里将成为他们掉转枪口阻击俄军的绝佳位置。但如果他们混乱无序地逃跑，所有的地理优势都会变成不利因素。在仓促、混乱的逃跑过程中，一切都变得不利于法军。小丘和小路成了法军不可逾越的障碍。面对这些，他们付出的所有努力都化为乌有，还不得不放弃一切——行李、财宝和伤员。

事实上，法军在这里没有了财富，没有了荣誉，没有了任何纪律，丧失了战斗力。经过15个小时的无谓挣扎，当看到缪拉带着逃亡士兵从小丘一侧经过时，当听到离他们越来越近的大炮和步兵发出的声音时，护卫队的车夫和士兵转过身，看到内伊率领3000人——弗雷德伯爵和卢瓦宗的残部——正在撤退。最后，当回过头来时，他们看到小丘上布满大炮、损坏或翻倒在地的马车以及摔死的士兵与马。士兵的尸体一个压在另一个上面。于是，他们放弃了拯救一切的想法，决定赶在敌军到来前抢劫同伴的财物。

一辆盖得很严实、满载财宝的马车倒地后，车里的一些财宝散落在地上，而财宝散落的声音仿佛是某种信号。所有人向马车冲去，立即打开了马车，拿走了贵重物品。这场混乱的抢夺发生时，法军的后卫部队正好经过这里，后卫部队的士兵们扔掉手里的武器，加入了其中。他们一心只想着抢劫财宝，既没有听到，也没有注意到炮弹的呼啸声和追击他们的哥萨克人的吼叫声。

甚至有人说，连哥萨克人混入他们中间，他们也没有发现。有那么几分钟，无论是法国人还是哥萨克人，无论是同伙还是敌人，都混在一起，同样贪婪地抢劫财宝。法国人和哥萨克人忘记了他们还在交战，一起抢劫那些载着财宝的马车。就这样，价值千万的金银财宝都消失不见了。

不过，除了这些恐怖的行为，也有一些高尚的奉献行为。一些人放弃了一切去救助不幸的伤者，将伤者扛在自己肩上。还有几个人不仅无法从这场混乱中救出他们几乎被冻僵的队友，还在保护队友免受同伴和敌人的攻击时失去了生命。

在小丘最开阔的地方，法军陆军上校图伦内伯爵率军击退了哥萨克人。他是拿破仑的一名军官。他无视哥萨克人愤怒的叫喊声及其炮火，当着他们的面，将拿破仑的私人财宝交给自己周围的士兵保护。这些勇敢的士兵一边与哥萨克人战斗，一边捡拾拿破仑的财宝，成功地保住了它们。很久之后，脱离了一切危险后，每个人都老老实实地上交了委托给他们保护的财宝，并且丝毫不差。

第4章
内伊率军撤离科诺

发生在波纳里的灾难让人感到更加羞耻，因为这场灾难很容易预见到，也很容易避免。我们完全可以从侧面绕过波纳里的小丘。至少在某种程度上，我们遗弃的零零碎碎的东西可以用来阻止哥萨克人的追击。当哥萨克人忙于抢劫时，内伊率领几百名法国人和巴伐利亚人，掩护法军撤退到了埃维。这是他所做的最后努力。我们不能不描述他采取的撤退策略。在11月3日离开维亚济马镇后的37天里，他一直采用这种策略撤退。

每天17时，内伊就坚守阵地，阻击俄军，让他的士兵吃饭、休息。22时，他的部队继续行军。整个晚上，他都通过呼喊、恳求和殴打的方式，驱赶后面的一大群掉队的士兵前行。天快亮的时候，也就是7时左右，他命令部队停止前进，让士兵们摆好阵势，手握兵器，保持警戒状态，休息到10时。这时，如果俄军出现，他的部队就得一直战斗到晚上，尽可能阻击俄军，为法军的撤退争取时间。内伊所能争取到的有效撤退时间，一开始取决于法军撤退时的秩序和速度，后来则取决于他自己的部队所处的地理环境。

在很长的一段时间，内伊率领的后卫部队不到2000人，后来剩下1000人，接着大约剩下500人，最后只剩下了60人。但不知是有意，还是纯粹出于例行公事，贝尔蒂埃一直没有改变他的指挥策略。他的命令像是下达给一支3.5万人的部队的指挥官的。他冷静地把所有不同的阵地都详细地部署一番，而这些阵地都需要那些不复存在的师负责夺取并坚守到第二天。每天晚上，在内伊的紧急警告下，贝尔蒂埃不得不去叫醒缪拉，并强迫他率军继续行进。贝尔蒂埃每次都惊讶地发现，内伊的决定是正确的。

就这样，内伊掩护法军从维亚济马镇撤退到埃维，然后又撤退了几俄里。在埃维，内伊刚刚率军阻止了俄军的追击，就按照惯例命令士兵们在夜里休息几个小时。当天22时左右，内伊和弗雷德伯爵都以为他们被孤立了。此时，他们的士兵早已离开自己的部队，丢掉了武器。他们看到闪闪发亮的武器，堆放在士兵们早已离开的火堆旁边。

庆幸的是，刚刚使法军灰心丧气的严寒，也冻得我们的敌人四肢麻木。内伊费了好大的劲才追上他的纵队。现在，该纵队只有一群逃兵，因为有几个哥萨克人正在追赶他们。但哥萨克人既不想捉拿他们，也不想杀死他们。或许是因为同情，或许是因为对任何事物都会逐渐产生的厌倦，俄国人可能开始厌战了。或许是因为我们遭受的极端苦难吓坏了俄国人，让他们相信自己已经复仇了，也让他们中的许多人表现得慷慨。或许是因为哥萨克人终于感到非常满足了，毕竟他们已经拥有了太多战利品。当然有可能是因为哥萨克人在黑暗中没有意识到，他们只是在和手无寸铁的法军士兵交战。

寒冬——俄军的可怕同盟，不遗余力地提供帮助。俄军混乱地追击着同样混乱的法军。我们经常看到被俘的士兵不止一次从俄军将士冻僵的双手和眼前逃跑。这些被俘的士兵起初走在俄军散乱的队伍中间，没有引起人们的注意。他们中的一些人会趁着有利时机攻击落单的俄军士兵，夺走他们的粮食、制服，甚至武器，并用这些东西掩饰自己的身份。在这种伪装下，被俘的法军士兵与他们的征服者混在一起。俄军陷入如此混乱的状况，俄军将士如此愚蠢和粗心。他们变得麻木不仁，以致被俘的法军士兵在他们中间走了整整一个月，都没有被他们认出来。库图佐夫的部队从12万人减少到3.5万人。维特根施泰因的5万人的部队只剩不到1.5万人。威尔逊声称从俄国腹地派出了掌握御寒技能的1万人的援军，但援军只有不到1700人抵达维尔纽斯。实际上，俄军一个纵队就足以对付我军手无寸铁的士兵。俄军试图标记其中的一些人，但都是白费力气。到那时为止，库图佐夫几乎是唯一一个在法军溃败时发布命令的人，现在却不得不服从威尔逊的命令。

缪拉终于率军到达了科诺——最接近俄国边境的城镇。12月13日，经过46天困难重重的行军后，法军再次看到了普鲁士这个友好的国家。法军没有停留，也没有回头。顷刻之间，大部分人已经进了森林，并分散开来。到普鲁士境内的涅曼河岸时，一些人转过身来。他们站在那里，看了刚刚逃离的那片土地最后一眼。此时，他们发现自己所处的位置，正是5个月前法军顺利前进时无数鹰旗飘扬的地方。据说，此时他们泪如泉涌，悲叹不已。

这就是他们迈着整齐的步伐，举着寒光闪闪的刺刀走过的河岸。5个月前，庞大的联合部队走过普鲁士。当时，在他们看来，这个国家已经变成了由人和马组成的移动的山丘与河谷了！在烈日的照射下，龙骑兵和铁骑兵3列长长的纵队犹如3条由闪闪发亮的铁器和铜器形成的河。如今，人员、武器、鹰旗、马匹、太阳，甚至是他们曾经满怀热情和希望渡过的这条界河都消失了。现在，涅曼河漂满了巨大的冰块。由于天气越来越寒冷，这些冰块相互碰撞并连接在了一起。涅曼河上3座由法军建造的桥已经不复存在。它们是从500里格外运来后，由工兵大胆、迅速地架在涅曼河上的。现在，河上只有一座俄国人建造的桥。最后，他们看到的既不是不计其数的勇士，也不是曾经与他们并肩战斗、屡次取得胜利的40万战友。5个月前，他们满怀喜悦与骄傲地冲进了俄国。此时，他们看到，从这些被冰雪覆盖的白茫茫的荒野里走出来的只有1000名背着枪支、拖着9门大炮的步兵和骑兵及2万名可怜虫。他们衣衫褴褛，垂头丧气，不忍直视。他们的眼睛深深地陷了进去，铁青的脸上沾满泥土，长长的胡须上挂满冰花。一些人默不作声地抢着通过那座狭窄的桥。尽管人数很少，但他们都急切地想从桥上逃到河对岸。但这座桥太窄了，很难满足他们的需求。其他人则分散开来，踩着河面上漂浮的高低不平的冰块过河。他们拖着疲惫的身躯，艰难地从一个冰块走到另一个冰块上。一支大军只剩下这么少的人！此外，在这些逃亡者中，还有许多是刚刚入伍的新兵。

在这支队伍中，有两位国王、一位亲王和8位元帅，后面还跟着几名军官。军官们步行前进，分散开来，没有任何随从。最后，他们看到只剩下几百人的老近卫军。老近卫军将士依然带着武器，只有他们才能展现出雄伟的法军的风采。

或许像下面这样说更确切。这支军队依然听从内伊的指挥。盟友！敌人！在这里，我援引你们的证词，只为纪念一位不幸的英雄。让我们向内伊致敬吧！以下叙述的事实将证明我所言非虚。

所有人都在逃跑，就像在维尔纽斯时那样。缪拉横穿科诺，先是命令部队在提尔西特集结，然后又撤销了这个命令。之后，他又下令让军队在贡比涅集结。随后，内伊也进入了科诺。只有副官陪着内伊，其他人不是投降了，就是倒在了他身旁。自从离开维亚济马镇，这是第四支在内伊的指挥下战斗到精疲力竭、最后全部阵亡的后卫部队。尽管如此，寒冷和饥饿依然比俄军更能摧毁这支后卫部队。内伊第四次孤军奋战，但依然毫不动摇，甚至试图组建第五支后卫部队。

在科诺，内伊找到了守卫一组大炮的300名德意志士兵和马尔尚率领的400名士兵。于是，他开始指挥这些人。为了侦察阵地、集结士兵，他先在科诺城里走了一圈，但只发现了一些伤病员。这些伤病员泪流满面，艰难地跟着我们撤退。自从离开莫斯科，我们不得不第八次将这些伤病员都留在他们所在的医院里。与往常一样，在整个行军过程中，只有伤病员被遗弃在战场上与宿营地里。

几千名士兵分布在集市及附近的街道上，但都笔直地躺在他们强行打开的酒库前面。他们喝的是死亡之酒，却自以为可以从酒杯中呼吸到新鲜的生命气息。他们是缪拉留给内伊的唯一救兵。内伊发现只有他还留在俄国，带着700名外国新兵阻击俄军。在科诺，就像在维亚济马镇、斯摩棱斯克城、别列津纳河与维尔纽斯一样，保护我军的荣誉、保障我军撤退最后阶段的安全的重任再次落到了他的肩上。

12月14日黎明，俄军开始进攻。俄军的一支纵队从维尔纽斯公路匆忙赶来。另一支纵队从科诺城以北渡过了漂满冰块的涅曼河，踏上了普鲁士的领土。这支纵队为自己率先渡过这条界河而感到骄傲，并且立刻来到科诺桥边，封锁了内伊部队的出口，完全切断了其撤退路线。

第一声枪响是从维尔纽斯城门那里传来的。内伊跑向那边，想用大炮赶走普拉托夫的炮兵。但他发现自己的大炮已经被固定住了，他的炮兵也都逃跑了！他怒不可遏地向前冲去，举起剑来。如果不是副官挡住他的剑，他就会杀死炮兵指挥军官，可怜的炮兵指挥军官因此得以逃脱。

随后，内伊集结了步兵。他的步兵由两个战斗力很弱的营组成。但这两个营中，只有一个营——由守卫大炮的300名德意志士兵组成的那个营拿起了武器，内伊让他们走上前来，鼓励他们。当俄军靠近时，他正要命令士兵们开火。这时，一颗俄军的炮弹擦过栅栏飞过来，炸伤了德意志士兵的指挥官的大腿。指挥官瞬间倒下了。发现自己的伤势很严重后，他毫不犹豫，冷静地拔出自己的手枪，当着士兵的面打爆了自己的头。士兵们被这个绝望的举动吓坏了，立刻扔掉武器，狼狈逃窜。

尽管法军抛弃了内伊，但内伊既没有抛弃自己，也没有抛弃职责。他竭力想要留住这些逃兵，却徒劳无功。随后，他收集起这些逃兵的步枪，幸好枪里还有子弹。内伊再次变成了一名普通士兵，与另外4个人一起，面对成千上万的俄军。他的无畏之举阻止了俄军前进的步伐，也使他的士兵们羞愧不已。于是，士兵们也和内伊一样，变得无所畏惧。这给了他的副官埃姆时间，也给了杰拉德时间，他们重新集结起30名士兵，并带来两三件轻型武器，还让勒德吕和马尔尚有时间去集合剩下的那个营。

就在这时，俄军开始从涅曼河的另一边、靠近科诺桥的地方发起第二次攻击。当时已经是12月14日14时30分，内伊派勒德吕和马尔尚带领他们的400名士兵去夺回科诺桥，并确保它的安全。至于自己，内伊既不退却，也不为已经发生的事感到不安。他继续带领30名士兵战斗，在维尔纽斯城门前一直坚守到晚上。然后，他率领士兵穿过科诺城，渡过涅曼河，边打边撤，但从未逃跑。他走在最后面，直到最后一刻都在努力捍卫法军的荣誉。在此次远征的最后40天，这已是内伊第一百次为了拯救更多法国人而不顾自己的安危了。最后，在这支雄师中，内伊最后一个离开致命的俄国土地。他让全世界看到，一旦一个人具有大无畏的精神，命运也得向他低头；同时证明，对英雄而言，一切都会变成荣誉，最大的灾难也不例外。

当内伊到达涅曼河对岸的普鲁士时，已经是12月14日20时。这时，俄军已经将马尔尚的部队逼退到科诺桥头，直到缪拉所走的维尔科维斯基的公路上。公路上密密麻麻地站满了俄军士兵。看到这场灾难已经结束，马尔尚冲向右边，进了树林里，消失了。

第5章 缪拉叛变的征兆

缪拉到达贡比涅后，非常惊讶地发现内伊已经在那里了。他还发现，自从离开科诺，法军就没有后卫部队了。幸运的是，俄军重新占领了本国的领土之后，便放缓了对法军的追击。在俄普边界，俄军似乎犹豫不决，不知道应该以盟友还是以敌人的身份进入普鲁士。趁俄军摇摆不定之际，缪拉在贡比涅停留了几天，并指挥各部队幸存的将士们前往维斯瓦河边的城镇。

离开前，缪拉召集了指挥官们。在这次会议中，我不知道是什么刺激了缪拉。人们相信，他之所以召开这次会议，或许是因为在这些指挥官面前，他对自己突然逃跑感到为难，并怨恨拿破仑让他留下来负责掩护法军撤退，或者是因为我们失败后再次出现在普鲁士——这个我们曾征服、严酷地压迫过的国家，这让我们感到羞愧。缪拉在会议上所说的话带有一种恶作剧性质，与他后来的行为不符，也是他叛变的最初征兆，所以历史决不能忽略它们。

作为军人，缪拉凭借曾取得的胜利坐上那不勒斯国王的王位。现在，他却狼狈地从俄国回来了。自踏上普鲁士的土地以来，他就觉得脚下的大地在颤抖，自己头上的王冠在摇摇晃晃。在这次战争中，他曾无数次将自己置身于最大的危险中。作为国王，缪拉可以像先头部队中最卑微的士兵一样不惧死亡，却无法忍受没有王冠而活着的恐惧。看啊，面对拿破仑交给自己指挥的那些军官，他为了让自己免于承担责任，便指责拿破仑的野心。实际上，他本人也有着同样的野心，也应该承担责任。

缪拉大声说：“再也不能为陛下这样一个疯子效劳了！支持陛下的事业没有安全可言。欧洲的任何君主现在都不能信赖陛下的诺言，也不能信赖与陛下缔结的条约。我因拒绝了英国人的拉拢而感到绝望。若非如此，我仍将是一位明君，就像奥地利皇帝和普鲁士国王一样。”

达武突然打断了缪拉的话，说：“普鲁士国王和奥地利皇帝受上帝的恩宠，受时代的恩宠，受各国臣民的敬重。而你只是在陛下的恩宠下成为国王的。你的王位是法国人付出血的代价才换来的。你只有仰仗陛下，继续与法国联合，才能保住王位。你说的话真是将你的卑鄙与忘恩负义展现得淋漓尽致！”达武还说要立即向拿破仑揭发他背信弃义的言辞。其间，其他元帅都保持沉默。他们都体谅缪拉因悲痛而过激的言辞，只把他的愤怒归因于鲁莽与轻率。同时，他们也非常理解达武疾恶如仇与多疑的性格。

由于根本没有人赞同自己，缪拉感到很内疚。于是，第一个背信弃义的火花熄灭了。在后来的一段时间里，这个火花注定要毁掉法国。历史就是让人们带着遗憾来铭记的，因为忏悔和遭遇不幸已经弥补了罪行。

不久，我们便不得不将我们的耻辱带到柯尼斯堡。在过去的20年，法军在欧洲各国的首都接连取得胜利；现在，这支大军首次以残缺不全、丢盔弃甲、仓皇出逃的模样出现。回想过去的荣誉，再看现在这种状况，这支大军越发感到耻辱。柯尼斯堡的居民倾城而出，挤在道路两旁，目测法军受伤的人数，并依据我们遭受的灾难的程度，预测他们可能获得的希望。我们不得不用我们的痛苦来满足贪婪的柯尼斯堡居民，让他们将希望建立在我们的不幸之上，让他们幸灾乐祸。我们不得不在可憎的灾难带给我们的难以忍受的重负下悲惨地前进。

一支大军脆弱的残部并没有因这一重负而屈服。这支大军尽管已经失去了往日的辉煌，但依然展现出威风凛凛的姿态，保持着皇家气派。虽然被不利的环境因素征服，但在人们面前，这支大军仍然保持着胜利者的雄风。

至于那些德意志人，他们或行动迟缓，或惶恐不安，面对我们时很温顺。他们抑制着内心的仇恨，表现得非常冷静。他们几乎从不主动采取行动，所以不得不在寻找反抗机会的那段时间里给我们提供帮助。柯尼斯堡居民很快就按捺不住了。待我们到达柯尼斯堡后，一直纠缠我们的寒冬立即将我们遗弃在那里。一天晚上，温度突然下降了20度。

对我们来说，突如其来的变化是致命的。此前，紧张的气氛一直支撑着大批法军将士。现在，他们倒下了，一蹶不振。炮兵总司令拉里博伊西埃（Lariboissière）战死了。法军的骄傲——埃布莱也战死了。每一天，每一个小时，法军都因死亡人数的增加而更加恐慌。

在法军将士哀悼死者时，一场突如其来的暴动与一封来自麦克唐纳的信，使所有痛苦都变成了绝望。病人再也无法奢望自由地死去。朋友被迫抛弃其濒临死亡的伙伴，兄弟被迫抛弃其奄奄一息的手足，或者将他们一直拖到埃尔宾。暴动只是一种征兆。虽然暴动被镇压了，但麦克唐纳传递的情报带来的影响是决定性的。

第6章 普鲁士军队叛变的细节（一）

麦克唐纳指挥的部队只是从提尔西特迅速向米托挺进，从阿河（Aa）河口到杜纳堡展示军威，最后在里加形成很长的防御阵地。虽然这支部队几乎全部由普鲁士人组成，但考虑到它所处的位置，拿破仑才命令麦克唐纳这样部署。

拿破仑非常大胆地将左右两翼及自己的撤退都委托给了普鲁士人和奥地利人。据说，他还将波兰人分散到法军中。许多人认为，最好将热情的波兰人集中在某个地方，并分散心怀恨意的普鲁士人和奥地利人。但无论到哪里，我们都需要当地人做翻译、侦察员或者向导，并且在真正受到攻击时感受当地人帮助我们的大胆与热情。至于普鲁士人和奥地利人，他们很可能不会让自己分散开。在法军左翼，麦克唐纳率领一支由巴伐利亚人、威斯特伐利亚人和波兰人——总计7000人，以及2.2万名普鲁士人组成的部队，似乎足以保卫普鲁士，也可以对抗俄军。

法军进攻俄国时，除了占领了几个弹药库，迫使俄军步步后退，起初没有什么事情可做。之后，在阿河与里加，两军之间发生了几次小规模冲突。经过一场十分激烈的战斗，普鲁士人从俄国将军刘易斯手里夺走了埃克考。此后，两军消停了20天。麦克唐纳乘机率军占领了杜纳堡，并派人将重型火炮运到了米托。为了包围里加，他有必要这样做。

8月23日，得到麦克唐纳快要到达里加的情报后，驻扎在这里的俄军统帅库图佐夫命令俄军分成3个纵队离开里加，并命令实力较弱的两个纵队佯攻。第一纵队沿着波罗的海岸前进。第二纵队直接前往米托。刘易斯指挥实力最强的第三纵队出发，收复埃克考，将普鲁士人击退到阿河，然后渡过阿河，摧毁麦克唐纳的炮兵阵地。

刘易斯的计划没有完全取得成功，但他成功地率军击退了普鲁士人，并渡过了阿河。后来，在克莱斯特的部队支援下，格拉韦特率军击退了刘易斯的部队，并尾随刘易斯的部队来到了埃克考。在埃克考，格拉韦特的部队彻底击败了刘易斯的部队。刘易斯趁乱逃到了杜纳河边，再次涉水渡河。他身后的许多士兵成了俘虏。

到那时为止，麦克唐纳感到很满意。据说，在斯摩棱斯克时，拿破仑想将瓦滕堡提拔为法军元帅。同时，在维也纳，他任命施瓦岑贝格亲王为陆军元帅。这两位指挥官对荣誉的要求绝对是不对等的。

麦克唐纳和施瓦岑贝格亲王的部队都出现了令人不快的征兆。在奥地利军队里，军官们开始骚动。他们的领袖施瓦岑贝格亲王使他们坚定地与我们结盟。他甚至告诉我们奥地利人的恶劣态度，并指出防止其蔓延到其他有奥地利人的部队的方法。

这种情况与我军左翼的情况恰恰相反。就在普鲁士将军密谋背叛我们时，普鲁士军队却毫不犹豫地前进着。因此，在战斗期间，法军右翼的将领施瓦岑贝格亲王毫不顾及其他将领与士兵们的意愿，压制右翼前进的速度；而法军左翼的士兵们则毫不顾及其统帅麦克唐纳的意愿，迫使他往前冲。

在法军左翼，军官和士兵非常从容地参加了战斗，其中有一位缺乏政治敏感的忠诚老兵——格拉韦特。每当法军左翼的指挥官允许士兵们自由行事时，士兵们就像雄狮一样投入战斗。在法国人看来，麦克唐纳率领的普鲁士将士迫切地想要雪洗1806年耶拿战役的耻辱，重新赢回尊严，打败他们的征服者，以此证明1806年普鲁士军队战败只是因为政府无能，而普鲁士将士的命运不应该如此悲惨。

瓦滕堡的见解更高远。他是公谊会的成员。公谊会的行为准则是仇恨法国人，目的是将法国人彻底逐出德意志。然而，拿破仑战无不胜。因此，普鲁士人不敢表达自己的意愿。此外，麦克唐纳为人公正，性格温和，在军中威望很高，深受麾下普鲁士将士的爱戴。他们都说："在法国人的指挥下，我们从来没有这么快乐过。"事实上，当普鲁士将士与征服者联合起来，与征服者分享征服的权力时，他们无法抵制胜利者的强大吸引力，自觉地站在了胜利者那边。

一切都发生得非常自然。普鲁士行政机构由一名行政长官和从军队中挑选出来的代理人负责。麦克唐纳的部队物资非常充足。然而，正因如此，他和瓦滕堡吵了起来。瓦滕堡的仇恨找到了发泄的口子。

首先，普鲁士人对行政当局提出一些控诉。没过多久，一名法国官员来到普鲁士。不知是为了竞争，还是公平起见，他指责普鲁士行政长官大量征用牲畜，耗尽了整个普鲁士的资源。据说，"他将牲畜全部送到普鲁士，而我军经过时已经用尽了普鲁士的资源。现在我军缺少粮草，很快就会发生饥荒"。据他描述，瓦滕堡完全知道剥夺普鲁士的所有资源将会导致的后果。麦克唐纳相信了这种指控，解雇了瓦滕堡这位被指控的普鲁士行政长官，并将行政权移交给那名法国官员。瓦滕堡心中充满了怨恨。此后，他只想着复仇。

当时，拿破仑在莫斯科。普鲁士人瓦滕堡等待着时机。他很高兴地预见了拿破仑不顾后果入侵俄国将会出现的局面。他似乎沉迷于利用这一局面为自己谋取利益。12月29日，俄国将军刘易斯得知瓦滕堡离开了米托。不知是因为有了援军——事实上，两个来自芬兰的师刚刚到来，还是另有隐情，刘易斯率军冒险来到米托，并重新占领了米托，准备发挥他的优势。普鲁士将士的大炮即将被摧毁。如果那些目击者的证词是可信的，那么暴露大炮位置的人正是瓦滕堡，并且如果他按兵不动，就表明他倒戈了。

据说，瓦滕堡的参谋长对这种背信弃义的行为感到愤怒。我们确信，这位参谋长用最激烈的言辞向瓦滕堡表示，他这样做会毁掉自己，毁掉普鲁士军队的荣誉。最终，瓦滕堡被这位参谋长的话打动了。他允许克莱斯特开始行动，并且只需要率军到达米托即可。在这种情况下，虽然克莱斯特率军和俄军进行了一场正规战，但交战双方只有400人参加战斗。这场小规模战斗一结束，双方的将士们就平静地回到了原来的阵地上。

第7章 普鲁士军队叛变的细节（二）

收到情报后，麦克唐纳感到不安，非常愤怒。他急忙从右翼赶了过来。也许他在右翼待得太久，离普鲁士人太远了。米托遭到俄军的突袭，麦克唐纳的炮兵阵地正面临被占领的危险。瓦滕堡固执地拒绝追击俄军的事实，以及从他的大本营内部传来的秘密细节，都足以让人感到震惊。但瓦滕堡的可疑之处越多，他就越需要掩饰。由于普鲁士军队完全不知其统帅的阴谋，并且出战非常迅速，加上俄军已经撤退，局面得到了控制，所以如果麦克唐纳表现出满意的样子，将是很明智的策略。

然而，麦克唐纳的做法恰恰相反。他急躁的性情，或者说他的忠诚，是无法掩饰的。当瓦滕堡指挥的普鲁士军队沉浸在胜利的喜悦中，期待得到赞扬和奖励时，麦克唐纳突然开始斥责瓦滕堡。瓦滕堡则很巧妙地将自己受到的屈辱转嫁给了普鲁士将士。普鲁士将士的期望落空了。

在麦克唐纳的信中，我们发现了他不满的真正原因。他写信给瓦滕堡说："你的阵地不断遭到攻击，但可耻的是，你从来没有攻击过敌人。你自从发现俄军，只是一味地率军击退敌人，却从来没有主动进攻过敌人，尽管你的军官和部队都拥有最好的装备。"这句话千真万确，因为德意志人很难对一份陌生的事业如此热情。对他们来说，拿破仑远征俄国跟他们完全不相干，甚至可能对他们不利。

然而，为了获得法军的尊敬和拿破仑的赞扬，普鲁士将士争先恐后地以身犯险。与这些将士最华美的勋章相比，普鲁士的亲王们更喜欢代表法国荣誉的普通银星（silver star），而不是财富。当时，拿破仑的天才表现似乎仍然让每个人眼花缭乱，并让每一个人心悦诚服。他既慷慨地给予下属奖励，又迅速地给予他们惩罚。他仿佛是自然界强有力的中心之一，是一切美好事物的分配者。许多普鲁士人心中有一种共同的感觉，那就是他们天生追求不平凡的生活，而这种生活对他们有极大的影响。

普鲁士人对拿破仑的钦佩，源于他的战无不胜。但现在，法军从欧洲北部到南部的致命撤退已经开始了。俄国人复仇的呼声回应了西班牙人复仇的呼声。这些声音得到了普鲁士当时仍在法国统治下的地区的响应。俄国人和西班牙人的两团复仇火焰在欧洲的东西两端燃起，正逐渐向欧洲中心蔓延。在欧洲的中心，它们就像黎明的曙光，照亮了普鲁士人内心深处的爱国之情。这种爱国之情通过神秘的仪式得到升华。于是，当我们战败并溃逃的消息传到普鲁士时，普鲁士刹那间一片哗然。不过，普鲁士人不确定消息是否真实，他们既震惊，又迷惑。

在成长过程中，普鲁士的大学生深受独立思想的浸润和古代宪法的启发。宪法赋予他们许多特权，让他们对普鲁士的古代骑士精神及崇高荣誉充满怀念，也对其他国家的荣誉充满嫉妒。他们一直都是我们的敌人。他们完全不懂政治谋略，从未屈服于我们的胜利。我们胜利的光辉已经变得黯淡。此外，普鲁士的政客，甚至军队，也萌生了爱国之情。公谊会使这次暴动看起来像个大阴谋。一部分首领的确串通一气，但并没有搞阴谋诡计。事实上，出于爱国之情，普鲁士人大都自发地参与了这场暴动。

亚历山大一世巧妙地通过他的宣言和他对普鲁士人的所做的演讲，以及他对俘虏的区别对待，增加了普鲁士人对法国的仇恨。当时在欧洲各国的君主中，只有亚历山大一世和贝纳多特领导他们的臣民反对法国。在政策或荣誉的约束下，其他国家的君主都会尽量满足其臣民的意愿。

这种影响甚至渗透到法军中。法军渡过别列津纳河后，拿破仑就已经知道军中有人开始密谋造反。据观察，巴伐利亚人、萨克森人和奥地利人的将军们正通过写信进行交流。在法军左翼，瓦滕堡的背叛倾向越来越严重，他的部分将领也有这种倾向。法军的所有敌人都联合起来了。麦克唐纳对莫罗副官试图造反的暗示感到惊讶，不得不将其赶走。尽管如此，我们曾经多次取得的胜利仍然给所有普鲁士人留了下非常深刻的印象，对他们依然具有很强的威慑力。因此，普鲁士人需要很长时间才能振作起来。

11月15日，看到俄军左翼一直延伸到离里加很远的地方，麦克唐纳就从自己部队所在的位置与杜纳河之间，几次率军佯攻俄军整个前线，而他真正的目标是俄军主力。他率军迅速突破了俄军战线的中间部分，来到杜纳河边靠近达棱科尔岑（Dahlenkirchen）的地方。俄军的左翼，也就是刘易斯率领的5000人，发现麦克唐纳的部队切断了自己的后路，被迫撤退到了杜纳河边。刘易斯试图找到一个突破口，但没有找到。他看到到处都是敌军，一开始便损失了两个营和一个骑兵中队。如果麦克唐纳逼得再紧一些，他将全军覆没。不过，麦克唐纳留给他足够的时间和空间喘息。随着天气越来越冷，刘易斯根本无法从这里逃跑。他冒险踩着杜纳河上的冰过河，并让将士们在河面的薄冰上铺上一层稻草和木板。就这样，他率领俄军左翼从腓特烈施塔特（Friedrichstadt）和林道（Lindau）之间的两个地方过了杜纳河。就在同伴开始对刘易斯能否生还感到绝望时，他再次率军进入里加。

在此次战斗的第二天，麦克唐纳得到了拿破仑率军向斯摩棱斯克撤退的消息，但并不知道法军已经开始陷入混乱。几天后，他从一些灾难性情报中得知俄军夺取明斯克的消息。12月4日，他收到巴萨诺公爵的信。在信中，巴萨诺公爵夸大了法军在别列津纳河取得的胜利，宣称法军俘虏了9000名俄国人，缴获了9面军旗、12门大炮。这时，麦克唐纳开始警觉起来。据这封信说，俄国海军上将奇恰戈夫的部队减少到1.3万人。

12月3日，普鲁士人再次击退了俄军从里加发动的一次突围。不知是出于谨慎，还是良心发现，瓦滕堡克制住了自己。麦克唐纳已经和瓦滕堡和好了。12月19日，也就是在拿破仑离开法军后的第14天、库图佐夫率军夺取维尔纽斯的第8天，当麦克唐纳开始率军撤退时，普鲁士军队依然对拿破仑忠心耿耿。

第8章 普鲁士军队叛变的细节（三）

12月9日，麦克唐纳接到了来自维尔纽斯的命令。该命令是由一位普鲁士军官送来的，指示麦克唐纳率军缓慢地向提尔西特撤退。该命令通过不同渠道传达，其间并未得到秘密保护。上级甚至没有考虑过雇用立陶宛人来传达这样重要的信息。就这样，法军最后一支部队，也是唯一未遭破坏的军队，面临毁灭的危险。该命令写于距离麦克唐纳只有4天行程的地方，却在路上耽搁了很长时间，过了9天才送到他手上。

麦克唐纳命令部队从特尔茨和萨夫利亚之间向提尔西特撤退。瓦滕堡带着普鲁士军队的绝大部分将士做麦克唐纳的后卫部队，与其保持一天行程的距离行进。与俄军交战完全交由瓦滕堡的后卫部队负责。有些人认为，这种安排是麦克唐纳犯下的一个大错。但绝大部分人不敢下这样的定论，声称在如此微妙的情况下，过于信任麦克唐纳和过于怀疑他同样危险。

那些不敢下定论的人还说，麦克唐纳尽其所能做了谨慎的安排，并把瓦滕堡的一个师留在了自己身边。另一个普鲁士师组成先头部队，由马森巴赫指挥，听命于法国将军巴舍吕。就这样，普鲁士军队被分成了两部分。麦克唐纳的部队处在中间。这种部署似乎是要让普鲁士军队的一部分为另一部分殿后。

尽管危险无处不在，先头部队、后卫部队与两翼都面临着危险，但起初一切进行得很顺利。库图佐夫已经在麦克唐纳撤退的路上布置了3支先头部队。在克尔姆，麦克唐纳的军队遭遇了俄军的第一个先头部队；在皮克鲁佩嫩（Piklupenen），他遭遇了俄军的第二支先头部队。在提尔西特，他遭遇了俄军的第三支先头部队；黑衣骠骑兵和普鲁士龙骑兵的热情似乎持续高涨。在克尔姆，普鲁士龙骑兵击败了耶苏姆率领的俄国轻骑兵。12月27日，正当结束10个小时的行军时，普鲁士龙骑兵在皮克鲁佩嫩遭遇了拉斯科率领的俄军的一个旅。他们没有停下来休息，就冲了上去。拉斯科率领的旅陷入了混乱，并损失了两个营。第二天，普鲁士龙骑兵便从俄军指挥官特滕博恩手中夺回了提尔西特。

几天前，麦克唐纳收到了一封信。它是贝尔蒂埃于12月14日在安东诺沃写的。在信中，贝尔蒂埃说法军已经不复存在，麦克唐纳必须快速到达普列戈利亚河以便守卫柯尼斯堡，并且率军向埃尔宾和马林堡撤退。麦克唐纳对普鲁士人隐瞒了这个消息。到那时为止，寒冷的天气和急行军并没有引起士兵们的抱怨。他们并不缺白兰地和粮食，也没有表现出不满。

12月28日，当巴舍吕将军向右翼的雷格尼茨进军，以赶走被从提尔西特驱逐后在那里避难的俄军，普鲁士军官开始抱怨说他们的士兵已经疲惫不堪。普鲁士先头部队很不情愿、懒懒散散地行进着，结果遭到了俄军的突袭，顿时乱了阵脚。幸运的是巴舍吕运气不错，他率军击退了俄军，进入了雷格尼茨。

在此期间，麦克唐纳已经率军到达提尔西特，正在等待瓦滕堡的部队和其他普鲁士军队。12月29日，他接连派军官前去传达命令，但依然没有瓦滕堡的消息。30日，他更加焦虑不安。他当天写的一封信里充分表露了这种焦虑。不过，他没有在信中冒昧地表现出对瓦滕堡的怀疑。他写道："我不知道造成这种拖延的原因是什么。我派了许多军官和使者前去给瓦滕堡下达命令，让他率军与我军会合，但我没有收到他的任何答复。结果，当敌人向我逼近时，我不得不暂停撤退，尽管这种拖延的结果是毁灭性的，因为我无法下定决心放弃瓦滕堡的部队，亦不能在没有它的情况下撤退。"他在信的结尾写道："我做了各种猜测，百思不得其解。假如我撤退了，拿破仑将会说什么呢？法国、法军和欧洲将会说什么呢？我的第十军自愿放弃一部分部队，并且不是为了谨慎而被迫放弃的，这难道不是第十军一个不可磨灭的污点吗？哦，不，无论结果如何，只要唯一的受害者是我，那我就听天由命，心甘情愿地奉献自己。”最后，麦克唐纳说，希望贝尔蒂埃“能睡上一觉”。很长时间以来，由于处境堪忧，贝尔蒂埃一直缺乏睡眠。

12月30日，麦克唐纳下令将巴舍吕和普鲁士龙骑兵召回提尔西特。当时，巴舍吕和普鲁士龙骑兵还在雷格尼茨。巴舍吕收到命令时，已经是晚上了，他希望能够执行麦克唐纳的命令，但普鲁士的上校们拒绝执行命令，并且以各种借口来掩饰他们拒绝执行命令的意图。他们说：“道路无法通行。我们不习惯让自己的士兵在这样恶劣的天气里和这么晚的情况下行军。我们有责任保护好自己的士兵。”巴舍吕大吃一惊，命令普鲁士的上校们保持沉默，并命令他们服从麦克唐纳的命令。他的坚决态度使他们屈服了。他们服从了巴舍吕的命令，但行进得很慢。一个俄国将军混进普鲁士的上校们中间，强迫他们交出巴舍吕这个法国人。巴舍吕虽然指挥普鲁士军队，却是普鲁士军队中唯一一个法国人。普鲁士军队虽然准备好要抛弃巴舍吕，但没有下定决心背叛他。最后，普鲁士军队开始行军了。

12月30日20时，普鲁士的上校们拒绝上马。12月31日2时，普鲁士军队到达提尔西特时，他们又拒绝下马。不过，12月31日5时左右，他们都去了自己的住处。当情况看起来变得井然有序时，巴舍吕便去休息了。实际上，他们的这种顺从是装出来的。一发现没人注意，普鲁士军队的将士们便拿起武器，在马森巴赫的带领下，趁着夜色，悄悄地从提尔西特逃走了。在1812年最后一天黎明的第一束曙光撒向大地时，麦克唐纳得知普鲁士军队抛弃了他。

普鲁士军队逃跑是瓦滕堡指使的。他非但没有率军赶来与麦克唐纳的部队会合，反而让马森巴赫带领普鲁士军队离开了麦克唐纳，前来与自己的部队会合。12月26日，瓦滕堡已经显露叛变的迹象，现在已经证实他的确叛变了。12月30日，在陶罗根，瓦滕堡与俄国将军迪比奇会晤，并商定："即使普鲁士政府不同意瓦滕堡与迪比奇的停战协议，普鲁士军队也将驻扎在本国的边境上，并在两个月内保持中立。两个月后，如果普鲁士国王仍然坚持命令普鲁士军队重新加入法军，那么俄国境内的所有道路将为普鲁士军队开放。"

瓦滕堡，尤其是马森巴赫，不知是因为害怕与他们联合的波兰军队，还是出于对麦克唐纳的尊重，在叛变的同时表现出了一些微妙之处。两人写信给麦克唐纳。在信中，瓦滕堡告知麦克唐纳刚刚达成的协定，并用一些似是而非的借口美化了他的所作所为，"我已经太疲劳了，所以不得不与俄国将军商议停战"。接着，他补充说："无论世人如何评判我的行为，我都不会感到一丝一毫的不安。我对我的军队负有责任，我是经过深思熟虑后才这样做的。最后，无论表象如何，我的动机是最纯洁的。"

马森巴赫为自己秘密离开找到的借口是，"我本想避开内心的无尽痛苦。我当时害怕了，唯恐我对您的尊敬会阻止我去做本职工作，而我会终生保持对您的这种尊重"。

麦克唐纳发现他的部队瞬间从2.9万人减少到9000人。在过去的两天，他一直非常焦虑。因此，对他来说，无论以何种方式结束焦虑，都是一种解脱。

第9章 普鲁士军队叛变的细节（四）

我们的盟军——普鲁士军队开始背叛。我不会贸然断定这件事是否合乎道德。后人将对此做出评判。不过，作为一名与拿破仑同时代的历史学家，我认为自己不仅必须陈述事实，而且必须陈述这些事实给普鲁士军队两个师的主将留下的印象。无论他们是作为行动者，还是作为受害者，这些印象现在仍然存在于他们的脑海中。

普鲁士人是被迫与我们结盟的，所以他们只是在等待机会来破坏双方的联盟。时机到来的那一刻，他们便紧紧抓住了它。不过，普鲁士军队拒绝出卖麦克唐纳，甚至不愿离开他，直到他们将他从俄国解救出来，并把他安置在安全的地方为止。当意识到自己被抛弃时，麦克唐纳由于没有确凿的证据来证明这一点，便固执地留在提尔西特，任凭普鲁士人摆布，而不是快速撤退，不给他们叛变的机会。

普鲁士没有辜负麦克唐纳的高尚之举。他们虽然叛变了，但没有背信弃义。在这个时代，在普鲁士经历种种不幸之后，这一切仍然是值得称赞的。普鲁士并没有与俄军联合。当到达本国的边境时，普鲁士无法心甘情愿地帮助他们的征服者——俄军保卫俄国的领土，而抵御他们的解救者——法军。法军的确是他们的解救者，因此普鲁士保持了中立。我必须重申一遍，直到麦克唐纳脱离俄国和俄军的控制，自由地撤退之后，普鲁士才保持中立。

麦克唐纳继续率军经拉比奥和坦特从柯尼斯堡撤退。莫蒂埃元帅与赫德莱特率领的师负责掩护麦克唐纳的后卫部队撤退。赫德莱特的师刚刚抵达，它依然占领着因斯特堡，并负责阻击俄国海军上将奇恰戈夫的部队。1813年1月3日，赫德莱特与莫蒂埃元帅的师联合占领了柯尼斯堡。

瓦滕堡的叛变使麦克唐纳的兵力被削弱，也使他的部队被迫中断撤退，同时让他得以重回法军。这从一定程度上保全了约克的声誉，他应该为此高兴。俄国将军维特根施泰因部队的行军速度慢得不可思议。这拯救了麦克唐纳。不过，在拉比奥和坦特，维特根施泰因的部队追上了麦克唐纳的部队。如果不是巴舍吕率领的旅及波兰上校卡莫斯基、上尉奥斯特洛夫斯基和巴伐利亚少校迈耶的英勇精神，已经遭到普鲁士军队抛弃的麦克唐纳的部队肯定会在拉比奥和坦特遭到打击或被摧毁。在这种情况下，瓦滕堡显然已经背叛了麦克唐纳。历史会公正地给瓦滕堡烙上叛徒的烙印。总计600名法国人、巴伐利亚人和波兰人会在拉比奥和坦特的战斗中死去。另外，他们的鲜血会控诉普鲁士军队，因为普鲁士军队没有给他们的指挥官麦克唐纳提供安全撤退的途径。

普鲁士国王腓特烈·威廉三世拒绝替瓦滕堡的行为承担责任。他解除了瓦滕堡的职务，任命克莱斯特接替瓦滕堡的指挥权，并命令克莱斯特逮捕了瓦滕堡和马森巴赫，将他们送到柏林接受审判。但克莱斯特和马森巴赫不顾腓特烈·威廉三世的命令，保住了瓦滕堡的指挥权。普鲁士军队的将士们之所以这样做，是因为他们认为腓特烈·威廉三世的自由受到了限制，而他们之所以持这种观点，是因为当时奥热罗正率领法军驻扎在柏林。

腓特烈·威廉三世完全意识到法军已经溃败了。在斯莫戈尼，纳尔邦拒绝接受去拜见腓特烈·威廉三世的命令，直到拿破仑授予他特权，允许他进行最坦诚的交流。纳尔邦、奥热罗和其他几个人声称，腓特烈·威廉三世不仅受到他在残存的法军中的地位的束缚，还受到他对拿破仑将重新率领一支军队出现的恐惧的束缚，甚至受到他的信仰的束缚。无论是在精神世界，还是在现实世界，任何事物都是一个具有多种因素的复合体。甚至在我们微不足道的行为中，也有各种不同的动机。最后，腓特烈·威廉三世需要向现实屈服了，他变得更加恐惧。据说，他感受到来自他的臣民和我们的敌人——俄军要将他架空的威胁。

值得注意的是，让腓特烈·威廉三世赞同瓦滕堡行为的普鲁士人，只有在俄军出现时及在我们不堪一击的残部离开了他们的领土时，才敢大胆地反抗。撤退过程中发生的一件事体现了普鲁士人的性情，也表明尽管他们对我们怀有仇恨，但在我们取得的一系列胜利的支配下，他们受到了多少压迫。

达武被召回法国时，仅带了两名随从穿过普鲁士的一个城镇。那里的居民每天都盼望着俄军的到来。看到这些法国人，他们感到愤怒。他们低声耳语，相互激励，很快便开始大声叫喊。最凶狠的一些人迅速包围了达武的马车。正当这些人解下马具时，达武出现了。他冲向最张狂的那个人，将其拖到马车后面，并让随从把他绑在了马车上。这一举动将周围的叛乱者吓了一跳。他们突然停了下来，一动不动地站在那里，惊恐万分。随后，他们默默地给达武让开了一条道。达武从他们中间穿过，并带走了他的俘虏。

第10章
奥地利军队的背叛

突然，法军左翼就这样崩溃了。而法军右翼——奥地利军队是我们的盟友，两国关系密切。奥地利人处事冷静，由团结一致的贵族阶层统治。我们没有必要担心奥地利军队会哗变。但出于巩固政治地位的需要，奥地利军队在不知不觉中非常正式地脱离了我们。

12月10日，在斯洛尼姆，施瓦岑贝格亲王先后向明斯克、诺沃格罗代克和比尼扎派出了先头部队。当他同时收到两个消息——拿破仑离开法军、法军已经被俄军击溃时，他仍然相信拿破仑率军击败了俄军，并且法军正在追击逃跑的俄军。由于这两个消息的内容含混不清，所以他有一段时间不知所措。

在这样尴尬的情况下，施瓦岑贝格亲王去见了驻华沙的法国大使，大使让他“不要牺牲任何人”。因此，12月14日，施瓦岑贝格亲王率军从斯洛尼姆撤退到了比亚韦斯托克。在撤退过程中，他收到了缪拉给他下达的命令。命令的内容与那位法国大使的答复一致。

大约12月21日，亚历山大一世命令俄军停止在奥地利的行动。由于俄国人的利益与奥地利人的利益一致，两国很快就取得了相互谅解，并立即缔结了一份临时停战协定。缪拉也赞同这个协定。俄国将军和施瓦岑贝格亲王还是会相互攻击，俄国人进攻，奥地利人防御，但双方不会发生实质性的冲突。

雷尼尔的部队现在已经减少到了1万人，并没有包含在停战协定里。施瓦岑贝格亲王虽然受制于当时的形势，但还是忠于拿破仑，总是事无巨细地向法军指挥官汇报，并率领奥地利军队掩护法军防线的整个前线，取得了成功。他绝不轻信敌人的只言片语，对敌人一点也不客气。每当他必须放弃一个阵地时，他都会亲自观察后才同意，因为他只肯把阵地交给随时准备与他交战、兵力比他多的部队。就这样，施瓦岑贝格亲王率军离开努尔，先是抵达布格河和纳雷夫河，最后抵达奥斯特洛伦卡，这里是战争结束的地方。

1813年1月22日，守卫华沙的施瓦岑贝格亲王接到奥地利皇帝弗朗茨一世的指示。弗朗茨一世命令他放弃华沙，与撤退中的雷尼尔的部队分开，并率军再次进入加利西亚。施瓦岑贝格亲王服从指示，却迟迟不肯行动。在1月25日之前，他一直拒绝米洛拉多维奇的迫切要求、抵抗其威慑性的军事行动。直到这时，他才开始缓慢地向华沙撤退，并转移了战地医院和大部分弹药。此外，他还为华沙人争取到了比他们预料的更有利的投降协定。事实上，施瓦岑贝格亲王做的远比这些多。他本来应该在5天内交出华沙的控制权，但他一直坚持到第8天才将华沙交出，从而使雷尼尔的部队比俄军提前3天出发。

后来，在卡利施，俄军追上并突袭了雷尼尔的部队。雷尼尔的部队之所以被突袭，是因为他们为了保护一些波兰仓库的安全而停留了太长时间。在这次突袭引发的第一次混乱中，一个萨克森人的旅从法军中分离出来，撤退到施瓦岑贝格亲王的部队所在的地方。施瓦岑贝格亲王友好地接待了这个旅。奥地利人允许这个旅从他们的领土上通过，并让它在德累斯顿附近集结时回归了法军。

1813年1月1日，缪拉在柯尼斯堡，他并不知道普鲁士军队离开了麦克唐纳的军队，也不知道奥地利人的阴谋。他收到了麦克唐纳送来的急件。此时，柯尼斯堡居民突然开始暴动，缪拉这才得知有人叛乱了。这只是叛乱的开端，其结果无法预料。人们极度恐慌。内伊一开始只是通过交涉来压制叛乱，但很快就采取了镇压手段。缪拉急忙动身去埃尔宾。柯尼斯堡有1万名法军伤病员。其中大多数都被抛弃了，落到了俄军手中。有些人没有理由抱怨，但那些逃跑的伤病员说，柯尼斯堡的居民屠杀了他们许多不幸的同伴，并将伤病员从窗户里扔到大街上，还焚烧了一所容纳数百名伤病员的医院。他们指控称，这些残忍的事情都是当地居民所为。

在维尔纽斯时，我军俘虏的俄国人中超过1.6万人已经死亡。关在圣巴西尔修道院的俘虏人数最多。从1812年12月10日到23日，这些俘虏只得到了一些饼干。院子里的积雪上堆满了尸体，让那些干渴难耐的幸存者失去了喝水的欲望。他们将走廊里、楼梯上或公寓里无处堆放的尸体从窗户扔出去。此外，后来陆续被俘的俄国人也都被扔进了这个可怕的地方。

唯有亚历山大一世及其弟弟尼古拉的到来，能够改变这种可怕的局面。这样的局面持续了13天。如果我们那2万名被俘的不幸同伴中有几个人逃了出来，那么他们能活下来就归功于这两位君主。不计其数的尸体散发出有毒气体，引发了非常严重的传染病。传染病由被征服者传给胜利者，为我们报了大仇。不过，俄国人的给养非常丰富。由于法军在斯莫戈尼和维尔纽斯的仓库没有被摧毁，俄军在追击溃败的法军的过程中，肯定得到了大量给养。

维特根施泰因奉命率军攻击麦克唐纳的部队，他率军沿着涅曼河顺流而下。奇恰戈夫和普拉托夫正在率军追击缪拉的部队，他们向科诺、维尔科维斯基和因斯特堡前进。很快，奇恰戈夫就被派往托伦。最后，1813年1月9日，亚历山大一世和库图佐夫沿着涅曼河到达了梅雷兹。亚历山大一世准备从这里越过普俄边界时，向军队发布了一份公告。在公告中，他运用大量比喻、夸张的手法赞扬他的军队，但俄国的寒冬似乎要比他的军队更当得起这些赞扬。

第11章 缪拉的背叛

直到1813年1月22日，俄军才到达维斯瓦河。1月3日到11日，在俄军缓慢行军期间，那不勒斯国王缪拉一直待在埃尔宾。在这种极其危险的情况下，他举棋不定，不停地变换计划，任由周围正在发酵的各种因素摆布。这些因素有时让他充满希望，有时让他陷入不安的深渊。

从柯尼斯堡逃跑时，缪拉的心情非常沮丧。当俄军停止前进时，麦克唐纳、赫德莱特与卡韦尼亚克的部队成功会合，使麦克唐纳的兵力增加了一倍，这让缪拉的心中突然燃起了希望，尽管这些希望都是缥缈的。缪拉是那种随时会变卦的人。前一天以为一切已经结束的他还想继续发动进攻，第二天却逃到了波森。

不过，缪拉最后的决定并不是没有道理的。让法军在维斯瓦河上集结完全是天方夜谭。老近卫军一共只剩不到500人，而青年近卫军几乎没有人了。第一军有1800人，第二军有1000人，第三军有1600人，第四军有1700人。除此之外，60万人的法军幸存的士兵中，大多数人几乎失去了使用武器的能力。

回天乏术之际，法军的左右两翼——奥地利军队和普鲁士军队，都已脱离我军的控制。因此，我军无法团结起来。波兰则可能成了一个包围我军的圈套。此外，拿破仑从来没有同意任何割让土地的提议。他急于让法军保卫但泽，计划把所有能够继续作战的部队全部派往但泽。

此外，实事求是地说，当缪拉在埃尔宾谈论军队重组计划，甚至幻想取得胜利时，他发现大部分指挥官疲惫不堪，已经对战争厌恶至极。曾经遭遇的不幸让他们害怕一切，并坚信不疑。不幸已经深植于他们的内心深处。他们中有几个人已经对自己的地位和等级及他们在被征服的国家获得的财产感到不安了。大部分人听说要再次渡过莱茵河时，只是不停地叹息。

至于刚刚入伍的新兵，他们是德意志地区几个民族的混血儿。为了加入法军，他们穿过了德意志各邦国。这些邦国已经暴发了众多仇恨的呼声。这些新兵到达时，看到我们垂头丧气，长长的队伍混乱无序。他们加入队伍后，老兵不愿与他们为伍，所以他们没有得到老兵的支持。他们发现自己无依无靠，独自与各种灾难做斗争，去支持一项被最渴望成功的人所抛弃的事业。结果，这些刚刚加入的德意志新兵在第一次宿营时，大都自行解散了。看到从莫斯科回来的军队遭受的灾难时，连麦克唐纳麾下身经百战的士兵都震惊了。尽管如此，从莫斯科回来的法军仍然和赫德莱特率领的刚刚组建的新军团结一致。法军所有残余部队很快在但泽集合。来自17个不同地区的3.5万名士兵被困在但泽。其余少数人，直到行进到波森，向奥得河进发时，才开始集结。

到那时为止，在我军撤退的过程中，缪拉几乎无法更好地控制军队。他在前往波森的途中，经过马林韦尔德时，收到一封来自那不勒斯的信。正是这封信再次动摇了他的决心。信的内容严重影响了他的心情，他在读信时很快就变得怒不可遏。几分钟后，他的脸色就变得蜡黄。

这封信是那不勒斯王后写给缪拉的。看来王后自作主张采取的统治策略深深地伤害了他。王后很有魅力，他从来都不嫉妒她。然而，此时他非常嫉妒她掌握了自己的王权。王后是拿破仑的妹妹，所以他才会怀疑王后篡权。

人们惊讶地看到，到那时为止，缪拉几乎牺牲了一切来换取战争的荣誉，现在却受制于一种不那么高尚的嫉妒。但人们忘记了，有些人始终怀着掌握一个国家统治权的激情。

此外，渴望掌控一个国家统治权的激情也是一种野心，二者只是形式不同而已。这种野心总是能牢牢地占据那些充满激情的人的内心。此时，缪拉对权力的痴迷，远远超过了对荣誉的热爱。于是，他迅速前往波森。到达波森后不久，他便抛弃了我们，消失不见了。

这次叛变发生在1813年1月16日。20天后，施瓦岑贝格亲王离开了法军。欧仁亲王接任他的职位，继续指挥法军。

俄军到达卡利施后，亚历山大一世命令俄军停止前进。之前，俄军从莫斯科一路追击我军。此后，这场激烈、持续不断的战争的威力减弱了。春天来临后，它变成了一场间歇性战争，断断续续，进展缓慢。令人胆寒的严冬的破坏性力量似乎已经耗尽，而法军与俄军之间的较量才真正开始。一场规模更大的战争正在酝酿。暂停交火并不是为了给双方时间来商谈和平条件，而仅仅是为了给双方时间去预谋和实施屠杀。

第12章 结语

“北方之星”俄国就这样战胜了拿破仑。既然如此，北方会决定南方的命运吗？难道南方的命运就不能反过来改变北方吗？征服战争取得胜利是有违天理的吗？我们进攻俄国导致的可怕结果是否再次印证了这一点？

人类当然不会向北方进军，因为他们偏爱南方，不喜欢北方。南方温暖的阳光吸引着人类，人类渴望暖阳，追逐暖阳。我们不能肆无忌惮地让巨大的人流改变方向。我们试图击退俄国人，让他们返回北方，并将他们限制在冰冻地区，这是一项宏大的事业。古罗马人为此精疲力竭。查理曼大帝虽然是在一次伟大的入侵即将结束时崛起的，但也只能在很短的时间内阻止斯拉夫人入侵法兰克。部分入侵的斯拉夫人被赶到法兰克东部，后经法兰克东北部回到了俄罗斯。

1000年过去了。其间，北方民族从大迁徙中恢复过来，并获得了对一个征服民族来说不可或缺的知识；汉萨同盟反对把战争知识输入斯堪的纳维亚人的庞大营地不无道理。法军的失败证明了我们祖先的担忧是有道理的。现代战争科学刚刚在俄军普及，俄军出现在易北河畔，不久又出现在意大利。他们侦察这些地区，总有一天会定居在这些地区。

在过去的1个世纪，不知是出于慈善，还是出于虚荣，欧洲都急于使北方人变得文明，而彼得大帝使他们变成了令人敬畏的士兵。只要能为自己减少重新陷入新的野蛮状态的危险，那么欧洲的行动就是明智的。如果我们允许欧洲再次陷入野蛮状态的情况发生，那么人类很有可能再度坠入中世纪的黑暗。战争已经变得很科学。科学思想甚至在战争中占主导地位。因此，在现代战争中，要想取得成功，就需要一定程度的科学指导。

任何人都不要相信，诺曼人浮华的城市、异国情调和来自异域的奢华生活能够留住他们。通过让他们变得温和，可以让他们定居下来，或者让他们变得不再那么强大。在恶劣的气候条件下，享受奢侈的生活，保持柔和的个性，只是少数人的特权。俄国政府逐渐变得开明，俄国的人口不断增加。俄国人将继续忍受恶劣气候带来的磨难，并且会越来越嫉妒南方人。于是，由叶卡捷琳娜大帝再次发动的北方对南方的入侵，将会继续下去。

有谁能想象得到南方与北方之间的激烈斗争已经结束了？难道这场战争不是一场物资匮乏的人与纵情享乐的人之间的战争、一场穷人与富人之间的永恒战争？这场战争的场面非常宏大，让所有帝国都卷入了。

朋友们，不管我们这次远征的动机是什么，对欧洲来说，这次远征都很重要。它的目的是要把波兰从俄国手中夺过来，其结果是让欧洲远离北方人再次入侵的危险，给俄国设置一个新的障碍，遏制其野心的扩张。有没有一个人或者一个组织，能够精心策划，以确保这项宏伟的事业取得成功?

4世纪，平民起义被国王和贵族镇压；1500年后的19世纪，平民反抗国王和贵族的革命——法国大革命取得了胜利。拿破仑正是在法国大革命的烈火中崛起的，并且获得了完全控制烈火的全部力量。这场巨大的变革仿佛只是为了将拿破仑推上世界舞台。拿破仑领导了法国大革命，他仿佛天生就会领导革命。听到他的声音，法国的革命风暴平息了。法国人为自己的过激行为感到羞愧，他们欣赏拿破仑，沉浸在拿破仑带给他们的荣耀中。这场革命将欧洲统一在他的权杖之下。在他的召唤下，顺从的欧洲站了起来，要把俄国赶回它的古老疆界之内。在北方的冰天雪地里，北方似乎要被南方征服了。

然而，在这样有利的政治环境下，即使是拿破仑这个天才，也无法征服自然。在这次重新攀登险峻斜坡的艰辛努力中，太多阻力让他失败了。到达欧洲冰雪覆盖的地区后，他就猛然从巅峰摔了下去。在防御战中，北方的俄国战胜了南方的法国。就像在中世纪的进攻战中北方战胜南方一样[①]，现在的俄国相信自己是坚不可摧的。

伙伴们，请不要相信！你们已经战胜了俄国那片土地、那种气候、那种粗犷而强大的自然，就像你们战胜了它的士兵一样。

一些错误让我们受到了巨大灾难的惩罚。我已经对它们进行了描述。在凶险的大海上，我已经竖起了一座令人哀伤的血红色的灯塔[②]。我虚弱无力的手如果还不足以完成这项痛苦的任务，至少已经展现了那些漂浮的残骸，以便我们的后继者可以看到危险，并避开这些危险。

伙伴们，我的任务完成了。现在，该由你们来为这幅画[③]的真实性做见证。毫无疑问，在你们的眼中，在你们的心中，它的色彩显得很苍白，因为你们仍然充满了回忆。但你们中有谁不明白，行动总是比言语更有说服力。天才的事迹要由卓越的历史学家记录，而卓越的历史学家可遇而不可求。

① 指8世纪至11世纪维京人从北方入侵法兰克王国、诺曼底公国及地中海沿岸。——译者注

② 代指一种警示。——译者注

③ 代指拿破仑远征俄国的这场战争。——译者注

出版后记：烽火燃史鉴 文库启新章

当历史的烽烟在书页间重新升腾，当金戈铁马之声穿透时空在耳畔回响，我们深知，一套名为“烽火文库”的战争史丛书，其意义远不止于知识的传递。它是一座精心构筑的桥梁，横跨浩瀚的时间长河与广袤的地域分野，将尘封的战争史诗、跌宕的人类命运与今日的思索紧密相连。此刻，吉林出版集团股份有限公司北京图书出版事业部怀着敬畏之心，将这套丛书郑重呈献于读者面前。

一、烽烟万里，照见历史纵深

“烽火文库”，如同一幅精心绘制的战争历史长卷：《从太平洋到多瑙河的万里狂飙：蒙古帝国扩张史》带我们驰骋于欧亚大陆的广阔疆场，剖析冷兵器时代巅峰的军事组织与震撼世界的征服狂潮，见证蒙古帝国的兴盛与衰落；《君士坦丁堡深仇400年：俄土战争（1877—1878）》则聚焦黑海与巴尔干半岛，揭示地缘政治、宗教文明与民族主义在两大帝国激烈碰撞的复杂图景；《冰雪屠场：拿破仑远征俄国的死亡行军》以凛冽的笔触刻画了军事天才遭遇的严酷自然与战略溃败，成为帝国陨落的经典寓言；《欧罗巴的悲剧：经济危机、绥靖政策与第二次世界大战的爆发》深入剖析了和平愿景如何在经济崩溃与政治妥协的泥沼中滑向深渊，警示后世和平的脆弱；《自由的危机：全球视角下的英国内战史》则跳出本土叙事，将一场决定宪政体制的斗争置于全球殖民扩张与思想激荡的大背景下重新审视，等等。这些著作，主题各异，时空交错，却共同指向战争这一人类历史中最为暴烈也最富启示性的现象。它们不仅呈现了宏大的战役进程与关键转折，更致力于挖掘驱动战争的政治、经济、社会、文化及人性的深层动因，展现冲突如何塑造国家、颠覆秩序、淬炼文明。

二、跨越藩篱，搭建理解之桥

将如此厚重且视角各异的世界战争史名著引入国内，我们深知责任重大。本丛书恪守“尊重原著精髓”之铁律：一是遴选专业译者精研细作，力求译文既准确传达原著严谨的学术内核与深邃的历史洞见，又兼备中文的生动流畅，使读者在沉浸阅读中把握历史脉络；二是针对原著中涉及的特殊历史背景、文化术语或人物事件，我们审慎添加了必要的译注。这些注释如同路标，旨在扫清阅读障碍，拓展背景知识，帮助读者更顺畅地深入历史情境，理解原著深意。在此，我们必须郑重说明：书中承载的，是原作者基于特定历史语境、文化土壤及其个人学术视角的叙述与观点。吉林出版集团北京图书出版事业部作为出版方，其职责在于忠实呈现这些多元的历史声音，以供读者研究与思考。书中的某些表述、论断、评价或立场，不可避免地带有其时代烙印或个人色彩，仅代表原作者观点，不代表出版单位立场。我们深信，今日读者拥有开阔的视野与独立的判断力，必能审慎甄别，以批判性思维汲取其中真知灼见，扬弃其时代局限，从而获得更为丰富和深刻的历史认知。

三、以史为鉴，烛照未来之路

“烽火文库”的立意，绝非沉溺于对战争暴力的猎奇，更非宣扬征服与仇恨。我们期望，当读者合上书本，耳畔的烽火号角逐渐平息，心中升腾的是对历史的敬畏、对和平的珍视以及对人类命运的深刻思索。战争是极端的压力测试场，它无情地暴露人性的光辉与幽暗、制度的韧性与缺陷、决策的智慧与愚妄。阅读这些著作，如同手握多棱的历史棱镜，折射出权力博弈的残酷逻辑、文明兴衰的复杂轨迹，以及在绝境中迸发的人性勇气与智慧光芒。

历史没有简单的答案，但蕴藏着无尽的启示。“烽火文库”愿成为读者探索历史迷宫的一盏灯，理解当下世界格局的一面镜，思考人类和平与发展前路的一块基石。我们期待这套丛书能激发更多理性探讨，促进跨越时空的对话，让历史的经验与教训真正服务于构建一个更可期的未来。

丛书首辑付梓，仅是一个开端。我们将继续秉持专业与热忱，在世界战争史乃至更广阔的历史学术领域深耕细作，不断为“烽火文库”注入新的优质内容，使其真正成为一座连接古今、沟通中外的坚实知识桥梁。

谨以此书，献给所有敬畏历史、关切当下、思考未来的读者。